Nicht-numerische Informationsverarbeitung

Beiträge zur Behandlung nicht-numerischer Probleme
mit Hilfe von Digitalrechenanlagen

Herausgegeben von

Rul Gunzenhäuser

1968

Springer-Verlag

Wien · New York

Dr. Rul Gunzenhäuser

Dozent an der Pädagogischen Hochschule Esslingen am Neckar

Mit 116 Abbildungen

ISBN-13: 978-3-7091-8203-1   e-ISBN-13: 978-3-7091-8202-4

DOI: 10.1007/978-3-7091-8202-4

Titel Nr. 9229

Vorwort

Die nicht-numerische Informationsverarbeitung mit Hilfe von Rechenautomaten begann in den frühen fünfziger Jahren. 1950 befaßte sich SHANNON mit Schachprogrammen, 1952 schrieb RUTISHAUSER seine bahnbrechende Arbeit über automatische Rechenplanfertigung und begründete damit die Entwicklung der formalen Sprachen. Etwa um die gleiche Zeit veröffentlichte D. H. LEHMER, angeregt durch die Bedürfnisse der Kernphysiker, die bis jetzt gebräuchlichste Methode zur Erzeugung von Zufallszahlen auf Rechenautomaten. Damit standen Zufallszahlen auch für nicht-numerische Anwendungen zur Verfügung. 1953 wurde die Sprache FORTRAN publiziert, 1960 die Sprache ALGOL. Im gleichen Jahr ließ H. WANG 220 Sätze aus den Principia mathematica in 3 Minuten von einem Rechenautomaten beweisen, 1963 entstanden die ersten Computographien von F. NAKE.

Die Anregung, das rasch wachsende Gebiet in einer deutschen Buchveröffentlichung darzustellen, geht auf Herrn Direktor Dr. W. SCHWABL vom Springer-Verlag Wien zurück. Bald zeigte sich hierbei, daß ein einzelner Autor nicht imstande sein würde, das Gebiet in seiner ganzen Vielfalt darzustellen, und zwar selbst dann nicht, wenn die rein kommerzielle nicht-numerische Datenverarbeitung ausgeklammert würde. Damit entstand der Gedanke, eine Arbeitsgemeinschaft von Autoren ins Leben zu rufen, die jeweils eine zusammenfassende Darstellung über ihr eigenes Arbeitsgebiet geben sollten.

Vollständigkeit wurde auch damit nicht angestrebt, aber es galt, Verfasser ausfindig zu machen, die eine möglichst breite Auswahl aus dem Gesamtgebiet repräsentieren. Dieser schwierigen und heiklen Aufgabe hat sich Herr Dr. R. GUNZENHÄUSER unterzogen. Da er zudem die Mühe der Herausgeberschaft auf sich genommen und alle organisatorischen Schwierigkeiten mit gewohnter Selbstverständlichkeit gemeistert hat, ist er der spiritus rector dieses Buches.

Beim Aufbau des Autorenteams standen zunächst Mitarbeiter des Rechenzentrums der Universität Stuttgart zur Verfügung, da an diesem Institut mehrere Richtungen der nicht-numerischen Informationsverarbeitung gepflegt werden. Diese Gruppe konnte im Laufe der Zeit um Fachleute der folgenden Institutionen erweitert werden: BBC Mannheim; Posttechnisches und fernmeldetechnisches Zentralamt Darmstadt; Forschungsgruppe LIMAS, Bonn; IBM-Deutschland; Regionales Forschungszentrum DATUM, Bad Godesberg; Siemens A. G., München; Übersetzungsdienst der Bundeswehr; Bibliothek der TU Berlin; Institut für Phonetik und Kommunikationsforschung der Universität Bonn;

Institut für Nachrichtenverarbeitung der Universität Karlsruhe; Institut für Nachrichtenvermittlung und Datenverarbeitung der Universität Stuttgart.

Wie ein Blick auf das Inhaltsverzeichnis zeigt, besteht diese erste deutschsprachige Buchveröffentlichung nicht aus Übersetzungen und Bearbeitungen fremder Fachliteratur. Zum überwiegenden Teil berichten die Verfasser über eigene Arbeiten. Daß diese den Vergleich mit fremdsprachigen Veröffentlichungen trotz des zeitlichen Vorsprungs der angelsächsischen Länder nicht zu scheuen brauchen, wird durch das internationale Echo bewiesen, das viele der genannten Arbeiten gefunden haben.

Das Buch richtet sich nicht ausschließlich an mathematisch-programmiertechnische Mitarbeiter, vielmehr sollen Naturwissenschaftler, Ingenieure, Techniker, Geistes- und Sozialwissenschaftler usw. — auch ohne spezielle Kenntnisse der Programmierung und Bedienung von Digitalrechnern — über wichtige und neue Anwendungsmöglichkeiten aus dem Bereich der nicht-numerischen Datenverarbeitung informiert werden. Für Fachleute der Datenverarbeitung soll ein vertiefter Einblick in benachbarte Forschungsgebiete gegeben werden. Die Publikation soll ferner Lehrkräften, Mitarbeitern und Studenten an wissenschaftlichen Hochschulen, Forschungsstätten und Höheren Lehranstalten einen systematischen Überblick über ein neues Feld wissenschaftlicher Tätigkeit geben.

Dem Verlag danken wir für die sorgfältige Betreuung des Vorhabens, sein bereitwilliges Eingehen auf alle Wünsche und die vorbildliche Ausstattung.

Stuttgart, Sommer 1968   W. Knödel

Inhaltsverzeichnis

Seite

Mitarbeiterverzeichnis

BLÜCHER, REINHART, Dipl.-Ing. (Nachrichtentechnik), geboren 1932.
Wissenschaftlicher Mitarbeiter beim Posttechnischen Zentralamt der Deutschen Bundespost, Darmstadt.
Arbeitsgebiet: Entwicklung elektronischer Steuerungseinrichtungen für automatische Briefverteilanlagen.
Anschrift: Posttechnisches Zentralamt, Postfach 1180, D-61 *Darmstadt.*

ENGELIEN, G., Dipl.-Ing., geboren 1936.
Wissenschaftlicher Mitarbeiter in der Forschungsgruppe LIMAS, Bonn.
Arbeitsgebiete: Analoge und digitale Methoden der Datenverarbeitung; Meßdatenverarbeitung, maschinelle Sprachbearbeitung.
Anschrift: Colmantstraße 24, D-53 *Bonn.*

FISCHER, KURT, Dr. rer. nat., Diplom-Mathematiker, geboren 1938.
Wissenschaftlicher Assistent am Lehrstuhl für Instrumentelle Mathematik der Universität Stuttgart (Technische Hochschule).
Arbeitsgebiete: Mathematische Spieltheorie, numerische Mathematik, Programmierung elektronischer Rechenanlagen.
Diplomarbeit: Die Programmierung eines Formelübersetzers unter besonderer Berücksichtigung der Formelsprache ALCOR (1964).
Anschrift: Stetter Weg 24, D-7024 *Bernhausen bei Stuttgart.*

GRÄF, WALTER, Dipl.-Ing., geboren 1918.
Oberpostrat im Posttechnischen Zentralamt der Deutschen Bundespost, Darmstadt.
Arbeitsgebiet: Leiter der Entwicklungsgruppe für Elektronik und Datenverarbeitung im automatisierten Postdienst.
Anschrift: Posttechnisches Zentralamt, Postfach 1180, D-61 *Darmstadt.*

GUNZENHÄUSER, RUL, Dr. phil., Assessor des Lehramts, geboren 1933.
Dozent an der Pädagogischen Hochschule Esslingen am Neckar.
Arbeitsgebiete: Mathematik, Didaktik des Mathematikunterrichts, Programmierte Instruktion, Informationstheorie.
Publikationen: Ästhetisches Maß und ästhetische Information. Quickborn: Schnelle Verlag. 1962; Über die Entropie von Gruppen (zusammen mit F. v. CUBE). Quickborn: Schnelle Verlag. 1963 (2. Aufl. 1967); Mathematik und Dichtung (Herausgeber, zusammen mit H. KREUZER). München: Nymphenburger Verlagshandlung. 1965 (2. Aufl. 1967); Beiträge zur Informationsästhetik, zur informationellen Theorie der Lernvorgänge und Lehrprogramme und zur Theorie der Spiele.
Anschrift: Beethovenstraße 5, D-73 *Esslingen am Neckar.*

HARTENSTEIN, REINER, Dipl.-Ing. (Nachrichtentechnik), geboren 1934.

Wissenschaftlicher Mitarbeiter einer Forschungsgruppe des Bundesministeriums der Verteidigung am Institut für Nachrichtenverarbeitung und Nachrichtenübertragung der Universität Karlsruhe (Technische Hochschule).

Anschrift: Universität Karlsruhe, Kaiserstraße 12, D-75 *Karlsruhe*.

HAUFF, VOLKER, Dr. rer. pol., Diplom-Soziologe, geboren 1940.

Leiter der Abteilung Systemforschung im Dokumentations- und Ausbildungszentrum für Theorie und Methode der Regionalforschung e. V. (DATUM) in Bad Godesberg.

Publikationen: Wörterbuch der Datenverarbeitung. Stuttgart: telekosmos-Verlag. 1966 (3. Aufl. 1967); Programmierfibel (zusammen mit THEO LUTZ). Stuttgart: telekosmos-Verlag. 1965 (3. Aufl. 1967); Einführung in die Simulationstechnik (zusammen mit THEO LUTZ) in R. MAYNTZ, Formalisierte Modelle in der Soziologie, Neuwied und Berlin, 1967.

Anschrift: Annabergstraße 148, D-532 *Bad Godesberg*.

HOLDERMANN, FRITZ, Dipl.-Ing. (Nachrichtentechnik), geboren 1939.

Projektleiter in der Forschungsgruppe des Bundesministeriums der Verteidigung am Institut für Nachrichtenverarbeitung und Nachrichtenübertragung der Universität Karlsruhe (Technische Hochschule).

Arbeitsgebiet: Automatische Bildauswertung.

Anschrift: Universität Karlsruhe, Kaiserstraße 12, D-75 *Karlsruhe*.

HUBER, MANFRED, Dipl.-Ing., geboren 1937.

Wissenschaftlicher Assistent am Lehrstuhl für Nachrichtenvermittlung und Datenverarbeitung an der Universität Stuttgart (Technische Hochschule).

Arbeitsgebiete: Digitaltechnik, Programmierung, Verkehrstheorie.

Publikationen: Modell eines Lernenden Automaten. Archiv für Elektrotechnik **50**, 19—23 (1965); Je ein Beitrag zum „International Teletraffic Congress" 1964 (London) und 1967 (New York) über die Berechnung der Verlustwahrscheinlichkeiten in Vermittlungssystemen nach dem Zeitmultiplexprinzip (mit Simulationsergebnissen).

Anschrift: Breitscheidstraße 2, D-7 *Stuttgart*.

JUNGINGER, WERNER, Diplom-Mathematiker, geboren 1939.
Wissenschaftlicher Mitarbeiter am Rechenzentrum der Universität Stuttgart (Technische Hochschule).

Arbeitsgebiet: Optimierungsprobleme auf Rechenanlagen.

Publikationen: Untersuchungen über die Erstellung von Schulstundenplänen mit Hilfe elektronischer Rechenanlagen, Diplomarbeit TH Stuttgart, 1964.

Anschrift: Heinrich-Längerer-Straße 8, D-725 *Leonberg*.

KAZMIERCZAK, HELMUT, Dr.-Ing., Diplom-Physiker, geboren 1933.

Leiter einer Forschungsgruppe des Bundesministeriums der Verteidigung am Institut für Nachrichtenverarbeitung und Nachrichtenübertragung der Universität Karlsruhe (Technische Hochschule).

Arbeitsgebiete: Automatische Bildauswertung und Zeichenerkennung, adaptive Systeme und selbstkorrigierende Schaltungen.

Publikationen: Einführung in die Automatische Zeichenerkennung. München: Oldenbourg (erscheint); Automatische Zeichenerkennung, in: Taschenbuch der Nachrichtenverarbeitung, K. STEINBUCH und S. W. WAGNER (Herausgeber). Berlin-Heidelberg-New York: Springer. 1967; Ein System zur Automatischen Photointerpretation (Koautor: F. HOLDERMANN), NTZ **1967**, H. 1.

Anschrift: Universität Karlsruhe, Kaiserstraße 12, D-75 *Karlsruhe*.

KISTERMANN, F. W., Dr. phil. nat., Diplom-Chemiker, geboren 1928.

Leiter der wissenschaftlichen Bibliothek der IBM-Deutschland.

Arbeitsgebiet: Dokumentation und Bibliothekswesen.

Publikationen: Zur Geschichte und Entwicklung des Sichtlochkartenverfahrens. Dokumentation, Fachbibliothek, Werksbücherei 6, 7—13 (1957/58); Untersuchungen zur Wirtschaftlichkeit verschiedener Selektionsverfahren in der Dokumentation. Köln/Opladen: Westdeutscher Verlag. 1963 (Forschungsberichte des Landes Nordrhein-Westfalen, Nr. 1211); Prioritätslisten — eine Voraussetzung für die Patentdokumentation. Nachrichten für Dokumentation 13, 137—143 (1962); Eine Standard-Eingabe für die Datenverarbeitung in der Dokumentation und dem Bibliothekswesen. IBM Nachrichten 16, 28—34 (1966).

Anschrift: Taunusstraße 28, D-703 *Böblingen*.

KNÖDEL, WALTER, o. Professor, Dr. phil., geboren 1926.

Direktor des Rechenzentrums der Universität Stuttgart (Technische Hochschule).

Arbeitsgebiete: Programmieren von Ziffernrechenanlagen und numerische Verfahren.

Publikationen: Programmieren von Ziffernrechenanlagen. Wien: Springer. 1961; Mitherausgeber der Zeitschrift „Computing". Wien und New York: Springer.

Anschrift: Herdweg 51, D-7 *Stuttgart* 1.

KRALLMANN, DIETER, Dr. phil., Toningenieur, geboren 1937.

Wissenschaftlicher Assistent am Institut für Phonetik und Kommunikationsforschung der Universität Bonn.

Arbeitsgebiete: Mathematische Linguistik, Informationserschließung, linguistische Datenverarbeitung.

Publikationen: Statistische Methoden in der stilistischen Textanalyse — Ein Beitrag zur Informationserschließung mit Hilfe elektronischer Rechenanlagen. Bonn 1966; Automatische Sprachübersetzung, eine Bilanz von 15 Jahren Forschung. Umschau in Wissenschaft und Technik, November 1967.

Anschrift: Adenauerallee 98a, D-53 *Bonn*.

KUSSL, VOLKMAR, Dipl.-Ing., geboren 1919.

Wissenschaftlicher Mitarbeiter in Firma BBC, Mannheim-Käfertal.

Arbeitsgebiete: Regelungstechnik, Industrielle Steuerungstechnik, Datenverarbeitung, Systemanalyse und Kybernetik.

Publikationen über Funktionaltransformationen in der Regelungstechnik (1959), Lernende Automaten in Hüttenwerken (1961), Zur Theorie der Automatisierung (1962), Informationstheorie und digitale Meßtechnik (1964), Lenkung von Fertigungsprozessen (1964).

Anschrift: Silvesterstraße 12, D-68 *Mannheim-Rheinau*.

LATZELSBERGER, FRIEDRICH, Diplom-Soziologe, geboren 1936.

Wissenschaftlicher Mitarbeiter in der „Studiengruppe für Systemforschung" Heidelberg, Werderstraße 35, D-69 Heidelberg.

Arbeitsgebiet: Fragen der Organisation von Forschung und Verwaltung.

Anschrift: Neckarkamm 45, D-69 *Heidelberg-Wiblingen*.

LINGENBERG, WALTER, Dr. rer. nat., Diplom-Mathematiker, geboren 1925.

Bibliotheksdirektor an der Bibliothek der Technischen Universität Berlin.

Spezielles Arbeitsgebiet: Bibliotheksverwaltung.

Publikationen: a) Bibliothekswesen: Über die Anwendung von Lochkartenverfahren in Bibliotheken. Köln: Greven. 1955; verschiedene Beiträge im Sammelwerk „Mechanisierung und Automatisierung in amerikanischen Bibliotheken", Frankfurt/M.: Klostermann. 1967, z. B. über Mechanisierung und Automatisierung in der Erwerbsabteilung (S. 163—175), Mechanisierung und Automatisierung in der Ausleihe (S. 261—301) usw.; verschiedene Beiträge in Bibliothekszeitschriften. b) Mathematik: Zur Differentialgeometrie der Flächen, die eine eingliedrige projektive Gruppe in sich gestatten und über allgemeine Projektivrotationsflächen. Math. Zeitschr. 66, 409—446 (1957); Über die projektiv abwickelbaren isothermasymptotischen Flächen. Archiv d. Math. 16, 274—287 (1965).
Anschrift: Alemannenstraße 14c, D-1 *Berlin* 38.

LUTZ, THEO, Diplom-Mathematiker, geboren 1932.

Seit 1966 Mitarbeiter in der Anwendungsentwicklung der Firma IBM-Deutschland.

Arbeitsgebiet: Industrielle Datenverarbeitung, insbesondere Optimierungsverfahren.

Publikationen: Was denkt sich ein Elektronengehirn (zusammen mit R. LOHBERG). Stuttgart: telekosmos-Verlag. 1963; Elektronenrechner sucht verantwortliche Position (zusammen mit R. LOHBERG). Stuttgart: telekosmos-Verlag. 1966; Programmierfibel (zusammen mit V. HAUFF). Stuttgart: telekosmos-Verlag. 1965; Der Rechnerkatalog. Stuttgart: telekosmos-Verlag. 1966; zahlreiche Zeitschriftenveröffentlichungen zu Anwendungsproblemen und methodischen Fragen in der Datenverarbeitung.

Anschrift: Im Salzweg 59, D-7 *Stuttgart-Zuffenhausen.*

NAKE, FRIEDER, Dr. rer. nat., Diplom-Mathematiker, geboren 1938.

Wissenschaftlicher Assistent am Rechenzentrum der Universität Stuttgart (Technische Hochschule).

Arbeitsgebiete: Programmierung von Rechenanlagen, numerische Verfahren, Programmierung von Computer-Grafiken.

Publikationen: Bemerkungen zur Programmierung von Computer-Grafiken. Darmstadt: Programm-Information PI-21 des Deutschen Rechenzentrums. 1966; Über die Anzahl der reellen Lösungen zufälliger Gleichungssysteme. Stuttgart, 1967. Ausstellungen von Computer-Grafiken in Stuttgart, Darmstadt, Frankfurt, Dortmund, Zürich, München, Ulm, 1965—1967.

Anschrift: Jägerstraße 55, D-7 *Stuttgart* 1.

RESS, HARALD, Diplom-Mathematiker, geboren 1939.

Wissenschaftlicher Mitarbeiter am Rechenzentrum der Universität Stuttgart (Technische Hochschule).

Arbeitsgebiete: Programmierung von Rechenanlagen, Wahrscheinlichkeitsrechnung, Statistik.

Publikation: Digitale Simulation des Verkehrsablaufes auf einer Landstraße. Computing 1, 341—353 (1966).

Anschrift: Krummenackerstraße 110, D-73 *Esslingen am Neckar.*

ROOS, PAUL, Dr. rer. nat., Diplom-Mathematiker, geboren 1928.

Akademischer Rat am Rechenzentrum der Universität Stuttgart (Technische Hochschule).

Arbeitsgebiete: Mathematische Statistik, Programmieren von Rechenanlagen; Lehrauftrag in Statistik für Wirtschaftswissenschaftler.

Publikation: Numerische Experimente zur mehrdimensionalen Quadratur. Sitz. Ber. d. Österr. Akad. Wiss. Wien, Math.-Nat. Klasse, Abt. II, 172, 271—286 (1963) (zusammen mit L. ARNOLD).

Anschrift: Rechenzentrum der Universität Stuttgart, Herdweg 51, D-7 *Stuttgart* 1.

SCHNEIDER, HANS-JOCHEN, Dr. rer. nat., Diplom-Mathematiker, geboren 1938.

Wissenschaftlicher Assistent am Rechenzentrum der Universität Stuttgart (Technische Hochschule).

Arbeitsgebiete: Matrizenrechnung, numerische Mathematik.

Publikationen: Iterationsverfahren zur Lösung linearer Gleichungssysteme, Diplom-Arbeit, 1963; n-Matrizenbüschel mit der Eigenschaft I, Dissertation. Stuttgart, 1967.

Anschrift: Immenhoferstraße 88, D-7 *Stuttgart*.

SCHNELLE, HELMUT, Professor Dr. phil., Diplom-Physiker, geboren 1932.

Professor an der Technischen Universität Berlin, Lehrstuhl für Germanistik II.

Arbeitsgebiete: Theoretische und mathematische Linguistik.

Publikationen: Zeichensysteme zur wissenschaftlichen Darstellung. Stuttgart: Frommann-Verlag. 1962; Maschinelle Sprachübersetzung — ein kritischer Überblick, Sprachkunde und Informationsverarbeitung Heft 3 und 4 (1964); Programmieren linguistischer Automaten, in K. STEINBUCH und S. W. WAGNER (Herausgeber): Neuere Ergebnisse der Kybernetik. München: Oldenbourg. 1964.

Anschrift: Wildpfad 5, D-1 *Berlin* 33.

THEISSEN, EMIL, Dipl.-Ing. (Fernmeldetechnik), geboren 1919.

Forschungsgruppenleiter und Leiter des Rechenzentrums im Forschungsinstitut des Fernmeldetechnischen Zentralamtes der Deutschen Bundespost, Darmstadt.

Arbeitsgebiete: Numerische Berechnungen aus Gebieten der Fernmeldetechnik, Verarbeitung von Formeltexten auf Rechenanlagen.

Publikationen (der letzten Jahre): Gewöhnliche Differentialgleichungen. Berlin: Fachverlag Schiele & Schön. 1965; Differentialrechnung auf einem elektronischen Rechenautomaten. Elektr. Datenverarb. 7, 53—59 (1965); Die mathematischen Grundlagen für das Rechnen an elektronischen Rechenautomaten. Der Fernmeldeingenieur, Mai 1966; Komplexe Algebra auf einem Digitalrechner. Elektr. Datenverarb. 8, 163—173 (1966); Automatische Umwandlung von BELL-Programmen in ALGOL-Programme. Computing 1, 354—357 (1966); Algorithmus zur Umwandlung von BELL-Programmen in ALGOL-Programme. Computing 1, 358—367 (1966).

Anschrift: Kiesstraße 82, D-61 *Darmstadt*.

WAGNER, WERNER, Dipl.-Ing., geboren 1934.

Wissenschaftlicher Mitarbeiter am Lehrstuhl für Nachrichtenvermittlung und Datenverarbeitung der Universität Stuttgart (Technische Hochschule).

Arbeitsgebiete: Verkehrstheorie, Programmierung Digitaltechnik.

Publikationen: Tafeln der modifizierten Palm-Jacobaeus-Verlustformel. Stuttgart: Institut für Nachrichtenvermittlung und Datenverarbeitung der Technischen Hochschule. 1963; ein Beitrag zum „International Teletraffic Congress" New York 1967, über kombinierte Warte-Verlust-Systeme mit Prioritäten.

Anschrift: Breitscheidstraße 2 (Lehrstuhl NVDV), D-7 *Stuttgart*.

WIMMER, WALTER, Dipl.-Ing., geboren 1929.

Wissenschaftlicher Mitarbeiter im Wernerwerk für Telegrafen- und Signaltechnik der Siemens & Halske AG, München.

Arbeitsgebiet: Verkehrssignaltechnik.

Anschrift: Siemens Aktiengesellschaft, Postfach, Abteilung Signalgeräte, D-8 *München* 25.

WINKLER, ULRICH, Diplom-Mathematiker, geboren 1938.

Wissenschaftlicher Mitarbeiter beim Übersetzerdienst der Bundeswehr.

Arbeitsgebiet: Automatische Sprachverarbeitung.

Publikation: F. KROLLMANN, H.-J. SCHUCK, U. WINKLER: Herstellung textbezogener Fachwortlisten mit einem Digitalrechner — ein Verfahren der automatischen Übersetzungshilfe. Beiträge zur Sprachkunde und Informationsverarbeitung 5 (1965).

Anschrift: Brüder-Grimm-Straße 20, D-68 *Mannheim-Freudenheim*.

I. Einführung

Von

R. Gunzenhäuser und W. Knödel

1. Die Wechselwirkung zwischen Ziel, Methode und Werkzeug

Geeignete Methoden und geeignete Werkzeuge sind notwendige Voraussetzungen, um gesteckte Ziele zu erreichen. Ist das Ziel der Schutz gegen Kälte, so besteht eine Methode, dieses Ziel zu erreichen, im Abbrennen eines Feuers. Ein moderner ölbefeuerter Zentralheizungskessel ist ein verhältnismäßig kompliziertes Werkzeug, um dies zu bewerkstelligen.

Schon in der Vergangenheit war immer wieder zu beobachten, daß neu entwickelte Werkzeuge auch zu neuen Zielen führen, die vorher unerreichbar schienen. Beispielsweise wurden weitreichende Raketen zunächst zur Verwirklichung militärischer Ziele entwickelt. Als das Werkzeug „Rakete" eine gewisse Vollkommenheit erlangt hatte, schien die Beförderung von Menschen und Instrumenten auf den Mond im Bereich des Möglichen und wurde als neues Ziel proklamiert.

Ziele, Methoden und Werkzeuge stehen in *Wechselwirkung* miteinander; jede Veränderung einer dieser drei Komponenten wirkt auf die beiden anderen zurück.

Dieser Band verdankt sein Entstehen einem speziellen Werkzeug: dem *programmgesteuerten Ziffernrechenautomaten*. Er wurde entwickelt, um längst bekannte mathematisch-technische und kaufmännisch-organisatorische Methoden rationeller anwenden zu können. In beiden Bereichen hat er sich als ein Werkzeug von ungeheuerer Leistungsfähigkeit, Präzision und Vielseitigkeit erwiesen. Mit Hilfe adäquater Methoden ermöglichte er es, Ziele zu erreichen, die noch vor zwei Jahrzehnten utopisch schienen und die für das Wohlergehen der Menschheit mindestens die gleiche Bedeutung besitzen wie der bemannte Mondflug.

Von ihrer Konstruktion her sind Digitalrechenanlagen imstande, langwierige und häufig wiederkehrende Berechnungen rasch und praktisch fehlerfrei durchzuführen; vieles, was früher mit Hilfe einfacherer Werkzeuge getan werden mußte, läßt sich mit dem neuen, komplizierten Werkzeug Digitalrechner exakter, rascher und wirtschaftlicher durchführen. Im Bereich der „numerischen Informationsverarbeitung" seien hier genannt: die Auflösung umfangreicher linearer Gleichungssysteme zur Lösung statischer, elektrotechnischer und physikalischer Probleme, die statistische Auswertung umfangreicher Datenmengen in Medizin, Soziologie, Marktforschung, Linguistik, Verkehrstechnik usw., die Berechnung von Satellitenbahnen, Dampfturbinen, Linsensystemen, Pfeilerkonstruktionen, Straßenprofilen, Kristallstrukturen und Wahlvorhersagen usw. Die Anwendungsmöglichkeiten in der kaufmännisch-organisatorisch-verwaltenden Datenverarbeitung reichen von der Lohnabrechnung für mittlere und große Betriebe

und der Abrechnung von Strom-, Gas- und Telefongebühren bis hin zur Adreß-
buchwerbung, zur Auftragsanalyse, zur Aufstellung von Geschäftsplänen, zur
Inventarkontrolle und Kostenanalyse, zur Transportkostenberechnung und
-minimierung, zur Kontenführung und Wertpapierverwaltung, zur Steuer-
berechnung, zur Analyse von Volkszählungen, zur Scheckbearbeitung und zur
Aufklärung von Verbrechen — um auch hier nur einige, beliebig ausgewählte
Beispiele aufzuzählen. Schon 1961 wurde von einer Fachzeitschrift eine Liste
mit über 500 bereits erfolgten Anwendungen von Digitalrechnern publiziert[1].
Die Zahl der heute bekannten Anwendungsmöglichkeiten beträgt sicherlich
ein Vielfaches davon.

Nun stellt aber ein Ziffernrechenautomat ein Werkzeug dar, das nicht nur
arithmetische, sondern auch *logische Operationen* ausführen kann. Er muß
beispielsweise schon bei der Durchführung einfacher numerischer Berechnungen
in der Lage sein, zu entscheiden, ob die Aussage „zwei ist größer als eins" wahr
ist oder falsch. In Abhängigkeit einer solchen logischen Entscheidung kann eine
Programmverzweigung erfolgen.

Solche logischen Operationen sind nicht nur im Bereich der numerischen
Informationsverarbeitung notwendig, sondern haben darüber hinaus eigen-
ständige Bedeutung erlangt: Anwendungsmöglichkeiten von Rechenautomaten,
deren Daten vorwiegend sprachlicher Natur sind (d. h. vorwiegend aus Buchstaben, Sonderzeichen und Ziffern in nicht-mathematischer Bedeutung bestehen)
und deren Programme vorwiegend aus Ein- und Ausgabebefehlen, logischen
Operationen und Transportbefehlen zusammengesetzt sind, werden im Bereich
der *nicht-numerischen Informationsverarbeitung* zusammengefaßt. Mehr oder
weniger willkürlich werden jedoch die Anwendungen des kaufmännisch-organisatorischen Bereichs ausgeklammert, obwohl gerade hier gewisse Aspekte der
Nicht-Numerik (wie z. B. Sortierprozesse, nicht-numerische Codierungen, Dokumentation umfangreicher Datenmengen usw.) recht häufig auftreten.

Obwohl also die Aufgaben der nicht-numerischen Informationsverarbeitung
von der numerischen Datenverarbeitung einerseits und der kaufmännisch-
organisatorischen Datenverarbeitung andererseits nicht immer scharf zu trennen
sind, hat sich die nicht-numerische Anwendung von Rechenanlagen rasch zu
einem eigenständigen wissenschaftlichen Gebiet mit großer Tragweite entwickelt. So zeigt schon ein Blick auf das Inhaltsverzeichnis dieses Bandes, daß
zum Teil völlig neue Forschungsgebiete erschlossen werden konnten.

Dabei wird einmal die hohe Arbeitsgeschwindigkeit moderner Datenverarbeitungsanlagen ausgenützt, wie zum Beispiel bei der Verkehrssignalsteuerung;
ein Mensch, der an der Kontrollstelle der Verkehrssignalanlagen einer Großstadt
sitzt, ist nicht in der Lage, sich so schnell und so konsequent den sich rasch verändernden Verkehrssituationen anzupassen, wie dies eine Rechenanlage (mit
einem entsprechenden Programm) kann. Bei anderen Anwendungen, wie z. B.
bei der automatischen Sprachanalyse, stehen die verhältnismäßig geringen
Kosten, die ein Rechenautomat bei der Bearbeitung sehr großer Datenmengen
erfordert, im Vordergrund. Ein drittes Mal wird — wie bei der Werkzeugmaschinensteuerung — erfolgreich von der Tatsache Gebrauch gemacht, daß

---

[1] *Computers and Automation*, Vol. 10, Nr. 6, Juni 1961.

eine Rechenanlage besser als der Mensch geeignet ist, Daten zu behalten und wiederholt nach einem starren Schema zu verknüpfen. Schließlich ist z. B. bei der automatischen Dokumentation oder bei der Verwendung eines Digitalrechners als Lehrautomat der große Informationsspeicher (mit relativ kurzen Zugriffszeiten) eines Datenverarbeitungssystems ausschlaggebend.

Diese neuen Ziele besitzen solche Bedeutung, daß sogar der Name Rechenanlage für dieses Werkzeug zu eng ist. Wir sprechen in Zukunft besser von einer *Informationsverarbeitungsanlage*. In den folgenden Original-Beiträgen soll auf exemplarische Weise an Hand typischer Aufgabenstellungen berichtet werden, wie sich das Werkzeug Informationsverarbeitungsanlage zur Anwendung in nicht-numerischen Problemstellungen eignet. Zuvor sollen jedoch noch einige einleitende Bemerkungen vorangestellt werden:

Sehen wir das Werkzeug als gegeben an, so muß es sich bei den nachfolgenden Beiträgen also um eine Diskussion von Zielen und Methoden handeln. Bei den *Methoden* lassen sich hierbei sehr unterschiedliche Stadien feststellen:

Bei den Simulationsmodellen ist die Technik der Simulation weitgehend erforscht. Der Gegenstand der Diskussion besteht in der Diskrepanz zwischen Modell und Wirklichkeit. Der Simulationsprozeß wird in einem Modell abgewickelt; alle Aussagen gelten nur in diesem Modellbereich. Da man aber zu Aussagen über den Wirklichkeitsbereich selbst kommen will, ist es eine methodische Aufgabe, *solche* Modelle aufzustellen, die für den Wirklichkeitsbegriff repräsentant sind.

In anderen Bereichen ist gerade das Modell klar, die beste Technik dagegen unbekannt. Beim Schachspiel besteht das Modell aus den Schachspiel-Regeln; es ist daher mit dem Spiel identisch. Man weiß aber sehr wenig darüber, wie man gute oder gar optimale Strategien für dieses Spiel programmieren kann. Eine Nachbildung des Vorgehens eines guten Schachspielers verbietet sich aus zwei Gründen: Eine Rechenanlage „denkt" anders als ein menschliches Gehirn, d. h. konstruktionsbedingt sind ihr andere Techniken eigen. Zweitens sind auch die besten Schachspieler nicht in der Lage, nach einer optimalen Strategie (optimalen Regeln) zu spielen, denn eine solche ist gar nicht bekannt. Von der Beantwortung der Frage, ob *Weiß* bei konsequentem Spiel *immer* gewinnen muß, sind wir heute mit unseren raschesten Rechenanlagen ebensoweit entfernt wie vor hundert Jahren.

Noch schwieriger ist die Lage bei der Diskussion der *Zielsetzungen*. Jedermann ist geneigt, eine präzise wissenschaftliche Wettervorhersage durch Rechenanlagen als erstrebenswertes Ziel anzusehen, und niemand kommt auf die Idee, diese Wettervorhersage für eine spezifisch menschliche Aufgabe zu halten, bei der auf keinen Fall die Hilfe einer Rechenanlage in Anspruch genommen werden darf. Ähnlich verhält es sich beispielsweise bei der Automatisierung im industriellen Bereich, bei der Dokumentation im Bibliothekswesen oder bei den Aufgaben der technischen Nachrichtenübertragung bzw. der automatischen Briefsortierung.

Bei der Erzeugung ästhetischer Objekte — sogenannter Computergrafiken — ist es dagegen gerade umgekehrt. Von zehn Gesprächspartnern lehnen fünf die Ansicht ab, daß eine Rechenanlage zur Erzeugung von Kunstwerken herangezogen werden darf bzw. soll. Von drei Künstlern sind zwei davon überzeugt, daß die Benutzung eines Computers als Werkzeug eines Künstlers „unwürdig" ist und nicht zu „echten Kunstwerken" führen kann — während sie gegen die Benützung eines Hammers durch einen Bildhauer keinerlei Bedenken besitzen. Dabei könnte gerade durch eine sachliche Auseinandersetzung auf diesem Gebiet geklärt werden, ob bzw. wo die Unterschiede zwischen künstlerischer und handwerklicher Produktion liegen und ob bzw. wo in der Kunst spezifisch menschliche Schöpfungsakte gesetzt werden, die nicht automatisierbar oder durch eine Informationsverarbeitungsanlage simulierbar sind.

Die Grenzen der nicht-numerischen Informationsverarbeitung sind durch die Grenzen der Leistungsfähigkeit des Werkzeugs Computer und den Umfang der uns bekannten bzw. erprobten Methoden gesteckt. Die Ausweitung ihrer Ziele hängt ab von den zunehmenden technischen Möglichkeiten des Werkzeugs und der wachsenden Erfahrung — und dem wachsenden Mut — derer, die sich mit den Methoden seiner Anwendung beschäftigen. Bestimmt ist zur Zeit kein Anlaß zu grenzenloser Phantasie oder auch nur zu unberechtigten Hoffnungen vorhanden. Das Unbehagen, das mancherorts jedoch noch der „künstlichen Intelligenz" moderner Informationsverarbeitungsanlagen entgegengebracht wird, und das mehr dem Nicht-Wissen als dem Nicht-Wahrhaben-Wollen entspringt, sollte nicht zu so maßgeblichen Fehleinschätzungen führen, wie sie uns beispielsweise bei der Einführung neuer Verkehrsmittel (Eisenbahn, Kraftfahrzeug, Flugzeug) bekanntgeworden sind. So belehrte der bekannte amerikanische Astronom William H. Pickering noch einige Jahre nach dem Beginn der Motorflüge der Brüder Wright die unwissende Öffentlichkeit:

„In der Meinung des Volkes herrscht oft die Vorstellung, künftig könnten gigantische Flugmaschinen über den Atlantik brausen und zahllose Passagiere befördern, ähnlich wie unsere modernen Dampfschiffe. Es scheint mir ganz sicher, daß derartige Ideen völlig phantastisch sein müssen, und selbst wenn eine Maschine mit einem oder zwei Passagieren hinüberkäme, würden die Kosten das Unternehmen einem jeden verbieten[1]."

Auch vor den großen Kosten, die mit manchen Projekten der nicht-numerischen Datenverarbeitung verbunden sind, sollte man nicht von vornherein zurückschrecken. Verglichen mit den Aufwendungen für Raketenabwehrsysteme, atomare Angriffswaffen und bemannte Raumflüge sind die Kosten eines zentralen Informationsspeichers — einer Datenbank —, der für eine ganze Nation mit einheitlicher Sprache verwendbar wäre, gering. Ob sie weniger nutzbringend angewendet wären?

2. Systematischer Überblick über Bereiche der nicht-numerischen Informationsverarbeitung

Die in Abb. 1 versuchte Aufgliederung der verschiedenen Bereiche nicht-numerischer Informationsverarbeitung trägt nur vorläufige Züge. Insbesondere ist die Abgrenzung gegenüber der mathematisch-wissenschaftlichen (numerischen) Datenverarbeitung und gegenüber der kaufmännisch-verwaltenden Datenverarbeitung fließend. So kommt der Bereich der numerischen Werkzeugmaschinensteuerung der numerischen Datenverarbeitung sehr nahe; da aber

---

[1] Zitiert nach R. Gerwin: „Intelligente Automaten", S. 36. Stuttgart: Belser-Verlag. 1964.

gerade hier spezielle problemorientierte Programmiersprachen erforderlich sind, läßt sich der Gesamtbereich der Fertigungssteuerung zu der nicht-numerischen Datenverarbeitung zählen. Die Aufgaben des *information retrieval*, d. h. also der Dokumentation, Speicherung und Wiederauffindung von Daten kann als typisches Gebiet angesehen werden, das man gleichermaßen der Nicht-Numerik wie der kaufmännisch-organisatorischen Datenverarbeitung zurechnen kann.

Auch untereinander sind die in Abb. 1 dargestellten sieben Gruppen der nicht-numerischen Informationsverarbeitung methodisch oder inhaltlich nicht streng voneinander zu trennen. So können beispielsweise sogenannte „Frage-Antwort-Systeme", bei denen Versuchspersonen in sprachliche Kommunikation mit einer Rechenanlage treten, zur Simulation psychologischen Verhaltens (*2. Gruppe*), oder zu den Kommunikationsprogrammen (*7. Gruppe*) gezählt werden. Bei der Programmierung solcher „Frage-Antwort-Systeme" sind Formelsprachen (*1. Gruppe*), Simulationsmodelle (*2. Gruppe*), Auskunftssysteme (*4. Gruppe*), Grundtatsachen der Sprachverarbeitung (*5. Gruppe*) sowie Methoden der Spracherkennung (*6. Gruppe*) enthalten.

Es braucht wohl nicht betont zu werden, daß der gewählten Anordnung der Gruppen in Abb. 1 keine systematische Bedeutung zukommt. Das Forschungsgebiet der Nicht-Numerik ist nach zwei Richtungen hin offen: Einmal ist zu erwarten, daß sich ganz *neue Gruppen* nicht-numerischer Anwendungen von Digitalrechnern entwickeln, zum anderen aber werden sich zahlreiche *neue Anwendungsfälle* innerhalb der einzelnen Gruppen ergeben. Zur Illustration werden im folgenden Beispiele von einzelnen Anwendungsmöglichkeiten der verschiedenen Gruppen genannt. Die Aufzählung ist in keiner Weise vollzählig. Daran anschließend versucht eine Auswahl von zwanzig für diesen Band geschriebenen Originalbeiträgen, vertiefte Einblicke in die verschiedensten Gebiete erfolgreicher Anwendung von Methoden der nicht-numerischen Informationsverarbeitung zu geben. Fast jeder Beitrag ist mit ausführlichen Literaturhinweisen versehen, die ein gründliches Studium des betreffenden Forschungsgebietes ermöglichen.

1. Logische Informationsverarbeitung

1.1. Symbolische Verarbeitung mathematischer und logischer Aussagen (Formeln)
Umformung von Ausdrücken der Booleschen Algebra — Auswertung von Formelausdrücken in elementarer Algebra, Trigonometrie, Differential- und Integralrechnung — Überprüfung schaltlogischer Verknüpfungen

1.2. Beweis von Aussagen aufgrund eines vorgegebenen Axiomensystems
Überprüfung axiomatischer Voraussetzungen auf Widerspruchsfreiheit — Beweis von Lehrsätzen der Geometrie — Beweis von Aussagen der Aussagenlogik — Überprüfung juristischer Formulierungen und kriminalistischer Hypothesen

1.3. Entwicklung von Programmiersprachen und Konstruktion von Formelübersetzern
Erstellen und Überprüfen von Formelübersetzern — Erstellen und Überprüfen von Compilern für Programmiersprachen — Programmiersprachen für mathematische, technische und kaufmännische Datenverarbeitung, für Listenverarbeitung, für Sortieren und Mischen von Daten — Programmiersprachen für Simulationsprogramme, für Fertigungssteuerung und für die Programmierung von Lehrautomatensystemen usw.

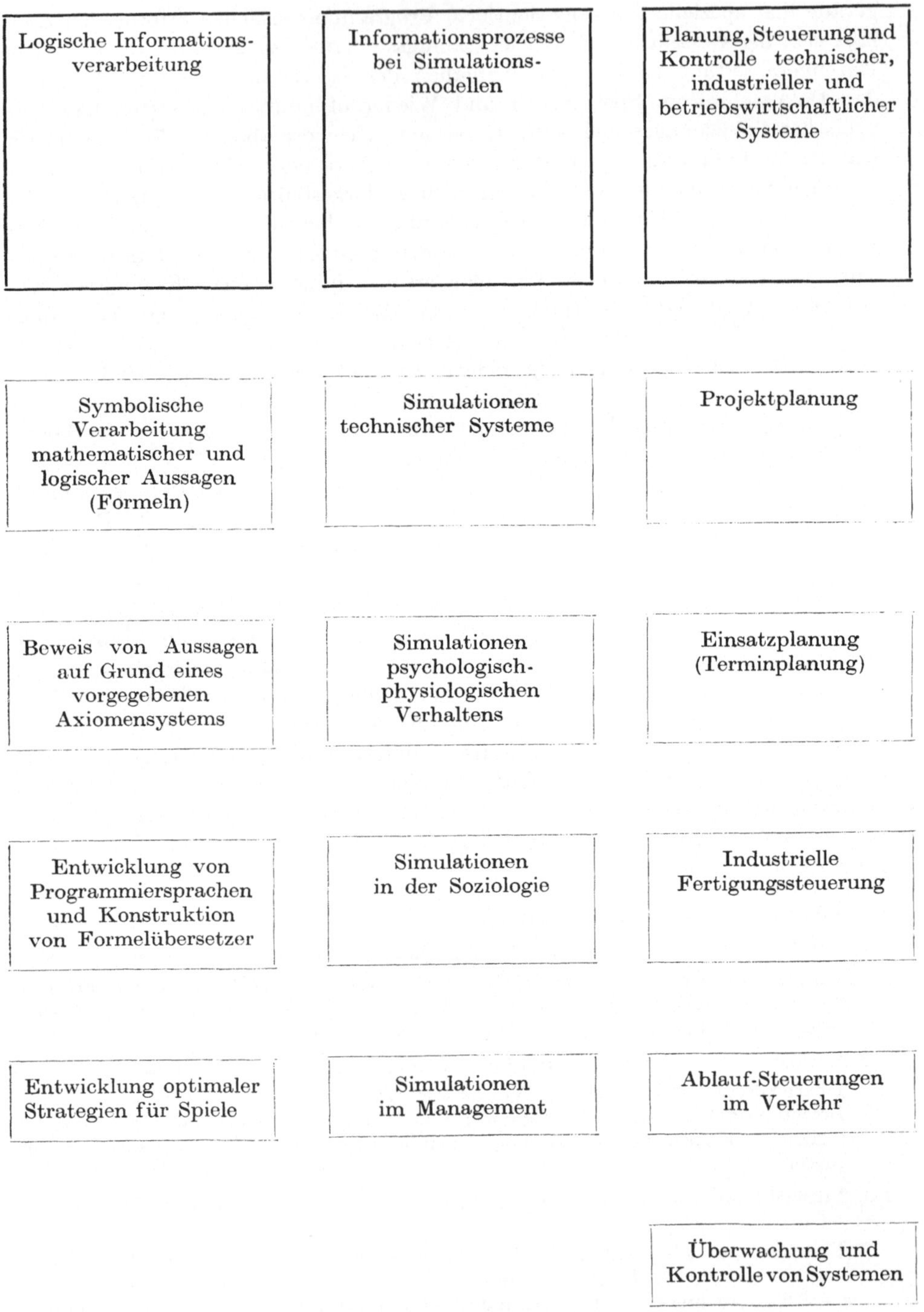

Logische Informations-
verarbeitung

Informationsprozesse
bei Simulations-
modellen

Planung, Steuerung und
Kontrolle technischer,
industrieller und
betriebswirtschaftlicher
Systeme

Symbolische
Verarbeitung
mathematischer und
logischer Aussagen
(Formeln)

Simulationen
technischer Systeme

Projektplanung

Beweis von Aussagen
auf Grund eines
vorgegebenen
Axiomensystems

Simulationen
psychologisch-
physiologischen
Verhaltens

Einsatzplanung
(Terminplanung)

Entwicklung von
Programmiersprachen
und Konstruktion
von Formelübersetzer

Simulationen
in der Soziologie

Industrielle
Fertigungssteuerung

Entwicklung optimaler
Strategien für Spiele

Simulationen
im Management

Ablauf-Steuerungen
im Verkehr

Überwachung und
Kontrolle von Systemen

Abb. 1. Bereiche der nicht-

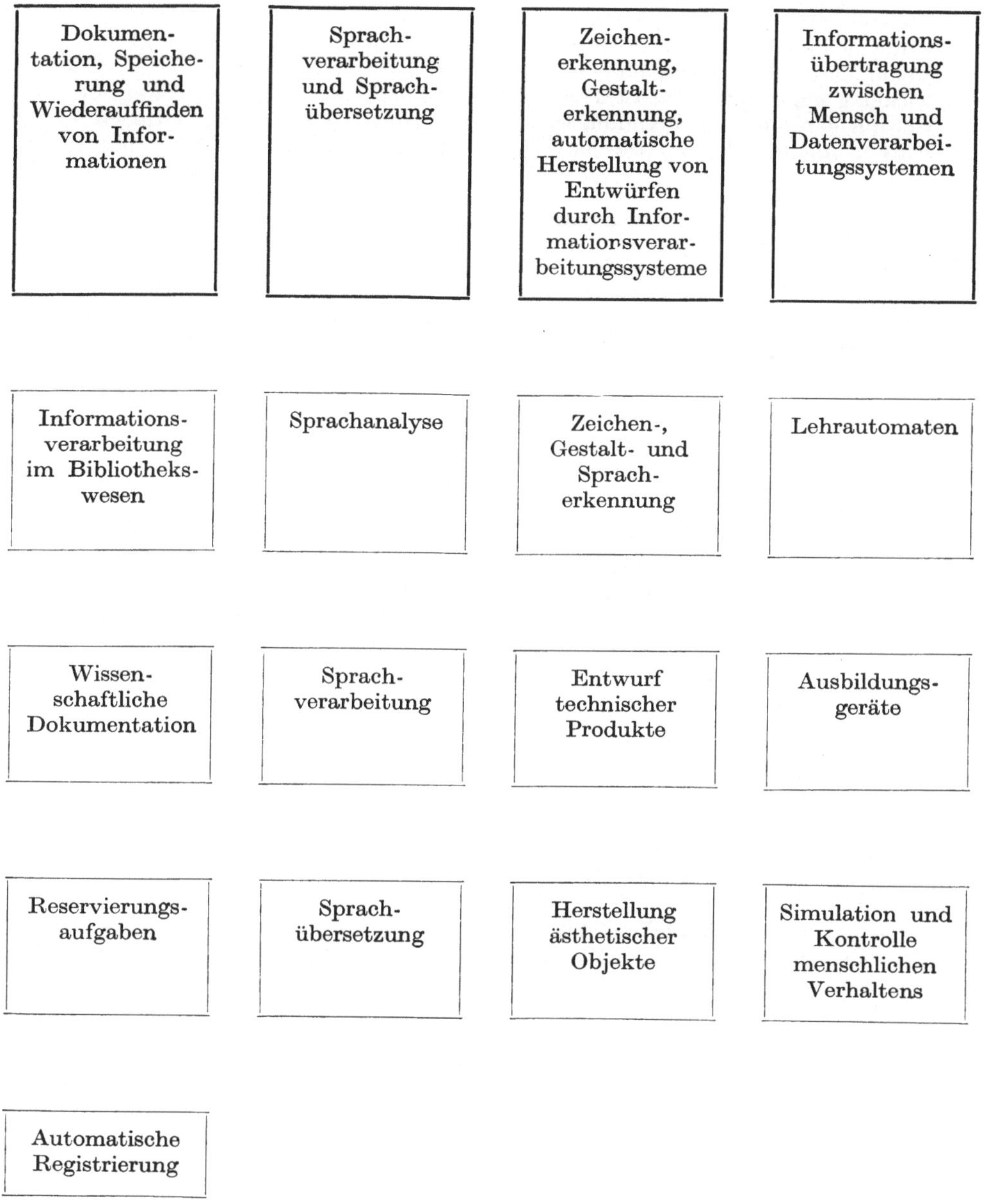

<table>
<tr>
<td>Dokumentation, Speicherung und Wiederauffinden von Informationen</td>
<td>Sprachverarbeitung und Sprachübersetzung</td>
<td>Zeichenerkennung, Gestalterkennung, automatische Herstellung von Entwürfen durch Informationsverarbeitungssysteme</td>
<td>Informationsübertragung zwischen Mensch und Datenverarbeitungssystemen</td>
</tr>
<tr>
<td>Informationsverarbeitung im Bibliothekswesen</td>
<td>Sprachanalyse</td>
<td>Zeichen-, Gestalt- und Spracherkennung</td>
<td>Lehrautomaten</td>
</tr>
<tr>
<td>Wissenschaftliche Dokumentation</td>
<td>Sprachverarbeitung</td>
<td>Entwurf technischer Produkte</td>
<td>Ausbildungsgeräte</td>
</tr>
<tr>
<td>Reservierungsaufgaben</td>
<td>Sprachübersetzung</td>
<td>Herstellung ästhetischer Objekte</td>
<td>Simulation und Kontrolle menschlichen Verhaltens</td>
</tr>
<tr>
<td>Automatische Registrierung</td>
<td></td>
<td></td>
<td></td>
</tr>
</table>

numerischen Informationsverarbeitung

1.4. Entwicklung optimaler Strategien für Spiele

Untersuchung der logischen Struktur einfacher Spiele („Go", „Nimm", „Dame", „Wolf und Schafe", einfacher Konstellationen des Schachspiels usw.) — Entwicklung einer optimalen Strategie für die Spielpartner — Entscheidung über Gewinnchancen — Anwendungen auf militärisch-strategische Situationen — Unternehmensspiele im wirtschaftlichen Bereich usw.

2. Informationsprozesse bei Simulationsmodellen

2.1. Simulationen technischer Systeme

Simulation chemischer Prozesse — Reaktorsimulationen — Simulation gefährlicher Laborversuche — Simulation des Flugverhaltens von Flugkörpern — Simulation von Verkehrsabläufen und Nachrichtensystemen — Simulation von Auswirkungen von Großwetterlagen usw.

2.2. Simulationen psychologisch-physiologischen Verhaltens

Simulation des Spielverhaltens von Kindern und Erwachsenen — Simulationen des psychologischen Gruppenverhaltens — Simulation von Unterrichtsprozessen, des Lehr- und Lernverhaltens — Simulationen physiologischer Reaktionen — Simulationen menschlicher und tierischer Organe usw.

2.3. Simulationen in der Soziologie

Simulationen von Stadt- und Landschaftsentwicklungen — Simulationen des politischen Verhaltens (Wahlausgänge usw.) — Simulation der Städteevakuierung — Simulationen zur Erforschung der Bevölkerungs- und Bildungspolitik usw.

2.4. Simulationen im Management

Simulationen von Arbeitsprozessen — Simulationen von Betriebsführungsstrategien — Simulationen von Wahlstrategien — Simulationen von Werbemethoden usw.

3. Planung, Steuerung und Kontrolle technischer, industrieller und betriebswirtschaftlicher Systeme

3.1. Projektplanung

Stadtplanung — Verkehrsplanung — Planung von Straßenbauprojekten — Planung einer Fertigung (Maschinenausnutzung, Lagerhaltung, Fließbänder, Absatz der Produkte usw.) — Planung von Rundfunksendern — Planung von Verteidigungssystemen

3.2. Einsatzplanung (Terminplanung)

Erstellen von Fahrplänen für Verkehrsmittel — Zeitpläne für Wartungen technischer Art — Erstellung von Stundenplänen für Schulen und Hochschulen — Planung der Materialbeförderung — Planung von Sendezeiten von Rundfunkstationen usw.

3.3. Industrielle Fertigungssteuerung

Echtzeit-Steuerung durch Prozeßrechner von Werkzeugmaschinen, Turbinen, Textilmaschinen, Druckereimaschinen, Dampfturbinen, Schleusen usw. — Komplexe Fertigungssteuerung von Erdölraffinerien, Atomkraftwerken, Wasserversorgungsanlagen usw.

3.4. Ablauf-Steuerungen im Verkehr

Echtzeit-Steuerungen von Fahrstühlen, von Eisenbahn- und Untergrundbahnen, komplizierter Klima- und Feuerschutzanlagen, Parkhäuser für Kraftfahrzeuge usw. — Verkehrssignalsteuerung — Bodengesteuerter Landeanflug von Verkehrsflugzeugen usw.

3.5. Überwachung und Kontrolle von Systemen

Überwachung der Endmontage von Kraftfahrzeugen — Frühwarnsysteme für den Bevölkerungsschutz — Überwachung von Reaktorprozessen — Kontrolle militärischer Verteidigungssysteme, Feuerleiteinrichtungen — Kontrolle von Frischoperierten in Krankenhäusern usw.

4. Dokumentation; Speicherung und Wiederauffinden von Informationen

4.1. Informationsverarbeitung im Bibliothekswesen

Katalogisierung — Registerherstellung — Titelverschlüsselung — Automatische Klassifizierung — Automatisierung des Büchereingangs, der Entleihe und der Zeitschriftenkontrolle usw.

4.2. Wissenschaftliche Dokumentation

Fragebogenauswertung — Medizinische-klinische Diagnose, Dokumentation der Symptome und Krankheitsgeschichten — Dokumentation von Patenten — Dokumentation in der chemischen Forschung (Eigenschaften von Chemikalien, Verbindungen, Reaktionen) — Fragebogenauswertung — Dokumentation in der Geschichtsforschung und Literaturforschung (Zuschreibungen von Dokumenten und Schriften) — Anwendungen bei Heiratsbüros und kriminalistischen Fahndungsstellen

4.3. Reservierungsaufgaben

Reservierungen von Hotelzimmern, Flugzeugplätzen, Schiffskarten, Plätzen auf Fährschiffen — Vorbelegung von Charterflügen und Ferienplätzen — Auskunftssysteme, die an solche Reservierungssysteme angeschlossen sind: Industriemessen, Stadtpläne usw.

4.4. Automatische Registrierung

Registrierung von Kraftfahrzeugzulassungen — Adreßbuchverwaltung — Adreßlistenkontrolle — Registrierung von Börsenkursen (mit Auskunftsystemen) — Registrierung von Studenten an Hochschulen usw.

5. Sprachverarbeitung und Sprachübersetzung

5.1. Sprachanalyse

Wortstatistik — Bestimmung von Schlüsselwörtern — Indizierung von Wörtern (Sprachbestandteilen) — Konstruktion von Konkordanzen — Linguistische Untersuchungen

5.2. Sprachverarbeitung

Stilistische Textbeschreibung — Edition von Texten — Textkorrekturen — Vergleich von Texten — Automatische Vorbereitung eines Zeitungssatzes und -Umbruchs (Silbentrennung, Überschriften, Redaktion von Nachrichten, Berücksichtigung von Abbildungen usw.)

5.3. Sprachübersetzung

Aufstellung mehrsprachiger Fachwortlisten — Übersetzungen aus Fremdsprachen — Übersetzungen in Blindenschrift — Entzifferung von Geheimcodes usw.

6. Zeichenerkennung, Gestalterkennung, automatische Herstellung von Entwürfen durch Informationsverarbeitungssysteme

6.1. Zeichen-, Gestalt- und Spracherkennung

Prüfung von Unterschriften und Scheckbelegen — Erkennen maschinengeschriebener Anschriften (Postleitzahlen) — Erkennen spezieller Codierungen — „Lesen" geschriebener Sprache (Sonderschriftzeichen, magnetische Schriftzeichen usw.) —

Erkennen gesprochener Sprache (Zahlwörter usw.) — Erkennen und Klassifizieren von Fingerabdrücken — Analyse syntaktischer Muster — Erkennen typischer Eigenschaften von medizinischen EEG-Diagrammen — Zielerkennungsgeräte in Kriegsflugzeugen — Lernende Geräte

6.2. Entwurf technischer Produkte

Entwurf von Maschinenteilen, Netzwerken, optimalen Verdrahtungen — Entwurf technischer Detailzeichnungen von Maschinenelementen — Entwurf architektonischer Konstruktionen (Häuser, Detailentwürfe, Straßenführungen) — Entwurf und Variation von Schnittmustern und Autokarosserien — Entwurf und Konstruktion von Flugzeugmodellen — Layout von Zeitschriftennummern (Illustrierten)

6.3. Herstellung ästhetischer Objekte

Komposition musikalischer Kunstwerke — Erzeugung von Computer-Grafiken — Herstellung von Texten, Reimen, „Autopoemen" — Erzeugung von Partituren (Choreographien) — Ansätze zur Kritik von Kunstwerken

7. Informationsübertragung zwischen Mensch und Datenverarbeitungssystemen

7.1. Lehrautomaten

Informationsverarbeitungssysteme als Universal-Lehrautomaten — Darbietungsgeräte für Programmierte Instruktion — Lehrmaschinen zur Erlernung von Fertigkeiten (Schreibmaschinenschreiben, Lochkartenstanzen usw.) — Lehrautomaten als Externgeräte von Informationsspeichern (Datenbank)

7.2. Ausbildungsgeräte

Flugzeugsimulatoren für Pilotenausbildung — Ausbildung an militärischem Gerät — Trainingsgeräte für Kraftfahrer mit Computersteuerung — Ausbildungsgeräte für Bedienung von Datenverarbeitungsanlagen

7.3. Simulation und Kontrolle menschlichen Verhaltens

Kommunikationsprogramme für „Unterhaltungen" zwischen Rechnern und Benutzern — Versuche zur Simulation von alltäglichen Konversationen („der Liftboy", „Baseball" etc.) — Lernende Automaten (Rückkoppelung über menschliche Benutzer) — Spielende Automaten (Schachspiel gegen menschlichen Partner) — Psychologische Analyse menschlichen Verhaltens mit Hilfe von Rechenanlagen (Psychologische Tests, Reaktionstests, Analyse typischer Antworten usw.)

3. Überblick über den Inhalt des vorliegenden Bandes

Den insgesamt zwanzig Einzelbeiträgen über die Behandlung nicht-numerischer Probleme mit Hilfe von Digitalrechnern wurden zwei einführende Referate vorangestellt. W. Knödel umreißt zunächst die wesentlichen Begriffe von *Aufbau, Arbeitsweise und Programmierung digitaler Rechner als Werkzeuge der nicht-numerischen Datenverarbeitung*; insbesondere schildert er ausführlich die Codierung sowie die numerische und logische Verarbeitung von Informationen in Informationsverarbeitungssystemen. In einer Studie über *Zufallsgeneratoren* beschreibt P. Roos zunächst die Erzeugung von Zufallszahlen durch analog arbeitende Zufallsmaschinen bzw. Zufallsgeneratoren, berichtet dann über statistische Testmethoden für Zufallszahlen und umreißt ferner Theorie und Test digitaler Pseudo-Zufallsgeneratoren.

Der erste Beitrag im Abschnitt über logische Entscheidungsverfahren auf Rechenanlagen befaßt sich mit *algebraisch strukturellen Verfahren.* Wie E. THEISSEN ausführt, besteht der Zweck dieser Verfahren darin, mathematische Formeln nach feststehenden Regeln (Identitätsbeziehungen) durch Digitalrechner in andere Formelausdrücke umformen zu können. Mathematische Ausdrücke werden also nicht numerisch erfaßt, sondern algebraisch-strukturell, d. h. „formelmäßig", verarbeitet.

Methoden der Formelübersetzung beschreibt K. FISCHER; unter einem Formelübersetzer versteht man ein Programm für Rechenanlagen, das arithmetische Ausdrücke bzw. Anweisungen einer problemorientierten Formelsprache in eine bestimmte Maschinensprache übersetzt. Dieser Übersetzungsprozeß ist nichtnumerischer Natur: Einer Folge von „Eingangszeichen" des Formelsprachenprogramms wird eine zweite Folge von „Ausgangszeichen", nämlich das Maschinensprachen-Programm, zugeordnet.

Über spieltheoretische Grundlagen, angenäherte Bewertungsfunktionen und Strategien einer *schachspielenden Maschine* — im Beispiel die entsprechend programmierte Rechenanlage TR 4 — berichten K. FISCHER und H.-J. SCHNEIDER. Die Ergebnisse von Schachpartien und Problemschachaufgaben illustrieren die Überlegenheit moderner Rechenanlagen beim Fällen von Entscheidungen — sofern exakte Kriterien für solche logischen Entscheidungen vorliegen.

In ihrem Beitrag über *Simulationsmodelle in der soziologischen Forschung* berichten V. HAUFF und F. LATZELSBERGER über amerikanische Versuche, das sozialpsychologische Verhalten in kleinen Gruppen, das Wahlverhalten von Wählern bei den US-Präsidentschaftswahlen von 1960 sowie gewisse Aspekte der Stadtentwicklung durch geeignete Modelle auf Rcheenanlagen zu simulieren.

Die exakte Berechnung der Verkehrsgüte von Fernsprech- und Fernschreibnetzen führt in den meisten Fällen zu linearen Gleichungssystemen von so hohem Rang, daß die numerische Auswertung mit vorhandenen Rechenanlagen nicht mehr möglich ist. In ihrem Beitrag über *Simulation von Nachrichtenvermittlungssystemen* beschreiben M. HUBER und W. WAGNER Versuche, Koppelanordnungen in Vermittlungssystemen auf einer Rechenanlage künstlich nachzubilden und Messungen an einem solchermaßen simulierten Nachrichtenverkehr durchzuführen.

Simulationen des Straßenverkehrs beschreibt anschließend H. RESS. Gegenstände dieses Berichts sind Rechnersimulationen vom Kraftfahrzeugverkehr an Kreuzungspunkten sowie eigene Versuche zur Erstellung eines Simulationsmodells für den Fahrzeugverkehr auf einer Landstraße.

Auf die Praxis der *Verkehrssignalsteuerung mit Hilfe von Ziffernrechenanlagen* geht W. WIMMER im ersten Kapitel des Abschnitts über Planung und Steuerung mit Rechenanlagen ein. Insbesondere zeigt er Vorteile und Möglichkeiten einer *verkehrsabhängigen* Steuerung von Signalanlagen und damit verbunden einer Optimierung des Verkehrsablaufs durch den Einsatz von Informationsverarbeitungsanlagen auf.

Einen ausführlichen Abriß über Werkzeugmaschinensteuerung und Fertigungslenkung sowie über Programmiersprachen für numerisch gesteuerte Fertigungsmaschinen gibt der Beitrag von V. KUSSL über *Automatisierung im indu-*

striellen Bereich. Er informiert ferner über Datenerfassung und Organisation einer Datenbank bei Auskunftssystemen.

Die *Planung und Überwachung von Projekten mit Hilfe von Computern* ist ein Problemkreis, dem sich T. Lutz widmet. Im Mittelpunkt dieses Beitrages stehen die verschiedenen Techniken der Projektplanung, wie Zeitplanungsmodelle, Kostenplanungsmodelle und Kapazitätsplanungsmodelle, das Engineering Control System und das sogenannte integrierte System.

Beispiele für Stundenplanprobleme (Schulstundenpläne, Hochschulprüfungspläne, Dienstpläne usw.) und Lösungsmethoden für *die Erstellung von Stundenplänen auf Rechenanlagen* zeigt W. Junginger auf. Unter anderem gibt er einen Überblick über Programme, die das heuristische Verfahren für Schulstundenpläne nachahmen, sowie über mathematisch orientierte Lösungsverfahren. Kritisch setzt er sich mit GASP, einem auf amerikanische Verhältnisse zugeschnittenen Verfahren, auseinander.

Ein Überblicksreferat über *maschinelle Analyse natürlicher Sprachen* von D. Krallmann umreißt den weiten Bereich der nicht-numerischen Informationsverarbeitung, der sich mit automatischer Stilanalyse, linguistischer Automation, automatischer Dokumentation, maschineller Sprachübersetzung und sogenannten Frage-Antwort-Systemen befaßt.

U. Winkler schildert dann *Aufbau und Anwendungsmöglichkeiten elektronischer Wörterbücher.* In seinem Beitrag nimmt er insbesondere auf die Herstellung textbezogener Fachwortlisten und die Wörterbuchüberarbeitung Bezug, wobei er auch auf maschinentechnische und programmiertechnische Besonderheiten eingeht.

Der gegenwärtige Stand der *maschinellen Sprachübersetzung* wird nach Ansicht von G. Engelien und H. Schnelle von der Forderung nach intensiver linguistischer Grundlagenforschung bestimmt. Entsprechend ist ihr Beitrag vorwiegend der linguistischen Datenverarbeitung und spezieller für die Sprachübersetzung relevanter (Programmier-)Techniken gewidmet.

Stilistische Textbeschreibung mit statistischen Methoden ist das Thema eines weiteren Beitrags von D. Krallmann, in dem er über stilistische Textanalysen (maschinelle Silbenzählung, Längenuntersuchung linguistischer Einheiten und Wortlängenbestimmungen) und ihre linguistische Interpretation, d. h. die Beschreibung von Stilmerkmalen mit statistischen Verfahren, berichtet.

Ein Überblicksreferat über *Dokumentation und elektronische Datenverarbeitungssysteme* gibt F. W. Kistermann. Dieses Gebiet der Informationsverarbeitung wurde schon sehr früh als Anwendungsfeld der elektronischen Datenverarbeitung entdeckt. Der Beitrag schildert, wie Hauptprobleme der Dokumentation (Welche Ordnungs- und Klassifikationssysteme sind richtig? Welche Notationen und Codesysteme sind hierzu am zweckmäßigsten?) im Rahmen von Informationssystemen der konventionellen und der unkonventionellen Dokumentation einer Lösung zugeführt wurden. In einer Beschreibung des IBM *Technical Information Retrieval Center* geht er auf das Problem der gezielten Verteilung von Informationen ein.

Die *maschinelle Datenverarbeitung in Bibliotheken mit Hilfe von Rechenanlagen* erörtert W. Lingenberg, wobei er ausführlich auf Möglichkeiten des Computereinsatzes in der Erwerbsabteilung, der Zeitschriftenstelle, der Katalogisierung und der Ausleihe moderner Großbibliotheken eingeht. Am Beispiel der Automatisierung der *Library of Congress* und am Beispiel des Projekts INTREX wird dargelegt, welche Organisationsformen wissenschaftliche Bibliotheken der Zukunft haben werden.

Über moderne Methoden der *Zeichenerkennung und Gestalterkennung mit Hilfe von Rechenanlagen* berichten E. HARTENSTEIN, E. HOLDERMANN und H. KAZMIERCZAK. Gegenstand dieses Beitrags sind die Verarbeitung, Erkennung und Erzeugung von Zeichenmustern mit Hilfe von Rechenanlagen, die Darstellung bildhafter Zeichenmuster, die Erkennung handschriftlicher Zeichen sowie spezielle Ein-Ausgabe-Geräte für bildhafte Zeichenmuster, wie z. B. der Lichtgriffel.

Die *Informationsverarbeitung bei der Briefsortierung* ist ein technisches Problem, zu dessen Lösung in Zukunft mehr und mehr Datenverarbeitungsanlagen verwendet werden. R. BLÜCHER und W. GRÄF beschreiben die Vorgänge der manuellen und der teilautomatisierten Briefbearbeitung bei der Bundespost. Sie schildern in ihrem Beitrag, wie die Briefsortierung von Sendungen mit speziellen Codes erleichtert und beschleunigt werden kann; welche technischen Geräte für diesen Bereich der nicht-numerischen Datenverarbeitung erforderlich sind, wird ebenso dargelegt wie die Lösung der Zukunft: die vollautomatische Briefsortierung mit Hilfe von Prozeßrechnern.

Der Frage: „Können Computer Kunst erzeugen?" geht F. NAKE in seiner Studie über die *Erzeugung ästhetischer Objekte mit Rechenanlagen* nach. In einem Überblick berichtet er über Versuche, musikalische Kompositionen, Texte, Grafiken usw. durch entsprechend programmierte Universalrechner herstellen zu lassen. Am Beispiel seiner eigenen „Computer-Grafiken" führt NAKE aus, welche Modellvorstellungen und welche Voraussetzungen aus der Informationsästhetik er als notwendig erachtet für die Erstellung eines „ästhetischen Programms", das dann zur Computer-Produktion von Grafiken führt.

Die Vorteile, die *Digitalrechner als Lehrautomaten*, d. h. zur Darbietung von Unterrichtsprogrammen bieten, untersucht R. GUNZENHÄUSER im letzten Beitrag dieses Bandes. Nach allgemeineren Betrachtungen, warum Informationsverarbeitungssysteme die notwendigen Voraussetzungen für universell einsetzbare Lehrautomaten erfüllen, schildert er Versuche, die bisher mit Digitalrechnern im pädagogisch-didaktischen Bereich, in Form von Lehr-, Übungs- und Prüfungsprogrammen, unternommen wurden.

Genaue Angaben über die *Mitarbeiter* sind nach dem Inhaltsverzeichnis zu finden. Ein *Namen-* und ein *Sachverzeichnis* schließen den vorliegenden Band ab.

II. Digitalrechner und Zufallsgeneratoren: Grundlagen der Informationsverarbeitung

A. Aufbau, Arbeitsweise und Programmierung digitaler Rechner als Werkzeuge der nicht-numerischen Datenverarbeitung

Von

W. Knödel

1. Programmgesteuerte Ziffernrechenautomaten

Wir werden uns im folgenden mit einer besonderen Klasse von Ziffernrechenmaschinen, den sogenannten Rechenautomaten, beschäftigen. Diese Geräte wurden ursprünglich zur Durchführung numerischer Rechnungen erdacht und gebaut. Erst später fanden sie aufgrund besonderer Eigenschaften Verwendung für die Lösung nicht-numerischer Aufgaben.

Um die Arbeitsweise eines Rechenautomaten zu verstehen [6], erweist es sich daher als zweckmäßig, zunächst die Tätigkeit eines menschlichen Rechners zu beobachten, der etwa über eine mechanische Tischrechenmaschine verfügt, und dann zuzusehen, wie weit diese Tätigkeit von einem Rechenautomaten übernommen werden kann. Die Vierspeziesmaschine herkömmlicher Bauart kann jeweils *eine* Rechenoperation ausführen, dann erfordert sie das Eingreifen eines Bedienungsmannes. Um große Aufgaben, etwa die Auflösung eines Gleichungssystems oder die Lohnabrechnung eines Beschäftigten durchzuführen, können Hunderte oder Tausende solcher Einzelschritte notwendig werden. Beim Ablauf dieser Einzelschritte ist der menschliche Rechner keineswegs in seinen Entschlüssen frei [4]. Er ist beim Auflösen eines Gleichungssystems an das gewählte Verfahren und bei der Lohnabrechnung an vertragliche Bestimmungen gebunden. Meist sind diese Vorschriften in einprägsamer Weise in einem Formelblatt oder in einem Abrechnungsbogen zusammengefaßt, um Hantierungs- oder Gedächtnisfehler auf ein Minimum herabzudrücken. Schematisch läßt sich die geschilderte Tätigkeit in folgender Weise darstellen (Abb. 2a).

Der menschliche Rechner hat Angaben vorliegen, die in die Rechenmaschine einzubringen sind. Aufgrund des vorgeschriebenen Rechenprogramms erzeugt er Zwischen- und Endresultate, wobei er unter Umständen noch Tafelwerke (Lohnsteuertabellen, Tafeln der Winkelfunktionen) zu benützen hat. Der Mensch im Zentrum des Geschehens ist dabei Kuli im schlechten Sinne des Wortes, da er lediglich die Anweisungen der Rechenvorschrift auszuführen hat. Jede irrtümliche oder absichtliche Abweichung bedeutet einen Rechenfehler, der das Endergebnis wertlos macht, und solche Fehler sind in reichem Maße möglich, selbst wenn die eigentliche Rechnung dank der Rechenmaschine fehlerfrei abläuft: Der Mensch liest die Zahlen der Angabe falsch; er bringt irrtümlich andere Zahlen in die Rechenmaschine, als er gelesen hat; er irrt sich beim Ablesen der Ergebnisse und bei ihrem Niederschreiben noch einmal. Mehrfach durchgeführte Kontrollen müssen diese Fehler in erträglichen Grenzen halten, und so wird Zeit und menschliche Arbeitskraft verschwendet.

Seit langer Zeit versuchten daher Mathematiker und Ingenieure, diesen so unmenschlich beschäftigten Menschen durch eine Maschine zu ersetzen. Als bescheidene Vorstufen dieses Konzepts, etwa bei den Buchungsautomaten und den Lochkartenmaschinen, verwirklicht werden konnten, war die Konstruktion eines Maschinenrechners nur mehr eine Frage der Zeit. Vor gut zwei Jahrzehnten war es so weit, der Mensch (in Abb. 2a) war durch eine Maschine ersetzt; das Schema präsentiert sich nunmehr in folgender Weise (Abb. 2b).

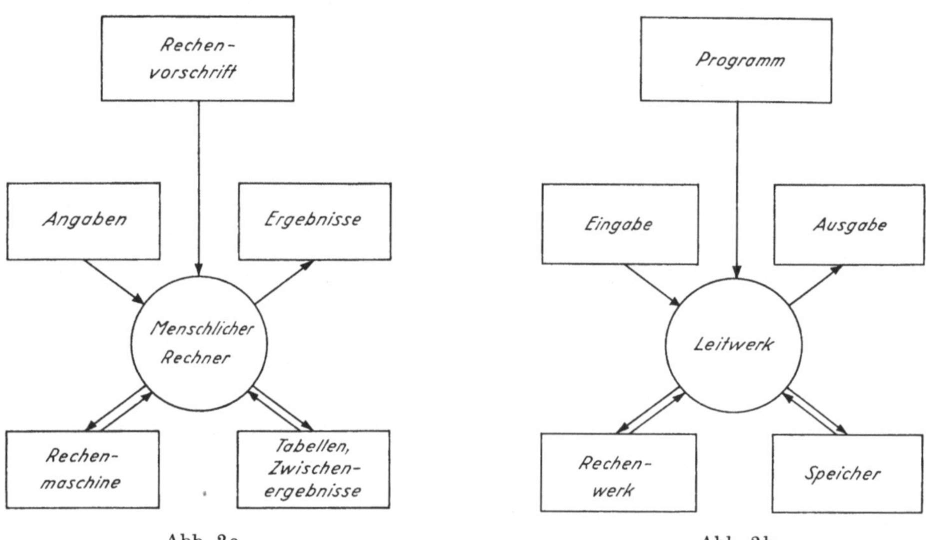

Abb. 2a   Abb. 2b

An die Stelle des menschlichen Rechners ist das *Leitwerk* (*Befehlswerk*) getreten, das die anderen Teile des Gesamtmechanismus steuert. Die Datenangaben werden durch ein *Eingabewerk* bereitgestellt, die Ergebnisse durch das *Ausgabewerk* konserviert. Die Rechenmaschine wurde durch ein *Rechenwerk* ersetzt, das im wesentlichen deren Funktionen übernommen hat, und zur Aufnahme von Zwischenergebnissen und Tabellen ist ein *Speicherwerk* vorhanden. Das Leitwerk selbst bekommt Anweisungen vom *Programm*, das nunmehr die Funktionen der Rechenvorschrift übernommen hat. Ein Gerät, das alle Funktionen von Abb. 2b ausführen kann, wird *Ziffernrechenautomat* genannt.

Das Einwirken des Menschen auf den Rechenvorgang, wie es zwischen menschlichem Rechner und Rechenmaschine stattfand, ist nun auf das Erstellen des Programms beschränkt. Der Mensch muß sich um den Ablauf der Rechnung im einzelnen nicht mehr kümmern, er muß aber nach wie vor eine Rechenvorschrift festlegen, die den Ablauf der Rechnung in allen ihren Teilen bestimmt[1] und die man als *Programm* bezeichnet. Das Abfassen einer solchen

---

[1] Vgl. aber die Ausführungen über spielende und lernende Automaten in diesem Band.

Rechenvorschrift, die für das Leitwerk der Maschine erkennbar und ausführbar ist, nennt man *Programmieren*.

Das Neue und Schwierige des Programmierens besteht darin, daß ein menschlicher Rechner aufgrund seiner Erfahrung und Vorbildung auch etwas vage Anweisungen verstehen und mitunter auch richtig befolgen kann. Vom Leitwerk eines Automaten läßt sich dies billigerweise nicht verlangen. Alle Vorschriften sind nun in großer Ausführlichkeit und Klarheit abzufassen — was auch bei Anweisungen an einen menschlichen Rechner wünschenswert wäre — und müssen in einer Form erfolgen, die der Maschine verständlich ist. Diese Tätigkeit ist mit der eines Dolmetschers vergleichbar. Sobald eine Aufgabe in der Formelsprache des Mathematikers, der Fachsprache des Kaufmanns oder auch der Umgangssprache formuliert ist, müssen wir sie in eine andere Sprache, nämlich die Maschinensprache, übersetzen, bevor sie durch den Rechenautomaten ausgeführt werden kann. Als Programmieren bezeichnen wir beide Tätigkeiten, das klare und einwandfreie Formulieren einer Aufgabe, gleichbedeutend mit der Angabe von einzelnen Anweisungen für ihre Durchführung, und die anschließende Übersetzung dieser Befehle in die Maschinensprache. Der zweite Teil dieser Tätigkeit, nämlich das Übersetzen einer bereits vorliegenden Befehlsliste in die Maschinensprache, soll Programmieren im engeren Sinne oder *Codieren* genannt werden. Die Bestandteile eines solchen *Maschinenprogramms* bezeichnen wir wieder als *Befehle* oder *Anweisungen*.

Sind wir zu einem Maschinenprogramm gelangt, so erhebt sich die Frage, wo wir das Programm speichern sollen, um es ohne menschliches Zutun vom Automaten abwickeln zu lassen. In erster Linie bieten sich jene Medien an, die wir später auch als Datenträger für die Ein- und Ausgabe kennenlernen werden: *Lochkarten* und *Lochstreifen*. Ein Programm kann nun auf zwei verschiedene Weisen ablaufen:

1. Der Automat liest jeden Befehl des Programms unmittelbar vor seiner Ausführung ein, bringt ihn ins Leitwerk, entschlüsselt ihn und führt ihn aus.

2. Der Automat liest *alle* Befehle auf einmal in das Speicherwerk, bringt jeden Befehl unmittelbar vor seiner Ausführung von dort ins Leitwerk und fährt dann mit Entschlüsselung und Ausführung fort wie unter 1.

Die Automaten der Kategorie 1 bezeichnen wir als *extern programmierte* Rechenautomaten. Sie werden meist für einfache kommerzielle Aufgaben eingesetzt, wobei neben die Speicherung des Programms auf Lochstreifen oder -karten noch die Speicherung auf Stecktafeln tritt. In der nicht-numerischen Datenverarbeitung spielen extern programmierte Rechenautomaten keine Rolle.

Die Automaten der Kategorie 2, auf die wir uns im folgenden beschränken werden, heißen *intern programmierte* oder *speicherprogrammierte* Rechenautomaten; ihr Vorteil besteht darin, daß beliebige Programmteile wiederholt oder übersprungen werden können, was bei extern programmierten Automaten auf Schwierigkeiten stößt. Wiederholung oder Auslassung von Programmteilen ist immer dort wichtig, wo die gewünschten Operationen von Rechenergebnissen oder von Ausgangsdaten abhängen.

Der Mechanismus, mit dem speicherprogrammierte Rechenautomaten einzelne Gruppen von Befehlen ausführen und andere überspringen, ist der: Am Ende einer Befehlsgruppe, die wir auch als *Block* bezeichnen, kann ein spezieller Befehl stehen, der das Leitwerk veranlaßt, den nächsten Befehl nicht der nächsten Befehlsgruppe zu entnehmen sondern einer beliebigen anderen. Ein derartiger Befehl heißt *Sprungbefehl*. Wird seine Ausführung von Angaben oder Ergebnissen abhängig gemacht, dann sprechen wir von einem *bedingten* Sprungbefehl. Ist nämlich die Sprungbedingung nicht erfüllt, dann werden die Befehle des nächsten Blockes so ausgeführt, als ob kein Sprungbefehl vorhanden wäre. Das Programm verzweigt sich also in zwei Äste, die wahlweise ausgeführt werden können. Auf dieser Flexibilität des Programmablaufs beruht die vielseitige Anwendbarkeit von Rechenautomaten. Komplizierte Abläufe werden wie bei jeder Automation durch die Aneinanderreihung einiger weniger Typen von Befehlen ausgeführt. Weiter ist klar, daß es sinnlos wäre, ein Programm, dessen Befehle nur ein einziges Mal zu durchlaufen sind, auf einem Automaten abzuwickeln, der 100 000 oder mehr Operationen je Sekunde ausführen kann, selbst wenn das Programm einige tausend Befehle enthielte. Jedes Programm, das sinnvollen Gebrauch von Rechenautomaten macht, enthält daher Teile, die mehrmals durchlaufen werden (*Schleifen*), oder wird selbst als Ganzes wiederholt. Die Lohnabrechnung eines Betriebs mit 500 Angestellten stellt ein Beispiel für die 500malige Wiederholung des gleichen Programmablaufs dar; mathematische Iterationsverfahren führen auf Programme mit Schleifen.

2. Verschlüsselung von Information

Wir haben gesehen, daß das Speicherwerk von Automaten nicht nur Zahlen, also *Daten*, sondern auch Befehle enthält. Ein Speicher, der dies leistet, muß geeignet sein, beliebige *Information* [9] zu speichern, wenn sie nur in speicherfähiger Form verschlüsselt ist. Eine derartige Verschlüsselungsmöglichkeit ist die heute bei Rechenautomaten übliche *duale* oder *binäre Verschlüsselung* [7].

Wir denken uns zuerst Daten oder Information mit den uns geläufigen Schriftzeichen dargestellt. Dabei wollen wir zwischen Groß- und Kleinbuchstaben nicht unterscheiden. Ferner benötigen wir die Ziffern 0 bis 9 und eine Anzahl von Sonderzeichen, wie $(|)|\cdot|;|+|-|$, usw. Wenn wir diese Zeichen binär verschlüsseln können, dann kann durch Aneinanderreihen derartig verschlüsselter Zeichen offenbar jede beliebige Information binär im Rechenautomaten gespeichert werden. Wir wollen diese Verschlüsselung durch Ja-Nein-Entscheidungen vornehmen und dies am Beispiel der Ziffern erläutern.

Wenn wir die Ziffer 5 verschlüsseln wollen, stellen wir folgende Frage:

Ist 8 in 5 enthalten?	*nein*
Ist 4 in 5 enthalten?	*ja*, 1mal mit Rest 1
Ist 2 im Rest 1 enthalten?	*nein*
Ist 1 im Rest 1 enthalten?	*ja*, 1mal ohne Rest

Wenn wir anstelle von *ja* die Abkürzung L, anstelle von *nein* die Abkürzung O verwenden und führende Nullen weglassen, so erhalten wir für 5 die binäre Darstellung LOL. Wir überzeugen uns sofort, daß die gleiche Fragenfolge bei jeder Ziffer zum Erfolg führt und stellen das Ergebnis in Tab. 1 zusammen. Aus Gründen der Konsequenz schreiben wir alle binären Darstellungen noch einmal vierstellig an.

Umgekehrt überzeugen wir uns, daß aus jeder Verschlüsselung die ursprüngliche Dezimalziffer rekonstruiert werden kann. So erhalten wir zum Beispiel 5 als $1 \cdot 2^2 + 0 \cdot 2^1 + 1 \cdot 2^0$, das heißt 101 ist die Darstellung von 5 in einem Zahlsystem, das als Basis die Zahl 2 benützt, was den Namen duale oder binäre Verschlüsselung nachträglich rechtfertigt. (Um die Dualzahl 101 nicht mit der Dezimalzahl 101 zu verwechseln, schreiben wir für die Dualzahl 101 besser wie oben LOL.)

Tabelle 1

Dezimal-Ziffern	Entsprechende Binärzahlen ohne führende Nullen	Entsprechende vierstellige Binärzahlen
0	O	OOOO
1	L	OOOL
2	LO	OOLO
3	LL	OOLL
4	LOO	OLOO
5	LOL	OLOL
6	LLO	OLLO
7	LLL	OLLL
8	LOOO	LOOO
9	LOOL	LOOL

Bei den Buchstaben und Sonderzeichen können wir so verfahren, daß wir ihnen zweistellige Zahlen zuordnen, etwa die Zahlen 10 bis 35 für die Buchstaben und die Zahlen 36 usw. für die Sonderzeichen, und diese Zahlen dann binär verschlüsseln. Bei der Verschlüsselung von beispielsweise 35 haben wir dabei zwei Wege offen: wir können 3 für sich und 5 für sich binär verschlüsseln und gelangen so zur *dezimal-binären* Form OOLL OLOL, oder wir verschlüsseln 35 *direkt*, was $35 = 32 + 2 + 1 = 1 \cdot 2^5 + 0 \cdot 2^4 + 0 \cdot 2^3 + 0 \cdot 2^2 + 1 \cdot 2^1 + 1 \cdot 2^0 = $ LOOOLL liefert. Tatsächlich wird bei manchen Rechenautomaten die eine, bei manchen die andere Verschlüsselung verwendet. Die Vor- und Nachteile liegen auf der Hand: die direkte Verschlüsselung ist kürzer; wir benützen bei einem Alphabet, das maximal 64 Zeichen enthält, 6 Stellen pro Zeichen. Bei der dezimal-binären Verschlüsselung benötigen wir pro Buchstabe 8 Binärstellen. Dafür ist die Ver- und Entschlüsselung leichter zu bewerkstelligen. Bei der dezimal-binären Verschlüsselung ist die konsequente Verwendung von 4 Stellen auch für die niedrigen Ziffern wie 1, 2, 3 wesentlich, weil es sonst unmöglich wäre, die einzelnen Dezimalstellen in der binären Darstellung zu identifizieren. Aus dem gleichen Grund werden wir die Ziffern 0 bis 9 als 00 bis 09 verschlüsseln. Die Zuordnung der zweistelligen Zahlen zu den Buchstaben ist gleichgültig, solange wir die Information nur speichern wollen. Wollen wir sie auch bearbeiten, dann empfiehlt es sich, bei der Zuordnung die alphabetische Reihenfolge beizubehalten. Zum Beispiel ist eine Menge von Wörtern genau dann alphabetisch geordnet, wenn die ihnen entsprechenden Code-Zahlen nach steigender Größe aufeinanderfolgen.

Wir haben so aus den möglichen Binär-Codes die beiden gebräuchlichsten, nämlich den direkten und den dezimal-binären, herausgegriffen und fragen uns nun, warum als Basis die Zahl 2 und nicht die übliche Zahl 10 verwendet wird. Dies hat seine Ursache in technischen Gründen. Die verwendeten Schalt- und Speicherelemente eines Digitalrechners können in der Regel genau zwei stabile Zustände annehmen, so daß sie binäre Information besonders leicht speichern können. Ein Ferritkern kann in einer Richtung magnetisiert sein oder in der entgegengesetzten Richtung. Ein Transistor kann gesperrt oder offen sein, ein Lochstreifen kann in einer bestimmten Position gelocht sein oder nicht usw. Die Lage ist also hier grundsätzlich anders als etwa bei den mechanischen Tischrechenmaschinen, wo es gleichgültig ist, ob ein Zahnrad 10 Zähne trägt oder eine beliebige andere Anzahl. Im folgenden werden wir bei jeder Information davon ausgehen, daß sie bereits in binärer Form vorliegt.

3. Bearbeitung von Information

Arithmetische Operationen sind uns vertraut. Ebenso kennen wir die Möglichkeit, Zahlen nach ihrer Größe anzuordnen oder Text alphabetisch zu sortieren. Weniger geläufig sind dagegen logische Operationen. Wir benützen fast ununterbrochen logische Verknüpfungen, haben aber selten klare Vorstellungen vom Ablauf dieser Operationen.

Wir gehen dabei von einzelnen Aussagen aus und ordnen ihnen je einen Wahrheitswert zu, nämlich eines der beiden Prädikate *wahr* oder *falsch*. Bei einer Rose im Fenster einer Blumenhandlung können wir die Aussage „Die Rose ist rot" nachprüfen, d. h. feststellen, ob die Aussage wahr oder falsch ist. Die Verneinung einer Aussage A bezeichnen wir mit $\neg A$. Ist A die Aussage „Die Rose ist rot", dann steht $\neg A$ für die Aussage „Die Rose ist nicht rot". Ob sie gelb, weiß oder sonstwie gefärbt ist, bleibt dabei dahingestellt. Wir überzeugen uns: Aus „A ist wahr" folgt „$\neg A$ ist falsch" und umgekehrt. Wir stellen dies in einer Tabelle unter Verwendung der Abkürzungen w für wahr und f für falsch zusammen (Tab. 2).

Tabelle 2

A	w	f
$\neg A$	f	w

Zwei Aussagen können durch logische Operationen wie *und* und (*einschließendes*) *oder* verknüpft werden. Für die Verknüpfung *und* wählen wir das Zeichen $\wedge$, für *oder* das Zeichen $\vee$. *Beispiel*: Die beiden Aussagen A: „Die Rose ist rot" und B: „Die Rose ist teuer" können zur Aussage $A \wedge B$: „Die Rose ist rot *und* die Rose ist teuer" bzw. $A \vee B$: „Die Rose ist rot *oder* die Rose ist teuer" verknüpft werden, wobei *einschließendes oder* bedeutet, daß die letzte Aussage als *wahr* angesehen wird, wenn die Rose entweder rot oder teuer, oder aber sowohl rot als auch teuer ist. Für die Wahrheitswerte von derart verknüpften Aussagen ergibt sich folgende Tab. 3.

Tabelle 3

A	w	f	w	f
B	w	w	f	f
$A \lor B$	w	w	w	f
$A \land B$	w	f	f	f

Technisch lassen sich logische Operationen durch Schalter — seien sie nun mechanisch oder elektronisch — verwirklichen [5]: Eine Leitung mit zwei Schaltern S_1 und S_2 in Serie läßt einen Stromstoß genau dann passieren, wenn S_1 und S_2 geschlossen sind. Eine Leitung mit zwei parallel montierten Schaltern S_1 und S_2 läßt einen Stromstoß genau dann passieren, wenn mindestens einer der beiden Schalter geschlossen ist. Dieses Verhalten entspricht aber genau der Tab. 3. Wir nehmen für A die Aussage „S_1 ist geschlossen", für B die Aussage „S_2 ist geschlossen". Nun prüfen wir die Anordnung durch einen Impuls. Der Impuls passiert genau dann zwei Schalter in Serie, wenn $A \land B$ *wahr* ist, er gelangt genau dann durch zwei parallele Schalter, wenn $A \lor B$ *wahr* ist. Wir können daher von einer *Und-Schaltung* bzw. von einer *Oder-Schaltung* sprechen. Für das logische Zeichen $\neg$ können wir ähnlich verfahren. In einer Leitung möge sich ein einziger Schalter S befinden und A sei die Aussage „S ist geschlossen". Ein Impuls passiert die Leitung genau dann, wenn A wahr ist.

Jetzt wollen wir für A eine Information nehmen, die aus einer einzigen Binärstelle, einem einzigen Bit besteht. Falls das Bit den Wert L hat, wollen wir A als *wahr* bezeichnen. Hat es den Wert O, so soll A *falsch* sein. Dann ergibt die Verneinung:

$$\neg \, L = O$$
$$\neg \, O = L.$$

Eine andere einstellige Information B soll genau so wahr bzw. falsch heißen, wenn sie L bzw. O ist. Dann entnehmen wir der Tabelle

$$O \land O = O$$
$$O \land L = O$$
$$L \land O = O$$
$$L \land L = L.$$

Lesen wir die Operation $\land$ als Produkt, dann haben wir das kleine Einmaleins für Binärzahlen aufgeschrieben, und zwar vollständig. Wir können mit einer *Und*-Schaltung also multiplizieren.

Jetzt schreiben wir die entsprechenden Gleichungen für die Operation $\lor$ auf.

$$O \lor O = O$$
$$O \lor L = L$$
$$L \lor O = L$$
$$L \lor L = L.$$

Deuten wir die Operation $\lor$ als Addition, dann stimmen die ersten drei Gleichungen. Die vierte aber ist falsch, denn es gilt $L + L = LO$, da bei der Addition von Binärzahlen nicht ein Zehner-Übertrag sondern ein Zweierübertrag stattfindet.

Im Leitwerk der Rechenautomaten sind Befehle vorgesehen, mit denen die Operationen $\wedge$ und $\vee$ nicht nur mit einzelnen Binärstellen ausgeführt werden können, sondern für ganze Gruppen von Zeichen elementweise ablaufen. Zum Beispiel sollen die beiden Folgen

O L O L O L O L O L O L O L O
O O L O O L O O L O O L O O L

von je 15 Zeichen gegeben sein. Die Operation $\vee$ macht daraus

O L L L O L O L L L O L O L L.

Die Operation $\wedge$ liefert

O O O O O L O O O O O L O O O.

Numerieren wir die Ziffern der beiden gegebenen Folgen mit den Zahlen 1 bis 15 durch, dann steht in der ersten Folge auf allen Plätzen, deren Platznummer durch 2 teilbar ist, das Zeichen L, auf den übrigen Plätzen steht O. Bei der zweiten Folge sind die durch 3 teilbaren Zahlen in der gleichen Weise gekennzeichnet. Durch die Operation $\vee$ werden alle Zahlen mit L gekennzeichnet, die durch 2 oder 3 teilbar sind. Die Primzahlen zum Beispiel brauchen wir also nur auf Plätzen zu suchen, auf denen O steht. Durch die Operation $\wedge$ werden jene Zahlen markiert, die durch 2 und 3 zugleich, das heißt durch 6 teilbar sind.

Jetzt geben wir noch an, wie sich die Addition $a + b$ zweier einstelliger Binärzahlen mit Hilfe der Operationen $\wedge$, $\vee$ und $\neg$ realisieren läßt: Wir erhalten die letzte Stelle der höchstens zweistelligen Summe durch die Funktion $(a \vee b) \wedge \neg (a \wedge b)$, wie sich durch Einsetzen der vier möglichen Variationen $a = $ O, L; $b = $ O, L zeigt (Tab. 4). Die erste Ziffer, also der Übertrag, ergibt sich aus $a \wedge b$.

Tabelle 4

a	1	0	1	0
b	1	1	0	0
$a \vee b$	1	1	1	0
$a \wedge b$	1	0	0	0
$\neg\, a \wedge b$	0	1	1	1
$\neg\, (a \wedge b) \wedge (a \vee b)$	0	1	1	0

Da sich die Operation Subtraktion als Addition des Komplements schreiben läßt und die Operation Division als wiederholte Subtraktion, beherrschen wir damit logische und arithmetische Operationen.

Programmverzweigungen lassen sich vom Wahrheitswert eines logischen Ausdrucks abhängig machen. So kann z. B. ein Programmzweig ausgeführt werden, wenn $a = b$ *wahr* ist, ein anderer Programmzweig, wenn $a = b$ *falsch*, also $a \neq b$ *wahr* ist. Auch das Paar von Bedingungen $a \geq b$, $a < b$ wird häufig für Verzweigungen benützt. Beispielsweise lassen sich daher folgende Anweisungen ausführen:
Wenn $a \geq b$, dann (*Zweig 1*) speichere a auf Platz 1 und b auf Platz 2;
wenn $a < b$, dann (*Zweig 2*) speichere a auf Platz 2 und b auf Platz 1.

Damit sind a und b der Größe nach angeordnet. Durch wiederholte Anwendung dieser Operation läßt sich Information beliebigen Umfangs sortieren.

Umgekehrt können wir ein vorgelegtes Schlüsselwort a in einer Liste aufsuchen, wenn wir jedes Element b der Liste auf $a = b$ prüfen. Wir können z. B. das englische Wort *horse* vorgeben und durch mehrfachen Vergleich von Elementen feststellen, ob und wo es im Speicher vorhanden ist. Dies ist dann von praktischer Bedeutung, wenn im Speicher neben *horse* die deutsche Übersetzung *Pferd* steht, weil jede maschinelle Übersetzung die Benützung eines maschinell verwendbaren Wörterbuchs voraussetzt.

4. Speicherwerk

Als Nächstes wenden wir uns der Organisation des *Speicherwerks* zu. Es muß in der Lage sein, binäre Information festzuhalten. Wie dies technisch geschieht, ob durch Magnetkerne, Magnettrommeln oder Magnetbänder, interessiert uns zunächst nicht. Zur Gliederung der Information fassen wir mehrere Binärstellen zu einem *Speicherwort*, kurz *Wort* genannt, zusammen. Jedes Wort, das gespeichert werden soll, legen wir in einer *Speicherzelle* ab. Bei den meisten Rechenautomaten ist die Größe der Speicherzellen unveränderlich; die *Wortlänge* ist fest. Übliche Wortlängen sind 36, 48 oder 60 bit. Information, die nicht in eine Speicherzelle paßt, muß durch führende Nullen oder Leerzeichen ergänzt bzw. auf mehrere Speicherzellen aufgeteilt werden. Einige Maschinen gestatten den Aufbau von Speicherzellen beliebiger Länge aus einzelnen Bits oder sie fassen je 4 Bits zu einem *Byte* zusammen, was gerade die Speicherung einer Ziffer gestattet bzw. je 6 Bits zu einem Byte, was für Ziffern, Buchstaben und Sonderzeichen ausreicht. Beide Größen des Byte ermöglichen den Aufbau von Wörtern mit einer Länge von 12, 24, 36, 48, 60 usw. Bits. Wir wollen uns hier mit Automaten fester Wortlänge weiterbeschäftigen, die zwar den vorhandenen Speicherplatz schlechter ausnützen, dafür aber leichter zu programmieren sind.

Um gespeicherte Information wieder auffinden zu können, werden die einzelnen Speicherzellen durchnumeriert oder *adressiert*. Bei einer üblichen Speichergröße von $2^{15} = 32\,768$ Zellen verwenden wir die Adressen von 00000 bis 32767. Um bei Angaben über die Größe des Speichers nicht mit diesen unhandlichen Zahlen umgehen zu müssen, führen wir für $2^{10} = 1024$ die Abkürzung K ein. Damit wird

$$2^{15} = 2^5 \cdot K = 32\,K$$

und wir sprechen daher auch von einer Speichergröße oder *Speicherkapazität* von $32\,K$.

Vom Leitwerk werden gespeicherte Informationen mit Hilfe ihrer Adresse aufgefunden. Ein Multiplikationsbefehl kann daher nicht lauten „Multipliziere mit π". Selbst wenn π sich bereits im Speicher befände und etwa auf Platz 04711 stände, wäre das Leitwerk nicht imstande, π aufzufinden. Der Befehl muß lauten: „Multipliziere mit dem Inhalt von Speicherzelle 04711". Dies ist der wesentliche Unterschied des Maschinencode gegenüber der Fachsprache des

Mathematikers oder Kaufmanns: Diese bezeichnen die Information mit Symbolen wie r, π, Einkommen, Gewinn. Der Rechenautomat erkennt Symbole nicht, sondern ist auf die Angabe von Adressen angewiesen. Das macht das Schreiben von Programmen ungewohnt, mühsam und fehleranfällig.

Die Organisation des Speichers ist somit von entscheidendem Einfluß für das Aussehen eines Maschinenprogramms. Aber auch die Größe des Speichers ist ein wesentliches Merkmal. Auf einer Maschine mit 32 K Speicherzellen lassen sich Programme, die größere Speicherkapazität benötigen, nicht abwickeln. Wir können uns helfen, indem wir die Verwendung billiger Hilfsspeicher mit großer Kapazität aber auch großer *Zugriffszeit* — Magnetplatten, Magnetbänder usw. — vorsehen. Von diesen Hilfsspeichern wird die Information nicht mehr wortweise in den Speicher übertragen sondern in größeren Einheiten, die aus vielen Wörtern bestehen und den Namen *Satz* oder *Block* tragen. Dabei muß nur die Adresse angegeben werden, an die das erste Wort gelangen soll. Die restlichen Wörter werden automatisch auf die folgenden Plätze abgelegt und sind von diesem Augenblick an wortweise verfügbar. Um Speicher und Hilfsspeicher besser unterscheiden zu können, nennt man den wortweise adressierbaren Speicher auch *Arbeitsspeicher*, *Hauptspeicher* oder *Primärspeicher*, für den blockweise adressierbaren Hilfsspeicher ist auch die Bezeichnung *Sekundärspeicher* gebräuchlich.

Zum Schluß der Ausführungen über den Speicher erwähnen wir eine Einzelheit: Jeder Speicher ist so eingerichtet, daß er die Information auch nach Abschalten der Rechenanlage beliebig lange aufbewahrt. Die Information kann beliebig oft aufgerufen werden und wird erst dann automatisch gelöscht (*überschrieben*), wenn der Speicherplatz vom Programm her mit neuer Information gefüllt wird. Darüber hinaus gibt es *Festspeicher*, in denen Information ein für alle mal unzerstörbar gespeichert wird. Festspeicher können besonders rasch gelesen werden. Sie dienen z. B. zur Aufnahme von Programmen für mathematische Standardfunktionen, wie etwa $f(x) = \sin x$ und $g(x) = \cos x$.

5. Programmiersprachen

Die Sprache, die das Leitwerk versteht, unterscheidet sich also grundlegend von der Sprache des Mathematikers oder Kaufmanns. Kaufleute und Mathematiker benützen *problemorientierte* Sprachen, das Leitwerk versteht eine *maschinenorientierte* Sprache. (Ob der Maschinenbefehl nun wirklich „Multipliziere mit dem Inhalt von Speicherzelle 04711" lautet, oder ob er noch weiter verkürzt ist, etwa auf „03 04711", wobei 03 der Code für „multipliziere" sein soll, macht keinen Unterschied.)

Um Adressenfehler zu vermeiden, können wir die Maschinenbefehle mit Buchstaben-Symbolen als Adressen anschreiben und erst anschließend die Symbole wieder durch die numerischen Adressen ersetzen. Wir können sogar noch einen Schritt weitergehen und ein Maschinenprogramm schreiben, das die Zuordnung von Adressen zu Symbolen maschinell vornimmt. Ein solches *Übersetzungsprogramm* wandelt ein symbolisches Programm in ein Maschinenprogramm um. Übersetzungsprogramme oder Compiler werden zu jeder Maschine von den Herstellern ebenso mitgeliefert wie Programme zur Berechnung von Werten der Logarithmusfunktion oder zur Auflösung von linearen Gleichungssystemen.

Es ist nun umständlicher, das Programm zum Laufen zu bringen: Wir müssen in einem Vorlauf das symbolische Programm in ein Maschinenprogramm übersetzen und erst dann kann die eigentliche produktive Rechnung beginnen. Dieser Mehraufwand wird dadurch bei weitem wettgemacht, daß bei symbolischen Programmen weniger Zeit auf die Fehlersuche verwendet werden muß.

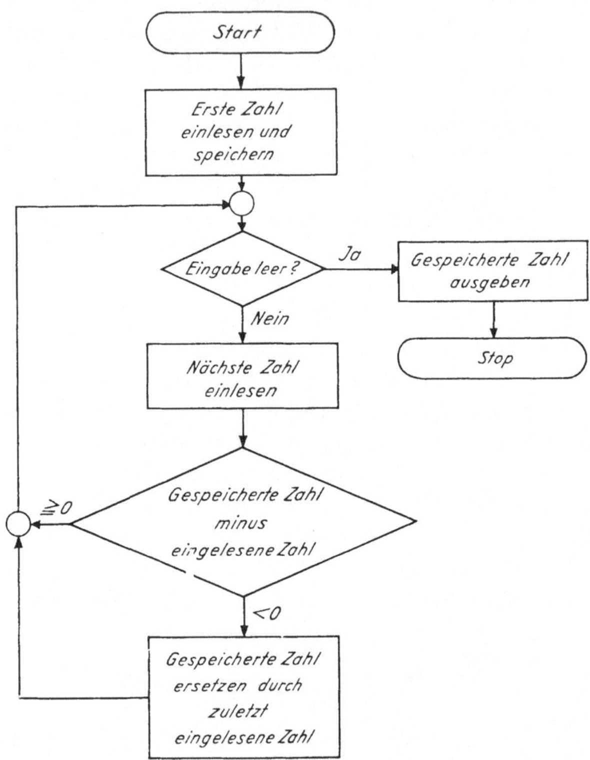

Abb. 3. Flußdiagramm für die Ermittlung der größten Zahl einer Folge. Die verwendeten Zeichen entsprechen [3]

Gute Übersetzungsprogramme für die Übersetzung von symbolischen Programmen in die Maschinensprache sollen so beschaffen sein, daß der Programmierer keine Rücksicht auf die oben angeführte Speicherhierarchie zu nehmen braucht. Falls der Primärspeicher der Maschine nicht ausreicht, das Programm abzuwickeln, soll der Verkehr mit dem Sekundärspeicher durch das Übersetzungsprogramm selbsttätig organisiert werden, ohne daß der Programmierer dafür Sorge tragen muß, in welchem Speicher sich zu jedem Zeitpunkt die einzelnen Programmteile befinden. Der Programmierer soll den Eindruck eines einzigen *homogenen* Speichers besitzen.

Mathematiker und Kaufleute verwenden mitunter noch weitergehende problemorientierte *Formelsprachen*, die die Verwendung von Klammern, Operationszeichen, wie $+$, $-$ usw., gestatten [1], [2], und die mit Hilfe sehr komplizierter Übersetzungsprogramme (*Formelübersetzer*) in ein Maschinenprogramm umgewandelt werden. Solche Übersetzungsprogramme für Zwecke der nichtnumerischen Informationsverarbeitung werden in diesem Band beschrieben[1].

Wo Formelsprachen fehlen, kann der Programmierer durch die große Anzahl unanschaulicher Befehle den Überblick verlieren. Deshalb empfiehlt es sich, den logischen Ablauf der Aufgabe in großen Zügen, aber bereits in maschinengerechter Form in einem *Flußdiagramm* niederzulegen (Abb. 3) und erst anhand des Flußdiagramms die Codierung vorzunehmen.

Zusätzliche Hilfe bietet eine *Programmbibliothek*, die geprüfte Routineprogramme enthält. Z. B. wird für Zwecke der Sprachübersetzung vor Anwendung des maschinellen Wörterbuchs das Bibliotheksprogramm „Sortiere alphabetisch" verwendet werden können, das für alle Rechenanlagen von den Herstellern mitgeliefert wird. Dieses Programm braucht vom Benützer nicht gelesen und verstanden zu werden, sondern es genügt, das Programm in die Rechenanlage zu laden, um es bei Bedarf jederzeit aufrufen zu können. Bibliotheksprogramme, die bei Bedarf vom eigentlich interessierenden *Hauptprogramm* aufgerufen werden können, tragen den Namen *Unterprogramm*.

6. Zusammenwirken von Mensch und Maschine

Wie erfolgt der Verkehr zwischen Mensch und Rechenautomat? Auf welchen Informationsträgern übergeben wir Daten und Programme dem Rechenautomaten, in welcher Form erhalten wir die Ergebnisse zurück? (Siehe auch [8].)

Um Information in den Rechenautomaten eingeben zu können, müssen wir sie zuvor schriftlich niederlegen. Üblich ist die Benützung einer Art Schreibmaschine mit Tasten für alle zugelassenen Zeichen. Sie kann direkt mit dem Speicher der Anlage verbunden sein oder sie kann als Zwischenträger Lochstreifen oder Lochkarten herstellen, deren Inhalt seinerseits in den Speicher „eingelesen" wird. Die erste Möglichkeit wird benützt, um dem *Operateur* das Starten der Anlage, den Eingriff in laufende Programme oder die Bewältigung von Ausnahmesituationen zu ermöglichen. Wir nennen das hierbei verwendete Gerät *Kontrollschreibmaschine*. Zur Eingabe größerer Informationsmengen wird sie nicht benützt, da der Rechenautomat Informationen in der Regel sehr viel schneller verarbeitet als sie auf diese Weise eingegeben werden können. Deshalb bildet man andere Schreibmaschinen zu *Kartenlochern* oder *Streifenlochern* aus, stellt mit ihrer Hilfe unabhängig von der Maschine (*offline*) Lochstreifen oder Lochkarten her, schaltet vielleicht sogar einen weiteren Arbeitsgang ein, um den Inhalt dieser Streifen oder Karten auf ein Magnetband zu übertragen, und liest die Information erst von dort mit großer Geschwindigkeit (etwa 100 000 Zeichen/sec) in den Arbeitsspeicher ein. In der Regel werden also Lochkarten oder -streifen als Zwischenträger verwendet; das direkte Lesen von Belegen in genormter Schrift ist zwar grundsätzlich möglich und z. B. im

---

[1] Vgl. K. Fischer: *Methoden der Formelübersetzung*, in diesem Band.

Bankwesen bereits verbreitet (*Klarschriftleser*), für die nicht-numerische Daten-verarbeitung derzeit aber noch von geringer Bedeutung.

Für die Ausgabe von Information benötigen wir vor allem einen *Schnell-drucker*, der in jeder Sekunde 10 bis 20 Zeilen mit je 100 Zeichen zu Papier bringt. Diesen Schnelldrucker können wir direkt aus dem Arbeitsspeicher mit Infor-mation versorgen (und auf diese Weise *on line* benützen), oder wir können große Datenmengen zuerst auf ein Magnetband übernehmen und den Drucker mit Hilfe dieses Bandes *off line* betreiben, wobei der Rechenautomat bereits für die Durchführung der nächsten Aufgabe zur Verfügung steht. Wollen wir die ausgegebenen Daten nicht lesen, sondern nur als Ausgangswerte späterer Rech-nungen benützen, dann können wir das Magnetband aufbewahren oder die Ausgabe der benötigten Information auf Lochstreifen oder Lochkarten bewerk-stelligen. Kurze, für den Operateur bestimmte Meldungen können wir über die Kontrollschreibmaschine leiten.

Schließlich benützen wir oft mit Vorteil ein *automatisches Zeichengerät*, das wieder offline betrieben werden kann. Z. B. kann ein Meteorologe zur Wetter-vorhersage die Luftdruckverteilung berechnen, die 24 Stunden später über Europa herrschen wird, und diese Verteilung als Wertetabelle ausgeben. Viel rascher lassen sich die Rechenergebnisse aber überschauen, wenn auf einer Karte Punkte gleichen Luftdrucks verbunden werden und dabei eine Isobarenkarte entsteht. Es gibt Zeichengeräte, die diese Aufgabe ohne menschliches Zutun lösen. Ihre Funktion beruht darauf, daß ein Zeichenstift an jeden Punkt der Zeichenebene gesteuert werden kann, der durch seine Koordination gegeben ist. Die Verbindung von Punkten erfolgt geradlinig. Kurven werden durch Polygon-züge approximiert; dabei kann die Approximation so gut sein, daß das mensch-liche Auge bei flüchtigem Hinsehen die einzelnen Polygonkanten nicht mehr unterscheidet und den Eindruck einer glatten Kurve erhält.

Eine andere Form der optischen Aus- und Eingabe besteht in der Benützung eines *Sichtgeräts*, das auch *Schirmbildarbeitsplatz* genannt wird. Dieser Apparat mit dem Aussehen eines Fernsehgerätes kann einerseits zur Ausgabe von Kurven und von geschriebener Information verwendet werden, andererseits kann der Benützer mit Hilfe eines *Lichtgriffels* und eines Tastenfelds Daten und Kurven-züge an die Recheneinheit weiterleiten.

Der Ablauf der Programme wird bei allen großen Rechenautomaten von einem *Betriebssystem* überwacht, so daß der Operateur lediglich die Eingabe mit Programmen und Daten versorgen und die gedruckt ausgegebene Information wieder an die Benützer aushändigen muß, solange keine abnormalen Betriebs-zustände auftreten.

Die räumliche Entfernung zwischen Rechner und Ein- und Ausgabestation ist dabei von untergeordneter Bedeutung, seit die Post leistungsfähige *Daten-fernübertragungs*leitungen anbietet. Auch können mehrere *Außenstationen* an einen Rechner angeschlossen werden. Der Rechner steht dabei in der Zeiteinheit, z. B. in einer Sekunde, im Turnus jedem angeschlossenen Benützer zur Ver-fügung, wobei eine eingebaute Uhr — wieder mit Hilfe des Betriebssystems — die Zuteilung der Rechenzeiten an die Benützer überwacht. Dieses *time-sharing* hat zur Folge, daß jeder Benützer unmittelbaren und scheinbar augenblick-lichen Zugang zum Rechner besitzt. Die gleichzeitige Benützung des Rechners durch andere Außenstationen wirkt sich für jeden Benützer nur indirekt aus: Die Zeiteinheit muß nun auf mehrere Benützer aufgeteilt werden. Ein scheinbares Absinken der Rechengeschwindigkeit ist für jeden dieser Benützer die Folge, da bei zehn gleichzeitig angeschlossenen Benützern für jeden nur ein Zehntel der Rechenzeit zur Verfügung steht und damit die Rechenleistung je Benützer über einen längeren Zeitabschnitt auf ein Zehntel der Nennleistung der Rechenanlage absinkt.

Es gibt Fälle, in denen die gesamte Ein- und Ausgabe vollautomatisch und ohne menschliches Zutun erfolgt. Ein Beispiel hierfür sind die *Verkehrsrechner*: Die Anzahl der Fahrzeuge, die an den großen Kreuzungen im Zentrum einer Großstadt vor den Verkehrssignalen warten, wird durch in den Boden eingelassene Induktionsschleifen an einen Rechenautomaten gemeldet. Dieser ermittelt auf Grund der Meldungen einen optimalen Signalzeitenplan und steuert die Ampeln wieder ohne jedes menschliche Zutun nach diesem Plan. So werden die Vorteile einer individuellen Regelung an jeder Kreuzung mit denen eines Konzepts für den gesamten Verkehrsablauf vereint. Ein derartiger Verkehrsrechner ist gleichzeitig ein Beispiel für einen Rechner, der im *Echtzeitbetrieb* arbeitet. Der Verkehr kann nur sinnvoll gesteuert werden, wenn der Rechner jederzeit zur Verfügung steht und so rasch arbeitet, daß die Ergebnisse vorliegen, ehe sich die gemeldete Verkehrssituation wesentlich verändert hat, d. h. also im Verlauf einiger weniger Sekunden[1].

Noch wichtiger ist das fehlerfreie Funktionieren von Rechnern, die im Flugsicherungswesen eingesetzt sind, weil ein Ausfall des Rechners stets die Gefahr von Kollisionen herbeiführt. Dieser Gefahr begegnete man früher durch Aufstellen von zwei genau gleichen Rechnern. Heute läßt man mehrere kleinere Rechner mit einem zentralen Speicher zusammenarbeiten. Bei Ausfall eines Rechners können die anderen seine Aufgaben nach einem vorbereiteten Programm übernehmen. Das *Baukastensystem*, nach welchem die neuen Rechner der sogenannten dritten Generation konstruiert sind, kommt dieser Anwendungsart entgegen.

Literatur

1. BACKUS, J. W., u. a.: Revised Report on the Algorithmic Language ALGOL 60. Numerische Mathematik **4**, 420—453 (1963).

2. BAUMANN, R.: *ALGOL-Manual der ALCOR-Gruppe.* München: Oldenbourg. 1965.

3. DIN 66001: *Sinnbilder für Datenfluß und Programmablaufpläne.* Köln: Beuth-Vertrieb. 1966.

4. HERMES, H.: *Aufzählbarkeit — Entscheidbarkeit — Berechenbarkeit.* Berlin-Göttingen-Heidelberg: Springer. 1961.

5. KÄMMERER, W.: *Ziffernrechenautomaten.* Berlin: Akademie-Verlag. 1960.

6. KNÖDEL, W.: *Programmieren von Ziffernrechenanlagen.* Wien: Springer. 1961.

7. KNÖDEL, W.: Zahlsysteme und Zahlzeichen sowie ihre Verschlüsselung in Rechenanlagen und Büromaschinen. MTW **11,** 1964.

8. STEINBUCH, K.: *Automat und Mensch.* Berlin-Göttingen-Heidelberg: Springer. 1961.

9. ZEMANEK, H.: *Elementare Informationstheorie.* Wien: Oldenbourg. 1959.

---

[1] Vgl. W. WIMMER: *Verkehrssignalsteuerung mit Hilfe von Ziffernrechenanlagen,* in diesem Band.

B. Zufallsgeneratoren

Von

P. Roos

1. Analoge Zufallsgeneratoren

1.1. Wirklichkeit und Modell

Ein analoger Zufallsgenerator ist ein physikalisch-technisches System, an dem laufend Zufallsdaten durch einen physikalischen Meßprozeß abgelesen werden können.

Bei dieser Umschreibung unseres Gegenstandes, die als eine Definition des ersten Anlaufs einmal herhalten soll, wollen wir einen Augenblick verweilen. Man pflegt ja über solche allgemeinen und vage anmutenden Einleitungssätze hinwegzulesen, in der Erwartung, bald zu hören, um was es wirklich geht. Aber wenn wir die Anmutung der Allgemeinheit und Unbestimmtheit nicht reflektieren, kommen wir nicht zum Bewußtsein unseres Ausgangsortes: Der Ausgangsort liegt im Felde der Umgangssprache, der Metasprache höchster, abstrakter Stufe, in der wir über eine intendierte Realität zunächst nur — und dann notwendig abstrakt — reden können. Die sich gegenseitig kontrollierenden Aktivitäten der umgangssprachlichen abstrakten Diskussion und der verfertigenden Technologie präparieren erst das konkrete Objekt heraus; seine komplementären Aspekte sind das reale technische Produkt, die Maschine, und ein theoretisches Modell, zwischen denen wiederum ein ganzes gewissermaßen „osmotisches" System von Anweisungen mit ebenfalls komplementären theoretisch-technischen Interpretationsanweisungen vermittelt.

Die klassische Realisierung eines analogen Zufallsgenerators ist die *Zufallsmaschine* von M. G. KENDALL und B. BABINGTON SMITH [16], [17], die von diesen Wissenschaftlern in den dreißiger Jahren unseres Jahrhunderts gebaut wurde. Obwohl die von ihnen benutzte Technologie sehr einfach ist und beispielsweise keine elektronischen Schaltelemente benützt wie ihre modernen elektronischen Nachkommen, lohnt es sich auch heute noch aus prinzipiellen Gründen, sich die Konstruktion dieser Maschine zu vergegenwärtigen. Es wird dabei nicht schwer sein, die kontrollierenden Aktivitäten, von denen wir gesprochen haben, bei der Verfertigung dieser Zufallsmaschine und beim Entwurf ihres theoretischen Modells am Werke zu sehen. Ebenso wird man sehen, wie diejenige Wissenschaft, der die Funktion jenes osmotischen Systems der Vermittlung zufällt, nämlich die Statistik, ihre Rolle spielt.

1.2. Konstruktion der Zufallsmaschine

Grundprinzip der Zufallsmaschine von M. G. KENDALL und B. BABINGTON SMITH ist das Roulett. Während letzteres vom mechanischen Standpunkt aus ein dissipatives System ist, weil die Bewegung zur Ruhe kommt, verwendeten die beiden Wissenschaftler ein konservatives Roulett, dessen Energieverlust ständig durch einen Antriebsmotor ausgeglichen wurde.

Zunächst fertigten die beiden Konstrukteure mit äußerster Präzision einen

Vorrat von 10 gleichen Kreisscheiben aus Pappkarton. Die Scheiben maßen 10 Inch (= 25,4 cm) im Durchmesser und trugen eine Einteilung in 10 gleiche, mit den Dezimalziffern 0 bis 9 durchnumerierten Sektoren. Aus dem Vorrat wurde eine Scheibe entnommen und mit ihrem Mittelpunkt direkt auf die Achse eines 1/60-PS-Elektromotors montiert. Die Drehzahl des Motors ließ sich über einen variablen Widerstand bis 2500 Umdrehungen je Minute steigern und gleichzeitig sehr präzise auf einen konstanten Wert einregulieren. Ein Lichtblitz aus einer Neonlampe erleuchtete in gewissen Zeitabständen die rotierende Scheibe. Einen Augenblick lang schien dann die Scheibe für das Auge des Beobachters zu ruhen, und der Beobachter konnte die Nummer desjenigen Sektors ablesen und notieren, der durch einen raumfest montierten Zeiger markiert wurde. Den Lichtblitz rief der Entladungsstrom eines Kondensators hervor, der parallel zur Lampe geschaltet war. Die Aufladung des Kondensators erfolgte über einen Widerstand, den der Beobachter mit der linken Hand über einen Kontaktstift, ohne hinzusehen, langsam veränderte. Kam der Lichtblitz, dann notierte der Beobachter mit der rechten Hand. Anschließend wurde der Aufladevorgang von neuem eingeleitet. Der raffiniert einfach konstruierte Widerstand bestand dabei aus einem Netzwerk von Bleistiftlinien auf einem gewöhnlichen Stück Papier, über das der Kontaktstift hinwegglitt. Nach jeder Sitzung, in der eine Serie von Ziffern notiert wurde — deren Anzahl zwischen 250 und 6000 und im Mittel bei 1500 lag — kam eine andere Scheibe aus dem Vorrat an die Reihe. Im Schnitt wurden 1500 Ziffern je Stunde produziert.

1.3. Intuitive Begriffe der Zufälligkeit

Von den produzierten Ziffern konnte aufgrund des geschilderten Herstellungsverfahrens erwartet werden, daß sie jedenfalls in einem intuitiven Sinne zufällig waren. 100 000 dieser Ziffern wurden 1940 von M. G. KENDALL und B. BABINGTON SMITH [18] als „*Zufallszahlentafel*" veröffentlicht. Ein Blick auf diese Tafel legt den Gedanken nahe, diese Ziffernserie als einen großen, zufälligen Text anzusehen und zu seiner Beschreibung deswegen eine grammatische Sprechweise einzuführen.

Die Menge $Z_D = \{0, 1, \ldots, 9\}$ der Dezimalziffern betrachten wir als Zeichenrepertoire oder *Alphabet*. Ein *Wort* $\omega = z_1 z_2 \ldots z_n$ ist eine endliche Sequenz von Zeichen $z_\nu \in Z_D$, $\nu = 1, \ldots, n$, die man sich nacheinander dem Alphabet Z_D entnommen und in dieser Reihenfolge notiert denken kann. Mit $l(\omega) = n$ bezeichnen wir die Länge des Wortes ω, und mit $\omega(\nu) = \omega_\nu = z_\nu$ sein ν-tes Zeichen. Ein Wort ω der Länge n, kurz ein n-stelliges Wort, kann damit auch in der Form $\omega = \omega_1 \omega_2 \ldots \omega_n$ dargestellt werden. Ein k-stelliges Wort $\omega' = \omega_\nu \omega_{\nu+1} \ldots \omega_{\nu+k-1}$, $1 \leq \nu \leq n - k + 1$, heißt eine *Silbe* der Länge k oder kurz eine k-stellige Silbe von ω. In ω gibt es also $n - k + 1$ k-stellige Silben. $H_\omega(\omega')$ sei die absolute Häufigkeit (d. h. die Anzahl) der Silbe ω' in ω. Dann ist für ein n-stelliges Wort ω und eine 1-stellige Silbe $z \in Z_D$,

$$h_\omega(z) = \frac{H_\omega(z)}{n}$$

die *relative Häufigkeit* der Silbe z (unter den n 1-stelligen Silben). Die Funktion $h_\omega(\,\cdot\,)$ mit den Werten $h_\omega(z)$ heißt *diskrete Dichte* der Ziffern $z \in Z$ in ω. Ist außerdem ω' eine k-stellige Silbe, dann ist

$$h_\omega(z\,|\,\omega') = \frac{H_\omega(\omega'\,z)}{\sum\limits_{z'} H_\omega(\omega'z')}$$

die *bedingte relative Häufigkeit* der Silbe z unter der Bedingung, daß eine Silbe ω' vorausgeht. Die Funktion $h_\omega(\,\cdot\,|\,\omega')$ heißt die *bedingte diskrete Dichte* der Ziffern $z \in Z$ in ω.

Als notwendige Bedingung dafür, daß man ein Wort ω von hinreichend großer Länge $l(\omega) = n$ in einem intuitiven Sinne als *zufällig*, kurz als *Zufallszahlentafel* bezeichnet, gelten die folgenden Forderungen über die relativen Häufigkeiten der Silben in ω: a) Die diskrete Dichte der Ziffern $h_\omega(\,\cdot\,)$ approximiert die diskrete Gleichverteilung $g_D(\,\cdot\,)$, d. h. es gilt für alle $z \in Z$

$$h_\omega(z) \approx g_D(z) = \frac{1}{10}\,.$$

b) Die bedingten diskreten Dichten $h(\,\cdot\,|\,\omega')$ sind von ω' approximativ unabhängig, d. h. es gilt für alle z

$$h_\omega(z\,|\,\omega') \approx h_\omega(Z).$$

Wegen Forderung a) muß damit auch

$$h_\omega(z\,|\,\omega') \approx \frac{1}{10}$$

gelten. c) Die Eigenschaften a) und b) gelten für alle Silben von ω, sofern sie nur hinreichende Länge besitzen.

Der dargelegte intuitive Begriff der Zufälligkeit dient zwei Zwecken: Erstens motiviert er die Aufstellung eines stochastischen Modells für den Ziffernausstoß ω eines Zufallsgenerators. Zweitens motiviert er die Aufstellung statistischer Tests für das stochastische Modell.

Wir haben bisher Zufallszahlentafeln ω der Länge $l(\omega) = n$ mit dem Alphabet Z_D und der approximierten Gleichverteilungsdichte g_D betrachtet. Selbstverständlich kann man diesen Begriff der Zufallszahlentafel verallgemeinern. Das Alphabet Z_D kann man durch ein beliebiges endliches Alphabet Z und die Gleichverteilungsdichte durch eine beliebige diskrete Dichte f auf Z ersetzen. Ist z. B. $Z = Z_B = \{0, 1\}$, und $f = g_B = (1/2, 1/2)$, so entspricht dieser Wahl eine Tafel ω unabhängig generierter *binärer* Ziffern. Solche allgemeineren Alphabete und diskrete Dichten braucht man aber im wesentlichen zur approximativen Vertafelung von Zufallswerten mit stetigen Verteilungen.

1.4. Kampf gegen Bias

M. G. KENDALL und B. BABINGTON SMITH hatten eine Reihe guter intuitiver Gründe anzunehmen, daß die von ihrer Zufallsmaschine produzierten Ziffern die obigen Forderungen der Zufälligkeit erfüllen. Die hohe konstante Umdrehungszahl des Motors, die unregelmäßig erfolgenden Lichtblitze mußten eine Voraussage, die für irgend eine Ziffer größere Sicherheit haben konnte als für eine andere, unmöglich erscheinen lassen. Mit allen ihnen zu Gebote stehenden Mitteln der Technologie kämpften sie gegen den *Bias*, d. h. die Unterwanderung durch Periodizitäten und systematische Abweichungen in den relativen Häufigkeiten der Ziffern.

Als Hauptquelle eines möglichen Bias führten sie an: Unvollkommenheiten der Scheibe, Schwingeffekte bei der Motordrehzahl, Kopplung der Stromkreise von Motor und Lampe, subjektive Tendenzen. Bei der Scheibe müßten ungleiche Sektoren zur Folge haben, daß die Ziffernnummern größerer Sektoren in der Serie mit größerer relativer Häufigkeit auftreten würden. Gleiche Wirkung würde eine exzentrische Befestigung der Scheibe auf der Achse zeigen, weil dann gewisse Sektoren längere Zeit brauchen, um sich an dem fest montierten Zeiger vorbeizudrehen. Um diesen möglichen Scheibenfehler auszumerzen, wurden die Scheiben, wie erwähnt, mehrfach gewechselt. Ähnlich mußten Laufunvollkommenheiten des Motors wirken, die jedoch durch technische Präzision in hinreichend erscheinendem Maße ausgeschaltet werden konnten. Von einer Kopplung zwischen Motor- und Lampenstromkreis war insbesondere eine Störung in der Unabhängigkeit der Ziffern zu befürchten. Deswegen der besondere „Trick" mit dem Bleistiftlinienwiderstand.

Die Gefahr subjektiver Tendenzen mußte ebenfalls berücksichtigt werden. Zunächst sind bei dem Vorgang grundsätzlich Ablesefehler möglich, z. B. wenn 8 statt 3 gelesen wird. Wenn der Zeiger auf den Bereich der Grenzlinie zweier Sektoren zeigte, konnten Zweifel über die abzulesende Sektornummer entstehen. Hier mußte eine subjektive Entscheidung getroffen werden, z. B. stets die Ziffer „rechter Hand" zu wählen. Kamen die Lichtblitze zu rasch aufeinander, dann konnte der Beobachter eventuell nicht folgen und mußte die Ziffer verwerfen. Ein Assistent erzeugte mit der Maschine 10 000 Ziffern. Trotz offenbar einwandfreiem Funktionieren der technischen Apparatur wurde hinterher eine starke Bevorzugung der geraden Zahlen, insbesondere der Ziffern 0 und 6 festgestellt, zu Ungunsten der ungeraden Ziffern 1, 3 und 9. Nur bei den Ziffern 5 und 7 zeigte sich keine erkennbare Benachteiligung. Die Erklärung mußte in der aus der Psychologie bekannten möglichen individuellen Vorliebe für gewisse Zahlen, etwa beim Zahlennennen, gesucht werden. Im vorliegenden Fall muß diese Erscheinung noch seltsamer anmuten, da der Beobachter ja nur eine Zahl notieren mußte, die er kurz vorher „gesehen" hatte.

1.5. Zufallsgenerator und Meßgenauigkeit

Analoge Zufallsgeneratoren können als reale Objekte unter zwei Aspekten betrachtet werden: In ihrer Projektion auf den Raum sind sie Maschinen einer bestimmten Technologie mit einer begrenzten Präzision. In ihrer Projektion auf die Zeit erscheinen diese Generatoren als zufällige Prozesse. Das schon eingeführte *Alphabet* taucht hier als Bestandteil der Technologie, die *diskrete Verteilungsdichte* als Charakteristikum des Prozesses auf. Dieser Prozeß kann zusammengesetzt betrachtet werden aus einem in Raum und Zeit kontinuierlich ablaufenden *Vorgang* und einem quantisierenden *Meßprozeß*. Das Ablesen der Zufallsziffern an der Scheibe des Zufallsgenerators von M. G. Kendall und B. Babington Smith ist ein einfaches Beispiel eines solchen Meßprozesses. Grundsätzlich hätte man die Scheibe z. B. in 10^m, m ganz, Sektoren einteilen können. Faßt man dazu den Umfang der Scheibe noch als Maßeinheit auf, so würde jede Ablesung einen Meßprozeß darstellen, der eine im Einheitsintervall gleichverteilte zufällige Größe auf m Dezimalen (nach dem Dezimalkomma) genau bestimmt. Für eine Vertafelung dieser Meßwerte, z. B. im Falle $m = 4$, würde man ein Alphabet $Z = [0.0000 , 0.0001 , \ldots, 0.9999]$ benötigen. Für die zugehörige diskrete Dichte f würde $f(z) = 10^{-4}$, $z \in Z$, gelten. Im Falle des Zufallsgenerators von M. G. Kendall und B. Babington Smith wurde $m = 1$ gewählt. Eine Steigerung der Meßgenauigkeit auf $m > 1$ wäre bei diesem Zufallsgenerator nicht möglich gewesen.

1.6. Naive Zufallsmaschinen

Die Frage erhebt sich, ob zur Herstellung von solchen Zufallsziffern tatsächlich ein solcher technischer Aufwand nötig ist, wie er hier gemacht wurde. Schließlich kann man sich ja *Zufallsziffern* schon durch so einfache und elementare Zufallsmaschinen wie Würfelbecher oder Los-Urnen beschaffen. Vielleicht würde es einfach genügen, eine Münze zu werfen, um eine zufällige Serie von Ziffern 0 und 1 zu bekommen. Schließlich könnte man auch daran denken, die Permanenzen von Spielbanken als Zufallszahlentafeln zu benützen. Die praktische Erfahrung aber hat längst gezeigt, daß alle diese naiven analogen Zufallsgeneratoren mit Bias behaftet sind. Dies hat der englische Statistiker K. Pearson schon um die Jahrhundertwende am Beispiel der Spielresultate der Spielbank von Monte Carlo nachgewiesen. Als Ursache sind einfach kleine Unregelmäßigkeiten in der Apparatur anzunehmen, für die schon eine Putzfrau beim Staubwischen sorgen kann, auch wenn sie noch so sorgfältig ist.

1.7. Andere analoge Zufallsgeneratoren für Zufallszahlentafeln

Bereits vor der Herstellung der Zufallszahlentafel von M. G. Kendall und B. Babington Smith hat L. H. C. Tippett 1927 eine Tafel mit 41 600 dezimalen Zufallsziffern publiziert. Als analoger Zufallsgenerator wurde ein sozialstatistisches Phänomen benutzt: Die einzelnen Ziffern wurden einem Volkszählungsbericht entnommen.

Die umfangreichste Zufallszahlentafel, die (neben 100 000 normalverteilten Zufallszahlen) eine Million dezimaler Zufallsziffern enthält, veröffentlichte 1955 die *RAND Corporation* [24]. Als analoger Zufallsgenerator fungierte eine Impulsquelle, von der im Mittel 1000 Impulse je Sekunde auf ein fünfstelliges binäres Zählwerk geschickt wurden. Etwa sekundlich wurden die Ziffern automatisch registriert, in Dezimalziffern umgesetzt und auf Lochkarten übertragen. Bemerkenswert ist die Tatsache, daß trotz der völligen Automatisierung des Prozesses ein Bias auftrat. Der Flecken auf der Gleichverteilung war: Die ungeraden Ziffern überwogen die geraden. Man hat die Ziffern deswegen noch einer arithmetischen „Zufallswäsche" unterzogen, indem man sie paarweise *Modulo* 10 addierte. Damit verschwand der Bias[1].

1.8. Analoge Zufallsgeneratoren in Rechenanlagen

Zufallsziffern müssen oft in analogen oder digitalen Rechenanlagen verarbeitet werden. Man kann Zufallszahlentafeln im Speicher bereitstellen. Der Arbeitsspeicher ist dafür meist zu klein. Bereitstellung im peripheren Speicher geht aber auf Kosten der Verarbeitungsgeschwindigkeit. Man möchte daher die Zufallsziffern bei Bedarf von einem eingebauten *Zufallsgenerator* beziehen. Eine ganze Reihe von technischen Realisierungen solcher Zufallsgeneratoren wurden bisher vorgeschlagen und auch angewandt. Die Zufallsimpulse können z. B. von einem radioaktiv angeregten Geigerzähler, vom Abfragen der zufälligen Stellung einer Flip-Flop-Schaltung, von den zufälligen Phasen eines elektrischen subharmonischen Oszillators oder von Rauschvorgängen in Elektronenröhren bezogen werden. Für eine zusammenfassende Darstellung dieser Verfahren sei auf das Buch von N. P. BUSLENKO und J. A. SCHREIDER [5] verwiesen. Praktisch werden bisher in Analog-Rechenanlagen hauptsächlich Rauschvorgänge in Elektronenröhren als Zufallsgeneratoren benützt[2].

Ein Hauptproblem ist auch hier der Kampf gegen den Bias. Das Problem ist jetzt aber wesentlich schwieriger zu lösen als bei der Zufallsmaschine von M. G. KENDALL und B. BABINGTON SMITH. Diesen ging es nicht um eine technologisch einheitlich aufgebaute perfekte *Zufallsmaschine*, sondern um die Herstellung einer Zufallszahlentafel, die noch nachträglich auf Zufälligkeit geprüft werden konnte. Zufallsgeneratoren, die in Rechenanlagen eingebaut sind, sollten wenigstens im Prinzip perfekt sein, da eine ständige Überwachung zu zeitaufwendig wäre. Da dieses Ziel einen erheblichen technischen Aufwand erfordert und mit analogen Mitteln überhaupt schwer erreichbar ist, hat man schon frühzeitig nach Auswegen über die Digitaltechnik gesucht. Darüber soll in einem späteren Kapitel berichtet werden.

Bemerkenswert ist die hier auftretende Notwendigkeit zur Mischung analoger und digitaler Bausteine in elektronischen Rechenmaschinen, durch die sogenannte *hybride Rechenmaschinen* entstehen. Die richtige Mischung digitaler und analoger Bausteine ist eines der wichtigsten Probleme bei der Lösung von umfangreichen Rechenvorhaben.

---

[1] Für eine Literaturübersicht über die verfügbaren Zufallszahlentafeln sei auf I. A. GREENWOOD und H. O. HARTLEY [13] verwiesen.

[2] Über Theorie und Praxis der angewandten Techniken informieren die Werke von W. GILOI und R. LAUBER [11] und G. A. KORN [21].

2. Stochastischer Modellprozeß eines analogen Zufallsgenerators

2.1. Wahrscheinlichkeitstheoretische Modellintention

Durch die Angabe eines *stochastischen Modellprozesses* eines Dezimalziffern ausstoßenden Zufallsgenerators wird der rein wahrscheinlichkeitstheoretische Aspekt eines solchen Prozesses präzisiert. Hierbei wird von der speziellen benützten Technologie der Maschine abgesehen. Ob die Zufallsmaschine eine mechanische oder eine elektronische Version eines Roulett ist, oder nur eine Urne, aus der Lose mit den Nummern 0 bis 9 gezogen werden, ist hier irrelevant.

Das Interesse ist direkt auf den *Ziffernausstoß* gerichtet. Dieser wird als ein Element aus der gedachten Gesamtheit aller überhaupt möglichen Ziffernserien aufgefaßt. Die Eigenschaften des Ziffernausstoßens oder — in einer Prozeßsprache ausgedrückt — die Ereignisse, die beim Ziffernausstoß auftreten, werden als Elemente einer Ereignisstruktur aufgefaßt, welche über der Gesamtheit der Ziffernserien definiert werden kann. Der intuitive Begriff des zufälligen Auftretens wird im Modell durch eine *Wahrscheinlichkeitsbewertung* präzisiert.

Das Schema solcher wahrscheinlichkeitstheoretischer Modelle wird durch das bekannte Axiomensystem von A. N. Kolmogoroff [20] festgelegt, das heute den meisten mathematischen Darstellungen der Wahrscheinlichkeitsrechnung zugrunde gelegt wird.

Wie werden dann die Beziehungen dieses Modells zur Wirklichkeit hergestellt? Ob eine vorliegende Ziffernserie als typische Realisation des stochastischen Modellprozesses anzusehen ist, entscheidet die Statistik mit Tests. Der Statistik ihrerseits liegt dabei ein Modell möglicher Entscheidungsprozesse zugrunde.

Der bisher intendierte stochastische Modellprozeß soll also die intuitiven Vorstellungen eines zufälligen Ziffernausstoßes präzisieren. Man kann den Ansatz des Modellprozesses auch tiefer in einen *konkreten* Zufallsgenerator hineinverlegen. Zur Ableitung des Modellprozesses ist dann die Theorie der benützten Technologie heranzuziehen, wobei es so ist, daß diese Theorie ihrerseits wieder von einem Modell ausgeht, das die technologisch relevanten Aspekte zusammenfaßt.

Selbstverständlich lassen wir uns bei der Aufstellung des stochastischen Modellprozesses für den Ziffernausstoß auch von einer konkreten Vorstellung einer Zufallsmaschine, z. B. der von M. G. Kendall und B. Babington Smith, leiten.

2.2. Alphabet des Zufallsgenerators und Ensemble der Ziffernausstöße

Ein Ziffernausstoß ω der Zufallsmaschine von M. G. Kendall und B. Babington Smith, z. B. die veröffentlichte Zufallszahlentafel selbst, kann als ein Wort $\omega = z_1 z_2 \ldots z_n$ von der riesigen Länge $n = 100\,000$ aufgefaßt werden, dessen „*Buchstaben*" $z_1, \ldots, z_n$ dem *Alphabet* $Z_D = \{0, 1, \ldots, 9\}$ entnommen sind. Im folgenden soll aber der Zahlenwert von n beliebig sein. Das Wort ω kann also auch als ein Abschnitt aus dieser Tafel oder aus irgend einer Ziffernserie sein, die von einem Zufallsgenerator ausgestoßen wurde.

Das ausgestoßene Wort ω ist das Ergebnis eines konkreten Zufallsvorgangs. Eine Wiederholung dieses Vorgangs, d. h. hier der n Ablesungen an der Scheibe, würde ein anderes Wort ω' der Länge n hervorbringen.

Bezeichnet Ω_n die Menge *aller möglichen Wörter* ω der Länge n über dem Alphabet Z_D, dann gilt für die Anzahl $\#\,(\Omega_n)$ dieser Wörter

$$\#\,(\Omega_n) = 10^n.$$

Denn bei jeder der n Entnahmen aus dem Alphabet kann man unter 10 Buchstaben, hier Ziffern, wählen. Ω_n ist also das Ensemble der Ziffernausstöße der Länge n.

2.3. Ereignisstruktur und ihre Wahrscheinlichkeitsbewertung

Der Zufallsgenerator sorgt dafür, daß die sequentielle Entnahme der Ziffern völlig zufällig und unabhängig von einer schon gewählten Ziffer vor sich geht. Keine Ziffer wird vor einer anderen bevorzugt. Dem entspricht in dem stochastischen Modell, daß alle Wörter ω aus dem Ensemble Ω_n, kurz alle $\omega \in \Omega_n$, *gleich wahrscheinlich* sind. Für die Wahrscheinlichkeit $P\,[\omega]$, daß ein vorgegebenes Wort der Länge n ausgewählt wird, gilt also

$$P\,[\omega] = \frac{1}{\#\,(\Omega_n)} = 10^{-n}.$$

Es ist deswegen in keiner Weise paradox, daß ein vorgegebenes Wort ω, z. B.

$$\omega = 10097\ 32533\ 76520\ 13586\ 34673\ 54876\ 80959\ 09117\ 39292\ 74945$$
$$37542\ 04805\ 64894\ 74296\ 24805\ 24037\ 20636\ 10402\ 00822\ 91665,$$

bei dem die $n = 100$ Ziffern offenbar zufällig gemischt sind, *dieselbe* Wahrscheinlichkeit, nämlich $P\,[\omega] = 10^{-100}$, besitzt, wie ein Wort

$$00000\ 00000\ 00000\ 00000\ 00000\ 00000\ 00000\ 00000\ 00000\ 00000$$
$$00000\ 00000\ 00000\ 00000\ 00000\ 00000\ 00000\ 00000\ 00000\ 00000,$$

das aus 100 Ziffern 0 besteht.

Der Ausstoß des obigen Wortes ω ist ein ganz bestimmtes Ereignis E. Dieses Ereignis ist dadurch definiert, daß die *erste* ausgestoßene Ziffer des Wortes $z_1 = 1$, die zweite $z_2 = 0$, die dritte $z_3 = 0$, schließlich die 99. den Wert $z_{99} = 6$ und die letzte den Wert $z_{100} = 5$ hat. Wenn *alle* diese Bedingungen erfüllt sind, dann ist für ein Wort ω das Ereignis E eingetreten. Im Falle, daß wir das Ensemble Ω_{100} zugrunde legen, gibt es nur ein einziges Wort ω, eben das oben angegebene, für das E eintritt. Es ist $\#\,(E) = 1$. Man wird also E ebenfalls eine Wahrscheinlichkeit, nämlich $P\,(E) = 10^{-100}$, zuweisen. Ist E das Ereignis, daß die erste Ziffer des Ausstoßes $\omega \in \Omega_{100}$ den Wert $z_1 = 0$ hat, dann gibt es im Ensemble Ω_{100} eine Anzahl $\#\,(E) = 10^{99}$ solcher Wörter, für die E eintritt. Die Angabe dieser Wörter kennzeichnet E. Es ist naheliegend, ganz allgemein E überhaupt durch die Teilmenge derjenigen Wörter in Ω_n zu repräsentieren, für die E erfüllt ist. Die Gesamtheit $\mathfrak{A}_n = \mathfrak{P}\,\Omega_n$ der Teilmenge $E \subset \Omega_n$, die auch *Potenzmenge* von Ω_n heißt, sind also die möglichen Ereignisse für die Wörter $\omega \in \Omega_n$. Die Menge der Ereignisse ist bezüglich den Mengenoperationen der Vereinigung $\cup$ und des Durchschnitts $\cap$ abgeschlossen. Bezüglich dieser beiden Operationen ist $\mathfrak{A}_n$ eine *Boolesche Algebra*. Aufgrund dieser algebraischen Struktur bezeichnet man $\mathfrak{A}_n$ auch kurz als die *Ereignisstruktur* über dem Ensemble Ω_n. $\mathfrak{A}_n$ enthält außer dem Ereignis Ω_n, welches immer eintritt, auch die leere Menge $\varnothing$, welche das *unmögliche Ereignis* repräsentiert. In $\mathfrak{A}_n$ ist auch die Komplementbildung bezüglich Ω_n unbeschränkt ausführbar. Insgesamt gibt es die bereits für kleine Werte von n sehr große Anzahl von

$$\# (\mathfrak{A}_n) = 2^{\#(\Omega_n)} = 2^{10^n}$$

Ereignissen über dem Ensemble Ω_n.

Ist $E = [\omega_1, \omega_2, \ldots, \omega_n] = \bigcup_{k=1}^{m} [\omega_k]$ eine Teilmenge von Ω_n, die also $\#(E) = m$ Wörter aus Ω_n enthält, dann gilt nach dem Additionssatz der Wahrscheinlichkeitsrechnung

$$P(E) = P \bigcup_{k=1}^{m} [\omega_k] = \sum_{k=1}^{m} P[\omega_k] = \frac{m}{10^n}.$$

Damit ist für alle Ereignisse ihre Wahrscheinlichkeit festgelegt.

Betrachten wir die folgenden Ereignisse E_1 und E_2: E_1 sei das Ereignis, daß der k-te Buchstabe des Wortes $\omega \in \Omega_n$ einen bestimmten Wert $z_1 \in Z_D$ und das Ereignis E_2, daß der $(k+1)$-te Buchstabe den Wert $z_2 \in Z_D$ hat. Bezeichnen wir den k-ten Buchstaben eines Wortes ω allgemein mit $\omega(k)$, so können wir diese Ereignisse durch die Schreibweisen $E_1 = [\omega : \omega(k) = z_1]$ und $E_2 = [\omega : \omega(k+1) = z_2]$ bezeichnen. Wegen $\# E_1 = \# E_2 = 10^{n-1}$ bekommt man, was intuitiv klar ist, $P(E_1) = P(E_2) = 10^{-1}$. Der Durchschnitt $E_1 \cap E_2$ der beiden Ereignisse E_1 und E_2 ist das Ereignis $E_1 \cap E_2 = [\omega : \omega(k) = z_1 \; \omega(k+1) = z_2]$, daß der k-te Buchstabe des Wortes ω den Wert z_1 und der nachfolgende Buchstabe den Wert z_2 hat. Wegen $(E_1 \cap E_2) = 10^{n-2}$ bekommt man $P(E_1 \cap E_2) = 10^{-2}$. Zwischen den Wahrscheinlichkeiten der Ereignisse E_1, E_2 und $E_1 \cap E_2$ besteht also die Gleichung

$$P(E_1 \cap E_2) = P(E_1) \cdot P(E_2).$$

Diese *Multiplikationseigenschaft* der Wahrscheinlichkeiten besagt aber im Kolmogoroffschen Axiomenschema, daß die Ereignisse E_1 und E_2 unabhängig sind.

Die bedingte Wahrscheinlichkeit $P(E_2 | E_1)$ dafür, daß das Ereignis E_2 eintritt, unter der Bedingung, daß E_1 eingetreten ist, wird durch

$$P(E_2 | E_1) = \frac{P(E_2 \cap E_1)}{P(E_1)}$$

definiert. Die Unabhängigkeit der Ereignisse besagt also, daß $P(E_2 | E_1) = P(E_2)$ gilt.

2.4. Stochastischer Modellprozeß

Das Ensemble Ω_n der Wörter der Länge n über dem Alphabet $Z_D = \{0, 1, \ldots, 9\}$, die Ereignisstruktur $\mathfrak{A}_n$ der möglichen Ereignisse $E \subset \Omega_n$ und deren Bewertung durch die Wahrscheinlichkeit $P(E)$ definieren zusammen einen Wahrscheinlichkeitsraum $(\Omega_n, \mathfrak{A}_n, P)$, der den wahrscheinlichkeitstheoretischen Aspekt der Ereignisse beim Ziffernausstoß einer Zufallsmaschine beschreibt.

Um den Ausstoß der aufeinander folgenden Ziffern unmittelbar zu erfassen, führen wir die Funktionen Z_k, $k = 1, 2, \ldots, n$ ein, die für ein beliebiges vorgegebenes Wort ω den Wert $\omega(k)$ ihrer k-ten Buchstaben angeben. Es gilt also $Z_k(\omega) = \omega(k)$ für jedes $\omega \in \Omega_n$. Für ein zufällig gewähltes Wort ω ist auch der Wert der Funktion Z_k zufällig. Solche Funktionen werden deswegen auch als *zufällige Variable* oder in diesem Zusammenhang als *zufällige Buchstaben* bezeichnet. Der Wert $\omega(k)$ ist eine Realisierung der zufälligen Variablen Z_k.

Die früher betrachteten Ereignisse E_1 und E_2 kann man jetzt in der Gestalt $E_1 = [\omega : Z_k(\omega) = z_1] = [Z_k = z_1]$ und $E_2 = [\omega : Z_{k+1}(\omega) = z_2] = [Z_{k+1} = z_2]$ schreiben.

Die Funktion F_k, welche auf dem Alphabet definiert ist und die Werte

$$F_k(z) = P[Z_k = z] = \frac{1}{10}, \quad k = 1, 2, \ldots$$

annimmt, heißt *Verteilungsfunktion des zufälligen Buchstabens* Z_k. Die zufälligen Buchstaben Z_k sind also identisch verteilt, weil $F_k = F$ unabhängig von k ist. Die Z_k sind überdies gleichverteilt, weil F die Gleichverteilung auf Z ist. F nimmt ja für alle $z \in Z$ denselben Wert 0.1 an. Die Feststellung, daß die früher definierten Ereignisse E_1 und E_2 unabhängig sind, daß also in der jetzt eingeführten Schreibweise

$$P([Z_k = z_1] \cap [Z_{k+1} = z_2]) = P[Z_k = z_1] \cdot P[Z_{k+1} = z_2]$$

gilt, kann jetzt durch die Feststellung ersetzt werden, daß die zufälligen Buchstaben Z_k und Z_{k+1} voneinander unabhängig sind.

Wie man leicht bestätigt, gilt noch allgemeiner für beliebig ausgewählte zufällige Variable Z_{k_ν}, $1 \leqq k_1 < k_2 < \ldots < k_l \leqq n$ und Werte $z_\nu \in Z_D$, $\nu = 1, \ldots, l, \; l = 1, \ldots, n$,

$$P \bigcap_{\nu=1}^{l} [Z_{k_\nu} = z_\nu] = \prod_{\nu=1}^{l} P[Z_{k_\nu} = z_\nu].$$

Dies bedeutet definitionsgemäß, daß die zufälligen Buchstaben $Z_1, Z_2, \ldots, Z_n$ gegenseitig unabhängig sind.

Ein Wort $\omega \in \Omega_n$, das von dem Zufallsgenerator ausgestoßen wird, kann in der Gestalt

$$\omega = Z_1(\omega) \, Z_2(\omega) \ldots Z_n(\omega)$$

dargestellt werden. Aus den Realisierungen $Z_k(\omega)$, $k = 1, \ldots, n$, der zufälligen Buchstaben kann man also das Wort ω rekonstruieren. Schließlich kann man das zufällige Wort $Z = Z_1 Z_2 \ldots Z_n$ definieren, welches auf dem

Ensemble Ω_n eine identische zufällige Variable Z mit den Werten $Z(\omega) = Z_1(\omega)\, Z_2(\omega) \ldots Z_n(\omega) = \omega$ bedeutet. Die Wahrscheinlichkeitsverteilung des zufälligen Wortes $Z_1 Z_2 \ldots Z_n$ wird durch

$$P[Z_1 Z_2 \ldots Z_n \in E] = P(E), \quad E \in \mathfrak{A}_n,$$

definiert. Das zufällige Wort $Z_1 Z_2 \ldots Z_n$, dessen zufällige Buchstaben Z_k, $k = 1, \ldots, n$, untereinander unabhängig und identisch gleichverteilt sind, ist das stochastische Modell des Ziffernausstoßes von der Länge n eines Zufallsgenerators.

3. Test des stochastischen Modellprozesses. Statistischer Begriff der Zufallszahlentafel

3.1. Statistische Modellinterpretation

Hat der Zufallsgenerator von M. G. KENDALL und B. BABINGTON SMITH ein Wort ω der Länge n ausgestoßen, dann kann ganz im Sinne einer physikalischen Theorie gefragt werden, ob dieses Beobachtungsergebnis mit der Annahme des Modellprozesses $Z_1 Z_2 \ldots Z_n$ verträglich ist.

Die Beantwortung dieser Frage ist Aufgabe der Statistik. Diese hat zunächst die *Interpretation* der Theorie, d. h. die Zuordnung der Beobachtungsergebnisse, meist *Stichproben* genannt, zu den Prozeßvariablen anzugeben. Die Interpretation besteht im vorliegenden Fall in der Feststellung, daß das Beobachtungsergebnis oder die Stichprobe ω eine Realisierung des Modellprozesses $Z_1 Z_2 \ldots Z_n$ ist, daß also das Ereignis $[Z_1 Z_2 \ldots Z_n] = \omega$ eingetreten ist. Wir erinnern uns daran, daß die Größen Z_1, Z_2, $\ldots$, Z_n, unabhängige und identisch gleich verteilte zufällige Variable auf dem Wahrscheinlichkeitsraum $(\Omega_n,\ \mathfrak{A}_n,\ P)$ sind.

3.2. Modell-Test

Ferner hat die Statistik die *Testmethoden* für die Prüfung der Interpretation bereitzustellen. Dabei wird von dem statistischen Postulat Gebrauch gemacht, daß ein Ereignis mit kleiner Wahrscheinlichkeit bei einer einzigen Stichprobe nicht auftreten kann. Bei einer größeren Anzahl unabhängiger Stichproben liegt die relative Häufigkeit, mit der das Ereignis eintritt, nahe bei der Wahrscheinlichkeit dieses Ereignisses.

Ein Ziffernausstoß ω der Länge n liege vor. Die Hypothese H, die zu prüfen ist, lautet: $Z_1 Z_2 \ldots Z_n$ *ist der stochastische Modellprozeß für den Ziffernausstoß*. Mit einem statistischen Test T soll die Hypothese H geprüft werden.

Ein Test T besteht einfach in der Angabe einer Menge $S \in \mathfrak{A}_n$, *Signifikanzbereich* genannt, und ihres Komplements $A = \Omega_n - S$, *Annahmebereich* genannt, mit der Feststellung, daß H abgelehnt wird, falls für die Stichprobe $\omega \in S$ gilt, und daß H angenommen wird, falls $\omega \in A$ gilt. Bei dieser Annahme-Ablehnungs-Entscheidung kann man irren. Falls H richtig ist, macht man mit der Ablehnung von H einen Fehler 1. Art, dessen Wahrscheinlichkeit offenbar $P(S)$ ist. Damit ein solcher Irrtum bei laufenden Entscheidungen selten bleibt, verlangt man für eine kleine Irrtumswahrscheinlichkeit α, z. B. $\alpha = 0{,}01$, daß $P(S) \leqq \alpha$ bleibt. Eine Annahme von H bedeutet im Sinne des empirisch-naturwissenschaftlichen Standpunkts, daß er nicht im Widerspruch zu H steht.

Falls H falsch ist, macht man mit der Annahme von H einen Fehler 2. Art, dessen Wahrscheinlichkeit man erst berechnen kann, wenn die Gegenhypothese zu H, welche mit K bezeichnet wird, spezifiziert wird. Dies kann dadurch geschehen, daß man die Gesamtheit Γ der stochastischen Modellkandidaten $Z'_1 Z'_2 \ldots Z'_n$ angibt, die bei der Entscheidung zur Diskussion stehen. Die zufälligen Größen $Z'_1, \ldots, Z'_n$ seien über einen Wahrscheinlichkeitsraum $(\Omega_n, \mathfrak{A}_n, P')$ durch $Z'_\nu(\omega) = \omega(\nu)$, $\nu = 1, \ldots, n$, definiert. Dabei entstamme P' einer vorgegebenen Menge Π von Wahrscheinlichkeitsverteilungen, die auch P enthalten. Die Modellkandidaten erhält man, wenn P' die Elemente von M durchläuft. Die Hypothese H ist dann durch $P' = P$ und die Hypothese K durch $P' \neq P$ definiert. Die richtige Verteilung P^* ist nach Voraussetzung in Π enthalten. Ist $P^* \neq P$, und nimmt man trotzdem H an, so ist $P^*(\Omega_n - S) = 1 - P^*(S)$ die Wahrscheinlichkeit für einen Fehler 2. Art. Es ist Aufgabe der *Testtheorie*, auf die wir nicht weiter eingehen, solche kritischen Bereiche zu finden, für die $P(S) \leqq \alpha$ gilt, und für die $P'(S)$ für $P' \neq P$ möglichst groß ist.

3.3. Test der Zifferngleichverteilung

Aufgrund unserer Kenntnis der Konstruktion des Zufallsgenerators von M. G. KENDALL und B. BABINGTON SMITH nehmen wir an, daß die Ziffern unabhängig und mit einer stationären Wahrscheinlichkeitsverteilung ausgestoßen werden. Wir präzisieren diese Erfahrung durch Angabe der Menge Γ jetzt noch möglicher Modellkandidaten $Z'_1 Z'_2 \ldots Z'_n$. Die Größen Z'_ν, $\nu = 1, \ldots, n$, seien unabhängige identisch verteilte zufällige Variable über dem Wahrscheinlichkeitsraum $(\Omega_n, \mathfrak{A}_n, P')$, deren Verteilung für alle $\nu = 1, \ldots, n$ durch $P'[Z_\nu = z] = p_z$, $z = 0, 1, \ldots, 9$, mit $0 \leqq p_z \leqq 1$ und $\sum_1^9 p_z = 1$, gegeben ist. Die Hypothese H sei durch $p_z = g_D(z) = \dfrac{1}{10}$, $z = 0, 1, \ldots, 9$ charakterisiert. H werden wir verwerfen, wenn die Gesamtabweichung der diskreten Dichte $h_\omega(\cdot)$ der Ziffern in ω zu stark von der Gleichverteilung $g_D(\cdot)$ abweicht. Als Maß für diese Gesamtabweichung wählen wir die (normierte) Summe der Abweichungsquadrate

$$\chi^2(\omega) = 10\,n \sum_{z=0}^{9} \left(h_\omega(z) - \frac{1}{10} \right)^2.$$

Der kritische Bereich S ist durch

$$S = [\omega : \chi^2(\omega) > \varkappa_a]$$

definiert. Dabei wird für eine vorgegebene Irrtumswahrscheinlichkeit α die Größe $\varkappa_a$ so bestimmt, daß unter Einhaltung der Bedingung $P(S) \leqq \alpha$ der kritische Bereich möglichst groß wird. Unter der Hypothese H besitzt $\chi^2(\omega)$ für große n näherungsweise eine *Chi-Quadrat-Verteilung* mit $r = 9$ Freiheitsgraden.

Die Größe $\varkappa_a$ kann also in der Gleichung

$$P\left[\chi^2 > \varkappa_a\right] \approx \frac{1}{2^{\frac{r}{2}}\,\Gamma\frac{r}{2}} \int\limits_{\varkappa_\alpha}^{\infty} y^{\frac{r}{2}-1} \cdot e^{-\frac{y}{2}}\, dy = \alpha,$$

in der $r = 9$ zu setzen ist, bestimmt werden.

Ein Test für das in 2.3. angegebene Wort ω ergibt die folgende Tabelle der diskreten Dichte $h_\omega\,(\,\cdot\,)$ in ω:

z	0	1	2	3	4	5	6	7	8	9
$h_\omega\,(z)$	0,14	0,06	0,12	0,10	0,12	0,10	0,10	0,09	0,07	0,10

Damit ergibt sich $\chi^2\,(\omega) = 5$. Für $\alpha = 0,01$ entnimmt man einer Tafel der *Chi-Quadratverteilung* $\varkappa_a = 21,6$. Also gilt $\omega \in \Omega_n - S = A$. Die Hypothese H wird also angenommen. Aufgrund der Spezifizierung der Gegenhypothese könnte man jetzt jedenfalls die Wahrscheinlichkeit für den Irrtum, d. h. den Fehler zweiter Art, berechnen.

Wenn die Erfahrung noch nicht ausreicht, die möglichen Modellprozesse auf die oben definierte Menge Γ einzuschränken, dann muß man weitere Prozesse als Modellkandidaten zulassen. Die Erfahrung, daß die Versuchsbedingungen, unter denen die Ziffern ausgestoßen werden, sich im Laufe der Zeit nicht ändern, kann dadurch präzisiert werden, daß man für Γ die Gesamtheit der zeitlich diskreten im weiteren Sinne stationären Prozesse mit der Zustandsmenge Z_D nimmt. Versuchsweise kann man dann z. B. Γ auf die Klasse der einfacheren oder multiplen Markoffprozesse einschränken. Für die statistische Analyse solcher Prozesse sei auf die Werke von M. S. BARTLETT [2] und P. BILLINGSLEY [3] und M. G. KENDALL und A. STUART [19] hingewiesen.

3.4. Statistischer Begriff der Zufallszahlentafel

Bisher wurde das stochastische Modell als Theorie des Ziffernausstoßes ω eines Zufallsgenerators betrachtet. Die Vorkenntnis über die Herkunft von ω wurde im wesentlichen zur Definition der Menge Γ der möglichen Modellkandidaten herangezogen. Die Tests, repräsentiert durch ihren Signifikanzbereich S, werden motiviert durch einen intuitiven Begriff von Zufälligkeit. Wenn ein Test, wie auch immer motiviert, vorliegt, so kann man im Rahmen der Voraussetzungen über Γ den Entscheidungserfolg durch die Wahrscheinlichkeiten für die Fehler 1. oder 2. Art beurteilen.

Man kann ein Wort ω selbstverständlich auch losgelöst von seiner Herkunft statistisch analysieren, ob es als eine Realisierung des Modellprozesses $Z_1 Z_2 \ldots Z_n$ angesehen werden kann. Wenn ja, dann bezeichnet man ω als *Zufallszahlentafel*. Von einer Präzisierung der Menge Γ der Modellkandidaten sieht man dann zunächst ab. Was bleibt, sind intuitiv motivierte Tests T_i, $i = 1, 2, \ldots$ auf Zufälligkeit. Aber nur im Falle der Ablehnung der Hypothese H kann man den Entscheidungserfolg beurteilen. Praktisch geht man dann so vor: Eine Reihe von Tests T_i werden auf ω angewandt. Übersteht ω diese Tests, d. h. wird ω nicht abgelehnt, dann betrachtet man „bis auf weiteres" ω als Zufallstafel. Genauer ausgedrückt, ist dann ω eine Zufallstafel bezüglich der Tests Z_i.

Die folgenden vier klassischen Tests auf Zufälligkeit wurden von M. G. KENDALL und B. BABINGTON SMITH [16], [17] vorgeschlagen: 1. Der *Frequenztest*, mit dem die Gleichverteilung der Ziffern geprüft wird. Wir haben ihn in 3.3 dargestellt. 2. Der *Serientest*, mit dem die Gleichverteilung der zweistelligen Silben, d. h. der Ziffernpaare, geprüft wird. 3. Der *Pokertest*, mit dem die Verteilung von Gruppen aus fünfstelligen Silben geprüft wird. 4. Der *Lückentest*, mit dem die empirische Verteilung der Lücken zwischen der Wiederkehr einer bestimmten Ziffer mit deren theoretischer Verteilung verglichen wird[1].

4. Digitale Pseudo-Zufallsgeneratoren

4.1. Statistische Mechanik eines Zufallsgenerators

Der Zufallsgenerator von M. G. KENDALL und B. BABINGTON SMITH lieferte zwar die Motive zur Aufstellung eines stochastischen Modells eines zufälligen Ziffernausstoßes, für die Theorie selbst blieb er aber nur ein „schwarzer Kasten".

Betrachtet man diesen „schwarzen Kasten" näher, so wird klar, daß sich ein wesentlicher Teil, nämlich die rotierende Scheibe, als ein dynamisches System auffassen läßt. Auf dem Umfang der Scheibe, der die Länge 1 haben soll, sei ein fester Punkt O markiert. Ein beliebiger Punkt Q auf dem Umfang wird durch die Koordinate $x = \overset{\frown}{OQ}$, $0 \leq x < 1$, festgelegt, gemessen auf dem Umfang, im Gegenuhrzeigersinn fortschreitend. Die Scheibe rotiere mit der Umfangsgeschwindigkeit v im Uhrzeigersinn. Zur Zeit $t = 0$ liege ein Punkt auf dem Umfang der Scheibe mit der Koordinate φ an den raumfesten Ablesezeiger an. Im Zeitpunkt t befindet sich dann der Punkt mit der Koordinate

$$x_t = \{vt + \varphi\}$$

am Ablesezeiger. Dabei bedeutet $\{vt + \varphi\}$ den Bruchanteil der Zahl $vt + \varphi$. Beispielsweise gilt $\{3{,}21\} = 0{,}21$. Die Scheibe ist in 10 gleiche Sektoren B_z, $z = 0, 1, \ldots, 9$ eingeteilt. Sobald die Scheibe nach dem Einschalten des Motors eine konstante Umfangsgeschwindigkeit v erreicht hat, wird ein willkürlicher Startzeitpunkt $t = 0$ festgelegt. Die Startphase φ ist eine zufällige Größe, über deren Verteilungsfunktion wir keine Voraussetzungen machen. Wir wählen dann unabhängig von φ eine Serie von zufälligen monoton wachsenden Zeitpunkten $t_1, t_2, \ldots$, in denen wir die zufälligen Sektornummern $Z_1, Z_2, \ldots$, die der Zeiger markiert, ablesen. Die zufälligen Zeitintervalle $s_1 = t_1$, $s_\nu = t_\nu - t_{\nu-1}$, $\nu = 2, 3, \ldots$ zwischen den Ablesezeitpunkten seien unabhängig

---

[1] Für eine Darstellung dieser Tests und weiterführender Literaturangaben sei auf O. TAUSSKY und J. TODD [28] sowie auf die Testkommentare und Literaturhinweise der publizierten Zufallszahlentafeln, insbesondere der Tafeln der *RAND Corporation* [24] und der Tafel von V. D. BARNETT [1] verwiesen.

und exponentiell verteilt gemäß der Dichte $\alpha\,e^{-\alpha x}$. Im Zeitpunkt t_k befindet sich der Punkt auf dem Umfang mit der Koordinate

$$X_{t_k} = \left\{ v \sum_1^k s_\nu + \varphi \right\}$$

am Zeiger. Genau dann wird die Ziffer $Z_k = z$ abgelesen, wenn $X_{t_k} \in B_z$ eingetreten ist. Für die k-te Ablesung gilt also

$$P\,[Z_k = z] = P\,[X_{t_k} \in B_z].$$

Mit $I_{B_z}(x)$ werde die *charakteristische Funktion* des Kreisbogens von Sektor B_z bezeichnet. Diese nimmt für $x \in B_z$ den Wert 1 und sonst überall auf dem Umfang den Wert 0 an. Die Fourierreihenentwicklung der charakteristischen Funktion sei

$$I_{B_z}(x) = \sum_n a_n\, e^{2\pi\,inx}\,.$$

Dabei ist $a_0 = \dfrac{1}{10}$. Dann bekommt man

$$P\,[X_{t_k} \in B_z] = E\,I_{B_z}(X_{t_k}),$$

wobei E den Erwartungswertoperator bezeichnet.

Wenn man berücksichtigt, daß E mit dem Summenzeichen Σ stets und mit dem Produktzeichen Π dann vertauscht werden darf, wenn die zufälligen Größen, die das Produkt bilden, unabhängig sind, dann bekommt man durch Einsetzen der eingeführten Größen die Gleichungen:

$$P\,[Z_k = z] = \frac{1}{10} + \sum_{n \neq 0} a_n\, E\, e^{2\pi\,in\varphi} \prod_{\nu = 1}^k E\, e^{2\pi\,invs_\nu}$$

Unter Benützung von

$$E\, e^{2\pi\,invs_\nu} = \frac{\alpha}{\alpha - 2\pi\,inv}$$

erhält man schließlich die Abschätzung

$$\left| P\,[Z_k = z] - \frac{1}{10} \right| \leqq \frac{\pi}{3} \left(\frac{\alpha}{2\pi\,v} \right)^k.$$

Diese Abschätzung zeigt, wie beim Fortschreiten der Ablesung die Gleichverteilung approximiert wird. Wir wollen die Untersuchung dieses Prozesses hier nicht weiterführen, sondern im nächsten Abschnitt einige grundsätzliche Folgerungen daraus ziehen. Im Falle der Tafel von M. G. KENDALL und B. BABINGTON SMITH kann man $\alpha = 0{,}3$ min^{-1} und $v = 2500$ min^{-1} setzen.

4.2. Folgengeneratoren für gleichverteilte und weiße Folgen

Aufgrund der Überlegungen im vorangehenden Abschnitt können wir uns den Ziffernausstoß des Zufallsgenerators von M. G. KENDALL und B. BABINGTON SMITH gleich durch fortlaufendes stichprobenartiges Berechnen von Funktionswerten der Funktion $X_t = \{vt + \varphi\}$ an wachsenden Argumentstellen $t_1, t_2, \ldots,$ entstanden denken. Den Übergang zu den Ziffern Z wollen wir im folgenden nicht in Betracht ziehen. Wir betrachten die Werte x_{t_n}, $n = 1, 2, \ldots$, unmittelbar als unabhängige Stichprobenwerte von im Einheitsintervall gleichförmig verteilten zufälligen Größen. Man kann sich heuristisch die Frage vorlegen: Wozu aber den analogen Prozeß ausführen, wenn man die Werte berechnen kann? Man wird so dazu geführt, nach arithmetischen Verfahren, sogenannten *Folgengeneratoren*, Ausschau zu halten, die Zahlenfolgen liefern, die möglichst viele Eigenschaften mit zufällig erzeugten Zahlen gemeinsam haben; d. h. man sucht Zahlenfolgen, welche die üblichen bisher für die Prüfung von Zufallszahlen benützten Tests überstehen und von möglichst einfach aufgebauten Folgengeneratoren erzeugt werden. Ein solcher Folgengenerator hätte den Vorteil, daß er eine im voraus kontrollierbare, wenn nötig wiederholbare Folge von Zufallszahlen liefert. Das technisch schwer lösbare Problem, biasfreie analoge Zufallsgeneratoren für unabhängige Stichproben bauen zu müssen, entfiele.

Die üblichen Tests prüfen im Falle der Ziffernfolge $Z_1 \, Z_2 \ldots Z_n$ die Gleichverteilung der Einzelziffern oder der Zifferngruppen, die wir Silben nannten. Diese Begriffsbildung kann man auch auf unendliche Zahlenfolgen $\langle x_t, x_2, \ldots \rangle = \langle x_n \rangle$ übertragen.

Wir betrachten das folgende stochastische Modell: $X_1, X_2, \ldots, X_n$ sei eine Folge von n unabhängigen zufälligen Variablen über einem Wahrscheinlichkeitsraum $(\Omega, \mathfrak{A}, P)$. Sämtliche X_ν, $\nu = 1, 2, \ldots$ seien im Einheitsintervall $W_1 = [x : 0 \leqq x > 1]$ gleichverteilt. Es gilt also $F(x) = P[X_\nu \leqq x] = x$, $0 \leqq x \leqq 1$, für alle $\nu = 1, 2, \ldots, n$. Nun sei $\langle x_k, 1 \leqq k \leqq n \rangle$ eine Zahlenfolge, für deren Glieder $x_k \in W_1$ gilt. Die Folge $\langle x_k, 1 \leqq k \leqq n \rangle$ wird als Folge von *gleichverteilten Zufallszahlen* aus dem Intervall W_1 bezeichnet, wenn durch eine Anzahl von üblichen statistischen Tests gezeigt ist, daß diese Folge als Realisierung des obigen stochastischen Modells angesehen werden kann. Die üblichen statistischen Tests prüfen die Verteilung der Zahlen und Gruppen aufeinanderfolgender Zahlen der betreffenden Folge und vergleichen diese mit den theoretisch zu erwartenden Verteilungen.

In der Hoffnung, daß endliche Abschnitte von unendlichen Zahlenfolgen, die diese Eigenschaften im asymptotischen Sinne bereits haben, diese Tests überstehen, wandte sich das Interesse den asymptotisch gleichverteilten Folgen zu. Zur Präzisierung des Sachverhalts brauchen wir folgende Begriffe: $\xi = (\xi_1, \ldots, \xi_k)$ und $\xi' = (\xi'_1, \ldots \xi'_k)$ seien k-dimensionale Vektoren.

$W_k = [\xi : 0 \leqq \xi_\nu \leqq 1, \nu = 1, \ldots, k]$ ist der k-dimensionale Einheitswürfel. $W_k(\xi) = [\xi' : \xi'_\nu \leqq \xi_\nu, \nu = 1, \ldots, k]$ ist für jedes $\xi \in W_k$ ein k-dimensionales Intervall, das in W_k enthalten ist. Mit $|W_k(\xi)|$ sei das Volumen der Intervalle bezeichnet. Eine Folge $\langle y_n, n = 1, 2, \ldots \rangle$ von Vektoren $y_n \in W_k$ heißt *asymptotisch gleich verteilt* (in W_k), wenn

$$\lim_{n \to \infty} \frac{1}{n} \sum_{\nu = 1}^{n} I_{W_k}(\xi)(y_\nu) = |W_k(\xi)|$$

gilt. Eine Folge $\langle x_n, n = 1, 2, \ldots \rangle$ von Zahlen $x_n \in W_1$ heißt *k-gliedrig gleichverteilt*, wenn die Folge $\langle y_n, n = 1, 2, \ldots \rangle$ mit $y_n = (x_n, x_{n+1}, \ldots, x_{n+k-1})$ in W_k gleichverteilt ist.

Eine Folge $\langle x_n, n = 1, 2, \ldots \rangle$ heißt *vollständig gleichverteilt*, wenn sie für jedes k k-gliedrig gleichverteilt ist. Diese Eigenschaft ist also besonders erwünscht. Ein weiteres Kriterium für die Zufälligkeit einer Folge $\langle x_n \rangle$ mit $x_n \in W_1$ besteht in der Berechnung der *Autokorrelationsfunktion*

$$R(v) = \lim_{N \to \infty} \frac{1}{N} \sum_{n=1}^{N} \left(x_n - \frac{1}{2} \right) \left(x_{n+v} - \frac{1}{2} \right), \quad v = 0, 1, \ldots$$

und der zugehörigen *Spektraldichte*, falls diese existieren.

$$\psi(s) = R(0)\, s + 2 \sum_{v=1}^{\infty} R(v) \cos(2\pi v s).$$

Die Folge $\langle x_n \rangle$ heißt *weiß*, wenn $R(v) = 0$, für $v \geq 1$.

Die erste systematische Untersuchung gleichverteilter Folgen stammt von H. WEYL [29]. Er bewies die folgende Aussage: Die Folge $\langle x_n^{(p)} \rangle$ mit dem Generator $x_n^{(p)} = \{\alpha n^p + c_1 n^{p-1} + c_2 n^{p-2} + \ldots + c_p\}$, α irrational, ist gleichverteilt. Insbesondere ist die Folge $\langle x_n^1 \rangle$ mit dem Generator $x_n^{(1)} = \{n\alpha\}$ gleichverteilt. Für α kann man z. B. $\sqrt{2}$, $\sqrt{3}$ usw. nehmen. J. N. FRANKLIN [9] zeigte darüber hinaus: $\langle x_n^{(p)} \rangle$ ist p-gliedrig gleichverteilt, jedoch nicht $(p+1)$-gliedrig gleichverteilt. $\langle x_n^{(1)} \rangle$ ist nicht weiß, $\langle x_n^{(p)} \rangle$ für $p \geq 2$ ist weiß. Ferner bewies er, daß die Folge $\langle \{\theta^n\} \rangle$ für fast alle $\theta > 1$ vollständig gleichverteilt ist. Allerdings scheint bisher keine Zahl mit dieser Eigenschaft bekannt zu sein. Man weiß nur z. B., daß θ transzendent sein muß.

Eine weitere wichtige Klasse von gleichverteilten Folgen $\langle x_n \rangle$ wird durch den Generator $x_n = \{N x_n + \theta\}$, $n = 0, 1, \ldots, N > 1$, ganz, θ beliebig, erzeugt. Diese Folgen sind für fast alle x_0 gleichverteilt. Sie sind ferner in einem asymptotischen Sinne für $N \to \infty$ sogar vollständig gleichverteilt. Für die Autokorrelationsfunktion gilt gleichmäßig in s $\lim\limits_{N \to \infty} R(v) = 0$. Man kann also insbesondere von diesem Generator hoffen, daß seine erzeugten Folgen die üblichen statistischen Tests auf Zufälligkeit überstehen, also als Zufallszahlen verwendet werden können.

Die praktische Bedeutung dieser Sätze ist aus zwei Gründen gering: 1. In der Anwendung benötigt man *endliche* Abschnitte solcher Folgen. Wie sich die asymptotischen Eigenschaften dieser Folgen hier schon ausprägen, ist weitgehend unerforscht. 2. Wenn die Folgenglieder auf einem Digitalrechner erzeugt werden, kommen Rundungsfehler herein, so daß in Wahrheit eine modifizierte Folge berechnet wird. Auch diese Effekte sind noch weitgehend unerforscht.

4.3. Anpassung von Folgengeneratoren an Ziffernrechner

Elektronische Ziffernrechenanlagen sind meist zur unmittelbaren Verarbeitung von Zahlen fester Stellenanzahl ausgelegt. Programmiert man die in 4.2 genannten Folgengeneratoren für Ziffernrechner, so muß man Rundungsfehler in Kauf nehmen. Für die so erzeugte, gestörte Folge gilt aber die aufgrund des Folgengenerators entwickelte Theorie nicht mehr. Es ist deswegen zweckmäßig, die Folgengeneratoren so zu modifizieren, d. h. zu digitalisieren, daß sie auf Ziffernrechenanlagen exakt ohne Rundungsfehler verarbeitet werden können.

Man spricht dann von *digitalen Folgengeneratoren*. Solche digitalen Folgengeneratoren, deren erzeugte Folgen die üblichen statistischen Tests für Zufälligkeit überstehen, heißen *digitale Pseudo-Zufallsgeneratoren*. Die Idee, solche Pseudo-Zufallsgeneratoren zu benützen, stammt von N. METROPOLIS und J. v. NEUMANN (siehe [8]). Die arithmetischen Verfahren, die solchen Pseudo-Zufallsgeneratoren zugrunde liegen, werden auch *deterministische Verfahren* zur Erzeugung von Zufallszahlen genannt.

Entscheidend kommt aber bei den digitalen Folgengeneratoren herein, daß sie grundsätzlich nur *periodische* Zahlenfolgen liefern können. Bei der Konstruktion digitaler Pseudo-Zufallsgeneratoren kann man zwar von Folgengeneratoren für gleichverteilte Folgen ausgehen. Man muß sich aber klar sein, daß die asymptotische Eigenschaft für Gleichverteilung unmittelbar keine Information über das Verhalten des modifizierten Generators gibt. Zu einer digitalen Anpassung eignet sich, wie zuerst D. H. LEHMER [22] bemerkt hat, wegen ihrer rekursiven Struktur besonders der Generator $x_{n+1} = \{x_n N\}$. Rechnet man mit m-stelligen Zahlen zur Basis B — meist ist $B = 2$ oder $B = 10$ — wird man auf den Generator

$$x_{n+1} = x_n\, a \;(\mathrm{mod}\; B^m), \quad n = 0,\, 1,\, 2,\, \ldots$$

geführt, wo x_0, a, B, m gegebene ganze Zahlen sind. Dabei erscheint x_{n+1} einfach als Divisionsrest bei der Division $x_n\, a : B^m$. Dieser Generator heißt *multiplikativer Kongruenz-Generator*. Das zugehörige Rechenverfahren wird auch *multiplikatives Kongruenzverfahren* genannt. Eine Verallgemeinerung stellt der sogenannte *gemischte multiplikative Kongruenz-Generator* (*gemischtes multiplikatives Kongruenzverfahren*)

$$x_{n+1} = x_n\, a + c \;(\mathrm{mod}\; M), \quad n = 0,\, 1,\, 2,\, \ldots$$

dar, wo x_0, a, c, M gegebene ganzzahlige Konstanten sind. Zahlreiche statistische Tests für verschiedene Wahl der Konstanten ergaben, daß diese modifizierten Generatoren als Pseudo-Zufallsgeneratoren benützt werden können. Die Folge $\left\langle \dfrac{x_n}{M} \right\rangle$ ist dabei als Realisierung eines stochastischen Modellprozesses von unabhängigen, im Einheitsintervall identisch gleichverteilten zufälligen Variablen anzusehen. Eine zusammenfassende Darstellung der experimentellen und theoretischen Ergebnisse gaben T. E. HULL und A. R. DOBELL [15]. Hier soll nur auf einige Fragen kurz eingegangen werden. Man hat vor allem drei a priori-Argumente für die Auswahl geeigneter Konstanten: 1. Die Periode l der Folge $\langle x_n \rangle$ soll maximal sein. 2. Die Reihenkorrelation zwischen

$$\varrho\,(x_n,\, x_{n+1}) = \frac{E\,(x_n,\, x_{n+1}) - E^2\,(x_n)}{E\,(x_n{}^2) - E^2\,(x_n)}$$

mit

$$E\,(x_n) = \frac{1}{m} \sum_{n=0}^{uu-1} x_n,$$

$$E\,(x_n{}^2) = \frac{1}{m} \sum_{n=0}^{m-1} x_n{}^2$$

$$E\left(x_{n}, x_{n+1}\right) = \frac{1}{m} \sum_{n=0}^{m-1} x_{n}\, x_{n+1}$$

soll klein sein. 3. Die Berechnung eines Wertes x_n auf einer Ziffernrechenanlage soll wenig Zeit beanspruchen. Punkt 1 ist als geklärt anzusehen. Man kennt die zahlentheoretischen Bedingungen für eine maximale Periode m. Interessant ist, daß für das gemischte Verfahren mit $c \neq 0$ die maximale Periode $l = M$ erreichbar ist, d. h. in der Folge $\langle x_n, n = 1, \ldots, l\rangle$ kommt jede Zahl von l bis M genau einmal vor. Im Falle $c = 0$ ist die maximale Periode $l < M$. Z. B. ist im Fall $M = 2^m$, $m > 2$, die maximale Periode $l = 2^{m-2}$. Diese wird erreicht, falls z. B. $a = \pm 3 \bmod 8$ und x_0 relativ prim zu M ist. So ergibt sich z. B. für $a = 5$, $m = 4$ die Folge $\langle x_n\rangle = \langle 1, 5, 9, 13, 1 \ldots\rangle$ mit der Periode $l = 4$.

Die in Punkt 2 genannte Reihenkorrelation ist von R. R. Coveyou [7] und M. Greenberger [12] berechnet worden. Für den Fall $l = m$ ergibt sich

$$\varrho\left(x_n, x_{n+1}\right) \approx \frac{1}{a} - \frac{6\,c}{a\,M}\left(1 - \frac{c}{M}\right) \pm \frac{a}{M}.$$

Jedoch zeigt die statistische Erfahrung, daß kleine Serienkorrelationen noch keinen brauchbaren Pseudo-Zufallsgenerator gewährleisten. Sie kann zur a priori-Ausscheidung unbrauchbarer Generatoren herangezogen werden. Auf Tests kann nicht verzichtet werden. Zu Punkt 3 sind zahlreiche Vorschläge gemacht worden. Für binäre Maschinen liegt die Wahl von $M = 2^m$ und $a = 2^\alpha + 1$ nahe. Die Erzeugung einer Zufallszahl im Akkumulatorregister des Rechenwerks erfordert anstatt einer Multiplikation nur einen Schiebebefehl und zwei Additionsbefehle, die im allgemeinen weniger Rechenzeit benötigen als ein Multiplikationsbefehl.

Als Beispiel betrachten wir noch den dezimalen Pseudo-Zufallsgenerator

$$x_{n+1} = 3^{26}\, x_n \bmod 10^{13}.$$

Er liefert die folgenden Zufallszahlen:

Tabelle 5

n	$\dfrac{x_n}{10^{13}}$	n	$\dfrac{x_n}{10^{13}}$
1	0,2541865828329	45	0,4909842398321
2	0,6673298932241	46	0,3052623835609
3	0,7800709255289	47	0,7119911167361
4	0,8870709282081	48	0,2965613969769
5	0,2569981872649	49	0,9033149786001
6	0,1464974473521	50	0,8460953422329
7	0,7297342176409	51	0,1390949358241
8	0,8010427690561	52	0,8950427409289
9	0,7394759702569	53	0,0969493948081
10	0,4460854277201	54	0,8863584986649
11	0,2482446271299	55	0,3048790979521
12	0,8131130137441	56	0,2129940650409
13	0,7363081366089	57	0,3481797636561

Man bemerkt, daß die Ziffern in der 13. Stelle die Periode 2, die Ziffern in der 12. Stelle die Periode 10 und die Ziffern in der 11. Stelle die Periode 50 haben. Man kann berechnen, daß die Periode der 1. Ziffer, die mit der Periode l der ganzen Folge $\langle x_n \rangle$ identisch ist, den Wert $l = 250$ Milliarden hat. Ein moderner Elektronenrechner braucht dazu die Rechenzeit von der Größenordnung eines Jahres, um eine Periode durchzurechnen.

Die Beobachtung der kleinen Ziffernperiode in den hinteren Stellen zeigt, daß die letzten Ziffern der Zufallszahlen, die mit einem multiplikativen Kongruenz-Generator erzeugt wurden, nicht als zufällig verteilt angesehen werden können. Trotzdem bestand die Folge $\langle x_n \rangle$ die statistischen Tests.

Die folgende Tab. 6 gibt die Ziffernverteilung der ersten 1000 Zufallszahlen wieder, aufgeschlüsselt nach den Ziffernpositionen 1 bis 13 und den Ziffern 1 bis 9.

Tabelle 6

Dezimal-Stelle	Ziffern									
	0	1	2	3	4	5	6	7	8	9
1.	091	117	091	110	099	091	098	101	107	095
2.	108	089	100	090	099	105	098	115	093	103
3.	102	126	080	095	099	091	112	110	091	094
4.	117	110	095	104	090	096	093	104	097	094
5.	090	089	096	112	130	105	092	091	081	114
6.	095	086	113	126	098	127	094	086	095	080
7.	101	098	095	108	107	103	097	102	104	085
8.	106	102	127	097	090	096	087	096	082	117
9.	093	089	113	100	091	093	104	105	099	113
10.	104	096	104	096	104	096	104	096	104	096
11.	120	080	120	080	120	080	120	080	120	080
12.	200	000	200	000	200	000	200	000	200	000
13.	000	500	000	000	000	000	000	000	000	500

Die folgende Tab. 7 gibt den Mittelwert m und mittlere quadratische Abweichung s^2 für die ersten 200 bzw. die ersten 500 Zufallszahlen und zum Vergleich die entsprechenden Werte der exakten Gliedverteilung:

Tabelle 7

	1. bis 2. Hundert	1. bis 5. Hundert	Erwartungswert
m	0,47994	0,50252	0,5
s^2	0,08911	0,08578	0,08333

4.4. Ein digitaler Pseudo-Zufallsgenerator für Analogrechner

Während die bisher beschriebenen digitalen Pseudo-Zufallsgeneratoren eine zufällige Folge von Zahlen produzieren, die im Einheitsintervall gleichverteilt sind, haben neuerdings auch digitale Pseudo-Zufallsgeneratoren Bedeutung erlangt, die direkt eine zufällige Folge von Nullen und Einsen liefern.

Die multiplikativen Kongruenzverfahren benötigen das Rechenwerk. Im Gegensatz dazu kommen diese *Zufalls-Bitgeneratoren*, wie man sie auch nennen kann, mit einem Schieberegister aus, das über ein Modulo-2-Addierwerk rückgekoppelt ist. Diese Zufalls-Bitgeneratoren sind als Digitalzusätze für Analogrechner bestimmt, um diese mit Zufallsimpulsen zu versorgen[1].

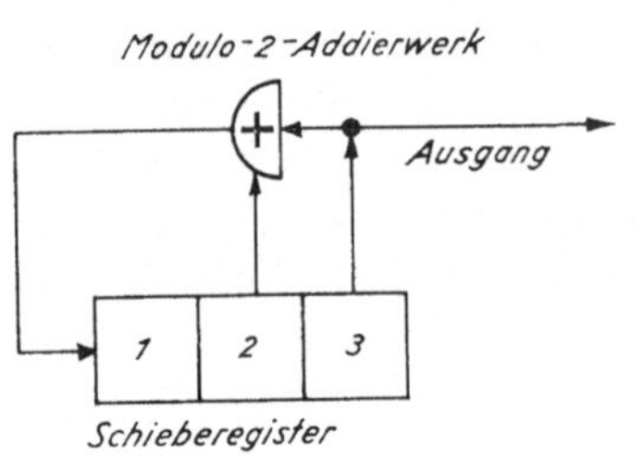

Abb. 4. Zufalls-Bitgenerator

Das Prinzip dieser Zufalls-Bitgeneratoren kann man sich an dem folgenden Beispiel eines 3-stelligen Schieberegisters klar machen, dessen 2. Stelle über ein Modulo-2-Addierwerk mit dem Eingang (1. Stelle) rückgekoppelt ist (siehe Abb. 4).

Im *Takt* 1 befindet sich das Wort a_3, a_2, a_1 = 101 im Schieberegister: a_3 in Zelle 1, a_2 in Zelle 2. a_1 in Zelle 3, (siehe Abb. 4). Im *Takt* 2 wird a_1 als Zufallsbit am Ausgang angeboten. Gleichzeitig wird im Modulo-2-Addierwerk $a_4 = a_2 + a_1$ (mod 2) gebildet, so daß jetzt das Wort $a_4 \, a_3 \, a_2$ = 110 im Register bereitsteht, mit dem sich das gleiche Spiel wiederholt. Im *Takt* 3 wird das Wort 111 gebildet. Im *Takt* 7 entsteht das Wort 010 und aus diesem im *Takt* 8 das Wort 101. Damit sind wir wieder beim Ausgangswort im *Takt* 1 angekommen. Der Prozeß ist also periodisch. Am Ausgang wird im Laufe der 7 Takte das Wort $a_1 a_2 \ldots a_7$ = 1011100 angeboten. Dieses Wort entsteht aus der linearen Rekursionsrelation $a_k = a_{k-2} + a_{k-3}$ (mod 2), $k = 4, 5, \ldots$ mit den Anfangswerten $a_3 \, a_2 \, a_1$ = 101.

Mit einem n-stelligen Schieberegister und einer passenden Rückkopplung kann man die allgemeine Rekursionsrelation

$$a_k = c_1 \, a_{k-1} + c_2 \, a_{k-1} + \ldots + c_n \, a_{k-n} \quad \text{(mod 2)}$$

realisieren, wobei $c_1, c_2, \ldots, c_n$ fest gegebene binäre Ziffern sind. Die notwendige und hinreichende Bedingung dafür, daß die Periode l den maximalen Wert $l = 2^n - 1$ annimmt, besteht darin, daß das Polynom

$$f(x) = 1 + c_1 \, x + c_2 \, x^2 + \ldots + c_n \, x^n$$

primitiv über einem *Galoisfeld* mit 2 Elementen ist. Die so gewonnenen Wörter haben eine ganze Reihe von Verteilungs- und Korrelationseigenschaften, die sie als Realisationen einer Serie von unabhängigen zufälligen Variablen erscheinen lassen.

4.5. Quasi-Zufallsgeneratoren

Das Interesse bei der Konstruktion von digitalen Pseudo-Zufallsgeneratoren ist darauf gerichtet, daß die erzeugten Zahlen den üblichen Tests für Zufälligkeit genügen. Es gibt jedoch Folgen, die die Prüfung auf Gleichverteilung mit wesentlich engeren Toleranzen überstehen als zufällige Folgen, andere Tests — z. B. auf Unabhängigkeit — dagegen nicht bestehen. Generatoren, die solche Folgen erzeugen, welche sich nur in *einer* Hinsicht wie zufällige Folgen, dann

---

[1] Für weiterführende Literatur sei auf G. A. Korn [21] sowie auf W. Giloi u. a. [10] verwiesen.

aber „besser“ als diese verhalten, nennt man *Quasi-Zufallsgeneratoren*. Die Züchtung insbesondere von solchen Generatoren für die numerische Mathematik ist im Zusammenhang mit den *Monte-Carlo-Methoden* interessant. Für eine Übersicht der hier vorliegenden Ergebnisse sei auf J. M. HAMMERSLEY und D. C. HANDSCOMB [14] verwiesen, für experimentelle Anwendungen siehe P. ROOS und L. ARNOLD [25].

5. Transformation von Zufallszahlen

5.1. Transformation durch Verteilungsumkehrung

Pseudo-Zufallsgeneratoren liefern im Rahmen der Rechenmaschinengenauigkeit Realisierungen $<x_\nu>$ unabhängiger, im Einheitsintervall $W_1 = [x: 0 \leq x < 1]$ gleichverteilter zufälliger Variablen X_ν, für deren Verteilung gilt, unabhängig von i, $P[X_\nu \leq x] = F(x) = x$, $x \in W_1$.

Wenn man aber die zufälligen Anregungen eines Geigerzählers durch aktive Strahlung, die an einem Schalter ankommenden Kunden oder die Anrufe in einem Telefonnetz für Modelluntersuchungen simulieren will, dann braucht man Realisierungen $\langle y_\nu \rangle$ unabhängiger, negativ exponentiell verteilter zufälliger Größen Y_ν. Für deren Verteilung gilt unabhängig von ν $P[Y_\nu \leq x] = F(x) = 1 - e^{-\alpha x}$, $x \in [x: 0 \leq x < \infty]$. Erwartungswert von Y_ν ist α^{-1}. Man kann versuchen, durch Transformation von X eine Zufallsgröße Y herzustellen, welche die gewünschte Verteilung hat. Dieses Problem löst die Transformation

$$X = 1 - e^{-\alpha Y}.$$

Nach Y aufgelöst ergibt sich

$$Y = - \frac{1}{\alpha} \ln(1 - X).$$

Dies ist ein Spezialfall eines allgemeinen Verfahrens. Ist nämlich $F(x)$ die Verteilungsfunktion einer zufälligen Größe Y, dann ist die zufällige Größe $X = F(Y)$ gleichverteilt. Durch Auflösung nach Y bekommt man die gesuchte Transformation.

Im Beispiel erhält man aus den gleichverteilten Zufallszahlen $\langle x_\nu \rangle$ die *negativ exponentiell verteilten Zufallszahlen*

$$y = - \frac{1}{\alpha} \ln(1 - x).$$

Hat man negativ exponentiell verteilte Zufallszahlen $\langle y_i \rangle$ für $\alpha = 1$, dann sind die Zufallszahlen $\langle y_a \rangle$ negativ exponentiell mit vorgegebenem Parameter α verteilt. Da mit X auch $1 - X$ gleichverteilt ist, erfüllt auch die Transformation

$$Y = - \frac{1}{\alpha} \ln X$$

den gleichen Zweck.

Da mit X auch $1 - X$ gleichverteilt ist, ist

$$Y = - \ln X$$

exponentiell verteilt mit Mittelwert $E[Y] = 1$. Nach diesem Verfahren hat V. D. Barnett [1] eine Tafel negativ exponentiell verteilter Zufallszahlen hergestellt. Die gleichverteilten Zufallszahlen $\langle x_i \rangle$ wurden mit einem multiplikativen Kongruenz-Generator gewonnen. Eine sogenannte *Verwerfungstechnik* wandten C. E. Clark und B. W. Holz [6] zum gleichen Zweck an.

5.2. Zufallszahlen aus Zufallsziffern. Umbasieren von Zufallsziffern

Eine dezimale Zufallszifferntafel stellt unabhängige Realisierungen von zufälligen Variablen X_i mit der Verteilung $P[X_i = z] = \dfrac{1}{10}$ dar. Die Zufallsvariable

$$Y = \frac{X_1}{10} + \frac{X_2}{10^2} + \cdots + \frac{X_n}{10^n}$$

ist dann eine Zufallsvariable, die im Rahmen einer Genauigkeit von n Dezimalen im Einheitsintervall W_1 gleichverteilt ist.

Um aus dezimalen Zufallsziffern *binäre* zu gewinnen, kann man z. B. für gerade Dezimalen 1 und für ungerade Dezimalen 0 setzen. Interessante Probleme ergeben sich, wenn man von der Umbasierung verlangt, daß sie mit möglichst kleinem Informationsverlust vor sich geht. Man wird dann auf Kodierungsprobleme geführt.

5.3. Herstellung normal verteilter Zufallszahlen

Zur Lösung dieses Problems mittels Rechenanlagen wurden eine ganze Reihe von Vorschlägen gemacht. Für eine Literaturübersicht sei auf die Arbeit von T. E. Hull und A. R. Dobell [15] verwiesen. Mit Hilfe einer Tafel für die Umkehrfunktionen der $N(0, 1)$-Normalverteilung

$$F(x) = \frac{1}{\sqrt{2\pi}} \int_{-\infty}^{x} e^{\frac{u^2}{2}} du$$

kann man das in 5.1 geschilderte Verfahren anwenden. Elementar ist die folgende Methode von I. Box und Muller [4]: Sind nämlich X_1 und X_2 zwei unabhängige im Einheitsintervall gleichverteilte Zufallsvariable, dann sind die zufälligen Größen Y_1, Y_2 definiert durch

$$Y_1 = \sqrt{-2 \ln X_1} \, \cos(2\pi X_2),$$

$$Y_2 = \sqrt{-2 \ln X_1} \, \sin(2\pi X_2),$$

$N(0, 1)$-normalverteilt.

G. Marsaglia und T. A. Bray [23] bauten die Normalverteilung aus einer Mischung (gewichteter Überlagerung) von Verteilungen zusammen. Die Komponenten werden mit einer Wahrscheinlichkeit, die proportional zu ihrem

Gewichtsfaktor zur Berechnung herangezogen. Dabei sind die Komponenten so gewählt, daß die häufig zu berechnenden Komponenten wenig Rechenzeit brauchen.

5.4. Hybride Zufallsgeneratoren

Wie bei digitalen Zufallsgeneratoren tritt auch bei analogen die Notwendigkeit der Umformung vorhandener Verteilungen in gewünschte Verteilungen auf. Eine Übersicht über solche Verfahren geben J. SWOBODA [27] und G. A. KORN [21].

Bei Ziffernrechenanlagen tritt ferner das Problem auf, analog produzierte, stetig verteilte Zufallswerte in Zufallsziffern umzusetzen. Dieser Fall liegt beispielsweise bei der Zufallsmaschine von M. G. KENDALL und B. BABINGTON SMITH vor. Oder auch in den Fällen, in denen analoge Zufallsgeneratoren in Ziffernrechenanlagen eingebaut wurden.

Umgekehrt betrachtet man es heute als zweckmäßig, analoge Rechenanlagen mit einem digitalen Pseudo-Zufallsgenerator auszurüsten. Diese digitalen Zufallsbits steuern über Schalter pseudo-zufällige Rechtecksschwingungen, die an Filtern normalverteilte Ausgangssignale produzieren. Durch Einschaltung von Funktionsgebern kann jede gewünschte Verteilung hergestellt werden.

Das Gesamtsystem der zusammengeschalteten analogen und digitalen Zufallsgeneratoren kann als *hybrider Zufallsgenerator* bezeichnet werden.

Literatur

1. BARNETT, V. D.: *Tracts for Computers*. Random Negative Exponential Deviates. Cambridge: University Press. 1965.

2. BARLETT, M. S.: *An Introduction to Stochastic Processes*. Cambridge: University Press. 1956.

3. BILLINGSLEY, P.: *Statistical Inference for Markov Processes*. Chicago: University of Chicago Press. 1961.

4. BOX, G. P., and M. E. MULLER: A Note on the Generation of Random Normal Deviates. Ann. Math. Stat. **29,** 610—611 (1958).

5. BUSLENKO, N. P., und J. A. SCHREIDER: *Die Monte-Carlo-Methode*. Leipzig: Teubner. 1964.

6. CLARK, C. E., and B. W. HOLZ: *Exponentially Distributed Random Numbers*. Baltimore: Johns Hopkins Press. 1960.

7. COVEYOU, R. R.: Serial Correlation in the Generation of Pseudorandom Numbers. I. ACM **7,** 72—74 (1960).

8. FORSYTHE, G. E.: Generation and Testing of Random Digits. National Bureau of Standards Appl. Math. Series **12,** 34—35 (1951).

9. FRANKLIN, J. N.: Deterministic Simulation of Random Processes. Math. Comp. **17,** 28—59 (1963).

10. GILOI, W., A. KLEY, R. HERSCHEL, G. HAUSSMANN und P. WIESENTHAL: Aufbau und Anwendung des hybriden Analogrechners. Telefunkenzeitung **39,** 66—81 (1966).

11. GILOI, W., und R. LAUBER: *Analogrechner*. Berlin-Göttingen-Heidelberg: Springer. 1963.

12. GREENBERGER, M.: An A Priori Determination of Serial Correlation in Computer Generated Random Numbers. Math. Comp. **15**, 383—389 (1961).

13. GREENWOOD, I. A., and H. O. HARTLEY: *Guide to Tables in Mathematical Statistics*. Princeton: University Press. 1962.

14. HAMMERSLEY, J. M., and D. C. HANDSCOMB: *Monte Carlo Methods*. London: Methuen. 1964.

15. HULL, T. E., and A. R. DOBELL: Random Number Generators. SIAM Review **4**, 230—254 (1962).

16. KENDALL, M. G., and B. BABINGTON SMITH: Randomness and Random Sampling Numbers. J. Roy. statist. Soc. **101**, 147—166 (1938).

17. KENDALL, M. G., and B. BABINGTON SMITH: Second Paper on Random Sampling Numbers. J. Roy. statist. Soc. Suppl. **6**, 51—61 (1939).

18. KENDALL, M. G., and B. BABINGTON SMITH: *Tables of Random Sampling Numbers*. Cambridge: University Press. 1940.

19. KENDALL, M. G., and A. STUART: *The Advanced Theory of Statistics*. Vol. 3. London: Griffin. 1966.

20. KOLMOGOROFF, A. N.: *Grundbegriffe der Wahrscheinlichkeitsrechnung*. Berlin: Springer. 1933.

21. KORN, G. A.: *Random Process. Simulation and Measurements*. New York: Mc Graw Hill. 1966.

22. LEHMER, D. H.: Mathematical Methods in Large-scale Computing Units. Annals Comp. Laboratory Harvard Univ. **26**, 141—146 (1951).

23. MARSAGLIA, G., and T. A. BRAY: A Convenient Method for Generating Normal Variables. SIAM Review **6**, 260—264 (1964).

24. RAND Corporation: *A Million Random Digits with 100 000 Normal Deviates*. Glencoe, Illinois: Free Press. 1955.

25. ROOS, P., und L. ARNOLD: Numerische Experimente zur mehrdimensionalen Quadratur, Sitz. Ber. d. Österr. Akad. Wiss. Wien, Math.-Nat. Klasse, Abt. II, **172**, 271—286 (1963).

26. SHREIDER, YU. A.: *Method of Statistical Testing. Monte Carlo Method*. Amsterdam, London, New York: Elsevier Publ. Comp. 1964.

27. SWOBODA, I.: Elektrische Erzeugung von Zufallsprozessen mit vorgebbaren statistischen Eigenschaften. Arch. Elektr. Übertragung **16**, 135—148 (1962).

28. TAUSSKY, O., and J. WODD: *Generation and Testing of Pseudo-Random Number*. In: H. A. MEYER (Ed.), *Symposium on Monte Carlo Methods*, pp. 15—28. New York: J. Wiley. 1956.

29. WEYL, H.: Über die Gleichverteilung von Zahlen modulo Eins. Math. Ann. **77**, 313—352 (1916).

III. Logische Entscheidungsverfahren auf Rechenanlagen

A. Algebraisch strukturelle Verfahren

Von

E. Theissen

Einleitung: Sinn und Zweck der algebraisch strukturellen Verfahren

Der Zweck der algebraisch strukturellen Verfahren ist es, algebraische Ausdrücke nach feststehenden Regeln (Identitätsformeln) in andere algebraische Ausdrücke umformen zu können. Vom Rechenautomaten werden dabei keine Zahlen, sondern *mathematische Formeln* eingelesen und auch wiederum Formeln ausgegeben. Das Wesen der Rechenprogramme besteht also darin, solche Identitäten zu kennen und sie im geeigneten Augenblick zur Umwandlung eines gegebenen Ausdrucks anzuwenden. Hierzu einige Beispiele:

a) Die Binomische Formel für $n = 3$ heißt:

$$(a + b)^3 = a^3 + 3\,a^2\,b + 3\,a\,b^2 + b^3.$$

b) Für die Division zweier komplexer Zahlen gilt:

$$\frac{a + i\,b}{c + i\,d} = \frac{a\,c + b\,d}{c^2 + d^2} + i \cdot \frac{a\,d - b\,c}{c^2 + d^2}.$$

c) Eines der Additionstheoreme für die Winkelfunktionen lautet:

$$\sin(x - y) = \sin x \cdot \cos y - \cos x \cdot \sin y.$$

d) Bei der Matrizen-Multiplikation $\mathfrak{C} = \mathfrak{A} \cdot \mathfrak{B}$ berechnen sich die Elemente der Produkt-Matrix gemäß:

$$c_{ik} = \sum_{j=1}^{n} a_{ij} \cdot b_{jk}.$$

e) Die Kettenregel in der Differentialrechnung ist:

$$\frac{d}{d\,x}\,f(u(x)) = \frac{d\,f}{d\,u} \cdot \frac{d\,u}{d\,x}.$$

Der Sinn des Einsatzes von Rechenautomaten besteht auch hier — wie an vielen anderen Stellen — darin, Mathematiker und Ingenieure von Rechenarbeit zu entlasten. Sture Arbeit nach vorgegebenem Schema ist bekanntlich sehr schnell ermüdend; damit schleichen sich die üblichen Flüchtigkeitsfehler, meist Vorzeichenfehler, ein [24].

Beispiel. Bei der Vorbereitung von Programmen zur Berechnung von Satellitenbahnen waren Mehrfach-Summen von Termen der Form

$$\begin{Bmatrix} \sin \alpha \\ \cos \alpha \end{Bmatrix} \cdot \begin{Bmatrix} \sin \beta \\ \cos \beta \end{Bmatrix} \cdot \begin{Bmatrix} \sin \gamma \\ \cos \gamma \end{Bmatrix}$$

nach den verschiedenen Winkeln α, β, γ partiell zu differenzieren. Eine Erledigung dieser Aufgabe durch einen Rechenautomaten wäre hier recht nützlich gewesen.

Dieser Beitrag über algebraisch strukturelle Verfahren ist in drei wesentliche Abschnitte gegliedert:

Nach einer kurzen Betrachtung über das Einlesen und die maschinen-interne Darstellung von Formeln wird im Abschnitt 2 die Umwandlung einer gegebenen natürlichen Zahl in eine andere Form besprochen. Im Abschnitt 3 werden algebraische Umwandlungen behandelt, und im Abschnitt 4 befassen wir uns mit Problemen der Analysis. Darin werden eine Reihe von Programmen beschrieben, die Teilaufgaben der niederen oder der höheren Mathematik zu erledigen gestatten. Als Fernziel dieser Anstrengungen betrachten wir es, diese Einzelprogramme zu einem Gesamtwerk zusammenzufassen. Ein Rahmenprogramm wirkt als Steuerprogramm und analysiert eine vorgegebene Aufgabenstellung; aufgrund dieser Analyse kann es dann die Programme für die geschilderten Teilgebiete aufrufen.

Die zu bearbeitenden Formeln sind dabei jeweils elementeweise in einem Speicherblock, d. h. in konsekutiven Speicherzellen des Rechenautomaten abgelegt. Der Leitfaden der in den Abschnitten 3 und 4.1 geschilderten Programme ist jeweils das Aufsuchen, Übertragen oder Auswerten von Speicheradressen, die einen gewissen Textteil der zu verarbeitenden Formel bezeichnen oder begrenzen.

Für die recht dornige Arbeit des Austestens solcher Programme, die teils direkt im Maschinen-Kode, teils in ALGOL geschrieben sind, fehlten noch geeignete Testverfahren (sogenannte *„tracer"* oder *„debugging"*). Denn die bei numerischen Rechnungen üblichen Testmittel, wie das Ausdrucken von Zwischenergebnissen oder das Tabellieren eines Speicherabzugs (sogenanntes *„core dump"*), helfen bei den algebraisch-strukturellen Verfahren nur sehr beschränkt. Eine Programm-Protokollierung Befehl für Befehl kommt wegen der Häufigkeit und dem Umfang der vielen Suchschleifen nicht in Frage. So fehlt es bis heute noch an geeigneten und gleichzeitig allgemein anwendbaren Testverfahren für Programme zur Formelverarbeitung.

1. Eingabe von Formeltexten

Für die Behandlung von Formeln muß der Rechenautomat eine Buchstaben-Kette als Eingabe-Information lesen[1] und verstehen können. Ferner muß er am Ende seiner Arbeit die ermittelte Formel in Form eines alpha-numerischen Textes als „errechnetes" Ergebnis ausgeben können.

---

[1] Vgl. K. Fischer: *Methoden der Formelübersetzung,* in diesem Band.

1.1. Maschinen-interne Darstellung von Buchstaben und Zeichen

Buchstaben und mathematische Zeichen werden maschinen-intern — je nach Maschinentyp — durch 5 Bit (Pentaden) oder 6 Bit (Hexaden), manchmal auch durch zweistellige Dezimalzahlen (z. B. Doppel-Tetraden) dargestellt. Somit ist jedem Buchstaben intern ein numerischer Wert zwischen 1 und 32, zwischen 1 und 64 oder zwischen 1 und 99 zugeordnet (,,*Verschlüsselungswert*'').

Kurze Wörter bis zu $n = 5$, 6 oder 7 Buchstaben — je nach Rechenanlage — können in *einer* Speicherzelle untergebracht werden, indem man die Verschlüsselungswerte der einzelnen Buchstaben nebeneinandersetzt. Ein Text-Wort, das aus der Buchstaben-Folge $B_1 B_2 B_3 B_4 B_5$ besteht, wird dann maschinen-intern durch das Speicher-Wort

$$S = V_1 \cdot g^4 + V_2 \cdot g^3 + V_3 \cdot g^2 + V_4 \cdot g + V_5$$

dargestellt; hierbei ist g die ,,Basis'' für die Buchstabenverschlüsselung. Bei 5-Bit-Code ist $g = 2^5$, bei 6-Bit-Code ist $g = 2^6$, bei zweistelliger Dezimalverschlüsselung ist $g = 100$. Die V_i sind die Verschlüsselungswerte der Buchstaben B_i gemäß einer Tabelle, z. B. der ,,Bandwerte'' bei Lochstreifen-Eingabe. S ist eine natürliche Zahl.

Längere Wörter, wie z. B. Funktionsnamen BESSELFUNKTION, werden — ohne Rücksicht auf Orthographie und Silbentrennung — in Gruppen von je n Buchstaben zerlegt und diese Gruppen in aufeinanderfolgenden Speicherzellen abgespeichert, z. B.

BESSE
LFUNK
TION [1].

1.2. Maschinen-interne Darstellung von Formeln

Bei Formeln insbesondere soll jedes eingelesene Formel-Element (Variable, Konstante, Verknüpfungszeichen, Funktionsnamen, Klammern) getrennt gespeichert, also jeweils in eine eigene Zelle abgelegt werden. Das setzt voraus, daß der Automat beim Einlesen das Trennzeichen als solches erkennt und den zuvor eingelesenen, aber noch nicht abgespeicherten Text in die nächste freie Speicherzelle eines Eingabefeldes ablegt. Unwichtig sind hierbei die Zeichen für die äußere Anordnung des Textes, wie z. B. ,,Wagenrücklauf'' und ,,Zeilenvorschub'' bei Lochstreifen oder ,,Letzte Spalte'' bei Lochkarten. Dagegen braucht jeder Text — sowohl Sprachtext als auch Formeltext — ein *Schlußzeichen*, das sonst an keiner anderen Stelle innerhalb des Textes auftritt; dieses beendet den Einlesevorgang und leitet auf den eigentlichen Verarbeitungsteil über. Bei Formeltexten nimmt man hierzu bei Lochstreifen gerne das Semikolon, bei Lochkarten das Dollarzeichen $.

---

[1] Vgl. auch W. KNÖDEL: *Aufbau, Arbeitsweise und Programmierung digitaler Rechner als Werkzeuge der nicht-numerischen Datenverarbeitung*, in diesem Band.

1.3. Das Einleseprogramm für Formeltexte

Das Einleseprogramm für Formeltexte, siehe Abb. 5, enthält als Kern eine Leseschleife zum Einlesen eines einzelnen Zeichens in den Akkumulator sowie zwei Tabellen mit zusammen 64 Plätzen. Aus dem Bandwert b des Fernschreibzeichens bzw. dem Spaltenwert in einer Lochkarte bildet man einen Maschinen-Befehl der Form

$$\textit{Springe nach } (1000 + b).$$

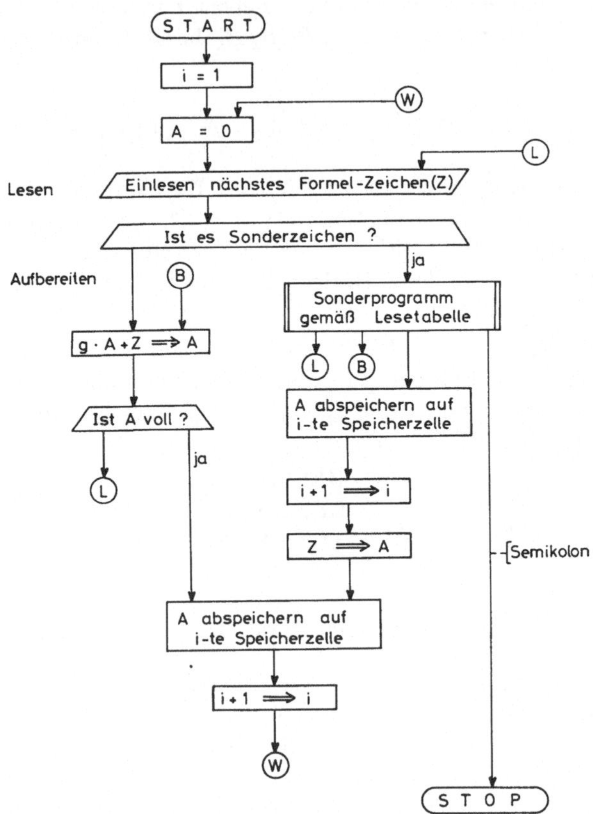

Abb. 5. Flußdiagramm für das Einlesen von Formeltexten

Der Bandwert bzw. Spaltenwert des eingelesenen Zeichens (Ziffer, Buchstabe oder mathematisches Zeichen) wird hier also unmittelbar zum Befehlsaufbau herangezogen, nämlich zum Festlegen der Folge-Adresse im Programmablauf. In den Speicherzellen 1000, 1001, 1002 ... stehen dann wiederum Sprungbefehle, die für jeden möglichen Bandwert b auf ein gewisses Unterprogramm überleiten, das die Verarbeitung des eingelesenen Zeichens besorgt.

Bei Eingabe mittels 5-Kanal-Lochstreifen gibt es zwei Tabellen, je eine für die Buchstabenseite (BU) sowie für die Ziffernseite (ZI). Dementsprechend gibt es zwei Gruppen von Sprungbefehlen, z. B. für die BU-Seite mit den Sprung-Adressen $(1100 + b)$ sowie für die ZI-Seite mit den Sprung-Adressen $(1200 + b)$.

Außer der üblichen Trennung nach Buchstaben einerseits sowie Ziffern und Zeichen andererseits müssen je nach Zweck des Programms noch Sondermaßnahmen vorgesehen werden. So muß etwa bei einem Programm zum Differenzieren einer Funktion [27] die Differentiationsvariable (z. B. X) als solche gekennzeichnet sein und jeweils in einer eigenen Speicherzelle abgelegt werden. Dagegen müssen bei der Verarbeitung komplexer Zahlen [28] die beiden Buchstaben i und j unterschiedlich behandelt werden, je nachdem ob sie selbständig vorkommen oder innerhalb eines Wortes, wie z. B. in dem Term $i \cdot \sin x$.

1.4. Beispiel

Wir geben hier ein Beispiel für das Abspeichern eines Formeltextes in einem Rechenautomaten [27]:

Die Formel

$$y_1 = \frac{\sin (3{,}14159265 \cdot x + 7)}{x + 3}$$

erhält auf dem Lochstreifen in sogenannter eindimensionaler Schreibweise die Form

$$Y\,1 = \mathrm{SIN}\,(3.14159265 \times X + 7)/(X + 3);$$

sie wird vom Einleseprogramm folgendermaßen abgespeichert (t bedeutet die Speicheradresse, $\langle t \rangle$ den Speicher-Inhalt):

Tabelle 8

t	$\langle t \rangle$
3001	Y 1
3002	=
3003	SIN
3004	(
3005	3.14159
3006	265
3007	$\times$
3008	X
3009	+
3010	7
3011	)
3012	/
3013	(
3014	X
3015	+
3016	3
3017	)
3018	:
3019	0

2. Verarbeitung von Zahlen

2.1. Betrag in Worten

Die textliche Bearbeitung von natürlichen Zahlen mit Hilfe eines Rechenautomaten hatte sich D. Haupt [12] zur Aufgabe gesetzt.

Bei Schecks u. dgl. ist es üblich, aus Sicherheitsgründen den zu zahlenden Betrag in Worten zu wiederholen. Für eine ganze Zahl $X < 10^9$ mit der sich selbst erläuternden Ziffernfolge

$$X = \left| H_2 \left| Z_2 \right| E_2 \right| \quad H_1 \left| Z_1 \right| E_1 \right| \quad H_0 \left| Z_0 \right| E_0$$

schreibt das Programm im Normalfall aus

$$H_2 \, Z_2 \, E_2 \text{ MILLION(EN) } H_1 \, Z_1 \, E_1 \text{ TAUSEND } H_0 \, Z_0 \, E_0,$$

wobei für die Gruppen HZE (= Hunderter, Zehner, Einer) jeweils noch die entsprechenden Zahlwörter eingesetzt werden. Für das Ausdrucken einer solchen Gruppe HZE ergeben sich eine Menge kleiner Regeln aus den Eigenheiten der deutschen Sprache: Umstellen der Einer vor die Zehner beim Sprechen; „*ein*" statt „*eins*" bei 1000 oder z. B. bei 31; „*und*" als Verknüpfungswort z. B. bei 1 000 019, aber nicht bei 1 000 020; einsilbige Zahlwörter bis 12; Behandlung von Null bei Fehlen eines Zahlenteils u. dgl. mehr. Ein Flußdiagramm für das Hauptprogramm sowie zwei weitere Flußdiagramme für die Unterprogramme HZE und ZE für die eigentliche Wortbildung für die Hunderter bzw. Zehner und Einer in [12] zeigen sehr klar den Ablauf des Textaufbaus. Es ist eine elegante Lösung für eine einfach anmutende Aufgabenstellung.

2.2. Römische Ziffern

Das Umwandeln arabischer Zahlen in römische Ziffern kann gleichfalls einem Rechenautomaten übertragen werden. Für die römischen Ziffern gilt bekanntlich die Regel, daß das gleiche Zeichen höchstens dreimal unmittelbar hintereinander auftreten darf und daß bei vierfacher Folge eine Formulierung (5 — 1) oder (10 — 1) zu wählen ist; hierbei werden abzuziehende Werte *vor* die betreffende Einheit gestellt.

Abb. 6 zeigt für diese vereinfachte Form den Ablauf des Fragespiels für die vielen Möglichkeiten, über die das Programm an Hand der eingegebenen Zahl entscheiden muß. Die Umwandlungsprozedur muß darüberhinaus aber noch weitere Kürzungen des Zahlentextes erfassen, z. B. ist für 49 nicht XL IX, sondern sogleich die Kurzform IL auszugeben. In gleicher Weise ist bei allen ähnlich gelagerten Fällen zu verfahren, bei denen jeweils *eine* abzuziehende Zahl vor einer höherwertigen Zahl steht, wie etwa 45, 95, 99, 450, 490.

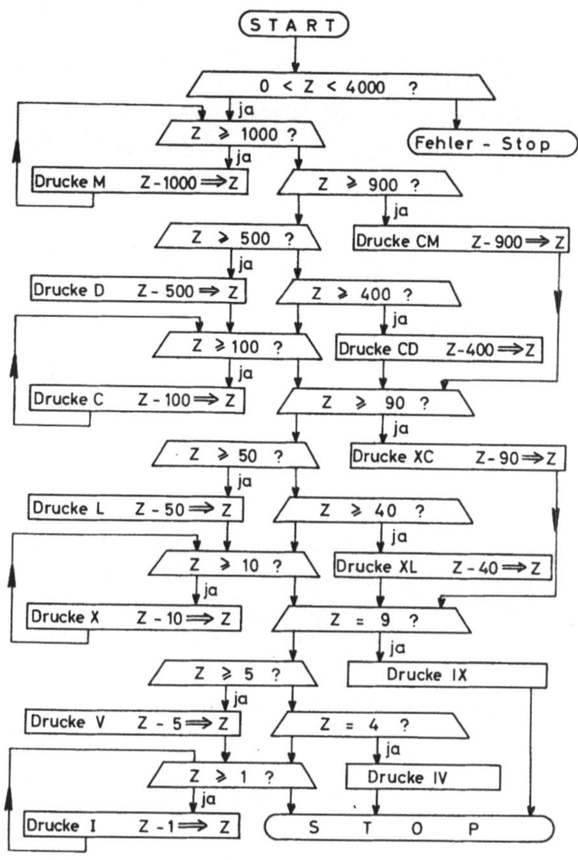

Abb. 6. Vereinfachtes Flußdiagramm zu „Umwandlung von arabischen Zahlen in römische Ziffern"

3. Algebra

Die (elementare) Algebra befaßt sich bekanntlich mit dem Buchstabenrechnen. Dabei steht der Buchstabe stellvertretend für eine beliebige Zahl. Mit diesen Buchstaben können reelle Zahlen, komplexe Zahlen oder auch Kombinationen anderer Buchstaben (Ausdrücke) bezeichnet sein, z. B. $x + i \cdot y$; $a \cdot b/c$; a, $b\,1$, phi.

Algebraische Verknüpfungen und Umformungen lassen sich auf ZiffernRechenautomaten durchführen. Eine der einfachsten Aufgaben der Algebra ist das Auflösen von Klammern bei der Multiplikation zusammengesetzter Ausdrücke (sogenanntes „Ausmultiplizieren"). Derartige Programme von SCHÖRNIG und HAUPT werden in 3.1 behandelt. Ihm schließt sich in 3.2 ein kurzes Eingehen auf das ALPAK-System für die Behandlung von Polynomen an; ALPAK läßt über 3.1 hinausgehende Arbeiten mit Polynomen, z. B. Vergleiche, zu. Alle diese Systeme erfordern es, Programme in Interpretierbefehlen zu schreiben, die die auszuführenden Arbeiten beschreiben.

Beschränkt man die Polynome auf Binome und erweitert dafür um den Begriff der Potenz, so gelangt man zu den Binomial-Ausdrücken. Diese sind im Unterabschnitt 3.3 behandelt.

Den komplexen Zahlen und ihrer Verarbeitung sind die beiden folgenden Unterabschnitte 3.4 und 3.5 gewidmet. Zum Schluß wird in 3.6 und 3.7 gezeigt, wie der Matrizen-Kalkül formelmäßig auf Rechenautomaten behandelt werden kann.

3.1. Klammerausdrücke

Zu den elementaren Aufgaben der Algebra gehört das „Ausmultiplizieren" von zwei oder mehreren Klammerausdrücken der Form

$$(K_1 \cdot a \cdot b + K_2 \cdot a \cdot c + K_3 \cdot c \cdot d \cdot e + \ldots + \ldots),$$

wobei die Koeffizienten K_i feste Zahlenwerte sind; dies geschieht bekanntlich dadurch, daß man der Reihe nach jeden Term (Summanden) der einen Klammer mit jedem Summanden der anderen Klammer multiplikativ verknüpft und anschließend gleichnamige Faktoren zusammenfaßt; am Ende kann man nach fallenden oder steigenden Potenzen in a, b, c ..., ordnen. Ist die Anzahl der Terme in den Klammern oder die Anzahl der Faktoren je Term oder die Zahl der vorkommenden Variablen recht groß, so bleibt das Ausmultiplizieren zwar weiterhin eine sture Arbeit, sie wird aber sehr fehleranfällig. Zu einer solchen Arbeit in großem Umfang sah sich G. Schörnig im Rahmen seiner Dissertation gezwungen. Er schrieb deshalb ein Programm für die Rechenanlage IBM 704, das ihm diese Arbeit abnahm[1]. Dieses Interpretiersystem kann u. a. die Inhalte von Klammern algebraisch addieren oder miteinander multiplizieren. Die Klammern können dabei noch beliebig ineinandergeschachtelt sein. Innerhalb jeder Klammer kommen die Buchstaben normalerweise nur in der ersten Potenz vor. Variable können durch algebraische Ausdrücke substituiert werden, wenn diese vorher definiert sind. Im Ergebnis werden sowohl die Faktoren innerhalb jeden Terms als auch die Terme selbst alphabetisch geordnet, wobei gleichnamige Terme durch Addition der numerischen Koeffizienten zusammengefaßt werden. Potenzen von Buchstaben werden als Mehrfach-Produkte geschrieben, z. B.

$$A^3 \text{ als } A * A * A.$$

Das in [23] beschriebene Programm besteht aus einem Hauptprogramm und elf Unterprogrammen. Das Hauptprogramm besorgt das Einlesen. Anhand der abgelochten Operation wird das benötigte Unterprogramm aufgerufen.

Beispiel:

Eingegeben wurde:

$$X = [(A * C - B * delta) - (4. * A * B + 3. * A) * (6. * B + 0.2 * C * delta)]$$
$$* [(4. * A * C - 3. * C) * (4. * B - 2. * C) + (6. * A * C + 3. * delta)]$$

---

[1] Vorbericht in [22], ausführliche Darstellung in [23].

Die Maschine gibt aus:

$$
\begin{aligned}
X = - \;\; & 12\,80000 \;\; A \;\; A \;\; B \;\; B \;\; C \;\; C \;\; delta \\
+ \;\; & 6\,40000 \;\; A \;\; A \;\; B \;\; C \;\; C \;\; C \;\; delta \\
- \;\; & 384\,00000 \;\; A \;\; A \;\; B \;\; B \;\; B \;\; C
\end{aligned}
$$

sowie 28 weitere derartige Glieder.

Etwa zur gleichen Zeit erschien eine kurze Mitteilung aus dem *Rechenzentrum der Technischen Hochschule Aachen,* die sich ebenfalls mit der „Klammerarithmetik" befaßt [13]. Dieses Programm vermag Klammerausdrücke zu addieren, subtrahieren, multiplizieren sowie zu potenzieren, sofern der Exponent ganz und positiv ist. Ferner können Zahlen sowie vorher definierte Ausdrücke für anzugebende Variable substituiert werden. Die einzelnen Glieder des Ergebnisses können alphabetisch geordnet und nach fallenden Potenzen eines Symbols geordnet werden.

Dieses Programm [13] wurde im Maschinen-Code für den *Siemens-Rechner 2002* geschrieben; es befindet sich auf 400 festen Kernspeicherzellen und 2030 festen Trommelzellen und benötigt weitere 1400 Kernspeicher-Zellen als Hilfsspeicher. Zum Gesamtprogramm gehört das Lesen eines oder mehrerer Klammerausdrücke vom Lochstreifen sowie das Stanzen eines Klammerausdrucks auf Lochstreifen[1].

3.2. ALPAK-System für Polynome

In einer breit angelegten dreiteiligen Arbeit der *BELL-Laboratories* wird das ALPAK-System beschrieben und seine Anwendung erläutert [5, 6, 14]. Es ist ein *Interpretiersystem* für die Rechenanlage IBM 7090. Mit einer großen Zahl von Makro-Befehlen können Polynome mehrerer Variabler aufgerufen und in gewünschter Weise miteinander verknüpft werden. Teil I [5] behandelt Polynome in mehreren Variablen und endliche Potenzreihen mit Polynom-Koeffizienten. Teil II [6] befaßt sich mit rationalen Funktionen von mehreren Variablen sowie endlichen Potenzreihen mit Koeffizienten, die rationale Funktionen sind. Teil III [14] geht auf lineare Gleichungssysteme ein.

Nach einer nicht-technischen Beschreibung des Systems und einem kurzen Ausblick in die Zukunft werden verschiedene Aufgaben besprochen, bei denen das ALPAK-System schon mit Erfolg angewendet wurde. Danach wird in Form eines Benutzer-Handbuchs (*Manual*) eine ausführliche Beschreibung aller algebraischen Operationen gegeben sowie Vorschriften über das Ablochen der Polynome und über Formatangaben zu den Polynomen.

Aus den zahlreichen Möglichkeiten, Polynome miteinander zu verknüpfen, seien hier einige Beispiele herausgegriffen:

Sind P, Q und R Polynome, so bedeutet die Makro-Instruktion

$$\text{POL \quad ADD \quad R, P, Q}$$

die Polynom-Addition $R = P + Q$.

---

[1] *Literatur:* [13], [22], [23].

Ähnlich bedeutet

> POL MPY R, P, Q   die Multiplikation $R = P * Q,$
> POL SMP Q, C, P   die skalare Multiplikation $Q = C * P$ und
> POL EQT   P, Q   ein Gleichheitstest $P = Q$?

Die Polynom-Namen dürfen auch indiziert sein als P_i, Q_i, R_i.

Für eine konkrete Aufgabe muß der Benutzer des ALPAK-Systems selbst ein Programm schreiben, das aus einer Folge von Interpretier-Befehlen der obigen Art besteht. Für Einzelheiten muß der interessierte Leser auf die umfangreiche Originalarbeit verwiesen werden[1].

3.3. Binomial-Ausdrücke

Wendet man die im vorigen Abschnitt 3.2 erwähnte Makroinstruktion der Polynom-Multiplikation mehrfach auf das gleiche Polynom P an, so lassen sich natürlich auch Polynom-Potenzen bilden: Um beispielsweise P^3 zu bilden, hätte man zu programmieren:

> POL MPY Q, P, P
>
> POL MPY R, Q, P

Beschränkt man die Polynome auf Binome, so läßt sich ein Ausdruck

$$(3\,A - 5\,B)^5 - (4\,C - 5\,D)^3 \tag{0}$$

durch Angabe von 7 POL-Makroinstruktionen berechnen. (Von dem Aufwand bei der Ein- und Ausgabe wollen wir dabei hier absehen.)

Ein vom Verfasser aufgestelltes ALGOL-Programm kann Binomialausdrücke, wie z. B. in Formel (0), unmittelbar verarbeiten. Das Aufstellen eines entsprechenden Programms aus Makroinstruktionen (*Interpretier-Befehle*) entfällt also; vielmehr ermittelt der Rechner aufgrund der eingelesenen Formel selbständig, was als nächstes zu tun ist. Unter einem Binomialausdruck möge hier eine Summe von Termen der Form

$$\pm (c_1 \cdot A \pm c_2 \cdot B)^n$$

verstanden werden, worin n eine natürliche Zahl, c_1 und c_2 Konstante und A und B beliebige alpha-numerische Ausdrücke (*Variable*) sind. Das Programm liest diese Binomialausdrücke unmittelbar ein und löst die Klammern auf, indem es die benötigten Binomial-Koeffizienten berechnet, diese mit den entsprechenden Potenzen von c_1 und c_2 multipliziert und die Terme $k \cdot A^m \cdot B^n$ einzeln ausgibt. Bei dem Programm wird streng darauf geachtet, daß redundante Teile unterdrückt werden (z. B. „mal B^0" oder B^1 statt B). Als Exponentiationszeichen („POWER") wurde bei der sogenannten eindimensionalen Schreibweise die in ALGOL übliche $_{10}$ verwendet. Abb. 7 gibt ein Beispiel, und zwar

    a) den zu verarbeitenden Binomial-Ausdruck,

    b) den zugehörigen Eingabestreifen und

    c) das vom Programm erzeugte Ergebnis.

---

[1] *Literatur:* [5], [6], [14].

a) Formel:

$$+ (2a - e)^9 - (b + 3d)^2 - (a + b)^3$$

b) Eingabe:

$+ (2A - E)_{10}9 - (B + 3D)_{10}2 - (A + B)_{10}3 \; ;$

c) Ausgabe:

$+512{\times}A_{10}9 \quad -23o4{\times}A_{10}8{\times}E \quad +46o8{\times}A_{10}7{\times}E_{10}2 \quad -5376{\times}A_{10}6{\times}E_{10}3 \quad +4o32{\times}A_{10}5{\times}E_{10}4 \quad -2o16{\times}A_{10}4{\times}E_{10}5$

$+672{\times}A_{10}3{\times}E_{10}6 \quad -144{\times}A_{10}2{\times}E_{10}7 \quad +18{\times}A{\times}E_{10}8 \quad -1{\times}E_{10}9$

$-1{\times}B_{10}2 \quad -6{\times}8{\times}D \quad -9{\times}D_{10}2$

$-1{\times}A_{10}3 \quad -3{\times}A_{10}2{\times}B \quad -3{\times}A{\times}B_{10}2 \quad -1{\times}B_{10}3$

$;$

Abb. 7. Beispiel zur Umwandlung von Binomial-Ausdrücken
a) Formel, b) Eingabe, c) Ausgabe
Anmerkung: Das Zeichen $_{10}$ bedeutet „POWER" (= „hoch")

3.4. Komplexe Zahlen

Für die Verknüpfung von komplexen Zahlen $Z = X + i \cdot Y$ hat der Verfasser ein ALGOL-Programm aufgestellt, das in [28] veröffentlicht ist. In diesem Programm dürfen die Real- und Imaginärteile X und Y *beliebige* Formelausdrücke sein. Die zu verarbeitende Formel wird von einem Lochstreifen mittels eines Einleseprogramms eingelesen. Die Formelteile werden in unmittelbar aufeinanderfolgende Speicherzellen, das sogenannte *Eingabe-Feld*, abgelegt.

Beispiel:

$$\ldots - ([\alpha\,1] + i \cdot [\alpha\,2]) \times \maltese \operatorname{sinh} ([\beta\,\gamma\,1] + i \cdot [\beta\,\gamma\,2])];$$

ist abzulegen. Das Ergebnis zeigt Abb. 8.

Für die Verarbeitung im Rechenautomaten ist jede komplexe Zahl durch vier Adressen definiert, die sogenannten charakteristischen Adressen, nämlich

$$\begin{aligned}
&\text{Anfang des Realteils} && (ReA), \\
&\text{Ende des Realteils} && (ReE), \\
&\text{Anfang des Imaginärteils} && (ImA) \text{ und} \\
&\text{Ende des Imaginärteils} && (ImE).
\end{aligned}$$

Vergleiche hierzu Abb. 8.

Ein besonderes Unterprogramm besorgt das Auffinden dieses Adressen-Quadrupels. Dabei sind drei wesentliche Fälle zu unterscheiden, siehe Abb. 9: Die komplexen Zahlen im eigentlichen Sinne, die rein imaginären Zahlen und die rein reellen Zahlen. Bei den imaginären und den komplexen Zahlen gibt das in einer eigenen Speicherzelle stehende i oder j den Hinweis auf den Anfang

Inhalt von t

Speicher- zelle t	Bedeutung	Maschinen-interne Darstellung
....	......	......
31	−	867
32 ■ -SA ■ FA	(	879
33 ■ RE A	[	877
34	ALFA1	33405964151
35 ■ RE E	]	890
36	+	881
37	⌐	998
38	.	892
39 ■ IM A	[	877
40	ALFA2	33405964147
41 ■ IM E	]	890
42 ■ FE	)	882
43	⋈	889
44 ■ FA 2	⊕	873
45	SINH	1045639835
46	(	879
47	[	877
48	BETAGA	34126434115
49	MMA1	1070468983
50	]	890
51	+	881
52	⌐	998
53	.	892
54	[	877
55	BETAGA	34126434115
56	MMA2	1070468979
57	]	890
58 ■ SE ■ FE2	)	882
59	;	875
60	o	o

Abb. 8. Ausschnitt aus dem Eingabe-Feld nach Einspeichern einer Formel mit komplexen Zahlen
SA Summanden-Anfang, *SE* Summanden-Ende, *FA* Faktoren-Anfang, *FE* Faktoren-Ende,
FA 2 Anfang des 2. Faktors, *FE* 2 Ende des 2. Faktors, *Re A* Anfang des Realteils, *Re E* Ende
des Realteils, *Im A* Anfang des Imaginärteils, *Im E* Ende des Imaginärteils

des Imaginärteils und gegebenenfalls auf das Ende des Realteils. Bei den imaginären Zahlen und den reellen Zahlen werden die Adressen des fehlenden Teils
durch Null ersetzt.

Das Programm vermag jeweils zwei komplexe Zahlen

$$Z\,1 = Real\,1 + i \cdot Imag\,1 \quad \text{und}$$
$$Z\,2 = Real\,2 + i \cdot Imag\,2$$

nach den Regeln für die vier Grundrechnungsarten zu verknüpfen. Für die
Summe bzw. Differenz gilt die

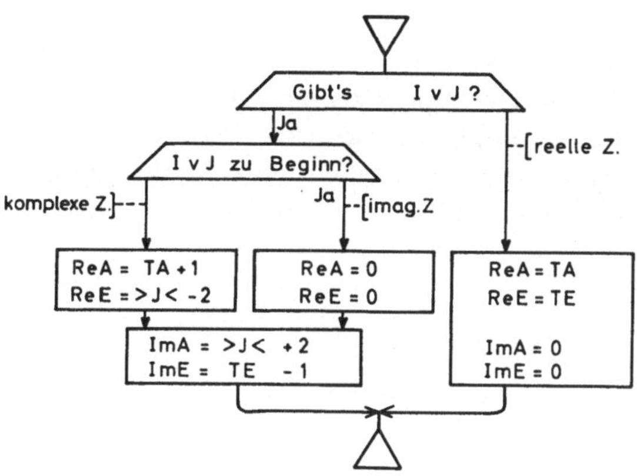

Abb. 9. Flußdiagramm für die Ermittlung der sogenannten charakteristischen Adressen einer komplexen Zahl

Additionsregel:

$$SUM = Z\,1 \pm Z\,2 = ((Real\,1 \pm Real\,2) + i \cdot (Imag\,1 \pm Imag\,2)). \qquad (1)$$

Für das Produkt der beiden Zahlen $Z\,1$ und $Z\,2$ gilt die

Multiplikationsregel:

$$\begin{aligned} PROD = Z\,1 \cdot Z\,2 = ((Real\,1 \cdot Real\,2 - Imag\,1 \cdot Imag\,2) \\ + i \cdot (Imag\,2 \cdot Real\,1 + Real\,2 \cdot Imag\,1)). \end{aligned} \qquad (2)$$

Für die Division ist diese Regel in der Form des Produktes von $Z\,1$ mit dem zu $Z\,2$ konjugiert-komplexen Wert $Z\,2^*$ wichtig:

$$\begin{aligned} PROD^* = Z\,1 \cdot Z\,2^* = ((Real\,1 \cdot Real\,2 + Imag\,1 \cdot Imag\,2) \\ + i \cdot (Imag\,2 \cdot Real\,1 - Real\,2 \cdot Imag\,1)). \end{aligned} \qquad (3)$$

Ferner erwies sich ein besonderes Unterprogramm für die Bildung der *Norm* einer komplexen Zahl als nützlich. Bekanntlich ist die Norm das Quadrat des Betrages einer komplexen Zahl:

$$NORM = (Real \cdot Real + Imag \cdot Imag). \qquad (4)$$

Mit diesen beiden letzten Formeln als Unterprogramme ergibt sich dann für die Division zweier komplexer Zahlen die Formel

$$QUOT = Z\,1/Z\,2 = PROD^*/NORM. \qquad (5)$$

In einzeiliger Schreibweise erhalten wir somit die

Divisionsregel:

$$\begin{aligned} QUOT = ((Real\,1 \cdot Real\,2 + Imag\,1 \cdot Imag\,2)/(Real\,2 \cdot Real\,2 + Imag\,2 \cdot Imag\,2) \\ + i \cdot (Imag\,2 \cdot Real\,1 - Real\,2 \cdot Imag\,1)/(Real\,2 \cdot Real\,2 + Imag\,2 \cdot Imag\,2)). \end{aligned}$$
$$(6)$$

Die Aufgabe der Unterprogramme für die Grundrechnungsarten besteht nun darin, die in den obigen Formeln benötigten Formelteile (*Real* 1, *Real* 2, *Imag* 1, *Imag* 2) abwechselnd mit verknüpfenden Zeichen in der vorgeschriebenen Weise auf einem Ergebnisfeld im (maschinen-internen) Speicher zusammenzustellen. Gleichzeitig werden — für die nächstfolgende Verarbeitung — die Adressen derjenigen vier Speicherzellen des Ergebnisfeldes, in denen der Real- bzw. Imaginärteil anfängt bzw. endet, als *„charakteristische Adressen"* des Ergebnisses festgehalten. Die vier Grundrechnungsarten können nun mehrfach wiederholt und kombiniert werden, so daß also beliebig komplizierte Ausdrücke berechnet werden können. Das Programm kann ferner noch ein halbes Dutzend Funktionen von komplexen Argumenten verarbeiten. Als Standardfunktionen wurden die Funktionen $\sin Z$, $\cos Z$, $\sinh Z$, $\cosh Z$, $\exp Z$ und $\ln Z$ aufgenommen, die besonders für Aufgaben aus der Vierpoltheorie von Interesse sind. Mit dem komplexen Funktionsargument

$$Z = X + i \cdot Y$$

gelten für die trigonometrischen und hyperbolischen Funktionen die folgenden Formeln

$$\sin (X + i \cdot Y) = ((\sin X \cdot \cosh Y) + i \cdot (\cos X \cdot \sinh Y)), \tag{7}$$

$$\sinh (X + i \cdot Y) = ((\sinh X \cdot \cos Y) + i \cdot (\cosh X \cdot \sin Y)), \tag{8}$$

$$\cos (X + i \cdot Y) = ((\cos X \cdot \cosh Y) + i \cdot ((-1) \cdot \sin X \cdot \sinh Y)), \tag{9}$$

$$\cosh (X + i \cdot Y) = ((\cosh X \cdot \cos Y) + i \cdot (\sinh X \cdot \sin Y)). \tag{10}$$

Für diese Exponentialfunktion $e^Z = e^{X+i \cdot Y}$ gilt in eindimensionaler Schreibweise

$$\exp (X + i \cdot Y) = ((\exp X \cdot \cos Y) + i \cdot (\exp X \cdot \sin Y)). \tag{11}$$

Schließlich führt der Logarithmus einer komplexen Zahl unter Zuhilfenahme des Unterprogramms für die Norm nach Gleichung (4) auf die Identität

$$\ln (X + i \cdot Y) = ((0{,}5 \cdot \ln (X \cdot X + Y \cdot Y)) + i \cdot (\arctan (Y/X))). \tag{12}$$

Auch hier besteht die Arbeit der Unterprogramme darin, abwechselnd feststehende Textteile (wie „sin", „cosh", „arctan") und variable Textteile (X, Y) auf das Ergebnisfeld zu übertragen und die charakteristischen Adressen des Ergebnisses zu merken.

Die eigentliche Formelverarbeitung baut nun auf diesen Unterprogrammen auf. Die rechte Seite der Formel wird in Summanden zerlegt, und diese werden dann nacheinander verarbeitet. Dazu wird zunächst im Eingabefeld die Endadresse des ersten Summanden gesucht. Hierauf wird der Summand mittels Suchprogrammen durchgemustert, ob in ihm ein Mal-Zeichen oder ein Bruchstrich vorkommt. Je nach dem Ergebnis dieser Durchmusterung verzweigt das Rahmen-Programm in einen von drei möglichen Zweigen (siehe Abb. 10.)

> Reiner Summand,
> Produkt oder
> Quotient.

Ein Produkt kann ein Mehrfachprodukt (z. B. $P \cdot Q \cdot R \cdot S$) oder ein gemischtes Produkt (z. B. $P \cdot Q/R$) sein, wobei P, Q, R, S jeweils wieder komplexe

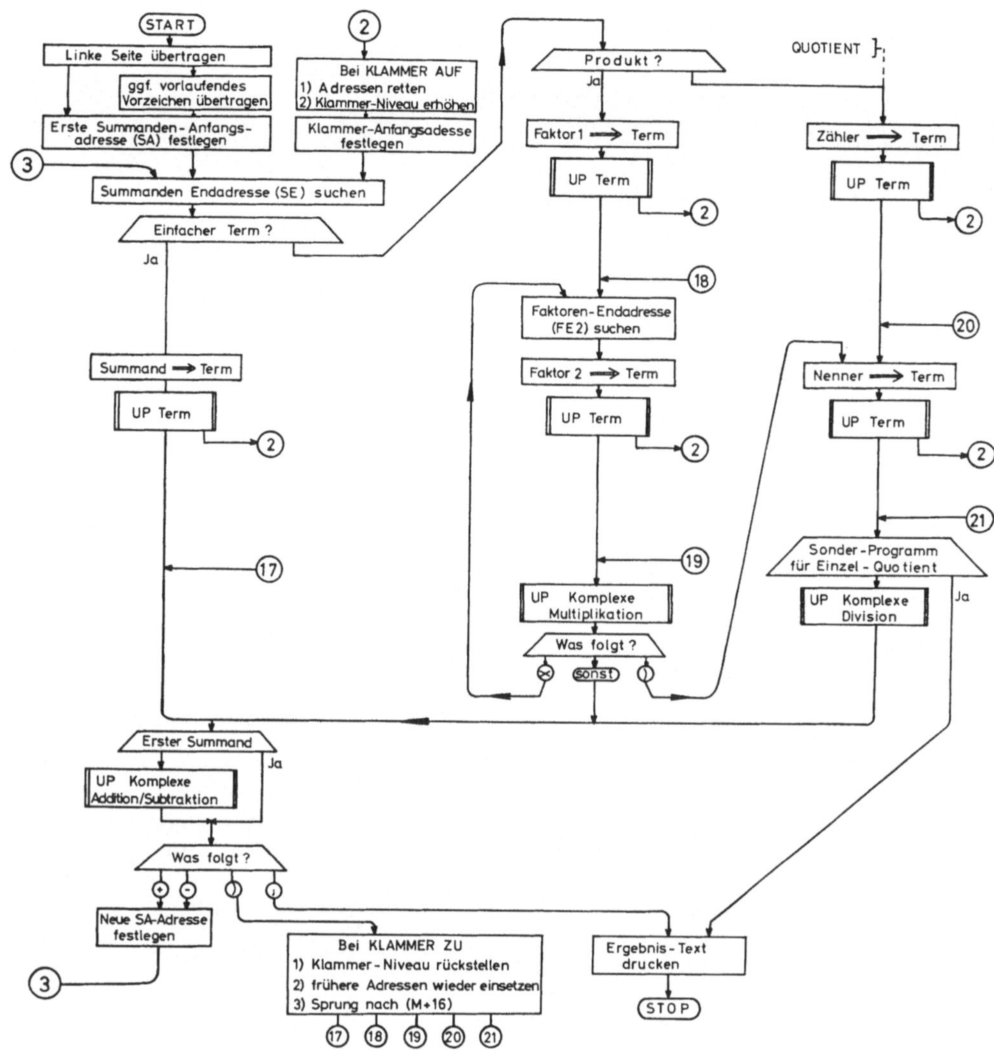

Abb. 10. Flußdiagramm zum Hauptprogramm „Komplexe Zahlen"

Zahlen sind. Auch diese Art Produkte werden vom Programm sukzessive verarbeitet, gegebenenfalls durch Mehrfachaufruf entsprechender Programmzweige.

Eine etwaige Klammerhierarchie in der gegebenen Formel wird stufenweise abgebaut und so schrittweise der Real- und Imaginärteil des vorgegebenen Ausdrucks als End-Ergebnis ermittelt. Währenddessen sind je Klammer-Niveau insgesamt 12 Adressen-Werte zwischenzuspeichern, mit denen nach der schließenden Klammer weitergearbeitet wird.

Ein Beispiel einer solchen Formelverarbeitung zeigt Abb. 11, wobei für A, B, C, D, E und F noch beliebig komplizierte (reelle) Ausdrücke stehen dürfen.

a) Klartext:

$$Z = \frac{\exp(A + i \cdot B)}{\sin(C + i \cdot D)} + (E + i \cdot F);$$

b) Eingabe:

```
Z=(EXP([A]+I.[B])/SIN([C]+I.[D])+([E]+I.[F]);
```

c) Ausgabe:

```
Z=(((((EXP[A].COS[B]).(SIN[C].COSH[D])+(EXP[A].SIN[B]).(COS[C].SINH[D])))/

((SIN[C].COSH[D]).(SIN[C].COSH[D])+(COS[C].SINH[D]).(COS[C].SINH[D]))+E]

+I.((((COS[C].SINH[D]).(EXP[A].COS[B])-(SIN[C].COSH[D]).(EXP[A].SIN[B])))/

((SIN[C].COSH[D]).(SIN[C].COSH[D])+(COS[C].SINH[D]).(COS[C].SINH[D]))+F]);
```

Abb. 11. Beispiel zur Umwandlung von Ausdrücken mit komplexen Zahlen
a) Klartext, b) Eingabe, c) Ausgabe

3.5. Potenzen komplexer Zahlen

Potenzieren bedeutet bekanntlich, ein Produkt aus n gleichen Faktoren zu berechnen. Insofern läßt sich das Potenzieren komplexer Zahlen leicht auf die in 3.4 besprochene Mehrfachmultiplikation zurückführen. Es ist aber einfacher, die Regeln für die Bildung der Potenz einer komplexen Zahl unmittelbar zu programmieren. Ein weiteres ALGOL-Programm des Verfassers tut dies.

Das Programm gibt den Realteil und Imaginärteil der Potenz

$$POTENZ = (X \pm i \cdot Y)^N$$

aus, die nach der Formel gebildet werden:

$$POTENZ = \left\{ \sum_{k=0}^{\left(\frac{N}{2}\right)} (-1)^k \cdot \binom{N}{2k} \cdot X^{N-2k} \cdot Y^{2k} \right\} + i \cdot \sum_{k=0}^{\left(\frac{N-1}{2}\right)} (\pm 1) \cdot$$

$$\cdot (-1)^k \binom{N}{2k+1} \cdot X^{N-1-2k} \cdot Y^{2k+1}.$$

Dabei ist es nützlich, zwischen geraden und ungeraden Potenzen N im Programm zu unterscheiden (wegen der oberen Summationsgrenze). Es dürfen beliebig viele solche Potenzen additiv aufeinander folgen.

Man kann dieses Programm als eine Verallgemeinerung des in 3.3 beschriebenen Programms zur Verarbeitung von Binomial-Ausdrücken für $c_2 = i$ auffassen.

3.6. Matrizen-Kalkül

Ein umfangreiches Sondergebiet der Algebra ist der Matrizen-Kalkül, mit dessen formelmäßiger Behandlung auf Rechenautomaten sich H. E. Schnell, Darmstadt, befaßt hat. Als Beispiel wollen wir hier die Multiplikation quadratischer Matrizen zweiter Ordnung herausgreifen. Es sei

$$\mathfrak{A} = \left\| \begin{array}{cc} A_1 & A_2 \\ A_3 & A_4 \end{array} \right\| \quad \text{und} \quad \mathfrak{B} = \left\| \begin{array}{cc} B_1 & B_2 \\ B_3 & B_4 \end{array} \right\|$$

Dabei dürfen die Matrix-Elemente A_i und B_i beliebige Funktionen sein. Die Ausdrücke für die A_i und B_i ($i = 1 \ldots 4$) werden eingelesen und gespeichert; der Rechenautomat soll die vier Elemente C_i der Ergebnis-Matrix

$$\mathfrak{L} = \mathfrak{A} \cdot \mathfrak{B} = \left\| \begin{array}{cc} C_1 & C_2 \\ C_3 & C_4 \end{array} \right\|$$

bilden. Für diese gelten bekanntlich die Formeln (siehe z. B. [31] oder [32]):

$$C_1 = (A_1) \cdot (B_1) + (A_2) \cdot (B_3);$$
$$C_2 = (A_1) \cdot (B_2) + (A_2) \cdot (B_4);$$
$$C_3 = (A_3) \cdot (B_1) + (A_4) \cdot (B_3);$$
$$C_4 = (A_3) \cdot (B_2) + (A_4) \cdot (B_4);$$

Der Rechenautomat soll durch abwechselndes Aufrufen von Standard-Texten (verknüpfende Symbole wie $=|(|)|+|\cdot|;$) und von eingelesenen Texten variabler Länge (A_i und B_i) die obigen Formeln für die C_i zusammenstellen und ausgeben. Diese sollen später mittels der Programme für Klammer-Arithmetik (siehe 3.1) weiter verarbeitet und zusammengefaßt werden. Außerdem müssen die C_i für eventuelle weitere Verwendung auch maschinen-intern gespeichert sein.

Die Anwendung des Rechenautomaten wird besonders dann interessant, wenn es gilt, 3 oder 4 (oder gar noch mehr) Matrizen formelmäßig miteinander zu multiplizieren, wie es z. B. bei der Behandlung von geketteten Vierpolen in der Fernmeldetechnik häufig vorkommt. Das obige Programm der Matrizen-Multiplikation kann dann mehrfach hintereinander angewendet werden. Dabei entstehen bald sehr umfangreiche Formeln.

Für Matrizen zweiter Ordnung wurden nun die bekannten Rechenregeln als Prozeduren aufgearbeitet: Die Bildung der Adjungierten, der Transponierten, der Inversen und der Determinante einer Matrix, sowie ferner die Addition und die Multiplikation zweier Matrizen.

Das Rahmenprogramm für die formelmäßige Behandlung der Matrizen ist als Interpretierprogramm ausgearbeitet. So bewirkt z. B. der Befehl

$$3 \; 1 \; 2 \; 4$$

die *Matrizen-Operation*: Multipliziere (**3**) die Matrix Nr. **1** mit der Matrix Nr. **2** und lege den Formeltext der erzeugten Elemente als Matrix Nr. **4** ab.

Die Erweiterung auf Matrizen höherer Ordnung sowie auf nicht-quadratische

a) Formel:

$$\mathfrak{X} = \left\| \begin{array}{cc} a_1 + ic_1 & a_2 + ic_2 \\ a_3 + ic_3 & a_4 + ic_4 \end{array} \right\| ; \quad \mathfrak{Y} = \left\| \begin{array}{cc} b_1 + id_1 & b_2 + id_2 \\ b_3 + id_3 & b_4 + id_4 \end{array} \right\| ;$$

gesucht:

Summe $\mathfrak{X} + \mathfrak{Y}$, Differenz $\mathfrak{X} - \mathfrak{Y}$ sowie deren Produkt $(\mathfrak{X} + \mathfrak{Y}) \cdot (\mathfrak{X} - \mathfrak{Y})$.

b) Eingabe:

```
'COMMENT' DATENSTREIFEN ;      2 ;

X1 = ([A1] + I . [C1]) ;
X2 = ([A2] + I . [C2]) ;
X3 = ([A3] + I . [C3]) ;
X4 = ([A4] + I . [C4]) ;

Y1 = ([B1] + I . [D1]) ;
Y2 = ([B2] + I . [D2]) ;
Y3 = ([B3] + I . [D3]) ;
Y4 = ([B4] + I . [D4]) ;

'COMMENT' INTERPRET - BEFEHLE ;      3 ;
1, 1, 2, 4 ;
2, 1, 2, 6 ;
3, 4, 6, 7 ;
```

c) Ausgabe:

```
E[1] := ([A1+B1]+I.[C1+D1]);
E[2] := ([A2+B2]+I.[C2+D2]);
E[3] := ([A3+B3]+I.[C3+D3]);
E[4] := ([A4+B4]+I.[C4+D4]);


E[1] := ([A1-[B1]]+I.[C1-[D1]]);
E[2] := ([A2-[B2]]+I.[C2-[D2]]);
E[3] := ([A3-[B3]]+I.[C3-[D3]]);
E[4] := ([A4-[B4]]+I.[C4-[D4]]);


E[1] := ([[A1+B1].[A1-[B1]]-[C1+D1].[C1-[D1]]+[A2+B2].[A3-[B3]]-[C2+D2].[C3-[D3]]]+
         I.[[C1-[D1]].[A1+B1]+[A1-[B1]].[C1+D1]+[C3-[D3]].[A2+B2]+[A3-[B3]].[C2+D2]]);

E[2] := ([[A1+B1].[A2-[B2]]-[C1+D1].[C2-[D2]]+[A2+B2].[A4-[B4]]-[C2+D2].[C4-[D4]]]+
         I.[[C2-[D2]].[A1+B1]+[A2-[B2]].[C1+D1]+[C4-[D4]].[A2+B2]+[A4-[B4]].[C2+D2]]);

E[3] := ([[A3+B3].[A1-[B1]]-[C3+D3].[C1-[D1]]+[A4+B4].[A3-[B3]]-[C4+D4].[C3-[D3]]]+
         I.[[C1-[D1]].[A3+B3]+[A1-[B1]].[C3+D3]+[C3-[D3]].[A4+B4]+[A3-[B3]].[C4+D4]]);

E[4] := ([[A3+B3].[A2-[B2]]-[C3+D3].[C2-[D2]]+[A4+B4].[A4-[B4]]-[C4+D4].[C4-[D4]]]+
         I.[[C2-[D2]].[A3+B3]+[A2-[B2]].[C3+D3]+[C4-[D4]].[A4+B4]+[A4-[B4]].[C4+D4]]);
```

Abb. 12. Beispiel zum Matrizen-Kalkül mit komplexen Matrix-Elementen
a) Formel, b) Eingabe, c) Ausgabe

Matrizen ist von H. E. SCHNELL vorbereitet worden. Dabei werden neben die eigentlichen Rechenprozeduren eine Reihe von Prüfprogrammen treten, die zu untersuchen haben, ob die zu verknüpfenden Matrizen überhaupt verträglich sind.

3.7. Matrizen-Kalkül mit komplexen Matrix-Elementen

Nach dem in den Abschnitten 3.4 und 3.6 Gesagtem liegt es nahe, beide Rechensysteme zu vereinigen, d. h. den Matrizen-Kalkül in Formeln auch auf Matrizen mit komplexen Elementen auszudehnen. Hierfür hat der Verfasser ein ALGOL-Programm zusammengestellt, in welchem die gesamte komplexe Rechnung nach 3.4 als ALGOL-Prozedur (Unterprogramm) des Matrizen-Programms nach 3.6 aufrufbar ist, und zwar zunächst wiederum beschränkt auf Matrizen zweiter Ordnung. Die vierteiligen Interpretier-Befehle

$$Op \; A \; B \; C$$

bewirken wiederum eine Verknüpfung der Form

$$\mathfrak{A} \; \& \; \mathfrak{B} = \mathfrak{L}.$$

Bei Umwandlung einer einzelnen Matrix in eine ihr äquivalente andere Form (Adjungierte u. dgl.) ist der B-Teil der Interpretier-Befehle irrelevant. Auch hierzu ein Beispiel.

In Abb. 12 zeigt Teil a die zu bearbeitenden beiden Matrizen und die auszuführenden Operationen in Klartext, Teil b den Eingabestreifen für die Matrizen sowie die nötigen Interpretierbefehle, Teil c schließlich die nach Real- und Imaginärteil aufgegliederten Matrix-Elemente.

4. Analysis

Einen erheblichen Schritt weiter gehen die Programme, die sich die Behandlung von Aufgaben der Analysis zum Ziel gesetzt haben. Wir behandeln in 4.1 das Differenzieren vorgegebener Funktionen auf Rechenautomaten, in 4.2 das Integrieren (im Sinne von „Quadratur") und in 4.3 die Behandlung von Differentialgleichungen auf einer elektronischen Rechenanlage.

4.1. Differentiation

Zu einer vorgegebenen Funktion einer Variablen $F(x)$ soll der Differentialquotient $\dfrac{dF}{dx}$ gebildet und das Ergebnis vom Automaten ausgestanzt werden.

Beispiel: Zur Eingabe

$$y = \sin(x^2 + 3 \cdot x + 7) \tag{13a}$$

soll ausgegeben werden

$$y' = \cos(x^2 + 3 \cdot x + 7) \cdot (2 \cdot x + 3). \tag{13b}$$

In analoger Weise soll bei Funktionen von *mehreren* unabhängigen Variablen $F(x, y, \ldots)$ der partielle Differentialquotient nach einer der Variablen

$$\frac{\partial F}{\partial x}, \quad \frac{\partial F}{\partial y}, \ldots$$

gebildet werden.

Gegebenenfalls ist auch noch die Bildung von Ableitungen höherer Ordnung von Interesse.

4.1.1. Vorläufer-Programme

Die ältesten Programme zum Thema Differenzieren stammen von Kahrimanian [15] auf der UNIVAC und von Nolan [16] auf *Whirlwind I*. Vor der Eingabe in die Maschine war noch erhebliche manuelle Vorarbeit zu leisten: Bei beiden Autoren mußte der zu behandelnde mathematische Ausdruck geklammert und in einen Drei-Adreß-Kode umgeschrieben werden. Die Auflösung begann bei [15] vom innersten Klammerpaar her zu den äußeren Klammern, bei [16] dagegen umgekehrt von den äußersten Klammern aus durch Aufstellen einer Tabelle. Aus dieser erzeugte das Differentiationsprogramm eine andere Tabelle. Zum Schluß wurde eine Tabelle ausgegeben, aus der der Benutzer sich das Ergebnis, nämlich die Ableitung zusammensetzen mußte. Alles in allem war es also nur eine teilweise Erfüllung der gestellten Aufgabe durch den Rechenautomaten.

4.1.2. Polynom-Differentiation

Zu den einfachsten Differentiationsregeln gehört die Ableitung einer Potenz

$$y = C \cdot x^n; \qquad y' = (C \cdot n) \cdot x^{n-1}.$$

Zusammen mit der Summenregel beim Differenzieren

$$y = g(x) + h(x); \qquad y' = g'(x) + h'(x)$$

führt dies unter wiederholter Anwendung der vorstehenden beiden Regeln zur Ableitung eines Polynoms:

$$\begin{aligned} y &= a + b \cdot x + c \cdot x^2 + d \cdot x^3 + \ldots, \\ y' &= b + 2c \cdot x + 3d \cdot x^2 + \ldots. \end{aligned}$$

So verfährt denn auch Brown bei der Differentiation von Polynomen mehrerer Variabler [5].

Auch das schon in 3.1 zitierte Programm [13] für Klammerarithmetik sieht die Differentiation eines Klammerausdrucks $(\alpha \ldots)$ nach einem Symbol X_{ik} vor:

$$\frac{d(\alpha \ldots)}{dX_{ik}} = (\beta \ldots).$$

Nach dem gleichen Prinzip dürfte vermutlich auch das STRELA-Programm der Russen Shurygin und Yanenko [25] aufgebaut sein[1].

---

[1] *Literatur:* [5], [13], [25].

4.1.3. Allgemeine Differentiation mittels Hilfsmatrix

Die Differentiation einer Funktion mit nahezu beliebigen Elementar-Funktionen auf einem digitalen Rechenautomaten hat dann einige Jahre auf sich warten lassen. Eine ausgezeichnete Arbeit zu diesem Thema hat ein Team der *University of North Carolina* veröffentlicht [9]. Das Programm enthält die üblichen Differentiationsregeln für Summe, Produkt, Quotient und Potenz; es enthält ferner in einer Tabelle die Ableitung von etwa 30 Elementar-Funktionen, darunter sämtliche Kreis- und Hyperbel-Funktionen sowie deren Umkehrungen als arcus- bzw. area-Funktionen. Ein Flußdiagramm zum Hauptprogramm in [9] läßt den Programmablauf gut verfolgen, insbesondere die Reaktionen des Programms auf das Auftreten von Symbolen wie $\vdash |(|+|-| \cdot |)|\boxminus$. Merkwürdigerweise benötigen die Autoren für das Ende von Funktionsnamen elementarer Funktionen ein Namensende-Zeichen (.), ähnlich wie in FORTRAN I und II alle Funktionen auf „F" enden mußten, um als *Standard-Funktionen* gekennzeichnet zu sein. Besondere Operationszeichen werden für die links-seitige und rechts-seitige Begrenzung ($\vdash$ und $\dashv$) des zu differenzierenden Ausdrucks eingeführt. Mit diesen Zeichen und den normalen Verknüpfungszeichen können dann „Vorfahrtsregeln" für die verschiedenen Operatoren aufgestellt werden. So gilt

$$(.) > (P) > (\boxminus) > (*) = (/) > (-) = (+) > (() = ()) > (\vdash) = (\dashv).$$

Diese Ungleichung beinhaltet die nachstehende *Rangfolge*:

> Funktion,
> Potenz,
> Multiplikation, Division,
> Addition, Subtraktion,
> öffnende oder schließende Klammer,
> Formelbegrenzung (Flanken).

Beispiel:

Für die Differentiation des Ausdrucks $ax^2 + bx + \sin cx$ wird eine sogenannte M-Matrix entwickelt in folgender Reihenfolge:

M-Matrix

1	$c * X$	$(= R\,1)$
2	$\sin \cdot R\,1$	$(= R\,2)$
3	$B * X$	$(= R\,3)$
4	$X\,P\,2$	$(= R\,4)$
5	$A * R\,4$	$(= R\,5)$
6	$R\,5 + R\,3$	$(= R\,6)$
7	$R\,6 + R\,2$	

Auffallend ist, daß die gesamte Formel rückwärts abgearbeitet wird, also von rechts nach links. Über die Behandlung von Funktionen, die nicht in der erwähnten Tabelle enthalten sind, wird nichts gesagt[1].

---

[1] *Literatur:* [9], [24].

4.1.4. Allgemeine Differentiation durch Formelzerlegung

Das gleiche Thema wie in 4.1.3. behandelte der Verfasser auf einem kleinen Rechenautomaten ZUSE $Z\,23$ [27]. Dieses Programm zerlegt den zu differenzierenden Ausdruck unter Berücksichtigung der Klammerhierarchie in Summanden. Falls der Summand ein Quotient ist, wird er in Zähler und Nenner aufgespalten. In jedem Falle wird der Summand oder der Zähler daraufhin untersucht, ob er ein Produkt ist; bejahendenfalls wird er in Faktoren zerlegt. Jeder einzelne Faktor wird sodann auf eventuelle Exponentialform „$u\,(x)$ hoch $v\,(x)$" untersucht. Der nach solcher Zerlegung schließlich verbleibende elementare Term wird nun differenziert, wobei für etwa 20 Funktionen (sogenannte *Standard-Funktionen*) der Text für die Ableitungsfunktionen in einer zweiteiligen Tabelle vorrätig ist und dort durch Nachschlagen ermittelt werden kann.

Die bei der Analyse aufgefundenen Operationszeichen (wie „mal", „durch", „hoch") sorgen dann für die Anwendung der entsprechenden Differentiationsregeln, nämlich der Produktregel, Quotientenregel und Kettenregel. Alle diese Regeln lassen sich mit einigem Geschick in einzeiliger Schreibweise wiedergeben, siehe Abb. 13.

Nr.		Funktion y	Ableitung y'
1	Summe[1]	$u+v$	$u' \quad + \quad v'$
2	Produkt	$u \cdot v$	$u' \times v \quad + \quad u \times v'$
3	Quotient	$u\,/\,v$	$u'\,/\,v \quad - \quad u \times v' \quad /(v \times v)$
4	Mehrfaches Produkt	$u \cdot v \cdot w$	$u' \times v \times w \;+u\times\; v' \times w + u \times v \times w'$
5	Gemischter Ausdruck	$u \cdot v\,/\,w$	$u' \times v\,/\,w \;+u\times\; v'\,/\,w - u \times v \times w'/(w \times w)$
6	Exponentialfunktion	u^v	$u' \times v \times y/u + y \times \ln(u) \times v'$
7	Potenz	u^n	$u' \times n \times y/u$
8	Exponentiale	a^v	$y \times \ln(a) \times v'$

[1] u, v und w sind Funktionen von x; hingegen seien a und n Konstante

Abb. 13. Differentiationsregeln in einzeiliger Schreibweise

Die gesamte Formel wird von links nach rechts abgearbeitet. Beim „Nachdifferenzieren" im Sinne der Kettenregel wird diese Ableitung der ursprünglichen Ableitungsfunktion *nach*gestellt. Dem Programm unbekannte Funktionen werden durch Anfügen des Strichs differenziert, z. B. $J\,(x) \to J'\,(x)$. Das „Nachdifferenzieren" wird hier unterdrückt.

Das Ergebnis (y') kann wiederum als Eingabe dienen, so daß auch höhere Ableitungen $(y'', y''', \ldots)$ gebildet werden können. Mit ihrer Hilfe werden in einer neuen Fassung des Programms auch Differentialausdrücke der Form

$$D\,(Y) = a\,(x) \cdot Y + b\,(x) \cdot Y' + c\,(x) \cdot Y'' + d\,(x) \cdot Y''' + \ldots$$

gebildet und ausgegeben werden können. Das ist nützlich zum Nachprüfen von Lösungen gewöhnlicher Differentialgleichungen (oder auch Differential-

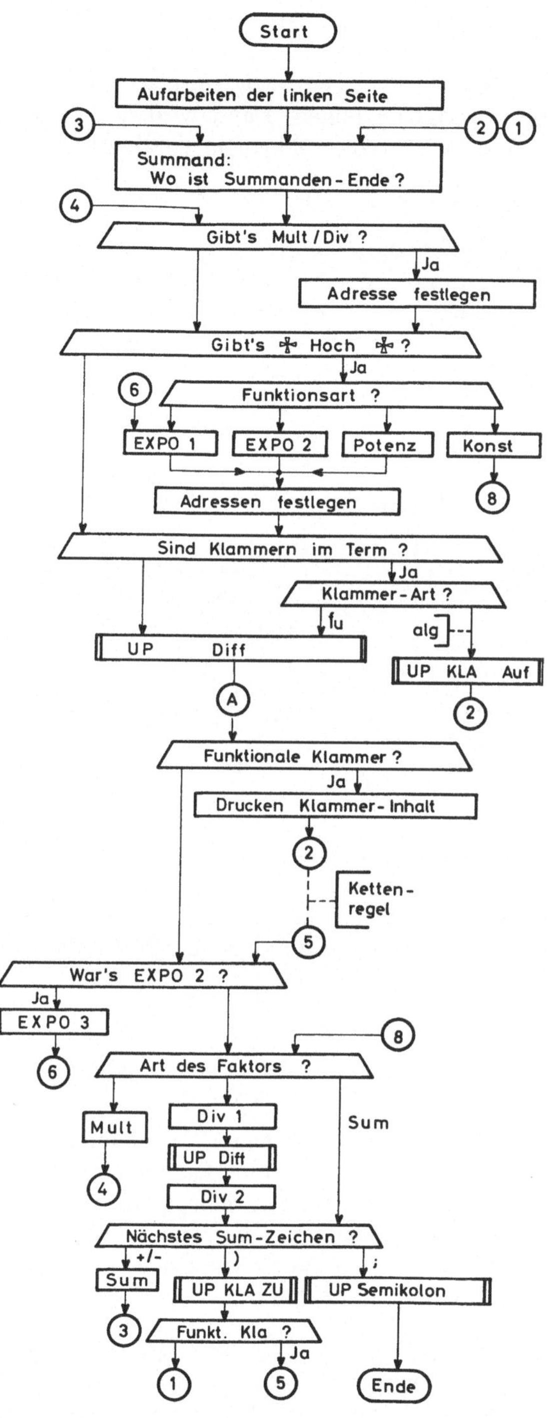

Abb. 14. Blockdiagramm zur Formel-Analyse für die Differentiation beliebiger Funktionen

gleichungssystemen) durch Einsetzen der gefundenen Lösungen in die Ausgangsgleichung [26].

Das Programm kann des weiteren auch *partielle* Differentialquotienten von Funktionen mehrerer Variablen bilden. Dann wird die Variable, nach der differenziert werden soll, in ✠ eingeschlossen, vorangestellt. So können auch gemischte Ableitungen, wie $\dfrac{\partial^2 F}{\partial x \cdot \partial y}$ gebildet werden.

Abb. 14 zeigt im Blockdiagramm den Ablauf des Programms im groben, Abb. 15 das Flußdiagramm für das Unterprogramm Differenzieren. Abb. 16 gibt ein einfaches Rechenbeispiel. Nähere Einzelheiten in [27].

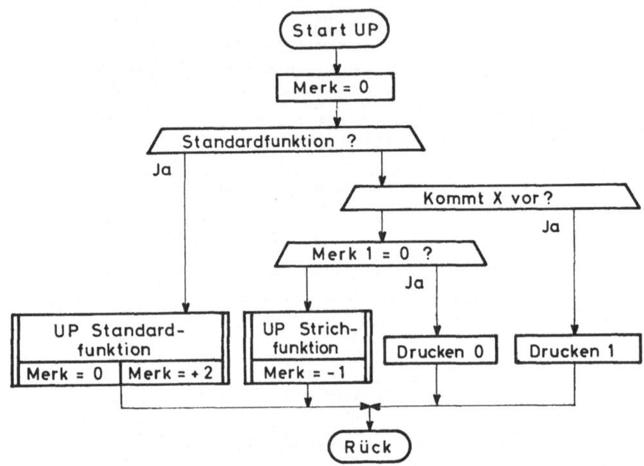

Abb. 15. Flußdiagramm zum Unterprogramm Differenzieren

Gewisse Unschönheiten können bei diesem Programm noch auftreten: So bildet beispielsweise das Automaten-Programm zur Funktion

$$y = x \cdot \ln x$$

die Ableitung stur in der Form

$$y' = \ln x + x/x$$

ohne zu kürzen. Bei der zweiten Ableitung y'' wird dann der letzte Summand nicht als Konstante (1) erkannt, sondern als Quotient aufgefaßt und als solcher behandelt. Zur Abstellung solcher Mängel schlägt Oehler [17] das Einschalten eines Unterprogramms „*Identitätsprüfer*" vor, das u. a. die Gleichheit von zwei Summanden mit unterschiedlichem Vorzeichen oder die Gleichheit von Zähler und Nenner eines Quotienten feststellt[1].

---

[1] Mittlerweile scheint dieses Thema der Differentiation soweit vorgedrungen zu sein, daß an mehreren deutschen Hochschulen Studien- oder Diplomarbeiten ausgegeben wurden, die die formelmäßige Differentiation auf einem Rechenautomaten direkt oder indirekt zum Thema haben.

Literatur: [27].

a) Formel:

$$y_1 = (a + bx) \cdot [c + d \sin (2x + 3)] + e \cos (3x + 7);$$

b) Eingabe:

```
Y1 = (A + B×X) × ( C + D×SIN(2×X+3)) + E × COS(3×X+7) ;
```

c) Ausgabe:

```
Y1'=(+B)×(C+D×SIN(2×X+3))+(A+B×X)×(+D×COS(2×X+3)×(+2))

  +E×(-1)×SIN(3×X+7)×(+3);
```

Abb. 16. Einfaches Beispiel zur Differentiation beliebiger Funktionen

4.2. Integral-Berechnung (Quadratur)

Bekanntlich ist die Differentiation einer Funktion $F(x)$ nach x oder einer Funktion $F(x, y, z)$ nach *einer* der unabhängigen Variablen bei beliebiger Gestalt der Funktion stets möglich; gleiches gilt aber durchaus nicht für die Integration (*Quadratur*)

$$F(x) = \int f(x)\, dx. \tag{14}$$

Im Gegenteil: die weitaus meisten Funktionen, soweit sie keine Grundintegrale sind oder sich durch Umformungen und passende Substitutionen auf solche zurückführen lassen, sind nicht in geschlossener Form integrierbar wie beispielsweise das einfach anmutende Integral

$$\int \frac{\sin x}{x}\, dx.$$

Wie weit unter diesen Umständen das Integrieren auf einem Rechenautomaten überhaupt möglich ist, wollen wir in diesem Abschnitt untersuchen.

4.2.1. Quadratur von Polynomen

Das einfachste Grundintegral ist das für die Potenz:

$$\int x^n\, dx = \frac{1}{n+1} \cdot x^{n+1} \quad (n \neq -1). \tag{15}$$

Zusammen mit der Summenregel für Integrale

$$\int [g(x) + h(x)]\, dx = \int g(x)\, dx + \int h(x)\, dx \tag{16}$$

erlaubt es die Integration von ganzen rationalen Funktionen:

$$f(x) = A_1 \cdot x^m + A_2 \cdot x^n + A_3 \cdot x^p + \ldots,$$

wobei die A_i beliebige Funktionen von beliebigen anderen Variablen (außer x) sein dürfen.

Auf solche Potenzreihen $f(x)$ hatte sich die Integration von Funktionen mittels Rechenautomaten bis vor kurzem beschränkt[1].

4.2.2. Quadratur durch Probieren

Das Integrieren ist die Umkehrung des Differenzierens. Nach diesem bekannten Satz hat Oehler [17a] ein Programm für die Quadratur von Funktionen aufgestellt. „Die in diesem ALGOL-Programm verwendete Basis-Menge besteht aus den Funktionen Summe, Produkt, Negation, exp und der Identitätsfunktion $y = x$. Außerdem ist die Potenzierung mit natürlichen Zahlen gestattet" [17a, S. 65]. Aus diesen Elementen wird eine erste Funktion $F_1(x)$ gebildet und differenziert

$$\frac{d F_1(x)}{d x} = f_1(x); \tag{17}$$

sodann wird verglichen, ob die so erzeugte Funktion $f_1(x)$ mit dem Integranden $f(x)$ übereinstimmt. „Das Programm wurde so aufgebaut, daß durch spezielle ‚Steuersymbole‘ auf den Problemkarten entweder ein normaler Lauf oder aber Testläufe aufgerufen werden können. Die 4 ‚Modi‘ sind ‚DIFFERENTIATION‘, ‚GENERATE‘, ‚COMPARE‘ und ‚INTEGRATION‘"[17a, S. 65]. Stimmt die erzeugte Funktion $f_1(x)$ mit dem Integranden $f(x)$ überein, so ist die Aufgabe gelöst. Andernfalls wird die Funktion durch den „*Funktionsgenerator*" abgeändert, und das Programm versucht es mit dieser neuen Funktion abermals, und zwar so oft und so lange, bis Übereinstimmung zwischen $f_i(x)$ und $f(x)$ erzielt wird. Dabei kann i erheblich groß werden, so daß sogar eine schnelle Rechenanlage unter Umständen mehrere Minuten für das Auffinden der Lösung braucht. Mit diesem Programm konnten auf einer $TR\,4$ in knapp einer Rechenstunde etwa 20 Integrale bestimmt werden, deren Integranden der oben beschriebenen Basis-Menge angehörten. Der Funktionsgenerator erzeugt dabei in einer bestimmten Reihenfolge *alle* zur Basis-Menge gehörigen Funktionen $f_i(x)$, die geschlossen integrierbar sind[2].

4.2.3. Quadratur durch Analyse und Rückführung auf Grundintegrale

Neben dem unter b beschriebenen Verfahren des Durchprobierens steht das Verfahren des *gezielten Suchens* möglicher Lösungsfunktionen für einen vorgegebenen Integranden. Hierbei wird, ähnlich wie in [27] für die Differentiation beschrieben, der Integrand auf seine algebraische Struktur hin untersucht: Es wird zunächst festgestellt, ob er eine Summe ist. Gegebenenfalls wird die zu integrierende Summe aufgespalten nach (16) in die Summe zweier Integrale, die einzeln bearbeitet werden können. Sodann wird jeder Summand untersucht, ob er ein Produkt oder ein Quotient ist. Bejahendenfalls wird geprüft, ob bei

---

[1] *Literatur:* [5], [6], [13].
[2] *Literatur:* [17a].

einem Produkt die Form $f(g(x)) \cdot g'(x)$, wie z. B. (13b) in 4.1, oder bei einem Quotienten die Form $f'(x)/(f(x))$ vorliegt. Bei einem Produkt kann außerdem die Regel der unvollständigen Integration

$$\int u' \cdot v \, dx = u \cdot v - \int u \cdot v' \, dx \tag{18}$$

versuchsweise angewendet werden. Fügt man diesen Regeln noch die sogenannten *Grundintegrale* (Integral der Potenz (15), der Exponential- und Logarithmus-Funktion sowie der trigonometrischen Funktionen) hinzu, so hat man bereits eine umfangreiche Gruppe integrierbarer Funktionen erfaßt.

Auf dieser Basis haben BERG und PAHLBERG in einer gemeinsamen Studienarbeit [2] ein Programm in FORMAC (siehe Abschnitt 6) geschrieben. Dieses Programm umfaßt etwa 500 Anweisungen für die Analyse des Integranden und das eigentliche Integrieren, dazu knapp 100 weitere Anweisungen für eine format-schöne Ausgabe, bei der das Ergebnis nicht mehr einzeilig gedruckt wird, sondern die Summanden einzeln ausgedruckt werden, wobei Zähler und Nenner eines Quotienten übereinander (statt hintereinander) angeordnet sind. Mit dem zitierten Programm können alle Ausdrücke der Formen

$$x^n \cdot \left\{ \begin{array}{c} e^x \\ \sin x \\ \cos x \end{array} \right\} \tag{19}$$

sowie

$$e^x \cdot \left\{ \begin{array}{c} \sin x \\ \cos x \end{array} \right\} \tag{20}$$

und

$$f(g(x)) \cdot g'(x) \tag{21}$$

sowie beliebige additive Kombinationen solcher Ausdrücke formelmäßig integriert werden, wobei noch anstelle von

$$x \text{ auch } (a \cdot x + b) \tag{22}$$

stehen darf [2].

Einfacher erscheint es mir aber, das allgemeine Integral

$$\int x^n \cdot e^{ax} \left\{ \begin{array}{c} \sin \\ \cos \end{array} \right\} (bx + c) \, dx \tag{23}$$

zu lösen:

$$INT = e^{ax} \cdot \sum \frac{(-1)^k \cdot x^k}{(a^2 + b^2)^{n+1-k}} \cdot [C_k(a, b) \cdot \cos(bx + c) + \\ + S_k(a, b) \cdot \sin(bx + x)], \tag{24}$$

wobei die C_k und S_k im wesentlichen Real- und Imaginärteil von $(a + ib)^{k+1}$ sind. Für das Ausdrucken dieser Lösung läßt sich dann eine Prozedur

$$INT \ (Variable, N, A, B, C, TRIGO) \tag{25}$$

schreiben. Durch Nullsetzen entsprechender Parameter in (25) lassen sich alle speziellen Ausdrücke der Formen (19) und (20) mit (22) herleiten und sodann überflüssige Terme, wie a^1, a^0, $1 \times$, cos 0 u. dgl. unterdrücken[1].

4.2.4. Quadratur durch Analyse mit anschließendem Tabellenlesen

Außer den vorstehend in 4.2.2. und 4.2.3. beschriebenen Verfahren [17] und [2] ist auch ein Programm denkbar, das das manuelle Arbeiten nachahmt: Man analysiert den Integranden, formt ihn gegebenenfalls um und schlägt in umfangreichen Werken mit Integral-Tabellen nach, z. B. [4, 8A, 30]. Dabei ist wesentlich, daß jedes gute derartige Tafelwerk in Abschnitte („*Klassen*") eingeteilt ist; deren Überschriften können z. B. lauten (siehe [8A]):

> Rationale Integranden,
> Algebraisch irrationale Integranden,
> Transzendente Integranden.

Jede Klasse hat ihrerseits wieder Unterklassen, wie etwa: Integranden mit $\sin x$, mit $\sin^n x$, mit $\sin^m x \cdot \sin^n x$, mit $e^x \cdot \sin x \ldots$ u. dgl.

Ein brauchbares Quadratur-Programm sollte daher den im Speicher abgelegten Integranden

1. auf seine algebraische Struktur hin untersuchen, wie unter c beschrieben, und

2. auf bekannte Funktionen durchmustern, um eine *Klasse* (bzw. Unterklasse) von Integralen zu bestimmen, die die mögliche Lösung enthalten kann, und schließlich

3. diese Klasse von Integralen sukzessive durchmustern und mit dem vorgegebenen Integranden vergleichen. Denn zu jeder Klasse von Integranden gehört bei guter Klassifizierung nur mehr eine engbegrenzte Anzahl von Funktionen, die tabellarisch gespeichert sein können (jeweils Integranden-Funktion als Tabellen-Eingang und Stamm-Funktion als Tabellen-Ausgang).

In Verbindung mit den in Abschnitt 3 besprochenen Formelverarbeitungssystemen müßte es auch möglich sein, geeignete algebraische Umformungen und Substitutionen des Integranden zu finden.

4.2.5. Quadratur bei beliebigem Integranden

Hat man beim Nachschlagen in Integral-Tafeln nichts Passendes gefunden, so bleibt die Frage offen, ob das vorgelegte Integral überhaupt geschlossen integrierbar ist oder nicht. Auch das umfangreichste Tafelwerk kann ja nur eine endliche Anzahl von Lösungen angeben. So soll ein Quadratur-Programm in der Lage sein, für alle geschlossenen integrierbaren Funktionen die zugehörige Stammfunktion anzugeben. Bekanntlich gibt es aber kein Kriterium, anhand dessen man entscheiden könnte, ob es eine solche Lösung gibt. Ein Programm für die Quadratur bei beliebig vorgegebenem Integranden muß damit wohl Wunschtraum bleiben.

---

[1] *Literatur:* [2].

4.3. Integration von Differentialgleichungen

Die Aufgabe ist hier leicht beschrieben:
Gegeben sei eine gewöhnliche Differentialgleichung (DGl.)

$$D\,(Y) = a\,(x) \cdot Y + b\,(x) \cdot Y' + c\,(x) \cdot Y'' + \ldots = 0 \qquad (26)$$

oder ein System gewöhnlicher DGln.

$$D_1\,(Y,\,Z,\,\ldots) = 0$$
$$D_2\,(Y,\,Z,\,\ldots) = 0 \qquad (27)$$
$$\ldots \qquad \ldots \qquad \ldots\,.$$

Gesucht wird diejenige Funktion

$$Y = f\,(x) \qquad (26\,\mathrm{a})$$

bzw. Funktionengruppe

$$Y = f\,(x) \ \text{und} \qquad (27\,\mathrm{a})$$
$$Z = f\,(x),$$

die eine allgemeine Lösung von (26) bzw. (27) ist.

Sind außerdem Anfangsbedingungen oder Randbedingungen vorgegeben, so werden diejenigen speziellen Funktionen aus der Lösungsschar (26 a) bzw. (27 a) gesucht, die eben diese Zusatz-Bedingungen erfüllen.

Beispiel: Gegeben

$$D\,(Y) = Y' - Y \cdot \cos x = 0. \qquad (28)$$

Die allgemeine Lösung lautet [26]:

$$Y\,(x) = C \cdot \exp\,(\sin x). \qquad (28\,\mathrm{a})$$

Soll zudem

$$Y\,(0) = 1 \qquad (28\,\mathrm{b})$$

sein, so gilt speziell

$$Y = e^{\sin x}. \qquad (28\,\mathrm{c})$$

Ein Rechenautomaten-Programm soll die Gleichungen (28) und (28 b) einlesen und daraufhin den Funktionstext (28 c) ausgeben.

Ein derartiges Programm für beliebige Form der Gleichung (26) bzw. der Gleichungen (27) gibt es bis heute noch nicht. In einer ausführlichen Arbeit stellt OEHLER [17] umfangreiche theoretische Betrachtungen zu diesem Thema an, die in Teilen in TEXAS-Programmen für den *TR 4* ihren praktischen Niederschlag gefunden haben. Einige Elemente des Programms decken sich mit den in 4.2 b beschriebenen Teilen für das Quadratur-Programm [17 a].

Der Grundgedanke der Lösung ist folgender: Als *mögliche* Lösung des Differentialgleichungssystems wird von einem „*Funktionsgenerator*" ein Funktionsvektor $V\,1$ für (27 a) erzeugt, sodann werden vom „*Differentiator*" die nötigen Ableitungen hergestellt, und es wird durch Einsetzen aller Komponenten in die Differentialgleichungen geprüft, ob der Funktionsvektor $V\,1$ tatsächlich eine Lösung ist; sodann erzeugt der Funktionsgenerator aus dem Vektor $V\,1$ einen neuen Funktionsvektor $V\,2$, und das Spiel wiederholt sich. Ist ein Funktionsvektor gefunden, der alle Gleichungen befriedigt, so werden die Randwertgleichungen abgefragt. Erfüllt er auch diese, so ist die Lösung des Systems (27) gefunden. Andernfalls beginnt der Suchzyklus von neuem[1].

5. Heuristische Formelfindung

Bei der Berechnung von Funktionswerten tritt immer wieder die Frage nach einer „automaten-gerechten" Berechnungsformel auf. Diese soll eine Näherungsformel für die eigentliche Funktion sein, die mit möglichst wenig Rechenaufwand eine hinreichende Genauigkeit ergibt. Für die näherungsweise Berechnung von Funktionswerten haben sich bekanntlich zwei Rechenverfahren eingebürgert: Einerseits das einmalige Aufstellen einer Näherungsfunktion, die über den ganzen zu betrachtenden Bereich eine (absolute oder relative) Abweichung zwischen Funktion und Näherung um weniger als ε hat, und zum anderen das iterative Berechnen eines jeweils besseren Funktionswertes aus der vorhergehenden Näherung solange, bis zwei aufeinanderfolgende Näherungswerte y_i und y_{i+1} um weniger als ε voneinander abweichen.

Für den ersten Näherungsweg hat Hastings [11] und nach ihm viele andere Autoren (u. a. [1] und [20, 21]) Näherungsfunktionen in geschlossener Form für die gebräuchlichsten Funktionen angegeben. Sie beruhen meist auf der Tschebyscheffschen Approximation; diese minimiert den Absolutbetrag der größten Abweichung zwischen anzunähernder Funktion $F(x)$ und Näherungs-Funktion $F^*(x)$, also $|F(x) - F^*(x)| = \delta(x)$ innerhalb des betrachteten Approximationsintervalls $a \leqslant x \leqslant b$. Für diese Näherungsverfahren lassen sich exakt fundierte Regeln angeben, siehe z. B. in [33].

Auch der zweite Weg führt mit streng ableitbaren Formeln zu guten Programmierverfahren; z. B. pflegt man die Quadratwurzel $\sqrt{x}$ iterativ nach der Formel

$$y_{i+1} = \frac{1}{2} \cdot \left(y_i + \frac{x}{y_i}\right) \quad \text{mit } y_0 = 1 \text{ oder } y_0 = x$$

zu berechnen [8]. Diese Formel geht auf das Newtonsche Näherungsverfahren zur Bestimmung reeller Nullstellen zurück. In der Nähe von 1 konvergieren die Nährungswerte y_i extrem schnell, da quadratische Konvergenz vorliegt.

Demgegenüber hat Härtl [10] einen wesentlich anderen Weg beschritten. Auch er sucht z. B. Näherungen für $\sqrt{x}$ in der Umgebung von $x = 1$. Hierzu ist eine Tabelle von Wurzelwerten nahe bei 1 in der Maschine gespeichert. Er läßt den Automaten aus vorgegebenen Operationsteilen, Datenadressen und Konstanten nun *Befehle* „würfeln" (siehe hierzu [18]) und aus ihnen Programme aus maximal 7 Befehlen mit zufälliger Befehlsfolge zusammenstellen. Nun wird geprüft, ob die sich dabei ergebende Befehlsfolge sinnvoll ist. Als sinnvoll gilt ein Programm, das die vorgegebenen Wurzelwerte auf drei Stellen genau annähern kann. Bei einem Programmlauf hat der Rechenautomat *ER 56* etwa 10 Programme in der Sekunde erzeugt und geprüft (und verworfen). Nach einer Stunde

---

[1] *Literatur:* [17].

Rechenzeit hatte der Automat etwa ein Dutzend Programme ausgedruckt, die u. a. folgenden Näherungsformeln entsprachen:

$$1. \quad w = (1 + x)/2$$
$$1\,\text{a}. \quad w = 0{,}5 \cdot (1 + x)$$
$$2. \quad w = 2\,x/(1 + x)$$
$$3. \quad w = 2/(3 - x)$$
$$4. \quad w = (3\,x - x^2)/2.$$

Man überzeugt sich leicht, daß *alle* diese Formeln für ein $x = 1 \pm \varepsilon$ bei kleinen ε-Werten auf einen Wert $w = 1 \pm \dfrac{\varepsilon}{2}$ führen. HÄRTL hofft, daß ein Rechenautomat „auf diese Weise schnell beliebige einfache Programme selbst erzeugen kann und durch Eingabe weiterer Prinzipien schließlich auch komplizierte Programme erzeugen kann" [10]. — Ob wir wirklich dahin kommen, bleibt abzuwarten[1].

6. FORMAC

FORMAC ist eine Programmiersprache höherer Ordnung. Die Bezeichnung **FORMAC** ist ein Akronym für „**FOR**mula **MA**nipulation Compiler". Dies ist eine Erweiterung von FORTRAN IV auf Ausdrücke mit Symbolen, denen kein (oder *noch* kein) Zahlenwert zugeordnet ist. Jede Form der Bearbeitung eines Formeltextes oder Formelteiles muß durch entsprechende Anweisungen einzeln befohlen werden. Beispiele: EXPAND für das Auflösen von Klammerausdrücken oder ORDER für das Ordnen von Termen oder Symbolen.

Im Gegensatz zu FORTRAN IV können in FORMAC komplexe Zahlen und damit die komplexe Arithmetik nicht unmittelbar verwendet werden. Denn für das Abspeichern komplexer Zahlen werden bekanntlich zwei Speicherzellen benötigt. Aus dem gleichen Grund kann man in FORMAC ebensowenig mit doppelt-langen Zahlen arbeiten.

Die FORMAC-Anweisungen werden in einem gesonderten Übersetzungsgang in Aufrufe von FORTRAN-Unterprogramme umgewandelt, wie z. B. CALL EXPAND oder CALL ORDER. Bei der Gewinnung des Programms im Maschinenkode (MK) ist FORMAC also eine dem FORTRAN vorgelagerte Stufe, vergleichbar der vor Jahren gebräuchlichen stufenweisen Übersetzung FORTRANSIT — IT — SOAP — MK. Den FORMAC-Übersetzer (*preprocessor*) gibt es bislang nur für einen einzigen Maschinentyp. FORMAC ist daher nicht auf jedem Rechenautomaten benutzbar, der FORTRAN IV verarbeitet. Das bedeutet leider eine sehr empfindliche Einschränkung für eine verbreitete Anwendung von FORMAC.

Zum Vergleich von FORTRAN und FORMAC geben wir abschließend je ein Programm für die Matrizen-Multiplikation: Sind

$$\mathfrak{A} = \| a_{ik} \| \quad \text{und} \quad \mathfrak{B} = \| b_{ik} \|$$

---

[1] *Literatur:* [10].

zwei quadratische Matrizen n-ter Ordnung und sucht man das Produkt $\mathfrak{C} = \mathfrak{A} \cdot \mathfrak{B}$, so gilt bekanntlich für die Elemente c_{ik} dieser Matrix:

$$c_{ik} = \sum_{j=1}^{n} a_{ij} \cdot b_{jk}.$$

Das Programm für die Berechnung der Elemente c_{ik} in FORTRAN und in FORMAC zeigt Abb. 17. Das FORTRAN-Programm in Abb. 17a berechnet n^2 Zahlenwerte c_{ik}, das FORMAC-Programm in Abb. 17b erstellt n^2 *Formel-Ausdrücke* für die c_{ik}.

```
        DO 10 I = 1, N
        DO 10 K = 1, N
        C (I, K) = 0.
        DO 10 J = 1, N
        C (I, K) = C (I, K) + A (I, J) * B (J, K)
   10   CONTINUE                                          a


        DO 10 I = 1, N
        DO 10 K = 1, N
        LET C (I, K) = 0.
        DO 10 J = 1, N
        LET C (I, K) = C (I, K) + A (I, J) * B (J, K)
   10   CONTINUE                                          b
```

Abb. 17. Programm-Beispiel: Multiplikation zweier quadratischer Matrizen
a) in FORTRAN, b) in FORMAC

Der an weiteren Einzelheiten interessierte Leser muß auf das Benutzer-Handbuch [3A] oder auf die Arbeit von Tobey [29B] und die zahlreichen dortigen Zitate über die Anwendung von FORMAC in verschiedenen Disziplinen verwiesen werden[1].

Literatur

Im folgenden Verzeichnis bedeutet ed = „elektronische datenverarbeitung", Herausgeber H. K. Schuff. Braunschweig: Vieweg.

1. Barth, W.: Ein Iterationsverfahren zur Approximation durch Polynome. ZAMM 1958, 258—260.

2. Berg, G., und E. Pahlberg: *Entwurf eines Programms zur Umformung algebraischer Ausdrücke.* Studienarbeit am Institut für Nachrichtenverarbeitung der Techn. Hochschule, Darmstadt, 1967.

3A. Bond, E. R.: Users Preliminary Reference Manual for FORMAC. IBM Boston Advanced Programming Department, February 1964.

3B. Bond, E., M. Auslander, S. Grisoff, R. Kenney, M. Myszewski, J. Sammet, R. Tobey und S. Zillers: FORMAC — An experimental FORmula MAnipulation Compiler. Proc. 19th ACM Nat. Conf., Aug. 1964, K 2.1-1—K 2.1-11.

---

[1] *Literatur:* [3A, 3B, 7, 19, 29A, 29B, 34].

4. BRONSTEIN, I. N., und K. A. SEMENDJAJEW: *Taschenbuch der Mathematik*, 2. Auflage. Leipzig: Teubner. 1959.

5. BROWN, W. S.: The ALPAK System for Nonnumerical Algebra on a Digital Computer. Part I: Polynomials in Several Variables and Truncated Power Series with Polynomial Coefficients. Bell Syst. Techn. J. **1963**, 2081—2119.

6. BROWN, W. S., J. P. HYDE, and B. A. TAGUE: The ALPAK System for Nonnumerical Algebra on a Digital Computer. Part II: Rational Functions of Several Variables and Truncated Power Series with Rational-Function Coefficients. Bell Syst. Techn. J. **1964**, 785—804.

7. CHRISTENSEN, C.: AMBIT, A programming language for algebraic symbol manipulation. U.S. Gov. Res. Dev. Rep. AD 608 894 (Okt. 1964) 59 S. zitiert aus Inform. Process. J. **4**, Heft 1/6, S. 56 (1965).

8. DIJKSTRA, E. W.: Iterative Processes for the Computation of Elementary Functions. Nachrichtentechnische Fachberichte NTF **4**, 177—178 (1956).

8A. GRÖBNER, W., und N. HOFREITER: *Integraltafel*, Erster Teil. Wien: Springer. 1949.

9. HANSON, J. W., J. S. CAVINESS, and C. JOSEPH: Analytic Differentiation by Computer. Commun. Assoc. Computing Machine **5**, 349—355 (1962).

10. HÄRTL, H.: Lernprogramm für technische Probleme, in: *Lernende Automaten*, Vorträge der NTG-Fachtagung 11.—14. 4. 1961 in Karlsruhe. München: R. Oldenbourg. 1961.

11. HASTINGS, C., JR.: *Approximations for Digital Computers*. Princeton: Princeton University Press. 1955.

12. HAUPT, D.: „Betrag in Worten" ausgeführt mit Hilfe eines Elektronenrechners. ed **4**, 67—70 (1962).

13. HAUPT, D.: Rechnen mit symbolischen Zahlen. ed **5**, 249 (1963).

14. HYDE, J. P.: The ALPAK System for Nonnumerical Algebra on a Digital Computer. Part III: System for Linear Equations and a Class of Side Relations. Bell Syst. Techn. J. **1964**, 1547—1562.

15. KAHRIMANIAN, H. G.: Analytical Differentiation by a Digital Computer.
1. Temple Univer. (May 1953).
2. Symposium Automatic Programming Digital Computers, Office of Naval Research, 13.—14. Mai 1954, PB 111 607, S. 6—14.

16. NOLAN, J. F.: Analytical Differentiation on a Digital Computer. Mass. Inst. Technology (25. Mai 1953).

17. OEHLER, M.: *Nicht-numerische Integration von Differentialgleichungen mit Rechenautomaten*. Zulassungsarbeit am Rechenzentrum und Lehrstuhl für Instrumentelle Mathematik der Technischen Hochschule Stuttgart, 1966.

17A. OEHLER, M.: Ein einfaches ALGOL-Quadratur-Programm, Kapitel 10 in [17].

18. ROOS, P.: *Zufallsgeneratoren*, in diesem Band.

19. SAMMET, J. E., and E. R. BOND: Introduction to FORMAC. IEEE Trans. EC—13, 4 (Aug. 1964), 386—394.

20. SCHAPPERT, H., und A. WALTHER: *Berechnung von Koeffizienten Tschebyscheffscher Approximationspolynome*. Interner Bericht M 9, Nr. 6 des Instituts für Praktische Mathematik (IPM) an der Technischen Hochschule Darmstadt, 1959.

21. SCHAPPERT, H.: *Programmierverfahren für elektronische Rechenautomaten mittlerer Größe — Grundsätzliches, Verwirklichung, Anwendung*. Diss. D 17, Technische Hochschule Darmstadt, 1959.

22. Schörnig, G.: Mathematische Umformung mittels elektronischer Rechenmaschinen. ed **4**, 253 (1962).

23. Schörnig, G.: Algebraische Rechnung auf einer elektronischen Rechenanlage. ed **5**, 107—114 (1963).

24. Schorr, H.: Analytic Differentiation Using a Syntax-Directed Compiler. Computer J. **7**, 290—298 (1965).

25. Shurygin, V. A., and N. N. Yanenko: On the Realization of Algebraic-Differential Algorithmus on Electronic Computers. (Übers. aus dem Russ.) Foreign Develop. Mach. Translat. Inf. Proc., Nr. 93, IPRS: 13514 (Apr. 1962) Off. Tech. Serv., Washington, D. C.

26. Theissen, E.: *Differentialgleichungen*. Berlin: Schiele & Schön. 1965.

27. Theissen, E.: Differentialrechnung auf einem elektronischen Rechenautomaten. ed **7**, 53—59 (1965).

28. Theissen, E.: Komplexe Algebra auf einem Digitalrechner. ed **8**, 163—173 (1966).

29A. Tobey, R. G.: Experience with FORMAC Algorithm Design. Communications of the ACM **9**, 589—597 (1966).

29B. Tobey, R. G.: Eliminating Monotonous Mathematics with FORMAC. Communications of the ACM **9**, 742—751 (1966).

30. Tölke, Fr.: *Praktische Funktionenlehre*. Erster Band: Elementare und elementare transzendente Funktionen. Berlin: Springer. 1943.

31. Tropper, A. M.: *Matrizenrechnung in der Elektrotechnik*. Mannheim: Bibliographisches Institut. 1966.

32. Zurmühl, R.: *Matrizen und ihre technischen Anwendungen*, 4. Auflage. Berlin-Heidelberg-New York: Springer. 1964.

33. Zurmühl, R.: *Praktische Mathematik für Ingenieure und Physiker*, 5. Auflage. Berlin-Heidelberg-New York: Springer. 1965.

34. NN: *FORMAC*. No. 7090 R 2 IBM 0016, IBM Programm Inf. Dept., Hawthorne, N. Y., Aug. 1965.

B. Methoden der Formelübersetzung

Von

K. Fischer

1. Einleitung

Auf die Schwierigkeiten, die beim Programmieren in einer *Maschinensprache* auftreten, geht schon W. Knödel [29] ein. Nicht nur, daß der Programmierer darauf achten muß, daß das zu lösende Problem richtig formuliert und die Lösung durch einen entsprechenden Algorithmus gefunden werden kann, er muß sich darüber hinaus auch mit Dingen befassen, die mit seiner ursprünglichen Problemstellung nichts zu tun haben. Dazu gehört z. B. nicht nur die einwandfreie Beherrschung der Maschinenbefehle, sondern auch die Kenntnis einer großen Zahl sich oft ändernder Konventionen, denen ein Programm genügen muß, das innerhalb eines automatisch arbeitenden Betriebssystems laufen soll. Diese kurz angedeuteten Schwierigkeiten lassen sich größtenteils umgehen, wenn der

Programmierer sein zu lösendes Problem in einer *problemorientierten Formelsprache* beschreibt und es einem speziellen Maschinenprogramm, dem sogenannten *Compiler* überläßt, die fehlerfreie Übersetzung in die Maschinensprache durchzuführen. Der Compiler wird gleichzeitig das zu übersetzende Programm auf syntaktische Richtigkeit überprüfen und dem Programmierer eine Mitteilung machen, wenn er einen syntaktischen Fehler gefunden hat bzw. einen solchen vermutet.

Der Prozeß der Formelsprachenübersetzung ist nicht-numerischer Natur: Einer Folge von Eingangszeichen, die das Formelsprachenprogramm darstellen, wird eine andere Folge von Ausgangszeichen, nämlich das Maschinenprogramm zugeordnet. Die Entscheidungen, die der Compiler treffen muß, wenn er ein neues Zeichen eingelesen hat, hängen dabei im Idealfall nur von dem zuletzt gelesenen Zeichen, in Wirklichkeit jedoch oft von der ganzen Folge der bisher eingelesenen Zeichen ab.

Formelsprachen enthalten außer Formeln noch eine Reihe anderer syntaktischer Einheiten, z. B. Folgeanweisungen, die den dynamischen Ablauf eines Programms regeln und in ihrer Wirkung den unbedingten Sprungbefehlen eines Maschinenprogramms entsprechen, bedingte Anweisungen, die die Möglichkeiten eines Rechners zu logischen Entscheidungen ausnutzen, Prozeduren usw. Ihre Bedeutung ist von Formelsprache zu Formelsprache verschieden, eine einheitliche Methode zur Übersetzung dieser syntaktischen Einheiten läßt sich aus diesem Grunde oft nicht angeben. Anders bei den Formeln, die wir im Unterschied zu der üblichen mathematischen Bedeutung von jetzt an korrekter als *arithmetische Ausdrücke* bzw. in einem anderen Zusammenhang als *arithmetische Anweisungen* bezeichnen wollen. Sie treten in allen Formelsprachen in der gleichen Bedeutung auf, wenn man von einigen unwesentlichen Schreibweisen absieht. Ein Programm, das arithmetische Ausdrücke bzw. Anweisungen übersetzt, wollen wir hier als einen *Formelübersetzer* bezeichnen. (Diese Bezeichnung ist nicht einheitlich: oft wird dieser Name auch als Synonym für Compiler benutzt.)

Einige grundlegende Methoden der Formelübersetzung sollen in dieser Arbeit zusammengestellt werden. Dabei wird nicht so sehr auf Vollständigkeit der Beschreibung oder gar auf die Darstellung einer besonders trickreichen Methode Wert gelegt; vielmehr soll der Laie bzw. der Formelsprachen-Programmierer einen Einblick in die Arbeitsweise eines solchen Übersetzers bekommen.

2. Formeln und ihre Beschreibung

In der Mathematik bezeichnet man als Formel z. B. die Folgen der Zeichen

$$\frac{a+b}{a-b} \cdot \frac{a}{b} \tag{1}$$

oder

$$d = (a - b)\, c. \tag{2}$$

Ihre Bedeutung ist zumindest bei (1) klar: (1) stellt einen bestimmten Wert dar, wenn man für a und b beliebige Werte einsetzt (außer natürlich $b = 0$, $a = b$). Es handelt sich also um einen arithmetischen Ausdruck. Übertragen

wir (1) in ein Formelsprachenprogramm, wobei wir die Bruchstriche durch /
wiedergeben und nötigenfalls Klammern setzen und das Multiplikationszeichen
(als Stern *) mitschreiben, dann erhalten wir

$$(a + b)/(a - b) * a/b \tag{3}$$

mit der Bedeutung: Berechne unter Verwendung der augenblicklichen Werte
von a und b unter Beachtung der angegebenen Operationszeichen und der
Reihenfolge einen neuen Wert!

Formel (2) können wir verschieden interpretieren, wobei sich die richtige
Bedeutung nur aus dem jeweiligen Zusammenhang ergeben kann:

a) Die rechte und die linke Seite von (2) sind unter Verwendung bestimmter
Werte für a, b, c und d einander gleich. Es wird in diesem Fall also die Wahrheit
einer Aussage behauptet.

b) Bestimme z. B. a so, daß bei gegebenen Werten von b, c und d die
Gleichung (2) gilt! Es handelt sich also hier um eine Gleichung für a. Formel (2)
drückt aber nicht aus, auf welche Weise a bestimmt werden soll, d. h. der Algorithmus zur Bestimmung von a ist noch nicht angegeben worden.

c) Mit d soll definitionsgemäß der Ausdruck auf der rechten Seite abgekürzt
werden.

Bei der Übertragung von (2) in ein Formelsprachenprogramm entscheidet
man sich nun für eine Bedeutung, die sich aus einer Kombination von b) und
c) ergibt. Zunächst wird das Gleichheitszeichen, das eigentlich nur für den Fall a)
genau zutrifft, durch das Zeichen := ersetzt, das aus einem ← hervorgegangen
ist, und man erhält aus (2)

$$d := (a - b) * c \tag{4}$$

mit der Bedeutung: Berechne den Wert der rechten Seite und nenne diesen
Wert von nun an d. Man sagt auch: „d ergibt sich aus dem Wert der rechten
Seite" oder „der Wert der rechten Seite wird nach d gespeichert". Aus der
letzten Sprechweise wird überdies ersichtlich, was die Größen a, b usw. bedeuten:
Es sind Namen bzw. Adressen von Speicherzellen, in denen die eigentlichen
numerischen Werte stehen.

Wir wollen noch ein Beispiel geben: In der Mathematik hätte eine Gleichung

$$x = x + 1,$$

aus der $1 = 0$ folgen würde, keinen Sinn. In einem Formelsprachenprogramm
bedeutet

$$x := x + 1$$

als arithmetische Anweisung: Addiere zum augenblicklichen Wert von x
(z. B. $= 3$) eine Eins und speichere das Ergebnis wieder in der Speicherzelle x
(in der jetzt die Zahl 4 steht, da der bisherige Wert 3 überschrieben wird).

Wir kennen jetzt die Bedeutung arithmetischer Ausdrücke und Anweisungen in einem Formelsprachenprogramm. Es ist klar, daß man beim Hin-
schreiben von Ausdrücken in einem Programm sehr genau vorgehen muß. Wir
haben z. B. in (3) und (4) das Multiplikationszeichen mitgeschrieben, obwohl
man es in mathematischen Büchern fast immer wegläßt, weil der Leser in diesen
Fällen aus dem Zusammenhang heraus weiß, was gemeint ist.

Ein anderes Beispiel: Der Ausdruck

$$\frac{\cdot\,a}{-\,b}$$

ist für $b \neq 0$ sinnvoll; ist nun in einem Formelsprachenprogramm die Darstellung $a/-b$ oder $a/(-b)$ korrekt? Auskunft darüber muß eine eindeutige Beschreibung der zugrundegelegten Formelsprache geben. (In unserem Beispiel ist in den beiden am weitesten verbreiteten Formelsprachen ALGOL [36] und FORTRAN [42] nur die zweite Version zulässig.) Die Beschreibung erfolgt nun in Programmierlehrbüchern üblicherweise so, daß man an typischen Beispielen aufzeigt, welche syntaktischen Möglichkeiten in einer Sprache bestehen und welche Kombinationen nicht zulässig sind. Für den Programmierer eines Formelübersetzers ist eine solche Darstellung jedoch sehr unbefriedigend. Er muß ja schließlich alle Regeln und Ausnahmen so in den Übersetzer programmieren, daß dieser *jeden* richtigen Ausdruck richtig übersetzt und *jeden* nicht den Regeln entsprechenden Ausdruck zumindestens als einen fehlerhaften Ausdruck erkennt. Ein Ausweg bietet sich, wenn man die Formelsprache nicht durch eine natürliche Sprache, sondern durch eine andere formale Sprache, die man dann als *Meta-Sprache* bezeichnet, beschreiben kann. (Der fertige Übersetzer stellt natürlich auch eine, wenn auch nur Eingeweihten verständliche Beschreibung der Formelsprache dar.)

Als Meta-Sprache zur Beschreibung der Syntax oder Grammatik einer Formelsprache hat sich eine Notation bewährt, die auf BACKUS [15] zurückgeht. Die Beschreibung der Semantik (also der Bedeutung der einzelnen syntaktischen Einheiten) und der Pragmatik (Anwendung) geschieht nach wie vor durch die natürliche Sprache. Wir wollen nun diese Meta-Sprache auf die Definition von relativ einfachen arithmetischen Ausdrücken anwenden. Diese sollen immer dann zugrunde gelegt werden, wenn wir später Verfahren zur Übersetzung arithmetischer Ausdrücke besprechen. Zuvor eine kurze Beschreibung der für unseren Zweck nur unwesentlich vereinfachten Meta-Sprache selbst. Sie besteht aus meta-sprachlichen Variablen, die durch in Klammern $\langle$ und $\rangle$ eingeschlossene Folgen von Buchstaben repräsentiert werden und aus den Verknüpfungen $::=$ und $|$ zwischen den meta-sprachlichen Variablen (gelesen: „hat die zulässige Form" und „oder").

Definition: Als arithmetischen Ausdruck bezeichnen wir eine Folge von Zeichen, die mit Hilfe folgender Regeln gebildet wird:
$\langle$Variable$\rangle$ $::=$ $a\,|\,b\,|\,c\,|\,d\,|\,x\,|\,y\,|\,z$
$\langle$Multiplikationsoperator$\rangle$ $::=$ $*\,|\,/$
$\langle$Additionsoperator$\rangle$ $::=$ $+\,|\,-$
$\langle$Faktor$\rangle$ $::=$ $\langle$Variable$\rangle$ $|$ ($\langle$arithmetischer Ausdruck$\rangle$)
$\langle$Term$\rangle$ $::=$ $\langle$Faktor$\rangle$ $|$ $\langle$Term$\rangle$ $\langle$Multiplikationsoperator$\rangle$ $\langle$Faktor$\rangle$
$\langle$arithmetischer Ausdruck$\rangle$ $::=$ $\langle$Term$\rangle$ $|$ $\langle$arithmetischer Ausdruck$\rangle$
$\quad$ $\langle$Additionsoperator$\rangle$ $\langle$Term$\rangle$

Beispiele: Arithmetische Ausdrücke nach obiger Definition sind danach $((a+b))$, $(a-b)/c$ und $x*(y+z)$. Keine arithmetischen Ausdrücke sind dagegen $+(a-b)/c$, da das Pluszeichen nur als binäres Operationszeichen vorkommen kann und $n - 1$, da n und die Konstante 1 nicht in der Definition einer in Frage kommenden meta-sprachlichen Variablen vorhanden sind.

Als Ergänzung müßten nun noch die semantischen Definitionen der einzelnen syntaktischen Einheiten folgen. Wir beschränken uns darauf, festzustellen, daß in den oben definierten arithmetischen Ausdrücken die üblichen Vorrangregeln gelten sollen.

3. Darstellung von Formeln im Maschinencode

Da es sich bei einer Maschinensprache ebenfalls um eine formale Sprache handelt, treffen alle über Formelsprachen gemachten Ausführungen im Prinzip auch auf sie zu. Die Syntax einer Formel im Maschinencode ist allerdings weitgehend durch den gegebenen Rechner bestimmt.

Eine große Klasse von Rechnern arbeitet mit Einadreß-Befehlen. Dem Ausdruck

$$(a + b) * c + d$$

könnte in einem Rechner etwa folgendes Maschinenprogramm entsprechen:

$$
\begin{aligned}
&1. \quad \mathbf{B} \; a \\
&2. \quad \mathbf{A} \; b \\
&3. \quad \mathbf{M} \; c \\
&4. \quad \mathbf{A} \; d
\end{aligned}
$$

Große Buchstaben sind symbolische Bezeichnungen für Maschinenoperationen. Die Befehle bedeuten nacheinander:

1. Bringe den Wert der durch die symbolische Adresse a bezeichneten Speicherzelle in das Rechenwerk, in den sogenannten *Akkumulator* (AC). Wir deuten dies kurz durch die Schreibweise $AC := a$; an.

2. Addiere im Rechenwerk den Wert aus der Speicherzelle b, $AC := AC + b$;

3. Multipliziere mit c, $AC := AC * c$;

4. Sinngemäß wie bei 2.

Führen wir als weitere Befehle $\mathbf{D}$, $\mathbf{S}$ und $\mathbf{C}$ für die Division, Subtraktion und Abspeicherung ein, so haben wir damit eine Befehlsliste zusammen, die es uns erlaubt, alle überhaupt möglichen arithmetischen Ausdrücke und Anweisungen als Maschinenprogramm zu formulieren.

Betrachten wir nun den Ausdruck

$$(a + b) * (c + d), \tag{5}$$

dann stoßen wir auf das Problem der Zwischenspeicherung von Rechenergebnissen. Den ersten Faktor können wir zwar wie vorhin einfach berechnen, bevor jedoch der Wert des zweiten Faktors bestimmt werden kann, müssen wir den Inhalt des Rechenwerks in einer Hilfszelle retten. Namen von Speicherzellen, die als Hilfszellen ins Spiel kommen, wollen wir mit $r, s, t, \ldots$ bezeichnen. Dem Ausdruck (5) entspricht dann das Programm

1. **B** *a*
2. **A** *b*
3. **C** *r*
4. **B** *c*
5. **A** *d*
6. **M** *r*

Eine andere Klasse von Rechnern arbeitet nach einem Prinzip, das uns von den Tischrechenmaschinen geläufig ist und das hier an dem Ausdruck

$$(a + b) * c \tag{6}$$

demonstriert werden soll: Wir tasten zunächst den Wert von a in den Tischrechner ein und bringen ihn dann in das Rechenwerk; danach wird b eingetastet und die Additionstaste gedrückt; schließlich geben wir c ein und drücken die Multiplikationstaste. Dieser Vorgang läßt sich durch die Folge

$$a\, b + c * \tag{7}$$

darstellen. Wir haben in (7) eine andere Schreibweise von (6) erhalten. Der wesentliche Unterschied zwischen beiden Darstellungen besteht darin, daß in (7) keine Klammern mehr benötigt werden. Es ist immer möglich, einen mit Klammern geschriebenen Ausdruck so umzuformen, daß die ursprüngliche Rechenvorschrift eindeutig erhalten bleibt, jedoch keine Klammern mehr auftreten. Diese Methoden gehen auf den polnischen Logiker LUKASIEWICZ zurück. Darstellungen in der Form (7) werden deshalb in der englischen Literatur als „*Polish notations*" geführt. Es gibt nun Rechner, die unter Verwendung mehrerer Akkumulatoren einen Formelausdruck in *Polish notation* direkt verarbeiten können. Formelübersetzer für solche Maschinen werden daher die Aufgabe haben, einen in normaler Schreibweise gegebenen Ausdruck in die gewünschte klammerfreie Struktur umzuschreiben.

4. Begleitwertverfahren

4.1. Das klassische Begleitwertverfahren

RUTISHAUSER gab im Jahre 1951 das erste Beispiel einer automatischen Formelübersetzung (*Rechenplanfertigung*). Aus dem in [38] angegebenen Verfahren soll hier die Methode zur Übersetzung arithmetischer Ausdrücke geschildert werden. Zusätzlich zu den in 2. gemachten Voraussetzungen muß hier allerdings gefordert werden, daß die Vorrangregeln explizit durch Setzen von Klammern angegeben werden müssen.

Zunächst wird jedem auftretenden Symbol des arithmetischen Ausdrucks ein *Begleitwert* a_k zugeordnet. Es sei E_k die Folge der Symbole für $k = 1, 2, \ldots, n$. Man setzt dann:

a) $a_0 = 0$;

b) $a_k = a_{k-1} + 1$, falls E_k eine öffnende Klammer oder eine Variable (Operand) ist;

c) $a_k = a_{k-1} - 1$, falls E_k eine schließende Klammer, ein Operationszeichen oder das Schlußzeichen ω des Ausdrucks ist ($E_n = \omega$).

Bei einem fehlerfreien Ausdruck muß der Begleitwert a_n den Wert 0 haben. Die Umkehrung braucht natürlich nicht zu gelten, wir wollen daher im folgenden stets annehmen, daß der vorgelegte Ausdruck den syntaktischen Regeln entspricht. Trägt man die Begleitwerte a_k als Ordinaten über den Abzissen $k = 0, 1, \ldots, n$ auf, dann erhält man das sogenannte *Klammerngebirge*, eine graphische Darstellung der Klammernstruktur in einem arithmetischen Ausdruck (vgl. Abb. 18).

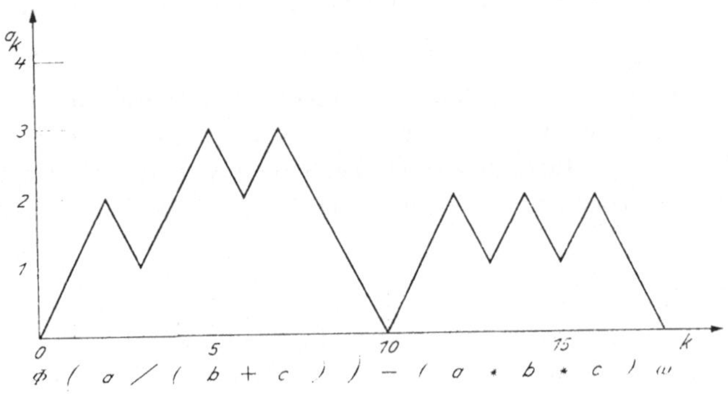

Abb. 18. Klammerngebirge nach Rutishauser

Nach der Zuordnung der Begleitwerte muß das Klammerngebirge schrittweise abgebaut werden. Zu diesem Zweck wird zuerst das absolute Maximum der a_k bestimmt, wobei die Nebenbedingung bestehen soll, daß k ebenfalls einen maximalen Wert annimmt, den wir mit $i = k_{max}$ bezeichnen.

Nun sind folgende zwei Fälle möglich:

1. Fall: E_{i-1} ist ein Operator. In diesem Fall wird durch ein Codierungsprogramm eine der Operation

$$E_{i-2}\, E_{i-1}\, E_i$$

entsprechende Befehlsfolge an das zu erzeugende Programm (*Objektprogramm*) angefügt. Außerdem wird ein Befehl abgesetzt, der das Ergebnis der Operation in einer Hilfszelle abspeichert. Schließlich wird das Symbol E_{i-2} durch einen neuen Operanden ersetzt, der die Hilfszelle kennzeichnet. Der Begleitwert a_{i-2} bleibt dabei erhalten. Dagegen werden die Symbole E_{i-1} und E_i sowie die zugehörigen Begleitwerte durch Leerzeichen ersetzt. Man kann natürlich auch die restlichen $E_{i+1}, \ldots, E_n$ bzw. $a_{i+1}, \ldots, a_n$ auf die freigewordenen Felder $E_{i-1}, \ldots, E_{n-2}$ bzw. $a_{i-1}, \ldots, a_{n-2}$ umspeichern, um so einen einheitlichen Algorithmus zu erhalten.

2. Fall: Das Symbol E_{i-1} ist eine öffnende Klammer. Dann ist notwendig E_{i+1} eine schließende Klammer, und es liegt an diesem Maximum des Klammerngebirges ein Unterausdruck der trivialen Form (x) vor. Die Klammern können nebst zugehörigen Begleitwerten gelöscht werden, und es folgt eine entsprechende Umspeicherung der restlichen Größen auf die freigewordenen Felder. Schließlich muß der ursprüngliche Begleitwert a_i um 1 erniedrigt werden.

In beiden Fällen ist also die Anzahl der Symbole E_k um 2 herabgesetzt worden. Hat n auf diese Weise den Wert 2 erreicht, dann ist der vorgelegte arithmetische Ausdruck vollständig abgesetzt. In E_1 steht dann der Operand, der den Wert des arithmetischen Ausdrucks angibt, in E_2 das Schlußzeichen. Ist dagegen n größer als 2, dann wird nach dem eben beschriebenen Verfahren weiter fortgefahren.

Tabelle 9. *Abbau des Ausdrucks* $(a/(b+c)) - (a*b*c)$ *nach dem klassischen Begleitwertverfahren von Rutishauser*

Schritt	E_k-Folge und zugeordnete Begleitwerte	Abgesetzte Befehlsfolge
0	$\emptyset\ (\ a\ /\ (\ b+c\ )\ )\ -\ (\ a\ *\ b\ *\ c\ )\ \omega$	
1	$\emptyset\ (\ a\ /\ (\ b+c\ )\ )\ -\ (\ a\ *\ b\ *\ c\ )\ \omega$ 0 1 2 1 2 3 2 3 2 1 0 1 2 1 2 1 2 1 0	
2	$\emptyset\ (\ a\ /\ (\ r\ )\ )\ -\ (\ a\ *\ b\ *\ c\ )\ \omega$ 0 1 2 1 2 3 2 1 0 1 2 1 2 1 2 1 0	$r := b+c;$
3	$\emptyset\ (\ a\ /\ r\ )\ -\ (\ a\ *\ b\ *\ c\ )\ \omega$ 0 1 2 1 2 1 0 1 2 1 2 1 2 1 0	
4	$\emptyset\ (\ a\ /\ r\ )\ -\ (\ a\ *\ s\ )\ \omega$ 0 1 2 1 2 1 0 1 2 1 2 1 0	$s := b*c;$
5	$\emptyset\ (\ a\ /\ r\ )\ -\ (\ t\ )\ \omega$ 0 1 2 1 2 1 0 1 2 1 0	$t := a*s;$
6	$\emptyset\ (\ a\ /\ r\ )\ -\ t\ \omega$ 0 1 2 1 2 1 0 1 0	
7	$\emptyset\ (\ u\ )\ -\ t\ \omega$ 0 1 2 1 0 1 0	$u := a/r;$
8	$\emptyset\ u\ -\ t\ \omega$ 0 1 0 1 0	
9	$\emptyset\ v\ \omega$ 0 1 0	$v := u-t;$

In Tab. 9 wird der in Abb. 18 dargestellte Ausdruck

$$(a/(b+c)) - (a*b*c)$$

schrittweise abgebaut. Die hervorgehobenen Begleitwerte deuten an, welcher Teil des arithmetischen Ausdrucks im jeweils nächsten Schritt verarbeitet wird. Die abgesetzte Befehlsfolge soll vorläufig nicht darauf untersucht werden, ob eine Minimalisierung der benötigten Anzahl von Hilfsspeichern, in unserem Fall dargestellt durch die Operanden r, s, t, u und v, möglich ist und wie dies zu geschehen hat. Es zeigt sich überdies, daß dies Problem weitgehend von der gewählten Methode der Formelübersetzung unabhängig ist.

4.2. Das reduzierte Begleitwertverfahren

Beim klassischen Begleitwertverfahren muß die besondere Schreibweise der Form

$$a * b + c$$

vorausgesetzt werden. Für die Anwendung ist diese Voraussetzung natürlich sehr nachteilig. Rutishauser hat nun selbst eine andere Begleitwertmethode gefunden, die lediglich die Definition in 2. benutzt und die sehr leicht auf komplizierte arithmetische und logische Ausdrücke erweitert werden kann. Die Begleitwerte a_k werden jetzt für $k = 1, 2, \ldots, n$ durch folgende Vorschrift definiert:

a) a_k wird ersetzt durch ein Leerzeichen, falls E_k ein Operand oder das Schlußzeichen ist.

b) a_k ergibt sich aus

$$a_k = b + 10\,(KA - KZ),$$

falls E_k ein Operator ist. Dabei wird für b die Zahl 0 oder 1 genommen, je nachdem ob E_k ein Additions- oder Multiplikationsoperator ist. KA bedeutet die Anzahl der öffnenden, KZ der schließenden Klammern, die bis zum Index k aufgetreten sind.

c) Ist E_k eine öffnende bzw. schließende Klammer, dann werden die Größen KA bzw. KZ um eins erhöht und E_k und a_k durch Leerzeichen ersetzt.

Zum Abbau des reduzierten Klammerngebirges ist es nun zweckmäßig, die E_k so nach links zusammenzuschieben, daß keine Leerzeichen mehr zwischen ihnen enthalten sind. Das E-Feld verkürzt sich dabei um $n - (KA + KZ) = {} = n - 2 \cdot KA$ Symbole. Nun wird wieder das am weitesten rechts liegende absolute Maximum der Begleitwerte a_k bestimmt. Liegt es beim Index $k = i$, dann kann die der Operation

$$E_{i-1}\, E_i\, E_{i+1}$$

entsprechende Befehlsfolge an das Objektprogramm angefügt werden. Der Ergebnisoperand wird unter E_{i-1} abgelegt, die Symbole E_i und E_{i+1} sowie die zugehörigen a_i und a_{i+1} werden durch Leerzeichen ersetzt und es kann wie in 4.1 ein Umspeicherungsprozeß beginnen. Auch bei diesem Verfahren wird das E-Feld bei jedem Schritt jeweils um zwei Felder kleiner, bis schließlich bei $n = 2$ das Verfahren abbricht. Wie man aus Tab. 10 entnehmen kann, benötigt man gegenüber der klassischen Begleitwertmethode im allgemeinen weniger Schritte zum vollständigen Abbau eines Ausdrucks. Es gilt genauer: Die Anzahl der Schritte erniedrigt sich um die Anzahl der im Ausdruck auftretenden Klammernpaare.

Das reduzierte Begleitwertverfahren läßt sich leicht auf den Fall erweitern, daß zusätzliche Operatoren in einem Ausdruck auftreten. Es ist dazu lediglich notwendig, die Größe b entsprechend der Tab. 11 festzulegen.

Dabei ist zu beachten, daß die Potenzbildung

$$a \uparrow b \uparrow c$$

Tabelle 10. *Abbau des Ausdruckes $(a/(b + c)) - (a * b * c)$ nach dem reduzierten Begleitwertverfahren*

Schritt	E_k-Folge und zugeordnete Begleitwerte	Abgesetzte Befehlsfolge
0	$(\ a\ /\ (\ b + c\ )\ )\ -\ (\ a\ *\ b\ *\ c\ )\ \omega$	
1	$a\ /\ b + c\ -\ a\ *\ b\ *\ c\ \omega$ $\quad 11\ \ 20\ \ \ 0\ \ \ 11\ \ 11$	
2	$a\ /\ r\ -\ a\ *\ b\ *\ c\ \omega$ $11\ \ \ 0\ \ \ 11\ \ 11$	$r: = b + c;$
3	$a\ /\ r\ -\ a\ *\ s\ \omega$ $11\ \ \ 0\ \ \ 11$	$s: = b * c;$
4	$a\ /\ r\ -\ t\ \omega$ $11\ \ \ 0$	$t: = a * s;$
5	$u\ -\ t\ \omega$ $\quad 0$	$u: = a\ /\ r;$
6	$v\ \omega$	$v: = u - t;$

Tabelle 11. *Vorrangregeln der arithmetischen und logischen Operationen*

Bezeichnung	Operator	b
Potenzierung	$\uparrow$	2
Multiplikation .... Division	$*$ $/\ \div$	1
Addition .... Subtraktion	$+$ $-$	0
Vergleich	$=\ \neq\ >\ <\ \leqq\ \geqq$	-1
Konjunktion..........	$\wedge$	-2
Disjunktion	$\vee$	-3
Implikation	$\supset$	-4
Äquivalenz	$\equiv$	-5

bei diesem Verfahren aufgefaßt wird als $a^{(b^c)}$, während sie etwa in ALGOL die Bedeutung $(a^b)^c$ haben müßte. Durch zusätzliches Setzen von Klammern kann jedoch stets eine eindeutige Interpretation erreicht werden. Eingliedrige Operationen verlangen hier eine Sonderbehandlung; aus diesem Grund ist der logische Operator $\neg$ (Negation) in Tab. 11 nicht enthalten.

4.3. Sequentielle Begleitwertverfahren

Behält man die Definition der Begleitwerte a_k aus 4.2 bei, führt aber den Abbau des Klammerngebirges auf andere Weise durch, dann erhält man die folgenden Verfahren:

4.3.1. Das Verfahren von Wegstein

Wegstein gibt in [45] eine Methode an, die nicht wie beim reduzierten Begleitwertverfahren bei jedem Schritt das am weitesten rechts liegende absolute Maximum aller a_k bestimmt, sondern das am weitesten links liegende relative Maximum aufsucht. In der Wirkung entspricht diese Methode vollkommen der Methode der sequentiellen Formelübersetzung von Bauer und Samelson [2], auf die wir in 6.1 noch etwas näher eingehen wollen.

4.3.2. Quasi-sequentielle Begleitwertverfahren

Bei dieser Methode wird bei jedem Abbauschritt das am weitesten rechts liegende relative Maximum der a_k aufgesucht. In der Wirkungsweise hat dieses Verfahren ebenfalls eine Entsprechung bei den sequentiellen Methoden. Es wird dort als Rechts-nach-links-Methode (*right-to-left*) bezeichnet. Das quasi-sequentielle Begleitwertverfahren bewirkt nun auf eine einfache Art eine gewisse Minimalisierung der benötigten Anzahl von Hilfsspeichern, wodurch das erzeugte Objektprogramm wesentlich optimaler in seinem Speicherbedarf wird. An einem Beispiel soll diese Eigenschaft im Vergleich zu einer sequentiellen Methode gezeigt werden:

Beispiel: Der Ausdruck

$$(x + y)/(a + b)$$

soll schrittweise abgesetzt werden. Dabei soll vorausgesetzt werden, daß das Ergebnis jeder Operation nach deren Ausführung zunächst im Akkumulator steht. Außerdem soll die betreffende Maschinensprache keinen speziellen Befehl zur Bildung der inversen Division haben. Dann erhält man sequentiell:

$$\begin{aligned}
AC &:= x + y; \\
r &:= AC; \\
AC &:= a + b; \\
s &:= AC; \\
AC &:= r/s;
\end{aligned}$$

Es werden die Hilfsspeicher r und s benötigt. Dagegen ergibt sich quasi-sequentiell:

$$\begin{aligned}
AC &:= a + b; \\
r &:= AC; \\
AC &:= x + y; \\
AC &:= AC/r;
\end{aligned}$$

Es wird nur der Hilfsspeicher r benötigt.

4.3.3. Das minimale Begleitwertverfahren

Eine weitere Minimalisierung der Anzahl der benötigten Hilfsspeicher bringt eine Methode, die bei jedem Schritt das Minimum aller relativen Maxima bestimmt und dort mit dem Abbau des arithmetischen Ausdrucks beginnt.

5. Die Methode von Lukasiewicz

Der Grundgedanke dieser Methode ist bereits in Abschnitt 3 erläutert worden. Wie bei den Begleitwertverfahren wird auch hier aus der ursprünglichen E_k-Folge eine neue E_k-Folge hergestellt, die aber auf jeden Fall *keine* Klammern mehr enthält. Die Funktion der Begleitwerte wird jetzt aber dadurch überflüssig, daß die Symbole E_k so angeordnet werden, daß die höher bewerteten Operatoren mit ihren Operanden vor denjenigen mit niedrigerem Wert stehen. Bei einigen Maschinen haben wir damit auch bereits die maschineninterne Darstellung des arithmetischen Ausdrucks gewonnen.

Wir wollen jetzt an einem *Beispiel* eine Methode beschreiben, die ausgehend von einem arithmetischen Ausdruck in Polish notation die entsprechende Befehlsfolge für eine Ein-Adreß-Maschine erzeugt. Unserer Symbolfolge E'_k (mit $n = 18$)

$$(a/(b + c)) - (a * b * c)\,\omega$$

entspricht zunächst die Symbolfolge E_k (mit $n = 12$)

$$c\,b + a/c\,b * a * - \omega$$

(es soll sich also um eine Umwandlung handeln, in der die Reihenfolge der Operanden invertiert ist). Im nächsten Arbeitsgang wird nun die E_k-Folge schrittweise abgearbeitet. Das geschieht dabei nach folgendem Prinzip:

Tabelle 12. *Abbau des Ausdrucks $(a/(b + c)) - (a * b * c)$ nach der Methode von Lukasiewicz (Polish notation)*

Schritt	E_k-Folge	Abgesetzte Befehlsfolge
0	(a / (b + c)) − (a * b * c) ω	
1	c b + a / c b * a * − ω	
2	r a / c b * a * − ω	$r := b + c;$
3	s c b * a * − ω	$s := a / r;$
4	s t a * − ω	$t := b * c;$
5	s u − ω	$u := a * t;$
6	u s − ω	
7	v ω	$v := s - u;$

In der Folge der E_k ist der erste Operator aufzusuchen. Steht er bei $k = i$, dann wird die der Operation

$$E_{i-1}\, E_i\, E_{i-2}$$

entsprechende Befehlsfolge an das Objektprogramm angefügt. Der Operand des Ergebnisses wird unter E_i abgelegt und die Stellen E_{i-1} und E_{i-2} werden durch Leerzeichen ersetzt (siehe Tab. 12). Im Sonderfall, daß auf E_i in E_{i+1} ein weiterer Operator folgt, müssen außerdem die Operanden E_{i-2} und E_{i-1} vertauscht werden, da sonst bei der Subtraktion und Division die inversen Operationen gebildet werden.

Bei jedem Schritt nimmt also die Folge der E_k um zwei Symbole ab, bis schließlich $i = n - 1$ geworden ist. In diesem Fall ist der arithmetische Ausdruck vollständig abgebaut.

6. Die sequentielle Formelübersetzung

Die bis jetzt beschriebenen Verfahren haben heute nur noch historische Bedeutung, während bei den modernen Formelübersetzern fast immer die sequentiellen Methoden bevorzugt werden. So bildet etwa das in 6.1 beschriebene Verfahren die Grundlage aller Übersetzer aus der sogenannten ALCOR-Gruppe [3].

6.1. Das Verfahren von Bauer und Samelson

Der Nachteil der Begleitwertverfahren ist darin zu sehen, daß aus der vorgelegten E_k-Folge durch Zuordnung von Begleitwerten zunächst eine neue E_k-Folge bzw. a_k-Folge gebildet werden mußte. Erst in einem zweiten Arbeitsgang konnten dann diese neuen Folgen schrittweise abgebaut werden. Bei der Methode der sequentiellen Formelübersetzung von Bauer und Samelson [2] werden dagegen die Symbole sofort nacheinander dem Codierungsprogramm übergeben, d. h. natürlich nur so lange, wie dies ohne Verletzung der durch die Operatoren und Klammern ausgedrückten Vorrangregeln möglich ist. Ist dies von einer Stelle an nicht mehr der Fall, dann werden die nicht abgearbeiteten Symbole in Hilfsfeldern (,,*Kellern*'') zwischengespeichert, dem sie zum frühestmöglichen Zeitpunkt nach dem Motto *last in—first out* wieder entnommen werden (*push-down-list-Technik*).

Im folgenden soll nun dieses Verfahren etwas genauer erklärt werden. Die Bezeichnungen sind gegenüber der Originalarbeit abgeändert worden, um eine Vergleichsmöglichkeit mit den früher beschriebenen Methoden zu haben. Die Voraussetzungen über den Aufbau von arithmetischen Ausdrücken sollen wieder nach Abschnitt 2 erfüllt sein.

Zunächst werden die Zähler des Symbolkellers S und des Operandenkellers H, der in der oben zitierten Arbeit als Zahlenkeller bezeichnet wird und dort eine etwas andere Bedeutung als hier hat, auf den Anfangswert $s = 0$ und $h = 0$ gesetzt. Die Symbolfolge E_k wird nun in folgender Weise behandelt: Ist E_k ein Operand, dann wird er in H abgelegt und der Zähler h von H um Eins erhöht. Ist dagegen E_k ein Operator, eine Klammer oder das Schlußzeichen, dann wird

E_k mit dem letzten Symbol S_s verglichen ($S_0 = \emptyset$). Das Vergleichsergebnis bestimmt dann die weiter auszuführenden Operationen. Man kann nun die möglichen Ausgänge in Form einer Übergangsmatrix aufstellen. Dabei bilden die S_s den einen Eingang (hier die Zeilen) und die E_k den anderen Eingang (die Spalten) (vgl. Tab. 13).

Tabelle 13. *Übergangsmatrix nach Bauer und Samelson*

S_s \\ E_k	$+$	$-$	$*$	$/$	$($	$)$	ω
$\emptyset$	M 1	M 1	M 1	M 1	M 1	M 2	M 3
$+$	M 4	M 4	M 1	M 1	M 1	M 6	M 6
$-$	M 4	M 4	M 1	M 1	M 1	M 6	M 6
$*$	M 6	M 6	M 4	M 4	M 1	M 6	M 6
$/$	M 6	M 6	M 4	M 4	M 1	M 6	M 6
$($	M 1	M 1	M 1	M 1	M 1	M 5	M 2

Die einzelnen Ausgänge M 1 bis M 6 bedeuten der Reihe nach:

M 1: Der gerade gelesene Operator E_k wird nach S_{s+1} abgelegt und s um Eins erhöht.

M 2: Dieser Ausgang deutet auf einen Fehler im Programm hin, da die Symbolkombination (S_s, E_k) in einem korrekten arithmetischen Ausdruck unmöglich ist. Der Übersetzungsvorgang kann an dieser Stelle z. B. abgebrochen werden.

M 3: Der arithmetische Ausdruck ist vollständig abgebaut, der Ergebnisoperand steht in H_1.

M 4: Es wird eine der Operation

$$H_{h-1}\, S_s\, H_h$$

entsprechende Befehlsfolge an das Objektprogramm angefügt, der Ergebnisoperand in H_{h-1} abgelegt, h um Eins herabgesetzt und schließlich das Symbol E_k nach S_s gespeichert.

M 5: Der Zähler des Symbolkellers wird um Eins erniedrigt.

M 6: Sinngemäß wie bei M 4; abweichend von dort wird der Zähler von S um Eins erniedrigt, und man geht mit dem gleichen E_k erneut in die Übergangsmatrix ein.

Unser Standard-Beispiel soll nun schrittweise mit Hilfe der sequentiellen Methode abgebaut werden. Tab. 14 enthält außer den abgesetzten Befehlsfolgen den Zustand der Keller S und H sowie die Angabe, nach welcher Regel der Abbau erfolgte.

Die sequentielle Methode kann sehr leicht verallgemeinert werden. Dazu ist es nur notwendig, die Übergangsmatrix in entsprechender Weise zu erweitern. In [6] sind verschiedene Beispiele angegeben, wie man dabei vorgehen kann. Das Verfahren enthält die Möglichkeit zur Fehlerprüfung. Durch die Aufspaltung

Tabelle 14. *Abbau des arithmetischen Ausdrucks $(a/(b + c)) - (a * b * c)$ nach der Methode der sequentiellen Formelübersetzung*

S_s	H_h	E_k	Regel	Abgesetzte Befehlsfolge
Ø		(	M 1	
Ø (		a		
Ø (	a	/	M 1	
Ø (/	a	(	M 1	
Ø (/ (	a	b		
Ø (/ (	$a\ b$	+	M 1	
Ø (/ (+	$a\ b$	c		
Ø (/ (+	$a\ b\ c$	)	M 6	$r := b + c;$
Ø (/ (	$a\ r$		M 5	
Ø (/	$a\ r$	)	M 6	$s := a / r;$
Ø (	s		M 5	
Ø	s	—	M 1	
Ø —	s	(	M 1	
Ø — (	s	a		
Ø — (	$s\ a$	*	M 1	
Ø — (*	$s\ a$	b		
Ø — (*	$s\ a\ b$	*	M 4	$t := a * b;$
Ø — (*	$s\ t$	c		
Ø — (*	$s\ t\ c$	)	M 6	$u := t * c;$
Ø — (	$s\ u$		M 5	
Ø —	$s\ u$	ω	M 6	$v := s - u;$
Ø	v		M 3	

der E_k-Folge in das S- bzw. H-Feld ist es aber prinzipiell nicht möglich, ohne zusätzlichen Aufwand alle auftretenden syntaktischen Fehler zu erkennen. Das sieht man sofort an dem fehlerhaften Ausdruck x ( ) ω, der nach der oben beschriebenen Methode wie der richtige Ausdruck $(x)\,\omega$ übersetzt wird.

Das Verfahren kann dahingehend abgeändert werden, daß nur *ein* Keller benutzt wird, der gleichzeitig als Symbol- und Operandenkeller wirkt. In diesem Fall muß das laufende E_k mit dem ersten S_s, S_{s-1}, . . ., das kein Operand ist, verglichen werden. Bei dieser Anordnung ist auch die Behandlung der bei uns ausgeschlossenen eingliedrigen Operationen und eine vollständige Fehlerprüfung relativ einfach möglich.

Die *Übergangsmatrix* kann, sofern genügend Speicherraum in der Maschine vorhanden ist, explizit verwirklicht werden. Die Matrixelemente sind in diesem Fall als die Sprungadressen zugehöriger Programmteile zu deuten. Eine direkte Auswertung der Übergangsmatrix ist im allgemeinen trotzdem nicht zu empfehlen, da die Matrix eine Reihe von redundanten Fragen stellt, die bei der Zurückführung auf Vergleiche (logischer Baum) weitgehend vermieden werden können.

6.2. Andere sequentielle Methoden

Wie bereits in 4.3.2 gesagt, gibt es bei den sequentiellen Verfahren eine *Rechts-nach-links-Methode* (also ein quasi-sequentielles Verfahren, um bei unserer Sprechweise zu bleiben). Sie hat ihre Bedeutung dadurch bekommen, daß bereits von vornherein die abzusetzenden Operationen so in einer Reihenfolge an das Codierungsprogramm übergeben werden, daß nur eine minimale Anzahl von Hilfsspeichern zur Zwischenspeicherung benötigt werden.

Die Wirkungsweise der quasi-sequentiellen Methode ist nun ähnlich wie bei der sequentiellen Methode. Dabei ist es zunächst gleichgültig, ob ein oder zwei Keller zur Zwischenspeicherung benutzt werden. Statt jedoch wie bei der Methode in 6.1 die Folge $E_1, E_2, \ldots, E_n$ zu betrachten, muß man hier die Folge $E_{n-1}, E_{n-2}, \ldots, E_1$ sequentiell behandeln. Die Übergangsmatrix ist in entsprechender Weise abzuändern.

FLOYD [12] gibt für eine mögliche Realisierung dieser Methode ein Flußdiagramm an. Die Arbeit von FLOYD wird jedoch erst später für uns von Bedeutung sein. Die von ihm verwendeten speziellen Methoden für die Behandlung eingliedriger Operationen sowie für die Optimalisierung von Formelausdrücken lassen sich nämlich auch auf die anderen Methoden der Formelübersetzung verallgemeinern (siehe 8.1). Da die quasi-sequentielle Methode gegenüber dem Verfahren der sequentiellen Formelübersetzung weiter keine Vorteile bringt, soll darauf nicht näher eingegangen werden.

7. Syntaktische Verfahren

7.1. Die Übersetzung arithmetischer Ausdrücke mit Hilfe rekursiver Unterprogramme

Das Aufstellen der Übergangsmatrix für umfangreichere Formelsprachen als die in unseren Beispielen verwendete kann überaus mühsam und fehleranfällig sein. Auch die anderen Verfahren lassen sich im allgemeinen nur unter Anwendung besonderer Kniffe verallgemeinern. Einen vollkommen anderen prinzipiellen Weg beschreiten die *syntaktischen Methoden*. Bei ihnen ist die Übersetzungsmethode vollkommen durch die Angabe der Syntax der Formelsprache (etwa in einer Meta-Sprache wie in 2.) bestimmt. Als Beispiel geben wir eine Methode an, die von LUCAS [31] stammt. Die in 2. gegebenen meta-sprachlichen Definitionen lassen sich einteilen in enumerative, anreihende und kombinierte Definitionen, und jede davon noch in explizite und rekursive Definitionen. Jedem dieser Definitionstypen entspricht ein bestimmter Unterprogrammtyp bzw. eine bestimmte Programmorganisation. Von besonderer Wichtigkeit sind dabei die *rekursiven* Unterprogramme zur Übersetzung der rekursiven Definitionen, während die anderen Definitionen mit der üblichen Unterprogrammtechnik erledigt werden können.

Abweichend vom bisherigen Vorgehen wollen wir die Methode von LUCAS nicht nur verbal umschreiben, sondern explizit ein Programm zur Übersetzung unserer arithmetischen Ausdrücke angeben. Dieses Programm ist dabei selbst in der Formelsprache ALGOL geschrieben.

procedure Arithmetischer Ausdruck (E 1, E 2);

integer E 1, E 2;

comment Unter den Parametern E 1 und E 2 werden die Ergebnisse der Prozedur gespeichert: In E 1 steht der Ergebnis-Operand, in E 2 das
Schlußzeichen des arithmetischen Ausdrucks (diese Erklärung gilt
sinngemäß auch für die Parameter der nachfolgend vereinbarten
Prozeduren);

begin

procedure Faktor (F 1, F 2);

integer F 1, F 2;

  begin Lesen (F 1);
  if Variable (F 1) **then begin** Lesen (F 2); **go to return end**;
  if F 1 = equiv ($'($`) **then**
    begin Arithmetischer Ausdruck (F 1, F 2);
    if F 2 $\neq$ equiv ($')($`) **then go to** M 1;
    Lesen (F 2); **go to return end**;

M 1: Print ('FEHLER`); Stop;

return: **end** Faktor;

procedure Term (T 1, T 2);

integer T 1, T 2;

  begin Faktor (T 1, T 2);

M 1: **if** T 2 = equiv ($'*$`) $\lor$ T 2 = equiv ($'/$`) **then**
    begin integer T 3, T 4;
    Faktor (T 3, T 4);
    Codierung (T 1, T 2, T 3) result: (T 1);
    T 2 := T 4; goto M 1 **end**;

  end Term;
  Term (E 1, E 2);

M 1: **if** E 2 = equiv ($'+$`) $\lor$ E 2 = equiv ($'-$`) **then**
    begin integer E 3, E 4;
    Term (E 3, E 4);
    Codierung (E 1, E 2, E 3) result: (E 1);
    E 2 := E 4; **go to** M 1 **end**;

end Arithmetischer Ausdruck;

Bei Verwendung rekursiver Unterprogramme hat unser Programm zur Übersetzung arithmetischer Ausdrücke einen relativ einfachen und leicht zu durch-
schauenden Aufbau bekommen. Das darf aber nicht darüber hinwegtäuschen,
daß die Verwendung rekursiver Unterprogramme einen im Gegensatz zu gewöhnlichen Unterprogrammen erheblichen organisatorischen Aufwand benötigt, der
hier durch die Verwendung von ALGOL nicht in Erscheinung tritt.

Bereits Lucas hat gezeigt, daß die Verwendung rekursiver Unterprogramme
in der Wirkung den gleichen Effekt hat wie das sequentielle Verfahren zur Formelübersetzung von Bauer und Samelson. Auch das Kellerungsprinzip findet
sich hier wieder, wenn auch in anderer Bedeutung, nämlich als programmtech-

nische Organisation von rekursiven Programmen. Gegenüber der sequentiellen Methode ergeben sich also im Ablauf der Übersetzung keine Vorteile. Lediglich die Darstellung wird sehr einfach und übersichtlich.

7.2. Compiler-Compiler

Betrachten wir noch einmal das Programm in 7.1 und vergleichen es mit der syntaktischen Definition der arithmetischen Ausdrücke in 2., dann stellen wir fest, daß die Analogie zwischen beiden Darstellungen sehr weit geht. Es liegt nun folgender Gedankengang nahe: Hat man die Möglichkeit, sowohl die gegebene Formelsprache als Ausgangssprache **A** und eine Maschinensprache als Zielsprache **B** exakt durch Meta-Sprachen zu beschreiben, dann müßte es möglich sein, ein Super-Programm, einen sogenannten *Compiler-Compiler* zu schreiben, der aufgrund der gegebenen Sprachbeschreibungen einen Compiler erzeugt, der gerade alle in der Sprache **A** geschriebenen Programme in **B**-Programme umwandelt. Tatsächlich hat man bereits solche Compiler-Compiler geschrieben [6]. Um ihre Wirkungsweise zu erklären, müßte man jedoch zunächst einen etwas tiefergehenden Exkurs über formale Sprachen vorausschicken, der den Umfang dieser Arbeit sowohl in Breite als auch Gehalt bei weitem übersteigen würde.

8. Die Übersetzung verallgemeinerter Ausdrücke

8.1. Die Behandlung eingliedriger Operationen

Die in 2. definierten Ausdrücke sollen nun dahingehend verallgemeinert werden, daß auch Ausdrücke der Form

$$+ a \text{ bzw. } - a$$

zugelassen werden. Der erste Fall kann in trivialer Weise übersetzt werden. Für den zweiten Fall bietet sich folgende Methode an: Beim Auftreten eines Minus-Zeichens in einer eingliedrigen Operation wird ein *Null-Operand* vor dem Minus-Zeichen eingefügt. (Unter dem Null-Operanden wird dabei im wesentlichen die Adresse einer Speicherzelle verstanden, die die Zahl Null enthält.) Die *ein*gliedrige Operation ist damit zu einer *zwei*gliedrigen geworden. Diese Methode ist zwar sehr anschaulich und programmtechnisch leicht zu verwirklichen, bringt aber im erzeugten Objektprogramm unnötige Befehlsfolgen und damit unnötige Rechenzeiten.

FLOYD gibt nun in [12] eine Methode an, wie das Minus-Zeichen formal auf das Plus-Zeichen zurückgeführt werden kann. Dazu ist es nur notwendig, daß die maschineninterne Darstellung der Operanden, die ja bereits Kennzeichnungen des Typs, des Geltungsbereichs, der Art, der Adresse usw. enthalten muß, noch eine weitere Kennzeichnung aufnimmt. Es ist die sogenannte *Minus-Markierung*. Tritt nun ein Minus-Zeichen vor einem Operanden auf, dann wird zunächst die Minus-Markierung des Operanden invertiert und dann das Minus-Zeichen durch ein Plus-Zeichen ersetzt. Bei eingliedrigen Operationen kann dann dieses Plus-Zeichen einfach weggelassen werden. Erst das Codierungsprogramm wertet die Minus-Markierungen der Operanden beim Absetzen zweigliedriger Operationen aus.

Beispiele:

1. Der Ausdruck $- (- x)$ wird schrittweise abgebaut zu[1]

$$- (+ x')$$
$$- (x')$$
$$- x'$$
$$+ x'' = + x$$
$$x.$$

2. Der Ausdruck $(x - y) * (y - x)$ geht zunächst über in $(x + y') * (y + x')$. Wegen $(y + x') = (x' + y) = (x + y')'$ kann das Codierungsprogramm folgende Befehlsfolge absetzen:

$$r := x - y;$$
$$s' := r * r;$$

Mit Hilfe der Minus-Markierung ist es also möglich, mehrfach auftretende Teilausdrücke in einem arithmetischen Ausdruck, die sich sogar im Vorzeichen unterscheiden können, nur einmal zu berechnen. Dies war übrigens der Grund für die Einführung der Minus-Markierung.

8.2. Die Behandlung dreigliedriger Operationen

Dreigliedrige Operationen sollen zunächst nur die Form

if x **then** y **else** z

haben, wobei x ein Boolescher Operand (der also einen der Werte *wahr* = **true** oder *falsch* = **false** bezeichnet) und y und z arithmetische Operanden sind. Dann wäre vom Codierungsprogramm folgende Befehlsfolge abzusetzen:

$$\textbf{if } \neg\ x \textbf{ then goto M 1};$$
$$AC := y;$$
$$\textbf{go to M 2};$$
$$M\,1: AC := z;$$
$$M\,2: r := AC;$$

Im allgemeinen werden nun aber y und z arithmetische Ausdrücke sein, so daß das Codierungsprogramm gar nicht in der Lage ist, die Zieladressen der auftretenden Sprungbefehle festzulegen. Aus diesem Grund hat man so vorzugehen:

a) Das Symbol **then** — aufgefaßt als Operator — bewirkt, daß das Codierungsprogramm die der Operation

$$M\,0: \textbf{if } \neg\ x \textbf{ then go to } \ldots;$$

entsprechende Befehlsfolge mit zunächst unbekannter Zieladresse an das Objektprogramm anfügt. Als Ergebnis liefert das Codierungsprogramm den Operanden M0, der angibt, wo der noch nicht vollständige Sprungbefehl steht. Der Operand stellt also in diesem Fall eine Marke dar.

---

[1] Die Minus-Markierung wird durch den Apostroph angedeutet.

b) Danach schließt sich die Übersetzung eines arithmetischen Ausdrucks an, die den Ergebnisoperanden r und das Schlußzeichen, das in diesem Fall das Symbol **else** sein muß, liefert. Das Codierungsprogramm hat jetzt folgende Befehlsfolge abzusetzen:

$$AC := r;$$
$$M\,00:\ \textbf{go to}\ \ldots;$$
$$M\,1:\ \ldots$$

Die Zieladresse des Sprungbefehls ist wieder unbestimmt. Der Ergebnisoperand M 00 gibt die Adresse des unvollständigen Befehls an. Gleichzeitig kann jetzt aber auch die durch M 1 gegebene Adresse in den Sprungbefehl von M 0 eingesetzt werden.

c) Der Ergebnisoperand des nun folgenden arithmetischen Ausdrucks wird in entsprechender Weise wie unter b) behandelt. Wir erhalten also schließlich insgesamt:

$$M\,0:\quad \textbf{if}\ \neg\ x\ \textbf{then go to}\ M\,1;$$
$$AC := r;$$
$$M\,00:\quad \textbf{go to}\ M\,2;$$
$$M\,1:\quad AC := s;$$
$$M\,2:\quad t := AC;$$

9. Die Übersetzung logischer Ausdrücke

9.1. Bei der Beschreibung der Methoden zur Übersetzung von arithmetischen Ausdrücken wurde bereits darauf hingewiesen, daß sie auch zur Übersetzung von *logischen Ausdrücken* verwendet werden können. In diesem Fall berücksichtigt man aber nur die formale syntaktische Analogie zwischen den arithmetischen und logischen Operationen. Für die Konstruktion eines Formelübersetzers ist das auch der Weg, der am einfachsten und ohne zusätzlichen Aufwand beschritten werden kann.

Berücksichtigt man dagegen den semantischen Unterschied zwischen arithmetischen und logischen Operationen, der ja im wesentlichen darin besteht, daß die logischen Operanden nur die beiden Werte **true** und **false** annehmen können, während es bei den arithmetischen Operanden der ganze zulässige Zahlbereich ist, dann ist es möglich, Methoden zur Übersetzung von logischen Ausdrücken anzugeben, die gegenüber den früher beschriebenen Verfahren eine beträchtliche Optimalisierung in das Objektprogramm bringen.

Diese Optimalisierung bezieht sich dabei im allgemeinen auf den Zeitbedarf des Rechnungsablaufs im Objektprogramm, während die Anzahl der abgesetzten Befehle nicht notwendig kleiner zu werden braucht. Die Compilationszeit wird im allgemeinen sogar größer werden.

Im folgenden sollen nun die Grundgedanken der verschiedenen Verfahren angedeutet werden. Eine zusammenfassende Darstellung findet sich in [4] und [22]. Zur Vereinfachung setzen wir wieder voraus:

Ein logischer Ausdruck soll aus *einfachen* Variablen, aus den *Operationszeichen* $\land$ (Konjunktion) und $\lor$ (Disjunktion) und aus den *Klammern* (und) bestehen. Zwischen den Operatoren gilt die *Vorrangregel* $\land$ vor $\lor$.

9.2. Eine erste Methode nutzt nun die Tatsache aus, daß ein logischer Ausdruck, der aus einer Folge von Disjunktionen besteht, den Wert **true** hat, wenn auch nur ein Operand diesen Wert besitzt. Entsprechend gilt für einen logischen Ausdruck, der aus einer Folge von Konjunktionen besteht, daß er den Wert **false** besitzt, wenn auch nur *ein* Operand diesen Wert hat. Ein logischer Ausdruck wird nun bei dieser Methode zurückgeführt auf eine Folge von Abfragen der einzelnen Operanden. Je nach dem Ergebnis der Abfrage werden Ausgänge angesprungen, die den Wert **true** oder **false** einem Operanden zuweisen, der den gesamten (Teil-)Ausdruck repräsentiert.

9.3. Bei dem eben beschriebenen Verfahren erweist sich noch als Nachteil, daß unter Umständen ein Operand mehrfach nach seinem Wert abgefragt wird. Es liegt nahe, den ursprünglich vorgelegten Ausdruck so umzuformen, daß jeder Operand nur ein einziges Mal eine Entscheidung verursacht. Dazu ist es notwendig, zunächst einmal den gegebenen logischen Ausdruck auf eine Normalform zu bringen.

Ein logischer Ausdruck enthalte die Operanden a_1, a_2, ..., a_n in beliebiger zulässiger Verknüpfung. Es sei

$$E = E\,(a_1,\, a_2,\, \ldots,\, a_n) \tag{8}$$

der durch den Ausdruck bestimmte Wert. Der Ausdruck (8) wird nun umgeformt, daß gilt:

$$E = (a_1 \wedge F\,(a_2,\, a_3,\, \ldots,\, a_n)) \vee (\neg\, a_1 \wedge G\,(a_2,\, a_3,\, \ldots,\, a_n)). \tag{9}$$

F und G sind dabei logische Ausdrücke, die a_1 nicht mehr enthalten. Wie man sich leicht überzeugt, gilt nun die Identität

$$(x \wedge y) \vee (\neg\, x \wedge z) \equiv (\text{if } x \text{ then } y \text{ else } z). \tag{10}$$

Aus (9) mit (10) folgt nun: Wenn a_1 *wahr* ist, dann wird der reduzierte Ausdruck F, sonst aber G berechnet. Jeder der beiden Ausdrücke F und G wird nun in gleicher Weise wie der ursprüngliche Ausdruck E behandelt. Auf diese Weise wird die Berechnung von (8) tatsächlich auf eine Abfrage von genau n Operanden zurückgeführt. Die abgesetzte Befehlsfolge entspricht dabei der Struktur nach einem *„logischen Baum“*. Der Nachteil dieser Methode liegt darin, daß die Bestimmung der Ausdrücke F und G im allgemeinen schwierig sein wird. Der Vorteil der schnellen Laufzeit des Objektprogramms wird durch ein umfangreiches Übersetzungsprogramm und große Compilationszeiten erkauft.

9.4. Ein Verfahren, das noch aufwendiger im Zeitbedarf ist, berechnet während der Übersetzung alle Werte von (8) bei den 2^n verschiedenen Kombinationen der Werte der Operanden a_1 bis a_n. Alle Ergebnisse werden in einer *Wertetafel* abgespeichert. Beim Lauf des Objektprogramms wird nun mit Hilfe der aktuellen Werte der a_1, ..., a_n der zugehörige Wert des Ausdrucks der Wertetafel entnommen. Der Nachteil dieser Methode ist, daß für große n die Wertetafel 2^n Plätze benötigt, was selbst bei bitweiser Anordnung einen erheblichen Speicherbedarf zur Folge hat. Außerdem fällt natürlich die Zeit zur Berechnung der Wertetafel bei der Übersetzung stark ins Gewicht. Schließlich kann die Wertetafel vom Übersetzer erst dann berechnet werden, wenn der logische Ausdruck bereits nach einer der oben beschriebenen Methoden übersetzt worden ist.

9.5. Das Auftreten des Operators $\neg$ in einem logischen Ausdruck kann mit Hilfe des Morganschen Theorems behandelt werden. Es gilt:

$$\neg\,(a \wedge b) \equiv (\neg\,a) \vee (\neg\,b)\ \text{und}$$
$$\neg\,(a \vee b) \equiv (\neg\,a) \wedge (\neg\,b).$$

Wie bei der Behandlung des Minus-Zeichens bei eingliedrigen arithmetischen Operationen kann auch hier der Operand eine Markierung zur Kennzeichnung der Negation tragen. Der Operator $\neg$ kann dann einfach eliminiert werden. Erst das Codierungsprogramm berücksichtigt wieder die Negations-Markierung beim Absetzen von Befehlen.

Literatur

1. ARDEN, B. W., B. A. GALLER, and R. M. GRAHAM: An Algorithm for Translating Boolean Expressions. J. ACM **5**, 222—239 (1962).
2. BAUER, F. L., und K. SAMELSON: Sequentielle Formelübersetzung. Elektronische Rechenanlagen Heft 4, 176—182 (1959).
3. BAUMANN, R.: *ALGOL-Manual der ALCOR-Gruppe.* München: R. Oldenbourg. 1965.
4. BOTTENBRUCH, H. H., and A. A. GRAU: On Translation of Boolean Expressions. Comm. ACM **5**, 384—386 (1962).
5. Bourroughs Corporation: The Descriptor—a Definition of the B 500 Information Processing System. Bulletin 5000—20002-P, 2—4 (1961).
6. BROOKER, R. A., and D. MORIS: A General Translation Program for Phrase Structure Languages. J. ACM **5**, 1—10 (1962).
7. BURKHARDT, W. H.: Metalanguage and Syntax Specification. Comm. ACM **8**, 304—305 (1965).
8. EVANS, A., JR., A. J. PERLIS, and H. VAN ZOEREN: The Use of Threaded Lists in Constructing a Combined ALGOL and Machine-Like Assembly Processor. Comm. ACM **4**, 36—41 (1961).
9. FEURZEIG, W., and E. T. IRONS: Comments on the Implementation of Recursive Procedures and Blocks in ALGOL 60. Comm. ACM **4**, 65—69 (1961).
10. FLOYD, R. W.: An Algorithm Defining ALGOL Assignment Statements. Comm. ACM **3**, 170—171 (1960).
11. FLOYD, R. W.: Note of Amplification. Comm. ACM **3**, 346 (1960).
12. FLOYD, R. W.: An Algorithm for Coding Efficient Arithmetic Operations. Comm. ACM **4**, 42—51 (1961).
13. GEAR, C. W.: High Speed Compilation of Efficient Object Code. Comm. ACM **8**, 483—488 (1965).
14. NEUMANN V., J., and H. GOLDSTINE: Planing and Coding for an Electronic Computing Instrument. Inst. for Advanced Study, Princeton, N. J., 1947.
15. GORN, S.: Specification Language for Mechanical Languages and their Processors. Comm. ACM **4**, 532—542 (1961).
16. GRAU, A. A.: Recursive Processes and ALGOL Translation. Comm. ACM **4**, 10—15 (1961).
17. GRIES, D., M. PAUL, and H. R. WIEHLE: Some Techniques Used in the ALCOR ILLINOIS 7090. Comm. ACM **8**, 496—500 (1965).
18. GRIFFITHS, T. V., and S. R. PETRICK: On the Relative Efficiencies of Context-Free Grammar Recognizers. Comm. ACM **8**, 289—300 (1965).
19. HAMBLIN, C. L.: Translation to and from Polish Notation. Comput. J. **5**, 210—213 (1962).
20. HELLERMAN, H.: Addressing Multidimensional Arrays. Comm. ACM **4**, 205—207 (1962).

21. HUSKEY, H. D., and W. H. WATTENBURG: A Basic Compiler for Arithmetic Expressions. Comm. ACM **4**, 3—9 (1961).

22. HUSKEY, H. D., and W. H. WATTENBURG: Compiling Techniques for Boolean Expressions and Conditional Statements in ALGOL 60. Comm. ACM **4**, 70—75 (1961).

23. INGERMAN, P. Z.: Thunks. A way of Compiling Procedure Statements with Some Comments on Procedure Declarations. Comm. ACM **4**, 55—58 (1961).

24. INGERMAN, P. Z.: Dynamic Declarations. Comm. ACM **4**, 59—60 (1961).

25. IRONS, E. T.: A Syntax Directed Compiler for ALGOL 60. Comm. ACM **4**, 51—55 (1961).

26. IRONS, E. T., siehe FEURZEIG, W.

27. IVERSON, K. E.: A Method of Syntax Specification. Comm. ACM **7**, 588—589 (1964).

28. KANNER, H., P. KOSINSKI, and L. ROBINSON: The Structur of Yet Another ALGOL Compiler. Comm. ACM **8**, 427—438 (1965).

29. KNÖDEL, W.: Aufbau, Arbeitsweise und Programmierung digitaler Rechner als Werkzeuge der nicht-numerischen Datenverarbeitung. *In diesem Band.*

30. KNUTH, D. E.: Backus-normal-form vs. Backus-Naur-form. Comm. ACM **7**, 735 (1964).

31. LUCAS, P.: Die Strukturanalyse von Formelübersetzern. Elektronische Rechenanlagen **1961**, 159—167.

32. MCCARTHY, J.: Recursive Functions of Symbolic Expressions and Their Computation by Machine. Comm. ACM **3**, 184—195 (1960).

33. MCISAAC, P.: Combining ALGOL Statement Analysis with Validity Checking. Comm. ACM. **3**, 418—419 (1960).

34. NATHER, R. E.: On the Compilation of Subscripted Variables. Comm. ACM **4**, 169—171 (1961).

35. NAUR, P. (Ed.): Report on the Algorithmic Language ALGOL 60. Comm. ACM **3**, 299—314 (1960).

36. NAUR, P. (Ed.): Revised Report on the Algorithmic Language ALGOL 60. Comm. ACM **6**, 1—17 (1963).

37. RABINOWITZ, I. N.: Report on the Algorithmic Language FORTRAN II. Comm. ACM **6**, 327—337 (1962).

38. RUTISHAUSER, H.: Über automatische Rechenplanfertigung bei programmgesteuerten Rechenanlagen. Z. Angew. Math. Mech. **31**, 255 (1951).

39. RUTISHAUSER, H.: *Automatische Rechenplanfertigung bei programmgesteuerten Rechenmaschinen.* Basel: Birkhäuser. 1952.

40. SATTLEY, K.: Allocation of Storage for Arrays in ALGOL 60. Comm. ACM **4**, 60—65 (1961).

41. SHERIDAN, P. B.: The Arithmetic Translator-compiler of the IBM FORTRAN Automatic Coding System. Comm. ACM **2**, 9—21 (1959).

42. Standards: ASA proposed standards for FORTRAN and BASIC FORTRAN. Comm. ACM **7** (1964).

43. STEINBUCH, K.: *Taschenbuch der Nachrichtenverarbeitung,* S. 1367ff. Berlin-Göttingen-Heidelberg: Springer. 1962.

44. TAYLOR, W., L. TURNER, and R. WAYCHOFF: A Syntactical Chart of ALGOL 60. Comm. ACM **4**, 393 (1961).

45. WEGSTEIN, J. H.: From Formulas to Computer Oriented Language. Comm. ACM **2**, 6—7 (1959).

46. ZEMANEK, H.: Die algorithmische Formelsprache ALGOL. Elektronische Rechenanlagen **1959**, 72—79, 140—143.

C. Die schachspielende Maschine

Von

K. Fischer und H.-J. Schneider

1. Einführung

Das Schachspiel ist ein Beispiel eines reinen *nicht-numerischen* Prozesses. Zwei Spieler versuchen innerhalb gewisser Regeln durch Wahl „guter" Züge für sich einen positiven Ausgang des Spiels zu erzwingen. Mathematische Kenntnisse oder numerische Berechnungsmethoden gehen dabei nicht ein; vielmehr sind Erfahrung, Intuition, Lernfähigkeit und Vorstellungsvermögen die entscheidenden Faktoren. Dies sind alles Eigenschaften, die einer elektronischen Rechenanlage im allgemeinen nicht zugeschrieben werden.

Es mag daher vermessen erscheinen, einer elektronischen Rechenanlage das Schachspielen beibringen zu wollen. Tatsächlich können aber Computer mehr als „nur" schnell und genau numerisch rechnen; sie können logische Entscheidungen fällen, sofern nur exakte Kriterien vorliegen.

Sind diese Kriterien nicht vorhanden oder nicht genau bekannt, dann versagt der Computer heute noch weitgehend. In solchen Situationen ist der Mensch mit seinen speziellen Fähigkeiten einer Rechenanlage weit überlegen. Wie drückt sich diese Überlegenheit aus? Bleiben wir beim Schachspiel. Ein geübter Schachspieler wird eine *Problemschachaufgabe* lösen, ohne die oft in die Tausende gehenden Möglichkeiten von Zugfolgen im einzelnen zu überlegen. Er wird von vornherein viele Züge verwerfen. Unbewußt fällt er dabei eine ganze Reihe von Entscheidungen, die sich oft als richtig erweisen.

Eine ähnliche Situation liegt in den *Eröffnungen* des gewöhnlichen Schachspiels vor; hier haben sich durch Tradition — und natürlich auch durch genaue Analyse — gewisse Zugfolgen herausgebildet, die auch von Spielern angewendet werden, die ein Abweichen von dieser Verhaltensnorm nicht ohne weiteres widerlegen könnten. Die Einsicht in die Vorgänge, die sich dabei aufgrund der unvollständigen Information im menschlichen Gehirn abspielen, ist heute noch sehr gering. Die schachspielende Maschine könnte in dieser Hinsicht als ein *Modell* zur Nachbildung dieser Entscheidungsprozesse im menschlichen Gehirn dienen.

Die Versuche, einer Maschine das Schachspielen beizubringen, begannen schon sehr früh. So ist der 1769 von dem Ungarn Wolfgang von Kempelen (1734—1804) konstruierte Schachautomat wegen seiner beachtlichen Spielstärke berühmt geworden. Heute weiß man, daß es sich hierbei aber um keinen echten Automaten gehandelt hat, sondern um eine bereits damals zugegebene Täuschung. Der Schachautomat wurde nach dem Tode von Kempelen von J. N. Mälzl übernommen. Bei einer Vorführung verbrannte er 1865 in Amerika [21]. Später wurden Versuche mit echten Automaten gemacht. Man kam jedoch über das einfachste Endspiel *König-Turm* gegen *König* nicht hinaus.

Nach dem Aufkommen von elektronischen Rechenanlagen gewann der Gedanke an eine schachspielende Maschine wieder an Aktualität. Der erste wichtige Beitrag stammte von C. E. Shannon [1] aus dem Jahre 1950. In Shannons Arbeit finden sich schon die meisten der heute noch gültigen grundlegenden theoretischen Überlegungen. A. L. Samuel [10] gab 1960 eine Übersicht der bis zu diesem Zeitpunkt bekannten Versuche zur Programmierung des Schachspiels. In letzter Zeit sind einige Programme für das *Problemschach* entstanden (Veenker [17], Wolf [18]), während die Bemühungen zur Herstellung eines Programms für das eigentliche Schachspiel unseres Wissens bis heute noch nicht zum Erfolg führten.

2. Spieltheoretische Grundlagen

Das Schachspiel ist im Sinne der mathematischen Spieltheorie ein *Zwei-Personen-Nullsummenspiel*, d. h. die Interessen der beiden Spieler sind entgegengesetzt und die Summe der von beiden Spielern zu erreichenden Auszahlung ist gleich Null. Jeder Spieler ist von den Spielregeln her gleichberechtigt und besitzt in *jeder* Stellung die vollständige Information über den bisherigen Spielverlauf. Wir unterscheiden den Begriff des (Schach-)*Spiels* und der (Schach-)*Partie*. Im ersten Fall meinen wir die Gesamtheit aller Regeln, die es beschreiben, und im zweiten Fall einen speziellen Spielverlauf (v. Neumann vgl. [22]). Das Schachspiel kann durch einen sogenannten *Spielbaum* repräsentiert werden (Abb. 19).

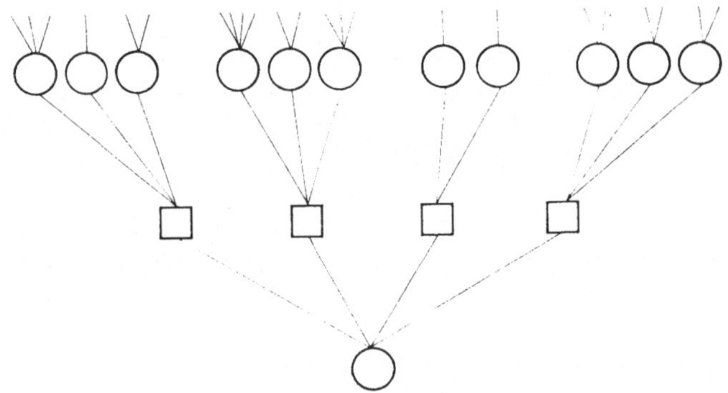

Abb. 19. Spielbaum

Ausgehend von einer Grundstellung mit *Weiß* am Zug (in der Abb. durch den untersten Kreis dargestellt) kommen wir je nach Wahl eines Zuges zu Stellungen, in denen *Schwarz* am Zug ist (gekennzeichnet durch Kästchen). Darauf folgen wieder Stellungen mit *Weiß* am Zug usw. Dieser Spielbaum ist im Fall des Schachspiels endlich („*endliches Spiel*"), was unmittelbar aus den Spielregeln folgt: Eine Partie endet nämlich entweder durch ein *Matt*, ein *Patt* oder aufgrund der 50-Zugregel bzw. aufgrund dreimaliger Stellungswiederholung (*Remis*).

Eine Stellung A ist definiert, sobald folgende sechs Angaben bekannt sind:

1. Stellung der Figuren auf dem Schachbrett.
2. Angabe, ob *Weiß* oder *Schwarz* am Zug ist.
3. Angaben, ob die *Rochaden* noch möglich sind.

4. Angabe des letzten Zuges, der zu der Stellung A führte (zur Untersuchung der *en passent*-Möglichkeiten).

5. Angabe der Zahl der letzten aufeinanderfolgenden Züge, die keinen Bauernzug enthielten oder schlagende Züge waren (50-Zugregel!).

6. Angabe der Zahl von Wiederholungen der Stellung A während des bisherigen Verlaufs der Partie.

Aufgrund der Endlichkeit des Spiels kann zumindest theoretisch jede Stellung daraufhin bewertet werden, ob sie bei jeweils optimalen Spielweisen beider Spieler einen Gewinn, einen Verlust oder ein Unentschieden für einen der beiden Spieler bringt. Wir führen daher die *Bewertungsfunktionen* $f_W(A)$ und $f_S(A)$ ein mit

$$
f_W(A) = \begin{cases}
1, & \text{falls } \textit{Weiß} \text{ unabhängig davon, wie } \textit{Schwarz} \text{ spielt, aus} \\
& \text{der Stellung } A \text{ einen Gewinn für sich erreichen kann,} \\
0, & \text{falls } \textit{beide} \text{ Spieler aus der Stellung } A \text{ bei optimaler Spiel-} \\
& \text{weise keinen Gewinn erreichen können, d. h. wenn die} \\
& \text{Partie unentschieden enden würde,} \\
-1, & \text{falls } \textit{Weiß} \text{ in der Stellung } A \text{ bei optimaler Spielweise von} \\
& \textit{Schwarz} \text{ immer verlieren muß,}
\end{cases} \quad (1)
$$

und

$$
f_S(A) = -f_W(A) \qquad (2)
$$

für alle Stellungen A.

Theoretisch steht damit auch bereits für die Grundstellung, in der alle Figuren noch auf ihrem ursprünglichen Platz stehen und *Weiß* am Zug ist, fest, ob *Weiß* oder *Schwarz* gewinnt bzw. ob das Spiel unentschieden endet, wenn alle beiden Spieler optimal spielen.

Nehmen wir für den Augenblick an, die beiden Spieler könnten zu *jeder* Stellung A die Werte $f_W(A)$ bzw. $f_S(A)$ berechnen. Wir wollen nun eine „Strategie" herleiten, mit der z. B. *Weiß* optimal spielen kann, wenn er voraussetzt, daß auch *Schwarz* keine Fehler begeht.

1. Wir gehen aus von der Stellung A_l, in der *Weiß* am Zug und $f_W(A_l) = 1$ ist. *Weiß* habe n_l Zugmöglichkeiten, die auf die Stellungen $A_{l+1}^{(1)}, \ldots, A_{l+1}^{n_l}$ führen würden. Er wird den i-ten Zug wählen, der auf die Stellung $A_{l+1}^{(i)}$ mit

$$
i = \min_k (k; f_W(A_{l+1}^{(k)}) = 1)
$$

führt. Diese Strategie muß nicht die einzige optimale Strategie sein, es kann sogar einige andere geben, die einen Gewinn in weniger Zügen erreichen oder einen besonders „ästhetischen" Spielverlauf liefern.

2. Für $f_W(A_l) = 0$ wird i entsprechend definiert durch

$$
i = \min_k (k; f_W(A_{l+1}^{(k)}) = 0).
$$

3. Für $f_W(A_l) = -1$ schließlich kann *Weiß* z. B. $i = 1$ setzen, da er ja bei richtiger Spielweise von *Schwarz* auf jeden seiner Züge verlieren muß. Nur im Vertrauen darauf, daß der Gegner unter Umständen das Spiel nicht in der richtigen Weise fortsetzt, wäre in diesem Fall eine andere Wahl von i berechtigt.

Zusammengefaßt ergibt sich damit für *Weiß* folgende Strategie: Er wählt in der Stellung A_l, in der er n_l Züge zur Auswahl hat, den i-ten Zug mit

$$i = \min_{k} (k; f_W(A_{l+1}^{(k)}) = \max_{j} (f_W(A_{l+1}^{(j)})).$$

Aufgrund der Herleitung folgt unmittelbar

$$f_W(A_l) = -\min_{k} (f_S(A_{l+1}^{(k)})), \tag{3}$$

was zusammen mit (2) eine Rekursionsformel zur Berechnung der Bewertungsfunktionen liefert.

Nun zeigt aber eine einfache Rechnung, daß man schon bei einer mittleren Partielänge von etwa 40 Zügen aus Zeitgründen nie in der Lage sein wird, diese Rekursionsformel explizit auszuwerten. Nimmt man nämlich an, daß bei *einer* Stellung ungefähr 30 Zugmöglichkeiten vorhanden sind, und nimmt man weiter an, man hätte einen Rechner zur Verfügung, der 10^9 Stellungen pro Sekunde beurteilen könnte, so käme man immer noch auf eine Rechenzeit von etwa 10^{100} Jahren. Das Schachspiel aufgrund der exakten Bewertungsfunktion zu programmieren ist also von vornherein illusorisch; vielmehr wird man so vorgehen müssen, wie dies der Mensch tut: Auch er ist nicht in der Lage, alle Zweige des Spielbaums durchzudenken, sondern trifft seine Entscheidungen zur Auswahl des nächsten Zuges nur aufgrund einer Analyse gewisser nachfolgender Züge. A. de Groot [16] hat die Gedanken einiger Schachgroßmeister in Worten niedergeschrieben; es hat sich dabei gezeigt, daß diese maximal 120 Spielzüge in einer Stellung vorausdenken. Diese starke Selektionsfähigkeit zeichnet das menschliche Gehirn aus. Das programmierte Schachspiel wird nur dann Erfolg haben, wenn man diese Fähigkeit hinreichend gut auf einem Computer simulieren kann.

In einem speziellen Fall ist aber der Rechner dem Menschen bereits heute weit überlegen, nämlich in der *Lösung von Schachproblemen*. Hier ist eine Stellung gegeben, in der mit Sicherheit bekannt ist, daß *Weiß* z. B. in zwei Zügen ein Matt erreichen kann. Die Anzahl der zu beurteilenden Stellungen liegt dabei in einer Größenordnung, die ein moderner Rechner ohne weiteres in wenigen Sekunden bis Minuten bewältigen kann. Die Auswertung der exakten Bewertungsfunktion ist in diesem und nur in diesem Fall explizit möglich.

3. Angenäherte Bewertungsfunktionen und Strategien

In 2. haben wir gesehen, daß eine exakte Berechnung der Bewertungsfunktion aus Zeitgründen nicht möglich ist. Im Hinblick auf die Programmierung suchen wir nun *angenäherte* Bewertungsfunktionen, die einerseits einfach zu berechnen sind und andererseits die exakte Bewertungsfunktion hinreichend gut approximieren.

Als eine grobe Bewertungsfunktion könnte man die *Materialfunktion* nehmen, die auch jeder Anfänger zuerst anwendet. Er zählt ab, wieviel Figuren nach Ausführung eines bestimmten Zuges auf dem Schachbrett stehen würden und wählt einen solchen Zug aus, der die Anzahl der eigenen Figuren maximal und die des Gegners minimal macht. Die einzelnen Figuren können dabei noch mit unterschiedlichen Gewichten versehen werden. Eine mögliche Bewertungsfunktion dieses Typs wäre für *Weiß*

$$g_W(A) = 9\,(D_W - D_S) + 5\,(T_W - T_S) + 3\,(S_W - S_S + L_W - L_S) + (B_W - B_S), \quad (4)$$

wobei die Buchstaben D, T, S, L und B die Anzahlen der weißen bzw. schwarzen *Damen*, *Türme*, *Springer*, *Läufer* und *Bauern* angeben. Die Gewichte dieser Figuren sind hier zu 9, 5, 3, 3 und 1 angenommen, d. h. eine *Dame* ist materialmäßig genauso viel wert wie 9 *Bauern*.

Diese Bewertungsfunktion kann verfeinert werden, indem man die jeweilige Stellung berücksichtigt. In einem Endspiel können z. B. zwei *Läufer* stärker als ein *Läufer* und ein *Springer* sein; es können drei verbundene *Bauern* mehr Gewicht besitzen als ein einzelner *Springer*; ein vor der Umwandlung stehender *Bauer* kann stärker als ein *Turm* sein, usw.

Andere angenäherte Bewertungsfunktionen werden nach anderen Kriterien als der Materialbewertung arbeiten. Mögliche Kriterien, die auch der Mensch benutzt, sind: Beherrschung des Mittelfeldes, *Bauernstellung*, *Königsschutz*, offene *Turmlinien*, Abzugsdrohungen usw. Diese angeführten Bewertungsfunktionen können wiederum mit entsprechenden Gewichten versehen zu einer einzigen zusammengefaßt werden. Die Gewichte können dabei starr vorgegeben oder in Abhängigkeit von der Stellung berechnet werden. Schließlich liegt hier auch der Ansatzpunkt zur Herstellung von sogenannten „lernenden Programmen" (SAMUEL, vgl. [9]).

Wie wendet man nun eine angenäherte Bewertungsfunktion an? Dafür gibt es immer noch mehrere Möglichkeiten. Man könnte z. B. den Spielbaum bis zu einer gewissen Tiefe voll durchlaufen, in der letzten Schicht die angenäherte Bewertungsfunktion auf jede Stellung anwenden und dann aufgrund der berechneten Werte Züge nach dem Minimax-Prinzip auswählen. Abb. 20 illustriert dieses Vorgehen.

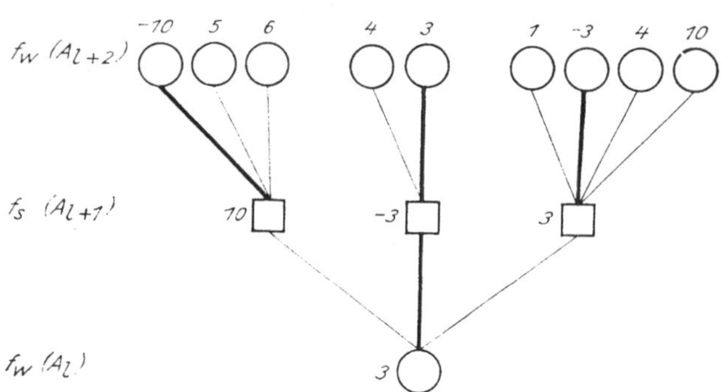

Abb. 20. Strategie A

SHANNON [1] nennt dieses Vorgehen die „*Strategie A*". Bei dieser Strategie sollte man eine gerade Anzahl von Schichten durchlaufen, weil sonst grobe Fehleinschätzungen zustande kommen können, z. B. wenn eine *weiße Dame* einen *Bauern* schlägt, *Weiß* also einen Materialvorteil erhält, im nächsten Zug von *Schwarz* aber ein *Bauer* die *Dame* schlägt, so daß sich herausstellt, daß der erste Zug von *Weiß* keinen echten Vorteil brachte. Grundsätzlich kommt man mit dieser Strategie nicht sehr weit: Beim Durchspielen von insgesamt vier Schichten, also von je zwei *weißen* bzw. *schwarzen* Zügen benötigt man auf der elektronischen Rechenanlage TR 4 immerhin schon Zeiten von etwa einer halben Stunde.

Von Shannon wurde deswegen eine andere Strategie, die sogenannte „*Strategie B*" vorgeschlagen. Es werden nach gewissen Kriterien in jeder Stellung nur einige wenige weiterführende Züge ausgewählt und die sich daraus ergebenden Stellungen betrachtet.

Nachdem eine vorgegebene Tiefe erreicht ist, werden die erreichten Stellungen näherungsweise bewertet und nach dem Minimax-Prinzip wird dann schließlich ein endgültiger Zug ausgewählt (Abb. 21). Dieses Vorgehen entspricht schon

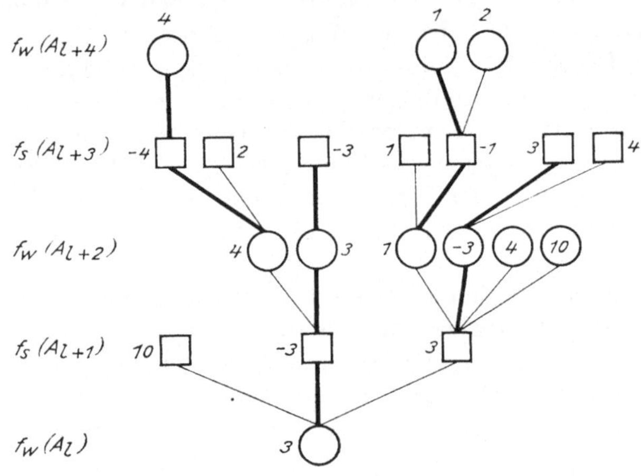

Abb. 21. Strategie B

weit besser dem menschlichen Spiel. Dem Vorteil der größeren erreichbaren Tiefe, also der Vorausschau, steht als Nachteil gegenüber, daß in der Breite zu wenig getan wird. Beide Strategien können gemischt verwendet werden: Bis zu einer Tiefe verwendet man die *Strategie A* und daran anschließend die *Strategie B*.

Die Vorgabe einer Tiefe, bis zu der der Spielbaum maximal verfolgt wird, st im allgemeinen problematisch: es kann dadurch passieren, daß bei einem Abtausch an einer Stelle abgebrochen wird, in der im nächsten Zug die Dame verloren gehen würde. Turing [3] hat aus diesem Grund den Begriff der „*toten Stellung*" definiert. Eine Stellung heißt *tot*, wenn keine Figur mehr geschlagen werden kann. Er schlägt daher vor, daß man in der Untersuchung des Spielbaums soweit geht, bis man jeweils zu toten Stellungen gelangt. Diese Methode engt theoretisch die Größe des Spielbaums ein und ist auch in vielen Stellungen praktisch realisierbar. Andererseits gibt es aber auch viele Stellungen, in denen Abtauschfolgen existieren, die das ganze Schachbrett abräumen. Der dabei mögliche Spielbaum ist immer noch unvorstellbar groß, so daß sich das von Turing vorgeschlagene Konzept vollständig nicht programmieren läßt.

Der Begriff der toten Stellung wurde von NEWELL, SHAW und SIMON [8] auf die oben angeführten anderen Kriterien (wie Mittelfeldbeherrschung) verallgemeinert.

4. Zufällige Strategien und ihre Bedeutung

Wir wollen in diesem Abschnitt Strategien betrachten, die ohne Rücksicht auf Material oder ähnliche Begriffe Züge aufgrund von Zufallsentscheidungen auswählen.

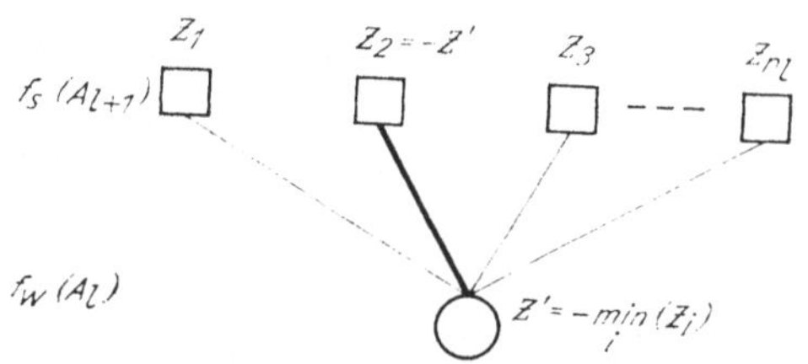

Abb. 22. Zufällige Strategie 1. Stufe

Die einfachste Strategie erhält man, wenn man nach Abb. 22 ausgehend von der Stellung A_l die Stellungen der Schicht $l + 1$ mit *gleichverteilten Zufallszahlen* aus dem Intervall $(-1, +1)$ bewertet und dann *den* Zug auswählt, der zu der Stellung mit der kleinsten Bewertung führt. Eine Strategie dieser Art kann als das Modell eines Anfängers dienen, der zwar die Spielregeln beherrscht, aber noch nicht in der Lage ist, Züge aufgrund rationaler Kriterien auszuwählen.

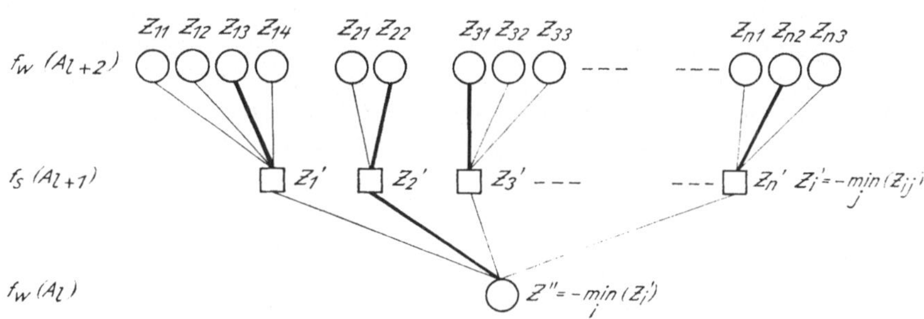

Abb. 23. Zufällige Strategie 2. Stufe

Wir betrachten nun die nächste Stufe (Abb. 23): In ihr werden die Stellungen der Schicht $l + 2$ mit gleichverteilten Zufallszahlen z_{ij} bewertet. Aufgrund der Beziehung (3) ergeben sich damit auch für die Schicht $l + 1$ zufällige Bewertungen z'_i, die allerdings nicht mehr gleichverteilt sind. Es wird nun wieder ein Zug ausgewählt, der zu einer Stellung $A_{l+1}^{(i)}$ führt, in der z'_i minimal ist. (Falls ein Zweig des Spielbaums in der Schicht $l + 1$ abbricht, dann wird entweder $z'_i = -1$ oder $z'_i = 0$ gesetzt, je nachdem, ob eine *Matt*stellung oder eine *Remis*stellung erreicht wurde.)

Auch diese Strategie läßt sich als ein Modell eines Anfängers interpretieren, dessen Spielstärke jedoch gegenüber dem oben beschriebenen Modell erheblich gestiegen ist: Er erkennt immer Situationen, in denen er den Gegner in *einem* Zug *Matt* setzen kann.

In den anderen Fällen wird er Züge bevorzugen, die die Beweglichkeit des Gegners einschränken. Dies ist eine Tatsache, die sich mit Hilfe der Wahrscheinlichkeitstheorie leicht zeigen läßt. Wir vergleichen dazu die Erwartungswerte von z'_i und z'_k.

Es ist nämlich

$$E\{z'_i\} = E\{-\min_j (z_{ij})\} = E\{\max_j (z_{ij})\} < E\{\max_j (z_{kj})\} = E\{z'_k\},$$

falls die Anzahl der Züge in der Stellung $A^{(i)}_{l+1}$ kleiner als in der Stellung $A^{(k)}_{l+1}$ ist.

Diese Betrachtungen können weitergeführt werden, indem man immer tiefere Schichten zufällig bewertet und entsprechend verfährt wie oben beschrieben. Man gewinnt damit Modelle von Spielern, die ihre Spielstärke immer mehr verbessern; in der nächsten Stufe wäre es z. B. ein Spieler, der zusätzlich ein drohendes *Matt* in einem Zug erkennt und es abzuwenden versucht und außerdem bestrebt ist, seine eigene Beweglichkeit im nächsten Zug zu erhöhen.

Ein Schachprogramm, das z. B. mit einer zufälligen Strategie der zweiten Stufe programmiert ist, zeigt eine zwar auf den ersten Blick nicht zu erwartende Spielstärke, ist aber mit dem menschlichen Schachspiel nicht zu vergleichen. Zufällige Strategien können trotzdem mit Erfolg verwendet werden: Denken wir uns ein Schachprogramm, in dem die Stellung z. B. mit Hilfe einer Material-Bewertungsfunktion untersucht wird. Aus der Menge der möglichen Züge seien diejenigen Züge gestrichen, die in den nächsten Zügen unmittelbar zu einem Materialverlust führen. Die verbleibenden Züge sind nach diesem Kriterium gleichwertig. Aus ihnen kann nun nach einer *Zufallsstrategie* ein Zug ausgewählt werden, der z. B. quasi als Nebenprodukt die gegnerische Beweglichkeit einzuschränken versucht. In diesem Zusammenhang sei darauf hingewiesen, daß Kister, Ulam u. a. [5] im Jahre 1957 ein Schachprogramm beschrieben haben, das die Untersuchung der Beweglichkeit der Figuren als speziellen Programmteil enthielt, in dem die Anzahl der Zugmöglichkeiten explizit abgezählt wurde.

5. Die Realisierung eines Schachprogramms auf der Rechenanlage TR 4

5.1. Programmaufbau

Wir wollen nun ein Schachprogramm beschreiben, das von uns für die elektronische Rechenanlage TR 4 programmiert wurde. Das Programm liegt in der maschinenorientierten Programmiersprache TEXAS vor und umfaßt zur Zeit etwa 6000 Befehle. Es besteht aus einem Hauptprogramm und einer großen Zahl von Unterprogrammen. Das Hauptprogramm übernimmt verschiedene Organisationsaufgaben: Durch Vorgabe eines Parameters kann dem Programm beim Start mitgeteilt werden, ob eine *Problemanalyse* stattfinden oder ob die

Maschine eine *Partie* spielen soll. Dabei kann weiter festgelegt werden, ob sie mit den *weißen* oder *schwarzen* Figuren oder zu Testzwecken gegen sich selbst spielen soll. Eine Partie beginnt gewöhnlich mit der Grundstellung oder aber von einer einzugebenden Stellung an.

Ein Teil der Unterprogramme dient ebenfalls organisatorischen Aufgaben: Ausdrucken einer aktuellen Stellung, Zählen der verbrauchten Zeiten für beide Spieler, Ein- und Ausgabe von Zügen in der externen Form und Umwandlung in die interne Form, usw. Alle Ein- und Ausgaben erfolgen in den auch in Schachbüchern üblichen Notierungen. Zum äußeren Ablauf einer Partie sei nur so viel bemerkt: Der menschliche Spieler sitzt an einem gewöhnlichen Schachbrett. Nach Ausführung seines Zuges auf dem Brett wird der entsprechende Zug über eine direkt angeschlossene Schreibmaschine der Rechenanlage mitgeteilt. Dort erscheint auch die Antwort des Computers, die angibt, welche Figur wohin gezogen werden soll.

5.2. Die Realisierung der Schachregeln

Genauso wie ein menschlicher Schachspieler zunächst einmal die Schachregeln beherrschen muß, bevor er richtig zu spielen anfängt, müssen auch dem Rechner die Spielregeln bekannt sein, d. h. also, er muß in der Lage sein, in einer gegebenen Stellung alle Züge zu finden, die *Weiß* z. B. machen könnte, er muß diese Züge ausführen und gegebenenfalls feststellen können, ob er in einem Schach steht. Im Schachprogramm stehen dafür im wesentlichen drei Unterprogramme zur Verfügung, die diese Forderungen verwirklichen. Sie sollen nun im einzelnen beschrieben werden.

Zunächst aber sei kurz angedeutet, wie der Begriff der Schachstellung in der Maschine verwirklicht wurde. Dem Schachbrett mit seinen 64 Feldern werden nacheinander 64 *Halbworte* (zu je 24 Bit) zugeordnet, die der Reihe nach mit den Zahlen 1 bis 64 durchnumeriert gedacht werden. So entspricht dem ersten Halbwort das Feld a 1, dem neunten Halbwort das Feld a 2 und dem 64. Halbwort das Feld h 8. Ist in einem Halbwort die Zahl Null gespeichert, dann steht auf dem entsprechenden Feld keine Figur. Eine ungerade Zahl zeigt an, daß eine *weiße* Figur auf dem Feld steht, eine gerade Zahl bedeutet eine *schwarze* Figur. Der Wert der Zahl gibt noch genauer an, ob es sich um einen *König*, eine *Dame* usw. handelt. Weitere 14 Halbworte enthalten Informationen über die betreffende Stellung. Diese stimmen im wesentlichen mit den in 2. geforderten Angaben überein. Zusätzlich enthalten sie noch Informationen, die aus programmierungstechnischen Gründen benötigt werden (z. B. die Adressen der jeweils unmittelbar vorhergehenden und nachfolgenden Stellung („*Listentechnik*"), Anfangsadresse und Endadresse einer Liste im Speicher, in der die in der betreffenden Stellung möglichen Züge enthalten sind, usw.).

Ein erstes Unterprogramm, das als Eingangsparameter die Adresse einer Stellung geliefert bekommt, bestimmt nun die in dieser Stellung *möglichen Züge* und legt sie in einer Liste im Speicher der Maschine ab. Die interne Zugdarstellung besteht aus der internen Darstellung der ziehenden Figur, der Angabe der Anfangs- und Endposition, den Kennzeichen, ob es sich um schlagende oder schachsagende Züge handelt und schließlich aus einer Angabe, die bei Umwandlungszügen angibt, in welche Figur ein *Bauer* auf der Endlinie umgewandelt werden soll.

Ein zweites Unterprogramm, das als Eingangsparameter ebenfalls die Adresse einer Stellung und außerdem die interne Darstellung eines Zuges geliefert bekommt, bringt als Resultat die Adresse einer Stellung, in der der betreffende Zug ausgeführt ist. Programmierungstechnisch werden dabei einfach die 78 Halbworte einer Stellung mit Hilfe spezieller Wortgruppentransportbefehle umkopiert. In der neuen Stellung werden schließlich die Änderungen des auszuführenden Zuges eingetragen.

Das dritte Unterprogramm dieser Gruppe stellt fest, ob ein vorgegebenes Feld einer Stellung durch eine gegnerische Figur bedroht ist, insbesondere also z. B. ob der *König* im Schach steht.

Diese drei Unterprogramme, in denen die Spielregeln verwirklicht sind, stellen die zentralen Teile des Schachprogramms dar. Ihr zeitlicher Ablauf mußte aus diesem Grunde optimal gestaltet werden. Die Technik, mit der z. B. die Liste der *möglichen* Züge (*Zugliste*) gewonnen wird, weicht erheblich von den bisher in der Literatur angegebenen Methoden ab. Um möglichst wenig zeitraubende arithmetische Operationen durchzuführen, wurde eine Lösung gefunden, die aus einer 8 · 64 Befehle umfassenden *Sprungkaskade* besteht. Jedem Feld des Schachbretts sind 8 Eingänge in diese Kaskade zugeordnet, abhängig davon, ob das betreffende Feld frei oder mit einem *König*, einer *Dame*, einem *Turm*, einem *Springer*, einem *Läufer*, einem *weißen Bauern* oder einem *schwarzen Bauern* besetzt ist. Die Ausgänge aus der Kaskade führen auf kleine Unterprogramme, die genau die Züge generieren, die die jeweiligen Figuren von den betreffenden Feldern ausführen können. Auch die Zugausführung ließ sich mit Hilfe der schon genannten Befehle optimal gestalten. Diese Methode umgeht die bei anderen Verfahren notwendig werdenden Rücksetzungen bei nur versuchsweise ausgeführten Zügen, die besonders bei schlagenden Zügen einen erheblichen Aufwand verursachen. Das letzte Unterprogramm benutzt ebenfalls eine Sprungkaskade, die aber hier nur aus 64 Befehlen besteht. Die Ausgänge sind wieder kleine Unterprogramme, die die in Frage kommenden Felder des Schachbretts daraufhin untersuchen, ob auf ihnen feindliche Figuren stehen, die das entsprechende Zielfeld bedrohen.

5.3. Bewertungsprogramme

Eine Reihe von *Bewertungsprogrammen* versucht die exakte Bewertungsfunktion möglichst gut nach verschiedenen Gesichtspunkten anzunähern. Der Aufruf eines bestimmten Bewertungsprogramms erfolgt dabei nach folgendem Prinzip: Es sei eine Stellung samt Zugliste vorgegeben. Gesucht ist der Zug, der aufgrund der Bewertung optimal ist. Da man im allgemeinen aber nicht nur *einen* Zug, sondern eine ganze Reihe solcher Züge erhalten wird, die das entsprechende Kriterium erfüllen, ist die Aufgabenstellung gleichbedeutend mit der Forderung, alle Züge in der Zugliste zu streichen, die nicht optimal sind. Danach untersucht ein anderes Bewertungsprogramm die verbleibenden Züge nach einem anderen Kriterium und streicht auch hier wieder nichtoptimale Züge aus der

Zugliste und so fort. Schließlich bleibt entweder irgendwann einmal genau ein Zug übrig oder aber es wird zuletzt ein Zug zufällig aus den übriggebliebenen Zügen ausgewählt.

Da von den einzelnen Bewertungsprogrammen ein große Zahl immer gleicher Organisationsaufgaben durchgeführt werden müßte, wurde von uns ein *rekursives Hilfs-Unterprogramm* programmiert, das diese Arbeiten erledigt. Das eigentliche Bewertungsprogramm (d. h. dessen Adresse) wird dabei dem Hilfsprogramm als aktueller Parameter übergeben und erst von dort aus aufgerufen.

Das rekursive Hilfsunterprogramm führt je einen Zug der Zugliste aus und ruft dann das entsprechende Bewertungsprogramm auf. Das Bewertungsprogramm muß einen Zahlenwert liefern, der die aufgrund des ausgeführten Zuges sich ergebende Stellung für den jeweiligen Spieler bewertet. Nach dem Rücksprung stellt das Hilfsprogramm fest, ob der soeben ausgeführte Zug gleichwertig, besser oder schlechter als die bisher ausgeführten Züge der Zugliste war. Im letzten Fall wird er in der Zugliste gestrichen, im zweiten Fall werden dagegen die anderen bisher ausgeführten Züge gelöscht. In allen Fällen wird dann der nächste Zug der Zugliste untersucht usw. Das Hilfsunterprogramm übernimmt außerdem die Untersuchung, ob eine gegebene Stellung eine *Matt-* oder *Patt-*stellung ist.

Die Bewertungsprogramme sind im allgemeinen ebenfalls rekursive Unterprogramme, nämlich immer dann, wenn sie die Bewertung der vorgegebenen Stellung von der Ausführung aller oder eines Teils der möglichen Züge und von der Bewertung der sich ergebenden Stellungen abhängig machen.

Zu den Bewertungsprogrammen, die nichtrekursiv sind, gehören folgende Unterprogramme:

a) *Materialbewertung:* In diesem Unterprogramm ist genau die in 3. definierte Materialbewertungsfunktion (4) programmiert.

b) *Figurenschutz:* Die zugehörige Bewertungsfunktion ist definiert als die Summe der gewichteten Figuren, die von dem Spieler, der am Zug ist, bedroht wird. Eine Figur gilt dann als bedroht bzw. als nicht geschützt, wenn sie von einer Figur geschlagen werden könnte und sie nicht oft genug gedeckt ist bzw. schon dann, wenn die angreifende Figur wertmäßig kleiner ist.

c) *Figurenangriff:* Es handelt sich im Prinzip um das gleiche Programm wie unter b), nur daß hier der andere Spieler betrachtet wird. Die Bewertungsfunktion ist demnach sinngemäß definiert als negative Summe der gewichteten Figuren, die von dem Gegenspieler angegriffen werden.

d) *Entwicklung:* Die Bewertungsfunktion stellt fest, ob der letzte Zug, der zu der zu bewertenden Stellung führte, ein Entwicklungszug war oder nicht. Im letzten Fall wird eine Null als Ergebnis übergeben. Im ersten Fall werden negative Zahlen, die verschieden gute Entwicklungszüge unterscheiden, der Bewertungsfunktion zugeordnet. So wird z. B. eine *Rochade* besser als ein *Springer*zug zur Mitte hin, und dieser wieder besser als ein Rand-*Bauern*zug aus der Grundstellung heraus gewertet.

e) *Turmbeweglichkeit:* Die Bewertungsfunktion liefert einen Wert -1, falls der zuletzt ausgeführte Zug ein *Turm*zug war, sonst aber 0.

f) *Figurenbeweglichkeit:* Die zugehörige Bewertungsfunktion liefert für jeden Nicht-*Königs*zug einen Wert -1, sonst aber 0.

Die Programme in e) und f) werden später benutzt, um Züge für die Maschine auszuwählen, die ihr im nächsten Zug maximale Beweglichkeit geben. Da die Beweglichkeit des eigenen *Königs* im allgemeinen nicht von großer Bedeutung ist, werden dessen Züge in der Bewertung nicht mitgezählt. Die separate Zählung der *Turmzüge* ist zweckmäßig, um freie Linien durch Türme zu besetzen. Ein ähnliches Unterprogramm bewertet dagegen gerade *Königszüge* besser und wird daher dann benutzt, wenn die Maschine einen Zug auszuwählen hat, der die gegnerische Beweglichkeit einzuengen versucht.

g) *Abstand:* Um der Maschine ein offensiveres Angriffsspiel zu ermöglichen, hat es sich als zweckmäßig erwiesen, einen *Abstandsbegriff* einzelner Figuren zum gegnerischen König einzuführen. Dieser Abstand, genauer, der maximale Abstand aller Figuren zum *König*, sollte zum Minimum gemacht werden. Für *Bauern* und für den eigenen *König* ist dieses Kriterium im allgemeinen ohne Bedeutung, weshalb sie bei den Untersuchungen nicht berücksichtigt werden. Der Abstand ist für die *Dame*, den *Turm*, den *Läufer* und den *Springer* verschieden definiert: So ist z. B. der Abstand eines *Turms* vom gegnerischen *König* gegeben als das Minimum der Spalten bzw. Zeilen, die zwischen den beiden Positionen liegen. Abstand 0 bedeutet demnach, daß *Turm* und *König* auf der *gleichen* Zeile oder Spalte stehen. Wegen der Fernwirkung des *Turms* ist es also nicht notwendig, daß er sich in der unmittelbaren Umgebung des feindlichen *Königs* aufhalten muß.

h) *Feldbeherrschung:* Die Bewertungsfunktion zählt die Zahl der vom Gegner beherrschten, d. h. bedrohten Felder als negative Größe. Um nicht eine im allgemeinen nicht zweckmäßige Selektivität zu erhalten, werden Stellungen, die sich in der Zahl der beherrschten Felder nur wenig unterscheiden, gleich bewertet.

Geplant sind weitere Bewertungsprogramme, die etwas näher auf die *Bauern*-stellung eingehen, also *Doppelbauern*, *Freibauern*, *rückständige Bauern* usw. bewerten; schließlich ist an Programme gedacht, die Endspielsituationen bewerten.

Die Kombination der in a) bis h) beschriebenen Bewertungsprogramme zu rekursiven Unterprogrammen erweitert beträchtlich die Möglichkeiten zur Untersuchung einer Schachstellung. Es zeigt sich, daß bereits sehr viele Begriffe des menschlichen Schachspiels mit Hilfe dieser Programme auf dem Rechner simuliert werden können. Je nach der Reihenfolge, in der gewisse Bewertungsprogramme aufgerufen werden, erhält man mehr oder weniger dem menschlichen Spiel angepaßte Strategien. Eine solche spezielle Strategie soll nun etwas näher beschrieben werden.

5.4. Die Strategie des Schachprogramms der TR 4

Wir setzen im folgenden voraus, daß in einer vorgegebenen Stellung *Weiß* am Zuge sei und daß der Computer mit den *weißen* Figuren spielt. Die Überlegungen für den anderen Fall verlaufen analog.

Zunächst untersucht die Maschine, ob eine der *Remis*-Regeln erfüllt ist, d. h. also, ob in den letzten 50 Zügen von *Weiß* und *Schwarz* kein schlagender Zug bzw. kein *Bauernzug* gemacht wurde oder ob die augenblickliche Stellung bereits zum dritten Mal mit *Weiß* am Zug auftritt. Die erste Untersuchung erfolgt mit Hilfe eines der 14 Halbworte der Stellung, in dem die reversiblen Züge von dem Programm zur Zugausführung gezählt werden. Die zweite Untersuchung ist mit Hilfe der schon erwähnten Listentechnik möglich. Ist eine der Bedingungen erfüllt, wird die Partie wegen *Remis* abgebrochen. Wird festgestellt, daß die gleiche Stellung mit *Weiß* am Zug bereits einmal da war, dann wird der früher berechnete „beste" Zug wiederum als Antwort ausgegeben; die Maschine zeigt in diesem Fall *Remis*bereitschaft.

Ist der *Remis*-Test negativ verlaufen, schließt sich eine *Matt*-Untersuchung an, die aus drei Teilen besteht:

Die Maschine versucht, in der Zugliste einen Zug für sich zu finden, der den Gegner in k_1 Zügen *Matt* setzt (k_1 wie auch die folgenden Größen k_i sind Programmkonstanten, die beliebig hoch gesetzt werden können; aus Zeitgründen hat k_1 zur Zeit den Wert 2). Wird ein solcher Zug gefunden, dann wird k_1 um eins erniedrigt und der betreffende Zug ausgeführt und ausgegeben. Hier wird außerdem auch festgestellt, ob die Maschine inzwischen selbst schon *Matt* geworden ist; in diesem Fall wird eine entsprechende Meldung gedruckt und die Partie abgebrochen.

Es schließt sich eine Untersuchung an, ob ein spezielles *Matt* in k_2 Zügen (zur Zeit $k_2 = 4$) erreichbar ist. Dieses spezielle *Matt* entsteht durch eine Folge von k_2 *weißen* Zügen, die ohne Rücksicht auf andere Wertungen *Schach* bieten. Im positiven Fall wird wie oben beschrieben weitergemacht. Sonst werden die *weißen* Züge in einem dritten Durchlauf daraufhin untersucht, ob nach deren Ausführung etwa der Gegner ein spezielles *Matt* in k_3 Zügen (zur Zeit $k_3 = 2$) erreichen kann. Züge dieser Art werden aus der Liste der möglichen Züge gestrichen, sofern mindestens ein weißer Zug übrigbleibt, der ein solches *Matt* verhindern kann.

Für die bis hier beschriebenen Untersuchungen benötigt die Maschine in der Regel etwa 10 Sekunden. Nur in den Stellungen, in denen tatsächlich ein wenn auch zu verhinderndes *Matt* steckt, werden längere Zeiten benötigt.

Die nun folgenden Programmteile sind so angeordnet, daß zunächst versucht wird, nach einem bestimmten Kriterium schlechte Züge aus der Zugliste zu streichen, während gute und sehr gute Züge noch gleichberechtigt stehen bleiben. Erst darauf folgen Programme, die die im Sinne des speziellen Kriteriums besten Züge übrig lassen. So werden z. B. in dem nun folgenden Programm alle *Abtauschvarianten* untersucht. Züge, in denen *Weiß* am Zug und im Materialvorteil ist oder ausgeglichen steht, werden zunächst nicht weiter verfolgt. Ist *Weiß* im Nachteil, wird versucht, durch weiteres Abtauschen auszugleichen oder gar zu gewinnen. Ist dies nicht möglich, wird der entsprechende erste Zug aus der Zugliste gestrichen. Diese Liste enthält zum Schluß nur solche Züge, die keinen Materialnachteil für *Weiß* bringen oder aber, wenn dies nicht möglich ist, nur den kleinsten.

Es schließt sich ein Programm an, mit dem die Maschine immer noch auf der sicheren Seite bleiben will. Sie untersucht z. B. die Stellungen, die sich nach Ausführung eines Zuges ergeben würden daraufhin, ob der Gegner eine oder mehrere *weiße* Figuren so angreifen kann, daß *Weiß* nicht in der Lage ist, diese im nächsten Zug zu schützen (man denke etwa an die gefürchteten *Springer-*

oder *Bauerngabeln* oder an Fesselungen der *Dame* an den *König* durch einen *Turm* oder *Läufer*).

Erst wenn solche Züge ebenfalls ausgeschieden worden sind, bei denen also unter Umständen auf einen kleinen Materialvorteil verzichtet wurde („*vergifteter Bauer*"), wird in einem dritten Programm dieser Gruppe versucht, einen echten Materialvorteil zu erlangen. Dazu führt *Weiß* einen Zug aus und spielt nun für den Gegner die oben beschriebenen Abtauschvarianten durch. In der Zugliste bleiben schließlich nur hinsichtlich der Materialbewertung gute und einander gleichwertige Züge übrig.

Unter diesen Zügen werden nun diejenigen Züge ausgewählt, die die Gesamtzahl der bedrohten eigenen Figuren möglichst klein machen. Die Überlegung, die dahinter steht, läßt sich etwa so formulieren: Es ist für die Maschine im allgemeinen nicht zweckmäßig einen Angriff z. B. auf den eigenen *Turm* mit einem Gegenangriff auf den feindlichen *Turm* zu beantworten, in der Hoffnung, daß bei einem Abtausch alles Null zu Null aufgeht. Die Erfahrungen auch des menschlichen Schachspielers zeigen, daß solche Erwartungen oft durch harmlos scheinende Zwischenzüge zunichte gemacht werden können. Die angegebene Strategie versucht auch hier auf der sicheren Seite zu bleiben.

Erst im nächsten Programm werden *weiße* Züge bevorzugt ausgewählt, die die gegnerischen Figuren so angreifen, daß der Gegner sie aufgrund der von der Maschine angestellten Überlegungen nicht gleichzeitig alle schützen kann, d. h. nun wird die Maschine ihrerseits versuchen, die Dame z. B. durch eine *Springergabel* zu fangen usw.

Zu den bisherigen Ausführungen bleibt nachzutragen, daß natürlich nicht mehr alle Programmteile durchlaufen werden, wenn in der Zugliste nur noch *ein* Zug übriggeblieben ist, der dann ja auf jeden Fall ausgeführt werden muß. Noch eine kurze Bemerkung zu den Rechenzeiten: Die Untersuchung, ob eine gegnerische *Gabel* vorliegt, stellt den zeitlich aufwendigsten Teil des gesamten Schachprogramms dar. Da hier oft bis zu 5000 Stellungen auf Abtauschmöglichkeiten untersucht werden müssen, kommen hier Zeiten bis zu fünf Minuten vor. Trotzdem bleibt die mittlere Zeit zur Ausführung eines Zuges über den gesamten Partieverlauf meistens unter drei Minuten, insbesondere dann, wenn die *Damen* frühzeitig abgetauscht wurden.

Nachdem nun die materialmäßig orientierten Bewertungsprogramme beendet sind, folgen Bewertungsprogramme, die die Stellung der Maschine zu verbessern suchen. Dazu gehört ein Programm, das aus der verbleibenden Zugliste die *Entwicklungszüge* auswählt, sofern solche noch vorhanden sind. Danach werden Züge bevorzugt, die die Turmbeweglichkeit im nächsten Zug erhöhen (siehe dazu 5.3 e)). Ein weiteres offensiv spielendes Programm versucht durch Auswahl von Zügen aus der Zugliste die gegnerische Beweglichkeit in dem Sinne einzuschränken, daß die Maschine möglichst gerade die Felder bedroht, auf die der Gegner sonst im nächsten Zug gelangen könnte, oder aber eine Figur fesselt, d. h. sie daran hindert, andere Felder zu besetzen, weil sie sonst *eigene* Figuren nicht mehr schützen würde. Ebenfalls in diese Gruppe gehört ein Programm, das mit Hilfe des Abstandsbegriffs versucht, die *weißen* Figuren (außer *Bauern* und *König*) in eine möglichst günstige Position zum gegnerischen *König* zu bringen und ein Programm, das Züge bevorzugt, die gegnerische Figuren angreifen.

Eine letzte Gruppe von Programmen untersucht schließlich die Zugliste daraufhin, ob in ihr Züge enthalten sind, die einen Entwicklungszug, einen Angriffszug oder einen Zug, der den Abstand zum gegnerischen *König* vermindert, im jeweils nächsten Zug von *Weiß* ermöglichen. Dazu gehört weiter das Programm, das die eigene Beweglichkeit im nächsten Zug vergrößern will. Die Bedeutung dieser Programme liegt darin, daß mit ihrer Hilfe z. B. Vorbereitungszüge für die weitere Entwicklung oder den weiteren Angriff ausgewählt werden können.

Ist man schließlich an diesen Punkt gelangt und die Zugliste enthält immer noch mehrere Züge, dann wird ein Zug nach einem *Zufallskriterium* gewählt, der nach den in 4. gemachten Ausführungen ebenfalls noch eine gewisse strategische Bedeutung haben kann. Dieser Zug wird ausgeführt und auf der Schreibmaschine in lesbarer Form ausgedruckt. Der Computer wartet auf die Antwort des Gegners. Erfolgt diese, so wird der eingegebene Zug nach Zulässigkeitsprüfungen ausgeführt, und der Rechner beginnt wieder seine Analyse wie oben beschrieben.

5.5. Ergebnisse und Beispiele

Inwieweit die im letzten Abschnitt dargestellte Strategie dem menschlichen Schachspiel angenähert ist, kann nur die Praxis zeigen. Es wurden daher mehrere Partien gespielt, in denen jeweils die eine Seite die TR 4 und die andere Seite ein menschlicher Spieler war. Die ersten Partien wurden gegen Anfänger gespielt. In diesen Fällen gelang es der Maschine fast durchweg, das Spiel zu gewinnen. Trotzdem zeigte sie zum Teil noch erhebliche Schwächen. Sie beruhten zum einen auf direkten Fehlern im Programm und konnten bis jetzt weitgehend beseitigt werden. Zum anderen erwies es sich aber auch als notwendig, an der oben angegebenen Strategie geringfügige Modifikationen vorzunehmen. Mit dem so schrittweise verbesserten Programm spielte die Maschine auch gegen bessere Spieler. Auch in diesen Fällen war die Maschine den Spielern bis zum Endspiel hin ebenbürtig, obwohl das Stellungsspiel manchmal recht eigenartig und gar nicht „menschlich" verlief. Da eine Endspielstrategie bis jetzt noch nicht programmiert wurde, verlor sie dann aber fast regelmäßig.

Als Illustration für die Spielweise der Maschine bringen wir zwei Partien, die sie gegen zwei in der Spielstärke unterschiedliche Schachspieler spielte. In der ersten Partie hatte sie *Weiß*, in der zweiten Partie *Schwarz*. Beide Partien wurden von der TR 4 jeweils mit einem überraschendem *Matt* gewonnen.

1. Partie		**2. Partie**	
Weiß: TR 4		*Schwarz:* TR 4	
1. d 2 — d 4	d 7 — d 5	1. d 2 — d 4	S b 8 — c 6
2. S b 1 — c 3	S g 8 — f 6	2. c 2 — c 4	e 7 — e 5
3. h 2 — h 3	e 7 — e 6	3. d 4 — d 5	S c 6 — a 5
4. L c 1 — g 5	S b 8 — d 7	4. e 2 — e 4	S g 8 — f 6
5. S g 1 — f 3	L f 8 — b 4	5. b 2 — b 4 ?	L f 8 : b 4 +
6. a 2 — a 3	L b 4 — a 5	6. L c 1 — d 2	c 7 — c 5

7.	D d 1 — d 2	c 7 — c 6	7.	L d 2 : b 4	c 5 : b 4
8.	0 — 0 — 0	h 7 — h 6	8.	L f 1 — d 3	h 7 — h 6
9.	L g 5 : f 6	S d 7 : f 6	9.	S g 1 — e 2	D d 8 — c 7
10.	S f 3 — e 5	0 — 0	10.	S b 1 — d 2	a 7 — a 6
11.	h 3 — h 4	T f 8 — e 8	11.	0 — 0	0 — 0
12.	h 4 — h 5	b 7 — b 6 ?	12.	f 2 — f 4	b 7 — b 5
13.	b 2 — b 4	b 6 — b 5	13.	f 4 : e 5	b 5 : c 4
14.	S e 5 : c 6	D d 8 — c 7	14.	e 5 : f 6	c 4 : d 3
15.	S c 6 : a 5	S f 6 — g 4	15.	f 6 : g 7	D c 7 — a 7 +
16.	e 2 — e 4	d 5 : e 4	16.	K g 1 — h 1	K g 8 : g 7
17.	L f 1 : b 5	L c 8 — d 7	17.	S e 2 — f 4	D a 7 — e 3
18.	K c 1 — b 2	S g 4 — f 6	18.	S f 4 — h 5 +	K g 7 — g 6
19.	D d 2 — e 3	T a 8 — c 8	19.	D d 1 — g 4 +	D e 3 — g 5
20.	L b 5 — c 4	S f 6 — g 4	20.	S h 5 — f 4 +	K g 6 — g 7
21.	D e 3 — e 2	e 6 — e 5	21.	D g 4 : g 5 +	h 6 : g 5
22.	S c 3 — d 5	D c 7 — d 6	22.	S f 4 : d 3	T a 8 — b 8
23.	T h 1 — h 4	S g 4 — f 6	23.	T a 1 — b 1	T f 8 — e 8
24.	d 4 : e 5	D d 6 : e 5 +	24.	T b 1 : b 4	T b 8 — b 5
25.	K b 2 — b 3	L d 7 — g 4	25.	T b 4 : b 5	a 6 : b 5
26.	f 2 — f 3	L g 4 : h 5 ?	26.	e 4 — e 5	L c 8 — b 7
27.	S d 5 : f 6	D e 5 : f 6	27.	d 5 — d 6	S a 5 — c 4
28.	T h 4 : h 5	e 4 : f 3	28.	S d 2 — f 3	g 5 — g 4
29.	D e 2 — f 2	f 3 : g 2	29.	S f 3 — d 4	L b 7 — c 6
30.	T h 5 — f 5	T e 8 — e 3 +	30.	S d 4 — f 5 +	K g 7 — g 6
31.	K b 3 — a 2	D f 6 — c 3	31.	S f 5 — e 7 +	K g 6 — g 7
32.	L c 4 : f 7 +	K g 8 — h 8	32.	T f 1 — f 4	S c 4 — e 3
33.	L f 7 — b 3	T e 3 — e 5	33.	K h 1 — g 1	K g 7 — f 8
34.	T f 5 : e 5	D c 3 : e 5	34.	T f 4 — f 6	T e 8 — a 8
35.	T d 1 — e 1	D e 5 — h 2	35.	S d 3 — b 4	L c 6 : g 2
36.	L b 3 — d 5	T c 8 : c 2 +	36.	T f 6 — h 6	T a 8 — a 4
37.	D f 2 : c 2	g 2 — g 1 D	37.	T h 6 — h 8 +	K f 8 — g 7
38.	T e 1 — e 8 +	Matt	38.	T h 8 — g 8 +	K g 7 — h 7
			39.	S b 4 — d 3	T a 4 : a 2
			40.	S d 3 — f 4	L g 2 — b 7
			41.	S f 4 — h 5	T a 2 — g 2 +
			42.	K g 1 — h 1	T g 2 — f 2 +
			43.	K h 1 — g 1	T f 2 — f 1 +
			44.	Matt	

5.6. Problemanalysen

Das Schachprogramm der TR 4 enthält als weiteren Teil ein Unterprogramm, das *Problemschachaufgaben* lösen kann. Es werden dazu im wesentlichen nur die Programme aus 5.2 benutzt. Für die Ausgabe wurde eine Anordnung gewählt, die nicht nur den jeweiligen Schlüsselzug, sondern auch eine Reihe von *Abspielen* bringt, die zum *Matt* führen. Aus dem theoretisch möglichen Spielbaum werden dabei nur die wesentlichen Zugfolgen gedruckt; d. h. es werden nur die Abspiele,

in denen *Schwarz* am Zug ist und auf die *Weiß* mit unterschiedlichen Schlüssel-
zügen antworten muß, weiter verfolgt. Abb. 24 zeigt als Beispiel das Protokoll
des in Abb. 25 gestellten Schachproblems.

Schachprogramm TR 4 MV 1

Matt in drei Zügen.

Eingegebene Anfangsstellung:

Weiß:

Kh2, Th5, Sc5, Se7, Ba4, Bd4, Bd6;

Schwarz:

Kb6, Lb7, Ba7, Ba5, Bc6.

K. Meck, Basel (Basler Nachrichten 1966)

Wesentliche Zugfolgen:

1. Th5 — h8   a7 — a6
2. Th8 — a8   Lb7 — c8
3. Se7 × c8 + Matt

1. Th5 — h8 Lb7 — a6
2. Sc5 — d7 + Kb6 — b7
3. Th8 — b8 + Matt

1. Th5 — h8 Lb7 — c8
2. Se7 × c8 + Matt

Zeit: 5 Min. 2 Sek.

Abb. 24. Analyse eines Dreizügers

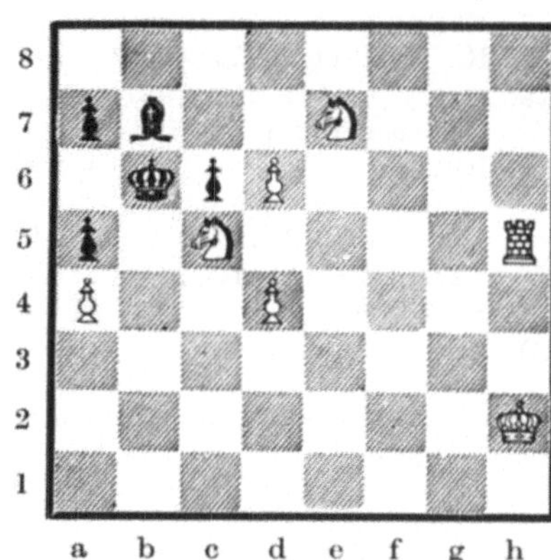

K. Meck, Basel
(Basler Nachrichten 1966)

Kh2 Th5 Sc5 e7 Ba7 d4 d6;
Kb6 Lb7 Ba7 a5 c6.

Matt in drei Zügen

Abb. 25. Problemschachaufgabe

Literatur

1. SHANNON, C. E.: Programming a Computer for Playing Chess. Phil. Mag. **41**, 256—275, (1950).
2. RICHARDS, P. I.: On Game Learning Machines. Scientific Mon. **74**, 201—205 (1952).
3. BOWDEN, B. V. (Ed.): *Faster than Thought. A Symposium on Digital Computing Machines*, S. 286 ff. London. 1953.
4. NEWELL, A.: The Chess Machine: An Example of Dealing with a Complex Task by Adaption. Proc. Western Joint Computer Conf. **1955**, 101—108.
5. KISTER, J., P. STEIN, S. ULAM, W. WALDEN, and M. WELLS: Experiments in Chess. J. ACM **4**, 174, (1957).
6. BERNSTEIN, A., M. ROBERTS, T. ARBUCKLE, and M. A. BELSKY: A Chess-Playing Programm for the IBM 704. Proc. Western Joint Computer Conf. **1958**, 157—159.
7. BERNSTEIN, A., and M. ROBERTS: Computer v. Chess-Player. Sci. American **198**, 96 (1958).
8. NEWELL A., J. C. SHAW, and H. A. SIMON: Chess-Playing Programms and the Problem of Complexity. IBM J. Research Develop. **2**, 320—335 (1958).
9. SAMUEL, A. L.: Some Studies in Machine Learning Using the Game of Checkers. IBM J. Research Develop. **3**, 210—229 (1959).
10. SAMUEL, A. L.: *Programming Computer to Play Games. Adv. in Comp. Vol. I*, S. 165—192. New York and London. 1960.
11. SIMON, H. A., and P. A. SIMON: Trial and Error Search in Solving Difficult Problems: Evidence from the Game of Chess. Behavioral Science **7**, 425—429 (1962).

12. Pfeiffer, J.: *Maschinen denken schneller*. München: Kindler. 1963.
13. Feigenbaum, E. A., and J. Feldman (Ed.): *Computers and Thought*. New York: McGraw-Hill. 1963.
14. Simon, H. A., and A. Newell: Information Processing in Computer and Man. Amer. Scientist **52**, 281—300 (1964).
15. Mullin, A. A., and L. B. Slobodkin: (Letters to the editor.) Amer. Scientist **52**, 396A (1964).
16. de Groot, A. D.: *Thought and choise in chess*. Paris, The Hague: Mouton. 1964.
17. Veenker, G.: Ein Programm zur Lösung von Schachaufgaben. Elektronische Rechenanlagen **7**, 25—29 (1965).
18. Wolf, H. W.: Programm zur Lösung von Schachaufgaben. Elektronische Datenverarbeitung **1965**, 1—14.
19. Bellman, R.: On the Application of Dynamic Programming to the Determination of Optimal Play in Chess and Checkers. Proc. Nat. Acad. Sci. USA **53**, 244—247 (1965).
20. Belenkij, B.: Kann ein Elektronenrechner Großmeister werden? (Russisch.) Schachmaty **7**, 22—27 (1965).
21. Zemanek, H.: Geschichte des Automaten: Mechanische Automaten des 18. Jahrhunderts. *Wolfgang von Kempelen*. Elektronische Rechenanlagen **8**, 5—6 (1966).
22. v. Neumann, J., und O. Morgenstern: *Spieltheorie und wirtschaftliches Verhalten*. Würzburg: Physica-Verlag. 1961.

IV. Simulationsmodelle auf Rechenanlagen

A. Simulationsmodelle in der soziologischen Forschung

Von

V. Hauff und F. Latzelsberger

1. Vorbemerkungen

Die Simulation als Instrument, um soziale Strukturen und Prozesse theoretisch zu erfassen und angemessene Wege zu ihrer praktischen Veränderung aufzuzeigen, ist in Deutschland kaum bekannt. Die Anwendung dieser Forschungstechnik in der Soziologie blieb auf ausländische, hauptsächlich amerikanische Universitäten beschränkt[1].

In Deutschland gibt es heute noch immer keine Soziologen, die im Rahmen der Universität Simulationsmodelle entwickeln[2]. Für die folgenden Ausführungen wurden daher amerikanische Anwendungsbeispiele ausgewählt.

Die Bedeutung und Nutzanwendung soziologischer Simulationsmodelle kann an folgendem hypothetischen Fall illustriert werden:

---

[1] Das erste Buch zu diesem Thema in deutscher Sprache wurde 1967 von der Berliner Soziologin Frau Prof. R. MAYNTZ herausgegeben: R. MAYNTZ (Hrsg.) *Formalisierte Modelle in der Soziologie*, Luchterhand Verlag, Neuwied-Berlin, 1967, Band 39 der Reihe „Soziologische Texte". Dieses Buch enthält u. a. Kurzdarstellungen von vier Simulationsmodellen, die alle in den Vereinigten Staaten entwickelt worden sind.

[2] Systementwürfe und deren Einführung nehmen heute fast ausschließlich Systemingenieure, Programmierer und „Hardware"-Spezialisten vor; die passive und reflektierende Rolle der Sozialwissenschaft kennzeichnet ROBERT BOGUSLAW drastisch: „Sie akzeptiert zunächst den status quo, beispielsweise die Fakten unserer materiellen Umgebung, die Physiologie des Menschen und den gegenwärtigen oder angestrebten Stand der maschinellen Technologie. Im Lichte dieses status quo berücksichtigt sie die Bedürfnisse nach Nahrung, Schutz, Reproduktion und Neuschaffung und sucht zu erklären, wie Gruppen von Menschen sich an die Welt, in der sie leben, anpassen oder anpassen können. Die Prinzipien, empirischen Schlußfolgerungen, Theorien, Hypothesen, die sich daraus ergeben, entstehen erst im nachhinein. Die Welt der physischen Realität wird zur Konstanten, an der sich die Gesellschaftstheorie orientieren muß. Die Gesellschaftswissenschaft wird damit eine sehr konservative geistige Kraft der Gegenwart. In einer Welt des raschen technologischen Wandels, einer Welt der Schnellrechner, fragt dieser Konservatismus nach den *Konsequenzen*, die die voranschreitende Automation etwa für Familienleben, Erwerbstätigkeit, Jugendkriminalität, menschliches Zusammenleben, Freizeit und Erziehungspraxis haben wird. Es häufen sich die Untersuchungen, die die Konsequenzen der Einführung automatischer Ausrüstung in einer bestimmten Fabrik, einem bestimmten Industriezweig oder Büro beschreiben." R. BOGUSLAW, *The New Utopians*, Prentice Hall, Inc., Englewood Cliffs, N. J., 1965, S. 2—3.

Hätte 1933 ein Simulationsmodell politischen Wahlverhaltens existiert, so wäre der diffuse und heterogene Charakter der unstabilen nationalsozialistischen Wählerschaft zutage getreten, und die Selbstdarstellung der Nazis als „fest geeinigte Bewegung" wäre von den anderen Parteien schnell als geschickter Propagandatrick durchschaut worden.

Ein solches Simulationsmodell hätte außerdem den demokratischen Parteien Hinweise geben können, welches Verhalten gegenüber den Nationalsozialisten am ehesten zum Ziel führen dürfte.

Abgesehen von dem historischen Zeitpunkt ist dieses Beispiel gar nicht so unrealistisch; denn es verweist — wie noch zu zeigen sein wird — auf die bisher umfassendsten und fruchtbarsten Anwendungsbereiche solcher Modelle: die Simulation komplexer sozialer Systeme in ihrem dynamischen Ablauf, wobei pragmatische Fragen im Vordergrund des Interesses stehen.

Gerade in einer Gesellschaft, die wegen ihrer Dynamik und inneren Interdependenz mit dem Schlagwort „pluralistisch" gekennzeichnet wird, bedürfen die Entscheidungsträger — z. B. Politiker, Unternehmer, Gewerkschaftler, Stadtplaner, Verwaltungschefs u. a. — dringend zuverlässiger Informationen, um bei der Lösung praktischer Probleme der tatsächlichen Situation gerecht zu werden. Das bezieht sich insbesondere auf Maßnahmen mit langfristigen Auswirkungen. Solche Informationen für größere soziale Systeme stehen in der Regel nur in geringem Umfang zur Verfügung. Die Rationalität des Handelns kann wesentlich gesteigert werden, wenn — um nur einige Beispiele zu nennen — Informationen darüber vorliegen,

welcher Zusammenhang zwischen alternativen Verkehrsnetzen und der Unfallhäufigkeit existiert, unter Berücksichtigung der Erholungsmöglichkeiten der Bevölkerung und einer möglichen Verkürzung des durchschnittlichen Weges zwischen Wohnung und Arbeitsplatz,

wie sich alternative Systeme der Leistungsbewertung in einem Betrieb auf Arbeitszufriedenheit und Produktivität auswirken,

ob die Einführung technischer Neuerungen in einer Behörde die Versorgung der Bevölkerung verbessert,

wie sich ein verändertes Wahlsystem auf den Demokratisierungsprozeß oder die Chancen einzelner Parteien auswirkt[1].

Bei der Beantwortung solcher Fragen haben sich Simulationsmodelle als ideales Werkzeug erwiesen. Ausgangspunkt dieser Modelle ist eine exakte Analyse und Beschreibung des zu verändernden Systems [61]. Alle für die Veränderung relevanten Variablen des Systemzustandes werden im Ausgangszustand erfaßt; außerdem müssen die vermuteten oder bestätigten sozialen Gesetzmäßigkeiten so formuliert werden, daß sie der Programmierung zugänglich sind. Das ist

---

[1] So hat die Diskussion um eine Veränderung des Wahlrechts für den Deutschen Bundestag beispielsweise dazu geführt, daß das Institut für angewandte Sozialwissenschaften, Bad Godesberg, gegenwärtig (Sommer 1967) ein Simulationsmodell entwickelt, das die möglichen Auswirkungen der verschiedenen Vorschläge zur Wahlrechtsreform ermitteln wird.

eine Forderung, die von den üblichen soziologischen Theorien meist nicht erfüllt wird [36]. Sehr viel leichter können normalerweise die Ergebnisse der empirischen Sozialforschung in ein Simulationsmodell integriert werden. Diese quantifizierten Ergebnisse „können in zweifacher Weise in Simulationsmodelle eingehen: einmal, indem die ursprüngliche Verteilung relevanter Merkmale in der simulierten Bevölkerung oder Gruppe empirisch bestimmt wird, und zum anderen, indem man mit den Operationsregeln empirisch ermittelte Faktorenzusammenhänge zu reproduzieren sucht"[1]. Dieser allgemeine Ansatz erlaubt nicht nur das Studium möglicher Eingriffe und deren Auswirkungen auf ein System, sondern auch die Voraussage des zukünftigen Systemzustandes ohne geplante Eingriffe: eine sicherlich wichtige Informationsmöglichkeit für die wachsende Zahl von Großorganisationen, die den Erfahrungshorizont eines einzelnen Individuums weit übersteigen. Hier vermögen Simulationsmodelle wertvolle pädagogische Hilfe zu leisten, indem sie das Verständnis und die Einsicht in das Funktionieren dieser Großgebilde erhöhen, und dadurch die Lösung von Problemen, eine detaillierte Planung und Koordination erleichtern. In diesem Zusammenhang müssen nicht nur die Unternehmerspiele erwähnt werden, sondern auch die Simulationsmodelle zum Studium internationaler Beziehungen[2] und die Simulationsmodelle für die Stadt- und Regionalplanung[3].

2. Simulation von sozialpsychologischem Verhalten in kleinen Gruppen

Bevor einige der pragmatisch orientierten Simulationsmodelle beschrieben werden, sollen zunächst die Erkenntnismöglichkeiten dieser Informationstechnik für die theoretische Soziologie skizziert werden.

Neben den Anwendungen der Simulation für praktische Zielsetzungen mit allerdings nicht unerheblichen theoretischen Implikationen hat die Technik der Simulation — wenigstens in den Vereinigten Staaten — auch in die stärker theoretisch orientierte Soziologie Eingang gefunden. Die wichtigsten Zielsetzungen dieser Art der Simulationsanwendung sind: Hilfe bei der Gewinnung, Vervollständigung, Präzisierung und Überprüfung von Theorien.

Eine relativ präzise Theorie über zwischenmenschliches Verhalten in kleinen Gruppen hat G. C. HOMANS entwickelt[4]. Diese Theorie wurde von JOHN T.

---

[1] R. MAYNTZ, a. a. O., S. 25.

[2] Hier sei nur auf die erste Simulation internationaler Beziehungen hingewiesen: GUETZKOW, H.: A Use of Simulation in the Study of Inter-Nation Relations. Behavioral Science 4, 183—191 (1959). Weitere Beispiele finden sich im Literaturverzeichnis.

[3] Das für Probleme der Stadtplanung entworfene, weitgehend soziologisch orientierte Simulationsspiel M.E.T.R.O. wird im letzten Teil dieser Arbeit beschrieben. C. F. HERRMANN [44] nennt fünf Ziele von Simulationen: 1. Auffindung verschiedener Handlungsalternativen und Studium von deren Auswirkungen. 2. Prognostizierung künftiger Ereignisse und Vergleich mit anderen Prognosenverfahren. 3. Ausbildung und Lehre. 4. Hypothesen und Theorienbildung. 5. Konstruktion utopischer Systemzustände.

[4] HOMANS, G. C.: *Social Behavior: Its Elementary Forms.* New York, 1961.

und Jeanne E. Gullahorn in ein Simulationsmodell übersetzt, das den fragwürdigen Namen HOMUNCULUS trägt; HOMUNCULUS simuliert das soziale Verhalten von zwei Personen — Ted und George genannt — entsprechend der Homanschen Theorie[1].

Nach dieser Theorie wird das Handeln in kleinen, überschaubaren Gruppen vornehmlich durch Belohnungen bestimmt, die jedes Gruppenmitglied direkt und unmittelbar von den anderen Mitgliedern erhält. So hängt die Art und Intensität der Reaktion eines Individuums auf das Handeln eines anderen von der Höhe und Qualität der Belohnung bzw. Bestrafung ab, die seine Handlung zur Folge hat. In einer Behörde, in der Beamte mit gleichem Dienstrang, jedoch unterschiedlichen Fähigkeiten zusammen arbeiten, besagt diese Theorie etwa folgendes: Der qualifizierte Beamte wird häufig von den weniger Fähigen um Hilfe gebeten. Beide profitieren von der Interaktion, beide haben einen Preis zu zahlen. Der Beamte, der um Hilfe bittet, wird damit belohnt, daß er seine Arbeit besser ausführen kann, zahlt aber zugleich den Preis der stillschweigenden Anerkennung der Unterlegenheit gegenüber seinen gleichrangigen Kollegen. Der Konsultierte gewinnt Prestige, verliert jedoch Arbeitszeit für seine eigenen Aufgaben. Die zwischenmenschliche Interaktion geht also nach dieser Auffassung auf einen Nutzenaustausch zurück.

Die Darstellung des sozialen Nutzenaustausches im Computerprogramm beginnt mit einem Signal, das zwischen den beiden hypothetischen Aktoren gesendet wird. Es symbolisiert die Bitte des ersten Beamten um Hilfe bei der Lösung eines Problems. Der zweite Beamte, der Signalempfänger, prüft zunächst, ob das Signal ein geeigneter *Input* ist, oder ob er darauf überhaupt nicht reagieren soll, weil sich beispielsweise frühere Interaktionen mit diesem Partner für ihn nicht „bezahlt" gemacht hatten. Erst wenn das symbolische Hilfegesuch als geeigneter *Input* akzeptiert ist, befaßt er sich mit der Frage, welche einer Liste zu entnehmenden verfügbaren Handlungen eine geeignete Reaktion auf den *Input* darstellen könnten.

Damit die programmierten Aktoren solche und ähnliche Fragen beantworten können, müssen vorher alle Aussagen darüber, wie eine Person im menschlichen Kontext handelt, explizit im Programm formuliert sein. Die programmierte Person muß mindestens folgendes leisten: „Sie muß Reize wahrnehmen, erkennen, wiedererkennen, speichern, vergleichen und unterscheiden können. Sie muß Handlungen ausführen, Belohnung und Bestrafung unterscheiden, eine Reizsituation mit einer Reaktion und eine Reaktion mit einer Belohnung assoziieren können. Ferner muß sie aufgrund ihrer Erfahrung die Wahrscheinlichkeiten der Belohnung voraussagen können, die jede der in Erwägung gezogenen Reaktionen bringen würde. In sozialen Situationen muß sie unter den Gruppenmitgliedern unterscheiden, einen sozialen Reiz je nach der Person, von der er stammt, be-

---

[1] Gullahorn, J. T., and J. E. Gullahorn: A Computer Model of Elementary Social Behavior, Behavioral Science 8, 354—362 (1963). Deutsche Übersetzung in R. Mayntz, a. a. O., S. 233—248. Die folgenden Zitate beziehen sich auf die deutsche Übersetzung.
  Gullahorn, J. T., and J. E. Gullahorn: The Computer as a Tool for Theorie Development, in: Dell Hymes (Ed.). The Use of Computers in Anthropology, 427—448, 1965.

werten und ihre Reaktionen entsprechend auswählen können, um eine positive Gegenreaktion hervorzurufen[1]."

Für die Programmierung dieser Grundeigenschaften verwendeten die Autoren die nicht-numerische Version der Programmiersprache *Information Processing Language V*[2]. Daten und Programme werden dabei in Listen eingetragen, die hierarchisch angeordnet sind. Eine Unterliste der Listenstruktur enthält z. B. die Eigenschaften des Konsultierten, eine andere dessen Vorstellung vom Bittsteller, in einer dritten sind die Erfahrungen von früheren Interaktionen abgespeichert. In einer Unterliste sind dann auch Angaben über eine einzelne Person (Alter, Geschlecht, Ausbildung) gespeichert, zusammen mit ihren Fähigkeiten, ihrer objektiven und subjektiven Position in der sozialen Gruppe, ihren Vorstellungen von anderen Gruppenmitgliedern und bereits gewonnenen Erfahrungen.

Bei der Darstellung der einzelnen Details im Programm wurde — neben der Beschränkung auf zwei Personen — von einer relativ einfachen Situation ausgegangen. Der Konsultierte hat als Antwort auf ein Hilfegesuch nur eine beschränkte Zahl von Reaktionsmöglichkeiten zur Verfügung. Andere Vereinfachungen dürften durchaus der Realität entsprechen. So werden wenige Menschen im Alltagshandeln genau mitzählen, wie häufig eine einem Arbeitskollegen erwiesene Gefälligkeit von diesem erwidert wurde. Beim Schätzen der Häufigkeit und des Nutzens von Belohnungen unterlaufen ihnen nicht selten grobe Fehlleistungen. Deshalb wurde auch bei der Programmierung der Belohnungen auf eine exakte Meßskala verzichtet und eine einfache Ordinalskala mit fünf möglichen Werten eingeführt: Sie reicht von der Ansicht, daß ein Eingehen auf eine Bitte um Hilfe „fast immer belohnt wurde", bis zur Meinung, daß sie „fast niemals belohnt wurde".

Das theoretisch interessanteste und schwierigste Problem stellt sich bei der schon erwähnten Bewertung des *Inputs*: Soll er ignoriert oder soll darauf eingegangen werden? Bewertungen dieser Art implizieren stabile Vorstellungen über die „gerechte" Verteilung von Belohnungen und Aufwendungen unter den Beteiligten. Im allgemeinen gilt: Je größer die Kosten und der Einsatz von Fähigkeiten und Erfahrungen, um so größer sollen auch die Belohnungen für eine erfolgreiche Interaktion sein. Zu diesen von amerikanischen Sozialforschern ermittelten Vorstellungen über Gerechtigkeit gehört auch, daß jemand Schuldgefühle empfindet, wenn er höher belohnt wurde, als er es selbst für richtig hält.

Ein Beispiel soll dies illustrieren. Auf die im Büro geltende Norm der offenen Anerkennung der Verdienste eines Hilfeleistenden wurde bereits hingewiesen. Ein Kollege hat sich nun einen Trick ausgedacht, um diese unangenehme Pflicht zu umgehen. Gelingt ihm die Lösung eines Problems nicht, geht er zu einem Kollegen und erzählt ihm von einem „interessanten" Problem, das ihn beschäftigt. Hat der andere die Lösung gefunden, kommentiert er dies mit dem Ausspruch: „Ja, du bist zum gleichen Ergebnis gekommen wie ich". Nachdem dies zum dritten Mal geschehen ist, reagiert der Konsultierte beim nächsten

---

[1] GULLAHORN, J. T., and J. E. GULLAHORN, a. a. O., S. 235.

[2] Diese Programmiersprache wurde Anfang der sechziger Jahre von Systemingenieuren in Zusammenarbeit mit Sozialwissenschaftlern entwickelt. Die Grundlagen und Anweisungen sind enthalten in: A. NEWELL (Ed.): „Information Processing Language V", Manual, Prentice-Hall Inc., Englewood Cliffs, N. J., 1961.

„interessanten" Problem mit der Bemerkung: „Sag' mal, warum machst du deine Arbeit eigentlich nicht selbst?" Im Programm betrachtet der Konsultierte seine geopferte Zeit als Hilfe für den Bittsteller und erwartet dafür eine entsprechende Anerkennung. Erfolgt diese nicht, ändert er in seinem Teilprogramm die Vorstellungen über den Hilfesuchenden und erwartet bei der nächsten Konsultation als Ausgleich erhöhte Anerkennung. Erfolgt diese in mehreren Interaktionen nicht, ist die Enttäuschung so groß, daß er in die Vorstellungsliste ein *Signal* setzt: „Kollege X verletzt Gruppennorm, Interaktion mit ihm lohnt sich nicht!"

Beim nächsten Hilfegesuch reagiert er ärgerlich oder speichert Aggressionen, die er auf geeignete Opfer entlädt. Die programmierte Ärgerreaktion besteht in einer Handlung, die anstelle des Schuldigen auch andere Beteiligte des Interaktionsprozesses bestraft. Eine durchaus realistische Annahme, wie es scheint.

Um den dynamischen Ablauf des Interaktionsprozesses noch deutlicher hervorzuheben, soll im folgenden die Programmierung des ersten Gesetzes der Homanschen Theorie skizziert werden. Dieses Gesetz lautet:

„*Wenn in jüngster Vergangenheit für jemanden das Auftreten einer besonderen Reizsituation der Anlaß dafür war, daß seine Handlung belohnt wurde, dann gilt: je ähnlicher die gegenwärtige Reizsituation der vergangenen ist, um so wahrscheinlicher wird er jetzt dieselbe oder eine ähnliche Handlung ausführen*[1]."

Bei der Programmierung dieser Hypothese zeigt sich, daß sie nicht völlig eindeutig ist. Ist jede Bitte um Hilfe eine besondere Reizsituation, oder nur, wenn Kollege X um Hilfe bittet oder, noch eingeschränkter, wenn X in einem bestimmten Kontext um Unterstützung ersucht? Im Programm wurde das Problem durch die Unterteilung in zwei Entscheidungen gelöst. Der Konsultierte fragt zuerst, ob seine frühere Reaktion (Unterstützung) auf die Reizsituation (Hilfegesuch) ihm in der Vergangenheit Belohnung eingebracht hat. Bei der Beantwortung dieser Frage sucht ein Unterprogramm eine Gedächtnisliste ab, ob die gegenwärtige Situation darin enthalten ist. Erst wenn dieser Suchprozeß erfolgreich abgeschlossen ist, wird die nächste Frage untersucht: Wurde die Unterstützung des Kollegen X, der sich gerade wieder mit einer Bitte meldet, in der Vergangenheit von ihm belohnt? Dazu muß der Konsultierte tiefer in seinem Gedächtnis suchen. Das dafür vorgesehene Unterprogramm verweist auf die entsprechenden *Imagolisten*, sucht die zutreffende Liste mit den Angaben über den Bittsteller heraus, prüft, ob dieser schon einmal um Hilfe gebeten hatte, und ob die gewährte Hilfe entsprechend gewürdigt wurde. Wenn alle diese Such- und Prüfvorgänge eine positive Antwort erbrachten, wird aus einer Aktivitätsliste diejenige Handlung ausgewählt, die in der Vergangenheit bei den Interaktionen mit diesen Kollegen die größte Belohnung erbrachte.

Ohne die Programmierung dieser Theorie vollständig darzustellen, kann schon jetzt ein wesentliches Ergebnis festgehalten werden: Bei der Programmierung umgangssprachlich formulierter Theorien stößt man oft auf Unklarheiten. Erst durch die Situation kommen die vielen detaillierten Erfordernisse zur Geltung, die selbst schon in einem so einfachen Interaktionsprozeß berück-

---

[1] Gullahorn, J. T., and J. E. Gullahorn: **1963,** S. 237.

sichtigt werden müssen. In diesem Programm sind z. B. für die Bestimmung der Reaktion auf einen Reiz etwas über tausend Operationen notwendig. Die Autoren schätzen den Aufwand für eine Gruppe von fünf oder sechs Personen auf 4000 bis 10 000 Operationen, um jede Interaktionseinheit und ausgeführte Tätigkeit zu bestimmen[1].

Ein systematischer Vergleich der Simulationsergebnisse mit menschlichem Verhalten wurde noch nicht durchgeführt, jedoch ist ein Gültigkeitstest mit Interaktionen zwischen menschlichen und programmierten Aktoren geplant. Bei Vergleichen mit einfachen Experimenten der Kleingruppenforschung wurden die Annahmen des Simulationsmodells bestätigt.

Um die Bedeutung der Computersimulation in einer stärker theoretisch orientierten Soziologie richtig einzuschätzen, sind einige Vorbemerkungen über die Praxis der soziologischen Forschung und Theorienbildung nötig. Erst in letzter Zeit treten Probleme des sozialen Wandels, des Ablaufs von sozialen Prozessen in den Vordergrund wissenschaftlichen Interesses. Ein erheblicher Teil der theoretischen Arbeiten beschränkt sich auch heute noch auf die Zuordnung von sozialen Phänomenen zu Idealtypen oder auf die Entwicklung von Klassifikationsschemen. Die Statik dieser Begriffe kann vielen sich im Zeitablauf ändernden sozialen Phänomenen nicht gerecht werden; mehrdeutige oder ungenau definierte Begriffe sind eine schwer zu vermeidende Folge.

In dieser Situation eröffnet die Programmierung soziologischer Theorien neue Möglichkeiten der Darstellung theoretischer Sätze. Das bezieht sich vor allem auf dynamische soziale Strukturen, die Gesetzmäßigkeiten klar erkennen lassen. Ob die Entwicklung solcher Theorien eine vordringliche Aufgabe der Soziologie sein soll, darüber gibt es sehr unterschiedliche Auffassungen unter Soziologen. Die programmierte Theorie in Form eines Simulationsmodells bietet jedenfalls die Vorteile der Systematik und Vergleichbarkeit, erlaubt jedoch zusätzlich durch die schrittweise Art der Verarbeitung im Computer auch die Formulierung sehr komplexer, dynamischer Modelle. Allein schon die sequentielle Verarbeitung eines Programms im Computer weist eine Ähnlichkeit zum dynamischen Ablauf sozialer Prozesse auf.

3. Simulation von Präsidentschaftswahlen

Ein Gebiet, das sich fraglos für die Anwendung von Simulationsmodellen eignet, ist die Soziologie politischer Wahlentscheidungen; die hier stattfindenden Prozesse sind außerordentlich dynamisch, werden seit Jahren intensiver erforscht und lassen eine ganze Reihe empirisch bestätigter Gesetzmäßigkeiten erkennen[2].

---

[1] GULLAHORN, J. T., and J. E. GULLAHORN: **1965**, S. 444.

[2] Neben dem hier besprochenen Projekt SIMULATICS gibt es eine Reihe weiterer Projekte zur Simulation politischer Wahlen. Hier verdienen insbesondere zwei Projekte erwähnt zu werden:
1. Ein Wahlmodell, das die individuelle Wahlentscheidung in einem Drei-Phasen-Prozeß zu simulieren versucht: Simulations-, Diskussions- und Lernphase bestimmen hierbei die Wahlentscheidung sozialisierter Individuen; dieses Modell ist in zwei Veröffentlichungen beschrieben [48, 55].
2. Ein Modell zur Simulation von kommunalen Referenda, das sich auf einer

Die folgenden Ausführungen beschreiben ein Simulationsmodell aus diesem Gebiet.

Das Projekt SIMULATICS, das hier kurz skizziert werden soll, illustriert eine Anwendung der Simulation im politischen Bereich [71, 72, 74]. Es diente in erster Linie als Planungshilfe im Wahlkampf des demokratischen Kandidaten Kennedy gegen den Republikaner Nixon während der amerikanischen Präsidentschaftswahlen 1960. Dieses Simulationsmodell wurde mit der Absicht konstruiert, das Wahlverhalten der amerikanischen Wähler aufgrund von Meinungsumfragen und vorhandener sozialstatistischer Unterlagen nachzuahmen. Dabei galt es, jene Wahlkampfstrategien herauszufinden, die für Kennedy ein optimales Wahlergebnis bringen konnten.

In den ersten Anlaufphasen des Wahlkampfes stellte sich heraus, daß die katholische Konfessionszugehörigkeit des Kandidaten Kennedy eine entscheidende Einflußgröße auf das Wahlverhalten werden könnte. Hauptaufgabe der Simulation war daher die rasche Bestimmung der Auswirkungen zweier Wahlkampfstrategien auf die Öffentlichkeit (und einige kleine, aber strategisch bedeutsame Gruppen der Öffentlichkeit): Offene Bekämpfung des antikatholischen Vorurteils — Kennedy neigte zu dieser Strategie — oder völliges Ignorieren der Konfessionsfrage.

Das Projekt war von Anfang an nicht auf die Voraussage des Wahlsiegers, sondern auf die politisch bedeutsamere Ermittlung von Trends und deren mögliche Beeinflussung gerichtet. Zu diesem Zweck wurden zunächst alle verfügbaren Daten der letzten Jahre gesammelt, nach ihrer Brauchbarkeit ausgewählt und dann geordnet. Dazu stand eine Bibliothek mit auf Lochkarten gespeicherten Ergebnissen von Meinungsumfragen aus den Jahren 1952 bis 1958 zur Verfügung. Als brauchbar erwiesen sich insgesamt die Ergebnisse von 50 bundesweiten Umfragen mit etwa 100 000 einzelnen Interviews. Die Organisation und Abspeicherung dieser Datenmenge auf Magnetbändern brachte besondere Probleme mit sich und nahm etwa ein Jahr in Anspruch.

Zum Aufbau der Datenbank, die einen schnellen Zugriff zu Daten über kleine, jedoch bedeutsame Untergruppen der Gesamtbevölkerung ermöglicht, wurden die Wähler der USA zunächst in sozialstatistische Gruppen unterteilt. Selbstverständlich wurde die Einteilung der Gruppen nach solchen Merkmalen getroffen, die einen möglichst großen Einfluß auf das Wahlverhalten haben, also beispielsweise Geschlecht, sozio-ökonomischer Status, Religion, Hautfarbe, geographische Region und Stadtgröße. Aufgrund dieser Unterscheidung ergaben sich 480 verschiedene Bevölkerungsgruppen. Für jede dieser 480 Gruppen wurde eine Reihe von politischen Einstellungen erfaßt, beispielsweise Parteineigung, früheres Wahlverhalten, Einstellung zum Isolationismus, zur Bürgerrechtsfrage, zur Sozialgesetzgebung und zur Außenpolitik. Mit insgesamt 52 solcher Variablen wurde ein breiter Bereich möglicher politischer Einstellungen erfaßt. In die einzelnen Zellen der sich daraus ergebenden 480 · 52 Matrix wurden die Häufigkeitsverteilungen der Umfrageergebnisse eingetragen. Ein schwieriges Problem

---

anspruchsvollen Stufe um eine theoretische Klärung der Abhängigkeit der Wahlentscheidung von Art und Ausmaß der Sozialisierung der Individuen, der Kommunikationsmuster innerhalb der Kommune, dem Inhalt der Kommunikation und einer Reihe demographischer Merkmale bemüht. Dieses Modell ist in [2] beschrieben.

war dabei die Vereinheitlichung der Ergebnisse von nicht immer völlig gleichen Fragestellungen in den Umfragen.

Zur Simulation der Auswirkungen der beiden Wahlkampfstrategien auf das Wahlverhalten der 480 Bevölkerungsgruppen mußten die Zusammenhänge in einem Modell präzisiert werden. In dieses Modell gingen sozialwissenschaftliche Theorien ein — besonders eine Theorie über Entscheidungen des Wählers, der einander widersprechender Einflüsse ausgesetzt ist —, aber auch Alltagserfahrungen und mehr oder weniger plausible Schätzwerte. Das Modell beschreibt einen Wahlkampf, bei dem nur zwei Faktoren eine Rolle für das Wahlverhalten spielen: die Parteineigung bei früheren Wahlen und die Einstellung zu einem katholischen Präsidenten.

Bei diesem vereinfachten Modell war es offensichtlich, daß viele Unterschiede in den Einstellungen der Bevölkerungsgruppen für das Wahlverhalten nicht direkt relevant waren: Nicht für jede Gruppe mußte in einer eigenen Gleichung deren zukünftiges Wahlverhalten zum Ausdruck gebracht werden. Neun typische Muster des Wahlverhaltens (Gleichungen) wurden gewonnen, indem die Wähler nach Konfession (protestantisch, katholisch, andere) und Parteineigung (republikanisch, demokratisch, unabhängig) eingeteilt wurden. Eine weitere Reduktion auf *fünf Wählertypen* ließ sich deswegen durchführen, weil einige Typen in dem vereinfachten Modell starke Gemeinsamkeiten aufwiesen.

Zunächst könnte der Eindruck entstehen, die Reduktion des komplexen Systems auf zwei Wahlkampfstrategien und fünf Gleichungen bedeute einen Verzicht auf die Intention, tatsächliches Verhalten zu simulieren. Das Gegenteil ist jedoch der Fall. Das Simulationsergebnis erwies sich als außerordentlich leistungsfähig, gerade wegen der Beschränkung auf die wesentlichen Einflußfaktoren. Zweifellos war dafür ein umfangreiches Datenmaterial, das den Prozeß der politischen Meinungsbildung über einen längeren Zeitraum zum Ausdruck brachte, eine wesentliche Vorbedingung, denn die Interpretation einer Meinungsumfrage im Lichte früherer Umfrageergebnisse ergibt eine tiefere Einsicht in den prozeßhaften Charakter des politischen Geschehens.

Zwei Beispiele sollen die erwähnten typischen Muster des Wahlverhaltens verdeutlichen. Das vermutliche Wahlverhalten der protestantischen Republikaner konnte recht einfach ermittelt werden. Für diese Gruppe ergab sich der Prozentsatz der Kennedywähler (W_K) aus dem Anteil der Wähler, die bei der Präsidentschaftswahl 1956 demokratisch gewählt hatten (P_{56}), abzüglich der potentiellen Nichtwähler (P_{35}). Analog erfolgt die Bestimmung des Wähleranteils für NIXON (W_N).

$$(1\,a) \quad W_K = P_{56}\,(1 - P_{35})$$

$$(1\,b) \quad W_N = Q_{56}\,(1 - P_{35})$$

Komplizierter war es, eine plausible Hypothese für das Wahlverhalten der protestantischen Demokraten und Unabhängigen zu finden. Einerseits wählten sie traditionell demokratisch, andererseits neigte ein Teil von ihnen aufgrund einer antikatholischen Haltung dazu, den Einzug eines Katholiken ins Weiße Haus abzulehnen.

Mit Hilfe des Computers wurde der Prozentsatz der Personen mit stark antikatholischer Einstellung errechnet. Von dieser Wählergruppe wurde angenommen, daß sie bei dieser Wahl zu den Republikanern überwechseln würde. Ferner ging man davon aus, daß der Konflikt den Anteil der Nichtwähler vergrößern würde. Mangels geeigneter Daten schätzte man auf eine verdoppelte Wahlenthaltung. Da jedoch bei der Präsidentschaftswahl 1956 das Imago Eisenhowers eine starke Rolle gespielt hatte und diese Wahl die Parteineigung nur verzerrt wiedergibt, mußte für die protestantischen Demokraten und Unabhängigen die Kongreßwahl 1958 als Ausgangsbasis herangezogen werden. Der Prozentsatz der Kennedywähler (W_K) bei diesem Wählertyp ergab sich somit aus dem Prozentsatz der Wähler, die 1958 demokratisch gewählt hatten (P_{58}), abzüglich der ausgeprägten Antikatholiken (a) und der verdoppelten Zahl von Nichtwählern ($2 \cdot P_{35}$). Entsprechend erfolgt die Berechnung der Nixonwähler (W_N).

$$(2\,\mathrm{a}) \quad W_K = (P_{58} - a)\,(1 - 2\,P_{35})$$

$$(2\,\mathrm{b}) \quad W_N = (Q_{58} + a)\,(1 - 2\,P_{35})$$

Auf ähnliche Weise wurde das vermeintliche Wahlverhalten der restlichen drei Wahltypen bestimmt.

Die eigentliche Simulation bestand nun in der Zuordnung der 480 Bevölkerungsgruppen zu den fünf Wählertypen und in der Errechnung der Wahlstimmen für die beiden Kandidaten unter Benutzung der Daten und des Parameterwertes. Wegen des amerikanischen Wahlsystems bei Präsidentschaftswahlen interessierten in erster Linie die Ergebnisse in den einzelnen Bundesstaaten. Im Modell wurde jeder einzelne Staat durch den jeweiligen Anteil der verschiedenen Bevölkerungsgruppen repräsentiert. Die Auswirkung der beiden Wahlkampfstrategien auf das Verhalten in einem Bundesstaat ergab sich somit aus dem proportionalen Anteil der Bevölkerungsgruppen und der diesen zugeordneten Wählertypen.

Das Ergebnis des Simulationsprojektes bestand in einer Rangordnung von 32 Staaten nach der Nützlichkeit der beiden Wahlkampfstrategien in diesen Staaten. (Von den Südstaaten wurde wegen der dort herrschenden besonderen Rolle der Demokratischen Partei abgesehen.) Der Korrelationskoeffizient zwischen simuliertem und tatsächlichem Wahlergebnis betrug 0,82, ein für diese Zwecke sehr befriedigendes Ergebnis.

Der weite potentielle Anwendungsbereich solcher Simulationsmodelle wird durch die notwendigen organisatorischen Voraussetzungen eingeschränkt: Das Beispiel der Wahlsimulation zeigt den riesigen Datenbedarf, der dann benötigt wird, wenn die Simulation nicht von irgendwelchen idealen Systemzuständen oder spekulativen Gesetzen, sondern von existierenden Systemen in ihrer ganzen Mannigfaltigkeit ausgeht. In vielen möglichen Anwendungsfällen liegen die Daten für die Beschreibung des Systemzustandes und der Systementwicklung nicht vor. Eine kurzfristig durchgeführte Erhebung kann keine Abhilfe schaffen, denn für die Gewinnung konkreter und überprüfbarer Hypothesen über den Systemwandel, über Veränderungen der sozialen Verhaltensweisen reicht eine der üblichen Querschnittsuntersuchungen nicht aus [61]. Auf diese Anforderungen ist die traditionelle Organisation der Wissenschaften in den seltensten Fällen eingestellt[1].

Erschwerend kommt hinzu, daß bei der Durchführung eines derartigen Projekts der Einsatz eines großen Computers erforderlich ist. Für die Organisation der umfangreichen Datenarchive ist der Computer ein unentbehrliches Hilfsmittel. Nur dann können die Daten so abgespeichert werden, daß in kurzer Zeit die gewünschten Informationen identifiziert werden und in verarbeiteter Form zur Verfügung stehen.

Insbesondere die Wahlkampfsimulation ist auf schnell arbeitende Computer mit umfangreichen Peripheriespeichern angewiesen, denn die Simulation kann erst relativ kurz vor der Wahl anlaufen, da die unmittelbar vor oder während des Wahlkampfes sich abzeichnenden Entwicklungen berücksichtigt werden müssen.

4. Simulation der Stadtentwicklung

Die zahlreichen Möglichkeiten, die der Einsatz des Computers für die Lösung praktischer Probleme der Sozialforschung bietet, sind heute noch kaum abzusehen. Das nun folgende Beispiel beschäftigt sich mit einem Simulationsspiel, das zwar in wesentlichen Teilen den soziologischen Simulationsmodellen zuzurechnen ist, sich aber keineswegs darin erschöpft. Dieses Modell wurde ausgewählt, um exemplarisch aufzuzeigen, wie soziologische Erkenntnisse beim Entwurf umfassender problemorientierter Simulationsmodelle berücksichtigt werden können.

Im Gegensatz zur Simulation sozialpsychologischen Verhaltens von Menschen in kleinen Gruppen — wie beispielsweise im Modell HOMUNCULUS verwirklicht — steht die Simulation von sozialen Prozessen in größeren sozialen Systemen vor einem grundlegenden Dilemma:

Die strategisch wesentlichen Entscheidungen innerhalb des Systems lassen sich meist weder aufgrund bestehender Sachzwänge, noch als Folge anerkannten sozialen Verhaltens hinreichend bestimmen; solche Entscheidungen sind außerdem in der Realität häufig systemverändernde Faktoren, die von den Akteuren mehr oder weniger bewußt unter dieser Voraussetzung eingesetzt bzw. akzeptiert werden. Entscheidung und Simulation oder — um populäre Begriffe zu verwenden — Politik und Prognose werden zu interdependenten Größen, und jeder Versuch, das Verhalten solcher Systeme zu simulieren, gerät unweigerlich in den Schnittpunkt von Theorie und Praxis. Das wird besonders deutlich am Beispiel von M. E. T. R. O. (*Michigan Effectuation, Training, and Research Operation*), einem Simulationsspiel der Stadtentwicklung, das RICHARD D. DUKE und seine Mitarbeiter von der *Michigan State University* entwickelten[2]. Aus-

---

[1] So ist es auch sicherlich kein Zufall, daß eines der großen kommerziellen Umfrageinstitute — das Institut für angewandte Sozialwissenschaften (INFAS) in Bad Godesberg — u. W. die einzige Stelle in Deutschland ist, die sich mit der Entwicklung ähnlicher Modelle zur Wahlsimulation praktisch beschäftigt.

[2] Die folgenden Ausführungen basieren insbesondere auf folgender Veröffentlichung: Tri-County Regional Planning Commission: „M.E.T.R.O. Projekt Technical Report No. 5", January 1966, Lansing Michigan, die Vorstudie zu diesem Simulationsspiel wurde unter dem Namen METROPOLIS veröffentlicht: R. D. DUKE, Gaming-

gangspunkt dieses Modells war die Tatsache, daß die zunehmende Bedeutung politischer und sozialökonomischer Gesichtspunkte und die abnehmende Bedeutung rein physischer Merkmale in bezug auf die Stadtplanung auch die Entwicklung neuer Verfahren zur Informierung und Entscheidungsvorbereitung erfordern. Außerdem dürfen sich die Anstrengungen zur Verbesserung der Stadtplanung nicht in der Entwicklung neuer Verfahren erschöpfen, sondern gleichzeitig muß darauf geachtet werden, daß durch entsprechende Ausbildung und Fortbildung der am Planungsprozeß Beteiligten die personellen Voraussetzungen für eine umfassendere Planung der Stadtentwicklung gewährleistet wird. Beide Anliegen — die Entwicklung neuer Verfahren und die Schaffung geeigneter Ausbildungsinstrumente — gingen als Anforderung beim Entwurf von M. E. T. R. O. in das Simulationsspiel ein.

M. E. T. R. O. weist zwar insofern eine gewisse Ähnlichkeit mit den bekannten Unternehmerspielen auf, als auch hier Menschen in vordefinierten Rollen Entscheidungen zu treffen haben und diese Entscheidungen anschließend als Eingabe in ein Simulationsmodell dienen; andererseits aber besteht bei M. E. T. R. O. zwischen den Spielern nur zum Teil eine Konkurrenzbeziehung, meist jedoch eine sachlich motivierte Aufforderung zur Kooperation, die nach Art und Ausmaß operationell zu erfassen und in das Simulationsmodell einzugeben ist.

Das Simulationsspiel M. E. T. R. O. enthält also zwei miteinander verbundene Subsysteme: die interagierenden Spieler und das eigentliche Simulationsmodell. Diese beiden Subsysteme sollen nun kurz skizziert werden.

Die Spieler verteilen sich auf vier vordefinierte Rollen; diese vier Rollen sind weitgehend an amerikanischen Verhältnissen orientiert:

1. Politiker,
2. Stadtplaner,
3. Grundstücksunternehmer (*land developers*) und
4. Bildungsfachleute.

Jede dieser typischen Rollen ist mit der Lösung konkreter Aufgaben verknüpft. Einige Beispiele mögen das veranschaulichen:

Die *Politiker* treffen Entscheidungen über die Verwendung öffentlicher Mittel für das laufende Jahr; dabei versuchen sie, die dringlichste Nachfrage der Bevölkerung verschiedener Wohnbezirke nach städtischen Diensten zu befriedigen, um dadurch ihre Wiederwahl zu sichern. Bei diesem Bestreben können die Politiker von den Grundstücksunternehmern durch Wahlkampfspenden finanziell unterstützt werden.

Die *Stadtplaner* arbeiten in jedem Jahr ein Entwicklungsprogramm für die folgenden zwei Jahre aus. Dieses Programm wird den Politikern in Form eines

---

Simulation in Urban Research, East Lansing 1964, Michigan-State University. Der methodische Ansatz dieses Modells wird in folgenden Artikeln ausführlicher beschrieben: R. L. Meier, R. D. Duke, Gaming Simulation for Urban Planning, AIP Journal, January 1966, S. 3—17; und P. H. Ray, R. D. Duke and A. Feldt, Gaming-Simulations for Transmitting Concepts of Urban Development, Paper prepared for the 1966 Annual Meetings of the American Sociological Association, September 1, 1966.

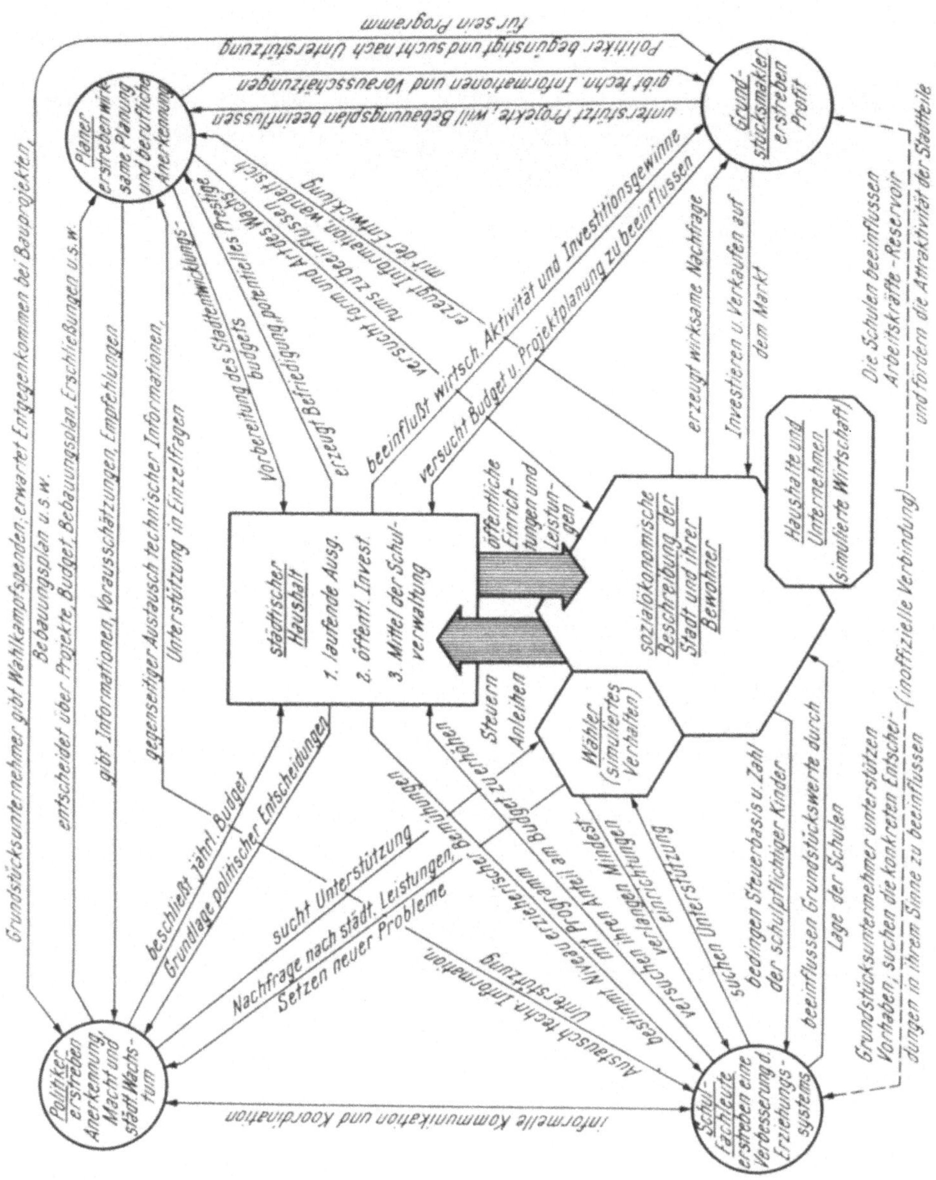

Abb. 26. Team-Matrix für M. E. T. R. O.

Vorschlags unterbreitet. In einigen Einzelfragen tauschen die Stadtplaner mit den Bildungsfachleuten Informationen aus und können sich dadurch gegenseitig unterstützen. Außerdem ist es ihnen auch erlaubt, den Grundstücksunternehmern technische Informationen und Vorausschätzungen zur Verfügung zu stellen.

Die *Grundstücksunternehmer* erwerben mit ihrem Startkapital nach Flächennutzungsarten gesonderte Optionen auf Grund und Boden in verschiedenen Stadtbezirken. Am Ende jedes Jahres findet eine Bilanzierung der erreichten

Nettogewinne statt. Ziel der Grundstücksunternehmer ist die Maximierung ihres Profits. Sie können — wie bereits erwähnt — durch Wahlkampfspenden einzelne Politiker unterstützen.

Die *Bildungsfachleute* versuchen, die städtischen Ausbildungseinrichtungen zu verbessern. Sie weisen die Planer auf bestimmte aus der Zahl der schulpflichtigen Kinder sich ergebende Bedürfnisse hin, tragen den Politikern ihre Wünsche vor und beeinflussen durch den ausgewählten Standort der Schulen auch die Entwicklung der Grundstückspreise in den verschiedenen Stadtbezirken.

Dieser Katalog der Aufgaben und Funktionen für die einzelnen Rollen ist keineswegs vollständig. Er dient lediglich der Illustration. Das vollständige Bild der Interaktionsmöglichkeiten ist Abb. 26 zu entnehmen.

Das eigentliche Stadtgebiet — eine Abstraktion der Stadt Lansing in Michigan — wurde in drei große Bezirke aufgeteilt:

1. den eigentlichen Stadtkern,

2. das Stadtrandgebiet und

3. die Vororte.

Das Gewerbeaufkommen der Stadt wird zu ungefähr gleichen Teilen durch drei große Wirtschaftszweige bestimmt: eine Automobilfabrik, ein Verwaltungszentrum mit Banken und Versicherungen und eine große Gesellschaft, die sich mit Forschungs- und Entwicklungsarbeiten beschäftigt. Die sozialökonomische Zusammensetzung der Wohnbevölkerung der drei Stadtbezirke unterscheidet sich deutlich: Im Stadtkern wohnen hauptsächlich Miethausbewohner, Minderheitsgruppen und ältere Menschen; im Stadtrandgebiet wohnen vornehmlich Arbeiter und mittlere Einkommensgruppen; in den Vororten dagegen findet man hauptsächlich die in der Forschungsindustrie beschäftigten höheren Einkommensgruppen. Die Zuordnung der Spieler zu den einzelnen Stadtbezirken ist Abb. 27 zu entnehmen.

	Stadtkern	Stadtrand-gebiet	Vororte
Politiker	3	1	1
Planer	2	1	1
Grundstücksunternehmer		3	
Bildungsfachleute	2	1	1

Abb. 27. Zuordnung der Spieler zu den Stadtbezirken

Insgesamt sind für M. E. T. R. O. mindestens 16 Spieler notwendig. Nach den einführenden Bemerkungen des Spielleiters treffen sich die Spieler zunächst getrennt nach den einzelnen Stadtbezirken, um die besondere Situation „ihres" Stadtbezirks zu diskutieren und um die zu treffenden Entscheidungen zu beraten. Anschließend treffen sich die Spieler mit der gleichen Funktion in den jeweiligen Entscheidungsgremien: Die Politiker legen den Haushalt für das kommende Jahr fest, die Planer erarbeiten ein Entwicklungsprogramm, die Grundstücksunternehmer kaufen Optionen und die Bildungsfachleute diskutieren den Standort neuer Schulen. Die Entscheidungen und Empfehlungen dieser Teams werden dann abgelocht und dienen als Eingabe in das eigentliche Simulationsmodell, das die Spieler abschließend über die neueste Entwicklung der Stadt informiert; beispielsweise über das Wachstum der Bevölkerung, über das Wachstum des Gewerbeaufkommens, über Veränderungen der Grundstückspreise, über Chancen der Wiederwahl einzelner Politiker usw.

Dann wiederholt sich das Spiel in einem zweiten Zyklus — allerdings unter veränderten Ausgangsbedingungen. Jeder Zyklus soll der Entwicklung eines Jahres entsprechen. Das Spiel wird normalerweise mit 6 bis 9 Zyklen gespielt.

In das Simulationsmodell sind außerdem systemexterne Einflußfaktoren eingebaut, wie beispielsweise der Ausbruch einer bundesweiten Wirtschaftskrise. Um zu verhindern, daß die Spieler von solchen Größen völlig unvorbereitet getroffen werden, stellt das Programm eine „Zeitung" her, die allen Spielern zur Verfügung steht und Andeutungen über solche zukünftigen Ereignisse enthält. Außerdem findet man in der Zeitung auch Informationen über wichtige kommunale Entwicklungen.

Das eigentliche Simulationsmodell enthält als Kernstück eine umfangreiche *Datenbank*, die in feiner räumlicher Gliederung alle verfügbaren Daten über das Stadtgebiet enthält; u. a. findet man in der Datenbank für jede kleinere räumliche Einheit folgende Angaben:

Anzahl der Bewohner,
Fläche des Gebiets,
Anzahl der Gebäude,
Anteil der schlechten und verfallenen Gebäude,
Anteil der vor 1930 gebauten Gebäude,
Altersverteilung der Bevölkerung,
Einkommenverteilung der Bevölkerung,
Berufsprofil der Bevölkerung,
Beschäftigungslage und
viele andere Angaben zur Sozialstruktur der Bevölkerung.

Diese Datenbank wird durch das Simulationsmodell laufend vervollständigt; dabei können die Veränderungen der Variablen in dreifacher Weise bedingt sein:

1. In direkter oder indirekter Abhängigkeit von den Entscheidungen der Spieler;

2. durch vorprogrammierte Bestimmungsgrößen, wie beispielsweise bei einer bundesweiten Rezession;

3. durch direkten Eingriff des Spielleiters.

Die grundlegenden Modelle zur systemimmanenten Veränderung der Variablenwerte sind das Wachstumsmodell und das Distributionsmodell.

Das *Wachstumsmodell* simuliert das Wachstum der Bevölkerung, der Beschäftigtenzahl und des Einkommens. Als Abschluß der einzelnen Zyklen wird dieses Wachstum ermittelt; dadurch wird u. a. auch der Handlungsspielraum für zukünftige Projekte der Stadtentwicklung bestimmt; und zwar gilt das mehr oder weniger direkt für alle typischen Rollen dieses Simulationsspiels.

Innerhalb des Wachstumsmodells wird von folgenden Variablen ausgegangen: Ursprungsbevölkerung, exogene Beschäftigungslage, endogene Beschäftigungslage, ursprüngliche Einkommensverteilung, Ausmaß der Eigentumsbildung, öffentliche Einrichtungen und von einem Wohlfahrtsindex, der mehrere Variablen miteinander verknüpft. Der innere Zusammenhang dieser Variablen und deren Einfluß auf die abhängigen Variablen wird durch eine Reihe von Gleichungen bestimmt, deren Parameter aufgrund multipler Regressionsanalysen mit historischen Daten tatsächlicher Stadtentwicklungen ermittelt werden. Das Wachstumsmodell ist ein Makromodell für die ganze Stadt; die räumliche Verteilung dieser Makrogrößen auf die einzelnen Bezirke der Stadt wird durch das *Distributionsmodell* erledigt.

Das Problem der räumlichen Verteilung von Wachstumsgrößen ist eine der schwierigsten Aufgaben innerhalb der Planung von Stadtentwicklungen, und es wird für diesen Zweck eine ganze Reihe von Verfahren entwickelt[1]. Duke und seine Mitarbeiter übernahmen für diesen Zweck das bereits berühmt gewordene Modell T. O. M. M. (*Time Oriented Metropolitan Model*), das im Rahmen des *Pittsburgh Community Renewal Program* entwickelt und hinsichtlich seiner Gültigkeit überprüft wurde. Dieses Modell gewährleistet eine hohe Sensitivität gegenüber den Entscheidungen und Handlungen der an M. E. T. R. O. teilnehmenden Spieler; es ermittelt die räumliche Verteilung der verschiedenen Flächennutzungsarten, des Angebots von Arbeitsplätzen und der verschiedenen Haushaltstypen. T. O. M. M. bestimmt die räumliche Verteilung der Wachstumsraten unter Berücksichtigung bestehender historischer Wachstumsmuster der vorangegangenen Perioden. Auch die exakten Beziehungen, die diesem Modell zugrunde liegen, sind außerordentlich umfangreich. Auf eine detaillierte Darstellung muß hier leider verzichtet werden.

Im Gegensatz zum Wachstums- und zum Distributionsmodell folgt das Modell zur Simulation des Wahlverhaltens (*Voter Response Model*) bei M. E. T. R. O. einem wahrscheinlichkeitstheoretischen Ansatz. Innerhalb des Modells M. E. T. R. O. gibt es zwei Arten von Wahlen: Einmal die für Politiker und Bildungsfachleute stattfindenden Wahlen von Personen für bestimmte Ämter und zum anderen von Zeit zu Zeit durchzuführende Volksentscheide zu besonders strittigen Problemen. Jeder simulierte Wähler durchläuft einen mehrstufigen Entscheidungsprozeß: Ob er überhaupt wählt oder nicht wählt; ob er bei einem Volksentscheid zu einer bestimmten Frage wählt oder nicht wählt und ob er mit JA oder mit NEIN abstimmt. Jede dieser Entscheidungen wird innerhalb eines Monte-Carlo-Prozesses durch folgende soziale Faktoren mitbestimmt: Durch die zur Wahl stehenden Themen, die Art der Wahl (Bundes-, Landes-, Gemeindewahl oder Referendum), das Bevölkerungsvolumen, den durchschnittlichen Wohlstand, die finanzielle Unterstützung dieser Wahl durch die Grundstücksunternehmer, die Übereinstimmung zwischen den Spielern im Hinblick auf das zur Wahl stehende Projekt und das Verhalten der Kandidaten in der Vergangenheit, sofern über Personen abgestimmt wird. Durch die gesamte Anlage des Spiels ist dafür gesorgt, daß die Politiker sich nicht damit begnügen

---

[1] Eine gute Übersicht der Forschungsarbeiten auf diesem Gebiet findet sich bei G. Ohlsen, Simulation of Urban Growth, Geografiska Annale, Serie D 1. Heft 1966.

können, bei der Befriedigung öffentlicher Interessen nur kurzfristige Überlegungen anzustellen; wenn sie ihr Amt durch eine Wahl nicht verlieren wollen, müssen sie vielmehr die großen Sachprobleme der Stadtentwicklung, die nur während eines längeren Zeitraums zu lösen sind, in Angriff nehmen.

In der gegenwärtigen Version verfügt das Wahlmodell nur über einen außerordentlich beschränkten Gültigkeitsbereich, da Gegenkandidaten nicht berücksichtigt werden können und ein Wahlkampf nicht simuliert wird. Es ist jedoch beabsichtigt, diese Beschränkungen in einem neuen und erweiterten Wahlmodell aufzuheben, das sich weitgehend an der Wahlsimulation des SIMULMATICS-Projektes orientiert.

Ein besonderes Problem entsteht bei diesem Simulationsspiel dadurch, daß die Spieler die Möglichkeit haben müssen, sich rasch über Veränderungen der in der Datenbank gespeicherten Merkmale zu informieren. Umfangreiches, differenziertes Tabellenmaterial hilft hier nicht weiter. Aus diesem Grund wurde das von HOWARD T. FISCHER an der Harvard University entwickelte Programm SYMAP (*Synagraphic Computer Mapping Program*) in M. E. T. R. O. integriert. SYMAP produziert mit Hilfe des Schnelldruckers Karten von räumlich verteilten Merkmalen oder Merkmalskombinationen. Dieses Programm erfreut sich heute bereits einer breiten Anwendung[1]. Wenn diese vom Schnelldrucker „gezeichneten" Karten im Vergleich zu handgezeichneten Karten auch etwas grob erscheinen mögen, so haben sie doch entscheidende Vorteile: sie können rasch und billig hergestellt werden und verschaffen den Spielern einen guten Überblick. Sie können am Ende eines jeden Spielzyklus solche Karten anfordern.

Wenn man das Simulationsspiel M. E. T. R. O. abschließend im Überblick betrachtet, so mag man erhebliche Zweifel an der Gültigkeit einiger Annahmen haben; die Diskussion über die Brauchbarkeit von Mensch-Maschine-Simulationen hat erst begonnen und eine vollständige Ausarbeitung der Problemstellungen, für die diese Form der Simulation ein adäquates Forschungsinstrument ist, muß noch abgewartet werden[2].

Aber man wird nicht bezweifeln können, daß solche Simulationsspiele

1. ein nützliches Instrumentarium zur Schulung im Umgang mit neuen Planungstechniken darstellen,

2. bei den teilnehmenden Spielern häufig das Blickfeld zu berücksichtigender Gesichtspunkte erweitern bzw. fachorientierte Blindheit überwinden helfen,

3. sehr rasch und zuverlässig in die besondere Situation eines bestimmten Gebietes einführen und schließlich auch

4. zur Überprüfung der Angemessenheit einer neuen Planungsorganisation und der Brauchbarkeit neuer Planungsverfahren herangezogen werden können.

---

[1] SYMAP ist in FORTRAN geschrieben. Aufbau und Funktionsweise werden beschrieben von G. FEHL, Karten aus dem Computer, Stadtbauwelt **13,** 1001 ff. (1967). Das Programm selbst kann über DATUM e. V., Bad Godesberg, bezogen werden.

[2] Probleme der Gültigkeit und Zuverlässigkeit von Simulationen diskutiert C. F. HERMANN [44] in Abhängigkeit vom Forschungszweck. Ein Teil dieser Arbeit befaßt sich mit Fragen der Gültigkeit in Simulationen mit menschlichen Teilnehmern.

Vermutlich liegen gerade auf dem Gebiet der praxisbezogenen Forschung in der überschaubaren Zukunft die wesentlichen Anwendungsmöglichkeiten soziologischer Simulationsmodelle. Die Entwicklung der letzten Jahre scheint diese Vermutung zu bestätigen.

Literatur

1. Abelson, R. P.: The Use of Surveys in Simulation. Public Opinion Quarterly **26**, 485—486 (1962).
2. Abelson, R. P., and A. Bernstein: Computer Simulation Model of Community Referendum Controversies. Public Opinion Quarterly **27**, 93—122 (1963).
3. American Management Association, Simulation and Gaming. Management Review, Report **55** (1961).
4. Benson, O.: Simulation of International Relations and Diplomacy. in: H. Borko, *Computer Applications in the Behavioral Sciences*. Englewood Cliffs, N. J.: Prentice-Hall. 1962.
5. Beshers, J. M. (ed.): *Computer Methods in the Analysis of Large-Scale Social Systems*. Proceedings of a Conference Held at the Joint Center for Urban Studies of the Massachusetts Institute of Technology and Harvard University in Cambridge, Massachusetts on October 19—21, 1964.
6. Bloomfield, L. P., and N. Padelford: Three Experiments in Political Gaming, in: American Political Science Review **53**, 1105—1115 (1959).
7. Boguslaw, R., and E. H. Porter: Team Functions and Training, in: R. M. Gagne (ed.), *Psychological Principles in System Development*, S. 387—416. New York: Holt, Rinehart & Winston. 1962.
8. Boguslaw, R., R. H. Davis, and E. B. Glick: National Policy Formation in a Less Armed World. Behavioral Science **11**, 43—61 (1966).
9. Borko, H. (ed.): *Computer Applications in the Behavioral Sciences*. Englewood Cliffs, N. J.: Prentice-Hall. 1962.
10. Borko, H. (ed.): Computer Simulation Toward a Theory of Large Organizations. *Computer Applications in the Behavioral Sciences*. Englewood Cliffs, N. J.: Prentice-Hall. 1962.
11. Brody, R. A.: Some Systemic Effects of the Spread of Nuclear Weapons. Journal of Conflict Resolution **7**, 4, 663—753 (1963).
12. Chadwick, R. W.: Developments in a Partial Theory of International Behavior: A Test and Extension of Inter-Nation Simulation Theory. Ph. D. Thesis, Evanston, Illinois: Northwestern University. 1966.
13. Chadwick, R. W.: *Theory Development through Simulation*, Illinois Institute of Technology, September 1966.
14. Churchman, C. W.: An Analysis of the Concept of Simulation. Behavioral Science **12**, 3 (1967).
15. Clarkson, G. P.: *Portfolio Selection: A Simulation of Trust Investment*. Englewood Cliffs, N. J.: Prentice-Hall. 1962.
16. Coe, R. M.: Conflict, Interference and Aggression: Computer Simulation of a Social Process. Behavioral Science **9**, 2 (1964).
17. Coleman, J. S., and F. Waldorf: *Study of a Voting System with Computer Systems*. Baltimore, Maryland: Johns Hopkins University. 1959.
18. Crane, D.: Computer Simulation: New Laboratory for the Social Sciences. Automation **1962**.
19. Crow, W.: A Study of Strategic Doctrines Using the Inter-Nation Simulation. J. Conflict Resolution **7**, 580—589 (1963).
20. Crow, W., and R. C. Noel: *The Valid Use of Simulation Results*. Unpublished Report for Raytheon Corporation, Western Behavioral Sciences Institute, La Jolla, Calif., 1965.
21. Davis, R. H.: Arms Control Simulation: The Search for an Acceptable Method. J. Conflict Resolution **7**, 590—602 (1963).

22. DAVIS, R. H., and R. A. BEHAN: Evaluating System Performance in Simulated Environments, in: R. M. GAGNE (ed.), *Psychological Principles in System Development*, S. 477—515. New York: Holt, Rinehart & Winston. 1962.
23. DAVIS, R. H., P. B. CARPENTER, and C. W. MISSLER: *A Game for Studying the Problems of Arms Control*, Santa Monica, Calif.: System Development Corporation. 1962, SP-799.
24. DRABEK, T. E., and J. E. HAAS: Realism in Laboratory Simulation: Myth or Method ? Social Forces, in press.
25. DRIVER, M.: *Conceptual Structure and Group Processes in an Inter-Nation Simulation*. Princeton: Princeton University and Educational Testing Service. 1962.
26. DUKE, R. D.: *Gaming-Simulation in Urban Research*. East Lansing, Mich.: Michigan State University. 1964.
27. ELDER and PENDLEY: An Analysis of Consumption Standards and Validator Satisfactions in the Inter-Nation Simulation in Terms of Contemporary Economic Theory and Data, Evanston, Ill.: *Simulated International Processes Project*, Northwestern University. 1966.
28. FEIGENBAUM, E., and J. FELDMAN (eds.): *Computers and Thought*. New York: McGraw-Hill Book Co. 1963.
29. FINDLER, N. V.: An Information Processing Theory of Human Decision Making under Uncertainty and Risk. Kybernetik **3**, 2, 82—93 (1966).
30. GEISLER, M. A.: The Simulation of a Large-Scale Military Activity. Management Science **5**, 3, 250—269 (1959).
31. GREEN, B. F., JR.: *Digital Computers in Research:* An Introduction for Behavioral and Social Scientists, New York: McGraw-Hill Book Co. 1963.
32. GUETZKOW, H.: A Use of Simulation in the Study of Inter-Nation Relations. Behavioral Science **4**, 183—191 (1959).
33. GUETZKOW, H. (ed.): *Simulation in Social Sciences: Readings*. Englewood Cliffs, N. J.: Prentice-Hall. 1962.
34. GUETZKOW, H., C. F. ALGER, R. A. BRODY, R. C. NOEL, and R. C. SNYDER: *Simulation in International Relations*. Englewood Cliffs, N. J.: Prentice-Hall. 1963.
35. GULLAHORN, J. T., and J. E. GULLAHORN: A Computer Model of Elementary Social Behavior. Behavioral Science **8**, 354—362 (1963). Deutsch in: R. MAYNTZ, a. a. O., S. 233—248.
36. GULLAHORN, J. T., and J. E. GULLAHORN: The Computer as a Tool for Theory Development, Studies in General Anthropology II, in: DELL HYMES (ed.), *The Use of Computers in Anthropology*, S. 428—448. London-The Hague-Paris: Mouton & Co. 1965.
37. HARE, A. P.: Computer Simulation of Interaction in Small Groups. Behavioral Science **3**, 261—265 (1961).
38. HAUFF, V.: Simulation sozialer Systeme und politische Alternativen. Atomzeitalter 3, 80—84 (1965).
39. HAUFF, V., und T. LUTZ: Einführung in die Simulationstechnik, in: R. MAYNTZ, a. a. O., S. 143—169.
40. HAYS, D. G.: Simulation: An Introduction for Anthropologists, in: DELL HYMES (Ed.), *The Use of Computers in Anthropology*, S. 402—426. London-The Hague-Paris: Mouton & Co. 1965.
41. HAYTHORN, W. W.: Simulation in RAND'S Logistics Systems Laboratory, in: D. G. MALCOLM (Ed.), *Report of System Simulation Symposium*, S. 77—82. Baltimore: Waverly Press. 1958.
42. HERMANN, C. F.: *Crises in Foreign Policy Making: A Simulation of International Politics*. Ph. D. Dissertation. Evanston: Northwestern University. 1965.
43. HERMANN, C. F.: Games and Simulation of Political Processes. Article prepared for International Encyclopedia of the Social Sciences. 1965.
44. HERMANN, C. F.: Validation Problems in Games and Simulations with Special Reference to Models of International Politics. Behavioral Science **12**, 3 (1967).
45. HERMANN, C. F., and M. G. HERMANN: An Attempt to Simulate the Outbreak of World War I. American political scientific review, in press.

46. Hovland, C. I.: Computer Simulation in the Behavioral Sciences, in: B. Berelson (Ed.), *The Behavioral Sciences Today*, S. 77—88. New York: Basic Books. 1963.

47. Hovland, C. I., and E. B. Hunt: Programming a Model of Human Concept Formulation. Proceedings of the Western Joint Computer Conference **19**, 145—155 (1961).

48. Kirk, J., und J. Coleman: Formalisierung und Simulation von Interaktionen in einer Drei-Personen-Gruppe, in: R. Mayntz, *a. a. O.*, S. 169—191.

49. Kress, P. F.: *On Validating Simulation: With Special Attention to Simulation of International Politics*. Unpublished manuscript, Political Science Dept., Northwestern University, 1965.

50. Laulicht, J.: A Vietnam Peace Game: Computer-Assisted Simulation of Complex Situations in International Relations. Computers and Automation **16**, 3, 14—18 (1967).

51. Mayntz, R.: *Formalisierte Modelle in der Soziologie*. Neuwied-Berlin: Luchterhand Verlag. 1967.

52. McPhee, W. N.: *Computer Models and Social Theory: an Introduction*. Paper presented at the annual Meetings of the American Sociological Association, New York. 1960.

53. McPhee, W. N.: *Formal Theories of Mass Behavior*. Glencoe, Ill.: Free Press. 1963.

54. McPhee, W. N., and R. B. Smith: A Model for Analyzing Voting Systems, in: W. N. McPhee, W. A. Glaser (Eds.), *Public Opinion and Congressional Elections*, New York, 1962.

55. McPhee, W. N., J. Ferguson, and R. B. Smith: Politische Wahlen und Sozialer Einfluß, in: R. Mayntz, *a. a. O.*, S. 191—217.

56. Meier, D. L.: Progress Report: *Event Simulation Project*. Unpublished manuscript, Political Science Department, Northwestern University, 1963.

57. Meier, R. L.: Explorations in the Realm of Organization Theory IV: The Simulation of Social Organizations. Behavioral Science **6**, 3, 232—242 (1961).

58. Meier, R. L., and R. D. Duke: Gaming Simulation for Urban Planning. AIP Journal **1966**, 3—17.

59. Nardin, T.: *An Inquiry into the Validity of a Simulation of International Relations*. Unpublished manuscript, Political Science Dept., Northwestern University, 1965.

60. Noel, R. C.: Inter-Nation Simulation Participants, in: H. Guetzkow et al. *Simulation in International Relations:* Developments for Research and Teaching, S. 43—68. Englewood Cliffs, N. J.: Prentice-Hall. 1963.

61. Orcutt, G. H.: Data Needs for Computer Simulation of Large-Scala Social Systems. in: J. M. Beshers (Ed.), *a. a. O.*, S. 189—198.

62. Orcutt, G. H., M. Greenberger, J. Korbel, and A. Rivlin: *Microanalysis of Socioeconomic Systems: A Simulation Study*. New York: Harper and Row, Publishers, Inc. 1961.

63. Orcutt, G. H., M. Greenberger, J. Korbel, und A. Rivlin: Ein demographisches Simulationsmodell, in: R. Mayntz, *a. a. O.*, S. 217—232.

64. Pruitt, D. G.: *Some Comments on the Use of Simulation in the Study of International Relations*. Paper presented at the Symposium on Psychology and International Relations. Washington, D. C.: Georgetown University. 1964.

65. Ray, P. H., R. D. Duke, and A. Feldt: *Gaming Simulations for Transmitting Concepts of Urban Development*. Paper prepared for the 1966 Annual Meetings of the American Sociological Association. Sept. 1966.

66. Reitman, W. R.: Heuristic Programs, Computer Simulation, and Higher Mental Processes. Behavioral Science **4**, 330—335 (1959).

67. Rome, S. C., and B. K. Rome: The Leviathan Technique for Large-Group Analysis. Behavioral Science **6**, 148—152 (1961).

68. Rowan, J. C.: Simulation in Air Force System Training, in: D. G. Malcolm (Ed.), *Report of Systems Simulation Symposium*, S. 83—87. Baltimore: Waverley Press. 1958.

69. Smith, R. D., and P. S. Greenlaw: Simulation of a Psychological Decision Process in Personnel Selection. Management Science **13**, 8, 409—419 (1967).
70. de Sola Pool, I.: Simulation Social Systems. International Science and Technology, **1964**, S. 62—70.
71. de Sola Pool, I., and R. Abelson: The Simulatics Project, in: H. Guetzkow (Ed.), *a. a. O.*, S. 70—81.
72. de Sola Pool, I., R. Abelson, and S. Popkin: A Postscript on the 1964 Election. The American Behavioral Scientist **8**, 9 (1965).
73. de Sola Pool, I., and A. Kessler: The Kaiser, The Tsar, and The Computer: Information Processing in a Crisis. The American Behavioral Scientist **8**, 9 (1965).
74. de Sola Pool, I., R. P. Abelson, and S. Popkin: *Candidates Issues and Strategies: A Computer Simulation of the 1960 and 1964 Presidential Elections.* Cambridge, Massachusetts: The M.I.T. Press. 1965.
75. Stefflre, V.: Simulation of People's Behavior towards New Objects and Events. The American Behavioral Scientist **8**, 9 (1965).
76. Stone, P. J., R. F. Bales, J. Z. Namenwirth, and D. M. Ogilvie: The General Inquirer: A Computer System for Content Analysis and Retrieval Based on the Sentence as an Unit of Information. Behavioral Science **7**, 484—498 (1962).
77. Sweetland, A., and W. W. Haythorn: An Analysis of the Decision-Making Functions of a Simulated Air Defense Direction Center. Behavioral Science **6**, 2, 105—116 (1961).
78. Targ, H. R., and T. Nardin: *The Inter-Nation Simulation as a Predictor of Contemporary Events.* Unpublished manuscript, Political Science Dept., Northwestern University, Aug. 1965.
79. Thorelli, H. B., and R. L. Graves: *International Operations Simulation.* New York: Free Press. 1964.
80. Tri-county Regional Planning Commission, M.E.T.R.O. Project Technical Report No. 5, Lansing, Michigan, 1966.
81. Zinnes, D. A.: A Comparison of Hostile Behavior of Decision-Makers in Simulated and Historical Data. World Politics **18**, 474—502 (1966).

B. Simulation von Nachrichtenvermittlungssystemen

Von

M. Huber und W. Wagner

1. Einleitung

Zu den Nachrichtenvermittlungssystemen rechnen neben dem *Fernsprechnetz* auch das *Fernschreibnetz* und weitere bereits bestehende und zukünftige Datennetze. Da ein Vermittlungssystem im Mittel meist nur von einem Teil der angeschlossenen Teilnehmer gleichzeitig beansprucht wird, sind bei seiner Auslegung erhebliche Einsparungen an Leitungen, Schaltgliedern und Steuerungsaufwand möglich. Wenn jedoch die in der Zeiteinheit einfallenden Vermittlungswünsche der Teilnehmer, kurz *Rufe*, statistisch um einen Mittelwert schwanken, ist dabei nicht ausgeschlossen, daß ein Ruf aus Mangel an geeigneten freien Leitungen nicht sofort vermittelt werden kann. In einem *Verlustsystem* wird ein solcher Ruf abgewiesen (Besetztzeichen), während in einem *Wartesystem* der Vermittlungswunsch gespeichert und bei einer sich bietenden Gelegenheit automatisch ausgeführt wird. Bei einem Teilnehmerverkehr gegebener statistischer Eigenschaften müssen bestimmte Gütewerte für die Wahrscheinlichkeit, daß ein Ruf zu Verlust geht bzw. für die Wartewahrscheinlichkeit und für die Dauer des Wartens eingehalten werden. Die Bestimmung der Verkehrsgüte von Vermittlungssystemen ist Aufgabe der Verkehrstheorie. Die Untersuchungen beziehen sich dabei auf die sogenannten Koppelanordnungen, worunter ganz allgemein Vermittlungseinrichtungen zu verstehen sind, bei denen Verbindungen zwischen je einer Zubringerleitung und einer Abnehmerleitung hergestellt werden können. Bereits belegte Leitungen stehen für weitere Verbindungen nicht zur Verfügung, es können aber in einer Koppelanordnung mehrere Verbindungen gleichzeitig bestehen.

Die exakte Berechnung der Verkehrsgüte führt in den meisten praktischen Fällen zu linearen Gleichungssystemen von so hohem Rang, daß die Auswertung mit vorhandenen Rechenautomaten nicht mehr möglich ist. Die Verkehrstheorie bemüht sich daher um *Näherungslösungen* mit herabgesetztem Rechenaufwand. Die Genauigkeit dieser Näherungslösungen muß durch Verkehrsmessungen an den untersuchten Koppelanordnungen überprüft werden. Ebenso sind Verkehrsmessungen immer dann erforderlich, wenn theoretisch begründete und auswertbare Lösungen noch ausstehen. Messungen an ausgeführten Koppelanordnungen, denen natürlicher Verkehr angeboten wird, sind mit drei Nachteilen verknüpft. Im Hinblick auf eine ausreichende statistische Aussagesicherheit der Meßergebnisse muß sich eine Messung bei natürlichem Verkehr meist über viele Tage erstrecken. Mit dieser Langwierigkeit verbunden ist die Gefahr, daß der angebotene natürliche Verkehr aufgrund von äußeren Einflüssen auf das Teilnehmerverhalten nicht stationär bleibt. Stationärer Verkehr mit zeitlich konstantem Mittelwert muß aber zweckmäßigerweise sowohl bei theoretischen Lösungsansätzen als auch beim Vergleich verschiedener Koppelanordnungen vorausgesetzt werden. Schließlich eignet sich das Verfahren der nachträglichen Messung schlecht für Planungsaufgaben, bei denen verschiedene Koppelanordnungen vor der eigentlichen Ausführung untersucht werden müssen.

Der erste Schritt in Richtung auf zeitraffende Verkehrsmessungen unabhängig von natürlichem Verkehr führte zum Bau von *Verkehrsmaschinen*. Künstlich erzeugter Verkehr bestimmter statistischer Eigenschaften wirkt auf ein nachgebautes Modell einer Koppelanordnung. Es handelt sich hierbei um einen schnellen spezialisierten Rechenautomaten, der bei teurer Einzelanfertigung für andere Verwendungszwecke nicht geeignet ist. Auch ist der Rahmen der untersuchbaren Arten von Koppelanordnungen bei einer einmal gebauten Verkehrsmaschine eingeschränkt. Nach dem Durchbruch der universellen speicherprogrammierbaren Ziffernrechenautomaten ging man dazu über, sowohl die Erzeugung von Verkehr als auch die Verkehrsabwicklung in einer Koppelanordnung künstlich nachzubilden, d. h. zu *simulieren,* und als "*soft-ware*" in Form eines Programms einer Rechenanlage einzugeben. Es ist sogar üblich, diese Programme in einer problemorientierten Formelsprache, z. B. ALGOL, abzufassen. Damit steht für die Untersuchung von Koppelanordnungen in Vermittlungssystemen ein heute vielbenutztes Hilfsmittel zur Verfügung, das im Gegensatz zu Messungen an natürlichem Verkehr nicht nur zeitraffend ist, sondern neben einer großen Flexibilität auch den Vorzug eines stationären, jederzeit reproduzierbaren Verkehrs hat.

2. Künstlicher Verkehr

Vor der Beschreibung der Verfahren zur Erzeugung von künstlichem Verkehr auf einem Ziffernrechenautomaten seien einige wichtige Definitionen vorausgeschickt [7]. Der Zahlenwert des Verkehrs auf einem Leitungsbündel, die Belastung Y, ist durch die Zahl der im Mittel gleichzeitig vorhandenen Belegungen gegeben. Zu Ehren des dänischen Verkehrstheoretikers A. K. ERLANG (1878 bis 1929) hat der Verkehrswert die dimensionslose Einheit Erlang. Der über eine Koppelanordnung an ein Leitungsbündel angebotene Verkehr wird als Angebot A bezeichnet und ebenfalls mit der Einheit Erlang versehen. Nur in Wartesystemen sind Angebot A und Belastung Y gleich, sofern Teilnehmerverzichte infolge zu langer Wartezeit ausgeschlossen werden. In Verlustsystemen, in denen ein einfallender Ruf mit der Verlustwahrscheinlichkeit B abgewiesen wird, gilt

$$A = \frac{Y}{1 - B} \tag{1}$$

In Verlustsystemen ist demnach das Angebot größer als die Belastung und entspräche einem Verkehr, der sich bei verlustfreier Vermittlung ergäbe.

Bei der Simulation von künstlichem Verkehr wird sehr häufig sogenannter *reiner Zufallsverkehr 1. Art* verwirklicht. Er ist durch zwei Eigenschaften gekennzeichnet [3]:

a) Die Wahrscheinlichkeitsdichte für den Einfall eines Rufes ist konstant und damit unabhängig von der Vorgeschichte und dem augenblicklichen Belegungszustand der Koppelanordnung. Dies bedeutet, daß die Einfallabstände der Rufe, kurz Anrufabstände, negativ exponentiell um einen Mittelwert a_m verteilt sind. Die Wahrscheinlichkeit, daß während der infinitesimal kleinen Beobachtungszeit dt ein Ruf einfällt, beträgt dann

$$w_a = \frac{dt}{a_m} \tag{2}$$

b) Die Wahrscheinlichkeitsdichte für das Enden einer Belegung ist ebenfalls konstant und damit unabhängig davon, wie lange die betreffende Belegung schon bestanden hat. Die Belegungsdauern sind deshalb negativ exponentiell um einen Mittelwert t_m verteilt. Es ist

$$w_e = \frac{dt}{t_m} \tag{3}$$

die Wahrscheinlichkeit, daß eine bestimmte Belegung in der infinitesimal kleinen Zeit dt endigt.

Mit der ersten Eigenschaft kann die Vorstellung verknüpft werden, daß das Verkehrsangebot von unendlich vielen, voneinander unabhängigen Verkehrsquellen erzeugt wird. Wegen der unendlichen Quellenzahl wirken sich die momentan an einer Verbindung beteiligten Verkehrsquellen, von denen vorübergehend keine Rufe zu erwarten sind, nicht angebotsmindernd aus. Auf den Fall *endlicher* Quellenzahl wird später noch eingegangen. Wird das gesamte Verkehrsangebot in Form von Teilangeboten über eigene Teilgruppen an eine Koppelanordnung herangeführt, so sind wegen der gegenseitigen Unabhängigkeit der Verkehrsquellen auch die Teilangebote voneinander unabhängig. Zusammen mit der zweiten Eigenschaft negativ exponentiell verteilter Belegungsdauern liegt ein Verkehrsmodell vor, das in vielen Fällen gute Übereinstimmung mit der Wirklichkeit hat. Auf den Fall konstanter Belegungsdauer, der bei Inanspruchnahme von Geräten mit fester Arbeitszeit vorliegt, wird ebenfalls noch eingegangen. Es folgen zwei grundsätzliche Verfahren zur Erzeugung von künstlichem Verkehr auf einem Ziffernrechenautomaten.

2.1. Das Verfahren mit Ruf- und Endezahlen

Das Verfahren mit Ruf- und Endezahlen [3, 5, 9, 10, 16] verwirklicht die Übergangswahrscheinlichkeiten zwischen diskreten Zuständen, die durch bestimmte Muster von belegten Leitungen in einer Koppelanordnung gegeben sind. Übergänge können bei einem Ruf- oder Endeereignis auftreten. Es wird eine zufällige Folge von Ruf- und Endeereignissen erzeugt, wobei die Wahrscheinlichkeiten für das Eintreten dieser Ereignisse vorgegeben sind (*Monte-Carlo-Methode*). Bei einer Verkehrssimulation mit Ruf- und Endezahlen können relative Häufigkeiten als Schätzwerte für gesuchte Wahrscheinlichkeiten gemessen werden. Zeitmessungen sind nicht möglich, da bei diesem Verfahren kein Zeitmaßstab verwendet wird. In [3] wird für reinen Zufallsverkehr 1. Art allgemein gezeigt, daß die nachfolgend beschriebene Verkehrsnachbildung mit Ruf- und Endezahlen zu einem Differenzengleichungssystem für die Zustandswahrscheinlichkeiten führt, das die gleiche stationäre Lösung hat wie ein Differentialgleichungssystem, das für reinen Zufallsverkehr 1. Art mit den Eigenschaften (2) und (3) aufgestellt werden kann.

2.1.1. Reiner Zufallsverkehr 1. Art

Gegeben sei eine Koppelanordnung mit g Teilgruppen und n Abnehmerleitungen. Bei dem angebotenen Verkehr soll es sich um Zufallsverkehr 1. Art handeln, bei dem Anrufabstände und Belegungsdauern negativ exponentiell verteilt sind. Das Zufallsangebot in einer Teilgruppe r mit $r = 1, 2, \ldots g$ sei A_r. Ist $a_{m,r}$ der mittlere Anrufabstand der Teilgruppe r, so bedeutet der Kehrwert $\dfrac{1}{a_{m,r}}$ für diese Teilgruppe die Zahl der in der Zeiteinheit im Mittel eintreffenden Rufe. Die verlustfreie Vermittlung von $\dfrac{1}{a_{m,r}}$ Rufen je Zeiteinheit führt bei einer mittleren Belegungsdauer t_m gerade auf das Angebot der Teilgruppe r

$$A_r = \frac{1}{a_{m,r}} \cdot t_m \tag{4}$$

Für eine Teilgruppe r folgt mit (2), (3) und (4)

$$\frac{w_{a,r}}{w_e} = \frac{dt}{a_{m,r}} : \frac{dt}{t_m} = A_r \tag{5}$$

d. h. die Wahrscheinlichkeit $w_{a,r}$, daß ein Ruf der Teilgruppe r einfällt, ist A_r-mal so groß wie die Wahrscheinlichkeit w_e, daß eine bestimmte Belegung endigt. Es können Pseudo-Zufallszahlen[1] errechnet werden, die bei einem Wertevorrat Z jeden einzelnen Wert mit der gleichen Wahrscheinlichkeit $\dfrac{1}{Z}$ in regelloser Folge annehmen. Ausgehend von den Angeboten A_r und der Abnehmerleitungszahl n zeigt Abb. 28 eine Aufteilung der Zufallszahlen in Intervalle, die jeweils nur die rechte Grenze einschließen mögen.

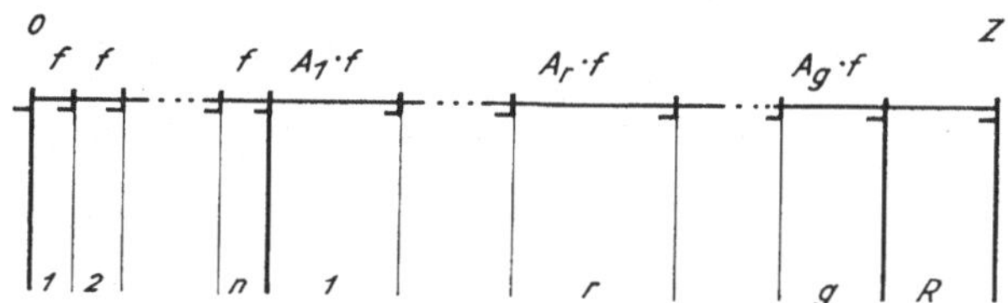

Abb. 28. Intervalleinteilung bei Zufallsverkehr 1. Art

Jeder der n Abnehmerleitungen hinter der Koppelanordnung wird ein Endeintervall mit f Zufallszahlen zugeordnet. Die Wahrscheinlichkeit, daß beim Eintreffen einer Zufallszahl ein Endeereignis für eine bestimmte Abnehmerleitung erzeugt wird, ist einheitlich für alle Abnehmerleitungen $\dfrac{f}{Z}$. Jede Teilgruppe erhält ein Rufintervall mit $f \cdot A_r$ Zufallszahlen. Die Wahrscheinlichkeit, daß aus dieser Teilgruppe ein Ruf einfällt, ist beim Eintreffen einer Zufallszahl gerade $\dfrac{f \cdot A_r}{Z}$. Damit folgt in Übereinstimmung mit (5) für die simulierten Ruf- und Endewahrscheinlichkeiten

$$\frac{f \cdot A_r}{Z} : \frac{f}{Z} = A_r.$$

Der Faktor f ist eine natürliche Zahl, die so gewählt wird, daß sämtliche Rufintervalle auch bei rational gebrochenen Angebotswerten A_r eine ganze Anzahl von Zufallszahlen umfassen und daß das Restintervall R in Abb. 28 möglichst klein wird. Die Intervallgrenzen lassen sich über einen geeigneten Faktor f berechnen und in einer Liste abspeichern, wenn der Wertevorrat Z der Zufallszahlen, die Abnehmerleitungszahl n und die Zufallsangebote A_r je Teilgruppe bekannt sind. Während der Verkehrssimulation wird für jede erzeugte Zufallszahl durch Vergleich mit den Intervallgrenzen festgestellt, in welches Intervall die Zufallszahl gefallen ist. Handelt es sich um das Restintervall R, wird eine neue Zufallszahl errechnet. Im anderen Fall ergibt sich entweder über ein bestimmtes Rufintervall die Teilgruppe, aus der ein Ruf einfällt, oder über ein bestimmtes Endeintervall ein Endeereignis für eine bestimmte Abnehmerleitung. Das Endeereignis zieht eine Freischaltung der Abnehmerleitung nach sich, sofern diese Abnehmerleitung nicht schon frei angetroffen wird.

---

[1] Vgl. P. Roos: *Zufallsgeneratoren*, in diesem Band.

2.1.2. Erweiterung auf Zufallsverkehr 2. Art

Das Verfahren mit Ruf- und Endezahlen kann auch auf sogenannten *Zufallsverkehr 2. Art* ausgedehnt werden [5], bei dem eine *endliche* Zahl von Verkehrsquellen in den Teilgruppen berücksichtigt wird. Hierbei muß in Rechnung gestellt werden, daß von einer Verkehrsquelle, solange sie an einer Verbindung beteiligt ist, kein neuer Ruf ausgehen kann. Diese angebotsmindernde Wirkung kann bei einheitlicher Verkehrsbeteiligung der q_r Quellen einer Teilgruppe r dadurch nachgebildet werden, daß das betreffende Rufintervall in q_r Teilintervalle mit $\dfrac{f \cdot A_r^*}{q_r}$ Zufallszahlen unterteilt und eine bewegliche Intervallgrenze nach Abb. 29 eingeführt wird. Der Faktor f muß die zusätzliche Bedingung erfüllen, daß auch die Teilintervalle sämtlicher Zubringerteilgruppen ganzzahlig sind. Die Zahl der Teilintervalle, um die die bewegliche Intervallgrenze nach links verschoben ist, entspricht der Zahl der belegten Verkehrsquellen. Als Rufereignis in der Teilgruppe r werden nur solche Zufallszahlen gewertet, die in den nicht-schraffierten Bereich von Abb. 29 fallen, während Zufallszahlen im schraffierten Bereich die Berechnung einer neuen Zufallszahl unmittelbar nach sich ziehen. Führt das Rufereignis zu einer Belegung, muß die bewegliche Intervallgrenze um ein Teilintervall nach links versetzt werden. Umgekehrt erfolgt eine Verschiebung um den gleichen Betrag nach rechts, wenn eine Belegung endet, die durch eine Quelle der betreffenden Teilgruppe verursacht worden ist. Bei der Simulation von Zufallsverkehr 2. Art mit endlicher Quellenzahl müssen also die beweglichen Intervallgrenzen in einer zusätzlichen Liste auf dem jeweiligen Stand gehalten und bei der Bestimmung der Rufereignisse berücksichtigt werden.

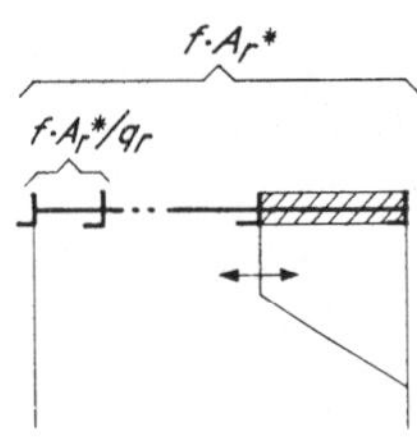

Abb. 29. Rufintervall einer Zubringerteilgruppe bei endlicher Quellenzahl

In Abb. 29 bedeutet A_r^* das maximale Angebot, das von den q_r Quellen erzeugt würde, wenn keine Angebotsminderung stattfände. Ist Y_r die Belastung der Koppelanordnung, herrührend von der Teilgruppe r, so sind im Mittel nur $(q_r - Y_r)$ von den q_r Quellen dieser Zubringerteilgruppe in der Lage, zum tatsächlichen Angebot

$$A_r = A_r^* \cdot \frac{q_r - Y_r}{q_r} \tag{6}$$

beizutragen. In (6) kann Y_r über (1) eliminiert werden. Auflösung nach A_r^* ergibt

$$A_r^* = \frac{A_r \cdot q_r}{q_r - A_r \cdot (1 - B_r)}. \tag{7}$$

Mit (7) kann für jede Teilgruppe r das für die Intervallaufteilung erforderliche maximale Angebot A_r^* bestimmt werden, wenn die Quellenzahl q_r sowie das tatsächlich gewünschte Angebot A_r gegeben sind und wenn für die Verlustwahrscheinlichkeit B_r der Teilgruppe r ein zunächst geschätzter Wert eingeführt wird. Das tatsächliche Angebot, das sich bei der Verkehrssimulation einstellt, kann nachträglich entweder über eine Angebotskontrolle nach 4.5 oder über die nach 4.1 gemessene Verlustwahrscheinlichkeit bestimmt werden.

2.1.3. Richtungswahl

Das Verfahren mit Ruf- und Endezahlen behält seine Gültigkeit, wenn die Abnehmerleitungen hinter der Koppelanordnung mehrere Richtungsbündel bilden und jedes Angebot A_r an eine Teilgruppe in Teilangebote bezüglich dieser Richtungen aufgeteilt wird (*Richtungswahl*). Meist wird dabei so verfahren, daß zunächst, wie beschrieben, die Teilgruppe, aus der ein Ruf einfällt, festgestellt wird. In einem zweiten Schritt kann dann mit einer weiteren Zufallszahl die gewünschte Richtung bestimmt werden. Hierzu ist für die Zufallszahlen eine Intervalleinteilung erforderlich, die durch die Angebotsaufteilung auf die einzelnen Richtungen gegeben ist.

2.2. Zeittreues Testverfahren

Der zufällige zeitliche Verkehrsablauf wird in enger Analogie zum wirklichen Verkehr in einem Rechenautomaten nachgebildet. Zeitangaben sind die Grundlage des *zeittreuen Testverfahrens* [14, 15]. Im Programm gibt es eine Variable ZEIT. Das Programm behandelt ein Ereignis (einen Ruf oder das Ende einer Belegung) und verändert dann die Variable ZEIT zum nächsten Ereigniszeitpunkt. Das Programm schreitet unmittelbar von einem Ereignis zum nächsten Ereignis. Deshalb heißt das zeittreue Testverfahren auch *event-by-event simulation* [4, 12]. Es wurde von G. Neovius beschrieben [10].

2.2.1. Rufe

Die Rufe kommen mit zufälligen zeitlichen Abständen an. Man betrachtet Rufe, die in der Teilgruppe r der Koppelanordnung eintreffen. Mit der Wahr-

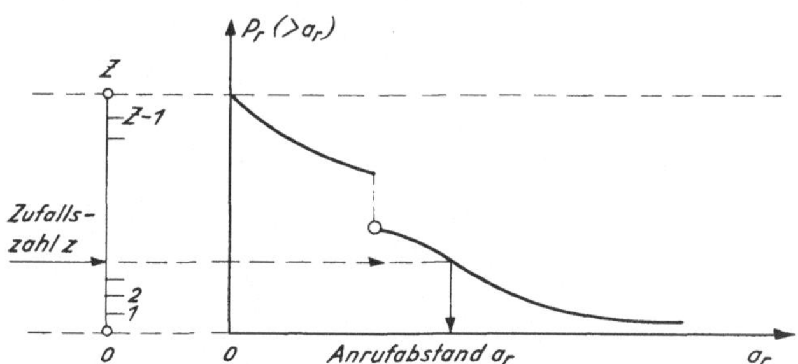

Abb. 30. Bestimmen eines Anrufabstandes a_r aus einer Zufallszahl z mit Hilfe der gegebenen Mindestwert-Verteilungsfunktion P_r ($+ a_r$)

scheinlichkeit P_r ($> a_r$) ist der zeitliche Abstand zweier aufeinanderfolgender Rufe größer als das a_r-fache der mittleren Belegungsdauer t_m. Auf diese Weise werden von nun an die Zeiten als normierte dimensionslose Größen dargestellt.

Es sollen Zufallsvariable a_r erzeugt werden, die einer gegebenen Mindestwert-Verteilungsfunktion $P_r \, (> a_r)$ gehorchen. Wiederum geht man von gleichverteilten Pseudozufallszahlen z aus: $z = 1, 2, \ldots Z$. Man bezieht z auf den Wertevorrat Z und setzt

$$\frac{z}{Z} = P_r \, (> a_r) \tag{8}$$

Damit ist *jedem* Wert der Zufallszahl z ein bestimmter Anrufabstand a_r zugeordnet worden: Abb. 30.

Das Verfahren nach (8) kann für *jede* Verteilungsfunktion angewendet werden, um aus einer Zufallszahl z eine Realisation der zugehörigen Zufallsvariablen zu erhalten. Die Verteilungsfunktionen können als Formeln oder Tabellen gegeben sein.

Aus den nacheinander erzeugten Zufallszahlen z wird damit eine Folge von zufälligen Anrufabständen $a_{r,i}$ für jede Teilgruppe r errechnet. Der i-te Ruf in der Teilgruppe r kommt zum Zeitpunkt $t_{r,i}$ an.

$$t_{r,i} = t_{r,i-1} + a_{r,i} \tag{9}$$

Für alle Zeitangaben ist die mittlere Belegungsdauer die Zeiteinheit. Die Anrufzeitpunkte $t_{r,i}$ der g Teilgruppen der Koppelanordnung müssen geordnet in eine Folgeliste eingetragen werden, damit das Programm von Ereignis zu Ereignis, von Ruf zu Ruf voranschreiten kann. Ein Beispiel veranschaulicht das Ordnen der Anrufzeitpunkte:

Teil-gruppe	Anrufabstände			
1	$a_{1,1} = 5{,}12;$	$a_{1,2} = 0{,}31;$	$a_{1,3} = 0{,}02;$	$a_{1,4} = 6{,}25; \ldots$
2	$a_{2,1} = 2{,}11;$	$a_{2,2} = 0{,}52;$	$a_{2,3} = 7{,}94;$	$a_{2,4} = 0{,}49; \ldots$
3	$a_{3,1} = 0{,}01;$	$a_{3,2} = 2{,}20;$	$a_{3,3} = 3{,}61;$	$a_{3,4} = 1{,}99; \ldots$

Dann lautet die Folgeliste der geordneten Anrufzeitpunkte $t_{r,i}$

$$t_{3,1} = 0{,}01; \quad t_{2,1} = 2{,}11; \quad t_{3,2} = 2{,}21; \quad t_{2,2} = 2{,}63; \quad t_{1,1} = 5{,}12;$$
$$t_{1,2} = 5{,}43; \quad t_{1,3} = 5{,}45; \quad t_{3,3} = 5{,}82; \quad t_{3,4} = 7{,}81; \quad \ldots$$

Beim Poisson-Rufprozeß [11] (das ist der Rufprozeß für Zufallsverkehr 1. Art) gehorchen die Anrufabstände a_r in der Teilgruppe r einer negativ exponentiellen Verteilung [11, 17]

$$P_r \, (> a_r) = e^{-a_r \cdot A_r} \tag{10}$$

Aus (4) folgt, daß beim Angebot A_r an die Teilgruppe r der Erwartungswert $a_{m,r}$ der zufälligen Anrufabstände das $\dfrac{1}{A_r}$-fache der mittleren Belegungsdauer t_m ist.

Bei negativ exponentieller Verteilung der Anrufabstände in jeder einzelnen der g Teilgruppen brauchen die Anrufzeitpunkte nicht geordnet zu werden. Der zeitliche Abstand bis zum nächsten Ruf in irgendeiner der g Teilgruppen ist größer als a, falls alle g voneinander unabhängigen Anrufabstände größer als a sind. Die negativ exponentielle Verteilung (10) gilt auch für den zeitlichen Abstand von einem beliebigen Zeitpunkt bis zum nächsten Ruf. Deshalb ist die Wahrscheinlichkeit $P_{ges}\,(> a)$, daß der zeitliche Abstand bis zum nächsten Ruf, der in der Koppelanordnung ankommt, größer als a ist:

$$P_{ges}\,(> a) = \prod_{r=1}^{g} P_r\,(> a) = e^{-a\cdot\sum\limits_{r=1}^{g} A_r} = e^{-a\cdot A} \tag{11}$$

Insgesamt ergibt sich wieder eine negativ exponentielle Verteilung der Anrufabstände. Das Verfahren nach (8) wird auf (11) angewendet. Man bestimmt aus einer Zufallszahl z den Anrufabstand a mit der Beziehung

$$a = -\frac{1}{A}\cdot\ln\frac{z}{Z} \tag{12}$$

Aus der nächsten Zufallszahl wird die Teilgruppe r ermittelt, in welche der Ruf einfallen soll. Der Wertevorrat Z wird in g Intervalle eingeteilt, deren relative Breite jeweils dem Verhältnis des Teilangebots A_r an die Teilgruppe r zum Gesamtangebot A an die Koppelanordnung entspricht. Die Einteilung des Rufzahlenabschnitts wurde bereits in 2.1 beim Verfahren mit Ruf- und Endezahlen behandelt.

2.2.2. Belegungsdauern

Aus Messungen ist bekannt, daß für die Belegungsdauern im Fernsprechverkehr angenähert die negativ exponentielle Verteilung gilt. Andererseits werden viele Geräte jeweils für eine konstante Zeit belegt.

Das zeittreue Testverfahren läßt sich an die tatsächlichen Mindestwert-Verteilungsfunktionen $P\,(> h)$ der Belegungsdauern sehr gut anpassen. Die einzelnen Belegungsdauern h werden nach dem Verfahren (8) aus Zufallszahlen z ermittelt:

$$P\,(> h) = \frac{z}{Z} \tag{13}$$

Für verschiedene Arten von Rufen oder für verschiedene Geräte als gerufene Teilnehmer können verschiedene Verteilungen der Belegungsdauern nachgebildet werden [1].

3. Nachbildung der Koppelanordnung

3.1. Wegestruktur und Wegesuche

Im allgemeinen Fall werden die Abnehmerleitungen über *mehrstufige Koppelanordnungen* abgesucht. Die einzelnen Stufen der Koppelanordnung sind in *Koppelvielfache* aufgeteilt. Jedes Koppelvielfach ermöglicht die Verbindung zwischen einer seiner freien Eingangsleitungen und einer seiner freien Abnehmerleitungen unabhängig von der Zahl und der Anordnung bereits durchgeschalteter

Verbindungen. Sogenannte Zwischenleitungen bilden die Verbindungswege zwischen den Koppelvielfachen einer Stufe und den Koppelvielfachen der nachfolgenden Stufe. Angenommen, über die Koppelanordnung soll eine Durchschaltung zwischen einer bestimmten Zubringerleitung und einer Abnehmerleitung, die in eine bestimmte Richtung führt, vermittelt werden. Dann muß hinter dem Koppelvielfach der Zubringerleitung eine freie Zwischenleitung vorhanden sein, die auf ein Koppelvielfach der nachfolgenden Stufe führt. Von diesem Koppelvielfach muß eine freie Zwischenleitung zur wiederum nächsten Stufe vorhanden sein und so fort bis zu einem Koppelvielfach der letzten Stufe, von dem eine freie Abnehmerleitung in die gewünschte Richtung führt.

Eine gegebene logische Wegestruktur einer Koppelanordnung kann stets in der folgenden Weise in einem Ziffernrechenautomaten nachgebildet werden. Jeder Zwischenleitung und jeder Abnehmerleitung wird eine adressierbare Speicherzelle zugeordnet. Diese Speicherzellen sind zur Aufnahme von verschiedenen Informationen bestimmt. Aus einer Eintragung geht hervor, ob die betreffende Leitung frei oder belegt ist. Im Falle einer Belegung wird mit einer variablen Adresse festgehalten, über welche Zwischenleitung aus der davorliegenden Stufe die betreffende Belegung weiterführt. Ein Endebefehl, der bei einem Endeereignis auftritt und für eine Abnehmerleitung gilt, kann dann durch schrittweise Rückwärtsverfolgung ausgeführt werden, indem ein Freikriterium in die über die Adressen gefundenen Zellen eingeschrieben wird. Bei Zufallsverkehr 2. Art mit endlicher Quellenzahl kann in Verbindung mit der Freischaltung von Leitungen auch leicht die erforderliche Angebotserhöhung durchgeführt werden, wenn in den Zellen der Zwischenleitungen hinter der ersten Stufe die zugehörigen Teilgruppen eingetragen sind. Für den Suchvorgang schließlich enthält jede Zelle einer Zwischenleitung eine Adresse für das nachfolgende Koppelvielfach und jede Zelle einer Abnehmerleitung eine Angabe über ihre zugeordnete Richtung. Neben den Zellen für die einzelnen Leitungen sind weitere Zellen für jedes Koppelvielfach vorhanden, in denen in Form einer Liste die Adressen der weiterführenden Leitungen eingetragen sind. Eine solche Liste entspricht den Suchstellungen eines Koppelvielfachs.

Vor Beginn einer Verkehrssimulation wird der Umfang der zu untersuchenden Koppelanordnung durch die Bereitstellung der erforderlichen Speicherzellen für die Leitungen und Koppelvielfache festgelegt. Die Anordnung der Leitungen (Verdrahtung) wird dadurch bestimmt, daß in die Listen der Koppelvielfache die Adressen der weiterführenden Leitungen, in die Zellen der Zwischenleitungen die Adressen der nachfolgenden Koppelvielfache und in die Zellen der Abnehmerleitungen die zugeordneten Richtungen eingetragen werden. Während einer Verkehrssimulation ändern sich in den Zellen der Leitungen lediglich die Angabe über den Zustand *frei* oder *belegt* sowie die Adresse der Zwischenleitung, über die die betreffende Leitung belegt wird. Bei Zufallsverkehr 2. Art ändert sich auch die Notierung der Teilgruppe, aus der ein Ruf gekommen ist.

Für die Wegesuche kann der folgende Algorithmus verwendet werden. Durch einen einfallenden Ruf steht ein bestimmtes Koppelvielfach der ersten Stufe und damit auch eine Liste der Adressen von weiterführenden Leitungen fest. Die Zellen dieser Leitungen werden der Reihe nach auf das Freikriterium abgesucht. Wird eine freie Leitung vorgefunden, so steht mit der vorgefundenen Adresse das nächste Koppelvielfach fest, aus dessen zugeordneter Liste die Adressen der weiterführenden Leitungen der nächsten Stufe folgen. Diese Leitungen werden ihrerseits abgesucht und so fort. Stellt sich heraus, daß alle Leitungen eines Koppelvielfaches belegt sind, kann die nächste noch nicht untersuchte freie Zwischenleitung der davorliegenden Stufe gewählt werden. Bringen sämtliche Zwischenleitungen dieser Stufe keinen Erfolg, so müßte um eine weitere Stufe zurückgegangen werden und so fort. Auf diese Weise können sämtliche Möglichkeiten für die Vermittlung der gewünschten Verbindung systematisch durchgespielt werden. Wenn dabei ein freier durchgehender Weg gefunden wird, erhalten die Zellen der benutzten Leitungen ein Besetztkriterium und die Adresse der jeweils davorliegenden mitbenutzten Zwischenleitung.

In vielen Fällen führen symmetrische Wegestrukturen zu einer Vereinfachung des allgemeinen Nachbildungsverfahrens. Es wird an Speicherplatz gespart, da die Zuordnung der einzelnen Leitungen rechnerisch erfolgen kann. Diese Vereinfachungen, die sich von Fall zu Fall ergeben, sind eine Frage der geschickten Programmierung.

3.2. Wartespeicher und Abfertigungsdisziplin

Ein Ruf kommt an. Er prüft alle Leitungen, die er bei dem augenblicklichen Muster bereits bestehender Verbindungen erreichen kann. Sind alle erreichbaren Leitungen belegt, dann geht der Ruf im Verlustsystem verloren. Im Wartesystem belegt er einen freien Warteplatz des Wartespeichers.

Eine Leitung (oder ein gerufener Teilnehmer, ein Gerät) wird belegt, indem in der zugeordneten Speicherzelle das Kriterium *belegt* eingeschrieben wird. Das

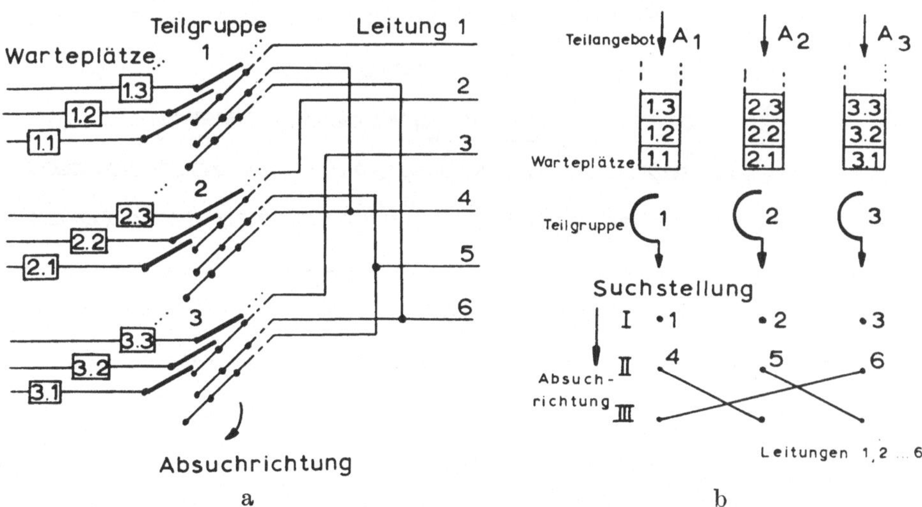

Abb. 31. Beispiel für eine Vermittlungseinrichtung. a) Warteplätze, Wählerstufe und nachfolgende Mischung, b) schematische Darstellung im Mischplan

geschieht beim zeittreuen Testverfahren dadurch, daß der Zeitpunkt T eingetragen wird, zu dem die Leitung wieder frei wird. Die Variable ZEIT hat einen bestimmten Wert. Zeigt die innere Uhr den Zeitpunkt ZEIT an, dann sind die Leitungen frei, deren Endezeitpunkte T vor ZEIT liegen.

Abb. 31 zeigt eine Vermittlungseinrichtung. Die Rufe kommen in $g = 3$ Teilgruppen an. Die Teilgruppe r hat einen Wartespeicher mit den Warteplätzen $r.1, r.2, \ldots$ Von jedem Warteplatz aus kann ein Ruf über einen eigenen Wähler mit 3 Suchstellungen 3 der insgesamt 6 Leitungen auf frei oder belegt prüfen. Die Wähler beginnen jedesmal mit Suchstellung 1. Die Anschaltung der Leitungen an die Suchstellungen der Teilgruppen heißt Mischung; sie ist schematisch im Mischplan festgehalten. In der Teilgruppe 2 werden nacheinander zuerst die individuelle Leitung 2, dann die Leitung 5, die auch von der Teilgruppe 3 aus erreichbar ist, und schließlich die Leitung 4, die auch von der Teilgruppe 1 aus erreichbar ist, auf frei oder belegt geprüft. So ergibt sich aus dem Mischplan die Wegesuchvorschrift.

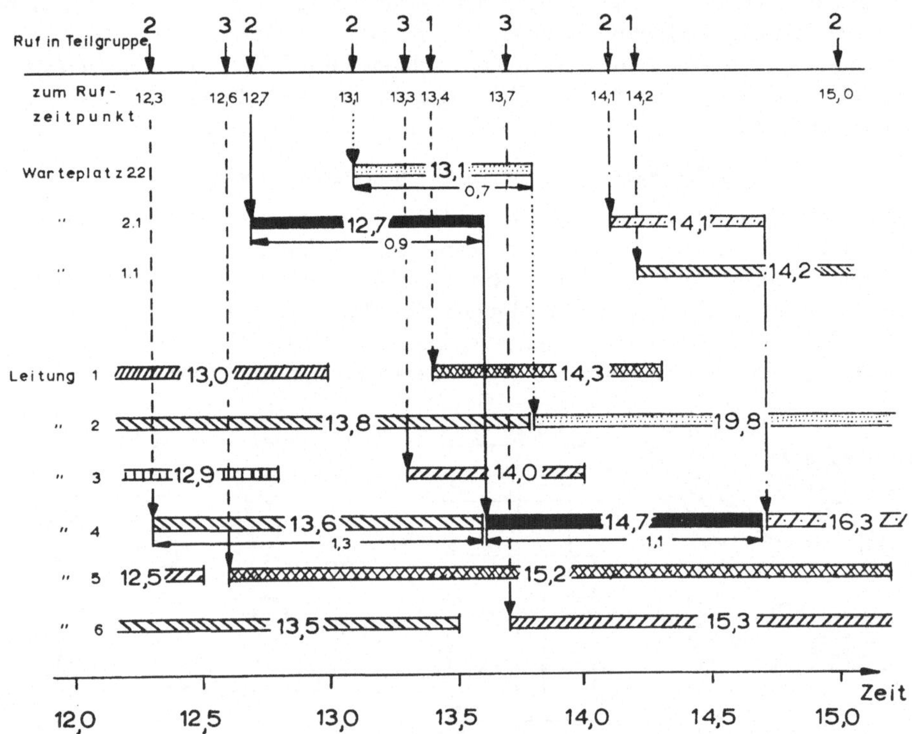

Abb. 32. Beispiel für einen zufälligen zeitlichen Ablauf der Rufe und Belegungen

Nun soll für dieses Beispiel einer Vermittlungseinrichtung ein Beispiel (Abb. 32) für einen zufälligen zeitlichen Ablauf der Rufe und Belegungen betrachtet werden. In der Teilgruppe 2 kommt zur Zeit $t = 12,3$ ein Ruf an. Weil die erreichbaren Leitungen 2 und 5 belegt sind, belegt der neue Ruf die Leitung 4. Ist seine Belegungsdauer $h = 1,3$, dann wird in die Speicherzelle der Leitung 4 der Endezeitpunkt

$$T = t + h \tag{14}$$

eingetragen. Im Beispiel ist der Endezeitpunkt $T = 13,6$.

Ein wartender Ruf belegt einen Warteplatz, indem in einer zugeordneten Speicherzelle der Ankunftszeitpunkt t des Rufs vermerkt wird. In der Teilgruppe 2 kommt zur Zeit 13,1 ein Ruf an (Abb. 32). Weil alle erreichbaren Leitungen 2, 5 und 4 und der Warteplatz 2.1 belegt sind, belegt der Ruf den Warteplatz 2.2. In die Speicherzelle des Warteplatzes 2.2 wird der Ankunftszeitpunkt 13,1 eingetragen.

Endet zur Zeit T' eine Belegung auf einer erreichbaren Leitung, dann muß entschieden werden, welcher der im Wartespeicher wartenden Rufe die Leitung belegen darf. Die Auswahlregel heißt *Abfertigungsdisziplin*. Zur Zeit $T' = 13,6$ wird die Leitung 4 frei. Sie ist von den Warteplätzen der Teilgruppen 1 und 2 aus erreichbar. In der Teilgruppe 2 warten 2 Rufe. Derjenige Ruf, der bereits länger wartet, darf die Leitung belegen. Die wartenden Rufe werden in der Reihenfolge ihrer Ankunft abgefertigt: *Ankunftsreihenfolge (first come — first served)*. Die Wartedauer w des ausgewählten Rufes, der zum Zeitpunkt $t = 12,7$ eingetroffen ist, ist

$$w = T' - t. \tag{15}$$

Im Beispiel ist die Wartedauer $w = 0,9$.

Die Ankunftsreihenfolge strikt einzuhalten, erfordert großen technischen Aufwand. Viele Vermittlungseinrichtungen sind so aufgebaut, daß zufallsmäßig einer der wartenden Rufe ausgewählt wird. Es gibt viele andere Abfertigungsdisziplinen, von denen drei genannt werden:

1. Einer der Teilgruppen-Wartespeicher wird zufallsmäßig ausgewählt.

2. Die Teilgruppen-Wartespeicher werden immer zyklisch nacheinander abgefragt, ob Rufe warten.

3. Die wartenden Rufe haben verschiedene Prioritäten.

Die verschiedenartigsten Abfertigungsdisziplinen lassen sich mit dem zeittreuen Testverfahren simulieren. Eine Auswahl nach der Zahl der in einem Teilgruppen-Wartespeicher wartenden Rufe ist auch beim Verfahren mit Ruf- und Endezahlen möglich. Eine Auswahl nach den Ankunftszeiten kann nur mit dem zeittreuen Testverfahren nachgebildet werden.

4. Messungen

4.1. Verlust- und Wartewahrscheinlichkeit

Die Verkehrsgüte einer Vermittlungseinrichtung wird durch die Wahrscheinlichkeit, daß ein einfallender Ruf verloren geht (*Verlustwahrscheinlichkeit*) oder warten muß (*Wartewahrscheinlichkeit*), gegeben. Schätzwerte für die Wahrscheinlichkeiten sollen im Test ermittelt werden. Die während des Tests angebotenen Rufe werden gezählt. Ebenso werden die Rufe gezählt, die nicht sogleich durchgeschaltet werden können, weil keine geeigneten freien Leitungen vorhanden sind. Der Quotient

$$\frac{\text{Zahl der Verlustrufe}}{\text{Zahl der angebotenen Rufe}} \tag{16}$$

ist die *relative Verlusthäufigkeit*. Nimmt die Zahl der Ereignisse (angebotene Rufe und Verlustrufe) zu, dann wird die relative Verlusthäufigkeit ein besserer Schätzwert für die Verlustwahrscheinlichkeit. Der Quotient

$$\frac{\text{Zahl der Rufe, die warten müssen}}{\text{Zahl der angebotenen Rufe}} \tag{17}$$

ist ein Schätzwert für die *Wartewahrscheinlichkeit*. Die Häufigkeiten können für die gesamte Koppelanordnung oder aufgeschlüsselt nach einzelnen Teilgruppen oder einzelnen Richtungen des abgehenden Verkehrs ermittelt werden.

4.2. Verteilung in einem Bündel

Unter der Verteilung in einem Bündel von n Leitungen werden die Wahrscheinlichkeiten verstanden, daß $x = 0, 1, 2, \ldots$ oder n Leitungen gleichzeitig belegt sind. Eine solche Verteilung kann durch Stichproben ermittelt werden, indem jeweils das Vorfinden eines bestimmten Zustandes x in einer zugeordneten Zählzelle gezählt wird. Am Ende einer Verkehrssimulation werden sämtliche Zählerstände durch die Gesamtzahl der Stichproben dividiert. Damit stehen die relativen Häufigkeiten für das Auftreten der einzelnen Zustände fest.

4.3. Überlaufverkehr

Abgewiesene Verlustrufe bilden einen Überlaufverkehr, der andere statistische Eigenschaften als reiner Zufallsverkehr aufweist. Dies beruht auf einem Häufungseffekt, d. h. der Überlaufverkehr ist nur in den Zeitabschnitten besonders ausgeprägt, in denen das vorgeordnete Vermittlungssystem blockiert ist. Zur Beschreibung von Überlaufverkehr kann neben dem ersten Moment, dem *Mittelwert R*, auch noch das zweite Moment, die *Varianz V*, herangezogen werden. Anstelle der Varianz wird häufig der *Streuwert* $D = V - R$ benutzt. Das Wertepaar (R, D) kann gemessen werden, wenn der Überlaufverkehr auf ein Überlaufbündel geleitet wird, auf dem die Überlaufrufe wie normale Belegungen behandelt werden. Die Zahl der Überlaufleitungen soll nicht allzu groß sein, da diese zusätzlichen Leitungen als Abnehmerleitungen aufgefaßt werden und Endebefehle erhalten. Theoretisch müßte zwar das Abnehmerbündel unendlich groß sein, um auch im ungünstigsten Fall alle anfallenden Überlaufrufe aufnehmen zu können; da aber die Wahrscheinlichkeiten für hohe Zahlen gleichzeitiger Überlaufbelegungen sehr schnell abnehmen, genügt in der Praxis ein endliches Überlaufbündel. Der Mittelwert R des Überlaufverkehrs kann als die mittlere Zahl x_m gleichzeitig belegter Leitungen sehr leicht gemessen werden, indem die stichprobenweise angetroffenen momentanen Gleichzeitigkeitszahlen x_i aufaddiert und bei Testende durch die Zahl c_s der Stichproben dividiert werden.

$$R = x_m = \frac{\sum\limits_{i=1}^{c_s} x_i}{c_s}. \tag{18}$$

Für den Streuwert gilt die Definition

$$D = V - R = \frac{\sum\limits_{i=1}^{c_s} (x_i - x_m)^2}{c_s} - x_m. \tag{19}$$

Durch Umformung folgt

$$D = \frac{\sum\limits_{i=1}^{c_s} (x_i)^2}{c_s} - R^2 - R. \tag{20}$$

Danach müssen die stichprobenweise angetroffenen momentanen Gleichzeitigkeitszahlen x_i in quadrierter Form aufaddiert werden, so daß am Ende einer Verkehrssimulation über (20) auch der Streuwert D feststeht.

4.4. Mittlere Wartezeit und Wahrscheinlichkeitsverteilung der Wartezeiten

In einem Wartesystem hängt die Verkehrsgüte nicht nur von der Wartewahrscheinlichkeit ab. Wenn die Zahl der Rufe, die warten müssen, relativ hoch ist, zugleich aber alle Wartezeiten außerordentlich kurz sind, dann kann die Verkehrsgüte bereits den Forderungen der Teilnehmer genügen. Maßgebend sind die Wartedauern; gesucht ist deshalb die Wahrscheinlichkeit $W\ (> \tau)$, daß ein Ruf, der warten muß, länger als das τ-fache der mittleren Belegungsdauer warten muß. Der Mittelwert der Wahrscheinlichkeitsverteilung $W\ (> \tau)$ ist die mittlere Wartezeit τ_W der wartenden Rufe, bezogen auf die mittlere Belegungsdauer t_m.

Beim *zeittreuen Testverfahren* bestimmt man die mittlere Wartezeit der Rufe, die warten müssen, durch

$$\frac{\text{Summe aller Wartedauern}}{\text{Zahl der Rufe, die warten müssen}} \tag{21}$$

Der Quotient ist der Durchschnittswert im Test und ein Schätzwert für den gesuchten *Erwartungswert* τ_W der *Wartedauer* w. Auf gleiche Weise kann man die auf den Ursprung bezogenen Momente höherer Ordnung der Verteilung der Wartezeiten bestimmen.

Beim *Verfahren mit Ruf- und Endezahlen* ermittelt man einen Schätzwert für die Wartebelastung, das ist die mittlere Zahl gleichzeitig wartender Rufe. Man stellt zu Stichprobenzeitpunkten, die vom Belegungszustand der Koppelanordnung unabhängig sein müssen, fest, wieviele Rufe im Wartespeicher warten. Der Quotient

$$\frac{\text{Summe aller bei Stichproben im Wartespeicher angetroffenen Rufe}}{\text{Zahl der Stichproben}} \tag{22}$$

ist ein Schätzwert für die *Wartebelastung* Ω. In einer mittleren Belegungsdauer t_m kommen im Mittel A Rufe an, wenn A das Angebot ist. Davon müssen $W \cdot A$ Rufe warten; W ist die *Wartewahrscheinlichkeit*. Während der mittleren bezogenen Wartezeit τ_W beenden einerseits im Mittel Ω wartende Rufe ihre Wartezeit und beginnen andererseits $W \cdot A \cdot \tau_W$ Rufe zu warten. Bei stationärem Verkehr ist damit

$$\Omega = W \cdot A \cdot \tau_W \tag{23}$$

Deshalb ist der Quotient

$$\frac{\{\text{Schätzwert der Wartebelastung nach (22)}\}}{\{\text{Schätzwert der Wartewahrsch. nach (17)}\} \cdot \{\text{Angebot}\}} \tag{24}$$

ein Schätzwert für die mittlere Wartezeit τ_W der wartenden Rufe, bezogen auf die mittlere Belegungsdauer t_m.

Einzelne Werte der Wahrscheinlichkeitsverteilung der Wartezeiten können nur beim *zeittreuen Testverfahren* ermittelt werden. Die Wahrscheinlichkeit $W\ (>\tau)$ bestimmt man für die vorgegebenen Werte τ der Wartedauer. Der Schätzwert ist

$$\frac{\text{Zahl der Rufe, die länger als das } \tau\text{-fache von } t_m \text{ warten}}{\text{Zahl der Rufe, die warten müssen}} \tag{25}$$

4.5. Angebot

Die Definitionsgleichung für das Angebot A lautet, wenn c_A die mittlere Zahl angebotener Rufe in der Zeiteinheit ist,

$$A = c_A \cdot t_m \tag{26}$$

Im Abschnitt 2 wurde besprochen, wie ein vorgeschriebenes Angebot A eingestellt wird. Die gegebenen Werte A_r bestimmen die Einteilung der Rufzahlen- und Endzahlenabschnitte (*Verfahren mit Ruf- und Endezahlen*) oder sie legen die Ermittlung der Anrufabstände fest (*zeittreues Testverfahren*). Das tatsächliche Angebot im Test muß kontrolliert werden, weil der angebotene Verkehr statistisch um seinen Mittelwert schwankt und erst bei unbegrenzt langem Test dem vorgeschriebenen theoretischen Angebot A gleich ist.

Beim *zeittreuen Testverfahren* zeigt die Variable ZEIT als innere Uhr die Dauer des Tests an. Sie geht in den Wert für das tatsächliche Angebot der Teilgruppe r im Test ein. Man sucht Schätzwerte für die beiden Faktoren in (26):

$$A_{Test,\,r} = \frac{\left\{\begin{array}{l}\text{Zahl der angebotenen Rufe}\\ \text{in der Teilgruppe } r \text{ während}\\ \text{des Tests}\end{array}\right\}}{\left\{\begin{array}{l}\text{Dauer des Tests, von der}\\ \text{inneren Uhr angezeigt}\end{array}\right\}} \cdot \frac{\left\{\begin{array}{l}\text{Summe aller Belegungs-}\\ \text{dauern in der Teilgruppe } r\end{array}\right\}}{\left\{\begin{array}{l}\text{Zahl der Belegungen in}\\ \text{der Teilgruppe } r\end{array}\right\}} \tag{27}$$

Beim *Verfahren mit Ruf- und Endezahlen* zählt man die Endeereignisse auf allen Abnehmerleitungen. Das Angebot ist nach (5) durch den Quotienten aus Rufwahrscheinlichkeit für die einzelne Teilgruppe und Endewahrscheinlichkeit, die für eine Belegung auf einer einzelnen Leitung gilt, bestimmt. Das tatsächliche Angebot der Teilgruppe r im Test ist dann der Quotient der absoluten Häufigkeiten der Rufe und aller Endeereignisse.

$$A_{Test,\,r} = \dfrac{\left\{\begin{array}{l}\text{Zahl der angebotenen Rufe in der Teilgruppe } r \\ \text{während des Tests}\end{array}\right\}}{\left\{\begin{array}{l}\text{Zahl aller Endebefehle auf allen Abnehmerlei-} \\ \text{tungen im Test} \\ \hline \text{Zahl aller Abnehmerleitungen}\end{array}\right\}} \tag{28}$$

Diese Angebotskontrolle gilt für Zufallsverkehr 1. oder 2. Art.

5. Flußdiagramm

5.1. Eigentliche Verkehrssimulation (Ruf- und Endezahlen)

In Abb. 33 ist der Ablauf der eigentlichen Verkehrssimulation für das Verfahren mit Ruf- und Endezahlen in Form eines stark vereinfachten Flußdiagramms zusammengefaßt. Das Beispiel gilt für ein Verlustsystem. Im Ereignis-

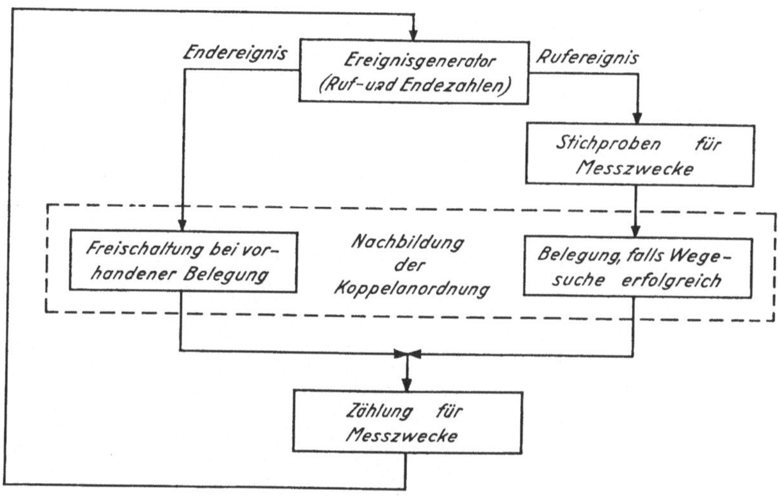

Abb. 33. Eigentliche Verkehrssimulation beim Verfahren mit Ruf- und Endezahlen für ein Verlustsystem

generator entstehen über Ruf- und Endezahlen die Ruf- und Endeereignisse (siehe 2.1). Im Fall eines Rufes steht bei Richtungswahl neben der Teilgruppe auch eine bestimmte Richtung fest. In der nachgebildeten Koppelanordnung wird ein freier Weg gesucht und bei Erfolg belegt (siehe 3.1). Umgekehrt wird in der nachgebildeten Koppelanordnung bei einem Endeereignis bezüglich einer bestimmten Abnehmerleitung eine Freischaltung vorgenommen, sofern die betreffende Leitung nicht schon frei angetroffen wird. Vor der Erzeugung eines neuen Ereignisses können die gewünschten Zählaufgaben ausgeführt werden (siehe 4). Für manche Messungen sind Stichproben erforderlich, die beispielsweise nach [8] unmittelbar vor der Ausführung eines Rufereignisses entnommen werden können.

11*

5.2. Eigentliche Verkehrssimulation (zeittreues Verfahren)

Das Prinzipflußdiagramm (Abb. 34) soll anhand von Beispielen aus dem Verkehrsablauf (Abb. 32) besprochen werden. Zuerst wird der nächste Anrufzeitpunkt ermittelt. Zur Zeit 12,6 trifft ein Ruf in der Teilgruppe 3 ein. Damit kann die innere Uhr ZEIT vom letzten Anrufzeitpunkt 12,3 auf den neuen Anrufzeitpunkt 12,6 vorrücken. Das Belegungsende zum Zeitpunkt 12,5 auf Leitung 5 braucht nicht behandelt zu werden: die eingetragene Zeit 12,5 kennzeichnet die Leitung jetzt als frei, das Belegungsende zieht keine weiteren Veränderungen

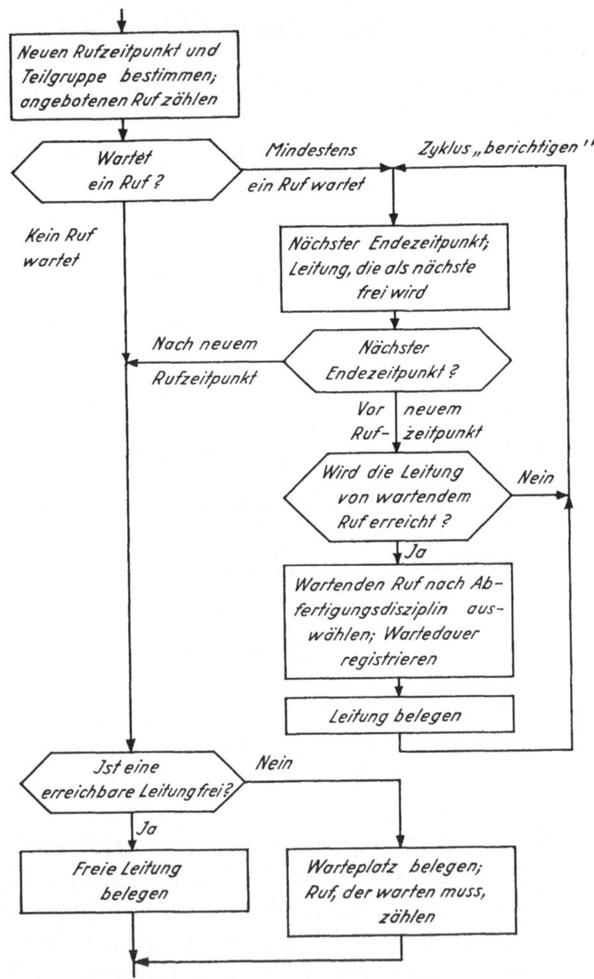

Abb. 34. Eigentliche Verkehrssimulation mit dem zeittreuen Testverfahren für ein Wartesystem

nach sich, weil zur Zeit 12,3 keine Rufe warten. Der Ruf in der Teilgruppe 3 prüft der Reihe nach die Leitungen 3, 6 und 5. Die Leitung 5 ist die erste freie Leitung. Sie wird belegt. Die neue Belegungsdauer 2,6 (vgl. 2.2 b) ergibt den neuen Endezeitpunkt 15,2. Damit wurde das Flußdiagramm (Abb. 34) längs des linken senkrechten Pfades durchlaufen. Das Programm bestimmt einen neuen Rufzeitpunkt.

In einem zweiten Beispiel soll der Zyklus „Berichtigen" erläutert werden. Die innere Uhr zeigt ZEIT = 13,4 an. Das Programm ermittelt den neuen Anrufzeitpunkt 13,7. Zum Zeitpunkt 13,4 warten 2 Rufe im Wartespeicher. Die innere Uhr darf daher nicht vom Anrufzeitpunkt 13,4 auf 13,7 vorgerückt werden, sondern nur bis zum nächsten Endezeitpunkt 13,5 (vgl. Abb. 32). Zu diesem Zeitpunkt wird die Leitung 6 frei. Die 2 wartenden Rufe in der Teilgruppe 2 erreichen Leitung 6 nicht. Damit ist der Zyklus „Berichtigen" (vgl. Abb. 34) einmal in der kleinen Schleife durchlaufen. Die innere Uhr rückt jetzt zum nächsten Endezeitpunkt 13,6 vor. Die freiwerdende Leitung 4 kann von der Teilgruppe 2 aus erreicht werden. Unter den wartenden Rufen wird der ausgewählt, der bereits am längsten wartet (Abfertigungsdisziplin). Seine Wartedauer 0,9 wird registriert. Mit der neuen Belegungsdauer 1,1 belegt er die Leitung 4; der neue Endezeitpunkt ist 14,7. Damit ist der Zyklus „Berichtigen" zum zweiten Male durchlaufen, dieses Mal in der großen Schleife. Der nächste Endezeitpunkt liegt nicht mehr vor dem neuen Anrufzeitpunkt 13,7. Die innere Uhr rückt auf ZEIT = 13,7 vor, der Zyklus „Berichtigen" wird verlassen.

Der Zyklus „Berichtigen" erspart das zeitraubende Einschachteln der Endezeitpunkte in die in 2.2a besprochene Folgeliste der Anrufzeitpunkte. Wartet kein Ruf, dann bewirken Endezeitpunkte nur, daß die Leitung frei wird. Wartet mindestens ein Ruf, dann muß die innere Uhr von Endezeitpunkt zu Endezeitpunkt voranschreiten. So werden alle Veränderungen vorgenommen, bis der Zustand auf den Stand beim neuen Rufzeitpunkt berichtigt wurde.

Die Zahl der Warteplätze ist im Programm stets endlich, es können Verlustrufe auftreten. Um ein Wartesystem nachzubilden, muß die Zahl der Warteplätze so groß sein, daß während des ganzen Tests kein Verlustruf vorkommt.

5.3. Rahmenprogramm

Sowohl bei der zeittreuen Methode als auch beim Verfahren mit Ruf- und Endezahlen muß die eigentliche Verkehrssimulation in ein Rahmenprogramm eingebettet werden, für das ein vereinfachtes Flußdiagramm in Abb. 35 gezeigt wird. Nach dem Einlesen der Wegestruktur der zu untersuchenden Koppelanordnung und der Festlegung des Ereignisgenerators wird ein Nullzustand hergestellt, in dem sämtliche Leitungen frei und alle Zählzellen leer sind. In einem Vorlauf werden so lange Ruf- und Endeereignisse ausgeführt, bis der Verkehr in der Koppelanordnung

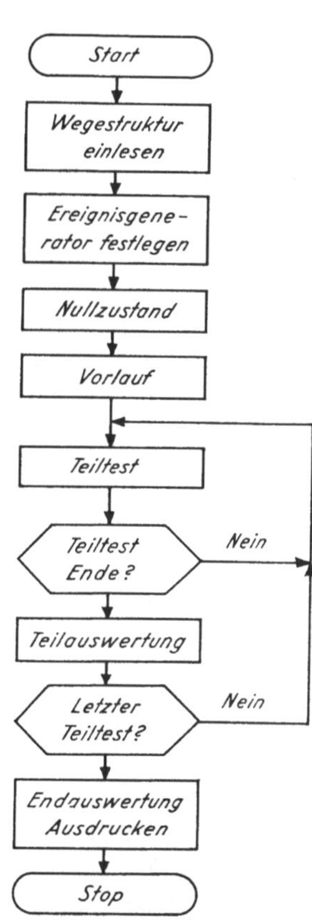

Abb. 35. Rahmenprogramm

einen eingeschwungenen Zustand erreicht hat. Beispielsweise wird die Zahl der Vorlaufrufe gleich dem 10- bis 20-fachen Wert des Gesamtangebots gewählt[1].

Alle gemessenen Werte einer Verkehrssimulation stellen statistische Größen dar. Um eine Aussage über die Genauigkeit der bei endlicher Testlänge erhaltenen Meßwerte machen zu können, kann wie folgt verfahren werden. Die Verkehrssimulation wird in *Teiltests* unterteilt mit jeweils der gleichen Zahl an Rufereignissen. Es wird näherungsweise angenommen, daß die Zwischenergebnisse der Teiltests normal verteilt und voneinander unabhängig sind. Dann kann mit Hilfe der *Student-Verteilung* [6] zu dem Mittelwert aus den Zwischenergebnissen auch ein Vertrauensintervall für eine vorgegebene Aussagesicherheit berechnet werden. Das *Vertrauensintervall* überdeckt mit der Aussagesicherheit den wahren Mittelwert. Das Rahmenprogramm sorgt dafür, daß eine Reihe von Teiltests, beispielsweise 10 oder 20, mit anschließender Teilauswertung ausgeführt werden. An den letzten Teiltest schließt sich die Endauswertung mit Ergebnisausdruck an. Das Rahmenprogramm kann so ausgelegt werden, daß nur so viele Teiltests ausgeführt werden, bis das Vertrauensintervall einer entscheidenden Meßgröße einen vorgegebenen Wert unterschreitet.

6. Spezielle Anordnungen

6.1. Mischungen

Abb. 31 zeigt eine ganz einfache Mischung. In Fernsprechvermittlungsstellen (Gruppenwahlstufe in Ortsvermittlungsstellen u. a.) werden große Mischungen eingebaut, z. B. mit 10 Suchstellungen und $n = 110$ Leitungen. Wähler, die

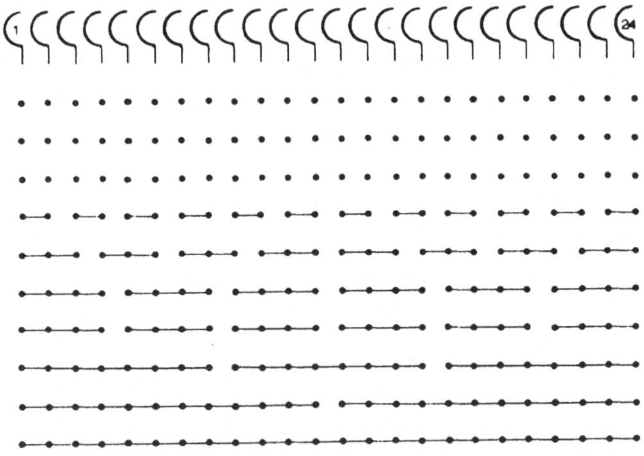

Abb. 36a. O'Dell-Mischung

110 Suchstellungen hätten, wären sehr teuer. Man braucht kaum mehr Leitungen, um die gleiche geringe geforderte Verlustwahrscheinlichkeit mit Wählern mit nur 10 Suchstellungen zu erreichen. Je nach Ausführung der Mischung beein-

---

[1] Vgl. hierzu auch [13].

flussen sich die Teilgruppen unterschiedlich stark. Man wünscht für gegebene Zahl von Suchstellungen und Leitungen die günstigste Struktur der Mischung zu bestimmen. Der Fernsprechverkehr läßt sich in guter Näherung als Zufalls-

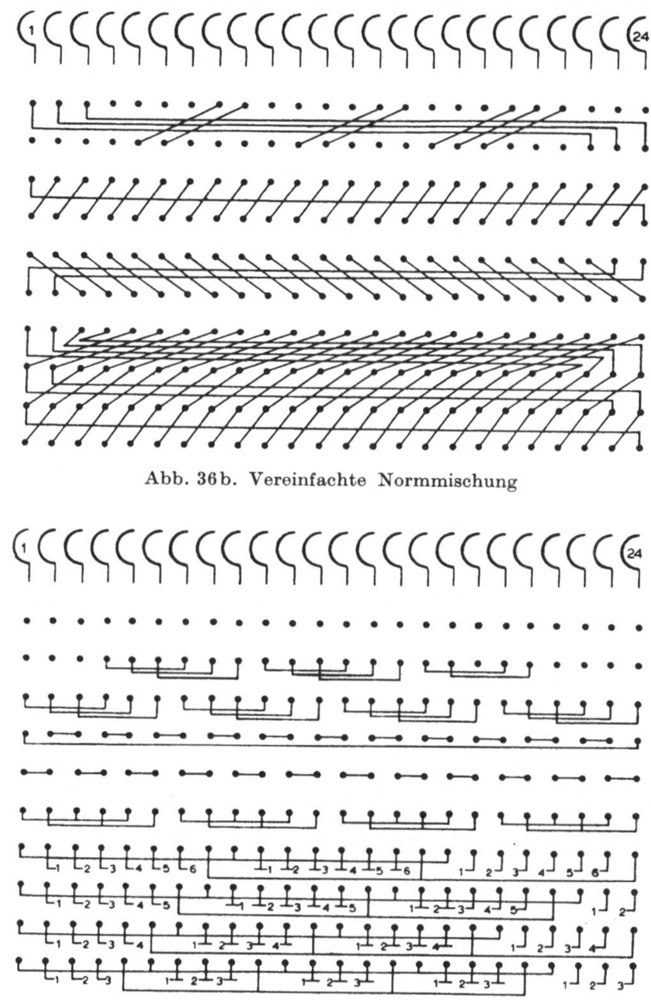

Abb. 36b. Vereinfachte Normmischung

Abb. 36c. Mischung mit Staffeln und Übergreifen

verkehr 1. Art behandeln. Um die Verlustwahrscheinlichkeit zu berechnen, müßte ein lineares Gleichungssystem mit 2^n Unbekannten aufgelöst werden. Das ist etwa bis zu Leitungszahlen $n = 14$ möglich. Für $n = 110$ wird die Zahl der Unbekannten sehr groß. Es wurden daher drei Mischungstypen mit dem Testverfahren mit Ruf- und Endezahlen untersucht. Die *O'Dell-Mischung* (Abb. 36a), die vereinfachte Normmischung (Abb. 36b) und die Mischung mit Staffeln und Übergreifen (Abb. 36c) werden in Vermittlungsstellen europäischer Fernmeldeverwaltungen eingebaut. Die Verkehrsgüte soll hoch, also die Verlustwahrscheinlichkeit klein sein. Die Mischung soll einfach aufzubauen sein; sie soll erweitert werden können. Als Optimum zwischen diesen Forderungen wurde die vereinfachte Normmischung entworfen. Die Planungsunterlagen beruhen auf den Ergebnissen von Tests. Abb. 37 zeigt die Verlustwahrscheinlichkeit B in Abhängigkeit vom

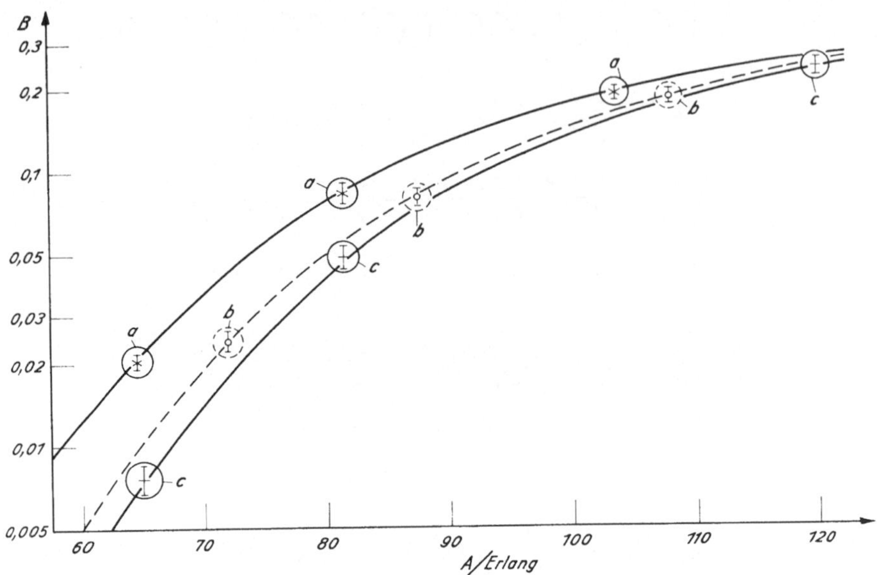

Abb. 37. Verlustwahrscheinlichkeit als Testergebnis mit Vertrauensintervall für drei Mischungen mit 110 Leitungen und 10 Suchstellungen. a O'Dell-Mischung, b vereinfachte Normmischung, c Mischung mit Staffeln und Übergreifen

Angebot A. Die eingezeichneten Kurven geben eine theoretische Näherung an. Geht man von einer mittleren Belegungsdauer von $t_m = 2$ min aus, dann sind die Testergebnisse mit dem Verfahren mit Ruf- und Endezahlen in einer Zeitraffung im Verhältnis 1 : 100 bis 1 : 200 gefunden worden. Die Tests sind mit einem ALGOL-Programm auf dem Ziffernrechenautomaten TR 4 (*Telefunken*) durchgeführt worden.

6.2. Gemischter Extern- und Internverkehr

Von großer Bedeutung in modernen Vermittlungssystemen sind Koppelanordnungen, die sowohl Extern- als auch Internverkehr verarbeiten (z. B. Wählsternschalter und wechselseitig betriebene Teilnehmer- und Gruppenwahlstufen im Fernsprechvermittlungssystem). Zum *Externverkehr* tragen diejenigen Verbindungen bei, die von einem Teilnehmer über genau eine Abnehmerleitung zu einem nachfolgenden Verbindungssatz führen, ohne in die gleiche Koppelanordnung zurückzukehren. Beim *Internverkehr* benötigt jede Verbindung zwei Abnehmerleitungen. Es werden hierbei zwei Teilnehmer der gleichen Koppelanordnung verbunden, wobei die eine Abnehmerleitung zu einem Verbindungssatz führt, der seinerseits auf die andere Abnehmerleitung durchgeschaltet werden kann. Gemischter Extern- und Internverkehr beeinflußt die Verteilung gleichzeitig belegter Leitungen auf dem Abnehmerbündel in der Weise, daß mit zunehmendem Anteil an Internverkehr die Wahrscheinlichkeiten $p(x)$, eine gerade Anzahl x von Leitungen belegt vorzufinden, besonders ausgeprägt sind. Ein Beispiel für eine derartige getestete Verteilung zeigt Abb. 38 für eine spezielle

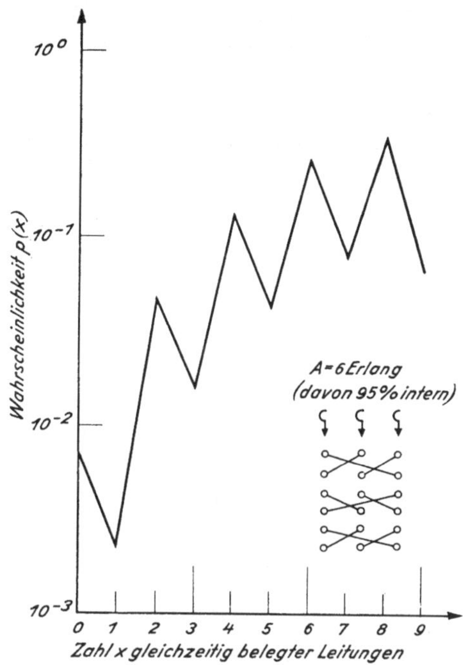

Abb. 38. Getestete Verteilung bei gemischtem Extern-Internverkehr

Mischung mit $n = 9$ Abnehmerleitungen, die von $g = 3$ Teilgruppen mit je 6 Suchstellungen abgesucht werden. Das Gesamtangebot beträgt 6 Erlang und der Anteil des Internangebots hiervon 95%. Das Simulationsprogramm dieses Beispiels wurde in der Maschinensprache für den Ziffernrechenautomaten ER 56 (*Standard Elektrik Lorenz*) abgefaßt. Die erzielte Zeitraffung betrug 1 : 320. Durch diese Art von Verkehrstests konnten Verfahren bestätigt werden, die es gestatten, über theoretisch ermittelte Verteilungen die Verlustwahrscheinlichkeiten, aufgeteilt nach der Verkehrsart, zu berechnen [2].

6.3. Ein Wartezeitproblem

In einem Wartesystem mit nur *einer* Leitung gilt für die mittlere Wartezeit τ_W^*, bezogen auf *alle* Rufe, die Pollaczek-Khintchine-Formel [11, 17], wenn dem Wartesystem ein Poisson-Rufprozeß angeboten wird. Die Belegungsdauern sind voneinander unabhängig und folgen einer beliebigen Verteilung. Der Erwartungswert der Belegungsdauern ist $t_m = 1$, ihre Varianz σ^2; das Angebot ist A.

$$\tau_W^* = \frac{A}{2 \cdot (1 - A)} \cdot (1 + \sigma^2) \tag{29}$$

Mit der mittleren Wartezeit $\tau^*_{W,c}$ aller Rufe bei konstanter Belegungsdauer und der mittleren Wartezeit $\tau^*_{W,e}$ aller Rufe bei negativ exponentieller Verteilung der Belegungsdauern ergibt sich

$$\tau^*_W = (1 - \sigma^2) \cdot \tau^*_{W,c} + \sigma^2 \cdot \tau^*_{W,e}. \tag{30}$$

Björklund und Elldin [1] dehnen den Anwendungsbereich heuristisch auf ein Bündel von $n > 1$ vollkommen erreichbarer Leitungen aus. Für beliebige Werte n können $\tau^*_{W,c}$ und $\tau^*_{W,e}$ exakt berechnet werden [11]. Die lineare Abhängigkeit der mittleren Wartezeit aller Rufe τ^*_W von der Varianz σ^2 der Belegungsdauern läßt sich nur durch Tests prüfen. In Abb. 39 sind die in Tests gefundenen Werte

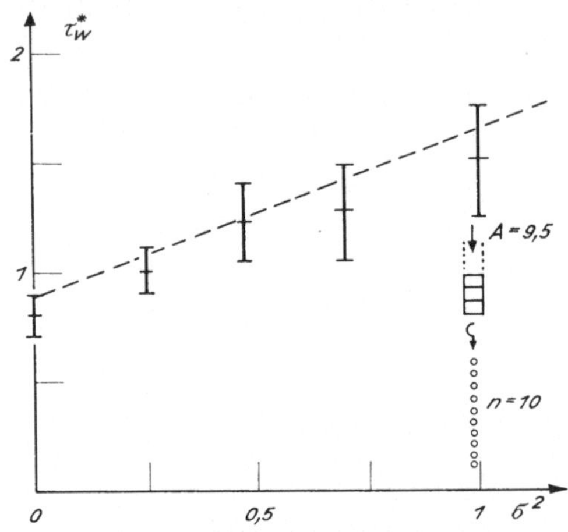

Abb. 39. Die Hypothese „die mittlere Wartezeit aller Rufe τ^*_W hängt linear von der Varianz σ^2 der Belegungsdauern ab", wird durch Tests geprüft

τ^*_W mit Vertrauensintervallen für eine statistische Aussagesicherheit 0,95 aufgetragen. Die Hypothese des linearen Zusammenhangs zwischen der mittleren Wartezeit aller Rufe τ^*_W und der Varianz σ^2 der Belegungsdauern wird auf Grund der Tests nicht verworfen. In jedem Test wurden 240 000 Rufe angeboten. Das ALGOL-Programm für das zeittreue Testverfahren erforderte für jeden Test auf dem Ziffernrechenautomaten TR 4 (*Telefunken*) eine Rechenzeit von etwa 1 Stunde 20 Minuten; bei jedem Test wurden zugleich andere Größen gemessen (vgl. Abschn. 4). Eine Messung bei natürlichem Verkehr würde, wenn die verlangten Parameter A und σ^2 eingehalten werden könnten, dann auch nur 1 Stunde 20 Minuten dauern, wenn die mittlere Belegungsdauer $t_m = 0,2$ s wäre. Im Fernsprechverkehr gilt häufig $t_m = 2$ min. Der Test weist in einem solchen Beispiel einen Maßstab von 1 : 600 auf; das ist eine deutliche Zeitraffung.

7. Schlußfolgerungen

Verglichen mit Verkehrsmessungen an Koppelanordnungen ausgeführter Vermittlungssysteme, die einen natürlichen Verkehr verarbeiten, weist die Simulation mit künstlichem Verkehr auf einem Ziffernrechenautomaten wichtige Vorteile auf. An erster Stelle ist die Zeitraffung zu nennen. Mit künstlichem Verkehr, der statistisch schwankt, aber stationär reproduzierbar ist, sind darüber hinaus

Vergleichsmessungen möglich, die in der Praxis nur schwer durchführbar sind. Die Simulationsprogramme können in einer problemorientierten Formelsprache abgefaßt werden. Die große Flexibilität liegt darin, daß die zu untersuchenden Vermittlungseinrichtungen und das Wirken der Verkehrsquellen in Form von leicht modifizierbaren Programmen vorliegen. Die Simulation des Verkehrsgeschehens in Vermittlungssystemen ist zu einem wichtigen Hilfsmittel bei Planungsaufgaben und beim Gewinnen von verkehrstheoretischen Erkenntnissen geworden. Mit noch schnelleren Rechenautomaten wird es möglich sein, die Größe der untersuchten Koppelanordnungen zu steigern.

Literatur

1. BJÖRKLUND, M., and A. ELLDIN: A Practical Method of Calculation for Certain Types of Complex Common Control Systems. Ericsson Technics **20**, 1—75 (1964), und 4. Intern. Teletraffic Congr. London 1964, Doc. 36, und Post Office Telecommunications Journal 1964 Special Issue, 25.
2. BOTSCH, D.: *Die Verlustwahrscheinlichkeit einstufiger Koppelanordnungen der Vermittlungstechnik mit Extern- und Internverkehr.* Dissertation Technische Hochschule Stuttgart, 1966.
3. BRETSCHNEIDER, G., und A. WENDT: Datenverarbeitungsanlagen als Hilfsmittel für die Fernsprech- und Fernschreib-Verkehrsplanung. Nachrichtentechn. Zeitschrift **14**, 487—492 (1961).
4. COLE, A. C., W. E. THOMSON, and J. W. J. WILLIAMS: Digital Computer Simulation of Switching Systems Using the ALGOL Automatic Programming Language. 4. Intern. Teletraffic Congr. London 1964, Doc. 50, und Post Office Telecommunications Journal 1964 Special Issue, 35—37.
5. DIETRICH, G., und H. WAGNER: Simulation von Fernsprechverkehr mit elektronischen Rechenautomaten. Elektrisches Nachrichtenwesen **38**, 538—548 (1963).
6. GOSSET, W. S.: The Probable Error of a Mean. Biometrika **6**, 1—25 (1908).
7. Grundbegriffe aus der Vermittlungstechnik. Nomenklaturvorschläge des International Teletraffic Congress. Deutsche Version des Report of the Nomenclature Committee, 4. Intern. Teletraffic Congr. London 1964, Doc. 102.
8. HUNTER, D. G. N.: Artificial Traffic Trials Using a Digital Computer. 3. Intern. Teletraffic Congr. Paris 1961, Doc. 20, und The Inst. of Electr. Engineers' Paper No. 3537 E (June 1961).
   KOSTEN, L.: On the Measurement of Congestion Quantities by Means of Fictitious Traffic. PTT Bedrijf **1948/49**, 15—25.
10. NEOVIUS, G.: Artificial Traffic Trials Using Digital Computers. Ericsson Technics **11**, 279—291 (1955).
11. RIORDAN, J.: *Stochastic Service Systems*, S. 139. New York, London: J. Wiley. 1962.
12. SMITH, J. R. W., and J. L. SMITH: System Simulation Techniques. Plessey Communications Journal **1**, 34—37 (1966).
13. STÖRMER, H.: Über den zeitlichen Verlauf der Zustandswahrscheinlichkeiten im vollkommenen Leitungsbündel. Archiv Elektr. Übertrag. **12**, 173—176 (1958).
14. WAGNER, H.: Traffic Simulation According to the Time-true Model (Methods and Results). 4. Intern. Teletraffic Congr. London 1964, Doc. 52, und Post Office Telecomm. Journal 1964 Special Issue, 39.
15. WAGNER, H., und G. DIETRICH: Bestimmung der Verkehrsleistung von Wartesystemen durch künstlichen Fernsprechverkehr. Nachrichtentechn. Zeitschrift **17**, 273—279 (1964).
16. WALLSTRÖM, B.: Artificial Traffic Trials on a Two-stage Link System Using a Digital Computer. Ericsson Technics **14**, 259—289 (1958).
17. ZIMMERMANN, G. O., und H. STÖRMER: *Wartezeiten in Nachrichtenvermittlungen mit Speichern*, S. 109. München: R. Oldenbourg. 1961.

C. Simulation des Straßenverkehrs

Von

H. Ress

1. Einleitung

1.1. Verfahren zur Lösung von Straßenverkehrsproblemen

Die Zunahme des Straßenverkehrs bewirkte in den letzten Jahren, daß in vielen Großstädten das Straßennetz den Anforderungen nicht mehr genügt. Eine Reihe von Publikationen hat sich, nicht zuletzt aus diesem Grunde, mit Verkehrsfragen beschäftigt. Sie untersuchen vor allem den Verkehrsablauf an Straßenkreuzungen, den kritischen Elementen eines Straßennetzes, die die Leistungsfähigkeit und die Kapazität eines ganzen Straßensystems bestimmen. Die Wartezeit eines Fahrzeuges und die Länge einer Fahrzeugschlange, die sich z. B. vor einer Rot anzeigenden Ampel bildet, sind die wesentlichen Größen, die untersucht werden müssen. Der Verkehrsingenieur hat das Ziel, diese Wartezeiten durch geeignete Maßnahmen, z. B. durch optimale Steuerung von Verkehrsampeln,[1] auf ein Minimum zu beschränken. Zur Untersuchung dieser und anderer Verkehrsprobleme kann er sich der *mathematischen Analyse*, der *Beobachtung* und deren statistischen Auswertung oder der *Simulation* mit Hilfe von Rechenanlagen bedienen.

Die *mathematische Analyse* beruht im allgemeinen auf wahrscheinlichkeitstheoretischen Aussagen und Begriffsbildungen. Meistens ist das Verkehrsgeschehen jedoch so schwierig, daß die mathematische Analyse schon im Ansatz versagt, die über die Theorie der stochastischen Prozesse zu Integrodifferentialgleichungen führt, deren Lösungen meistens nur sehr schwer ermittelt werden können. Um dennoch ein Problem lösen zu können, sind oft weitgehende Idealisierungen nötig. Dies hat zur Folge, daß das zugrundegelegte Modell nicht mehr in jedem Fall das tatsächliche Geschehen wiedergibt.

Die *Beobachtung des Verkehrs* ist eine weitere Möglichkeit zur Erfassung des Verkehrsablaufes. Die Auswertung der Daten geschieht mit Hilfe statistischer Methoden. Verkehrsexperimente können in der Praxis nur in kleinem Umfang durchgeführt werden, da sich jeder Fehlschlag auf Tausende von Verkehrsteilnehmern auswirkt. Man muß sich deshalb auf die Beobachtung und Zählung des Verkehrs beschränken. Dies erfordert aber einen unverhältnismäßig großen Zeit- und Kostenaufwand.

Seit der Entwicklung der Rechenanlagen bietet sich als neues Verfahren die *Simulation* an. Der Verkehrsablauf wird auf einem Digitalrechner nachgeahmt. Hier kann der Ingenieur nach Belieben experimentieren, ohne die Verkehrsteilnehmer zu stören. Beispiele für Simulationen verschiedener Verkehrsprobleme werden in den nächsten Abschnitten behandelt.

---

[1] Vgl. dazu W. Wimmer: *Verkehrssignalsteuerung mit Hilfe von Ziffernrechenanlagen*, in diesem Band.

Fast jede Verkehrssituation kann mit Hilfe einer Rechenanlage simuliert werden. Die Aufgabe jeder Simulation ist die experimentelle Bestimmung solcher Phänomene, die zu schwierig sind, um analytisch gelöst zu werden. Dabei können Parameter beliebig abgeändert und ihr Einfluß auf den Verkehrsablauf untersucht werden. In vielen Fällen wird die Simulation die Aufgabe in kürzester Zeit lösen. Wesentlich ist bei der Simulation die Einführung von Zufallsprozessen, da auch in Wirklichkeit viele der erfaßten Größen Zufallsveränderliche sind.

Bei jeder Simulation muß wie bei der mathematischen Analyse ein Modell aufgestellt werden, das der Wirklichkeit möglichst genau entspricht. Ein solches Modell darf weder zu sehr vereinfacht sein, da es sonst trivial wird, noch darf es überflüssige Merkmale des tatsächlichen Verkehrsablaufs enthalten, da sonst die Rechnungen viel zu lange dauern. Es soll aufgrund bereits bekannter und gesicherter Sachverhalte aufgestellt werden, um so eine völlige oder teilweise Bewältigung des Problems zu ermöglichen. Durch Verkehrszählungen kann z. B. die Verkehrsmenge oder der Abbiegeranteil jeder Zufahrtsstraße einer Kreuzung ermittelt werden. Oft wird auch noch der Anteil der Lastkraftwagen festgestellt.

1.2. Geschichtliches

Die ersten Arbeiten, die sich mit der Simulation des Straßenverkehrs befaßten, erschienen in den Jahren 1955/56. GERLOUGH [3] gab ein Verfahren an, wie der Verkehr auf einer Rechenanlage dargestellt werden kann. MATHEWSON, TRAUTMAN und GERLOUGH [9] zeigten 1955 anhand von Spezial-Simulatoren, wie Verkehr an einer Kreuzung simuliert werden kann. Ein Spezial-Simulator ist ein Rechner, der nur zur Simulation eines bestimmten Prozesses, hier eines Verkehrsprozesses, dient. GOODE, POLLMAN und WRIGHT [4] konstruieren ein Modell für eine lichtsignalgesteuerte Kreuzung. Alle diese und weitere Simulationsmodelle waren noch sehr einfach. Sie erlaubten nur eine begrenzte Bewegung der Fahrzeuge. So war z. B. Abbiegen und Überholen nicht erlaubt.

Spätere Arbeiten leisteten wesentlich mehr. PERCHONOK und LEVY [10] simulierten das Ineinanderfließen zweier Verkehrsströme. In anderen Arbeiten wurde eine Straße mit mehreren Kreuzungen erfaßt. ANON [1] untersuchte z. B. den Verkehrsablauf einer Hauptstraße in Washington, und zwar einer Einbahnstraße mit 4 Fahrspuren und 10 Kreuzungen. KATZ [6] entwickelte ein Modell, das ein ganzes Straßennetz erfaßt; er stellte die Wirkung von lichtsignalgesteuerten Kreuzungen auf den fließenden Verkehr eines Stadtbezirkes in Washington fest und versuchte dabei, die optimale Signalfolge der verschiedenen Ampeln festzustellen. Weiter untersuchte er die Auswirkung von Einbahnstraßen, Parkmöglichkeiten und Regulierung des Linksabbiegerverkehrs.

Mit Hilfe der *Monte-Carlo-Methode* untersuchte schließlich STEIERWALD [12] den Verkehr an Kreuzungen, an denen Ampeln oder Verkehrszeichen den Verkehr regelten. **Er** berücksichtigte für Fahrzeuge einer nicht Vorfahrt berechtigten Straße sowohl Vorrückzeiten als auch Orientierungszeiten[1].

---

[1] Vgl. auch die Zusammenfassung von HAIGT [5].

2. Verkehrssimulation an einer sowie an mehreren Kreuzungen

2.1. Darstellungsmöglichkeiten des Verkehrs auf einem Digitalrechner

Der erste Schritt bei der Aufstellung eines Simulationsmodells besteht in der Überlegung, wie Fahrzeuge und Fahrbahn auf dem einzusetzenden Digitalrechner dargestellt und wie die Bewegungen der Fahrzeuge realisiert werden sollen. Welche physikalischen Größen im Modell berücksichtigt werden, hängt von der Problemstellung ab. An einer Kreuzung z. B. ist es entscheidend, ob ein Lastkraftwagen oder ein Personenkraftwagen nach links abbiegen will, da ein Lastkraftwagen eine größere Lücke im Gegenverkehr abwarten muß als ein Personenkraftwagen. Auf einem längeren Straßenabschnitt spielt die Länge eines einzelnen Fahrzeuges keine große Rolle. Wichtige Parameter sind hier die Geschwindigkeit der einzelnen Fahrzeuge sowie Zeitlücken zwischen aufeinanderfolgenden Fahrzeugen. Da diese Größen im wirklichen Verkehr zufallsverteilt sind, sind sie auch im Modell Zufallsgrößen. Mit Hilfe von *Pseudo-Zufallszahlen*[1] werden sie realisiert. Ihre Verteilungen können beliebigen theoretischen Verteilungen mit bekannter Verteilungsdichte entsprechen, oder sie können aufgrund von Messungen gegeben sein.

Im wesentlichen gibt es zwei Möglichkeiten, die Fahrbahn, die Fahrzeuge und deren Bewegung auf einem Digitalrechner darzustellen. Die erste Darstellungsform ist nur bei Rechenanlagen mit binärer Zahlendarstellung geeignet, während die zweite auf allen Digitalrechnern benutzt werden kann.

Das erste Verfahren verwendet im Speicher und Rechenwerk für die Darstellung eines Fahrzeuges die binäre „L", während die binäre „O" eine Lücke bedeutet. Eine Folge von „Nullen" und „Einsen" stellt somit eine Folge von Fahrzeugen dar. Dies fordert die Wahl einer bestimmten Längeneinheit Δl, die man z. B. 4 m wählen kann. Jede Bitstelle stellt dann eine Strecke von 4 m auf einer Fahrbahn dar, aufeinanderfolgende Bitstellen einen Teil der Fahrbahn. Wählt man als durchschnittliche Länge eines PKW's ebenfalls 4 m, so stellt jede „Eins" einer Folge von Bitstellen einen Personenkraftwagen dar. Hierzu ein Beispiel. Die Folge

$$0\ 0\ 0\ 1\ 0\ 0\ 1\ 0\ 1\ 1\ 0\ 0\ 1\ 0\ 0\ 0\ 1\ 0$$

zeigt die Verteilung der Fahrzeuge auf einer insgesamt 72 m langen Strecke. Die zwei „Einsen" hintereinander stellen beispielsweise einen Lastkraftwagen ohne Anhänger dar.

Um die Bewegung von Fahrzeugen zu simulieren, muß neben der Längeneinheit noch eine Zeiteinheit Δt festgelegt werden. Mit Hilfe von arithmetischen Operationen wird die Bewegung simuliert. Nach jeder Zeiteinheit wird das System neu berechnet. Werden diese Einheiten günstig gewählt, so läßt sich die Bewegung der Fahrzeuge leicht realisieren. Je kleiner die Zeiteinheit gewählt wird, desto genauer kann der Verkehrsablauf simuliert werden. Oft wird $\Delta t = 0{,}5$ sec gewählt. Bewegen sich alle Fahrzeuge mit derselben Geschwin-

---

[1] Vgl. dazu P. ROOS: *Zufallsgeneratoren*, in diesem Band.

digkeit, und zwar in einer Zeiteinheit um eine Bitstelle weiter, so sieht die obige Verteilung der Fahrzeuge nach 2 Zeiteinheiten folgendermaßen aus:

$$0\ 1\ 0\ 0\ 1\ 0\ 1\ 1\ 0\ 0\ 1\ 0\ 0\ 0\ 1\ 0\ 0\ 0$$

Alle Fahrzeuge haben sich also mit einer Geschwindigkeit von $\dfrac{\Delta l}{\Delta t}\ \dfrac{\text{m}}{\text{sec}}$ weiterbewegt.

Das beschriebene Verfahren kann zwischen den einzelnen Fahrzeugen auf der Straße nicht unterscheiden. Deshalb wird fast immer folgende Darstellungsform verwendet. Zur Darstellung eines Fahrzeuges werden eine oder mehrere Speicherzellen benötigt, in denen Daten über dieses Fahrzeug festgehalten werden: die gewünschte und die tatsächliche Geschwindigkeit, die Fahrzeit, die Wartezeit und sonstige Größen. Diese Speicherinhalte werden nach jeder Zeiteinheit auf das laufende gebracht. Oft ist auch noch eine Ortsangabe vorhanden, so daß festgestellt werden kann, in welchem Straßenabschnitt sich das Fahrzeug gerade befindet. Auf einer Rechenanlage mit binärer Zahlendarstellung könnte dies z. B. wie folgt aussehen:

$1\ 0\ 1\ 1\ 1\ 0\ 0$	$1\ 0$	$1\ 0\ 0\ 0$	$1\ 0\ 0\ 1$	$1\ 0\ 1$	$0\ 1\ 0\ 0\ 0\ 1$
Ort	*Spur*	*tatsächliche Geschwindigkeit*	*gewünschte*	*Länge der Fahrzeuge*	*Wartezeit*

Eine Fahrspur wird meistens in kleinere Abschnitte unterteilt, die entweder ein oder kein Fahrzeug enthalten können.

Die Bewegung der Fahrzeuge läßt sich auch hier bei passender Wahl der Längen- und Zeiteinheit sehr einfach durchführen. Die Summe von alter Ortsangabe und tatsächlicher Geschwindigkeit ergibt die neue Ortsangabe. Selbstverständlich hängt das Vorrücken auch von der Umgebung ab. Die Untersuchung, ob ein Fahrzeug ungehindert vorrücken darf oder ob es z. B. seine Fahrt verlangsamen muß, weil eine Ampel auf Rot umschaltet, verursacht die eigentliche Rechnung des Simulationsprozesses.

2.2. Simulation des Straßenverkehrs an einer Kreuzung

Vereinfachend sollen die betrachteten Kreuzungen aus einer Hauptstraße mit starkem Verkehr und einer Nebenstraße, in der der Verkehr geringer ist, bestehen. Beide Straßen sollen sich rechtwinkelig schneiden. Der Verkehr wird entweder durch Verkehrszeichen oder durch eine Signalsteuerung geregelt. Wie schon in der Einleitung gesagt wurde, interessiert an einer solchen Kreuzung vor allem die Wartezeit der Fahrzeuge und die Länge von Fahrzeugschlangen, die sich gegebenenfalls bilden. Die Summe der Wartezeiten wird oft als Kriterium für die Leistungsfähigkeit einer Kreuzung betrachtet (vgl. [12]).

An Kreuzungen mit Verkehrszeichen müssen die Fahrzeuge der Nebenstraße eine genügend große Lücke im Hauptstrom abwarten, um die Hauptstraße überqueren oder in diese einbiegen zu können. Der einzelne Fahrer entscheidet, ob ihm die Zeitlücke dazu ausreicht. Dies kann auf Digitalrechnern mit Hilfe einer Pseudo-Zufallszahl entschieden werden, oder es kann auch eine feste

Grenzzeitlücke angegeben werden. Ist die Zeitlücke im Hauptstrom größer als diese Grenzzeitlücke, so darf das Fahrzeug der Nebenstraße fahren, im anderen Fall muß es so lange warten, bis eine Zeitlücke eintritt, die größer als diese Grenzzeitlücke ist.

Bei einer signalgesteuerten Kreuzung interessiert vor allem die optimale Signalregelung. Die Signalfolge einer Kreuzungszufahrt besteht aus den Teilabschnitten *Rot, Rot-Gelb, Grün, Gelb, Rot*. Eine Periode, auch Zyklus genannt, ist die Zeit zwischen zwei Rot- oder Grünzeiten. Um die Wartezeiten auf ein Minimum zu beschränken, muß die günstigste Phasenregelung gesucht werden. Sie hängt vor allem von den Verkehrsmengen, den Abbiegeranteilen und der Zusammensetzung des Verkehrs ab. Gesucht wird bei vorgegebenen Verkehrsmengen die Periode und die Grünzeit; die Gelbzeit beträgt meistens 3 Sekunden.

Haben sich für die Periode und die Grünzeit optimale Werte ergeben, so gelten diese Werte zumeist nicht den ganzen Tag, da der Verkehr im Laufe eines Tages starken Schwankungen unterworfen ist. Um dies zu berücksichtigen, wurde eine verkehrsabhängige Steuerung der Signaleinrichtung entwickelt. Mit Hilfe von Detektoren kann die Zahl der Fahrzeuge festgestellt werden, die sich z. B. auf der Nebenstraße der Kreuzung nähern. Abhängig von dieser Zahl wird nun die Grünzeit für die Nebenstraße geregelt. Sie darf bei starkem Verkehr jedoch einen bestimmten Wert nicht überschreiten, andererseits darf sie bei schwachem Verkehr nicht unter einem anderen bestimmten Wert liegen[1].

Kell [7] simulierte auf einer IBM 701 eine Kreuzung, deren Straßen je eine Fahrspur in jeder Richtung haben, während Lewis und Michael [8] eine Kreuzung simulieren, deren Straßen je zwei Fahrspuren in jeder Richtung haben. Während in der Hauptstraße Parken verboten ist, ist es in der Nebenstraße auf beiden Seiten erlaubt. Beide untersuchen sowohl die nicht signalgesteuerte Kreuzung als auch eine verkehrsabhängige Steuerung.

In beiden Arbeiten werden vor allem die Verzögerungen der Fahrzeuge in Abhängigkeit von den Verkehrsmengen in mehreren Abbildungen dargestellt. Läßt man z. B. die Verkehrsmenge der Nebenstraße konstant, so nehmen die Wartezeiten mit der Verkehrsmenge der Hauptstraße deutlich zu. Ab einer bestimmten Verkehrsmenge werden die Wartezeiten so groß, daß die Kreuzung den Anforderungen nicht mehr genügt.

Kell vergleicht die verkehrsabhängige Steuerung mit einer Phasenregelung, bei der in beiden Straßen die Grünzeiten gleich groß sind und die Periode 60 sec beträgt. Im zweiten Fall zeigt sich, daß die Wartezeiten bei Verkehrsmengen von mehr als 900 Fahrzeugen/Stunde zu groß werden, gleichgültig, ob in der Nebenstraße schwacher oder starker Verkehr herrscht. Bei einer verkehrsabhängigen Steuerung kann die Verkehrsmenge einer Straße auch größer als 900 Fahrzeuge/Stunde sein, ohne daß die Wartezeiten zu groß werden, wenn in der anderen Straße nicht zu starker Verkehr herrscht.

Lewis und Michael untersuchen u. a. den Einfluß verschiedener Grenzzeitlücken an einer Kreuzung mit Verkehrszeichen. Die durchschnittlichen Wartezeiten sind bei einer Grenzzeitlücke von 5,8 sec größer als bei einer Grenzzeitlücke von 4,8 sec.

---

[1] Vgl. W. Wimmer: *Verkehrssignalsteuerung mit Hilfe von Ziffernrechenanlagen*, in diesem Band.

2.3. Simulation des Straßenverkehrs auf einer Straße mit mehreren Kreuzungen

Die Untersuchung einer isolierten Kreuzung hat im allgemeinen wenig Sinn, wenn nicht auch die umliegenden Kreuzungen und Straßen betrachtet werden. Die optimale Einstellung der Ampeln an einer Kreuzung kann nämlich die Leistung anderer Kreuzungen beeinflussen und sie gegebenenfalls vermindern. Es ist daher notwendig, mehrere Kreuzungen, ja sogar ganze Straßennetze, gemeinsam zu untersuchen. Anon [1] hat dies getan, als er den Verkehr einer 4-spurigen Einbahnstraße in Washington simulierte. Die Fahrbahn teilte er in 12 feet lange Rechtecke ein, die durchnumeriert wurden. Von jedem Fahrzeug stand die Nummer des Rechteckes, in dem es sich gerade befand, und seine gewünschte Geschwindigkeit fest. Die Fahrzeuge wurden in 3 Klassen eingeteilt. Es wurde zwischen Personenkraftwagen, Lastkraftwagen und Lastkraftwagen mit Anhänger unterschieden. Jedes Fahrzeug fuhr solange wie möglich mit seiner gewünschten Geschwindigkeit. Es konnte langsamer fahrende Fahrzeuge überholen, d. h. das Wechseln der Fahrspur war erlaubt. Die zu befahrende Richtung wurde den Fahrzeugen mit Hilfe von Pseudo-Zufallszahlen zugeordnet.

Anon simulierte mehrere Beispiele und untersuchte den Verkehrsfluß nach Änderung der Signaleinstellung und den Einfluß von Bushaltestellen, Links-abbieger- und Parkverbot. Einige Fahrzeuge wurden nach ihrer Erzeugung markiert, so daß ihr Weg verfolgt werden konnte. Die Bewegung der Fahrzeuge wurde auf einem Bildschirm verfolgt, so daß der Verkehrsablauf mit dem tatsächlichen Geschehen verglichen werden konnte. Die Simulation stimmte mit der Wirklichkeit gut überein. Insbesondere hielten die Fahrzeuge bei *Rot*, überholten andere Fahrzeuge und bildeten Schlangen.

2.4. Simulation des Straßenverkehrs in einem Straßennetz

Noch einen Schritt weiter als Anon ging Katz [6]. Er simulierte auf einer IBM 7090 den Verkehr eines ganzen Straßennetzes von Washington. Sein simuliertes Gebiet bestand aus 80 signalgesteuerten Kreuzungen und 324 sogenannten *Verkehrsbändern*. Katz versteht unter einem Verkehrsband eine — auch mehrspurige — Einbahnstraße. Eine Straße mit Verkehr in beiden Richtungen stellte er durch zwei Verkehrsbänder dar. Jedes Verkehrsband teilte er in Zonen ein. Die Länge einer Zone war gleich dem Weg eines Fahrzeuges, den dieses mit einer bestimmten Geschwindigkeit in einer Zeiteinheit zurücklegte.

Die Simulation wurde in 4 Schritten durchgeführt. Im ersten Schritt wurden für bestimmte Verkehrsbänder neue Fahrzeuge mit Hilfe von Pseudo-Zufallszahlen erzeugt. Die Bewegung der Fahrzeuge an den Kreuzungen wurde im zweiten Schritt behandelt. Jedem Fahrzeug, das eine Kreuzung passieren wollte, wurde eine neue Richtung mit Hilfe von Zufallszahlen zugewiesen, d. h. das neue Verkehrsband und die neue Fahrspur wurden bestimmt. Die Bewegung der Fahrzeuge zwischen den Kreuzungen, also die Bewegung von Zone zu Zone, schloß sich an. Im letzten Schritt wurden die Verkehrsampeln auf den neuesten Stand gebracht.

Auch hier waren die erhaltenen Ergebnisse zufriedenstellend. Der Verkehrs-ablauf konnte mit dem wirklichen Verkehrsablauf verglichen werden, da die Parameter, z. B. Signalfolge und Verkehrsmenge, so gewählt wurden, daß sie der Wirklichkeit entsprachen. Ohne große Schwierigkeiten kann dieses Modell auch für andere Verkehrsnetze benutzt werden. Es muß überhaupt nicht oder nur wenig geändert werden, um den Verkehr jeder anderen Stadt zu untersuchen.

3. Simulation des Straßenverkehrs auf einer Landstraße

3.1. Problemstellung

Im folgenden werde ich ein Modell genauer beschreiben, das gestattet, den Verkehrsablauf einer zweispurigen Landstraße zu simulieren. Von dieser Straße, die in beiden Richtungen befahren werden kann, ist die Verkehrsmenge, d. h. die Anzahl m der Fahrzeuge, die in einer Stunde eine Meßstelle in einer Richtung passieren, bekannt. Weiter sei an dieser Stelle auch die lokale Geschwindigkeits- und die Zeitlückenverteilung gegeben. Auf einem Teilstück der Straße, das hier 15 km lang ist, wird nun der Verkehr beobachtet. Gesucht sind z. B. Aussagen über die Gesamtfahrzeit und über die Zahl der aktiven Überholungen, d. h. über die Zahl der Fahrzeuge, die von einem bestimmten Fahrzeug überholt werden. Untersucht wird weiter die Kolonnenbildung an verschiedenen Meßstellen. Gesucht sind Länge und Geschwindigkeit der Kolonne, d. h. die Anzahl der Fahrzeuge und die Geschwindigkeit des ersten Fahrzeuges der Kolonne. Interessant ist dann noch die Zeitlückenverteilung am Ende des Teilstückes.

Die Größen, die auf den Verkehrsablauf hauptsächlich Einfluß haben, sind die Straßeneigenschaften und die Zusammensetzung des Verkehrs. Bei einer Straße, die gerade ist oder nur flache Kurven hat und außerdem nur geringe Steigungen aufweist, werden die Straßeneigenschaften den Verkehrsablauf längs dieser Straße nicht wesentlich beeinflussen. Sie blieben deshalb bei der Simulation unberücksichtigt. Die Zusammensetzung des Verkehrs spielt jedoch eine wesentliche Rolle. Entscheidend ist hier Anzahl, Art und Geschwindigkeit der Fahrzeuge, sowie der zeitliche Abstand zwischen zwei Fahrzeugen. Im Simulationsmodell wird zwischen LKW und PKW kein Unterschied gemacht, dagegen können die Anzahl, und somit die Zeitlücken, sowie die Geschwindigkeitsverteilung der Fahrzeuge beliebig vorgegeben werden.

Die Untersuchung des Überholvorgangs ist das Hauptproblem bei dieser Simulation. Zunächst sollen noch zwei Bezeichnungen besprochen werden. Ein *aktives Fahrzeug* ist ein Fahrzeug, das ein anderes überholt oder überholen will, während ein *passives Fahrzeug* von einem anderen überholt wird oder überholt werden soll. Solange ein Fahrzeug kein anderes vor sich hat, wird es seine Geschwindigkeit nur geringfügig ändern, also im Modell mit konstanter Geschwindigkeit fahren. Nähert es sich jedoch einem Fahrzeug, so wird es dieses überholen wollen. Dazu muß der Fahrer prüfen, ob dieser Überholvorgang ungehindert ausgeführt werden kann. Er wird zunächst prüfen, ob die Gegenfahrbahn frei ist, genauer, ob sie während des Überholvorganges frei bleibt. Weiter muß er die Fahrbahn vor dem passiven Fahrzeug prüfen, denn auch sie muß frei sein, da er nach beendigtem Überholvorgang wieder auf diese Fahrbahn zurückkehren muß. Sind beide Forderungen erfüllt, so kann das Fahrzeug, ohne die Geschwindigkeit zu verringern, überholen. Ist mindestens eine der beiden Forderungen nicht erfüllt, so muß der Fahrer seine Fahrtgeschwindigkeit so lange drosseln, bis er überholen kann oder bis er mit der Geschwindigkeit seines Vorgängers fährt. Im letzten Fall hat er sich diesem bis auf einen Sicherheitsabstand genähert. Hat der Fahrer nach einiger Zeit die Möglichkeit zu überholen, so beschleunigt er seine Fahrt so lange, bis er seine ursprüngliche Geschwindigkeit wieder erreicht hat. Er weicht auf die Gegenfahrbahn aus und verbleibt dort so lange, bis der Überholvorgang beendet ist. Die Geschwindigkeit während des Überholvorganges kann der Fahrer noch erhöhen, um diesen abzukürzen.

Der Sicherheitsabstand, den ein Fahrer einhält, ist nicht konstant, sondern richtet sich nach der Geschwindigkeit der Fahrzeuge und der Fahrweise des Fahrers. Hat der Fahrer nicht die Absicht zu überholen, so wird er im allgemeinen einen größeren Sicherheitsabstand wählen.

Natürlich sind an manchen Überholvorgängen mehr als zwei Fahrzeuge beteiligt. Es wird vorkommen, daß ein Fahrzeug von mehreren Fahrzeugen überholt wird, und umgekehrt, daß ein Fahrzeug mehrere andere Fahrzeuge überholt. Beide Fälle sind im Modell eingeschlossen, jedoch darf ein Fahrzeug höchstens acht andere Fahrzeuge auf einmal überholen.

3.2. Das Modell

Die Häufigkeit der Fahrzeuge, die mit einer bestimmten Geschwindigkeit v fahren wollen, und die Anzahl der Fahrzeuge, die eine Meßstelle in einer Stunde passieren, sind bekannt. Summiert man die Häufigkeiten, so erhält man die sogenannte Verteilungsfunktion $F(v)$, die im Rechner gespeichert wird und für die $0 \leqq F(v) \leqq 1$ gilt (Abb. 40). Da die Geschwindigkeiten von Fahrzeugen

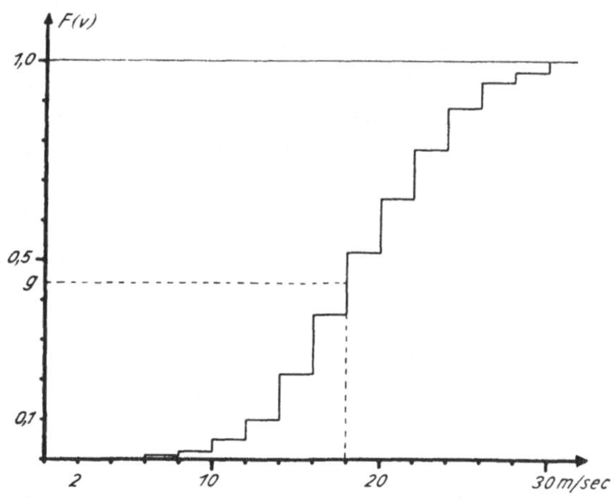

Abb. 40. Geschwindigkeitsverteilung

und die Zeitlücken zwischen zwei aufeinanderfolgenden Fahrzeugen Zufallsgrößen sind, müssen sie auch im Modell „zufällig" sein. Die Realisierung dieser Zufallsgrößen wird mit Hilfe von Pseudo-Zufallszahlen erreicht. Dazu benötigt man zunächst Zufallszahlen g, die im Intervall [0,1] gleichverteilt sind. Sie werden mit Hilfe des multiplikativen Kongruenzverfahrens

$$x_{i+1} = a\,x_i \pmod{10^{13}}, \quad i = 0,\, 1,\, 2,\, \ldots$$

erzeugt. Dabei ist $x_0 = 10^{-13}$ und $a = 0{,}2541865828329$.

Zu einer gleichverteilten Zufallszahl g erhält man eindeutig aus der Verteilungsfunktion $F(v)$ eine Geschwindigkeit (in Abb. 40 ist das zugehörige $v = 18$ m/sec). Auf diese Weise ergeben sich also zufällige Geschwindigkeiten, die den Fahrzeugen auf der Hauptfahrbahn zugeordnet werden. Auf der Gegenfahrbahn wird jedoch die Geschwindigkeit aller Fahrzeuge als gleich angesehen. Es ist also nur für Fahrzeuge der Hauptfahrbahn möglich, andere Fahrzeuge zu überholen, während auf der Gegenfahrbahn der Abstand zwischen den einzelnen Fahrzeugen immer gleich bleibt. Dies ist in der Praxis selbstverständlich nicht der Fall. Auch auf der Gegenfahrbahn hat man eine Geschwindigkeitsverteilung, und auch hier finden Überholvorgänge statt. Ein Fahrer, der überholen will, kennt aber die Geschwindigkeit eines ihm entgegenkommenden Fahrzeuges nicht, sondern sieht praktisch nur die Lücke zwischen ihm und dem entgegenkommenden Fahrzeug. Deshalb wurde auf der Gegenfahrbahn für alle Fahrzeuge die gleiche, nämlich die mittlere Geschwindigkeit angenommen.

Um die Fahrzeugverteilung auf einer Straße festzulegen, benötigt man noch die Zeitlücken zwischen zwei aufeinanderfolgenden Fahrzeugen. Für die Zeitlücken am Anfang der betrachteten Straße wurde eine Exponentialverteilung angenommen. Die Wahrscheinlichkeit dafür, daß eine Zeitlücke kleiner als x ist, beträgt also $G(x) = 1 - e^{-\lambda x}$, wobei $\lambda = \dfrac{m}{3600}$ ist. Wenn g_i eine im Intervall [0,1] gleichverteilte Zufallszahl ist, so ist $t_i = -\dfrac{1}{\lambda}\ln r_i$ $(i = 1, 2, \ldots)$ die gewünschte Realisierung einer Zeitlücke. Pseudo-Zufallszahlen mit dieser Verteilung lassen sich ebenfalls bequem im Rechner erzeugen.

Nach allen Δt sec wird zunächst geprüft, ob ein Fahrzeug den betrachteten Straßenabschnitt erreicht hat. t_i sei die Zeitlücke zwischen dem i-ten Fahrzeug, das eben den Anfang des Straßenabschnittes passiert, und dem $(i+1)$-ten Fahrzeug, das als nächstes Fahrzeug dort erscheinen wird. Oder anders gesagt: t_i ist die Zeit, die noch vergeht, ehe das $(i+1)$-te Fahrzeug den betrachteten Straßenabschnitt erreicht. Alle Δt sec vermindert sich t_i um Δt sec, so lange bis zum ersten Mal $t_i \leq 0$ wird. Dann muß ein Fahrzeug „erzeugt" werden. Ihm wird, wie oben beschrieben, eine Geschwindigkeit zugewiesen, mit der es auf dem Straßenabschnitt fährt. Danach wird die nächste Zeitlücke t_i erzeugt, die wieder angibt, wieviel Zeit noch vergeht, bis das nächste Fahrzeug in das System eintritt. Dies gilt sowohl für die Haupt- als auch für die Gegenfahrbahn.

Die 15 km lange Straße (die Länge der Straße spielt an sich für das Modell keine Rolle) wurde in gleiche Abschnitte von 30 m Länge eingeteilt. Im Rechner wird ein Abschnitt als ein Block von 5 Speicherzellen zu je 4 Dezimalstellen angelegt, so daß also 1000 Blöcke (je 500 für Haupt- und Gegenfahrbahn) die Straße darstellen. Stehen in einem Block nur Nullen, so bedeutet dies, daß sich im zugehörigen Abschnitt kein Fahrzeug befindet; stehen dagegen in einem

Block auch von Null verschiedene Zahlen, so befindet sich im zugehörigen Abschnitt ein Fahrzeug. In einem Abschnitt kann höchstens ein Fahrzeug sein. Die Zahlen in den 5 Zellen eines Blockes n haben folgende Bedeutung:

1. Zelle: Ort x_n des Fahrzeuges innerhalb eines Abschnittes (in m), mit
$$0 < x_n \leqq 30.$$

2. Zelle: Geschwindigkeit $\dfrac{v_n}{2}$ des Fahrzeuges (in m/sec).

3. Zelle: Gesamtfahrzeit T_n des Fahrzeuges (in $\dfrac{1}{2}$ sec).

4. Zelle: Gesamtzeit τ_n, die ein Fahrzeug in der Kolonne fuhr, kurz Kolonnenzeit genannt (in $\dfrac{1}{2}$ sec).

5. Zelle: Zahl der Überholungen $\ddot{u}_n$, die das Fahrzeug getätigt hat.

Die Größen beziehen sich auf den betrachteten Zeitpunkt. Die Zählung von T_n, τ_n und $\ddot{u}_n$ beginnt am Anfang der betrachteten Strecke. Das folgende Beispiel zeigt, wie dies für ein Fahrzeug aussehen kann:

$$0\ 0\ 3\ 0 \qquad 0\ 1\ 1\ 0 \qquad 1\ 0\ 6\ 9 \qquad 0\ 5\ 3\ 8 \qquad 0\ 0\ 0\ 8$$

In der *1.* und *2. Zelle* steht das Komma hinter der 3. Stelle, während die übrigen Zellen ganze Zahlen enthalten. Die Zellen haben demnach folgende Bedeutung: Das Fahrzeug ist innerhalb des zugehörigen Abschnittes 3 m (*1. Zelle*) gefahren. Es fährt mit einer Geschwindigkeit von $11 \cdot 2$ m/sec $= 22$ m/sec (*2. Zelle*) und hat für die bis jetzt zurückgelegte Strecke $1069 \cdot 0{,}5$ sec $= 534{,}5$ sec (*3. Zelle*) benötigt. Davon fuhr es $538 \cdot 0{,}5$ sec $= 269$ sec (*4. Zelle*) in der Kolonne, während es bis jetzt 8 Fahrzeuge überholt hat.

Nach allen Δt sec (hier $\Delta t = 0{,}5$ sec) wird der Ort eines jeden Fahrzeuges neu berechnet. Dabei wird jeder Block der Reihe nach geprüft — und zwar entgegen der Fahrtrichtung —, ob er leer ist oder nicht. Ist der Block nicht leer, so kann man aus dem Inhalt der *1.* und *2. Zelle* den neuen Ort x des Fahrzeuges nach Δt sec berechnen. Wird also für ein bestimmtes Fahrzeug der Ort neu berechnet, so sind schon die Orte aller vor ihm fahrenden Fahrzeuge bekannt, d. h. die vor ihm fahrenden Fahrzeuge sind schon vorgerückt.

Ist $x \leqq 30$, so bleibt das Fahrzeug im gleichen Block. Im anderen Fall rückt es einen Block vor, während im alten Block die Zahlen gelöscht werden und von x die Zahl 30 abgezogen wird, so daß x wieder kleiner als 30 ist. In beiden Fällen erhöht sich der Inhalt der *3. Zelle* um Δt sec. Die Größe Δt und die Länge der Abschnitte wurden so gewählt, daß ein Fahrzeug nicht um mehr als einen Block vorrückt.

Um den Überholvorgang auf dem Rechner realisieren zu können, müssen noch einige Vereinfachungen eingeführt werden. Der Sicherheitsabstand bleibt in jedem Fall der gleiche, und zwar 30 m, also gerade die Länge eines Abschnittes. Dies hat zur Folge, daß sich in einem Abschnitt immer nur *ein* Fahrzeug befinden kann. Ob sich ein Fahrzeug einem anderen bis auf den Sicherheitsabstand genähert hat, kann sehr einfach festgestellt werden, indem man die Inhalte der *1. Zelle* zweier aufeinanderfolgender Blöcke miteinander vergleicht. Kann ein Fahrzeug nicht überholen, so fährt es, ohne zu verzögern, bis auf den Sicherheitsabstand an das vor ihm fahrende Fahrzeug auf und nimmt dann dessen Geschwindigkeit an. Ebenso wird es beim Überholen aus dem Sicherheitsabstand nicht beschleunigt, sondern nimmt sofort seine eigene Geschwindigkeit an, die auch während des Überholvorganges konstant bleibt. Das Fahrzeug hat also immer eine konstante Geschwindigkeit, es sei denn, es wird durch langsamer fahrenden Verkehr aufgehalten.

Ehe ein Fahrzeug vorrücken darf, wird geprüft, ob der Block vor ihm leer ist oder nicht. Im letzten Fall werden die beiden Inhalte der *1. Zelle* verglichen. Ist $x_{n+1} - x_n > 0$, so sind beide Fahrzeuge um mehr als 30 m voneinander entfernt, und das 2. Fahrzeug kann vorrücken. Ist $x_{n+1} - x_n \leqq 0$, so haben sich beide Fahrzeuge bis auf mindestens 30 m genähert und das 2. Fahrzeug will überholen. Ist dies jedoch nicht möglich, so wird $x_{n+1} = x_n$ gesetzt; somit bleibt das 2. Fahrzeug 30 m hinter dem vor ihm fahrenden. Ein Fahrzeug darf also erst dann mit dem Überholvorgang beginnen, wenn es sich diesem bis auf den Sicherheitsabstand genähert hat, auf keinen Fall schon früher.

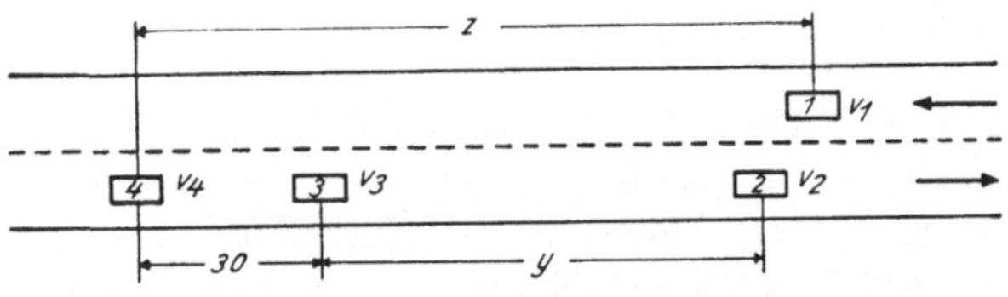

Abb. 41. Teil einer Fahrbahn

Will ein Fahrzeug ein anderes überholen, so müssen die beiden folgenden Bedingungen erfüllt sein (Abb. 41):

$$y \geqq 60\ \text{m} \tag{1}$$

$$z \geqq \frac{v_4 + v_1}{v_4 - v_3} \cdot 60\ \text{m} \tag{2}$$

Bedingung (1) prüft die eigene Fahrbahn, ob sie nach dem Überholvorgang frei ist, während Bedingung (2) die Gegenfahrbahn prüft. Wird ein Fahrzeug von zwei anderen überholt, geht Bedingung (1) für den 2. Überholer in $y \geqq 90$ m über. Entsprechendes gilt für weitere Überholer. Da jedes aktive Fahrzeug auf der Gegenfahrbahn nur mit seiner Geschwindigkeit fahren darf, muß für den 2. Überholer noch eine 3. Bedingung erfüllt sein. Er darf nur überholen, wenn er sich nach beendetem Überholvorgang höchstens bis auf den Sicherheitsabstand dem 1. Überholer genähert hat. Entsprechendes gilt wieder für weitere Überholer.

Von einer Kolonne von n Fahrzeugen darf das erste Fahrzeug zuerst vorrücken. Danach wird für das zweite Fahrzeug geprüft, ob es überholen kann oder nicht. Dabei spielt es keine Rolle, ob hinter ihm in der Kolonne noch Fahrzeuge mit größerer Geschwindigkeit fahren, für die der Überholvorgang eventuell schneller beendet wäre. Ist für das zweite Fahrzeug der neue Ort berechnet, so kommt das dritte Fahrzeug der Kolonne an die Reihe usw. Bei der Überholfrage spielt also die Reihenfolge in der Kolonne eine wesentliche Rolle. Je weiter vorn ein Fahrzeug fährt, um so größer ist seine Chance, überholen zu können. Dies schließt natürlich nicht den Fall aus, daß ein Fahrzeug am Ende der Kolonne diese überholen kann, wenn seine Geschwindigkeit groß genug ist und der übrige Verkehr es zuläßt.

Beim Überholvorgang bleibt das aktive Fahrzeug so lange auf der Gegenfahrbahn, bis es mindestens 30 m vor dem passiven Fahrzeug bzw. vor dem ersten Fahrzeug einer Kolonne fährt. Dann kehrt es auf die Hauptfahrbahn zurück. Da Bedingung (2) zu Beginn des Überholvorganges erfüllt sein kann, nicht aber am Ende desselben ($v_2 < v_3$!), muß das passive Fahrzeug auf jeden Fall 60 m hinter dem Fahrzeug 2 (Abb. 41) bleiben, damit das aktive Fahrzeug nach beendetem Überholvorgang wieder auf die Hauptfahrbahn zurückfahren kann. Dieser Fall tritt auch in Wirklichkeit ein. Ein Fahrzeug überholt leichtsinnig und muß wegen Gegenverkehr wieder auf die Hauptfahrbahn zurückfahren. Da dort keine Lücke vorhanden ist, muß das passive Fahrzeug bremsen.

Kann ein Fahrzeug überholen, so erhöht sich der Inhalt der *5. Zelle* um 1, im anderen Fall erhöht sich der Inhalt der *4. Zelle* um Δt sec.

3.3. Ergebnisse

Hat ein Fahrzeug die Strecke durchfahren, so kennt man dessen Gesamtfahrzeit (*3. Zelle*), die Fahrzeit in der Kolonne (*4. Zelle*) und die Zahl der aktiven Überholungen (*5. Zelle*). In Beispielen, bei denen langsam fahrende Fahrzeuge herausgenommen wurden, ist auch die Gesamtzeit bekannt, die es warten mußte, um Kolonnen vorbeifahren zu lassen. Eine Reihe von Beispielen wurde auf der elektronischen Rechenanlage ER 56 simuliert. (Die Rechnungen wurden im Rechenzentrum der Universität Stuttgart durchgeführt.) Insbesondere wurde der Einfluß des Gegenverkehrs und eine Geschwindigkeitsbegrenzung untersucht. In einigen Beispielen wurde an gewissen Stellen das erste Fahrzeug einer Kolonne herausgenommen. Dieses Fahrzeug, das den Verkehr behinderte, mußte so lange warten, bis die ganze Kolonne vorbeigefahren war.

Da sich die Beispiele nur sehr wenig voneinander unterschieden, konnte der Einfluß einiger Parameter auf den Verkehrsablauf untersucht werden. Die Ergebnisse waren zwar oft vorhersehbar, sie zeigten aber, daß das Modell richtige Ergebnisse liefert. Um eine zu lange Rechenzeit zu vermeiden, muß die Simulation nach Beobachtung einer möglichst kleinen Anzahl von Fahrzeugen abgebrochen werden. Dabei ergibt sich die Frage, ob der Simulationsprozeß lange genug gedauert hat, um gesicherte Ergebnisse zu liefern. Mit Hilfe der Regressionsrechnung kann die Abhängigkeit zwischen meßbaren Merkmalen untersucht werden. Dabei wird eine Regressionslinie durch die erhaltenen Simulationswerte gelegt, so daß diese möglichst wenig von den entsprechenden Regressionswerten abweichen. Außerdem können für die Regressionswerte Vertrauensgrenzen angegeben werden. Unsere Untersuchung zeigt, daß die Ergebnisse recht gut gesichert waren. In den meisten Fällen betrug die Anzahl der beobachteten Fahrzeuge 600.

In Abb. 42, 43 und 44 sind die Ergebnisse für die unten angegebenen Beispiele dargestellt. Die Zahl an jeder Kurve bezieht sich auf das entsprechende Beispiel.

Beispiel 1: Hauptfahrbahn: 250 Fahrzeuge/Stunde.
             Gegenfahrbahn: 150 Fahrzeuge/Stunde.
             Überholung nur aus 2. Position.

Beispiel 2: Gegenfahrbahn: 100 Fahrzeuge/Stunde. Sonst wie bei *Beispiel 1.*

Beispiel 3: Überholung einer ganzen Kolonne ist möglich. Sonst wie bei *Beispiel 1.*

Beispiel 4: Geschwindigkeitsbegrenzung ($v \leq 22$ m/sec). Sonst wie bei *Beispiel 1.*

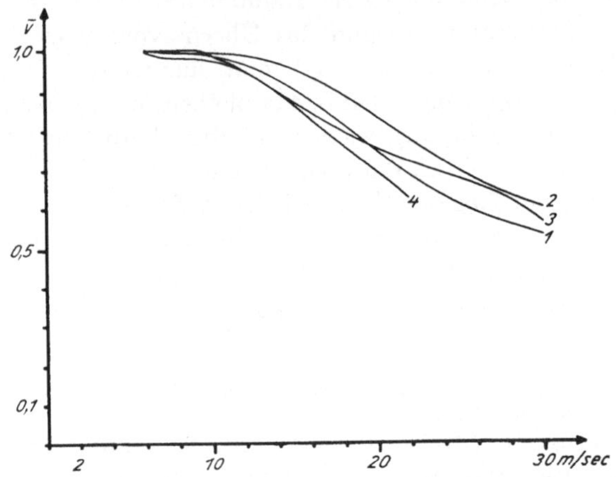

Abb. 42. Erreichte Durchschnittsgeschwindigkeit / Gewünschte Geschwindigkeit

Abb. 42 zeigt den Quotienten $\bar{v}$ der tatsächlich erreichten Durchschnittsgeschwindigkeit v zur gewünschten Geschwindigkeit v_0: $\bar{v} = \dfrac{v}{v_0}$. Man sieht

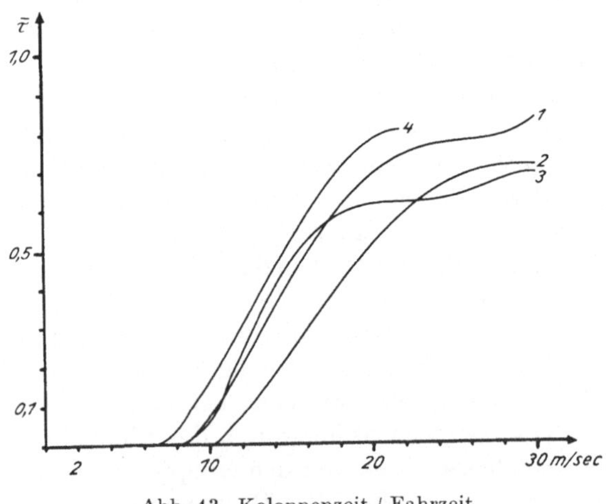

Abb. 43. Kolonnenzeit / Fahrzeit

deutlich, daß bei stärkerem Gegenverkehr (1) und bei einer Geschwindigkeitsbegrenzung (4) die Durchschnittsgeschwindigkeit v abnimmt.

In Abb. 43 ist der Quotient $\bar{\tau}$ der Kolonnenzeit τ zur Fahrzeit T aufgetragen: $\bar{\tau} = \dfrac{\tau}{T}$. Es zeigt sich, daß die Kolonnenzeit bei einer Geschwindigkeitsbegrenzung (4) stark zunimmt, während sie bei schwachem Gegenverkehr (2) oder bei der Möglichkeit ganze Kolonnen zu überholen (3) sich verringert. Die Zahl

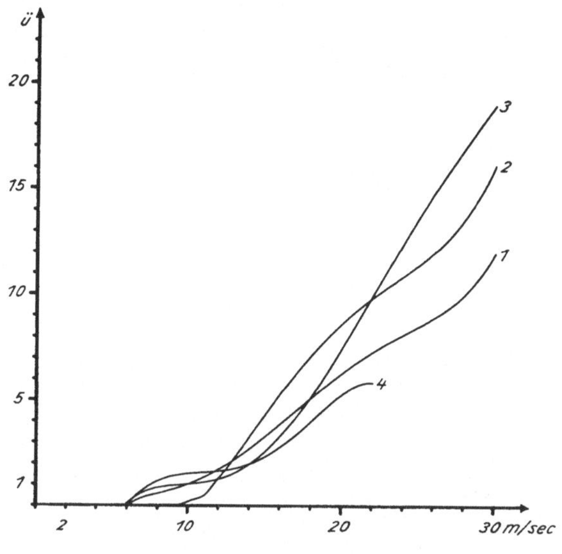

Abb. 44. Zahl der Überholungen

der Überholungen (Abb. 44) ist in *Beispiel 3* für hohe Geschwindigkeiten am größten, sie ist aber auch bei schwachem Gegenverkehr groß. Weitere Ergebnisse sind in der Arbeit [11] zusammengestellt.

Die Kolonnenbildung war bei den einzelnen Beispielen verschieden. Die längsten Kolonnen ergaben sich bei einer Geschwindigkeitsbegrenzung. Kolonnen mit 25 bis 40 Fahrzeugen waren keine Seltenheit; die längste beobachtete Kolonne mit 51 Fahrzeugen trat bei einer Geschwindigkeit von 10 m/sec auf. Wurden langsame Fahrzeuge herausgenommen, so waren die beobachteten Kolonnen bei weitem nicht so lang.

Die Zeitlückenverteilung am Ende der betrachteten Strecke unterschied sich von der angenommenen Exponentialverteilung e wesentlich. Sie ist in Abb. 45 für das *Beispiel 3* aufgetragen. So waren insbesondere kleine Zeitlücken zahlreicher als sie nach der Exponentialverteilung sein müßten. Dies bedeutet, daß viele Fahrzeuge am Endpunkt in der Kolonne ankamen. Die Abweichung von der Exponentialverteilung war um so größer, je stärker die Kolonnenbildung war.

Abb. 46 zeigt ein Weg-Zeit-Diagramm. Jeder Polygonzug stellt den Weg eines Fahrzeuges dar. Dabei ist die Steigung proportional der Geschwindigkeit des Fahrzeuges. Schneiden sich zwei Geraden, deren Steigungen das gleiche Vorzeichen besitzen, so bedeutet dies, daß das eine Fahrzeug das andere überholt. Die fallenden Geraden stellen den Gegenverkehr dar. Da alle Fahrzeuge hier die gleiche Geschwindigkeit haben, sind die Geraden alle parallel. Man sieht deutlich, wie oft ein Fahrzeug mehrere Fahrzeuge auf einmal überholt. Ist die

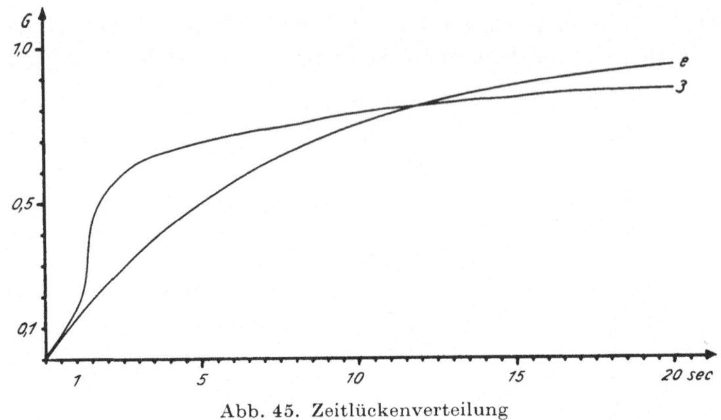

Abb. 45. Zeitlückenverteilung

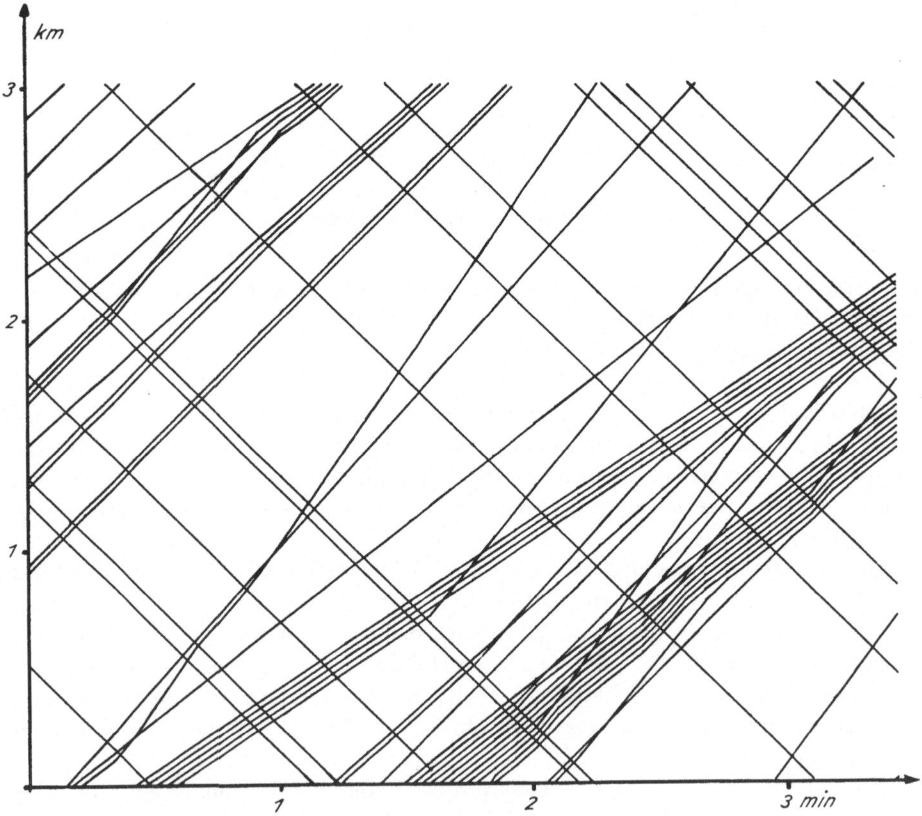

Abb. 46. Teil der Fahrbahn. Jeder Polygonzug stellt den Weg eines Fahrzeuges dar

Lücke im Gegenverkehr groß, so wird sofort überholt. Auch dies ist an vielen Stellen deutlich zu sehen.

3.4. Bemerkungen

Bei diesem Simulationsmodell ließ es sich leider nicht vermeiden, die Verkehrsverhältnisse stark zu vereinfachen. So wurde z. B. ein konstanter Sicherheitsabstand oder konstante Geschwindigkeit der Fahrzeuge auf der gesamten Strecke eingeführt. Auch die Vernachlässigung der Überholvorgänge des Gegenverkehrs gehört dazu. Es sollte der Versuch gemacht werden, den Verkehr längs einer längeren Strecke zu beobachten. Das Modell kann weiter ausgebaut werden, so daß es der Wirklichkeit besser entspricht. Die Erhöhung der Geschwindigkeit während des Überholvorgangs ist leicht möglich, indem man die tatsächliche Geschwindigkeit in einer *6. Zelle* speichert. Dann wäre eine Variation der Geschwindigkeit entlang der Straße möglich. Schwierig dürfte jedoch die Realisierung von Überholvorgängen beim Gegenverkehr sein.

Im Anschluß an die erhaltenen Ergebnisse werden sicher noch einige Fragen auftreten, die ihre Gültigkeit betreffen. So müßte z. B. geprüft werden, ob die Aussagen über die Zeitlückenverteilung am Ende der Strecke allgemein, also auch über den betrachteten Straßenabschnitt hinaus, gelten. Ist das betrachtete Teilstück lang genug, so daß die Werte ihres Anfangsbereiches bei den Mittelwertaussagen nicht mehr ins Gewicht fallen? Überholungen und Kolonnen treten am Anfang des betrachteten Straßenabschnitts seltener auf, da dort der Verkehr noch ungestörter ist, wie auch der Vergleich der Zeitlücken am Anfang und am Ende des Straßenabschnitts gezeigt hat. Vielleicht wäre es deshalb zweckmäßig, einen gewissen Anfangsbereich wegzulassen, um bessere Ergebnisse zu erhalten.

Literatur

1. ANON: Computer Representation of Road Traffic. Engineering **193**, 364 (1962).
2. BOETTGER, R., und G. BRETSCHNEIDER: Simulation von Straßenverkehr auf einem Digitalrechner. NTZ **18**, 33 (1965).
3. GERLOUGH, D. L.: Simulation of Freeway Traffic by an Electronic Computer. Proc. Highway Res. Board **35**, 543 (1956).
4. GOODE, H. H., C. H. POLLMAR, and J. B. WRIGHT: The Use of a Digital Computer to Model a Signalized Intersection. Proc. Highway Res. Board **35**, 548 (1956).
5. HAIGT, F. A.: Annotated Bibliograph of Scientific Research in Road Traffic and Safety. Opns. Res. **12**, 976 (1964).
6. KATZ, J. H.: Simulation of a Traffic Network. Comm. ACM **6**, 480 (1963).
7. KELL. J. H.: Intersection Delay Obtaines by Simulating Traffic on a Computer. Highway Res. Record **15**, 73 (1963).
8. LEWIS. R. M., and H. L. MICHAEL: Simulation of Traffic Flow to Obtain Volume Warrants for Intersection Control. Highway Res. Record **15**, 1 (1963).
9. MATHEWSON, J. H., D. L. TRAUTMAN, and D. L. GERLOUGH: Study of Traffic Flow by Simulation. Proc. Highway Res. Board **34**, 522 (1955).
10. PERCHONOK, P. A., and S. L. LEVY: Application of Digital Simulation Techniques to Freeway On-Ramp Traffic Operations. Proc. Highway Res. Board **39**, 506 (1960).
11. RESS, H.: Digitale Simulation des Verkehrsablaufes auf einer Landstraße. Computing **1**, 341 (1966).
12. STEIERWALD, G.: *Die Anwendung der Monte-Carlo-Methode in der Straßenverkehrsforschung.* Habilitationsschrift, TH Aachen. 1961.

V. Planung und Steuerung mit Rechenanlagen

A. Verkehrssignalsteuerung mit Hilfe von Ziffernrechenanlagen

Von

W. Wimmer

1. Einleitung

In den letzten zehn Jahren hat der Straßenverkehr in den europäischen Großstädten beinahe amerikanischen Umfang angenommen. Während aber in Nord-
amerika dafür meist ein großzügig ausgebautes Straßennetz zur Verfügung steht,
muß sich in den europäischen Großstädten der moderne Verkehr durch Straßen
und Gassen quälen, die günstigstenfalls für das vorige Jahrhundert ausreichend
waren. Eine rasche und grundlegende Änderung der bestehenden Verhältnisse
ist nicht zu erwarten, da die Rücksichtnahme auf die historischen Stadtbilder
und die gewaltigen Kosten einen großzügigen Um- und Ausbau des vorhandenen
Straßennetzes verbieten. Damit sind die zuständigen Behörden gezwungen, ihre
Baumaßnahmen auf wenige besonders kritische Stellen zu konzentrieren und
im übrigen den vorhandenen Straßenraum durch den Einsatz aller verfügbaren
Mittel so gut wie möglich zu nützen. Zu den wichtigsten dieser Mittel zählen
neben den Verkehrszeichen die Verkehrssignalanlagen.

2. Aufbau und Wirkungsweise von Verkehrssignalanlagen

Verkehrssignalanlagen dienen dazu, die Verkehrsleistung zu steigern und
gleichzeitig die Verkehrssicherheit zu erhöhen. Dieses Ziel erreicht man dadurch,
daß Verkehrsflüsse, die einander gefährden würden, das Wegerecht nacheinander
erhalten und dann die Kreuzung ungefährdet und zügig überqueren können. Im
Prinzip besteht eine Verkehrssignalanlage aus einem Schaltwerk, das die Rot-,
Grün- und Gelbsignale für die einzelnen Zufahrten einer Kreuzung nach einem
vorgegebenen *Signalzeitplan* liefert. Da die Signalzeiten und auch die Dauer
eines Umlaufes fest vorgegeben sind, spricht man bei dieser Art von Steuerung
von *Festzeitsteuerung*. Liegen in einem Straßenzug mehrere Kreuzungen mit
Signalanlagen, so besteht bei den Verkehrsteilnehmern der berechtigte Wunsch,
nicht vor jeder Anlage anhalten und erneut anfahren zu müssen. Diese Forderung
zwingt zur Koordinierung der einzelnen Steuergeräte nach dem Prinzip der

Grünen Welle. Dabei sind die Zeiten für den Grünbeginn der einzelnen Kreuzungen so gegeneinander versetzt, daß die Kraftfahrer bei richtiger Geschwindigkeit an den folgenden Kreuzungen wieder auf Grün treffen. Damit das immer der Fall ist, müssen alle Kreuzungen auf die gleiche Umlaufzeit eingestellt sein. Wegen dieser festliegenden Zeitangaben spricht man auch hier wieder von *Festzeit-steuerung.*

Nun bestehen aber im Laufe eines Tages und erst recht im Laufe einer Woche sehr unterschiedliche Verkehrsbedürfnisse, die trotzdem optimal befriedigt werden sollen. Zu diesem Zweck müssen für die unterschiedlichen Verkehrssituationen Signalzeitpläne vorbereitet sein, die im Bedarfsfall eingeschaltet werden können. Diese Wünsche nach Bereitstellung vieler Signalzeitpläne und die Koordinierung zwischen den Kreuzungen lassen sich am einfachsten und billigsten verwirklichen, wenn die gesamte Apparatur in einer Stelle vereinigt ist. Deshalb hat sich in beinahe allen deutschen Großstädten ein System durchgesetzt, bei dem die gesamte technische Einrichtung für die Steuerung in einer Zentrale konzentriert ist. An den Kreuzungen stehen passive Schaltgeräte, die das Schalten der Glühlampen besorgen und die Befehle dafür von der erwähnten Zentrale erhalten. In derartigen Zentralen können für jede Kreuzung bis zu 12 verschiedene Signalzeitpläne einrangiert und bei Bedarf benutzt werden, ohne daß an den Kreuzungen irgendwelche Eingriffe notwendig sind.

Außer diesem Festzeitsteuersystem sind vor allem in Amerika und England sogenannte *verkehrsabhängige Geräte* in Betrieb. Dabei ist jede einzelne Kreuzung mit Detektoren ausgerüstet, die den Verkehr messen und aufgrund des gemessenen Verkehrs die Dauer der Grünzeiten für die einzelnen Zufahrten einer Kreuzung verändern. Mit der Änderung der Grünzeiten ändert sich natürlich auch die Umlaufzeit. Eine koordinierte Steuerung setzt aber gleiche Umlaufzeiten an allen Kreuzungen voraus. Derartige Geräte sind deshalb für isolierte Einzelkreuzungen mit verhältnismäßig schwachem Verkehr recht gut geeignet, im starken Großstadtverkehr bringen sie aber wegen der fehlenden Koordinierungsmöglichkeiten schwere Nachteile mit sich. Umgekehrt führt die Festzeitsteuerung bei schwachem Verkehr oft zu unnötigen Wartezeiten. Jedes der beiden Systeme weist also unter gewissen Bedingungen Vorteile auf.

Es hat deshalb in der Vergangenheit nicht an Versuchen gefehlt, Geräte zu entwickeln, die die Vorteile beider Systeme vereinigen. Aber diese Versuche mußten sich auf verhältnismäßig kleine Bereiche beschränken, da beim Einsatz in Netzwerken von Großstädten eine zu große Menge von Informationen zu verarbeiten ist. Diese Informationen müssen außerdem in verschiedenen Städten nach unterschiedlichen Gesichtspunkten verarbeitet werden, so daß jedesmal eine Spezialentwicklung notwendig wäre. Dazu kommt noch, daß die Verkehrstheorie erst am Anfang steht und die heute bestehenden Lenkungsprinzipien vielleicht im Laufe der Entwicklung durch bessere ersetzt werden. Aus diesem Grunde möchte man eine Anlage möglichst ohne große Umbauten an neue Erkenntnisse anpassen können. Für diese Forderungen nach guter Anpaßbarkeit und Verarbeitung großer Datenmengen gibt es nur eine einzige Lösung: die Verwendung von Rechnern, die ja für die verschiedenen Einsatzfälle lediglich mit neuen Programmen und Daten versorgt werden müssen, in ihrer technischen Struktur aber überall unverändert verwendet werden können.

3. Praktische Erfahrungen bei der Verkehrssteuerung
mit Digitalrechnern

Rechner zum Steuern von Verkehrssignalanlagen wurden zum ersten Male im Jahre 1959 in einer kleineren Versuchsanlage in Toronto (Kanada) eingesetzt. Die dabei gemachten guten Erfahrungen rechtfertigten es, einen Großrechner zu verwenden. 1963 kam daher ein Großrechner *UNIVAC 1107* mit zwei Anlagen *UNIVAC 418*, die als Satellitenrechner arbeiten, zum Einsatz. Anfang 1966 waren 305 Kreuzungen (mit 135 Detektoren) von Rechnern gesteuert. Nach amerikanischen Angaben hat sich dadurch die Verkehrsleistung um 25% gesteigert [1].

Im Jahre 1964 wurde in *San Jose* (Kalifornien) in Zusammenarbeit zwischen der Stadtverwaltung und der Firma IBM ein *Prozeßrechner 1710* zur Verkehrssteuerung eingesetzt. Auch die damit gemachten Erfahrungen waren sehr befriedigend. Inzwischen wurde die Anlage 1710 durch einen großen Prozeßrechner der Type *IBM 1800* ersetzt [1].

Der erste europäische Verkehrsrechner wurde von der Firma SIEMENS unter der Bezeichnung *VSR 16000* entwickelt und Anfang 1965 zum ersten Mal in Berlin eingesetzt. Diese Anlage unterscheidet sich insofern von den übrigen, als sie mit einem verhältnismäßig kleinen und billigen Rechner auskommt. Das wird dadurch erreicht, daß alle Aufgaben, die sich in ständig gleicher Form wiederholen, in einem fest verdrahteten und damit billigen Satellitenrechner erledigt werden. Zu diesen Routineaufgaben gehört die Steuerung der Signalgeber, das Akkumulieren der Meßwerte und der terminisierte Datentransfer [2].

4. Die Aufgaben eines Rechners bei der Steuerung
von Verkehrssignalanlagen

Sinn und Zweck des Rechnereinsatzes ist es, die Verkehrsteilnehmer durch optimale Steuerung der Signale sicher und mit möglichst geringer Verzögerung an ihr Ziel zu bringen. Zu diesem Zweck müssen Informationen über Größe, Geschwindigkeit und Art der Verkehrsströme an den Rechner geliefert werden. Der Rechner muß diese Meßwerte entgegennehmen, ordnen, und sie dann nach einem Programm verarbeiten, das auf die speziellen verkehrstechnischen und örtlichen Gegebenheiten zugeschnitten ist. Mit den so erhaltenen Ergebnissen werden schließlich wieder die Signale an den Kreuzungen gesteuert. Diese Aufgabe läßt sich in folgende Teile gliedern:

Die Entgegennahme von Meßwerten und ihre Verarbeitung, die Steuerung der Signale nach diesen Ergebnissen und der organisatorische und verwaltungstechnische Teil, dazu gehört die Protokollierung aller Vorgänge und die Möglichkeit, Signalpläne, Programme und Daten zu ändern bzw. durch neue zu ersetzen.

Die oben erwähnten Aufgaben lassen sich im Prinzip mit jedem Digitalrechner lösen, der schnell genug ist. Für die Lösung solcher und ähnlicher Steuerungsaufgaben hat die Industrie jedoch spezielle Rechner, sogenannte *Prozeßrechner*, entwickelt. Diese Prozeßrechner arbeiten im Prinzip genauso wie Datenverarbeitungsanlagen für wissenschaftliche und kommerzielle Anwendungen, in einigen Punkten ihrer technischen Ausführung unterscheiden sie sich jedoch wesentlich. Prozeßrechner müssen im sogenannten *Echtzeitbetrieb* arbeiten, d. h. anfallende Programme sind sofort zu erledigen. Treten zu einem Zeitpunkt plötzlich viele Probleme auf, so müssen sie in der Reihenfolge ihrer Dringlichkeit erledigt werden. Zu diesem Zweck enthalten derartige Rechner eine Programm-Vorrangsteuerung, die weniger wichtige Probleme zugunsten von wichtigeren zurückgestellt. So wird z. B. beim Auftreten von Alarmmeldungen die Arbeit an unwichtigen Problemen abgebrochen, und in ein Programm gesprungen, das für die Erledigung einer solchen vorrangigen Aufgabe bestimmt ist. Prozeßrechner erhalten ihre Informationen meist von irgendwelchen Meßgeräten und müssen die errechneten Ergebnisse wieder an technische Geräte weitergeben, die dann die Steuerung der eigentlichen Vorgänge bewirken. Um diese vielfältigen Wünsche nach dem Anschluß von Meß- und Steuergeräten erfüllen zu können, sind Prozeßrechner mit sogenannten *Standardnahtstellen* ausgerüstet, an welche die vielfältigen externen Geräte angeschlossen werden können. An dieser Nahtstelle gelten genau definierte Bedingungen für die Ein- und Ausgabe von Daten und für die Übernahme von Programmteilen. Soll eine bestimmte neue Aufgabe gelöst werden, so muß lediglich ein geeignetes externes Gerät entwickelt werden, das einerseits die Bedingungen der Nahtstelle erfüllt und andererseits die Weitergabe und Entgegennahme der speziellen Daten löst. Im Rechner selbst müssen dagegen keinerlei Eingriffe vorgenommen werden. Es liegt nahe, auch für die Steuerung von Verkehrssignalanlagen einen derartigen Prozeßrechner zu benützen. An seine Standardnahtstelle kann man dann ein Element anschließen, das die notwendigen Einrichtungen enthält, um die Schaltgeräte zu steuern und Meßwerte entgegenzunehmen.

5. Die Programmierung von Digitalrechnern zur Steuerung von Verkehrssignalanlagen

Zunächst soll der Rechner für eine Festzeitsteuerung programmiert werden, anschließend wird der organisatorische Teil der Aufgabe behandelt und schließlich die Optimierung des Verkehrsablaufes.

5.1. Festzeitsteuerung

Bei der Festzeitsteuerung mit Geräten des oben beschriebenen Systems sind die Signalzeitpläne für die Kreuzungen in der Zentrale fest einrangiert. Die Schaltgeräte an den Kreuzungen enthalten für jede Fußgängersignalgruppe ein Schaltrelais, das im eingeschalteten Zustand die Grünlampe und im abgeschalteten Zustand die Rotlampe zum Leuchten bringt. Bei Fahrzeugsignalgruppen werden zusätzliche Zeitrelais verwendet, die dafür sorgen, daß die Signale nicht unmittelbar von Rot nach Grün und umgekehrt wechseln, sondern unter Einfügung von Rot-Gelb- bzw. Gelbzeiten. Unter *Signalgruppe* versteht man dabei einen oder mehrere parallel geschaltete Signalgeber (Ampeln), die stets das gleiche Signal zeigen. Die Befehle hierzu erhält das Schaltgerät von der Zentrale. Dabei ist für jede Signalgruppe eine eigene Steuerader oder ein Übertragungsband verwendet, so daß sie völlig unabhängig von den anderen Signalgruppen gesteuert werden kann. Wir wollen im folgenden versuchen, die Funktion der Steuerzentrale durch einen geeignet programmierten Rechner zu ersetzen.

Dabei sind folgende Aufgaben zu lösen:

Die Steuerung der Signalgeber jeder Kreuzung nach einem fest vorgegebenen Signalzeitplan.

Die Entgegennahme von Anweisungen der Bedienungsperson durch den Rechner.

Das Ein-, Um- und Ausschalten von Kreuzungen.

Die Registrierung von Schaltvorgängen, Meßwerten und Störungsmeldungen der Schaltgeräte.

Die Eingabe und Änderung von Signalzeitplänen.

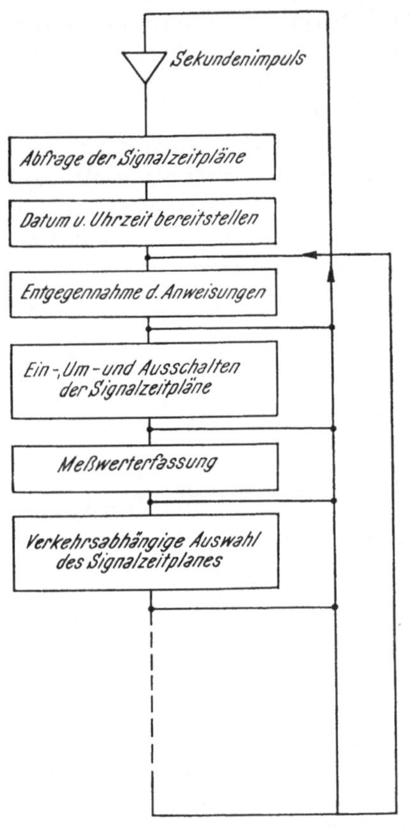

Abb. 47. Zusammenwirken der einzelnen Programmsätze

Für all diese Teilaufgaben sind spezielle Programmsätze notwendig, die aber untereinander zusammenarbeiten müssen. In den Signalzeitplänen ist als kleinste Zeiteinheit die Sekunde verwendet. Die Abfrage der Signalzeitpläne und die Steuerung der Signalgruppen ist die wichtigste Funktion und muß daher in jeder Sekunde durchgeführt werden. Dem Rechner wird deshalb der Sekundentakt als Meldung zugeführt, die ihn veranlaßt, in den Programmsatz zu springen, der die Abfrage und Steuerung durchführt. Ist dieses Programm beendet, so beginnt er mit dem nächsten Programmsatz, der die Entgegennahme von Anweisungen durchführt. Daraufhin folgt die Bearbeitung des Programmsatzes für die Ein-, Um- und Ausschaltung usw. Zu jedem Programmsatz gehört eine Liste. Aus dieser Liste werden die Daten entnommen, die durch das Programm verarbeitet werden sollen. Die Ergebnisse trägt das Programm anschließend in die Liste desjenigen Programmes ein, das die weitere Verarbeitung der Daten vornehmen muß. Die Programmsätze sind in der Reihenfolge ihrer Dringlichkeit geordnet. Liegt bei den dringlichen Aufgaben sehr viel Arbeit vor, so könnte es geschehen, daß die Sekunde um ist, ehe der Rechner die weniger wichtigen Programmsätze bearbeitet hat. Durch den Sekundentakt wird er veranlaßt, wieder mit der Abfrage der Signalzeitpläne und der Steuerung zu beginnen. Da dies das wichtigste Problem ist, darf es auf keinen Fall unbearbeitet bleiben. Da der Rechner in der vorhergehenden Sekunde den größten Teil der Zeit den wichtigen Problemen gewidmet hat, sind diese Probleme jetzt zum größten Teil schon erledigt. Sie werden nun ganz zu Ende geführt. Anschließend wird in den nächsten Programmsatz

gesprungen und die Bearbeitung der damit verbundenen Aufgaben vorgenommen. Durch die festgelegte Rangfolge und den Sekundentakt wird also erreicht,
daß die wichtigen Aufgaben auf jeden Fall in jeder Sekunde behandelt werden.
Bei den weniger wichtigen könnte es geschehen, daß sie einmal während einer
Sekunde nicht bearbeitet werden. Ob dieser Fall in der Praxis jemals auftritt,
ist sehr schwer zu sagen und noch schwerer zu erkennen, da eine Verzögerung
solcher Dinge um eine oder wenige Sekunden nicht ins Gewicht fällt. Damit der
Rechner merkt, ob in einem Programmsatz Arbeit für ihn vorhanden ist, prüft
er die Liste des Programms. Sind in einer Liste Daten enthalten, so bedeutet das,
daß für das Programm Arbeit vorliegt. Sind keine Daten eingetragen, so kann
dieser Programmsatz übersprungen werden. Liegt wenig Arbeit vor, so gelangt
der Rechner sehr rasch zum Ende und wird dann wieder mit dem zweiten Programmsatz beginnen. Die Abfrage der Signalzeitpläne darf dagegen nur einmal
je Sekunde vor sich gehen. Abb. 47 zeigt den prinzipiellen Ablauf.

5.1.1. Die Steuerung der Signalgeber jeder Kreuzung nach einem fest vorgegebenen Signalzeitplan

Signalzeitpläne (Abb. 48) sind grafische Darstellungen der Rot-, Grün- und
Gelbsignale als Funktion der Zeit. Man kann diese Informationen leicht in digitale Form bringen, wenn man die Zeitpunkte des Rot- und Grünbeginns für
jede Signalgruppe in Zahlen ausdrückt. Die Übergangszeiten Gelb bzw. Rot-
Gelb für die Fahrzeugsignale werden in den Schaltgeräten erzeugt und brauchen
deshalb nicht berücksichtigt zu werden. Für jede Kreuzung ist jedoch die Umlaufzeit anzugeben, nach der sich der Ablauf der Signale wiederholt und außerdem
der Zeitpunkt innerhalb des Umlaufes, der gerade erreicht ist: die augenblickliche Zeit. Man kann auf diese Weise den gesamten Signalplan durch Zahlen

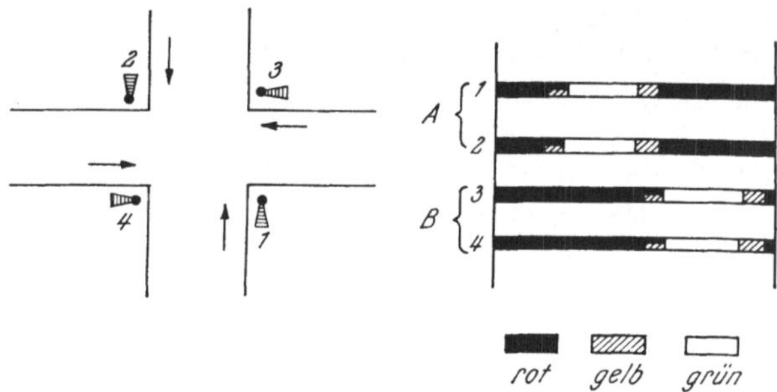

Abb. 48. Einfache Kreuzung mit Signalzeitplan

ausdrücken und diese Zahlen in den Arbeitsspeicher des Rechners eingeben. Zur
besseren Übersicht benützt man eine Kopfzelle, in der die Umlaufzeit und die
augenblickliche Zeit gespeichert wird. In die folgenden Zellen wird jeweils die
Zeit für Rot- und Grünbeginn einer Signalgruppe eingegeben. Eine Markierung
unterscheidet die Kopfzellen von den Signalgruppenzellen und gibt Auskunft

darüber, ob der Signalzeitplan dieser Kreuzung ein- oder ausgeschaltet ist. Der Speicherbedarf für eine Anzahl von Kreuzungen ergibt sich dann aus der Formel:

$$Z = (S + K) \bullet SZP$$

wobei Z die benötigte Zahl der Speicherzellen, S die Anzahl der Signalgruppen aller Kreuzungen und K die Anzahl der Kreuzungen, SZP die Anzahl der Signalpläne bedeuten. Das Programm wird durch den Sekundenimpuls gestartet und arbeitet folgendermaßen:

Die erste Zelle dieses Speicherbereiches wird ausgelesen und an ihrer Markierung überprüft, ob es sich um eine Kopfzelle handelt, und ob der betreffende Signalplan der Kreuzung eingeschaltet ist. Trifft dies zu, so wird die augenblickliche Zeit um 1 Sekunde erhöht, die neue Zeit mit der Umlaufzeit verglichen und bei Übereinstimmung auf 0 gesetzt. Die so gewonnene neue *augenblickliche* Zeit wird in der Kopfzelle und außerdem in einer Hilfszelle abgespeichert. Anschließend liest das Programm die nächste Zelle des Signalplanes aus, prüft die Markierung und stellt fest, daß es sich um Informationen einer Signalgruppe handelt. Die in ihr enthaltenen Rot- und Grünbeginnzeiten werden mit der in der Hilfszelle stehenden augenblicklichen Zeit verglichen. Fällt dieser Vergleich für Rot- oder Grünbeginn positiv aus, so wird der Befehl für Rot oder Grün über die Nahtstelle nach außen an die Signalgruppe der Kreuzung gegeben. Um die Zuordnung zwischen Speicherzelle und der betreffenden Signalgruppe sicherzustellen, kann die Nummer der Signalgruppe in die Arbeitsspeicherzelle mit eingeschrieben werden. Die übrigen Zellen des Speicherbereiches, in dem die Signalpläne abgespeichert sind, werden in gleicher Weise behandelt.

Abb. 49 zeigt das Flußdiagramm des Programmes. Dieses Programm ist verhältnismäßig kurz und einfach. Da es aber bei jeder Signalgruppe durchlaufen werden muß, nimmt es verhältnismäßig viel Rechenzeit in Anspruch. Um das zu vermeiden, kann man die Signalzeitpläne und das Programm in einem Satellitenrechner unterbringen, der natürlich den nötigen Speicherplatz für die Signalzeitpläne und das Programm enthalten muß. Bei der Anlage in Toronto ist von dieser Möglichkeit Gebrauch gemacht. Da dieses Programm nicht variiert werden muß, kann es auch in einer fest verdrahteten Logik realisiert werden, ohne die Flexibilität der Gesamtanlage einzuschränken. Der oben erwähnte *VSR 16000* der SIEMENS AG macht von dieser Möglichkeit Gebrauch. In beiden Fällen wird der eigentliche Rechner von Routinearbeit entlastet. An den oben beschriebenen prinzipiellen Vorgängen ändert sich jedoch nichts.

5.1.2. Die Entgegennahme von Anweisungen der Bedienungsperson durch den Rechner

Moderne Rechner sind meist mit einer Fernschreibmaschine ausgerüstet. Es liegt daher nahe, statt des bei der alten Zentrale üblichen Bedienungspultes diese Fernschreibmaschine zu benutzen. Um das Programm für die Bedienung einfach zu halten, ist eine Normierung aller Ein- und Ausgaben zweckmäßig. Damit Anweisungen von beliebigen Texten zu unterscheiden sind, werden sie grundsätzlich mit einem „:" begonnen und durch ein „;" abgeschlossen. Die Anweisung

für das Umschalten der Kreuzung 47 in den Signalzeitplan Nr. 3 sieht dann z. B.
folgendermaßen aus:

$$: \text{K } 47 \text{ S } 3 ;$$

Anweisungen dienen aber nicht nur dazu, Kreuzungen ein-, aus- oder umzu-
schalten, sie können auch der Ausgabe von Meßwerten, des Schaltzustandes und

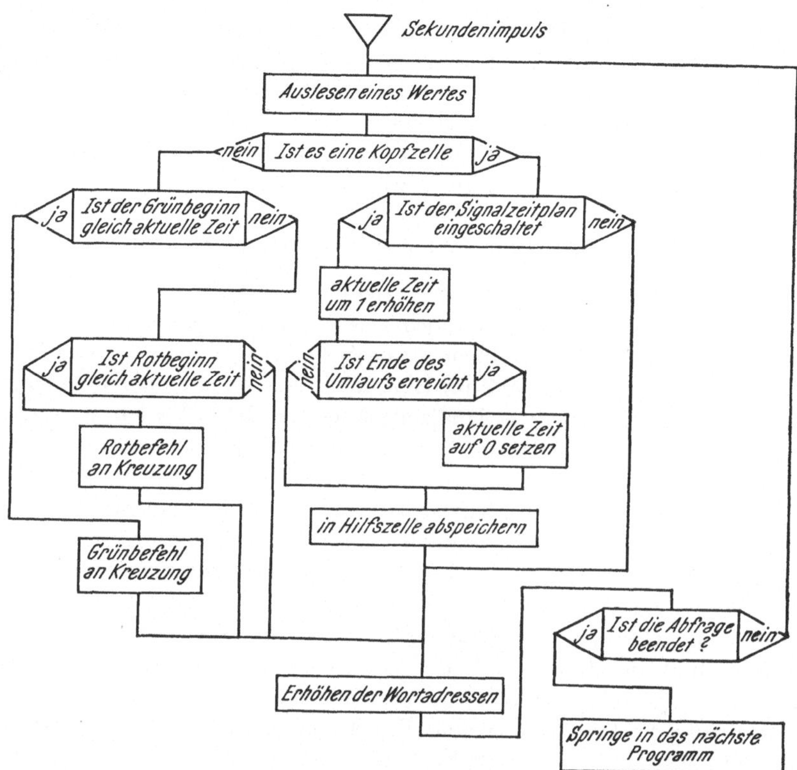

Abb. 49. Flußdiagramm für die Abfrage der Signalzeitpläne

ähnlicher Dinge dienen. Die Zeichen, die der Fernschreiber liefert, gelangen in
Form einer Liste in den Arbeitsspeicher und werden anschließend per Programm
entschlüsselt und ausgewertet. Zu diesem Zweck untersucht der Rechner Zeichen
für Zeichen der Information. Solange unter diesen Zeichen kein „;" ist, braucht
er sie nicht zur Kenntnis nehmen. Erscheint jedoch ein „:", so ist das folgende
Zeichen näher zu untersuchen. Handelt es sich beim nächsten Zeichen um „K",
so bezieht sich die Anweisung auf eine Kreuzung, deren Nummer nun folgen muß.
Häufig werden mehrere Kreuzungen zu Gruppen zusammengefaßt. Bezieht sich
eine Anweisung auf eine derartige Gruppe, so muß nach dem „:" ein „G" erscheinen. Die darauffolgende Zahl ist dann entweder die Nummer der Kreuzung
oder der Gruppe. Weiterhin bedeutet „M" die Ausgabe von Meßwerten, „J" die
Ausgabe des Schaltzustandes usw. Je nach dem Komfort, der für die Bedienung
gewünscht wird, ist eine kleinere oder größere Zahl von Anweisungen notwendig,
die der Rechner in diesem Programmteil entschlüsseln muß. Der größte Teil

dieser Anweisungen kann aus verkehrstechnischen und organisatorischen Gründen nicht sofort ausgeführt werden. Damit der Rechner andererseits nicht unnötig warten muß, werden grundsätzlich im Verkehr zwischen den einzelnen Programmsätzen Listen verwendet. Stellt der Rechner in diesem Programmteil z. B. fest, daß die Kreuzung 47 in Signalschaltplan 3 geschaltet werden soll, so trägt er diesen Wunsch in die Schaltwunschliste des Umschaltprogramms ein. Soll dagegen ein Meßwert ausgedruckt werden, so wird dieser Wunsch in die Druckwunschliste des Registrierprogrammes eingetragen. Unter Liste ist hierbei einfach ein Bereich des Arbeitsspeichers zu verstehen, der dem betreffenden Programmsatz zugeordnet ist. Der hier beschriebene Programmsatz, der die Anweisungen entgegennimmt, stellt also lediglich fest, um welche Anweisungen es sich handelt und gibt diese Anweisungen mit den notwendigen Daten an die Liste des zuständigen Programmsatzes weiter.

5.1.3. Das Ein-, Um- und Ausschalten von Kreuzungen

Die Wünsche für das Ein-, Um- und Ausschalten einer Kreuzung werden mit Hilfe der Fernschreibmaschine in normierter Form eingegeben, wie oben beschrieben, dekodiert, und schließlich in die Schaltwunschliste des hier beschriebenen Programmes eingetragen. Zum Ein- oder Ausschalten einer Kreuzung muß lediglich in der Kopfzelle des Signalzeitplanes der betreffenden Kreuzung die Markierung auf „Ein" oder „Aus" gesetzt und der Ein- bzw. Ausschaltbefehl an die Kreuzung gegeben werden. Bei der Umschaltung auf einen anderen Plan ist die Markierung im alten Signalzeitplan auf „Aus" und im neuen auf „Ein" zu setzen. Das wäre alles sehr schnell und einfach durchzuführen, wenn die Verkehrstechnik nicht wäre. Das Einschalten einer Kreuzung ist nur in einem Abschnitt des Signalzeitplanes — ohne die Gefahr von Auffahrunfällen — möglich, in dem die Hauptstraße Grün und die Nebenstraße Rot hat, weil nur in diesem Signalbild die Hauptstraße die Vorfahrt behält, während in der Nebenstraße wegen des Dreieckschildes die Verkehrsteilnehmer ohnehin nur langsam an die Kreuzung heranfahren dürfen. Die Aufgabe des Programmes ist es also, dafür zu sorgen, daß zum Einschalten einer isolierten Einzelkreuzung die Markierung zu einem Zeitpunkt auf „Ein" gesetzt wird, der ein gefahrloses Einschalten garantiert. Vom Verkehrsingenieur wird zu diesem Zweck für jeden Signalzeitplan einer Kreuzung dieser Einschaltzeitpunkt festgelegt und im Rechner gespeichert. Noch schwieriger ist das Umschalten auf einen anderen Signalplan. Würde man zu einem beliebigen Zeitpunkt in den neuen Plan überwechseln, so könnten die Signale abrupt von Rot auf Grün oder umgekehrt springen. Dieser plötzliche Wechsel könnte ebenfalls den Verkehr gefährden, denn ehe z. B. die Querrichtung Grün erhält, muß der Verkehr der Hauptrichtung die Kreuzung verlassen haben. Ein plötzlicher Wechsel ohne diese Räumzeit wäre daher gefährlich. Man hat daher schon bei den Relaiszentralen ein Verfahren angewendet, das durch den sogenannten *günstigen Schaltpunkt* einen sanften Übergang ermöglicht. Dieser günstige Schaltpunkt ist ein Signalbild, das in jedem Plan der Kreuzung vorkommt und außerdem Grün für die Hauptstraße zeigt. Beim Wechsel einer isolierten Kreuzung läuft die Kreuzung solange im alten Plan, bis der günstige Schaltpunkt erreicht ist. Dann wechselt sie in den neuen

Plan über. Der Übergang ist dabei völlig stoßfrei, da ja die Signalbilder des alten und neuen Planes hierbei übereinstimmen. Wesentlich schwieriger wird das Umschalten bei einer Kreuzung, die im Verband einer Grünen Welle liegt, da hier der Grünbeginn gegenüber der Nachbarkreuzung um eine ganz bestimmte Zeitdauer versetzt sein muß, damit die Grüne Welle aufrechterhalten bleibt. Um den richtigen Versatz zu erreichen, muß die Kreuzung unter Umständen geraume Zeit im günstigen Schaltpunkt warten, ehe sie im neuen Plan weiterlaufen darf. Dieses lange Stehenbleiben eines Signalbildes führt natürlich vor allem in der Nebenstraße zu unangenehmen Erscheinungen. Die Verwendung eines Rechners bringt hier große Fortschritte, da man durch ihn in der Lage ist, jedes beliebige andere Wechselverfahren einzuprogrammieren. Man kann z. B. diese Wartezeit auf mehrere Umläufe aufteilen, oder direkt vom alten Plan in den neuen überwechseln und durch das Programm dafür sorgen, daß trotzdem die Räumzeiten eingehalten werden. Im Prinzip ist bei all diesen Möglichkeiten zu irgendeinem Zeitpunkt die Markierung im alten Plan auf „Aus" und im neuen Plan auf „Ein" zu setzen, nur der Zeitpunkt, wann das geschehen muß, kann sehr verschieden sein. Eine Hauptaufgabe dieses Programmes besteht deshalb darin, in jeder Sekunde zu prüfen, ob ein Zeitpunkt erreicht ist, zu dem eine Markierung zu wechseln ist, damit die Umschaltung richtig durchgeführt wird. Wesentlich unproblematischer ist das Ausschalten einer Kreuzung. Im allgemeinen wird sie zum selben Zeitpunkt wie beim Einschalten im Signalzeitplan verlangt. Die Markierung in der Kopfzelle muß deshalb zu diesem Zeitpunkt auf „Aus" gesetzt und der „*Aus*"-*Befehl* an die Kreuzung gegeben werden. Um Verkehrsgefährdungen zu vermeiden, zeigt die Kreuzung nach dem Ausschalten noch einige Sekunden Gelb in allen Richtungen und verlöscht erst dann ganz, oder geht auf „Gelb-Blinken" für die Nebenstraßen über.

5.1.4. Registrierung aller Schaltvorgänge, Meßwerte und Störungsmeldungen von den Kreuzungsgeräten

Bei der Polizei besteht der Wunsch, über alle durchgeführten Schaltmaßnahmen ein Protokoll mit Uhrzeit und Datum zu erhalten. Da die Fernschreibmaschine zur Ein- und Ausgabe benützt werden kann, läßt sich diese Aufgabe leicht einprogrammieren. Jeder Programmsatz, in dem Informationen nach außen gegeben werden müssen, trägt diese Daten in die Druckwunschliste dieses Programmes ein, das dann dafür sorgt, daß die Informationen in richtiger Form zu Papier gebracht werden. Uhrzeit und Datum werden dabei durch Addieren der Sekundenimpulse gewonnen und können bei jedem Ausdruckvorgang verwendet werden. Mit Hilfe der Farbbandumschaltung kommen die eingegebenen Anweisungen schwarz und die herausgegebenen Informationen rot zum Abdruck. Auch bei Festzeitsteuerung ist es wünschenswert, Verkehrsmessungen durchführen und registrieren zu können. Die Prozeßrechner besitzen ohnehin Eingänge für digitale und analoge Werte, über die die Ergebnisse der Verkehrsmessungen in den Rechner übernommen werden können. Diese Werte brauchen nur noch im Programm aufbereitet und auf der Fernschreibmaschine als Klartext oder Lochstreifen ausgegeben zu werden. Das Ausdrucken dieser Meßwerte kann z. B. durch Anweisung sofort veranlaßt werden. Mit Hilfe eines Terminprogrammes kann die Ausgabe aber auch von der Uhrzeit abhängig gemacht werden, so daß z. B. Meßwerte der Meßstelle 27 nur von 6 bis 7 Uhr früh zum Abdruck kommen. Dasselbe Terminprogramm kann natürlich auch dazu dienen, das Ein-, Um- und Ausschalten von Kreuzungen zu bestimmten Zeiten durchzuführen. Der Rechner simuliert dabei sozusagen eine Schaltuhr. Zu diesem Zweck muß man ihm die Wünsche und die zugehörigen Uhrzeiten in die Terminliste eintragen. Das kann wieder in Form einer Anweisung geschehen. Das Terminprogramm vergleicht in jeder vollen Minute die augenblickliche Uhrzeit mit den Zeitangaben in der Terminliste. Ist z. B. der Zeitpunkt für eine Umschaltung erreicht, so wird der Schaltwunsch in die Schaltwunschliste eingetragen und in diesem Programmteil wie oben beschrieben weiter behandelt. Treten an einem Schaltgerät Störungen auf, z. B. Leitungsunterbrechung oder Durchbrennen einer Rotlampe, so gelangt die Meldung über einen Digitaleingang in den Rechner. Per Programm wird nun festgestellt, welche Art Meldung es ist und von welcher Kreuzung sie stammt. Diese Angaben werden dann an die Druckwunschliste weitergegeben und von diesem Programmteil zum Ausdruck gebracht. Gleichzeitig damit kann man durch das Programm einen Summer einschalten und dadurch auf die Dringlichkeit der Meldung hinweisen.

5.1.5. Die Eingabe und Änderung von Signalzeitplänen

Bei den Relaiszentralen sind zur Eingabe von Signalplänen Rangierungen einzulegen oder zu ändern. Beim Rechner werden solche Eingaben oder Änderungen über die Fernschreibmaschine durchgeführt. Das dafür notwendige Programm nimmt diese Daten entgegen und trägt sie in die Signalzeitpläne ein. Damit das Programm nicht zu kompliziert wird, sind auch hier wieder gewisse Normierungen zu beachten. Kleine Änderungen können direkt auf der Fernschreibmaschine getippt werden, bei umfangreichen Neueingaben empfiehlt es sich, Lochstreifen herzustellen, die dann über einen Lochstreifenleser rasch und zügig eingegeben werden können. Durch diese leichte und bequeme Änderungsmöglichkeit wird eine wesentlich bessere Anpassung an die Verkehrsbedürfnisse erzielt, als dies bei der alten Zentrale möglich war. Außerdem kann man natürlich auch eine beliebige Zahl von Signalzeitplänen für besondere Anlässe bereithalten, die dann im Bedarfsfall eingelesen und verwendet werden können.

5.2. Verkehrsabhängige Steuerung zur Optimierung des Verkehrsablaufs

Durch den Einsatz des Rechners kann man auch bei reiner Festzeitsteuerung bereits entscheidende Vorteile gegenüber dem alten System erzielen. Die Verbesserungen bestehen im eleganteren Verfahren für den Wechsel der Signalpläne und in der Möglichkeit, die Pläne aufgrund von Meßergebnissen leicht und schnell zu ändern. Verkehrstechnische Maßnahmen betreffen weite Kreise der Bevölkerung und stoßen dabei mitunter auf heftige Kritik. Aus diesem Grund ist es zweckmäßig, bei der Einführung von Rechnern mit Festzeitsteuerung zu beginnen und nach und nach auf Verkehrsabhängigkeit überzugehen. Als erster Schritt in dieser Richtung ist die verkehrsabhängige Auswahl von Signalzeitplänen zu empfehlen, bei der der neue Plan aufgrund der Meßergebnisse mehrerer Detektoren in Zeitabständen von einigen Minuten bestimmt wird. Eine Anpassung an die Feinstruktur des Verkehrs, d. h. an kurzdauernde und lokalbegrenzte Verkehrsänderungen erreicht man dagegen am einfachsten durch die Variation in der Grünzeit für die einzelnen Verkehrsströme. Schließlich ist es noch notwendig, für das ganze Stadtgebiet eine Verkehrsstrategie zu betreiben. Dazu genügen dann allerdings Lichtsignale allein nicht mehr. Es ist zweckmäßig, dafür auch veränderliche Verkehrs- und Hinweisschilder vom Rechner steuern zu lassen.

5.2.1. Die verkehrsabhängige Signalplanauswahl

Will man an einer Einzelkreuzung eine verkehrsabhängige Signalplanauswahl betreiben, so müssen zweckmäßigerweise in allen vier Zufahrten dieser Kreuzung Detektoren vorgesehen werden. Da es sich bei einer einfachen Kreuzung im Prinzip nur um zwei Verkehrsrichtungen handelt, muß der ausgewählte Signalplan Rücksicht auf diese beiden Verkehrsrichtungen und auf das gesamte Verkehrsaufkommen nehmen. Die Rücksichtnahme auf die beiden Richtungen ist durch entsprechende Aufteilung der Grünzeit möglich, während die Umlaufzeit dem Gesamtverkehrsaufkommen etwa proportional ist. Die Verarbeitung der Meßwerte, die die vier Detektoren liefern, muß auf diese Gegebenheiten Rücksicht nehmen. Abb. 50a zeigt ein Koordinatensystem, in das die Meßwerte der vier Detektoren eingetragen werden. Da die Hin- und Gegenrichtung in gleicher Weise auf den Verkehr Einfluß nimmt, genügt es, lediglich den stärkeren der beiden Verkehrsflüsse zu berücksichtigen.

Man trägt in der *X-Achse* den Verkehr der *Richtung A* und in der *Y-Achse* den Verkehr der *Richtung B* auf. Nun kann man durch Festlegen von Grenzwerten in diesem Diagramm Rechtecke abgrenzen, die Aussagen darüber machen, wie das Verhältnis der Richtungen *A* zu *B* und auch die Gesamtsumme des Verkehrsaufkommens aussieht. Diese Rechtecke geben dann zugleich die Bereiche an, in denen ein bestimmter, für den betreffenden Verkehrsfall zugeschnittener Signalplan wirksam werden soll. In komplizierteren Straßennetzen genügt es selbstverständlich nicht, die Signalplanauswahl von nur vier Detektoren abhängig zu machen. Das obige, zweidimensionale Schema der Verknüpfung

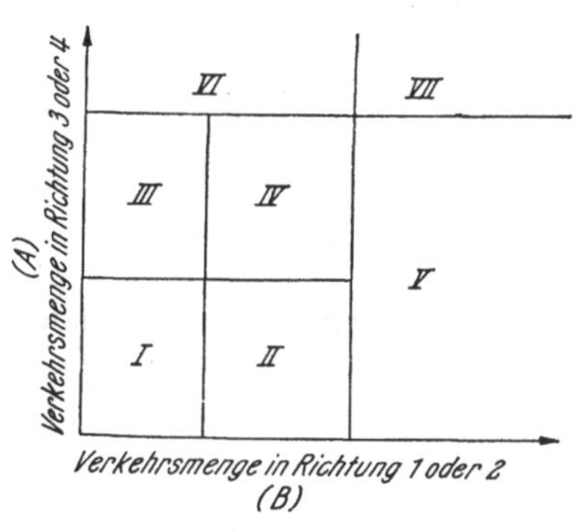

Abb. 50a. Die Verknüpfung von Meßwerten bei der verkehrsabhängigen Auswahl der Signalzeitpläne

von Meßwerten kann man sich bei Ausdehnungen auf weitere Meßstellen mehrdimensional vorstellen. In der Praxis wird man zu diesem Zweck jeweils zwei Meßwerte miteinander verknüpfen und die daraus gewonnenen Bereiche in einer weiteren Verknüpfung zusammenfassen. Diesem Verfahren sind grundsätzlich keine Grenzen bezüglich der Anzahl der Verknüpfungen gezogen. Man muß jedoch bedenken, daß der Zusammenhang zwischen diesen Meßwerten bei vielen Verknüpfungen immer schwerer zu durchschauen ist. Als Verknüpfungsgrößen können natürlich nicht nur Fahrzeugzahlen, sondern auch beliebige andere Größen, wie z. B. Geschwindigkeit und Abstand von Fahrzeugen oder auch Tageszeiten verwendet werden. Bei der praktischen Ausarbeitung des Programmes benützt man zweckmäßigerweise eine Tabelle wie sie Abb. 50b zeigt. Da jede Umschaltung von einem Signalzeitplan in einen

I	Verkehr aus A schwach	aus B mittel
II	Verkehr aus A schwach	aus B mittel
III	Verkehr aus A mittel	aus B schwach
IV	Verkehr aus A mittel	aus B mittel
V	Verkehr aus A schwach oder mittel	aus B stark
VI	Verkehr aus A stark	aus B schwach oder mittel
VII	Verkehr aus A stark	aus B stark

Abb. 50b

anderen eine gewisse Zeit braucht, ist es unzweckmäßig, diese Umschaltungen in zu kurzen Zeitabständen vorzunehmen. Andererseits besteht der Wunsch, den Verkehrsänderungen möglichst rasch zu folgen. Man kann den Trend des Verkehrsgeschehens besser erfassen, wenn man sogenannte *gewogene Mittelwerte* benutzt. Zur Bildung dieser Werte mißt man den Verkehr in Minuten-Intervallen und multipliziert die einzelnen Minutenwerte mit einem Faktor, der umso größer ist, je jünger die Meßwerte sind, damit man den Mittelwert erhält. Anschließend werden diese Werte addiert und durch die Summe aller Faktoren dividiert. Auf diese Weise erhalten die letzten Messungen mehr Gewicht als die früheren und der Mittelwert berücksichtigt den Trend. Dieses Verfahren der Signalzeitplanauswahl dient dazu, sich an die langfristigen Verkehrsschwankungen in einem ganzen Gebiet oder im Straßenzug anzupassen. Um auch die kurzfristigen Änderungen an stark belasteten Kreuzungen zu berücksichtigen, sollte es durch das folgende Verfahren ergänzt werden.

5.2.2. Verkehrsabhängige Modifikation der Signalzeitpläne

Für eine rasche Anpassung an den Verkehr ist es notwendig, die Grünzeiten für die einzelnen Verkehrsflüsse innerhalb eines Umlaufes je nach Bedarf zu kürzen, zu verschieben, oder zu verlängern. Dieses Ziel kann auf zwei verschiedene Arten erreicht werden: Erstens durch Dehnen und Kürzen der betreffenden Abschnitte des Signalzeitplanes in Abhängigkeit vom gemessenen Verkehr. Dabei wird durch das Programm lediglich die aktuelle Zeit in der Kopfzelle des Planes erhöht oder vermindert und dadurch die Dauer des Signalbildes und damit die Grünzeit verändert. Diese Veränderung darf natürlich nur in gewissen Grenzen geschehen. Außerdem müssen sich Verlängerung und Kürzung innerhalb eines Umlaufs etwa aufheben, damit die Koordinierung erhalten bleibt. Nimmt man auf diese Bedingung keine Rücksicht, so ergibt sich die gleiche Arbeitsweise wie bei einem vollverkehrsabhängigen Gerät. In besonderen Fällen kann dies durchaus wünschenswert sein.

Die zweite Möglichkeit der Modifikation besteht darin, eine Vielzahl sehr ähnlicher Signalzeitpläne im Speicher bereitzuhalten und bei Bedarf in diese Pläne zu wechseln. Wegen der starken Ähnlichkeit geht der Wechsel rasch und reibungslos vor sich, so daß man auch damit sehr flexibel wird. Dieses Verfahren benötigt zwar wesentlich weniger Rechenzeit als das erste, dafür erfordert es jedoch erheblich mehr Speicherkapazität.

5.2.3. Verkehrsstrategie

Im Straßennetz einer Großstadt gibt es eine Vielzahl von Wegen, um von einem Stadtteil in den anderen zu gelangen. Die Verkehrsstrategie besteht nun darin, bei Blockierung bestimmter Wege durch Baumaßnahmen, Unfälle oder Verkehrsstauungen, den Verkehr zu veranlassen, andere Wege einzuschlagen. Zu diesem Zweck muß einmal festgestellt werden, ob und welche Wege bzw. welche Stadtgebiete blockiert sind und zum anderen müssen die Verkehrsströme durch ferngesteuerte Verkehrs- und Hinweisschilder auf anderen Bahnen zu ihren Zielen gelenkt werden. Zum Feststellen einer Blockierung ist natürlich eine Vielzahl von Detektoren notwendig, die in den betreffenden Stadtgebieten plaziert sind. Die Messungen dieser Detektoren werden vom Rechner dahingehend abgefragt, ob durch sie Verkehrsbewegungen erkennbar sind. Zeigt so ein Detektor keinen Verkehr, so kann das daran liegen, daß entweder kein Verkehrsbedürfnis vorliegt, oder eine Stauung die Bewegung unmöglich macht. Der erste Fall ist durch Vergleich mit anderen Detektoren in einer Plausibilitätskontrolle feststellbar. Selbstverständlich ist es darüber hinaus zweckmäßig und nützlich, Meldungen der verschiedenen Polizeiposten und Funkwagen mit zu benutzen. Stellt der Rechner fest, daß in einem bestimmten Gebiet eine solche Blockierung vorliegt, so muß ein Programm in Tätigkeit treten, das mit Hilfe der erwähnten fernsteuerbaren Schilder den Verkehr in die neuen Bahnen lenkt.

Die oben geschilderten Verfahren bilden nur einen kleinen Teil der Möglichkeiten, die der Einsatz eines Rechners bietet. Die vielfältigen Probleme der Praxis verlangen ebenso vielfältige Verfahren zu ihrer Lösung, die im Einzelfall oft erst erarbeitet werden müssen.

6. Schlußbetrachtung

Mit dem Rechner besitzt der Verkehrsingenieur ein Werkzeug, das es ihm ermöglicht zu experimentieren und nach und nach das Beste aus einer gegebenen Situation herauszuholen. Er überlegt dafür zweckmäßige Methoden, gibt sie in Form von Programmen in den Rechner ein, und steuert damit den Verkehr. Anhand der ausgedruckten Meßwerte und durch subjektive Beobachtung erkennt er Erfolg oder Mißerfolg seiner Maßnahmen. Dadurch ist er in der Lage, das Verfahren zu verbessern oder zu ändern und sich so allmählich an das Optimum heranzutasten. Verkehrsingenieur, Rechner und Straßenverkehr liegen dabei in einem geschlossenen Wirkungsablauf und bilden ein lernendes System, das ständig bessere Lösungen liefert. An dieser Stelle drängt sich natürlich die Frage auf, ob man auf den Verkehrsingenieur nicht ganz verzichten kann und ob die Maschine nicht allein als lernender Automat optimale Verhältnisse herbeizuführen vermag. Um dieses Ziel zu erreichen, sind nicht nur größere und schnellere Rechner notwendig, es müssen ihnen auch noch wesentlich mehr und vielseitigere Informationen über das Verkehrsgeschehen zugeführt werden. Bei der raschen Entwicklung gerade dieses Zweiges der Technik liegt dieser Zeitpunkt sicher in nicht allzu ferner Zukunft. Damit wäre das ganze System um ein Vielfaches flexibler und schneller. Der Verkehr könnte dann wirklich jeden verfügbaren Quadratmeter Straße ausnützen, und die Verkehrsteilnehmer kämen schneller und mit weniger Wartezeit an ihr Ziel.

Literatur

1. *Bericht über die 8. Internationale Studienwoche für Straßenverkehrstechnik.* Bearbeitung der Dokumentation in deutscher Sprache. München: Allgemeiner Deutscher Automobilclub.
2. Wimmer, W.: Die Steuerung des Straßenverkehrs mit Datenverarbeitungsanlagen. Elektronische Rechenanlagen **7**, H. 4, 186—190 (1965).

B. Automatisierung im industriellen Bereich
(Werkzeugmaschinensteuerung, Fertigungssteuerung)

Von

V. Kussl

1. Der Datenfluß im Fertigungsbetrieb

1.1. Die Struktur der Fertigungsbetriebe

Ein industrieller Betrieb im Bereich der Fertigungstechnik besteht aus Verrichtungsträgern, Steuerungsstellen und Verwaltungsstellen.

Dabei ist es gleichgültig, ob der Fertigungsbetrieb in den Bereich der Massen- oder Großserienanfertigung oder in den Bereich der wechselnden Einzelfertigung gehört.

Mehrere *Verrichtungsträger*, auch Bearbeitungsstellen oder Aktivitätsträger genannt — wie Fertigungsmaschinen, Transporteinrichtungen, Materiallager, Energieerzeuger usw. — bilden mit ihren Steuerungsstellen und Verwaltungsstellen geschlossene Bereiche, die in einer bestimmten Verbindung zum Ganzen stehen, aber selbständig operieren. Der Betrieb ist selbst wiederum nur Glied in einer noch größeren Gemeinschaft, dem Markt.

Den *Steuerungsstellen* fällt es zu, Betriebsgrößen zu regeln oder in Abhängigkeit Dritter zu beeinflussen, Verrichtungsträger einzuschalten und mit Material, Energie und Betriebsmitteln zu versorgen, Transporte zu leiten und zu lenken, und schließlich das Zusammenspiel mehrerer Bearbeitungsstellen abzuwickeln und zu überwachen (Beispiel: Numerische Steuerung von Werkzeugmaschinen).

Die Verwaltung innerhalb des Betriebes kann in einen kaufmännischen, betrieblichen und technischen Teil geliedert werden.

Die *kaufmännische* Verwaltung dient der Fertigungsabrechnung und der Ermittlung und Wahrung der Wirtschaftlichkeit.

Die *betriebliche* Verwaltung hat die Fertigung zu planen, zu steuern und zu überwachen. Planen heißt, optimale Sollwerte ermitteln. Steuern heißt, die

Sollwerte an die Verrichtungsträger im richtigen Zeitpunkt verteilen. Überwachen heißt, Istwerte und Sollwerte vergleichen. Abweichungen zwischen geplanten Sollwerten und gemessenen Istwerten werden wiederum die Planungsstellen zu Korrekturen veranlassen.

Das Planen, Steuern und Überwachen erstreckt sich dabei über Raum und Zeit, dann über Material, Betriebsmitteln und Personal. Dabei sind die drei Phasen Planen, Steuern und Überwachen nicht scharf voneinander zu trennen. Außerdem treten sie in geschachtelten Formen auf. So erstreckt sich die Grobplanung über größere Zeiträume. Erst die Feinplanung ermittelt die effektiven Werte, die zur Ausführung gelangen.

Die betriebliche Verwaltung beginnt mit der *Produktionsplanung*, die das Produktionsprogramm bestimmt. Die *Fertigungsplanung* (Abb. 51) wird nun die ausgewählten Produkte, wie es der Verkauf verlangt, nach Menge und Termin (Zeit) festlegen und Einkauf, Fertigungssteuerung und Versand beauftragen. Die nächste Zone in der Hierarchie der betrieblichen Verwaltung bildet der Bereich Lieferant, Lager, Kunde und die Fertigung selbst. Der Fertigung folgt

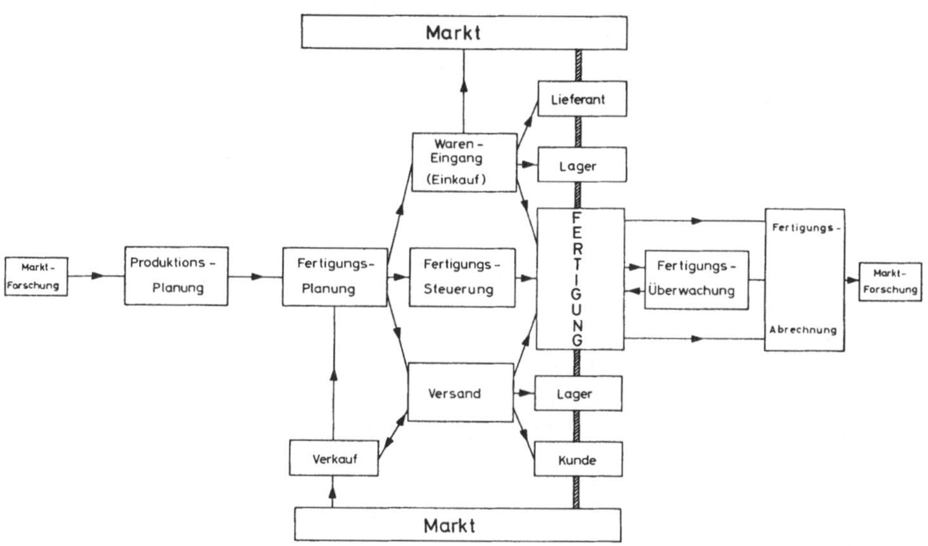

Abb. 51. Gliederung der betrieblichen Verwaltung

die Fertigungsabrechnung. Dann schließt sich der Kreislauf über die Marktforschung wieder zur Produktionsplanung. Auch in der Lotrechten des Bildes ist der Kreislauf über den Markt gekoppelt. Vom Markt bezieht der Betrieb die Rohstoffe, an den Markt liefert er seine Erzeugnisse.

Eine weitere Dimension in unserem Bild belegt die Fertigungsüberwachung. Sie verbindet den Ausgang der Fertigung mit dem Eingang der Fertigungssteuerung. Die Fertigungsüberwachung löst innerhalb der Fertigungssteuerung Änderungen aus, die durch die Störgrößen der Fertigung bedingt sind. Die Feinplanung innerhalb der Fertigungssteuerung ist also unter Umständen öfters zu wiederholen.

Die *technische* Verwaltung hat indessen Aufgaben zu erledigen, die in alle Bereiche des Fertigungsbetriebs hineinreichen. Die technische Verwaltung hat die Methoden und Verfahren bereitzuhalten oder auszuarbeiten, die die Steuerungsstellen und übrigen Verwaltungsstellen benötigen. Sie wird sich vornehmlich der Methoden des *Operation Research* bedienen.

1.2. Die Automatisierung der Fertigungsbetriebe

In allen Bereichen eines Fertigungsbetriebes sind nun laufend Algorithmen zu bearbeiten, deren Verlauf weitgehend bestimmt (determiniert) ist. Diese Arbeiten (oft Routinearbeiten) können durch geeignete Instrumente automatisiert werden.

Die Instrumente zur Automatisierung sind analoge und binäre Steuerungseinrichtungen (unterste Stufe), dann festverdrahtete digitale Prozeßrechner (unter Umständen mit Datenspeichern und Druckern usw.), weiterhin programmierbare Digitalrechner (eventuell Hybridrechner) und schließlich auf der obersten Stufe Datenverarbeitungsanlagen mit leistungsfähigen Betriebssystemen (DVA).

Die Steuerungsstellen werden zu ihrer Automatisierung vor allem analoge und binäre Steuerungseinrichtungen anwenden, bei umfangreichen Verrichtungen aber meist festverdrahtete Digitalrechner, die Verwaltungsstellen dagegen Datenverarbeitungsanlagen. Bei den Steuerungsstellen benutzt man also dezentrale und spezielle Geräte der Informationstechnik, bei den Verwaltungsstellen aber zentrale und universell anwendbare Einrichtungen.

Diese Abgrenzung ist heute gültig und wird sich in der Zukunft wahrscheinlich ändern. Die Gründe für die jetzige Situation sind in der Wirtschaftlichkeit zu suchen: Im Gegensatz zur Automatisierung des Fertigungsablaufes ist in der Verwaltung ein großer Rechner, der alle notwendigen Arbeiten der Reihe nach erledigt, am wirtschaftlichsten. Ein zentraler Rechner kann besser ausgenutzt werden als mehrere kleinere. Daß einige Benutzer unter Umständen auf ihre Bearbeitung einige Zeit warten müssen, ist im Bereich der Verwaltung ohne Belang. Für die Verwaltung bieten sich die Teilnehmer-Rechensysteme an, die über Fernleitungen (z. B. Telefonleitung) den Mehrfachzugriff unabhängiger Benutzer erlauben.

In der Mitte zwischen Groß und Klein, zwischen Zentral und Dezentral, steht der programmierbare Digitalrechner oder Hybridrechner (Prozeßrechner). Er ist dann wirtschaftlich, wenn der Datenfluß (Datendurchsatz) zu der oder den Bearbeitungsstellen nicht zu sehr schwankt und die Entfernung zu dem nächsten zentralen Rechner groß ist. Der Prozeßrechner muß aber für die Spitzen des Datenflusses ausgelegt sein, da die anfordernden Teile des Fertigungsvorganges auf die zu errechnenden Werte der Betriebsgrößen meist nicht warten können (*Real-Time*-Betrieb).

Zu den Instrumenten der Automatisierung gehören auch die Datenerfassungsgeräte und Datenausgabegeräte (*Peripherie-Geräte*). Die Steuerungsstellen geben einen Teil der Daten über Meßstellenumschalter mit Analog-Digital-Umsetzern ein und über Digital-Analog-Umsetzer wieder aus. Die manuelle Eingabe wie auch die Anzeige der Daten erfolgt bei den Steuerungs- und Verwaltungsstellen über Tastaturen und Drucker (*Standard-Peripherie*).

Datenträger für die Datenerfassung sind im Bereich der Steuerungsstellen meist Lochstreifen, da hier die Datenmengen sequentiell anfallen. Im Bereich der betrieblichen und kommerziellen Datenverarbeitung herrscht jedoch die Lochkarte als Datenträger vor. Die Lochkarten sind dann von Vorteil, wenn die zu speichernden Daten in Portionen anfallen, die gerade auf einer Lochkarte Platz haben (*unit-record*-Eigenschaft) und in voneinander unabhängigen Stellen entstehen.

An zwei Beispielen, dem maschinellen Programmieren numerisch gesteuerter Fertigungsmaschinen und der Fertigungssteuerung, soll ein Einblick in die Automatisierung im industriellen Bereich vermittelt werden. Das erste Beispiel entstammt einer Steuerungsstelle, das zweite einer Verwaltungsstelle.

2. Maschinelles Programmieren numerisch gesteuerter Arbeitsmaschinen

2.1. Ablauf des maschinellen Programmierens

Die üblichen numerisch gesteuerten Arbeitsmaschinen (*Numerik-Maschinen*) benötigen einen Steuerlochstreifen, der ihren Arbeitsalgorithmus für ein vor-

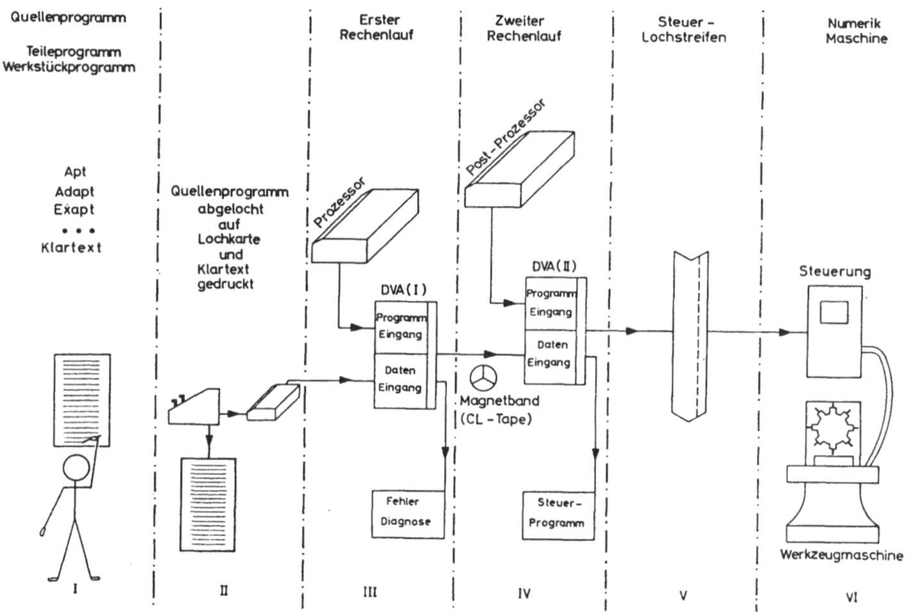

Abb. 52. Maschinelles Programmieren bei Numerik-Maschinen

gegebenes Teil festlegt. In der Arbeitsvorbereitung wird nun aus den Formangaben mit Hilfe einer DVA der *Steuerlochstreifen* erstellt. In der ersten Phase (Abb. 52) schreibt der Arbeitsvorbereiter, der eine der Programmiersprachen

APT, ADAPT, EXAPT 1, 2 oder 3 oder andere beherrscht (siehe Abschnitt 2.6), das sogenannte *Quellenprogramm* (auch *Teileprogramm* oder *Werkstückprogramm* genannt). Diese Programmiersprachen sind benutzerorientiert, d. h. der Arbeitsvorbereiter (Benutzer) gebraucht im Quellenprogramm die Vokabeln seiner Fachsprache. Da der Programmierer nur eine geringe Anzahl von syntaktischen Regeln und nur seine Fach-Vokabeln kennen muß, sind die Programmiersprachen verhältnismäßig leicht zu erlernen.

Selbst für komplizierte zu fertigende Werkstücke, die ein umfangreiches Bearbeitungsprogramm benötigen, ist das zugehörige Quellenprogramm verhältnismäßig kurz: Die Routinearbeiten übernimmt ja die DVA; sie erledigt alle arithmetischen Berechnungen und listenmäßigen Zuordnungen. Außerdem können genormte und oft auftretende Bearbeitungen der Werkzeugmaschine (Routinealgorithmen) durch kurze Namen aufgerufen werden. Diese Eigenschaft, Superzeichen zu bilden und zu interpretieren, ist ein wesentliches Kennzeichen der Datenverarbeitung.

Zuvor muß allerdings das Quellenprogramm in einen Lochkartenstapel oder in Lochstreifen umgesetzt werden. Dazu dient (*zweite Phase*) ein Lochkarten- oder Lochstreifenstanzer.

Die dabei anfallende Klartextausgabe kann mit dem handgeschriebenen Quellenprogramm auf Abschreibfehler verglichen werden.

Das Quellenprogramm in der benutzerorientierten Programmiersprache muß nun in die *Objektsprache* (Maschinensprache) der Numerik-Maschine übersetzt werden. Auch diesen Übersetzervorgang erledigt zusätzlich neben den Routinearbeiten die DVA. Der Übersetzervorgang wird zweckmäßig in zwei Teile aufgespalten. Im ersten Teil wird das Teileprogramm in eine neutrale Sprache übersetzt, im zweiten Teil in die Maschinensprache der jeweiligen Numerik-Maschine. Entsprechend wird der Übersetzervorgang durch zwei Programme gesteuert, den *Prozessor* und das Anpassungsprogramm (*Postprozessor*).

Diese Aufteilung in Prozessor und Postprozessor ist nicht unbedingt notwendig, sie ist nur zweckmäßig. Es gibt Übersetzerprogramme, die eine Zweiteilung nicht kennen.

Man denke dabei an ein Übersetzungsbüro, das zur Aufgabe hat, Texte, die in spanischer Sprache verfaßt sind, in die englische, französische und russische Sprache zu übersetzen.

Der Leiter des Übersetzungsbüros wird zunächst einen der spanischen Sprache Kundigen damit beauftragen, den vorliegenden Text in die Umgangssprache dieses Büros, also in die Landessprache oder eine andere neutrale Sprache (z. B. Esperanto) zu übersetzen. Dieser Vorgang ist mit den Arbeiten des Prozessors vergleichbar.

Darauf wird ein Übersetzer, der die englische Sprache beherrscht, den nunmehr in Umgangssprache (z. B. Deutsch) vorliegenden Text in die Zielsprache Englisch übertragen.

Gleichzeitig kann der betroffene Text von den zuständigen Experten in die russische und auch französische Sprache übertragen werden. Diese Vorgänge entsprechen den Arbeiten, die die einzelnen Postprozessoren (*Anpassungsprogramme*) zu erledigen haben.

In der ersten Rechenphase wird ein Zwischenresultat erzeugt, das auf Magnetband (in manchen DVA auf Platte oder Trommel) gespeichert wird. Den Rechenlauf steuert der Prozessor. Der Prozessor ist entweder auf Platte, Band oder (in kleineren DVA) auf Lochkarten gespeichert. Er muß vor dem Rechenlauf in den Programmteil des Arbeitsspeichers eingegeben werden.

Eine wichtige Aufgabe des ersten Rechenlaufes (Prozessorlaufes) ist es auch, falsche Steuerbefehle im Steuerlochstreifen der Numerik-Maschine zu verhindern. Sie entstehen durch fehlerhafte Anweisungen im Quellenprogramm. In einer *Fehler-Liste* werden alle diagnostizierten Fehler ausgedruckt. Bei leichten, unbedeutenden Fehlern wird der Programmierer nur gewarnt. Bei schwereren Fehlern stellt die DVA ihre Übersetzungsarbeit ein und druckt Hinweise über Art und Umfang des Fehlers aus. In mittelschweren Fällen durchsucht das Übersetzerprogramm das Quellenprogramm lediglich auf nachfolgende Programmierungsfehler.

Bevor der zweite Rechenlauf beginnt, muß die Werkzeugmaschine, auf der das Teil gefertigt werden soll, bekannt sein. Darauf wird der entsprechende Post-Prozessor ausgewählt und in den Arbeitsspeicher der DVA eingegeben. Der zweite Rechenlauf liefert den Steuerlochstreifen für die Numerikmaschine.

Der Inhalt des Steuerlochstreifens wird außerdem in gut lesbarer und übersichtlich tabellierter Form auf dem Drucker ausgegeben. Die DVA kann auch noch die Bearbeitungszeit der Numerik-Maschine automatisch berechnen. Die Bearbeitungszeit ist besonders für die Vorkalkulation und die Planung von Bedeutung.

Zur groben Schätzung der Wirtschaftlichkeit sei das maschinelle Programmieren mit dem manuellen an einem Beispiel verglichen: Es sind in eine Platte etwa 80 Löcher zu bohren und mit Gewinde zu versehen. Die Löcher sind in Lochreihen angeordnet, die komplizierte Muster bilden. Zur Bearbeitung dieses Werkstückes auf einer gegebenen Arbeitsmaschine werden 368 Lochstreifenanweisungen (Sätze, bestehend aus Weg- und Schaltinformation) benötigt. Ein Programmierer (Kosten DM 15.— je Stunde) erstellt im manuellen Verfahren die 368 Sätze in etwa 8 Stunden. Die manuellen Programmierkosten betragen also DM 120.—.

Das Quellenprogramm in EXAPT 1 (30 Anweisungen) wird vom gleichen Programmierer in einer Stunde erledigt: DM 15.—. Dazu kommen die Berechnungskosten der DVA. Die Rechenminute auf der verfügbaren DVA 1107 kostet DM 30.—. Die Übersetzung lief 2 Sekunden. Es muß also der Mindestpreis (DM 15.—) gezahlt werden. Somit betragen die maschinellen Programmierkosten DM 30.—. Dieses Verhältnis der Kosten (hier 1 : 4) verschiebt sich bei umfangreicheren Werkstücken zugunsten des maschinellen Programmierens.

2.2. Programmiersprachen für numerisch gesteuerte Fertigungsmaschinen

Eine Programmiersprache ist eine Vereinbarung zur Verständigung zwischen zwei Kommunikationspartnern. Die beiden Kommunikationspartner sind in unserem Fall Mensch und Maschine. Über die Sprache wird Information ausgetauscht, dazu bedarf es eines Informationsträgers. In unserem Fall sind es die binären Signale der DVA, gespeichert auf Datenträgern oder in internen oder externen Speicherwerken.

Eine Sprache ist durch einen Wortschatz definiert, dem eine eindeutige, aber unter Umständen variable Bedeutung (*Semantik*) und bestimmte Anordnungsregeln (*Syntax*) zugeordnet sind.

Da eine Programmiersprache nur von einem begrenzten Benutzerkreis gebraucht wird, darf der Wortschatz wesentlich kleiner sein als der der Umgangssprache. Die Beschränkung des Wortschatzes hat zwei Vorteile. Erstens wird das Übersetzungsprogramm weniger umfangreich, da weniger Programmschritte notwendig sind und zweitens ist die Sprache leichter zu erlernen.

Anders verhält es sich mit den syntaktischen Regeln. Viele einschneidende syntaktische Regeln vermindern den Speicherplatz, den das Übersetzerprogramm benötigt, zwar erheblich, vom Anwender werden sie jedoch als äußerst schikanös und unbequem empfunden. Es gilt hier, einen vernünftigen Ausgleich zu finden.

Ein Wort einer Programmiersprache ist entweder eine *Vokabel* oder ein *Bezeichner* (auch *Name* oder *Symbol* genannt). Vokabeln sind ein Teil der Sprachdefinition, sie sind in einer Liste der Sprachbeschreibung mit ihrer semantischen Bedeutung aufgeführt. Bezeichner können vom Programmierer nach eigenem Gutdünken festgelegt werden. Lediglich das erste Zeichen eines Bezeichners muß in fast allen Programmiersprachen ein Buchstabe sein. Bezeichner nennen spezielle Dinge oder Begriffe, die der Programmierer in seinem Programm einzubeziehen hat.

So sind z. B. Vokabeln die Worte POINT, MILL, LINE, CIRCLE, DRILL usw. Als Namen können benutzt werden PUNKT, PUNKT 1, PUNKT 2, ANNA, E 607, KREIS 3 usw.

Benutzerorientierte Programmsprachen ähneln sich zum Teil, sie bilden Sprachfamilien. Die Struktur der APT-ähnlichen Sprachen soll hier näher betrachtet werden.

Ein *Programm* ist in die Programmeröffnung, den Programmkern und in den Programmschluß gegliedert. An allen Stellen des Programmes können Kommentare eingeflochten werden. Kommentare (Bemerkungen) werden durch die Vokabel REMARK dem Übersetzer angekündigt. Die Bemerkungen ignoriert der Prozessor, sie belegen keinen Speicherplatz und dienen lediglich der besseren Verstehbarkeit des *Quellen-Programmes*. Der Programmierer soll möglichst viele, aber treffende, Kommentare einflechten, um einen späteren Änderungsdienst und die allgemeine Programmpflege zu erleichtern.

Die Programmeröffnung beginnt mit einer Vokabel (in EXAPT ist es das Wort PARTNO), dann folgt die Nummer des zu fertigenden Teiles, dann der Name der Programmsprache (z. B. EXAPT 1) und schließlich der zu benutzende Postprozessor.

Die eigentliche Bearbeitungsinformation steckt im Programmkern. Der Programmkern ist in den Beschreibungsteil und den Exekutivteil gegliedert. Diese Gliederung ist wiederum nicht zwingend, aber zweckmäßig. Es gibt Programmiersprachen außerhalb der APT-Familien, bei denen Beschreibungsteil und Exekutivteil nicht klar getrennt sind.

Eine Beschreibungs- als auch eine Exekutiv-Aussage hat die Form

BEZEICHNER = HAUPTWORT/MODIFIKATOREN

Das *Hauptwort* ist eine Vokabel, es klassifiziert die Gattung; die *Modifikatoren* sondern aus der definierten Gattung eine spezielle Art aus. Dem so beschriebenen Individuum wird über den Bezeichner eine Benennung zugeteilt. Immer dann, wenn eine Aussage das ganze, in der Programmeröffnung genannte Teil betrifft, wird der Bezeichner weggelassen. Die Aussage hat dann die Form

HAUPTWORT/MODIFIKATOREN

Der die Einzelheiten festlegende Modifikator wird in einen Pflichtteil und einen wahlfreien Teil gegliedert.

Der Programmierer kann den wahlfreien Teil des Modifikators weglassen. Dann ergänzt der Prozessor den wahlfreien Teil. Unterläßt z. B. der Programmierer eine Angabe über die Genauigkeit, so setzt der Prozessor die höchste Genauigkeit ein. Das Fertigungsteil ist dann in keinem Fall Ausschuß, es ist nur teuer, falls diese Genauigkeit nicht gebraucht wird.

Die Modifikatoren sind entweder Vokabeln, Parameter oder Kombinationen aus Vokabeln und Parametern.

Vokabeln als Modifikatoren werden immer dann benutzt, wenn bestimmte Eigenschaften nur durch Worte, nicht aber durch Zahlen beschrieben werden können. Ist das Rohteil z. B. glattes Vollmaterial, so lautet der Modifikatorteil UNMACH, SMOOTH, ... oder auch SMOOTH, UNMACH, ...; die Reihenfolge ist gleichgültig.

Modifikatoren können aber auch Parameter (Zahlen, Ausdrücke) sein. Ihre Bedeutung wird dann durch ihre Reihenfolge bestimmt. Bei einer Definition eines Kreises folgen dem Hauptwort die Modifikatoren x, y, r. Es sind nun x und y die Koordinaten des Mittelpunktes, r der Radius. Dabei ist die Reihenfolge zwingend (syntaktische Regel).

Ist die Bedeutung eines Parameters jedoch durch *keine* syntaktische Regel bestimmt oder wird eine bestehende Regel bewußt durchbrochen, so muß dem Parameter ein *erläuternder Modifikator*, der dann ein Vokabel ist, vorgesetzt werden. Der Beschreibungsteil (auch Vereinbarungsteil, Definitionsteil oder Deklaration genannt) beschreibt die Geometrie von Roh- oder Fertigteil und die Technologie der Bearbeitung.

2.2.1. Geometrische Definitionen

Bei Sprachen für Bohrmaschinen (*Punktsteuerungen*) ist es üblich, lediglich die Geometrie des Fertigteiles zu beschreiben. Bei Sprachen für Fräs- oder Drehmaschinen (*Strecken-* oder *Bahnsteuerungen*) ist es oft notwendig, zusätzlich noch die Geometrie des Rohteiles zu definieren. Damit läßt sich auch der Schruppvorgang vom Prozessor generieren.

Eine geometrische Beschreibung bedient sich im Hauptwort der Vokabeln POINT, CIRCLE, LINE usw. Als Modifikatoren sind die Vokabeln CENTER (Mittelpunkt bei Kreisen), RADIUS usw. zugelassen.

Beispiele für geometrische Definitionen sind:

$$\text{PUNKT 1} = \text{POINT}/ \ x\,1, \ y\,1, \ z\,1,$$
$$\text{PUNKT 2} = \text{POINT}/ \ 10, \ 20, \ 100,$$
$$\text{GERADEK} = \text{LINE}/ \ \text{PUNKT 1, PUNKT 2,}$$

KREISM = CIRCLE/CENTER, PUNKT 2, RADIUS, 40,
KREISS = CIRCLE/ 30, 40, 10,

Die Koordinaten des Punktes dürfen sowohl durch Variable, die über einen Bezeichner (Namen) aufgerufen werden, als auch durch Konstanten angegeben werden. In den hochentwickelten Sprachen (z. B. in den Sprachen der APT-Familie) können die Koordinaten als auch alle anderen Parameter sogar als Ausdrücke eingesetzt werden, deren Zahlenwerte der Rechner im Bedarfsfall ermittelt.

Der Punkt 1 ist durch die Variablen $x\,1$, $y\,1$ und $z\,1$ bestimmt, Punkt 2 durch Konstante. Die Gerade K ist durch die beiden Punkte, Punkt 1 und Punkt 2 definiert, der Kreis M durch den Mittelpunkt (Punkt 2) und den Radius (40 mm), der Kreis S dagegen durch feste Zahlenwerte, die die Bedeutung x, y (Mittelpunkt und r (Radius) haben.

2.2.2. Technologische Definitionen

Die technologische Definition hat die Werkzeuge, die Bearbeitungswerte und die Bewegungsabläufe festzulegen.

Es gibt nun zwei Arten von technologischen Definitionen: In der komfortabelsten Ausbaustufe genügt es, lediglich den Werkstoff, den Ausgangszustand und die Ausgangsoberfläche zu beschreiben. Aus dieser *Werkstückbeschreibung* ermittelt die DVA mit Hilfe des Übersetzerprogrammes die *Bearbeitungsfolge* (wie Zentrieren, Verbohren, Bohren auf halbe Länge, Bohren, Anfasen, Gewindeschneiden), ebenso die *Werkzeuge* (wie Bohrer, Fräser usw.) und die *Bearbeitungswerte* (wie Vorschubgeschwindigkeit, Spindeldrehzahl, Schnittgeschwindigkeit usw.). Außerdem wird der Rechner den Zeitpunkt ermitteln, in dem die Kühlmittel einzuschalten sind.

Die Bearbeitung wird u. a. in Form von Bearbeitungszyklen (wie Gewindeschneiden) aufgerufen und vom Übersetzerprogramm in Einzeloperationen aufgelöst. Die Werkstückbeschreibung hat folgende Form:

PART/MATERL, b, Zustand, Oberfläche

PART und MATERL sind Vokabeln, b ist eine Werkstoffnummer. Der Zustand wird durch die Vokabeln UNMACH (bei Vollmaterial) oder SEMI (bei vorbereitetem Material) gekennzeichnet. Die Oberfläche durch die Vokabeln SMOOTH (glatt) oder ROUGH (rauh).

Ein Beispiel für eine Werkstückbeschreibung ist:

PART/MATERL, 23, UNMACH, SMOOTH,

Diese Art der technologischen Definition setzt jedoch eine ausgefeilte Organisation der Datenverarbeitung voraus.

In weniger anspruchsvollen Fällen muß der Programmierer die Arbeitszyklen selbst in Einzeloperationen auflösen. In diesem Fall muß er als ersten Modifikator in der technologischen Definition die Vokabel SO (*Single Operation*) einfügen.

2.2.3. Bearbeitungsdefinitionen

Die Bearbeitungsdefinitionen gehören neben den Bewegungsanweisungen zu den *Exekutivaussagen*. Jeder Bearbeitungsdefinition wird ein Name zugewiesen.

Die Hauptworte der Bearbeitungsdefinition sind DRILL (für Bohrer), TAP (für Gewindeschneiden), MILL (für Fräsen) usw. Der Modifikatorteil der Bearbeitungsdefinition enthält dann die Fertigmaße (beim Bohren z. B. Durchmesser und Tiefe). Ein Beispiel für eine Bearbeitungsanweisung ist:

B 1 = DRILL/DIAMED, 10, DEPTH, 20

falls ein Loch von der Tiefe 20 mm und dem Durchmesser 10 mm gebohrt werden soll.

2.2.4. Exekutivanweisungen

Die Exekutivaussagen müssen die definierten Bearbeitungen aufrufen (*technologische Exekutivaussagen*) und den Ort nennen, an dem die Bearbeitung zu erfolgen hat (*geometrische Exekutivaussage*).

Die technologische Exekutivaussage beginnt mit der Vokabel WORK/, die geometrische mit der Vokabel GOTO. Als Modifikatoren folgen die Bezeichner der Bearbeitungsdefinitionen und im Falle der geometrischen Exekutive die geometrischen Definitionen.

2.3. Ein Programmierbeispiel

Ein Werkstück nach Abb. 53 soll bearbeitet werden. Das Programm in der Programmiersprache EXAPT 1 lautet, falls der unbearbeitete Rohling mit rauher Oberfläche aus dem Werkstoff der Schlüsselzahl 20 besteht:

```
 1   PARTNO/ PLATTE 4712, EXAPT 1,
       BEISPIEL,
 2   REMARK/ POST
       PROCESSORAUFRUF,
 3   MACHIN/ BOHRWERK 23,
 4   REMARK/
       WERKSTUEKBESCHREIBG,
 5   PART/ MATERL, 20,
       UNMACH, ROUGH,
 6   REMARK/ GEOMETRISCHE
       DEFINITION,
 7   P 1 = POINT/ 20, 15, 150,
 8   P 2 = POINT/ 40, 15, 150,
 9   P 3 = POINT/ 60, 45, 150,
10   P 4 = POINT/ 80, 45, 150,
11   REMARK/ TECHNOLOGISCHE
       DEFINITION,
12   B 1 = TAPE/ DIAMET, 5,
       DEPTH 35,
13   B 2 = TAPE/ DIAMET, 10,
       DEPTH 75
14   REMARK/
       EXEKUTIVAUSSAGEN,
15   WORK/ B 1.
16   GOTO/ P 1,
17   GOTO/ P 3,
```

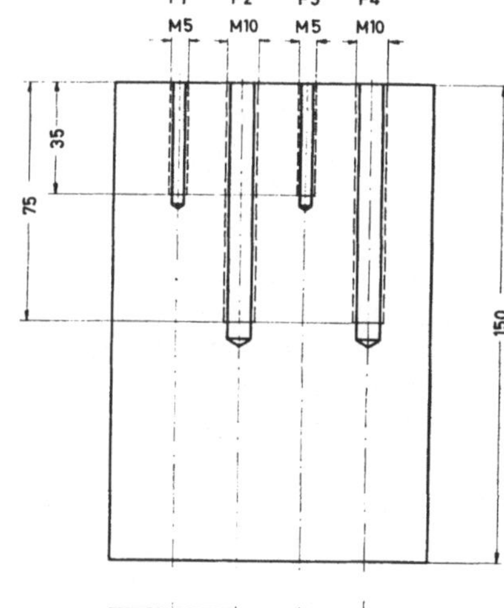

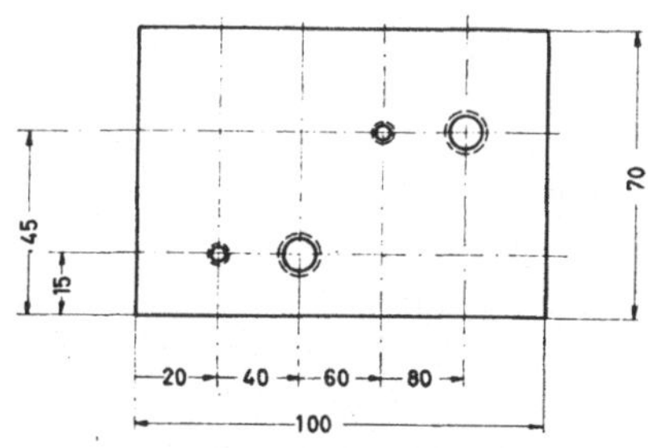

Abb. 53. Platte Nr. 4712 zum Programmierbeispiel

18 WORK/ B 2,
19 GOTO/ P 2,
20 GOTO/ P 4,
21 FINI

Die einzelnen Zeilen des Programmes haben folgende Bedeutung:

Zeile 1: Modifikatoren sind Werkstückbenennung (Platte) und Zeichnungsnummer (4712).

Zeile 2: Kommentar.

Zeile 3: Es wird die Werkzeugmaschine genannt, auf der das Teil gefertigt werden soll.

Zeile 4: Kommentar.

Zeile 5: Beschreibung des Rohteilwerkstoffes.

Zeile 6: Kommentar.

Zeile 7 bis 10: Geometrische Definitionen der Punkte, an denen ein Loch gebohrt werden soll.

Zeile 11: Kommentar.

Zeile 12 und 13: Durchmesser und Tiefe der Gewinde werden festgelegt.

Zeile 14: Kommentar.

Zeile 15: Technologische Exekutivaussage.

Zeile 16 und 17: Geometrische Exekutivaussage.

Zeile 18: Technologische Exekutivaussage.

Zeile 19 und 20: Geometrische Exekutivaussagen.

Zeile 21: Dem Übersetzerprogramm wird das Ende mitgeteilt.

2.4. Die Arbeiten des Prozessors

Verfolgen wir den Weg unseres Teileprogrammes bis zum fertigen Steuerlochstreifen. Nachdem das Quellenprogramm in den Arbeitsspeicher der DVA eingegeben ist, kann der Prozessor (in unserem Fall der EXAPT 1-Prozessor) seine Arbeit beginnen.

Die Aufgaben eines Prozessors gliedern sich in Verwaltung und Generierung. Zu den *Verwaltungsaufgaben* gehören:

a) Identifizierung der Namen, Vokabeln und Zeichen.

b) Zuordnung von Speicherplätzen und Adreßbuchführung.

c) Aufgliedern der Makroinstruktionen in einzelne Befehle.

d) Vormerken oder Anfordern von Unterprogrammen.

e) Fehlerdiagnostik (Fehleranzeige und Korrekturhilfe): Die syntaktischen Fehler des Programmierers sind zu identifizieren, zu benennen und auszudrucken.

Hier finden wir also alle die Aufgaben, die beim manuellen Programmieren besonders durch Irrtum gefährdet sind.

Nach der Leistungsfähigkeit der Fehlerdiagnostik beurteilt man u. a. das Prozessorprogramm. Hier überwacht der Digitalrechner seinen menschlichen Benutzer und macht ihn (in höflicher Form) auf einige seiner Fehler aufmerksam. Leider kann die DVA nur Verstöße gegen syntaktische Regeln erkennen.

Generieren heißt, die Befehle im Zwischenprogramm oder Maschinenprogramm aus den Anweisungen des Quellenprogrammes erzeugen. In diesen Aufgabenbereich fallen:

a) Berechnung von Koordinatenwerten, die durch Ausdrücke bestimmt sind.

b) Koordinatentransformationen (Umrechnen von Polarkoordinaten in kartesische, Koordinatentranslationen usw.).

c) Berechnung der Kontur (Geometrie) des Fertigteiles aus den Maßangaben des Quellenprogrammes.

d) Ermittlung der Werkzeugabmessungen.

e) Berechnung des Werkzeugweges aus der Kontur und den Werkzeugabmessungen (Fräserweg, Fräserversatz).

f) Berechnung von Vorschub und Schnittgeschwindigkeit.

g) Ermittlung von Arbeitsfolgen.

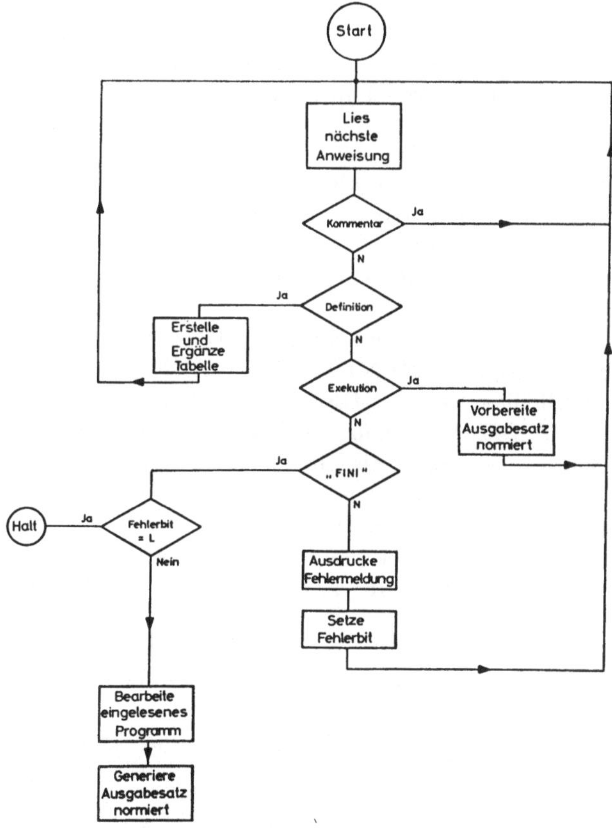

Abb. 54. Prozessor-Erkennungsphase

Diese Aufgaben erfüllt der Prozessor nun in zwei Phasen, in der Erkennungsphase und in der Verarbeitungsphase.

Erkennungsphase:

Die ersten Verwaltungsaufgaben erledigt die Erkennungsphase des Übersetzerlaufes. Die Anweisungen des Quellenprogrammes werden eingelesen und untersucht, um anschließend die Listen zu erstellen.

Die ersten Anweisungen des Prozessors untersuchen den Programmanfang auf syntaktische Richtigkeit (z. B. PARTNO und MACHIN in EXAPT 1), dann wird die nächste Anweisung eingelesen (Abb. 54). Die nächste Anweisung muß entweder ein Kommentar, eine Definition, eine Exekution oder das Programmende sein. Andernfalls liegt ein syntaktischer Fehler vor. Ein *Fehlerbit* wird dann gesetzt und darauf die nächste Anweisung eingelesen. Ist die folgende Anweisung ein Kommentar, so springt der Übersetzungsvorgang sofort zur folgenden Anweisung.

Entscheidendes geschieht, wenn die Anweisungen Definitionen oder Exekutionen sind. Bei Definitionen werden Tabellen (Listen) ergänzt oder errichtet, bei Exekutionen ein oder mehrere Ausgabesätze generiert, die an den Post-Prozessor weiterzureichen sind.

In der Erkennungsphase lassen sich die Ausgabesätze aber nur vorbereiten. Das Erzeugen der Ausgabesätze ist Sache der Verarbeitungsphase und nur möglich, nachdem das ganze Quellenprogramm eingelesen ist.

Verarbeitungsphase:

Die Verarbeitungsphase hat Ausgabesätze zu erzeugen, die dem Postprozessor als zu bearbeitende Daten einzugeben sind. Diese Sätze sind neutral verschlüsselt und werden erst vom Postprozessor in die jeweilige Maschinensprache einer Numerikmaschine übersetzt (*codiert*). Zunächst ist eine Exekutivanweisung in Einzelschritte aufzulösen.

Die Anweisung B 1 in unserem Beispiel (Gewindebohren) wird demnach aufgelöst in die Einzelschritte ZENTRIEREN, KERNLOCHBOHREN, VORBOHREN und schließlich GEWINDESCHNEIDEN.

Dann ist jeder Einzelschritt vom Prozessor weiter zu verfeinern. Ist z. B. die Tiefe des Bohrloches größer als ein zulässiger Wert, so wird auf halbem Weg der Bohrer zum Spänebrechen aus dem Bohrloch herausgefahren. Anschließend wird auf Endlänge gebohrt.

Die Endlänge der Bohrung hat der Prozessor ebenfalls zu ermitteln. Einer Liste entnimmt er die Übertiefe, die z. B. beim Gewindeschneiden vom Durchmesser abhängig ist.

Weiterhin hat der Prozessor den Anmarschweg des Werkzeuges zur Bearbeitungsposition zu beschreiben. Dazu sind z. B. Sicherheitsabstände zu berücksichtigen, Hindernisse zu umfahren usw.

Eine weitere wichtige Routinearbeit des Prozessors ist die Berechnung von Vorschub- und Schnittgeschwindigkeiten, Zerspanungsquerschnitte (bei Drehbearbeitung) oder Fräserversatz.

Für alle diese Arbeiten benötigt der Prozessor eine *Datei* mit Werkzeuglisten, Materiallisten, Konstanten, Verfahren usw. Die Datei ist auf einem Datenband gespeichert. Diese Datei ist allerdings nicht mehr Teil der Sprache, sondern Teil einer übergeordneten Organisation, die für die Realisierung und äußere Datenverarbeitung verantwortlich ist.

2.5. Die Leistungen des Postprozessors

Der Postprozessor muß nun das normierte Bearbeitungsprogramm des Prozessors in ein auf Lochstreifen gespeichertes Steuerprogramm für eine bestimmte Numerik-Maschine umsetzen. Der Postprozessor hat somit eine Anpassungsfunktion und eine Überwachungsfunktion zu erfüllen.

Der Postprozessor benötigt für seine Arbeiten ein informationstheoretisches Abbild der Werkzeugmaschine. Dazu gehören eine Werkzeugdatei und eine Liste der Abmessungen (Arbeitsbereiche) der Werkzeugmaschine, Vorschübe, Drehzahlen usw.

Zunächst ist die *Weginformation* zu erzeugen. Unter der Überwachung einer *Kollisionskursberechnung* werden die normierten Quellenprogramm-Koordinaten in die aktuellen Maschinenkoordinaten der vorliegenden Arbeitsmaschine transformiert.

Dann erzeugt der Postprozessor die *Schaltinformation:* Den Vorschüben und Drehzahlen des Prozessors sind die möglichen Werte der gegebenen Arbeitsmaschine zuzuordnen. Der Werkzeugwechsel ist zu organisieren. Zunächst wird die Werkzeugwechselposition angefahren. Dann wird die Wechselautomatik eingeschaltet. Der Postprozessor druckt dem Bedienungsmann eine Liste aus, die alle Werkzeuge enthält, die im Werkzeugmagazin der Fertigungsmaschine vor der Bearbeitung einzulegen sind.

Zu den letzten Arbeiten des Postprozessors gehört es nun, das nunmehr angepaßte Programm in eine Form zu bringen, die den syntaktischen Bedingungen der Numerik-Maschine entspricht. Das Programm wird in Sätze zerlegt, Adressen und Regiezeichen (wie Satzendezeichen) sind einzufügen. Dann ist das Programm in den Code der Numerik-Steuerung umzucodieren.

2.6. Gebräuchliche Programmiersprachen

In den letzten zehn Jahren sind — vornehmlich in den USA — etwa 40 Programmiersprachen für Numerik-Maschinen entstanden.

Eine erste leistungsfähige Programmiersprache ist APT.

APT ist die bekannteste und zur Zeit verbreitetste Programmiersprache für Fräsmaschinen mit Bahnsteuerung (USA). Sie ist für eine 5-dimensionale Bearbeitung geeignet. Der Definitionsteil erlaubt allerdings nur geometrische Definitionen. Der APT betreuende Ausschuß erstellt die Prozessoren und verteilt an die Benutzer Erfahrungsberichte. Der Benutzerkreis bezahlt dafür einen angemessenen Betrag.

Die Sprache ADAPT ist eine Untermenge von APT, die sich auf zweidimensionales Bearbeiten beschränkt. In ADAPT-Programme können arithmetische Anweisungen in FORTRAN-Formulierung eingebaut werden.

Während APT nur auf sehr großen Datenverarbeitungsanlagen übersetzt werden kann, ist ADAPT auch auf mittleren bis kleineren DVA bearbeitbar.

EXAPT benutzt die gleiche Syntax und fast die gleichen Vokabeln wie APT und ADAPT. Dazu kommen noch die Vokabeln, die die Technologie der Bearbeitung betreffen und die in APT oder ADAPT nicht vorhanden sind. EXAPT 1 betrifft dreidimensionales Bohren mit Punktsteuerungen. EXAPT 2 erlaubt,

Schrupp- und Schlichtvorgänge für Drehmaschinen (Bahnsteuerungen) zu programmieren. Fräsen mit Bahnsteuerungen ist mit EXAPT 3 möglich.

3. Maschinelle Fertigungssteuerung

3.1. Aufgaben und Abgrenzung

Die Aufgabe der Fertigungssteuerung ist es, die Kundenaufträge zu verwalten, aus den Aufträgen den Bedarf an Material, Energie, Personal und Arbeitsmaschinen usw. zu ermitteln, um dann das Fehlende zu bestellen und das Vorhandene bereitzuhalten. Dieser *Bestelldisposition* muß eine Bedarfsermittlung und Bestandsrechnung vorausgehen. Die zu bestellenden Teile und Mengen werden entweder vom Einkauf beschafft oder sind von der eigenen Fertigung zu liefern. Zur Fertigungssteuerung gehört deshalb eine Bestellungsabwicklung (Fremdbezug) und eine Terminierung und Fertigungsabwicklung (Eigenbezug).

Die daraufhin gelieferten und gefertigten Teile und Materialien verändern den Bestand. Damit sind für weitere Bestellungen andere Voraussetzungen gegeben: Ein Kreis ist geschlossen.

Eine Steuerung muß nun die Fertigung so lenken, daß auf den Lägern kein unnötiges Kapital gebunden ist, auf der anderen Seite aber jeder Teilemangel vermieden wird, um den Liefertermin nicht zu verzögern.

Benutzt man Datenverarbeitungsanlagen zur Fertigungssteuerung, so spricht man von *maschineller Fertigungssteuerung*. Sie bringt eine Reihe von Vorzügen, aber auch einige Gefahren.

Einer der größten Vorzüge der maschinellen Fertigungssteuerung ist offensichtlich die große Flexibilität. Änderungen im Produktionsprogramm, in den Lagerbeständen und in vielen anderen Komponenten können sofort erfaßt werden. Expandiert der Umfang der Produktion oder verdichtet sich die Fertigung an einigen Stellen, so bereitet die dann notwendige Ausweitung oder Umstellung der Fertigungssteuerung keinerlei Schwierigkeiten. Von der maschinellen Fertigungssteuerung werden außerdem noch Nebenleistungen erwartet, wie Unterlagen zur Vor- und Nachkalkulation, Statistik usw.

Auf der Seite der Gefahren ist zuerst die Überorganisation zu nennen. Die maschinelle Datenverwaltung erleichtert es, Dinge in die Fertigungssteuerung aufzunehmen, die unnötig sind und damit die Wirtschaftlichkeit der Datenverarbeitung verringern.

Weiterhin besteht die Gefahr, daß die Übersichtlichkeit der Fertigungssteuerung verloren geht, da alle Informationen in anonymen Dateien verborgen sind. Um diese Gefahr zu bannen, muß der Name dessen, der eine Dateistelle verändert, registriert werden: Der Verantwortliche kann dann unter Umständen zur Rechenschaft herangezogen werden.

Die maschinelle Fertigungssteuerung setzt eine andere Organisation des Betriebes voraus, als sie bei der manuellen Fertigungssteuerung oft üblich ist. Alle Verwaltungsstellen, die Routinearbeiten erledigen, entfallen. Dafür ist aber die Erstellung und Pflege der Dateien in den externen Speichern besonders arbeitsaufwendig. Aber auch diese Arbeiten sind zum Teil automatisierbar und können von der Datenverarbeitungsanlage übernommen werden.

Die maschinelle Fertigungssteuerung (kurz FS genannt) ist ein Gefüge, zu dem ein *Auskunftssystem* gehört, das zu beliebigen Zeiten schnelle und aktuelle Auskünfte erteilt, dann ein *Steuerungssystem*, welches die notwendigen Schritte veranlaßt, und schließlich ein *Optimierungssystem*.

Das Fundament der FS ist das Auskunftssystem. Man muß es als erstes installieren. Funktioniert das Auskunftssystem, dann kann das Steuerungssystem aufgebaut und angeschlossen werden.

Das Optimierungssystem unterstützt lediglich das Steuerungssystem, es ist ein Teil von ihm. Das Optimieren ist indessen oft mit erheblichen Schwierigkeiten verbunden; da es Sache der numerischen Datenverarbeitung ist, gehört es nicht mehr zu unserem Aufgabenkreis. Die heutigen Optimierungsmethoden sind außerdem umstritten. Der Anteil der Routinearbeiten beim Optimieren ist gering, deshalb lassen sich Optimierungsaufgaben nur in Ausnahmefällen automatisieren.

3.2. Auskunftssysteme

Das Auskunftssystem (Auskunftei) hat nun den Fragenden über Umfang, Menge, Preis, Mindestbestand, Bedarf usw. zu informieren. Die Auskunftei soll aktuell sein, d. h. sie soll den neuesten Stand der Dinge berücksichtigen. Die Menge der Dinge, über die sich die Auskunft erstreckt, sei nun — in Anlehnung an die Regelungstechnik — *Auskunftsstrecke* genannt. Die Auskunftsstrecke kann ein Teile-Lager sein oder die Teile selbst, durch Stücklisten beschrieben. Eine Auskunftsstrecke, die nicht zur FS gehört, ist z. B. die Platzbelegung auf Schiffen oder Flugzeugen.

Eine Auskunftei besteht im wesentlichen aus einer *Datenbank* und einigen *Dienstprogrammen*, wie Findungsprogramme, Listungsprogramm und Änderungsprogramme. Die Datenbank und die Dienstprogramme sind entweder auf Magnetbändern oder Magnetplatten oder anderen Randomspeichern aufzubewahren. Die Datenbank selbst enthält mehrere Dateien (z. B. *Stücklistendatei*, *Lagerdatei* usw.).

In einer Auskunftei sind ständig zwei voneinander fast unabhängige Algorithmen tätig. Ein Algorithmus, der für das Erstellen und Ändern der Datenbank zuständig ist, und ein zweiter Algorithmus, der die verlangte Auskunft erteilt.

Am Anfang unserer Betrachtung über Auskunfteien muß aber die Verschlüsselung stehen. Eine Verschlüsselung vermittelt den Zusammenhang zwischen Auskunftsstrecke und Datenbank. Dann müssen wir uns mit der Datenerfassung beschäftigen, die für den störungsfreien Transport der Information von den Quellen zu den Datenspeichern sorgt. Schließlich werden wir uns der Organisation der Dateien zuwenden, um mit der Betrachtung über spezielle Auskunfteien im Bereich der FS diesen Abschnitt zu schließen.

3.2.1. Die Verschlüsselung

Eine Datei besteht aus Sätzen. Jeder Satz beschreibt einen Gegenstand des Dateibereiches. Diesem Gegenstand muß man einen eindeutigen und wirtschaftlichen (kurzen) Namen geben. Man nennt ihn einen Schlüssel. Ein Schlüssel ist nicht zu verwechseln mit der Adresse, die nur den Speicherplatz bezeichnet, auf dem sich der verschlüsselte Begriff befindet.

Ein Schlüssel kann informierend sein, klassifizierend oder identifizierend. Ein Beispiel eines *informierenden* Schlüssels ist die Dezimalklassifikation (DK). Alle Eigenschaften des zu benennenden Gegenstandes sind in der DK durch Syntax und Zahlenwert im Schlüssel aufgeführt. So anschaulich (sprechend) der informierende Schlüssel auch ist, so empfindlich ist er gegen Änderungen der Struktur des Begriffssystems.

Das andere Extrem ist der *identifizierende* Schlüssel, im Prinzip eine laufende Nummer, die den Gegenständen (Begriffen) zugeordnet wird. Ein Beispiel für einen identifizierenden Schlüssel ist die Telefonnummer. Die Fernsprechnummer informiert nicht, aber sie ist eindeutig. Der Anschluß 4712 ist eben nur einem bestimmten Teilnehmer zugeordnet, der sich dann mit seinem Namen meldet, um das Fehlen der informierenden Eigenschaft im identifizierenden Schlüssel auszugleichen.

In der Mitte zwischen dem informierenden und identifizierenden Schlüssel liegt der klassifizierende. Der *klassifizierende* Schlüssel sagt etwas über die Gattung aus, aber er bestimmt nicht eindeutig ein Individuum. Da die Genauigkeit des klassifizierenden Schlüssels nicht ausreicht, um einen Gegenstand eindeutig zu benennen, muß man ihn deshalb stets durch einen identifizierenden Anteil — der nunmehr kurz gefaßt sein kann — ergänzen. Kombinationen von klassifizierenden und identifizierenden Schlüsseln vereinen die Anschaulichkeit des informierenden Schlüssels und die Genauigkeit des identifizierenden Schlüssels. So kann man z. B. einem Gegenstand der Klasse 17 und der Unterklasse 48 noch eine kurze laufende Nummer zuweisen: 17 48 23.

3.2.2. Die Datenerfassung

Daten erfassen heißt, Belege oder Meldungen zunächst zu verschlüsseln und dann zu codieren, um sie als speicherfähige Sätze in die Datenverarbeitungsanlagen eingeben zu können.

Der Vorgang des Verschlüsselns und Codierens kann zentral geschehen oder an Ort und Stelle des Geschehens.

Bei der zentralen Datenerfassung werden alle Belege, die sternförmig aus verschiedenen Richtungen ankommen, gesammelt und dann verschlüsselt und codiert.

Bei der *dezentralen Datenerfassung* stehen an den verstreuten Beobachtungsstellen *Tastaturen*.

Der Meldende steckt zunächst seine „*Kennkarte*" — meist eine Plastikkarte mit einer maschinell lesbaren Kennung — in eine Abfühlstelle der Tastatur. Dann tastet der Meldende die Beobachtung ein, die zunächst nur in der Tastatur gespeichert bleibt. Erst wenn er nach dem Vergleich der ausgedruckten oder angezeigten Meldung eine Freigabetaste betätigt, wird seine Meldung in den Datenspeicher transportiert. Bevor er die Kennkarte der Tastatur entnimmt, wird unter Umständen noch die Uhrzeit registriert.

Die zentralen als auch dezentralen Datenerfassungsstellen können auf verschiedenste Art mit dem Datenspeicher verbunden sein. Zunächst über Lochkarten, Lochstreifen oder andere zwischenspeichernde Datenträger (*off-line*) oder direkt über eine nichtverzögernde Fernmeldeleitung (*on-line*). Neben der manuellen Datenerfassung sind selbstverständlich auch noch Erfassungen von Signalen (Endkontakten, Bereichsmeldern usw.) möglich.

3.2.3. Organisation der Datenbank

Eine Auskunft erteilen heißt, eine Tabelle zusammenzustellen, deren Elemente verstreut in den einzelnen Dateien der Datenbank gespeichert sind.

Unabhängig von den zu erteilenden Auskünften ist aber die Datenbank auf dem neuesten Stand zu halten: Datenworte sind zu ändern, zu streichen oder hinzuzufügen (*Änderungsalgorithmus*). Jede Auskunft oder Änderung wird durch einen Suchauftrag eingeleitet. Der Suchauftrag löst einen Findungs-algorithmus aus.

Von einem Auskunftssystem erwartet man, daß es schnell und wirtschaftlich arbeitet. Ist jeder Begriff in der Datenbank gleich gut zugänglich, so kann er schnell gefunden werden (*multipler Zugriff*). Wirtschaftlich ist eine Datenbank nur dann, wenn das Suchprogramm zur Findung eines Datenwortes nur wenig Speicherplatz belegt, jeder Begriff in der Datenbank nur einen Speicherplatz besetzt und der Findungsalgorithmus wenig zusätzlichen (temporären) Speicher-platz benötigt.

Der Findungsalgorithmus und die Organisation der Datenbank sind von-einander nicht unabhängig. Um diese Zusammenhänge zu verstehen, müssen wir uns zunächst mit der Anordnung der Daten im Speicher vertraut machen. Eine Datei besteht aus *Sätzen*, die durch Satzendezeichen (z. B. eine Lücke) getrennt sind. Jeder Satz enthält mehrere Datenworte (die wiederum durch Wortendemarken abgegrenzt sind).

Durch *Reihung* oder *Kettung* können die Sätze in einer Datei geordnet werden. Bei der Reihung wird eines der Worte eines Satzes zum Sortier-Kriterium erklärt. Die Ordnung der Datei ist durch die monoton steigende (oder fallende) Stufung der Sortierkriterien gesichert. Anders bei der Kettung. Jedem Satz ist hier eine Zahl beigefügt, die die Adresse des nächsten Satzes nennt (*Adreßkettung*).

In einer durch Reihung geordneten Datei findet man einen Begriff durch *Sortieren*. Dieses ältere Verfahren zeichnet sich durch einen relativ einfachen Algorithmus aus. Es ist aber bei großen Dateien zeitraubend und verlangt vorübergehend zusätzlichen (temporären) Speicherplatz. Sortieren ist bei band-förmigen Datenträgern die angemessene Methode. Der Nachteil der Sortier-verfahren liegt darin, daß die ganze Datei oder Datenbank dem Findungsprozeß zugeführt werden muß, auch dann, wenn nur wenig Elemente betroffen sind.

Das Verfahren der *Adressenkettung* zur Auskunftsfindung erlaubt einen rationelleren Algorithmus. Eine Liste (Eingangliste) nennt das erste Element der Tabelle. Diesem ersten Element ist die Adresse des nächsten und des vorher-gehenden Tabellenelementes angeheftet. Über diese Adreßkettung kann die neue benötigte Tabelle zusammengesetzt werden, denn die Datenworte einer Datei sind Begriffe, die innerhalb eines Begriffsystems einen festen und deter-minierten Platz einnehmen. Durch die Adreßkettung wird innerhalb des Stamm-baumes der gespeicherten Begriffe einer der Äste ausgewählt.

Die Kettung ist wirtschaftlich nur auf Randomspeichern (Platte, Trommel usw.) realisierbar.

3.2.4. Dienstprogramme

Die Datenbank und die Dateien einer Auskunftei bedürfen einer gewissen Pflege, die von *Dienstprogrammen* gesteuert wird.

Zunächst ist eine Grund-Datei zu erstellen: Anwenderbezogene Listen (wie Stücklisten, Arbeitsplätze, Teilestammdaten, Maschinentabellen usw.) müssen in neutrale Listen umgesetzt werden, die lediglich nach dem Gesichtspunkt der Findung und Zugänglichkeit aufgebaut sind. Sind die neutralen Listen nach dem Prinzip der Adreßkettung organisiert, so muß das Erzeugungsprogramm zu jedem Satz die Kettungsadressen berechnen und zufügen.

Im Bereich der wechselnden Einzelfertigung sind es u. a. anwenderbezogene Listen, Teilestammdateien, Stücklisten und Arbeitspläne. Mit Hilfe eines Umsetzerprogrammes (dem *Stücklistenprozessor*) wird daraus die neutrale Grund-Datei erzeugt, die aus der Teilestammdatei und Erzeugnisdatei besteht. Bei Änderungen werden die beiden Dateien (*Teilestammdatei, Erzeugnisdatei*) ergänzt oder verkürzt.

Ist eine Auskunft zu erteilen, so sorgt wiederum ein Dienstprogramm für die Findung und Zusammenstellung. Solche Dienstprogramme sind z. B. Stücklistenprozessoren.

Eine besondere Auskunftei ist die *Stoffflußverfolgung*. Die Stoffflußverfolgung gibt Auskunft über die Anzahl der Stücke in einem Transportabschnitt (*Abschnittsverrechnung*) oder sie erlaubt es, ein einzelnes Stück zu verfolgen. In der Auskunftsdatei wird jedem Stück ein Speicherfeld (Satz) zugewiesen, in dem alle individuellen Daten und Konstanten untergebracht sind. So auch der Ort des Stückes. Verläßt ein Stück einen Abschnitt, wird im Satz, der dem betroffenen Stück zugeordnet ist, der Ort korrigiert.

So kann z. B. einer Bramme im Breitbandwalzwerk ein Satz zugewiesen werden. Der Satz der Bramme enthält Information über die Temperatur, Gewicht, Abmessungen, Qualität, Auftragsnummer usw. und den jeweiligen Aufenthaltsort. Bei der Einzelstückverfolgung ist das Suchkriterium die Nummer der Bramme und die erteilte Auskunft der Ort der Bramme. Soll ermittelt werden, welche Brammen in einem bestimmten Abschnitt sind, so ist für die gleiche Datei der Ort Suchkriterium und die Liste der Brammennummer die Auskunft.

4. Steuerungssysteme

Steuern heißt, im richtigen Zeitpunkt am richtigen Ort das Richtige tun (oder lassen). Dazu bedarf es einer genauen Information über den Ausgangszustand und einer ständigen Überwachung des Istzustandes.

Das Steuerungssystem wird also vom Auskunftssystem bei gegebenem Anlaß Auskünfte einholen, Sollwerte ermitteln und ausgeben, Istwerte entgegennehmen und die Sollwerte mit den Istwerten vergleichen. Der Soll-Ist-Vergleich kann unter Umständen eine Änderung der Auskunftsdateien oder der Sollwerte (*Feinplanung*) auslösen.

Dabei gibt es mehrere Steuerverfahren. So z. B. das Verfahren nach der Verrichtungsgliederung und der Objektgliederung.

Bei der *Verrichtungsgliederung* ist das Steuerungskriterium die Auslastung der Arbeitsmaschinen und Läger. Sie verlangt eine ausgebaute Datenerfassung.

Die *Objektgliederung* ist empfindlich gegenüber Teilemangel (Teilemangel bedeutet bei der Verrichtungsgliederung nur Produktionsumstellung). Sie verlangt eine gute Vorbereitung der Produktion. Die Produktionsgliederung gewährleistet eine kurze Lieferzeit, die Verrichtungsgliederung eine gute Auslastung des Maschinenparkes.

4.1. Fertigungssteuerung im Breitbandwalzwerk

Die Fertigungssteuerung erstreckt sich vom Stahlwerk bis zum Bundlager. Einem Planungsrechner werden die Aufträge und die Maschinenpläne eingegeben. Der Planungsrechner bestellt darauf beim Stahlwerk die benötigten Mengen und gibt die Walzpläne an den Betriebsrechner weiter. Die Walzpläne werden außerdem auf dem Schnelldrucker ausgedruckt (*Notlisten*). Diese Notlisten dienen im Falle eines Defektes dem dann eingreifenden Bedienungspersonal als Arbeitspläne.

Die aus dem Stahlwerk kommenden Brammen werden einer laufenden Messung durch Meßfühler und Beobachtung durch das Bedienungspersonal unterworfen: Der Betriebsrechner vergleicht die gemeldeten Istwerte mit den geforderten Sollwerten des Planungsrechners. Überschreiten die Werte der Bramme eine vorgegebene Toleranz, so kommt die Brammen-Nummer auf eine Sperrliste. Die gesperrte Bramme kann dann für den vorliegenden Auftrag (*Los*) nicht benutzt werden, aber vielleicht für einen anderen. Das weitere Schicksal der gesperrten Bramme wird dann der Planungsrechner ermitteln.

Der Betriebsrechner überwacht nicht nur, er gibt auch Anweisungen an die Verrichtungsträger weiter. Beim Errechnen der Sollwerte für die Walzspalteinstellung berücksichtigt er u. a. auch die unterschiedliche Abnutzung der Walzen.

4.2. Fertigungssteuerung bei Montagebetrieben

Die Fertigungssteuerung bearbeitet die Lagerdisposition, die Bestandsrechnung und die Bedarfsrechnung.

Die Auskunftei der Fertigungssteuerung enthält drei Grunddateien: Stücklisten, Arbeitspläne und Bestände. Für jeden Artikel ist ein Teilestammdatensatz, Bedarfssatz und Bestellbestandssatz aufzubauen.

Aufbau und Änderungsdienst besorgt ein besonderes Dienstprogramm.

Zunächst ist der *Bedarf* zu ermitteln. Als Erstes wird der Primärbedarf aus den Aufträgen zusammengestellt. Ein Dienstprogramm ermittelt aus dem Primärbedarf mit Hilfe der Stücklistenauskunftei den Sekundärbedarf.

Unabhängig davon läuft täglich die *Bestandsrechnung*, die über den Lagerbestand, Lagerentnahmen, Lagerzugänge und die Preise Auskunft erteilt.

Die Bestellmenge ergibt sich aus Bestand und Bedarf (Bestellrechnung).

Weiterhin werden von der DVA die Stücklisten und Montagelisten ausgedruckt und die Termine errechnet, Bestellungen veranlaßt und Mahnungen ausgelöst.

Die Algorithmen der Fertigungssteuerung kann man also auf wenige Grundtypen reduzieren: Erstellen und Ergänzen einer Auskunftei, Erteilen einer

Auskunft, Steuern und Überwachen. In der Zukunft wird auch noch das Optimieren hinzukommen. Auch hier braucht man eine Datei, die dann allerdings ein Modell genannt wird.

Diese Leistungen müssen aber über einem Gefüge vollbracht werden, das sich durch vielfältige Vermaschungen und Verkoppelungen auszeichnet. Der Regelkreis reicht als erklärendes Phänomen bei weitem nicht aus. Man spricht von der kybernetischen Fabrik.

C. Planung und Überwachung von Projekten mit Hilfe von Computern

Von

Th. Lutz

1. Das Problem und seine Begriffe

1.1. Einführung und Abgrenzung

In zunehmendem Maße finden heute Planungsmethoden auf Bereiche Anwendung, die man vor wenigen Jahren noch als schlechterdings „unplanbar" angesehen hätte. Dies sind vor allem die Bereiche der wissenschaftlichen und industriellen Forschung und Entwicklung, bei denen man früher davon ausgegangen war, sie seien zu sehr „schöpferisch", als daß man ein Planungsziel überhaupt präzisieren oder daß man gar irgendwelche Voraussagen über sein zeitliches Eintreffen machen könnte.

Heute verlaufen Forschung und Entwicklung fast ausschließlich zweck- und zielgebunden, und man hat gelernt, daß Aussagen über Absicht und Eintreffen eines Forschungs- oder Entwicklungsvorhabens zwar stets stochastischer Natur sind, daß aber die Sicherheit, mit der solche Voraussagen getroffen werden, zugleich auch eine Frage wissenschaftlicher Qualifikation und Erfahrung ist.

So erfreuen sich heute Planungsmethoden einer zunehmenden Beliebtheit und Anwendung in einer Vielzahl von Bereichen, die von der Forschungsplanung bis zur Durchführungsplanung etwa bei der Erstellung von Bauwerken reicht. Nicht zuletzt ist dies dem Umstand zu verdanken, daß mit dem Computer heute ein Werkzeug zur Verfügung steht, das es gestattet, das recht erhebliche Datenvolumen, das mit solchen Planungen verbunden ist, zu speichern und sachgerecht zu manipulieren.

Eingeleitet wurde diese Entwicklung mit dem durchschlagenden Erfolg der Zeitplanung bei der Abwicklung des *Polaris-Raketen-Projektes* im Jahre 1958, das zur Folge hatte, daß heute eine ganze Reihe von Methoden für die unterschiedlichen Anwendungsbereiche zur Verfügung stehen. Man kann ohne weiteres sagen, daß Zeitplanungsmethoden, aber auch Methoden der Kosten- und Kapazitätsplanung, im Vordergrund der Anwendung und Forschung der Unternehmensforschung *(Operations Research)* stehen. Der Hinweis ist müßig, daß fast alle diese Methoden für die Abwicklung auf einem Computer konzipiert sind.

Im zweiten Kapitel seines *„Discours de la Methode"* vertritt DESCARTES zur Frage der Anwendung wissenschaftlicher Methoden die Meinung, die zweite Regel logischen Vorgehens bestehe darin, „jedes Problem, das ich zu untersuchen hätte, in so viel Teile zu teilen, wie man kann, und wieviel man braucht, um zu einer besseren Lösung zu kommen".

Dies ist ziemlich präzis die Regel, die man anwendet, wenn man im Sinne der heutigen Planungsmethoden plant. Tatsächlich versteht man unter der „Planung eines Projektes" diejenige Tätigkeit, die alle für seine Realisierung relevanten Teilereignisse bestimmt und präzisiert, und die sie im allgemeinen Fall in ein *Zeit-Kosten-Kapazitätsmodell* abbildet. Planen ist in diesem Sinne ein Abbildungsprozeß, und wir nennen den zu einem individuellen Planungsmodell gehörigen Objektraum, aus dem heraus abgebildet wird, auch ein *Projekt*.

. Es besteht kaum ein Zweifel, daß man das Wort „Planen" noch in vielen anderen Bedeutungen gebrauchen kann und auch gebraucht. So spielt in manchen Bereichen etwa das „schöpferische Planen" eine bedeutsame Rolle. Da aber andere als die oben umrissenen Planungsvorgänge unter den heutigen Voraussetzungen und Meinungen über diesen Gegenstand noch nicht so zu präzisieren sind, daß man sie mit Hilfe rationaler Methoden und Werkzeuge (Computer) bearbeiten und erfassen könnte, wollen wir unter Planen lediglich diejenige Tätigkeit verstehen, die sich mit der Konstruktion neuer oder mit der Anwendung bereits bekannter Zeit-Kosten- und/oder Kapazitätsmodellen befaßt, um daraus Aussagen über die Realisierung von Vorhaben jedweder Herkunft machen zu können.

1.2. Tätigkeiten und Ereignisse

Die überwiegende Mehrzahl der heute zur Verfügung stehenden Modelle arbeitet zuerst einmal auf der Basis einer Zeitplanung, der monitäre und kapazitive Gesichtspunkte nachgeordnet sind. Bei diesen, aber auch bei anderen Modellen spielt der Begriff der *Teilaktivität (activity)* im Projekt eine wichtige Rolle.

Man versteht unter einer solchen *Teilaktivität* oder *Tätigkeit* ein in seinem zeitlichen, monitären und kapazitätsbedingten Aufwand klar abgegrenztes Vorhaben, das zusammen mit anderen Tätigkeiten für die Erreichung des Projektzieles durchgeführt werden muß. Jede Tätigkeit im Projekt hat selbst wieder den Charakter eines Projektes, und die Gesamtheit der Tätigkeiten stellt umgekehrt das Projekt dar.

Zur klaren Abgrenzung einer Tätigkeit verwendet man den Begriff des *Ereignisses (event)*. Eine Tätigkeit gilt als abgeschlossen, wenn das ihr zugeordnete Ereignis eingetreten ist. Während den Tätigkeiten eine *Zeitdauer* entspricht, ordnet man den Ereignissen einen *Zeitpunkt* zu, und in der ersten Phase der Planung eines Projektes tut man zuerst einmal nichts anderes, als das Gesamtprojekt sinnvoll in Tätigkeiten aufzuteilen, denen man in zweiter Linie eindeutige Ereignisse zuordnet. Dieses Vorgehen ist unabhängig von irgendwelchen speziellen Planungsmethoden. Füllt man nunmehr allerdings den Begriff der Tätigkeit mit Größen aus, die den zeitlichen, den monitären und gegebenenfalls den kapazitiven

Aufwand der Tätigkeit festlegen, so werden immer spezielle Regeln der einzelnen Modelle relevant, die meist darauf abzielen, für den eingesetzten Computer eine standardisierte Eingabe zu erzeugen.

Hat man den sehr erwünschten Fall, daß *mehrere* Tätigkeiten in ein- und demselben Ereignis enden (man wird in der Planungsphase darauf geradezu abzielen), so kann man leicht zu einem sogenannten *Netzplan* kommen, wenn man die Tätigkeiten als Linien und die Ereignisse als Punkte darstellt. So entsteht ein logisches Netz als Abbildung für die Struktur und die Komplexität des Projektes, das man mit Hilfe der *Graphentheorie* behandeln kann, und das manchen Aufschluß über die Natur eines Projektes liefert. Abb. 55a zeigt einen solchen Netzplan [7].

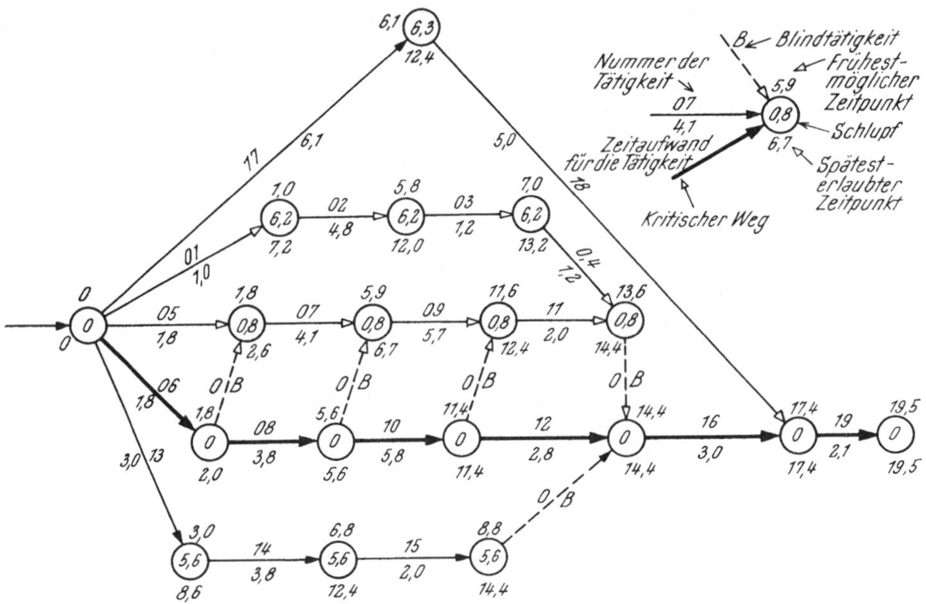

Abb. 55a. Beispiel für einen Netzplan. Die Berechnung erfolgte nach den in 4.1.2 angegebenen Regeln. Die Tätigkeiten sind in Abb. 55b gezeigt

1.3. Größenordnung von Projekten und Stellung des Computers

Die Aufteilung eines Projektes in Teilaktivitäten und Ereignisse ist allgemeiner, als man auf den einen Blick annehmen mag, wenn man lediglich die Zeitplanung vor Augen hat. An dieser Stelle mag der Hinweis genügen, daß man auch bei reinen Kostenmodellen, wie man sie in der Praxis der Budgetierung und Geschäftsplanerstellung findet, noch von Aktivitäten sprechen kann, wenn man dabei an Kostenstellen, Geschäftszweige, Produktgruppen oder ähnliche Begriffe denkt, die die Diversität eines „Projektes" (Geschäftes) charakterisieren.

Unabhängig vom speziellen Modell ist die Anzahl der Teilaktivitäten, für die man sich in der ersten Phase der Planung entschieden hat, ein direktes Maß für die Größenordnung des erzeugten Planungsmodells und damit auch für die

Organisation des Projektes selbst. Bei allen Modellen wird der Datenaufwand auf Tätigkeiten bezogen struktuiert, so daß sich für ein bestimmtes Modell die Anzahl der Teilaktivitäten als direkter Multiplikator für die Abschätzung des anfallenden Datenvolumens ergibt.

In diesem Zusammenhang erhebt sich die Frage, wann zur Abwicklung eines Projektmodelles ein Computer effektiv wird. Diese Frage läßt sich allgemein ebenso schwer beantworten wie die Frage nach der Effektivität des Computer-

Nummer	Name der Tätigkeit	o	m	p	t_1	$\sigma_1{}^2$
01	Bestellung des Computers	1	1	1	1,0	0,0
02	Einrichtung des Computerraums	3	5	6	4,8	0,25
03	Auslieferung und Installation des Computers	1	1	2	1,2	0,03
04	Test und Freigabe des Computers ..	1	1	2	1,2	0,03
05	Lochkarten/Speicherbild für Tagesdaten	1	2	2	1,8	0,03
06	Lochkarten/Speicherbild für Stammkarten .... daten	1	2	2	1,8	0,03
07	Blockdiagramm für Verarbeitung der Tagesdaten	3	4	6	4,1	0,25
03	Blockdiagramm für Stammband	2	4	5	3,8	0,25
09	Programm für Verarbeiten der Tagesdaten	5	6	6	5,8	0,03
10	Programm für Stammband	4	6	7	5,8	0,25
11	Testen des Programms für Tagesdaten	1	2	3	2,0	0,11
12	Testen des Programms für Stammband	2	3	3	2,8	0,03
13	Blockdiagramm für Drucken der Ergebnisse	2	3	4	3,0	0,11
14	Programm für Drucken der Ergebnisse	3	4	4	3,8	0,03
15	Testen des Programms für Drucken der Ergebnisse	1	2	3	2,0	0,11
16	Systemtest für alle Programme	2	3	4	3,0	0,11
17	Aufbereitung der Stammdaten	4	6	9	6,1	0,69
18	Aufbereitung der Tagesdaten	3	5	7	5,0	0,44
19	Erster Routinelauf	1	2	4	2,1	0,25

Abb. 55b. Beispiel für ein einfaches Zeitplannetz. Die Zeiten sind nach den PERT-Regeln berechnet. Die Gesamtstreuung über den kritischen Weg ist $\sigma_E{}^2 = 0,92$; als Mittelwert gilt $T = 19,5$. Dies bedeutet etwa, daß die Wahrscheinlichkeit dafür, daß das Projekt nach 20 Wochen abgeschlossen ist, etwa 0,70 beträgt

einsatzes überhaupt. Erfahrungsgemäß gerät man aber in der Größenordnung von 100 Teilaktivitäten mit den Daten auch bei einfachen Modellen bereits in eine Größenordnung, die den Einsatz eines Computers rechtfertigt.

Vom Standpunkt der Instanz, die für die Planung und Überwachung eines Projektes verantwortlich zeichnet (Projekt-Management), hat man es meist nicht nur mit einem, sondern mit vielen Projekten zu tun. Dieses Projektmanagement hat zusätzlich noch ein Interesse daran, daß die Administration der Projektdaten nicht nur richtig, sondern dazu hin auch objektiv erfolgt. Hier ergibt sich ein weiteres Argument, das für die Verwendung eines Computers bei der Planung und Überwachung von Projekten spricht.

Schließlich laufen viele Projekte über mehrere Jahre. Dann ist der Computer bei sachgerechtem Einsatz sehr oft das einzige Hilfsmittel, das auch über einen längeren Zeitraum hinweg eine kontinuierlich richtige Behandlung der Projektdaten in einem Modell garantiert. Gerade hier wird der Computer in der *Über-*

wachungsphase (Realisierungsphase) bei richtigem Einsatz zu einem schlagkräftigen Kontroll- und Auskunftsinstrument im Hinblick auf die Entwicklung eines Projektes in der Zeit.

Es sei noch darauf hingewiesen, daß sich auch in derjenigen Phase der Planung der Computer nützlich bemerkbar macht, in der ein ausgewähltes Modell mit den Daten versehen wird, die das Projekt mit seinen Teilaktivitäten in die Zukunft projizieren. Einmal läßt er sich in manchen Fällen dazu verwenden, Daten aus der Vergangenheit mit geeigneten mathematischen (statistischen) Methoden in die Zukunft zu extrapolieren, und zwar vor allem dann, wenn aus ähnlichen oder gleichgelagerten, aber bereits abgewickelten Projekten mechanisch aufgezeichnete Daten existieren.

Da jedes Modell eine Reihe von Regeln mit sich bringt, nach denen die Daten standardisiert aufzubereiten sind, ist der Computer imstande, die Planungsdaten je nach Modell bis zu einem gewissen Ausmaß daraufhin zu testen, ob sie mit den (syntaktischen) Regeln des Modells verträglich sind. Auf einer *Diagnostik-Liste* kommentiert der Computer alle syntaktisch falschen Eingabedaten und akzeptiert sie erst, wenn sie nach seinen Regeln einwandfrei sind. Die Diagnostikliste schützt zwar nicht vor logischen Fehlern, aber sie ist in jedem Fall ein nützliches und wertvolles Werkzeug in der Phase der Datenplanung. In den Bereich solcher syntaktischer Fehler gehören neben Verdichtungen und Abstimmsummen bei Kosten und Kapazitäten auch noch spezielle Auswertungen, anhand deren man prüfen kann, wie realistisch die geplanten Daten sind. So wird man bei Zeitplanungen in dieser Phase bereits einen Probelauf starten, der aufzeigt, ob der kritische Weg durch den Netzplan im Hinblick auf die explizit bestehenden Vorstellungen realistisch ist.

Für den versierten Programmierer (hier ist etwa FORTRAN die adäquate Programmiersprache) bietet sich ein reiches Betätigungsfeld, und der Planer, wenn er selbst nicht Programmierer ist, hat immer einen Vorteil, wenn er bei der Planung der Daten reichlich numerisch experimentiert und die Konsistenz seiner Daten sicherstellt.

1.4. Eine erste Einteilung der Planungsmodelle

Ohne einer späteren Darstellung der wichtigsten, bekannten Planungsmodelle vorzugreifen, sei hier kurz eine Einteilung für Modelle skizziert, die heute für Computer zur Verfügung stehen.

Entsprechend den drei Modelldimensionen *Zeit, Kosten* und *Kapazitäten* kann man die Modelle einteilen in *Zeitplanungsmodelle, Kostenplanungsmodelle* und *Kapazitätsplanungsmodelle.*

Dabei muß man allerdings darauf hinweisen, daß in der Praxis fast immer Mischformen anzutreffen sind, wobei wir auch dann von einer Mischform reden, wenn das Projekt zuerst einmal mit einem Zeitplanungsmodell behandelt wird, parallel dazu aber noch eine auf das Projekt bezogene Kostenrechnung läuft. Sie mag vielleicht nur darin bestehen, daß man je Teilaktivität eine Kostenstelle angibt, der die Kosten der betreffenden Teilaktivität belastet werden. Wesentlich für das Gesamtsystem ist, daß man die Kostenelemente sowohl nach Projekt und Tätigkeit, also zeitbezogen, als auch nach Kostenstellen, also kostenrechnungsbezogen, erfassen kann. Entsprechendes gilt für die Dimension Kapazität.

Neben diesen dimensionsbezogenen Modellen gibt es noch *Zuteilungsmodelle*, die zuerst einmal dimensionslos sind und bei entsprechender Interpretation auf alle drei Bereiche angewandt werden können. Solche Zuteilungsmodelle, wie „*Linear Programming*", spielen dann in der Planungsphase eine Rolle, wenn es etwa darum geht, die in einem Projekt zur Verfügung stehenden, beschränkten Kapazitäten oder Gelder nach optimalen Gesichtspunkten auf die Teilaktivitäten unter Beachtung von Nebenbedingungen zu verteilen.

Von der Breite der Anwendung her gesehen stehen heute, wenn man von Budgetierungs-, Haushalts- und Geschäftsplanpraktiken in der Betriebswirtschaft einmal absieht, Zeitplanungsmodelle im Vordergrund (CPM, PERT, MPM). Obgleich Ereignisse, Kosten und Kapazitäten eigentlich voneinander unabhängige Dimensionen sind, bevorzugen doch alle Planungsmodelle *eine* der drei Dimensionen und implizieren damit eine gewisse Abhängigkeit zwischen den Dimensionen. So sind viele der heutigen Zeit-Kostenplanungsmodelle aus Zeitplanungsmodellen entstanden (PERT/COST, LESS), denen Kostengesichtspunkte nachgeordnet wurden. Besonders evident wird diese Entwicklung, wenn man noch Kapazitätsfragen dazunimmt. Fast alle Modelle, die auf solche Fragen eingerichtet sind, gehen so vor, daß sie zuerst einmal Zeit/Kostenplanungsmodelle sind, die zusätzlich über Möglichkeiten verfügen, Kapazitäten ereignisbezogen zu summieren (MPS = *M*anpower *S*cheduling) oder über Wartelisten zu verteilen (MPS = *M*anpower *S*moothing). Diese Tendenz entspricht dem Schwierigkeitsgrad, der bei der Behandlung von Kapazitätsproblemen auftritt.

2. Die Daten der Planung und Überwachung

2.1. Allgemeines

Der in der betriebswirtschaftlichen Datenverarbeitung üblichen Einteilung folgend, lassen sich auch Projektdaten nach *Stammdaten* einerseits und *Tagesdaten* andererseits gliedern. Die Stammdaten sind definiert als Daten, die sich nur langfristig ändern, im System residieren und eine Bearbeitung und Zuordnung der Tagesdaten ermöglichen. Tagesdaten dagegen fallen ständig an. Sie bestehen im wesentlichen aus einem oder mehreren Zuordnungskriterien (Projektnummer), mit deren Hilfe sie einem Projekt oder einer Tätigkeit in einem Projekt zugeordnet werden können oder die ihre Herkunft kennzeichnen, aus einer Angabe über den Zeitpunkt, zu dem sie entstanden sind, und aus einer Angabe, die einen Wert darstellt (angefallene Kosten, in Anspruch genommene Kapazität). Sie können aber auch das Eintreten eines Ereignisses signalisieren. Die elektronische Administration eines Projektes besteht im wesentlichen darin, daß einmal die Tagesdaten in den Stammdaten verbucht werden, daß die Stammdaten gepflegt werden und daß aus den sich nunmehr *à jour* befindlichen Stammdaten geeignete Auswertungen erstellt werden, die der Kontrolle und Überwachung des Projekts dienen (Abb. 56, S. 244.)

In der Planungsphase fällt auch die Entscheidung, wie die Stammdaten gespeichert werden, eine Frage, der man unter den heute gegebenen Möglichkeiten der Datenspeicherung erhöhte Aufmerksamkeit zuwenden muß.

Die Frage der Speicherungsform ist weitgehend eine Frage der verfügbaren Peripheriespeicher des vorhandenen Rechners. Steht nur eine Anlage mit Magnetbandgeräten zur Verfügung, so kommt nur eine Speicherungsform in Frage, bei der die einzelnen Sätze, die die Stammdaten je Projekt oder Tätigkeit enthalten, physikalisch fortlaufend gespeichert sind, und zwar nach einem festen Ordnungskriterium, das zweckmäßigerweise aus der Projektnummer, oder wenn nach Tätigkeiten aufgeschlüsselt gespeichert wird, aus einem entsprechenden Identifikationsschlüssel besteht.

Diese Speicherungsform erfordert auf jeden Fall Sortierprozesse, wenn man die Stammdaten nach einer andern als der vorgegebenen Ordnung auswerten will, und auch dann, wenn man die Tagesdaten verarbeitet.

Anders liegen die Verhältnisse bei Peripheriespeichern, die, wie Magnetplatten oder Magnettrommeln, einen wahlfreien Zugriff gestatten *(Randomspeicher)*, so daß man jeden Stammsatz auf Grund seines Kennzeichens (Projektnummer) in erträglicher Zeit erfassen und verarbeiten kann, ohne auf die physikalische Reihenfolge der gespeicherten Sätze Rücksicht nehmen zu müssen. Entscheidend dabei ist, daß jedem Satz eine sogenannte Adresse zugeordnet ist [5].

Diese Adresse dient dazu, den Zugriffsmechanismus des Speichers einzustellen, um den betreffenden Satz zu lesen. Die auftretenden Zugriffszeiten liegen in der Größenordnung von 100 Millisekunden. Speichert man sich im Rechner Tabellen *(Indextabellen)*, die für jedes Ordnungskriterium die Adresse seines Satzes angeben, so kann man solche Stammdaten über entsprechende Tabellen auch nach anderen als dem Hauptordnungskriterium (Projektnummer) erfassen und bearbeiten. Diese Freiheit in der Speicherung kann dazu benützt werden, die Stammdaten zu einem schlagkräftigen Auskunftsinstrument zu machen und auch eine Verbindung zu anderen Stammdateien herzustellen. Entsprechende Zugriffsmethoden für Randomspeicher gehören heute zur Standardausstattung eines Rechners (Standard-Software). Ihre flexible Verwendung ist gerade bei der Verwaltung von Projektstammdaten sehr angezeigt. Fungieren die Projektstammdaten als integraler Bestandteil eines Informationssystems (Datenbank), so ist man auf ihre Verwendung angewiesen (siehe dazu auch die Abschnitte 4.5 und 5) [5], [6].

2.2. Der Projektkalender

Sowohl die Planung der Projektdaten als auch ihre Überwachung erfolgt zeitbezogen, insofern den Ereignissen ein Zeitpunkt zugeordnet wird, zu dem ihr Eintreffen erwartet wird. Kosten und Kapazitäten werden stets als direkte Funktionen der Zeit geführt. Es ist also notwendig, für die Führung der Zeit im Computer einen geeigneten Maßstab zu haben.

Zwar bevorzugen computer-externe Organisationen aus naheliegenden Gründen *gregorianischen Kalender*, aber wegen der komplizierten Ermittlung von Zeitdifferenzen (Zeitdauer) im gregorianischen System verwenden sehr viele Modelle einen Projektkalender, bei dem fortlaufend nur die für das Projekt relevanten (produktiven) Tage gezählt werden. In der Fertigungssteuerung ist dieser Kalender als *Fabrikkalender* schon seit langem bekannt. Er wird mit einer festen Stellenzahl n geführt, und seine Fortrechnung erfolgt Modulo n. Über einem solchen, streng linearen Projektkalender bildet man Planungsperioden, indem man eine feste Anzahl von Projekttagen (5 für eine Projektwoche, 20 für einen Projektmonat) zusammenfaßt.

Den für eine Planung relevanten Zeitabschnitt im Projektkalender nennt man auch den *Planungshorizont*. Er wird meist so festgelegt, daß damit ein bürgerliches Jahr abgedeckt ist.

Die Führung und Fortzählung des Projektkalenders wird vom System vorgenommen, ebenso wie die Zuordnung zum laufenden gregorianischen Kalender auf allen Dokumenten, die der menschlichen Organisation zugeführt werden.

Manche Systeme arbeiten nicht mit diesem verfeinerten Kalender, sondern zählen lediglich die Planperioden durch, ohne eine Aussage über ihre Entsprechung im bürgerlichen Kalender zu machen. Es ist dann eine Frage der Interpretation und der gewünschten Planungs- und Überwachungsgenauigkeit, ob man darunter Tage, Wochen, Halbmonate oder Monate verstehen will.

2.3. Die Projektstammdaten

Wie wir eingangs gezeigt haben, kommt der Teilaktivität selbst sehr stark der Charakter eines Projektes zu, da es sich bei den Teilaktivitäten um abgegrenzte, jeweils selbständige und je nach Modellcharakter mit entsprechenden Daten versehene Tätigkeit im Projekt handelt. Wenn wir also im folgenden von *Projektstammdaten* reden, so haben wir dabei unterstellt, daß diese Projektstammdaten nach Tätigkeiten unterteilt geführt werden, wobei für jede Teilaktivität ein eigener Stammsatz (Menge der Daten pro Aktivität) besteht.

Sofern ein übergeordneter Satz für das Projekt als Ganzes vorhanden ist, unterscheidet er sich im wesentlichen von den anderen Sätzen dadurch, als seine Daten übergeordnet sind und das Projekt selbst beschreiben. Die folgenden Datengruppen werden aber auch hier auftreten.

2.3.1. Projektnummer und Identifizierungsdaten

Auf die Bedeutung der *Projektnummer* und ihre Erweiterung zur eindeutigen Kennzeichnung der Tätigkeiten im Projekt wurde bereits im Zusammenhang mit der Speicherform für die Stammdatei hingewiesen. Dieser Nummer kommt insofern eine ganz besondere Bedeutung zu, als sie den Verkehr zwischen der Projektstammdatei und der zugehörigen Organisation regelt, und hier vor allem zur Identifizierung der je Aktivität anfallenden Tagesdaten dient. Die Projektnummer ist also dominierendes Ordnungskriterium im System der Projektverwaltung.

Gelegentlich, vor allem bei *bandorientierten* Systemen, ist es zweckmäßig, die Projektnummer so zu konstruieren, daß man, wenn die Datei viele Projekte enthält, aus ihr durch Ausblenden von Stellen Gruppen von Projekten oder Aktivitäten, die dann auf dem Band hintereinanderstehen, zusammenfassen kann (Gruppenwechsel). Man kann dann Auswertungen so gestalten, daß zusammengehörige Projekte (Aktivitäten) durch geeignete Listenblattwechsel auf einem Blatt etwa zusammen mit Zwischensummen gezeigt werden.

Über die Projektnummer hinaus empfiehlt es sich, weitere Identifizierungsdaten je Stammsatz mitzuführen, um dem organisatorischen Rahmen gerecht zu werden, in dem das Projekt fungiert.

Zu diesen Identifizierungsdaten gehören *Kostenstellennummern, Erzeugnisschlüssel*, die oft auch etwas über die Projektverantwortlichkeit aussagen, *Finanzierungshinweise (Type of Funding), Projektschlüssel (Type of work), Manage-*

mentschlüssel, aber auch Nummern, nach denen zusammengehörige Projekte über die Ordnung der Projektnummern hinweg zusammengefaßt werden können. Aus diesen Angaben baut man sich bei Randomspeichern Indextabellen für weitergehende Auswertungen. Bei Bandbetrieb sortiert man nach ihnen um. In diesem Abschnitt des Stammsatzes werden auch jene alphanumerischen Bezeichnungen und Hinweise geführt, die im Klartext für die menschliche Organisation Aufschluß über das Projekt geben, wie der Name des Projektes (Titel der Tätigkeit), Name des Projektverantwortlichen oder gregorianische Daten der Projekteröffnung.

2.3.2. Ereignisdaten

Eine Reihe von Angaben sind für die Zeitplanung erforderlich, vor allem, wenn das Projekt mit Hilfe eines Zeitplanungsmodells erfaßt wird. Dies ist zuerst einmal die geplante Zeitdauer zur Durchführung einer Tätigkeit. Da Plandaten gelegentlich revidiert werden, empfiehlt es sich, für spätere Auswertungen jeweils den Kalendertag der letzten Revision und den Planwert vor der letzten Revision mitzuführen und in einem Zähler die Anzahl der Revisionen mitzuzählen.

Solche Daten, deren Führung sich im vertretbaren Rahmen bei allen Plandaten empfiehlt, sind interessant für die Planung zukünftiger Projekte; sie bringen aber auch Sicherheit gegen Fehler in der manuellen Administration des Projektes, wenn man etwa die Auswirkung falscher Belege oder Ablochung berichtigen muß und dazu den Zeitpunkt der letzten Änderung braucht.

Die Daten für die Zeitplanung enthalten im wesentlichen Kennzeichen für das Ereignis, das die Tätigkeit abschließt (Nummer und gegebenenfalls Text oder Hinweis auf eine Datei der Ereignisse) sowie für das Ereignis, das die Tätigkeit auslöst. Manche Modelle erfordern gegebenenfalls mehr Daten oder gar eine andere Struktur der Ereignisdaten.

Schließlich wird ein Feld vorgesehen, in das, nach Abschluß einer Tätigkeit, die effektiv benötigte Zeitdauer sowie der Zeitpunkt des Erreichens des abschließenden Ereignisses eingetragen wird.

Ist die Stammdatei nicht, wie in unserem Falle, tätigkeitsbezogen, sondern ereignisbezogen, so gelten entsprechende Gesichtspunkte.

2.3.3. Budgetdaten

Mit der Speicherung eines Budgets sind mancherlei Probleme verbunden. Im einfachsten Falle speichert man pro Aktivität einen Budgetbetrag, der nach Abschluß der Aktivität erreicht sein soll. Geht ein Projekt über einen längeren Zeitraum, so wird das Budget portionsweise realisiert, und es mag notwendig sein, dieses über den entsprechenden Zeitraum hinweg als Funktion der Zeit zu führen. Dann muß man sich aber entscheiden, das Budget entweder äquidistant zu führen, oder für jeden Teilbudgetbetrag einen Zeitpunkt mitzuführen. Im einen Falle hat man unter Umständen Interpolationsprobleme, vor allem, wenn man Abweichungsrechnungen macht. Im zweiten Fall wird das Revisionsproblem kompliziert. Wo immer ein portioniertes Budget erforderlich ist, wird man sich jedoch bei großen Projekten für eine äquidistante Budgetführung entscheiden, schon um Konsolidierungsprobleme leichter lösen zu können. Die für die Aufnahme des Budgets erforderlichen Felder muß man im selben Umfang noch einmal vorgeben, um die effektiv anfallenden Kosten speichern zu können.

Führt man das Budget nicht nach Aktivitäten aufgeschlüsselt, sondern hat man nur für das Gesamtprojekt ein Budget, so benötigt man weniger Daten, kann aber keine Aussagen machen, die sich auf Aktivitäten beziehen. Im umgekehrten Fall ist es leicht, die Teilbudgets zu einem Gesamtbudget zu konsolidieren.

2.3.4. Kapazitätsdaten

Kapazitätsdaten werden im allgemeinen als Vielfaches einer Zeiteinheit (Stunden, Minuten) angegeben, mit dem man die betreffenden Einrichtungen in Anspruch nimmt. Es gilt also für diese Daten grundsätzlich dasselbe, was bereits im Abschnitt über Budgetdaten gesagt wurde. Es kommt lediglich dazu, daß man gelegentlich nicht nur eine, sondern viele verschiedene Einrichtungen hat (Teams, Maschinen), die man in Anspruch nimmt.

Die Kapazitätsplandaten müssen dann noch ergänzt werden um einen Hinweis, auf welche spezielle Einrichtung sie sich beziehen *(Maschinennummer)*, und man muß, wenn mehrere Einrichtungen in Anspruch genommen werden, mehrere Gruppen von Planzahlen (und später Ist-Zahlen) führen (mehrere Kapazitätsbudgets!).

2.3.5. Kontroll- und Steuerdaten

Kontroll- und Steuerdaten dienen dazu, die aktive und passive Berichterstattung eines Projektüberwachungssystems zu kontrollieren und zu steuern. So muß (kann) man etwa kontrollieren, ob die auf das System zukommenden Tagesdaten vollständig sind. Dazu gehören Regeln, die festlegen, daß etwa während der Laufzeit einer Aktivität pro Planperiode im Planungshorizont genau ein Bericht erwartet wird. In einem mitgespeicherten *Berichtsraster* hält man die Anzahl der eingegangenen Berichte je Periode fest und kann anschließend in einem Protokoll *(violation list)* alle Aktivitäten auflisten, an die nicht vollständig oder gar mehrfach berichtet wurde. Zu den Kontroll- und Steuerdaten gehören auch Angaben, zu welchen Kalendertagen Zwischenberichte zu erstellen sind, und ob etwa zu einem gewissen Termin (Jahresende, Quartalsende) der Status eines Projektes oder einer Aktivität aufgelistet werden soll, um eine Revision der Planzahlen einzuleiten. Verfolgt man die Entwicklung einer Datei durch ein *„Management by Exception"*-System (siehe 4.4), indem man alle Projekte und Aktivitäten auflistet, bei denen die Entwicklung der Zahlen gegenüber den Planzahlen einen Toleranzstreifen verlassen hat, so muß man sich unter den Kontroll- und Steuerdaten die Angaben (Prozentzahlen) speichern, die den Toleranzstreifen definieren.

2.3.6. Umfang eines Stammsatzes

Wollte man alle hier skizzierten Daten in einem System, also in einem Stammsatz zusammenfassen, so ergäbe sich ohne Zweifel pro Aktivität ein Stammsatz von beachtlichem Umfang mit ganz erheblichen Anforderungen hinsichtlich der

Planung dieser Daten, aber auch ihrer Pflege und Auswertung. Ein solch breites System läßt sich tatsächlich nur rechtfertigen, wenn schwerwiegende Gründe dies erforderlich machen. Umgekehrt sagt man bereits Systemen wie PERT/COST, einem Zeit-Kosten-Planungsmodell, nach, daß das Volumen der erforderlichen Daten den Einsatz des Modells für viele Probleme nicht zuläßt. Das jeweilige Optimum zwischen Aufwand einerseits und benötigtem Ergebnis andererseits läßt sich allgemein kaum diskutieren. Hier sei nur noch einmal darauf hingewiesen, daß die Anzahl der Teilaktivitäten von entscheidendem Einfluß auf das Datenvolumen ist, das man je Modell erzeugt. In Abb. 57 sind Stammdaten zu einem Satz zusammengefaßt dargestellt.

2.4. Die Tagesdaten

Die Tagesdaten haben die Aufgabe, das System über den laufenden Fortschritt der Projekte zu informieren, so daß die Stammdatei stets voll auskunftsbereit ist und alle gewünschten Auswertungen erlaubt.

Entsprechend ihrer Funktion bestehen die Tagesdaten aus Fortschrittsberichten, die den Abschluß von Aktivitäten melden, aus Meldungen über angefallene Kosten und aus Meldungen über in Anspruch genommene Kapazitäten. Die Erfassung dieser Daten erfordert oft eine spezielle Organisation, denn die einzelnen Elemente kommen aus unterschiedlichen Bereichen der Organisation. So entstammen die Meldungen über *abgeschlossene Aktivitäten* (erreichte Ziele) dem direkten Projektbereich, die *Kostenmeldungen* kommen (meist bereits verdichtet und abgestimmt und wünschenswerterweise mechanisiert) aus dem Bereich des Rechnungswesens, während *Kapazitätsmeldungen* wiederum aus dem direkten Projektbereich stammen (Stundenaufschriebe), wenn die Einrichtungen von dort verwaltet werden. Jedenfalls spiegeln die Tagesdaten die Verwurzelung eines Projektes in einer Organisation wieder. Sie treten in großen Mengen periodisch auf und definieren ein Problem der Datenerfassung.

Die Tagesdaten sind fast immer einfach strukturiert. Die einzelnen Arten werden durch Kartenarten unterschieden, die man, da auch andere Belege auftreten, in einem besonderen *Kartenartenkreis* zusammenfaßt. Sie enthalten nach der Kartenart die Projektnummer mit der Identifikation der Tätigkeiten. das Entstehungsdatum (im Projektkalender) und einen zu verbuchenden Wert. Kartenart und Projektnummer wird man bei allen Kartenbildern auf dieselben Spalten der Karte setzen, um die Karten auch konventionell vorbearbeiten (sortieren, auflisten) und manuell identifizieren zu können.

Eine zweite Gruppe von Tagesdaten befaßt sich mit der Pflege der Stammdaten. Hierbei handelt es sich nur bedingt um Tagesdaten. Vielmehr geht es darum, neue Aktivitäten zu eröffnen, obsolete zu löschen, Projekte zu sperren und Revisionen durchzuführen, indem etwa veraltete Planungsdaten durch neue, revidierte ersetzt werden. Auch die Daten des Pflegekreises faßt man zweckmäßigerweise zu Kartenarten-Kreisen zusammen.

3. Die Planung der Daten

Sinn und Absicht einer Projektplanung ist es, die zukünftige Entwicklung und Realisierung eines Projektes vorherzusagen, und zwar vornehmlich mit dem

Ziel, die Verfügbarkeit von Kapazitäten und die Finanzierung eines Projektes sicherzustellen. Gleichzeitig dient die Planung dazu, die Kontrolle und Überwachung während der Realisierungsphase vorzubereiten und sicherzustellen.

In jedem Falle wird man also daran interessiert sein, die Planungsdaten mit größtmöglicher Sicherheit zu ermitteln, wobei man oft mit gutem Erfolg einen Computer heranziehen kann.

Sicherlich wird es in vielen Fällen nicht möglich sein, Planungsdaten zu „errechnen", etwa weil keine Ausgangswerte aus der Vergangenheit vorliegen. Hier schützt nur ein periodisches Überprüfen der geplanten Daten während der Realisierung vor groben Fehlern. Wo immer aber Vergangenheitswerte repräsentativ zur Verfügung stehen, und automatisierte Systeme sollten dazu mehr und mehr führen, ist man gut beraten, wenn man menschliche Intuition durch geeignete Rechnungen absichert.

Dazu verfügt heute fast jeder Computer über eine Reihe von Anwendungsprogrammen, die statistische Vorhersagen ermöglichen und dem Planer vielfältige Möglichkeiten zum numerischen Experiment eröffnen. Auch mit Hilfe höherer Programmiersprachen (FORTRAN, ALGOL) läßt sich hier ohne allzugroßen Aufwand manche nützliche Auswertung und Einsicht gewinnen.

Ohne auf entsprechende Methoden eingehen zu wollen, sei vor allem auch auf die *Optimierungstheorie* hingewiesen, die heute eine Vielzahl von Verfahren zur Verfügung stellt, mit denen man, etwa in *Zuteilungsmodellen (Linear Programming)* Kapazitäten unter Aufsuchen eines Kostenminimums ebenso optimal einteilen kann, wie man etwa verfügbare Kapitalien unter Minimierung ihres Einsatzes optimal auf Projekte verteilen kann. Daß man dazu einen Computer benötigt, liegt wegen der großen Zahlenmengen auf der Hand.

Schließlich sei noch einmal angedeutet, daß die Existenz von Projektstammdaten stets eine gute Ausgangsbasis für zukünftige Planungen ist, und man sollte bei der Konstruktion eines Systems auch einen gewissen Wert darauf legen, Vergangenheitswerte (möglichst mechanisiert — Lochkarten) so zu sichern, daß man sie später entsprechenden Auswertungen zuführen kann.

4. Techniken der Projektplanung

4.1. Zeitplanungsmodelle

4.1.1. Netzwerktechnik

Ohne Zweifel nehmen unter den für Computer programmierten und verfügbaren Modellen die *Zeitplanungsmodelle* den breitesten Raum ein. Dies hat seinen Grund darin, daß man auf dem Gebiet der Zeitplanung noch am ehesten allgemeine Vorstellungen entwickeln und daß für sehr viele Anwendungen eine gute Zeitplanung ausreicht, um eine effektive Führung eines Projektes zu gewährleisten. Man faßt die Methoden und Modelle der heutigen Zeitplanung immer häufiger unter dem Begriff Netzplantechnik zusammen und spricht damit sehr plastisch auf die bereits im Abschnitt 1.2 skizzierte Möglichkeit an, ein solches Projekt als Netzplan darstellen zu können, wenn man etwa Tätigkeiten durch Striche und Ereignisse durch Punkte darstellt.

Alle Netzplantechniken sind eine konsequente Weiterentwicklung der seit vielen Jahrzehnten gebrauchten *Balken-Technik* (GANTT-Diagramm), bei der man die Tätigkeiten eines Projektes durch Balken kennzeichnet, die parallel zu einer Zeitachse gezeichnet sind und deren Länge maßstäblich der geplanten Zeitdauer für die Realisierung der Tätigkeit entspricht. Wenngleich die Balkentechnik heute vielfach noch angewandt wird (es gibt dafür eine Vielzahl von Organisationshilfsmitteln), und wenn man mit ihrer Hilfe auch sehr gut die Simultaneität von Tätigkeiten zeigen kann (die simultan verlaufenden Tätigkeiten werden dazu auf Parallelen zur Zeitachse eingezeichnet), so kann man mit ihrer Hilfe nur sehr umständlich die gegenseitige Abhängigkeit von Tätigkeiten zeigen, wenn sie etwa mit gemeinsamen Ereignissen abschließen und wenn diese Ereignisse erst dann als eingetreten gelten, wenn alle darauf zulaufenden Tätigkeiten erledigt sind.

Das Balkendiagramm verliert seine Bedeutung ganz, wenn man es mit umfangreichen Projekten zu tun hat, die aus sehr vielen Tätigkeiten bestehen und die stark miteinander verflochten sind.

4.1.2. Die Berechnung im Netzplan

Wir gehen davon aus, daß für ein bestimmtes Projekt ein *Netzplan* vorliegt, daß also die logische Struktur des Projektes in der Verknüpfung der Tätigkeiten mit den Ereignissen bekannt ist.

Aufeinanderfolgende Tätigkeiten, die einen zusammenhängenden Streckenzug bilden, nennt man auch einen *Weg*, und es besteht die Voraussetzung, daß im Netz kein geschlossener Weg auftreten darf, wenn man den Weg im Sinne einer positiv fortschreitenden Zeit durchläuft, also die Tätigkeit nicht nur als Strecke, sondern als *Pfeil* auffaßt. Das Nichtauftreten von geschlossenen Wegen *(Schleifen — Loops)* hat man während der Planung der Netzdaten sichergestellt, ebenso wie für jede Tätigkeit bekannt ist, wie lange sie dauern soll.

Gelegentlich ist es erforderlich, zwei Ereignisse, die durch keine Tätigkeit verbunden sind, in gegenseitige Abhängigkeit zu bringen, also zu erreichen, daß beide Ereignisse *gleichzeitig* eintreffen sollen. Dazu verbindet man beide Ereignisse durch eine fiktive Tätigkeit mit der Zeitdauer Null, die man dann auch *Scheintätigkeit (dummy)* nennt. Man kann zeigen, daß unter gewissen Voraussetzungen in Netzen Scheintätigkeiten zwingend erforderlich sind, um Eindeutigkeit zu erreichen.

Nunmehr ordnet man dem Ereignis START den Zeitpunkt Null zu und kann nun ausgehend von START mit Hilfe der Zeitdauer für die einzelnen Tätigkeiten für jedes Ereignis den frühestmöglichen Wert für sein Eintreffen errechnen. Dabei muß man lediglich beachten, daß wenn auf ein Ereignis (Knoten) mehrere Wege zulaufen, dieser Zeitpunkt für das Ereignis durch den Weg bestimmt wird, der durch Addition der Zeitabschnitte seiner einzelnen Tätigkeiten den spätesten Zeitpunkt, also das Maximum, liefert. Ein Ereignis kann tatsächlich erst dann eintreten, wenn auch der zeitlich längste Weg, der auf das Ereignis zuläuft, durchlaufen ist. Auf diese Weise errechnet man sich durch das Netz fortschreitend auch für ENDE den frühestmöglichen Zeitpunkt und weiß damit, wann man das Projekt frühestens abschließen kann.

Ausgehend von diesem Zeitpunkt kann man rückwärts rechnen und für jedes Ereignis fragen, welches der spätestmögliche Zeitpunkt für sein Eintreffen ist. Während man vorher vom Ereignis START aus die Zeitdauer der einzelnen Tätigkeiten über einen Weg addierte und bei mehreren Wegen in einem Ereignis durch Maximalbildung zum frühestmöglichen Zeitpunkt kam, subtrahiert man jetzt vom frühestmöglichen Zeitpunkt für ENDE ausgehend die Zeitdauer für die einzelnen Tätigkeiten auf einem Weg und nimmt eine Minimalbildung vor, wenn mehrere Wege von einem Ereignis ausgehen, auf das man rückwärts zurechnet. Wie man leicht einsieht, liefert das für jedes Ereignis den spätestmöglichen Zeitpunkt, zu dem es einsetzen muß, wenn das Projekt noch rechtzeitig abgeschlossen werden soll.

Diese recht einfache und plausible Zeitrechnung liefert für jedes Ereignis zwei Zeitpunkte, nämlich den, zu dem das Ereignis frühestens eintreten kann (T^F), und den, zu dem es spätestens eintreten muß (T^S), wenn das Projekt zeitgerecht abgewickelt werden soll. Wo immer T^S größer ist als T^F, hat man es mit einem Ereignis zu tun, bei dem eine Verzögerung um die Differenz $S = T^S - T^F$ den Gesamtablauf des Projekts nicht stört. S heißt deshalb auch *Schlupf* für das betreffende Ereignis. Ein Ereignis, dessen Schlupf Null ist, ist stets kritisch, denn wenn es nicht zu dem errechneten Zeitpunkt $T^S = T^F$ eintrifft, so wirkt sich dies auf das Gesamtprojekt aus. Es ist deshalb sinnvoll, alle Ereignisse, deren Schlupf Null ist, über die entsprechenden Tätigkeiten zu einem sogenannten *kritischen Weg* durch das Projekt zusammenzufassen. Die Kenntnis des kritischen Weges ist eine relevante Einsicht in die Struktur eines Projektes. Auf seine Wahrnehmung kann sich die Steuerung des Projektes beschränken. Anders ausgedrückt: wo immer sich für ein Ereignis der Schlupf Null ergibt, kann man nur durch eine Erhöhung der Betriebsmittel für die Tätigkeiten auf dem kritischen Weg eine Abhilfe schaffen. (Siehe auch Abb. 55.)

Die dargestellten Rechenvorschriften lassen sich in einer gewissen Weise formal darstellen. Da es aber im Rahmen dieser Darstellung nicht darum geht, die Netzwerktechniken umfassend aufzuzeichnen, sei der Leser, den der Formalismus der Netzplanrechnung betrifft, auf die entsprechende Literatur verwiesen [1], [11].

4.1.3. Critical Path Method (CPM)

Die dargestellten Regeln, vor allem die Definition des kritischen Weges, stammen bereits aus dem Jahre 1957 und wurden unter dem Namen *„Critical Path Method"* (CPM) bekannt.

Die CPM-Methode ist von außerordentlich großem praktischem Nutzen und hat in vielen Computer-Realisierungen ihren Niederschlag gefunden. Sie kommt in einfacher Version ohne Stammdaten aus, beziehungsweise die Eingabe für CPM beschränkt sich pro Tätigkeit auf die Nummer des vorangehenden Ereignisses, auf die Nummer des nachfolgenden Ereignisses, auf die Zeitdauer für die Realisierung der Tätigkeit; gegebenenfalls wird noch ein Name angegeben.

Man kommt also in diesen einfachen Fällen pro Tätigkeit sehr gut mit *einer* Lochkarte aus. Als Ergebnis erscheinen die ereignisorientierten Zeiten und in einer speziellen Liste die Tätigkeiten und Ereignisse des kritischen Weges sowie eine Auflistung der Ereignisse, sortiert nach Schlupf *(Kritizität)*.

CPM ist, von wenigen Ausnahmen abgesehen, Bestand aller nachfolgenden Zeitplanungsmodelle.

4.1.4. Program Evaluation and Review Techniques (PERT)

Das Wort PERT hat sich so sehr als Synonym für Netzwerktechniken eingeführt, daß man sehr oft von PERT spricht und gar nicht PERT meint!

Das Modell wurde 1958, also nach CPM, von der *US-Navy* zusammen mit den Firmen *Booz-Allen* und *Lockheed* entwickelt, um die Forschungsprogramme der amerikanischen Marine besser kontrollieren zu können. Mit Hilfe von PERT konnte vor allem das bereits legendäre *Polaris-Projekt* um etwa 1,5 Jahre früher als erwartet fertiggestellt werden, ein besonders deutliches Beispiel, welche Transparenz eine gute Zeitplanungsmethode in ein Projekt hineintragen kann. Etwa gleichzeitig entwickelte die amerikanische Luftwaffe das mit PERT sehr verwandte Modell PEP *(Program Evaluation Procedure)* [7], [8].

In Erweiterung von CPM geht PERT davon aus, daß alle Zeiten im Netzplan *geschätzte* Zeiten sind, daß sie also mit einer gewissen Unsicherheit aus der Schätzung das Gesamtergebnis entsprechend beeinflussen. PERT geht weiter davon aus, daß diese Schätzungen einer Betaverteilung genügen, und sie berechnet den Mittelwert der betreffenden Verteilung aus drei Angaben: einer optimistischen Schätzung (o), einer pessimistischen Schätzung (p) und einem wahrscheinlichen Wert *(most likely)* (w). Daraus errechnet PERT den Mittelwert nach der Faustformel

$$m = \frac{o + 4\,w + p}{6}$$

und auch die Streuung wird entsprechend abgeschätzt zu

$$\sigma^2 = \left(\frac{p - o}{6}\right)^2 .$$

Während CPM „tätigkeits-orientiert" ist, ist PERT „ereignis-orientiert", was bedeutet, daß bei PERT die Bearbeitung der Ereignisse im Vordergrund steht.

Allerdings sind diese Unterscheidungen weitgehend irrelevant, weil sowohl der Rechenmodus als auch die ermittelten Ergebnisse gleich sind. Über genaue Unterscheidungen sei auf die Literatur verwiesen, insbesondere auf [11].

Auch bei PERT wird der kritische Weg durch das Projekt ermittelt und man hat nunmehr die Möglichkeit, die Streuungs-Quadrate über den kritischen Weg zu addieren, um mit Hilfe der daraus errechneten *„Gesamtstreuung"* Aussagen zu machen, mit welcher Sicherheit gewisse Termine für die Fertigstellung des Projektes erwartet werden dürfen.

Manche Modelle verwenden für die Rückwärtsrechnung als Ausgangswert nicht das Endergebnis der Vorwärtsrechnung, sondern nehmen einen gewünschten Abschlußtermin an. Dann kann die Rückwärtsrechnung auf Ereignisse mit negativem Schlupf führen und der kritische Weg ist dann der Weg durch das Projekt, auf dem die Schlupfe ein Minimum sind. Allerdings sind alle diese kleinsten Schlupfe gleich groß.

Interpretiert man solche Modelle als deterministisch, so bedeutet ein negativer Schlupf, daß auf dem Weg, der zu dem negativen Schlupf führt, mehr Betriebsmittel eingesetzt werden müssen, um durch Verkürzung der Zeit für die Tätigkeiten zu einem positiven Schlupf zu kommen. Faßt man das Modell aber *probabilistisch* auf, so unterstellt man, daß sich der negative Schlupf gegen einen positiven Schlupf nach Maßgabe der im Netz auftretenden Varianz kompensiert. Eine Korrektur der Verhältnisse ist nur dann erforderlich, wenn die für einen erwarteten Abschlußtermin ermittelte Sicherheit nicht ausreicht. Ein negativer Schlupf für das Endergebnis bedeutet allerdings auf jeden Fall eine Sicherheit unter 50%, die man wohl kaum hinnehmen wird.

PERT kommt, ebenso wie CPM, ohne explizit geführte Stammdaten aus. Dies bedeutet, daß man für jede neue Berechnung die gegebenenfalls revidierten Ausgangsdaten dem Computermodell zuführt. Unter Zugrundelegung von PERT kann man jedoch auch hier sinnvoll Stammdaten einführen, und diese nach den Erfordernissen pflegen, vor allem, indem man bereits eingetretene Ereignisse miterfaßt und daraus den Computer feststellen läßt, ob sich etwa der kritische Weg verschoben hat, ob er kritischer geworden ist, oder ob die nunmehr veränderte Gesamtvarianz unerwünschte Veränderungen bringt.

Viele Benutzer finden es bereits bei PERT lästig, daß man relativ viele Daten in das Modell eingeben muß, und sie verzichten auf Wahrscheinlichkeitsaussagen. Dann verliert allerdings das System seinen interessantesten Gesichtspunkt und kann meist genausogut durch ein CPM-Modell ersetzt werden.

Ein weiterer kritischer Punkt bei PERT ist die Unterstellung der *Beta-Verteilung* für die Schätzungen. Ermittelt man Mittelwert und Streuung aus anderen, etwa solchen, die mit Normalverteilungen operieren, so kann man auch mit CPM-Modellen PERTähnliche Aussagen machen und die Addition der Varianten über den kritischen Weg zusätzlich programmieren oder vom Band vornehmen.

4.1.5. Metra-Potential Methode (MPM)

Die *Metra-Potential-Methode* (MPM) stammt aus Frankreich und wurde etwa zur selben Zeit entwickelt wie PERT. Sie ist eine interessante Version der Netzplantechnik, die sich in neuerer Zeit zunehmender Beliebtheit erfreut. Bei MPM wird das Netzwerk so aufgebaut, daß die Punkte Tätigkeiten darstellen und die Linien die Anordnungsbeziehungen zwischen den Tätigkeiten darstellen. Gerade die vielfältigen Anwendungsbeziehungen und ihre Kombinationen geben MPM die Möglichkeit, differenzierter auf die Projektstruktur einzugehen, als dies etwa bei PERT der Fall ist. Allerdings erschwert dies die Durchrechnung des Modells, was jedoch bei einer Computeranwendung kein Argument ist. Da es im Rahmen dieser Darstellung nicht darum geht, die einzelnen Methoden miteinander zu vergleichen, sei der Leser, den eine solche Gegenüberstellung interessiert, auf die einschlägige Literatur verwiesen. Vor allem in [11] sind die Vor- und Nachteile der einzelnen Methoden sorgfältig gegeneinander abgewogen.

4.1.6. Zusammenfassung

Die Netzplantechnik stellt in allen ihren programmierten Realisierungen ein wichtiges Hilfsmittel zur Planung und Überwachung von Projekten der unterschiedlichsten Herkunft dar. Alle Methoden zeichnen sich durch einfache Regeln aus und erfordern nicht unbedingt, daß Stammdaten geführt werden. Vom Standpunkt des Einsatzes eines Computers aus gesehen ist dies allerdings ein Nachteil, denn gut geführte Stammdaten erlauben vielfältige Auswertungen und Auskünfte, die weit über standardmäßig vorgeschriebene Listen hinausgehen können. In vielen Fällen mag es sinnvoll sein, eine solche Projektstammdatei zu schaffen, um aus ihr unter anderem auch netzplantechnische Aussagen herzuleiten.

4.2. Kostenplanungsmodelle

4.2.1. Die Budgetierung

Je weiter man sich von den Modellen der Zeitplanung entfernt, desto weniger wird man bereits realisierte und programmierte Modelle finden. Dies gilt vor allem für reine Kostenplanungs- und Überwachungsmodelle, obwohl die Betriebswirtschaft mit ihren vielfältigen Theorien zur Kostenrechnung hier breite Vorarbeit geleistet hat. Der Grund, warum kaum allgemeine Kostenrechnungs- und Budgetierungsmodelle existieren, mag einmal der sein, daß solche Modelle sehr viele und sehr individuelle Gegebenheiten abdecken müßten, zum anderen aber auch darum, daß gerade auf diesem Gebiet kaum eine Zusammenarbeit, etwa über viele Firmen hinweg, besteht.

Für viele Projekte hat man jedoch schon einen erheblichen Nutzen, wenn man eine einfache *Kostenstellenrechnung* einführt, wobei das Projekt (die Projekte) als Kostenträger fungiert. Kostenstellen sind die Tätigkeiten der Projekte, und den Rahmen für die Kostenarten legt man fest nach Projekteigentümlichkeiten. Für jede „Kostenstelle" plant man dann über einen geeigneten *Zeitraster* (Planperioden) die Kosten für die Kostenarten in sogenannten Budgets oder Haushalten. Im Projekt führt man diese Budgets in Stammdaten, die man aus Tagesdaten periodisch *à jour* rechnet *(Updating)*. Aus der Stammdatei erstellt man sich (unter anderem auch nach Projekt- oder Tätigkeitsgruppen konsolidierte) *Projekt-Abrechnungsbogen*, wie sie in der Industrie etwa als Betriebsabrechnungsbogen bekannt sind, in denen man je Kostenstelle (Kostenstellengruppe) gesamt und für die einzelnen Kostenarten die geplanten Budgetwerte den angefallenen Ist-Kosten gegenüberstellt und durch Abweichungsprozente ergänzt. Die Kostenplanung und Überwachung ist auf jeden Fall ein dankbares Feld für Methoden der automatisch kontrollierten Abweichungsrechnung *(Management by Exception)*, wie wir sie in 4.4 ausführlicher darstellen wollen.

4.2.2. Geschäftspläne (Business plans)

In vielen Großfirmen, vor allem in den amerikanisch kontrollierten, ist es üblich, das zu erwartende Geschäft über *mehrere* Jahre hinweg zu planen und als sogenannten *Businessplan* festzuhalten. Diese Planung ist rein monitär; man hat es also mit einer ausgesprochenen Kosten- und Finanzplanung zu tun, wobei das Wort Tätigkeit durch Erzeugnisgruppen ersetzt ist, was im amerikanischen gelegentlich mit „*activity*" bezeichnet wird. Es gilt hier sehr vieles von dem, was wir unter 4.2.1 gesagt haben, und zwar sowohl seitens der Theorie als auch seitens der Computerpraxis. Ergänzend sei vielleicht noch darauf hingewiesen, daß nur wenige Firmen auf diesem Gebiet konsequent Computer einsetzen. Oft werden sogar die zeitraubenden Konsolidierungs-Probleme, die streng deterministisch verlaufen, von Hand durchgeführt, wenn es darum geht, einen solchen Geschäftsplan von der Erzeugnisstruktur zum Gesamtgeschäftsbericht über Stufen hinweg zu verdichten.

Formal besteht das Problem darin, daß man je Erzeugnis (Erzeugungsgruppe) eine Umsatzerwartung plant (schätzt), und diesen Zahlen nun den dafür erforderlichen Aufwand gegenüberstellt (Herstellungskosten, Lizenzen, Abgaben, Steuern, Gemeinkosten, Zinsen usw.). Durch Saldierung ermittelt man den erwarteten Gewinn. Zusatzauswertungen aus diesen Grundzahlen ermitteln den Finanzierungsbedarf und weitere betriebswirtschaftliche Schlüsselzahlen (Rentabilitäten) je nach Philosophie des Unternehmens.

Entsprechende Modelle lassen sich bei Haushaltsproblemen der öffentlichen Hand entwickeln und sind entwickelt, wenn sie vielleicht ebensowenig mit Hilfe von Computern bearbeitet werden, wie in der Industrie und im Handel.

Es mag auf den ersten Augenblick erscheinen, als hätten weder die Budgetplanung noch die Geschäftsplanung irgendetwas mit der Planung und Überwachung von Projekten zu tun, aber man darf nicht übersehen, daß alle Projekte, auch wenn sie nur zeitgeplant sind, in Kostenrechnungen münden und aus Geschäftsplanungen entstehen, vor allem, wenn man diese Begriffe nicht einseitig auf die Industrie beschränkt.

4.2.3. Zeit-Kostenplanungsmodelle

Fast immer stehen in der Projektplanung Zeitfragen im Vordergrund, aber Kostenfragen spielen eine fast ebenso große Rolle. So besteht oft das Bedürfnis, Kosten, die im Rahmen eines Projekts anfallen, nicht in einer allgemeinen Kostenrechnung unabhängig vom Projekt abzuwickeln, sondern intensiv mit dem Projekt zu verbinden. Dies hat dazu geführt, daß eine ganze Reihe von Verfahren entwickelt wurden, bei denen Zeitplanungsmodelle um Kostenelemente erweitert wurden. Dies sind vor allem PERT/COST und LESS. Es gibt weiter eine Vielzahl von Modellen, von denen viele nicht veröffentlicht sind und in denen versucht wird, die in einem Projekt anfallenden Kosten auf die einzelnen Aktivitäten umzulegen und für sie auszuweisen. Hier ist ein reiches Betätigungsfeld für Systemplanung und Programmierung. An den zwei Standardsystemen LESS und PERT/COST sollen die wesentlichsten Probleme der Zeit-Kostenplanungsmodelle kurz skizziert werden.

4.2.4. Least Cost Estimation und Scheduling (LESS)

Mit LESS hat sich zum ersten Mal die Firma IBM um die Entwicklung eines Netzwerkmodells gekümmert. Es handelt sich bei LESS um ein optimierendes System, das zuerst einmal eine Zeitplanung im Sinne der Netzwerktechnik durchführt. In Ergänzung dazu ist es möglich, für jede Tätigkeit (bei LESS auch „job" genannt) geschätzte Kosten anzugeben, die durch LESS konsolidiert werden und die man im Modell während der Realisierungsphase zu einem laufenden Soll-Ist-Vergleich heranziehen kann [1].

Weiterhin kann man für jeden Job Parameter für eine lineare Kostenfunktion (Kosten als Funktion der Jobdauer) angeben. Mit Hilfe dieser Kostenfunktionen versucht LESS über den sogenannten FULKERSON-Algorithmus den kritischen Weg so zu variieren, daß er erstens erhalten bleibt und nicht ein anderer Weg kritisch wird, und daß vor allem die Kosten über den kritischen Weg zu einem Minimum werden. Es werden im FULKERSON-Algorithmus die Jobs auf dem kritischen Weg beschleunigt oder verlangsamt und jede Kombination wird geprüft, ob sie noch kritisch ist und welche Gesamtkosten entstehen. Derjenige kritische Weg, der zu minimalen Kosten führt, wird ausgewählt. Es handelt sich dabei um ein Näherungsverfahren aus der parametrischen, linearen Programmierung, und LESS liefert ein angenähertes Optimum.

Auch LESS führt nicht explizit Stammdaten, läßt sich jedoch mit erträglichem Aufwand dahingehend erweitern, so daß man die Vorteile solcher Stammdaten (Auskunftsbereitschaft, flexible Auswertungen) erreichen kann. Ob mit oder ohne Stammdaten, man erkauft sich die Vorteile von LESS durch eine gegenüber einfacheren Systemen umfangreichere Eingabe.

Es sei angemerkt, daß der FULKERSON-Algorithmus zusammen mit LESS als Methode der parametrischen Programmierung auch auf Netze angewandt werden kann, die nicht auf eine Zeit-Kosten-Relation aufgebaut sind. So hat man mit Hilfe von LESS den Flugkorridor zwischen Europa und USA optimiert, unter Beachtung, daß die einzelnen Routen verschiedene Breite, verschiedene Höhe und verschiedene Wetterbedingungen haben. Als Abstand im Netz zwischen den Knoten fungiert eine fiktive Entfernung, die den Treibstoffverbrauch in Abhängigkeit vom geometrischen Abstand und den Wetterbeobachtungen (Gegenwind) enthielt. Der kürzeste Weg durch dieses LESS-Netz ist die günstigste Flugroute.

4.2.5. PERT/COST

Auch PERT/COST arbeitet, als Standardmodell, auf der Basis einer PERT-orientierten Zeitplanung, jedoch mit ausgedehnten Möglichkeiten, Tätigkeiten, die zwischen gemeinsamen Ereignissen liegen, als Unternetze (*subnets*) zu Gruppen zusammenzufassen. Dies hat den großen Vorteil, daß man Kosten, die man Tätigkeiten assoziieren will, auch solchen Gruppen zuordnen kann und damit eine bessere Gewichtung der Tätigkeiten, vor allem aber eine reduzierte Eingabe erhält. Darüber hinaus kann man aber auch noch Aktivitäten, die zusammen kein logisches Subnetz bilden, nach Kostengesichtspunkten zusammenfassen [3].

Damit kann man Forderungen befriedigen, wenn Tätigkeiten, unabhängig von ihrem logischen Zusammenhang, nach organisatorischen Gesichtspunkten zusammengefaßt werden. Ebenso kann man die Kosten sowohl tätigkeitsbezogen (*aperiodisch*) als auch nach einem festen Kalender eingeben, wobei für jeden Monat ein Budgetbetrag anzugeben ist.

Während man im ersten Falle bei einer Veränderung der Zeitverhältnisse (*rescheduling*) vom System automatisch eine entsprechende Umterminierung der Budgetzahlen erhält, muß man dies im zweiten Falle von Hand tun. In Ergänzung zu den Kosten kann PERT/COST noch Kapazitäten für genau eine Projekteinrichtung aufnehmen, die im Handbuch als Arbeitskraft (*manpower*) interpretiert ist, aber auch anders ausgelegt werden kann.

PERT/COST führt explizit Stammdaten (*master file*), was bedeutet, daß ein entsprechender Pflegekreis zum System gehört. Auch dabei sind sehr viele praktische Bedürfnisse berücksichtigt; so kann man zum Beispiel die Tagesdaten für Kosten aus der üblichen Kostenrechnung entnehmen, und der in PERT/COST geltende Projektkalender läßt sich auf den fiskalischen Kalender einer Organisation abstimmen.

An Listen produziert PERT/COST standardmäßig etwa 15 Auswertungen, von Zusammenstellungen für das Management *(Management Summary Reports)* bis zu Finanzplänen, Status-Berichten und graphische Darstellungen des Netzes, die über den Schnelldrucker ausgegeben werden.

PERT/COST ist also ein sehr selbständiges System, das nicht mehr nur wie etwa CPM oder MPM ein Hilfsmittel zur Zeitplanung ist. Es läßt sich vielmehr organisch in eine Organisation einbauen und hat damit einen relativ hohen Integrationsgrad. Die damit implizierten Datenmengen sind naturgemäß recht umfangreich, das System ersetzt aber viele manuelle Abläufe.

4.3. Kapazitätsplanungsmodelle

4.3.1. Kapazitätsterminierung

In weit höherem Maße als bei Kostenplanungsmodellen gilt bei *Kapazitätsplanungsmodellen* die Einsicht, daß Modelle um so weniger standardisiert zur Verfügung stehen, je mehr man sich von der Zeitplanung entfernt. Es ist kaum ein System bekannt, das Zeitplanung, Kostenplanung und Kapazitätsplanung vereint und gleichberechtigt abdeckt.

Vor allem aus dem Bereich der Fertigungsindustrie, speziell aus der Fertigungssteuerung, stammen Modelle, mit deren Hilfe man Aufträge unter Beachtung der Reihenfolge einzelner Arbeitsgänge, die verschiedene Einrichtungen (Maschinengruppen) in Anspruch nehmen, und auch unter Beachtung gewisser Ausstoßtermine (Fertigstellungstermine) so auf Einrichtungen verteilen kann, daß die Inanspruchnahme der Einrichtungen (Auslastung der Kapazität) als Funktion der Zeit nach Möglichkeit konstant ist. Es wird also eine optimale Auslastung der Einrichtungen angestrebt. Ohne Zweifel lassen sich solche Modelle, die jedoch in standardisierter Form nicht bekannt sind, gegebenenfalls auch in der *Planungsphase* eines Projektes einsetzen, wobei die einzelnen Kapazitätsanforderungen etwa so zu terminieren sind, daß sie innerhalb des für eine Tätigkeit zur Verfügung stehenden Schlupfes disponierbar sind. In diesem Falle ist die Zeitplanung übergeordnet und der Glättungseffekt gering. Jedenfalls soll diese kurze Andeutung genügen, um zu zeigen, daß die Probleme, die man mit der Kapazitätsplanung aufwirft, sehr schwierig sind, was noch dadurch unterstrichen wird, daß auch die Terminierungsmodelle der Fertigungssteuerung nur näherungsweise arbeiten.

Daß auch LESS in bescheidenem Umfang zur Kapazitätsplanung herangezogen werden kann, wurde bereits erwähnt. Es geht dann darum, die Gesamtkapazität auf dem kritischen Weg zu optimalisieren. Auch hier beschränkt man sich zwangsläufig auf eine Kapazitätsplanung, wobei die bereits geleistete Zeitplanung als Randbedingung zu beachten ist.

Jedenfalls lassen sich Terminierungsprobleme optimal schon von wenigen Einrichtungen ab nicht mehr manuell lösen und auch die Optimalisierung mit Hilfe eines Computers strapaziert die verfügbaren Möglichkeiten bis an den Rand.

4.3.2. Kombinierte Modelle

Die Entwicklung der Projektplanungsmodelle von der reinen Zeitplanung über Zeitplanungs-Kostenplanungsmodelle bis zur Berücksichtigung von Kapazitätsfragen ist noch bei weitem nicht abgeschlossen. Hier ist teilweise auch noch erhebliche Grundlagenarbeit zu leisten. Vor allem gilt dies hinsichtlich der Kapazitätsplanung, also der Terminierung der Inanspruchnahme der Einrichtungen. wobei bereits festgelegte Zeitpläne als Randbedingungen zu beachten sind, und wobei sowohl ein Minimum in den impliziten Kosten als auch eine möglichst konstante Auslastung der Einrichtung über der Zeitachse angestrebt wird. Für dieses allgemeine Problem sind Standard-Lösungen nicht bekannt.

Eine gewisse Einsatzsteuerung von Kapazitäten in Projekten ist als Erweiterung von LESS unter dem Namen *Manpower Smoothing Program* (MSP) bekannt. Aus dem LESS-Programmablauf werden Lochkarten gestanzt, die je Job den frühesten Starttermin und den Schlupf enthalten. Sie werden nach diesen Begriffen sortiert. Diese Karten werden ergänzt durch Kapazitätskarten für maximal 10 Einrichtungen. Je Einrichtung stehen 100 Kapazitätseinheiten (Arbeiter, Stunden) zur Verfügung. Für jeden Job werden die benötigten Kapazitäten über Lochkarten angefordert und mit den Jobkarten vermischt. Das Programm baut eine Warteliste auf, in die die Jobs nach Maßgabe ihres Schlupfes (Kritizität) eingereiht werden. Entsprechend diesen Wartelisten werden die verfügbaren Kapazitäten verteilt. Auch dies ist nur eine Näherung an das mögliche Optimum. liefert aber brauchbare Ergebnisse.

Daß PERT/COST, das damit vornehmlich bei personalintensiven Projekten eingesetzt werden kann, ein Budget für Arbeitskraft *(Manpower)* aufnehmen kann, wurde bereits erwähnt.

4.4. Engineering Control System (ECS)

Im folgenden soll ein Verfahren zur Projektplanung und Projektüberwachung kurz skizziert werden, das ein amerikanischer Konzern entwickelt hat, um damit die Projekte seines Entwicklungs- und Forschungsbereiches in Europa effektiver kontrollieren zu können.

Dieser Konzern hat in Europa ein Hauptquartier, das für die etwa 20 europäischen Konzerntöchter zuständig ist. Das Unternehmen führt einen Teil seiner Einkünfte an diese Töchter zurück, um damit die Entwicklung zukünftiger Produkte zu fördern und sicherzustellen. Diese Gelder verteilen sich auf etwa 500 bis 700 Projekte, deren indirekte Führung dem europäischen Hauptquartier obliegt. Sie verteilen sich weiter auf eine Vielzahl von Erzeugnissen und Erzeugungsgruppen. Manche Projekte gehen über mehrere Töchter hinweg. Die Entwicklung des Systems stand von vornherein unter der Forderung, ein Führungsinstrument für das mittleren und obere Management zu entwickeln, das nur komprimierte und konsolidierte Auswertungen erstellen sollte, alle intolerablen Abweichungen von vorgeplanten und genehmigten Zahlen ausweisen und schließlich eine möglichst hohe Auskunftsbereitschaft garantieren sollte. Insbesondere sollte das System die bisher üblichen, sehr voluminösen Auswertungen, die monatlich (teilweise manuell) erstellt wurden, entbehrlich machen.

Zur vernünftigen Abgrenzung des Volumens der Stammdaten, die das System ohne Zweifel erforderte, wurde pro Projekt ein *Stammsatz* angelegt, dessen Projektnummer — da mit einer Bandanlage gearbeitet werden mußte — so angelegt war, daß sie einen Gruppenwechsel je Tochterfirma und darin je Erzeugnisgebiet erlaubt. Die Ursprungsdaten eines Projektes werden einem Formular entnommen, dessen Inhalt vom Top-Management des Unternehmens zur Kenntnis genommen und genehmigt ist. Zur Kontrolle der Daten werden für 6 Instanzen Kürzel der Unterschriften (3 Buchstaben) miteingelesen; die Rechtmäßigkeit der Genehmigung wird je nach Art des Projektes ausgeprüft. (Lokal finanzierte Projekte müssen z. B. nicht vom Hauptquartier genehmigt sein, wenn sie militärisch sind.) Jeder Stammsatz enthält neben Identifikationsdaten ein Budget, das nach Quartalen aufgebrochen ist und zu dessen Interpolation — es wird monatlich abgerechnet — der fiskalische Kalender des Konzerns herangezogen wird.

Die angefallenen Kosten werden im Stammsatz summiert *(year to date)* gespeichert. Ebenso werden die Kosten des letzten Betriebsmonats einer Periode mitgeführt. Genau dasselbe gilt für die Führung der Ingenieursstunden *(manpower)*. Die Ermittlung (Planung) der Jahresdaten für ein Projekt bleibt den Tochterfirmen überlassen. Sie werden vorwiegend manuell abgeschätzt.

Für manche Projekte war es erforderlich, den zeitlichen Ablauf des Projektes zu kontrollieren. Dazu wurde ein zweistelliger Schlüssel für sogenannte *Milestones* eingeführt, die als Tätigkeit eine Entsprechung in einem gegebenenfalls vorhandenen Netzplan haben konnten.

Für die vollen Dezimalen dieses Schlüssels enthielt das System *Standardtitel* (20 Zeichen), die den Hauptentwicklungsereignissen der betreffenden Branche entsprachen. Sie werden bei allen Auswertungen automatisch vom Computer zugeschossen. Pro *Milestone* wurde ein *Datum* geführt, zu dem dieser realisiert sein sollte. Bei abgeschlossenen Milestones wird das Abschlußdatum gespeichert.

Wesentlich für das System ist, daß sowohl für das Budget als auch für die *Milestones* pro Projekt je eine Toleranzzahl mitgeführt wird (beim *Budget* in Prozent, bei den *Milestones* in Tagen). Aus diesen Toleranzzahlen, den Solldaten und den Istdaten erstellt das System monatlich zwei Typen von Listen, von denen die erste alle Projekte aufzeigt, deren Istzahlen über oder unter der angegebenen Prozentgrenze liegen *(Budget Deviation List)*.

Die zweite Liste weist alle Projekte aus, bei denen *Milestones* um mehr als die angegebene Zeit in der Vergangenheit liegen und nicht als erledigt gemeldet sind *(Milestone Deviation List)*. Da pro Projekt und Monat ein Kostenbericht erwartet wird (die Stammdaten enthalten ein entsprechendes Raster), können alle Projekte, bei denen gegen diese Regel verstoßen ist, auf der Abweichungsliste mit einem Stern versehen werden, der anzeigt, daß ein Berichtsfehler vorliegt. Bei einer amerikanischen Version des Verfahrens (das ECS wurde von den US-Töchtern des Konzerns adaptiert) können bei Kostenberichten, die zu einer Abweichung führen (z. B. verfrüht eingegebene Rechnungen), Kontenkarten eingeschleust werden, die dann auf den Abweichungslisten zu den standardisierten Kommentaren führen und die dem übergeordneten Management, an das diese

Listen gehen, anzeigen, wie die betreffende Abweichung aufzufassen ist. Diese Managementinformationen für ein „*Management by Exception*" haben sich als ausgesprochen fruchtbar erwiesen und zu einer beachtlichen Verminderung der bisher vorhandenen Auswertungen geführt. Während vorher monatlich alle Pro-

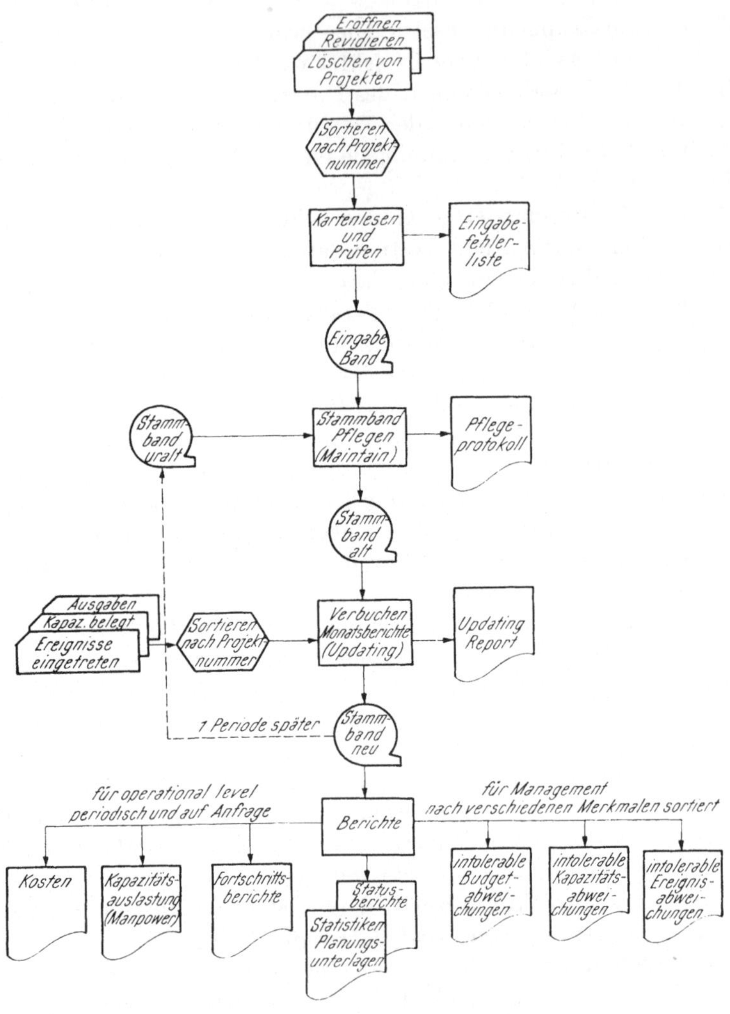

Abb. 56. Hauptfunktionen des Engineering Control Systemes (ECS)

jekte aufgelistet werden mußten, wird jetzt — je nach Güte der Planung und Art der Projekte — nur noch ein bescheidener Anteil der Projekte als kritisch ausgewiesen. Die Abweichungslisten werden nach verschiedenen Identifikations-daten mehrfach erstellt.

Da alle Stufen des Managements die Eingabedaten für die Stammdatei gut-geheißen haben, und da der Computer Projekte mit unverträglichen Daten zuerst einmal aussteuert, kann sich das Management nach einer Periode der Gewöhnung darauf verlassen, daß es tatsächlich nur auf die Projekte aufmerksam gemacht wird, die „out-of-line" liegen. Für den Erfolg eines solchen Projektführungssystems sind fünf Dinge wesentlich.

1. Das System muß im gegenseitigen Vertrauen der einzelnen Managementstufen etabliert sein; es muß als positives Projektführungsinstrument in allen Stufen anerkannt sein. So werden Abweichungslisten auch der untersten Verantwortungsstufe (in den Töchterfirmen) zugeführt, die sich damit auf eine Antwort einrichten können und die an der Beseitigung der Abweichung selber interessiert sind.

2. Die ausgewiesenen Abweichungen müssen ein Echo finden und ihre Ursache muß beseitigt werden, um eine neuerliche Ausweisung des Projekts zu vermeiden. Dazu zählt das System die Anzahl der aufeinanderfolgenden Abweichungen *(number of successiv deviations)* und weist sie auf jeder Liste aus, sowohl für die Budgetabweichungen als auch für die einzelnen Milestones.

3. Die Projekte müssen in einem sinnvollen Abstand überprüft und gegebenenfalls revidiert werden. Dazu liefert das System Status-Berichte mit allen wesentlichen Daten, die auf Anforderung erstellt werden. Man kann aber auch in den Stammdaten eintragen, zu welchen Monatsenden man einen solchen Bericht will. Er wird dann vom System automatisch geliefert.

4. Es muß möglich sein, die Toleranzangaben von Projekt zu Projekt individuell in den Stammdaten zu führen, ebenso wie es möglich sein muß, sie zu revidieren.

5. Alle Daten, die das System betreten (*Stammdaten* und *Tagesdaten*), werden einem Maximum an Prüfungen unterzogen (Abstimmung, Richtigkeit, Konsistenz, Verträglichkeit). Die entstehenden Fehlerprotokolle werden direkt oder indirekt den Abweichungslisten zugeführt.

Das ECS wird seit nunmehr 5 Jahren erfolgreich eingesetzt und hat auch eine amerikanische Version erfahren, die den dortigen Verhältnissen Rechnung trägt. Damit ist wohl auch gesagt, daß gerade die Methode der automatischen Datenkontrolle (Abweichungslisten), wenn sie sinnvoll gehandhabt wird, den Problemen der Projektüberwachung im Hinblick auf das übergeordnete Management sehr angemessen ist. Hier haben alle bekannten Standardverfahren eine Schwäche, sei es, daß sie wie CPM, PERT, MPM oder LESS die Frage der Stammdaten vernachlässigen, sei es, daß sie, wie etwa PERT/COST, mehr für die Bedürfnisse des „Operation Level" konstruiert sind.

Der Programmaufwand für das System, der über eine Experimentierphase in etwa 2 Jahren erbracht wurde, verteilt sich auf etwa 30 Programme (Pflegekreis, Verarbeitung der Tagesdaten, Abweichungslisten, sonstige Listen), die mit den Fehlerprotokollen etwa 20 verschiedene Listen drucken können. Das System läuft (monatlich) auf einer IBM 1401 und in Kürze wohl auf einer IBM /360. Der Verfasser dieses Aufsatzes hat an der Entwicklung des Systems mitgearbeitet.

4.5. Das integrierte System

Es ist leicht einzusehen, daß sowohl PERT/COST als auch ECS ihren Hauptvorteil aus der Führung von Stammdaten beziehen. Mit der Möglichkeit, in vollem

Umfang Tätigkeiten und Ereignisse führen zu können, richtet sich PERT/COST vorwiegend an den *„Operational Level"* im Projekt, das mit möglichst detaillierten und möglichst gut aufbereiteten Daten arbeiten muß. Andererseits ist ECS mit seinen vielfältigen Steuer- und Kontrolleinrichtungen speziell im Hinblick auf die Bedürfnisse des mittleren und oberen Managements in einer Organisation entworfen, die mit wenigen, sehr verdichteten aber aussagefähigen Daten arbeiten will, über Abweichungen von geplanten Verhältnissen rechtzeitig orientiert sein will und gelegentlich unvorhergesehene Sonderauswertungen wünscht.

Beide Systeme überdecken sich in vielen Einrichtungen, und es liegt nahe, nach Systemen zu suchen, die sowohl nach „oben" als auch nach „unten" gleichermaßen arbeiten. Dies bedeutet, daß die Stammdaten eines solchen Systems innerhalb eines Projektes möglichst tief nach Tätigkeiten gestaffelt Daten führen, andererseits je Projekt zusammengefaßt die Eckzahlen und entsprechende Kontroll- und Steuerdaten enthalten. In vielen Fällen wird es sinnvoll sein, daraus zwei Dateien zu machen, und diese, wenn man Randomspeicher zur Verfügung hat, durch geeignete *Indextafeln* (Querindizierung) zu verbinden [5], [6].

Während in der projektorientierten Management-Datei etwa die Gesichtspunkte von ECS realisiert sind, enthält die Netzplandatei, stark nach Subnetzen und Tätigkeiten gestaffelt, alle Daten etwa im Sinne einer PERT/COST-Datei. In der Indextabelle für die Managementdatei findet man für jede Projektnummer die Adresse der ersten Tätigkeit (des ersten Subnetzes) für die PERT/COST-Datei zum raschen Zugriff dorthin und in einer zweiten Indextabelle für jede Projektnummer die Satzadresse in der Managementdatei. Aus den zwei Dateien wird so eine *Datenbank* und das sie umgebende System kann leicht als Informationssystem gestaltet werden. In Abb. 57 ist in COBOL *(Data Division)* der Satzaufbau für eine ECS-Datei angegeben.

Neben den hier dargestellten Verfahren gibt es noch eine Reihe weiterer programmierter Systeme. Sie umfassend darzustellen, ist jedoch im Rahmen eines

```
File Control.
    Select Projekte, Assign to SYS 003 Direct-Access 2311 Unit.
    Access is Sequential, Organisation is Indexed, Record
    Key is Projektnummer.
Data Division.
    File Section.
    File Description Projekte, Recording Mode is Fixed, Label Record
    is Standard,Block Contains 1 Record, Data Record is Einzelprojekt.
    01 Einzelprojekt.
        02 Identifikationsdaten.
            03 Projektnummer.
                04 Distrikt, Picture is 99.
                04 Geschaeftsstelle, Picture is 99.
                04 Laufnummer, Picture is 9(4).
            03 Produktschluessel, Picture is 9(4).
            03 Kostenstelle, Picture is 9(3).
            03 Pertnummer, Picture is 9(8).
            03 Projekttyp,
                04 Finanzierung, Picture is 9.
                04 Projekttechnik, Picture is 9.
            03 Projekttitel, Picture is X(20).
            03 Projektmanager, Picture is X(10).
```

```
  02 Kontrolldaten.
     03 Budgettoleranz, Picture is 99V9, Computational-3.
     03 Kapazitaetstoleranz, Picture is 99V9, Computational-3.
     03 Ereignistoleranz, Picture is 999, Computational-3.
     03 Berichtsraster, Occurs 12 Times, Picture is 9, Computational-3.
     03 Statusberichte, Occurs 12 Times, Picture is 9, Computational-3.
     03 Projekteroeffnung, Picture is 99.99.99.
     03 Letzterevision, Picture is 99.99.99, Value is 0.
     03 Abweichungszaehler.
        04 Fuerbudget, Picture is 99, Value is 0, Computational-3.
        94 Fuerkapazität, Picture is 99, Value is 0, Computational-3.
        04 Fuerereignisse, Picture is 99, Value is 0, Computational-3.
  02 Budgetdaten.
     03 Budget, Occurs 12 Times, Picture is 9(6), Computational-3.
     03 Kosten, Occurs 12 Times, Pictures is 9(6)V99, Computational-3,
        Value is 0.
  02 Kapazitaetsdaten.
     03 Kapazitaetsbudget, Occurs 12 Times, Picture is 9(5), Computational-3.
     03 Kapazitaetswert, Occurs 12 Times, Picture is 9(5)V99, Computational-3,
        Value is 0.
  02 Ereignisdaten.
     03 Einzelereignis, Occurs 20 Times.
        04 Ereignisnummer, Picture is 999, Blank if Zero.
        04 Solltermin, Picture is 999, Blank if Zero, Usage is Computational.
        04 Isttermin, Picture is 999, Blank if Zero, Usage is Compuctional.
        04 Revisionszaehler, Picture is 99, Value is 0, Computational-3.
        04 Datumvorrevision, Picture is 999, Blank if Zero, Computational.
```

Abb. 57. Beispiel für eine Stammdatei zur Überwachung von Einzelprojekten.
(Die Datei ist weitgehend nach COBOL-Regeln geschrieben)

solchen Beitrags nicht möglich, der kaum mehr sein kann als ein Überblick und ein Querschnitt. Viele solcher Verfahren sind sich, trotz wohlklingender Namen, im Kern und in der Problematik so ähnlich; daß ihre Darstellung entfallen kann.

5. Abschließende Bemerkungen

5.1. Standardprogramme (packages)

Viele Hersteller liefern zu ihren Anlagen Programme zur Abwicklung von Projektplanungs- und -überwachungsproblemen. So verfügt heute fast jeder Rechner über „PERT-Programme". Wo immer solche Programme vorhanden sind und wo man sie anwenden kann, sollte man dies auch tun. Diese einfache „Weisheit" gilt selbstverständlich erst recht dort, wo ein Hersteller ein ganzes System, wie etwa PERT/COST, zur Verfügung stellt, denn man darf den Aufwand, der in solchen Systemen steckt und der vom Hersteller geleistet wurde, keineswegs unterschätzen.

Fast ideal ist es, wenn seitens des Computerherstellers ein sogenanntes *Modularsystem (package)* zur Verfügung steht. Solche Baukastensysteme bestehen aus einer Reihe von Programmen, aus denen man diejenigen auswählt, die man braucht. Man baut sich daraus sein eigenes System und das Modularkonzept ist so entworfen, daß jeder Vorgang abgedeckt ist. Gleichzeitig sind die Programme so beschaffen, daß die in ihnen auftretenden Felder noch nicht von fester Länge sind (ausgenommen Rechenfelder), vielmehr wird die Feldlänge, wie andere

Größen, die der Benutzer nach eigenem Wunsch festlegt, über Parameterkarten eingebracht. Das System ist immer in einer Symbolsprache geschrieben, so daß man mit relativ wenig Aufwand auch noch Änderungen, etwa im Kartenaufbau, vornehmen kann. Schließlich gibt es eine Reihe sogenannter *Benutzerexits*, mit denen über entsprechende Festlegungen in den Steuerdaten in benutzereigene Programme verzweigt werden kann, bei denen man etwa aus den Stammdaten Auswertungen herausholt oder Vorgänge einleitet, die im System nicht vorgesehen sind.

PERT/COST hat in seiner Version II etwa den Charakter eines Modularprogramms und ist vor allem so gut dokumentiert, daß Änderungen, Anpassungen, vor allem aber Erweiterungen (Richtung Management) möglich sind. Es darf erwartet werden, daß die wichtigsten Hersteller in absehbarer Zeit auch für Probleme der Projektplanung und -überwachung zunehmend Modularprogramme anbieten, da auf diesem Gebiet ein zunehmender Einsatz von Computern festzustellen ist.

5.2. Adreßtechniken, Informationssystem und Projektverwaltung

Wir haben auf die zentrale Bedeutung der Stammdatei auch in der Projektplanung mehrfach hingewiesen und sowohl in PERT/COST als auch in ECS ihren Nutzen demonstriert. Nach neueren Erfahrungen in der Datenverarbeitung und nach dem Vorliegen guter Randomspeicher und einer entsprechenden *Software*, die sie unterstützt, ist es wohl sinnvoll, der speichertechnischen Gestaltung (Speicherform) der Projektstammdaten eine erhöhte Aufmerksamkeit zuzuwenden, um einerseits zugriffsökonomisch zu arbeiten und andererseits die Daten in der Stammdatei für eine hohe Auskunftsbereitschaft verfügbar zu machen: ein Gesichtspunkt, dem bei der Verwaltung von Projekten ein hohes Interesse zukommt. Wir haben bereits in 4.5 angedeutet, wie man etwa mit Hilfe von *Indextafeln* (Zuordnung von Identifizierungsdaten zu Zugriffsdaten) Dateien verbindet. Wo man solche Tafeln auch auf die Verbindung zu anderen Dateien (Kostenstellen, Maschinenpark, Personal, Produkte, Kunden) ausdehnt oder umgekehrt die Projektdatei mit anderen Dateien zu einer Datenbank verbindet, hat man den Ansatz zu einem umfassenden Informationssystem (Auswertungen aller Art) auf der Basis der Datenverarbeitung *(updating)*. Daß man sich damit allerdings an der vordersten Front der Datenverarbeitung befindet, sei nicht verschwiegen [6].

Ähnliches gilt, wenn man versucht, die guten Erfahrungen bei der Speicherung von Stücklisten *(Stücklistenprozessor)* mit ihrer Baustruktur auf Projekte mit einer Netzstruktur zu übertragen. Durch eine sinnvolle Speicherung von Adressen in den Stammdaten kann man hier über geeignete *Makros* Stammsätze, die in einem logischen Zusammenhang stehen (Komponenten einer Baugruppe), durch Adreßverkettung zugriffsökonomisch zugänglich machen. Ähnliche Probleme hat man bei Netzplänen, wenn man alle Tätigkeiten will, die auf einem Weg liegen (MAKRO 1) oder alle Tätigkeiten, die auf ein Ereignis zurückgehen (MAKRO 2) oder von einem Ereignis abgehen (MAKRO 3). Speichert man in einer Tabelle die Adresse für das erste Ereignis eines Projektes oder für die Ereignisse je

Projekt, die zuletzt als abgearbeitet gemeldet wurden, so kann man sich durch abwechselnden Aufruf der skizzierten Funktionen (MARKO 1 bis 3) nach beiden Richtungen im Netz bewegen.

Die Anwendung einer solchen Adressierungstechnik bei der Gestaltung von Projektdateien ist bis jetzt nicht bekannt, sie könnte jedoch sicherlich, vor allem für große Projekte, eine schlagkräftige Behandlung der Datei ermöglichen.

5.3. Rückblick

Wir haben versucht, den Leser durch die Vielzahl der Probleme zu führen, die sich um die Anwendung der Computer auf das reizvolle und nützliche Gebiet der Projektplanung und Projektführung auftun. Dabei muß man unter allen Umständen zugute halten, daß die Diversität in diesen Problemen, wie bei fast allen Aufgaben des *Operations Research*, aus der Begegnung einer Vielzahl wissenschaftlicher und anwendungsbezogener Diszipline herrührt, ja, daß gerade *diese* Begegnung vieler Fakultäten den hohen Nutzen der Projektplanung und Projektführung mit einem Computer erzeugt. So findet man hier nicht nur rein betriebswirtschaftliche Probleme, wie etwa Kostenrechnungsprobleme, Organisationsprobleme oder Aufgaben der *Management Science*. Es treten auch Fragen der kombinatorischen und angewandten Mathematik auf, Optimierungstheorien lassen sich aktivieren, und schließlich wird die Durchführbarkeit vieler Projektplanungen dadurch bestimmt, ob es gelingt, das datentechnische Optimum aus Datenvolumen, Speicherungsform, Verarbeitungsform, vorgegebener Rechnerkonfiguration und Ablaufstruktur des Problems zu finden: Ein fast nicht mehr zu überblickendes Arbeitsgebiet von großem Reiz und hohem praktischem Nutzen.

Die Primärliteratur zum Thema Projektplanung ist, ebenso wie die Praxis ihrer Anwendung, ständig im Wachsen. Vor allem die Handbücher der Computerhersteller (für die von ihnen gelieferten Modelle) geben fast immer Einblick in alle Einzelheiten, die man etwa kennen muß, wenn man ein solches System oder Modell in der Praxis installieren will (Lochkartenaufbauten, Listenbilder, Speicherbilder usw.).

Jedenfalls ist mit Sicherheit anzunehmen, daß die Anwendung der Projektplanung und Projektüberwachung steigt und mehr und mehr zum Routineproblem der Datenverarbeitung wird. Eine solche Tendenz kann man sich nur wünschen, denn sie hat zwangsläufig zur Folge, daß sich auch die Theorien und Einsichten in diesen interessanten Problemkreis vertiefen.

Literatur

Der Autor dieses Aufsatzes fühlt sich in ganz besonderem Maße Herrn Doktor G. Hässler, dem leider früh verstorbenen, langjährigen technischen Direktor der SEL und ITT EUROPE verbunden, dessen umfassende Erfahrung auf dem Gebiet der Projektplanung bei Ingenieuraufgaben zur Konzipierung und Verwirklichung des *Engineering Control System* (ECS) geführt hat. Als Initiator und Mentor dieses Systemes hat er dem Autor ein interessantes und aktuelles Arbeitsgebiet erschlossen. Die Ideen und Arbeiten von Dr. Hässler auf dem Gebiet der industriellen Projektplanung haben leider, nicht zuletzt wegen seines frühen Todes, keinen Niederschlag mehr in der Literatur gefunden.

1. Brencher, F. H.: *Projektplanung und -überwachung mit Hilfe der Netzplantechnik.* IBM-Form 81809 (April 1966).

2. Churchman, Ackoff, Arnoff: *Operations Research*. München: R. Oldenbourg. 1961.
3. IBM PERT/COST II: *Application Description Manual*. IBM-Form B 20-6701.
4. Lutz-Hauff: *Programmierfibel*, 3. Auflage. Stuttgart: Telekosmosverlag. 1968.
5. Lutz, Th.: Speichern und Verarbeiten von Dateien. Bürotechnik und Automation 8, H. 4, 182 ff. (1967).
6. Lutz, Th.: Was ist eine Datenbank. Bürotechnik und Automation 8, H. 5, 250 ff. (1967).
7. *PERT . . . Eine dynamische Methode zur Projektplanung und -überwachung*. Einführungsschrift, IBM-Form 71 338.
8. *Programmierte Einführung in PERT*. München: R. Oldenbourg. 1965.
9. Sasieni, Yaspan, Friedman: *Operations Research*. New York: J. Wiley & Sons. 1962.
10. Vajda, S.: *Einführung in die Linearplanung und die Theorie der Spiele*. München: R. Oldenbourg. 1960.
11. Wille, Gewald, Weber: *Netzplantechnik — Methoden zur Planung und Überwachung von Projekten*. Band 1: Zeitplanung. München: R. Oldenbourg. 1967.

D. Die Erstellung von Stundenplänen auf Rechenanlagen

Von

W. Junginger

1. Einleitung

Stundenpläne werden an verschiedenen Stellen benötigt. Das bekannteste Beispiel sind wohl *Schulstundenpläne*, bei denen gefragt ist, wann die einzelnen Lehrer die verschiedenen Klassen unterrichten. Ein anderes Beispiel sind *Vorlesungspläne*. Sie geben an, zu welcher Zeit und in welchem Hörsaal die verschiedenen Vorlesungen gehalten werden. Aber auch *Dienstpläne*, etwa für Straßenbahngesellschaften, gehören hierhier; sie enthalten die Angaben, wie Wagen und Personal einzusetzen sind, damit der vorgesehene Fahrplan verwirklicht wird.

Beim Aufstellen von Stundenplänen steht man vor folgender Aufgabe: Gegeben ist eine Anzahl von Tätigkeiten, wie der Unterricht eines Lehrers in einer bestimmten Klasse oder der Dienst eines Straßenbahnangestellten. Gesucht ist ein Zeitplan, der angibt, wann die einzelnen Tätigkeiten stattfinden. Er muß verschiedenen Nebenbedingungen genügen.

Die Lösung solcher „Stundenplanprobleme" geschieht bisher vorwiegend manuell. Man verwendet dabei einfache anschauliche Hilfsmittel, wie Wandtafeln, Tabellen u. dgl. Gerne wird auch mit einem „Steckbrett" gearbeitet, auf dem Klötzchen verschoben werden können als Symbole für die einzelnen Tätigkeiten. Diese Arbeit ist oft recht mühsam und zeitraubend; je nach Umfang des Problems ist man mehrere Tage damit beschäftigt. Hinzu kommt, daß diese Pläne immer wieder von neuem erstellt werden müssen, etwa bei Fahrplanwechsel oder zu Beginn eines neuen Semesters. Häufig macht auch eine nachträgliche Änderung in der Ausgangssituation — etwa die Versetzung eines Lehrers — den soeben erstellten Plan wieder unbrauchbar.

Seit einigen Jahren wird die Frage aufgeworfen, ob man die Lösung solcher

Stundenplanprobleme einer Rechenanlage übertragen kann. Besonders auch von seiten der Gymnasien, bei denen ein Aufteilen der Klassen in einzelne Unterrichtsgruppen sowie Raum- und Lehrermangel die Schwierigkeiten immer mehr vergrößern, besteht ein sehr starkes Interesse daran, diese Arbeit von einer Rechenanlage erledigen zu lassen.

Ob dies möglich ist, soll im folgenden untersucht werden. Dabei stehen nicht nur Schulstundenpläne zur Debatte, über die bisher am meisten gearbeitet wurde, sondern beliebige Stundenplanprobleme. Deshalb werden zunächst die verschiedenen Beispiele, die hier in Frage kommen, zusammengestellt. Die Möglichkeiten für eine maschinelle Behandlung solcher Probleme stehen anschließend zur Diskussion. Anhand eines konkreten Beispiels wird hier auch gezeigt, wie ein Stundenplanprogramm aussieht und wie es arbeitet. Mit der maschinellen Stundenplanerstellung haben sich seit etwa 10 Jahren verschiedene wissenschaftliche Arbeitsgruppen befaßt. Einen Überblick über ihre Ergebnisse bringt der 4. Abschnitt, der gleichzeitig konkrete Beispiele für Stundenplanprogramme enthält. Zum Abschluß wird noch gezeigt, welche Ergebnisse bei der Anwendung von Rechenanlagen auf Stundenplanprobleme überhaupt erwartet werden können.

2. Beispiele für Stundenplanprobleme

Verschiedene Beispiele gibt es, bei denen die Frage nach einer maschinellen Stundenplanerstellung aktuell ist. Neben dem Standardbeispiel Schulstundenplan gehören hierher die Erstellung von Vorlesungsplänen für Hochschulen, das Aufstellen von Prüfungsplänen, *Student Sectioning* — ein Problem, das vor allem an amerikanischen Hochschulen auftritt — und die Ermittlung von Dienst- und Ausbildungsplänen.

Bei diesen Beispielen ist es oft nicht möglich, eine vollständige und in allen Einzelheiten verbindliche exakte Formulierung des jeweiligen Problems anzugeben, wie dies für eine maschinelle Behandlung notwendig wäre. Bei Schulstundenplänen gehen z. B. die Meinungen darüber, welchen Forderungen sie zu genügen haben, verschiedentlich stark auseinander; was hier die eine Schule für wesentlich hält, kann für die andere unbedeutend sein. Noch krasser wird dies, wenn man die Situation in verschiedenen Ländern betrachtet. Deshalb kann die nachfolgende Beschreibung der einzelnen Beispiele weniger eine exakte Formulierung des jeweiligen Problems sein als vielmehr eine Darstellung der verschiedenen typischen Formen, in denen Stundenplanprobleme auftreten.

2.1. Schulstundenpläne

Den folgenden Ausführungen liegen die Gymnasien in Deutschland zugrunde. Auch die Verhältnisse an den entsprechenden Schularten anderer Länder sind weitgehend dieselben, etwa bei den *High Schools* Amerikas, den *Grammar Schools* Englands oder den *Middelbare Schools* Hollands. Jedesmal sind verschiedene Klassen durch eine Anzahl Fachlehrer zu unterrichten. Die Schulleitung verteilt diese auf die einzelnen Klassen. Dies führt zur sogenannten *Lehrauftragsverteilung*, die in Form einer Matrix für jeden Lehrer angibt, welchen Unterricht er einer bestimmten Klasse zu geben hat. Abb. 58 zeigt als Beispiel einen Teil des Lehrauftrags des Lehrers Schwenk: Er hat 5 Stunden Mathematik (M) und 2 Stunden Physik (Ph) in Klasse 4a und 2 Stunden Physik in Klasse 4b zu geben. Entsprechend unterrichtet Lehrer Küster Erdkunde in den Klassen 4a, 4b und 5a je zweistündig usw.

Für den Unterricht kommt eine feste Zahl von Wochenstunden in Frage. Grundvoraussetzung ist ein von Woche zu Woche gleicher Ablauf des Unterrichts. Neben der Möglichkeit, daß ein Lehrer immer jeweils eine Klasse in einer

Lehrer	Klasse			
	4a	4b	4c	5a
Schwenk	M5 Ph2	Ph2		
Küster	Ek2	Ek2		Ek2
Hirsch	Mu2		Mu2	

Abb. 58. Ausschnitt aus einer Lehrauftragsverteilung

bestimmten Stunde unterrichtet, gibt es noch den sogenannten gekoppelten Unterricht. Hier sind mehrere Lehrer und/oder Klassen miteinander gekoppelt, so etwa beim Turnunterricht gemischter Klassen oder wenn zwei parallelen Klassen verschiedene naturwissenschaftliche Fächer wie Physik, Chemie und Biologie zur Wahl gestellt werden.

Die Lehrauftragsverteilung ist der Ausgangspunkt für die Konstruktion des Stundenplans. Das Problem besteht darin, den gesamten Unterricht so über die Woche zu verteilen, daß keine zeitlichen oder räumlichen Überschneidungen auftreten. Dabei ist noch eine ganze Anzahl weiterer Bedingungen zu beachten. Die wichtigsten hiervon sind die folgenden:

1. Sofern keine Kopplung vorliegt, kann ein Lehrer nicht gleichzeitig in zwei Klassen unterrichten; ebenso kann eine Klasse in derselben Unterrichtsstunde nicht bei zwei verschiedenen Lehrern Unterricht haben (*Einzigkeitsbedingung*).

2. Verschiedentlich soll der Unterricht in Doppelstunden erteilt werden.

3. Für bestimmte Fächer benötigt man besondere Fachräume.

4. Der Unterricht in einer Klasse muß zusammenhängend sein; es dürfen keine „Hohlstunden" auftreten.

5. Der Unterricht in einem bestimmten Fach soll möglichst gleichmäßig über die Woche verteilt sein.

6. Manche Lehrer stehen nur zu bestimmten Stunden oder auch Tagen zur Verfügung.

Diese Liste dürfte für die meisten Schulen verbindlich sein, unabhängig davon, in welchem Land sie sich befinden. Eine Ausnahme mag dabei allerdings die vierte Bedingung bilden. Während an den deutschen Gymnasien sehr großer Wert darauf gelegt wird, daß keine Hohlstunden auftreten, ist dies etwa an den *High Schools* Amerikas weniger von Bedeutung.

Je nach Art der Schule kann man noch weitere Forderungen angeben. In [19] zählt LAZAK 27 von 56 Bedingungen auf, die ihm an einem Gymnasium in Darmstadt genannt worden waren. Sie sind aber keineswegs für alle Schulen verbindlich, was die Zusammenstellung in [30] von STAHLKNECHT zeigt. Manche Forderungen können auch gar nicht konsequent durchgeführt werden, weshalb dann nur verlangt wird, daß sie „so weit wie möglich" eingehalten werden sollen (vgl. hierzu etwa die fünfte der oben genannten Bedingungen).

Der gekoppelte Unterricht nimmt heute immer mehr überhand, während früher fast ausschließlich klassenweise unterrichtet wurde. Gerade auch an den *High Schools* Amerikas wurde der Unterricht in den letzten Jahren durch Wahlfächer, Kurs- und Gruppenunterricht aufgelockert, um ihn möglichst wirkungsvoll zu gestalten. Hierdurch vergrößerten sich jedoch die Schwierigkeiten bei der Stundenplankonstruktion ganz erheblich, wodurch die Frage nach maschineller Hilfe immer mehr in den Vordergrund rückte.

2.2. Hochschulpläne

Mit Hochschulplänen sind die Vorlesungspläne für Hochschulen bzw. Universitäten gemeint. Die Grundlage hierfür bildet ein Angebot von Vorlesungen, das vor Beginn eines Semesters in Form sogenannter *Vorlesungsankündigungen* vorliegt. In ihnen geben die einzelnen Dozenten an, welche Vorlesungen sie zu halten beabsichtigen, den Hörerkreis, für den sie gedacht sind, den gewünschten Hörsaal sowie weitere Wünsche, etwa bezüglich der Vorlesungszeit.

Beim Aufstellen der Vorlesungspläne geht es darum, die Zeiten sowie die Räume für die einzelnen Vorlesungen festzulegen. Hierbei kommen wieder verschiedene Forderungen ins Spiel. So dürfen keine zeitlichen oder räumlichen Überschneidungen auftreten. Ferner sollten die Wünsche der einzelnen Dozenten berücksichtigt werden. Das ganze Problem hat starke Ähnlichkeit mit dem Erstellen eines Schulstundenplans.

Trotzdem sind die beiden Probleme nicht identisch, da in den Forderungen, die an den Stundenplan gestellt werden, einige Unterschiede bestehen. Während in der Schule die Raumfrage nur bei einzelnen Fachräumen auftritt und im übrigen gewöhnlich jede Klasse ihr eigenes Klassenzimmer hat, spielt sie bei Hochschulplänen immer mit herein. Dort kann man mitunter in ziemliche Schwierigkeiten geraten, wenn es um die Verteilung von Vorlesungen mit hohen Hörerzahlen geht, für die es nicht genügend große Hörsäle gibt. — Während in der Schule im allgemeinen feststeht, welchen Unterricht eine bestimmte Klasse bekommt — auch dann, wenn sie zwischen verschiedenen Fächern wählen kann —, ist dies an der Hochschule oftmals nicht der Fall. Häufig werden einer bestimmten Hörergruppe — etwa Mathematikstudenten der oberen Semester — verschiedene Vorlesungen zur Wahl angeboten. Diese sollten sich dann nicht überschneiden, obwohl streng genommen dies nur von denjenigen Vorlesungen zu fordern ist, die von einem bestimmten Studenten gewählt werden. Hierdurch ergeben sich dann Schwierigkeiten bei der Stundenplankonstruktion, wenn man vor der Frage steht, welche dieser Vorlesungen doch miteinander kollidieren dürfen, weil man sie sonst gar nicht alle unterbringen kann.

Allgemein werden an Hochschulpläne weniger Forderungen gestellt. Die Dozenten geben beispielsweise nicht so viele Stunden wie ein Lehrer. Dadurch

hat man bei der Verteilung mehr Spielraum, so daß Zeitwünsche eher berücksichtigt werden können. Das Aufstellen eines Hochschulplanes kann deshalb
einfacher sein als die Erstellung eines Schulstundenplans; dies hängt aber stark
von den jeweiligen Verhältnissen ab.

2.3. Prüfungspläne

Am Ende eines Semesters hat ein Student gewöhnlich an mehreren Prüfungen
teilzunehmen. Da aber nicht sämtliche Einzelprüfungen zu verschiedenen Zeiten
abgehalten werden können, steht man somit vor der Frage, wie sie zeitlich zu
planen sind, so daß möglichst keine Kollisionen entstehen.

Dieses Problem ist vor allem dann aktuell, wenn sehr viele Prüfungen zur
Wahl stehen oder wenn der gesamte Zeitraum möglichst kurz sein soll. Man
wird deshalb beim Aufstellen eines Prüfungsplanes versuchen, möglichst viele
Prüfungen in dieselbe Stunde zu legen. Dies ist aber nur beschränkt möglich, weil
einmal Kollisionsfreiheit gefordert ist und zum anderen die Zahl der Prüfungs-
räume beschränkt ist. Für eine Prüfung mit sehr vielen Kandidaten braucht man
zudem mehrere Räume zur selben Zeit. Auch gibt es Prüfungen mit mehreren
Klausuren, wo dann für die einzelnen Klausuren eine bestimmte Reihenfolge
vorgeschrieben ist. Weitere Forderungen an den Prüfungsplan hängen gewöhnlich
von den speziellen Gegebenheiten der jeweiligen Hochschule ab.

2.4. Student Sectioning

Eine sinngemäße Übersetzung für „*student sectioning*", das auch mit „*scheduling of students*" bezeichnet wird, wäre etwa „das Zuordnen der Studenten zu

Calculus 5: Linear Algebra

Section	Lecturer	Time	Student limit
1	Jackson	Mo 8—9 We 11—12	40
2	Jackson	Mo 9—10 We 10—11	40
3	White	Tu 10—11 Fr 10—11	45
4	Kelley	Tu 9—10 Th 9—10	35

Abb. 59. Aufteilung einer Vorlesung in *sections*

Parallelvorlesungen und -übungen". Dieses Problem ist an den deutschen Hochschulen kaum bekannt. Es tritt vor allem an amerikanischen *Colleges* auf. Dort

teilt man große Vorlesungen mit vielen Studenten in mehrere Parallelkurse (*sections*) mit jeweils beschränkter Hörerzahl auf. In jedem dieser Kurse wird derselbe Stoff dargeboten, meistens von verschiedenen Dozenten. Abb. 59 mag dies verdeutlichen, wo die Vorlesung „Lineare Algebra" in vier Kurse aufgeteilt ist.

Die Studenten geben an, welche Vorlesungen sie hören wollen. Bei Student Sectioning geht es nach dem Aufstellen des Gesamtstundenplans für das College dann darum, die Studenten so auf die Parallelkurse zu verteilen, daß sie möglichst alle Vorlesungen, die sie gewählt haben, besuchen können. Hierbei muß man die Hörerbeschränkungen für die einzelnen Kurse beachten sowie weitere Bedingungen von der Art, daß ein Student einen möglichst optimalen Stundenplan erhält.

2.5. Dienstpläne

Bei Dienstplanproblemen sind verschiedene technische und personelle Mittel so einzusetzen, daß ein vorgegebener Fahrplan verwirklicht wird. Ein Beispiel wäre etwa die Aufteilung von Lokomotiven auf ein gegebenes Streckennetz oder das Dienstplanproblem für Straßenbahn- und Fluggesellschaften, wo auch noch nach der Einteilung des Personals gefragt ist. Eine genauere Schilderung dieses Problems soll für den Fall der Straßenbahngesellschaft erfolgen.

Den Ausgangspunkt bildet ein Netz von Straßenbahnlinien mit dem zugehörigen Fahrplan. Er verlangt für jede Linie, daß zu einer bestimmten Tageszeit eine bestimmte Anzahl von Zügen im Einsatz ist. Diese Anzahl ist nicht immer dieselbe; für den Berufsverkehr braucht man z. B. mehr Züge als in der Mittagszeit.

Entsprechend diesen Schwankungen variiert auch der Bedarf an Personal den Tag über. Es kann deshalb keine einheitlichen und starren Arbeitszeiten geben. Vielmehr ist der Dienst an einem Tag in zwei Teile zu je etwa vier Stunden aufgeteilt. (Bei den folgenden Ausführungen liegen die Verhältnisse der *Stuttgarter Straßenbahnen A G* zugrunde.) Man unterscheidet dabei verschiedene Dienstarten. Beim „Frühdienst" beginnt der erste Teil des Dienstes etwa um 4 Uhr; nach einer Pause von ungefähr einer Stunde folgt dann der zweite Teil und die Dienstzeit ist gegen 13 Uhr beendet. Bei den „Nachtwagen" ist die Einteilung entsprechend, der Dienst reicht hier vom frühen Nachmittag bis in die späte Nacht. Schließlich gibt es noch „Übergangswagen": hier findet der erste Teil des Dienstes morgens zur Hauptverkehrszeit statt, während der zweite Teil nach einer etwa sechsstündigen Pause am Spätnachmittag folgt.

Bei der Ausarbeitung der Dienstpläne geht es nun darum, das Personal so einzusetzen, daß immer *alle* benötigten Straßenbahnzüge besetzt sind. Der Dienst geht dabei jeweils über sieben aufeinanderfolgende Tage, auf die zwei freie Tage folgen. Vor den freien Tagen soll möglichst Frühwagen gefahren werden, nach ihnen Spätwagen. Ferner muß für genügende Nachtruhe gesorgt sein; ging ein Dienst bis Mitternacht, so kann der Betreffende am folgenden Tag nicht für einen Frühwagen eingesetzt werden. Für die Arbeitszeit, die jeden Tag anders liegen und verschieden lang sein kann, ist ein bestimmter Mittelwert vorgeschrieben. Wechselt ein Schaffner von einer Linie auf eine andere über — etwa wenn ein

Zug aus dem Verkehr gezogen wird —, dann soll diese Übergangszeit möglichst kurz sein. — Über die Verhältnisse bei einer anderen Straßenbahngesellschaft berichtet Lazak in [19].

2.6. Ausbildungspläne

Ein Lehrling durchläuft bei seiner Ausbildung mehrere Stationen. In einer mechanischen Werkstätte sieht z. B. der Ausbildungsplan folgende Tätigkeiten vor:

Hobeln — Drehen — Fräsen — Schweißen — Schleifen — Schraubstock — Zeichnen

Für jede dieser Tätigkeiten steht eine bestimmte Anzahl von Maschinen bzw. Werkplätzen zur Verfügung. Hierdurch ist die Zahl der Lehrlinge, die zur selben Zeit dieselbe Tätigkeit ausüben können, beschränkt. Will man nun mehrere Lehrlinge *gleichzeitig* ausbilden, so ist man gezwungen, sie auf *verschiedene* Plätze zu verteilen. Man steht somit vor der Frage, wann die einzelnen Lehrlinge die verschiedenen Tätigkeiten ausüben sollen, so daß sie in der vorgesehenen Zeit eine abgeschlossene Ausbildung bekommen.

Gewöhnlich haben die einzelnen Tätigkeiten verschiedene Dauer. Zum Teil kann eine bestimmte Reihenfolge unter ihnen vorgeschrieben sein, wenn nämlich eine Tätigkeit Voraussetzung für eine andere ist. Ist die Zahl der Arbeitsplätze für die einzelnen Tätigkeiten verschieden, so entstehen für die Lehrlinge Wartezeiten, bis eine Maschine frei wird. In dieser Zeit kann man sie für die Produktion einsetzen. Meistens ist der Ausbildungsplan so abzufassen, daß jeweils nach Ablauf eines Jahres ein Teil der Lehrlinge fertig wird.

Das ganze Problem ist verwandt mit dem Aufstellen von Maschinenbelegungsplänen, was in der Literatur unter dem Begriff *„job shop scheduling"* oder auch *„sequencing problem"* bekannt ist. Hier geht es um verschiedene Erzeugnisse, für deren Herstellung eine Anzahl von Maschinen in einer bestimmten Reihenfolge durchlaufen werden muß. Dabei steht fest, wie lange eine Maschine durch ein bestimmtes Erzeugnis belegt ist. Von den einzelnen Maschinentypen ist jeweils eine bestimmte Anzahl vorhanden. Gefragt ist nach einem *Belegungsplan*, so daß z. B. die Produktionszeit minimal wird.

Auch dieses Problem kann zu den Stundenplanproblemen gezählt werden. Es unterscheidet sich aber von den bisherigen Beispielen in folgender Weise: Die Reihenfolge, in der die einzelnen „Tätigkeiten" ausgeführt werden, ist fest vorgeschrieben. Ein Werkstück kann z. B. erst dann bearbeitet werden, wenn es zuvor in die richtige Form gegossen worden ist. Solche Aufgaben werden hier nicht weiter behandelt[1].

3. Maschinelle Stundenplanerstellung

In diesem Abschnitt wird gezeigt, wie Rechenanlagen zum Aufstellen von Stundenplänen eingesetzt werden können. Dabei wird zunächst untersucht, wieweit es sich bei den Beispielen des vorangehenden Abschnitts um ein einheitliches Problem handelt und wo die Verschiedenheiten liegen. Dies führt zu einer

---

[1] Einen guten Überblick über Problemstellung und Lösungsmöglichkeiten solcher *sequencing problems* sowie zahlreiche Literatur bringt Brusberg in [8].

einheitlichen Formulierung der verschiedenen Stundenplanprobleme. Anschließend wird gezeigt, wie die maschinengemäße Darstellung eines solchen Problems aussieht. Es folgen Untersuchungen über Lösungsmöglichkeiten und Lösungsmethoden für Stundenplanprobleme. Zum Abschluß werden die Ausführungen anhand eines Programms für Schulstundenpläne demonstriert.

3.1. Formulierung des Problems

Die im vorhergehenden Abschnitt zusammengestellten Beispiele sind zum Teil ganz verschiedenartig; trotzdem haben sie eine gemeinsame Struktur. Jedesmal geht es darum, für eine Anzahl von Elementen, die z. B. irgendwelche Tätigkeiten bedeuten, einen Zeitplan zu ermitteln, der angibt, wann die einzelnen Tätigkeiten stattfinden und der überdies verschiedenen Nebenbedingungen genügt.

Die gemeinsame Problemstellung wird noch deutlicher, wenn man den ganzen Sachverhalt etwas formalisiert. Hierzu faßt man zunächst die Objekte, wie Lehrer, Klassen oder Prüfungen, um die es bei der Stundenplanerstellung geht, zu einzelnen Mengen zusammen. Man erhält so eine Menge von Lehrern

$$\mathfrak{L} = \{l_1, l_2, \ldots, l_l\},$$

deren einzelnen Elemente die einzelnen Lehrer bzw. Dozenten bedeuten. Entsprechend erhält man eine Menge von Klassen ($\mathfrak{K}$), Fächern ($\mathfrak{F}$), Räumen ($\mathfrak{R}$), Studenten ($\mathfrak{S}$), Vorlesungen ($\mathfrak{V}$), Prüfungen ($\mathfrak{P}$) und von Tätigkeiten ($\mathfrak{T}$). Die spezielle Bedeutung der Elemente dieser Mengen ist zunächst uninteressant, weshalb sie einheitlich als *Merkmale* bezeichnet werden.

Durch Produktbildung zwischen diesen Mengen kommt man zu den eingangs genannten *Elementen*, die es auf den Stundenplan zu verteilen gilt; sie sollen im folgenden *Unterrichtselemente* heißen. Beim Schulstundenplan geht es z. B. um den Unterricht in einem Fach f_p, den ein Lehrer l_i der Klasse k_j im Raum r_q erteilt. Er wird durch das Viertupel

$$(f_p, l_i, k_j, r_q)$$

eindeutig gekennzeichnet; dieses jedoch ist Element der Produktmenge

$$\mathfrak{F} \times \mathfrak{L} \times \mathfrak{K} \times \mathfrak{R}.$$

Entsprechend sind z. B. bei *Student Sectioning* die Unterrichtselemente Paare aus Studenten und Vorlesungen:

$$(s_i, v_j) \in \mathfrak{S} \times \mathfrak{V}.$$

Sämtliche derartigen Unterrichtselemente, die bei einem bestimmten Stundenplan zur Debatte stehen, werden zur Menge $\mathfrak{U}$ zusammengefaßt. Ihr gegenüber steht eine weitere Menge $\mathfrak{Z}$. Darin sind — entsprechend wie in der Menge $\mathfrak{L}$ die Lehrer — die einzelnen Stunden bzw. Zeiteinheiten zusammengefaßt, die bei der Stundenplanerstellung zugrunde liegen und während denen die verschiedenen Tätigkeiten stattfinden können.

Dann können Stundenplanprobleme folgendermaßen formuliert werden: Gegeben ist eine Menge $\mathfrak{U}$ von Unterrichtselementen und eine Menge $\mathfrak{Z}$ von

Zeiteinheiten. $\mathfrak{U}$ ist Teilmenge einer anderen Menge, die man durch Produktbildung zwischen verschiedenen Merkmalmengen erhält. Gesucht ist eine Abbildung von $\mathfrak{U}$ *in* $\mathfrak{Z}$, das ist eine eindeutige Zuordnung der Unterrichtselemente zu den Zeiteinheiten. Diese Abbildung muß bestimmte Eigenschaften haben.

Soweit stimmen alle Stundenplanprobleme überein. Die Unterschiede liegen einmal bei der Produktmenge, von der $\mathfrak{U}$ die Teilmenge ist. Für Schulstundenpläne ist z. B.

$$\mathfrak{U} \subset \mathfrak{F} \times \mathfrak{K} \times \mathfrak{L} \times \mathfrak{R},$$

bei *Student Sectioning* dagegen

$$\mathfrak{U} \subset \mathfrak{S} \times \mathfrak{V}$$

und bei Prüfungsplänen

$$\mathfrak{U} = \mathfrak{P}.$$

Ferner bestehen wesentliche Unterschiede hinsichtlich der Eigenschaften, die von der gesuchten Abbildung gefordert werden. Von da her ist es leicht verständlich, daß trotz der einheitlichen Formulierung eine gemeinsame Behandlung der verschiedenen Stundenplanprobleme nicht in Frage kommen kann. Zwar ist es möglich, in einheitlicher Weise vorzugehen und gemeinsame Prinzipien zu entwickeln — und in diesem Sinne sind auch die weiteren Ausführungen zu verstehen. Doch sind die Unterrichtselemente sowie die Art, wie die Nebenbedingungen deren Verteilung beeinflussen, zu verschieden. Deshalb bedarf es für jedes der Stundenplanprobleme eines eigenen Lösungsweges.

3.2. Darstellung in der Rechenanlage

Das Erstellen eines Stundenplans ist gleichbedeutend mit der Ermittlung einer bestimmten Verteilung von Unterrichtselementen auf ein Zeitraster. Damit dies mit einer Rechenanlage durchgeführt werden kann, ist es notwendig, das Problem in einer Weise darzustellen, die den Gegebenheiten der Maschine entspricht.

Zunächst könnte man meinen, daß eine solche Darstellung vom speziellen Typ des Rechners abhängig ist. Doch trifft dies nicht zu, da es hierbei nur auf die prinzipielle Struktur und Funktionsweise der Rechenanlage ankommt und hierin die verschiedenen Typen im wesentlichen übereinstimmen. Unterschiede gibt es gewöhnlich nur hinsichtlich Rechengeschwindigkeit und Speicherkapazität, was sich zunächst nicht auswirkt.

Die in 3.1 eingeführte Menge $\mathfrak{U}$ besteht aus k-tupeln von *Merkmalen*, deren Form bei einem bestimmten Stundenplanproblem feststeht. Welche Elemente aber $\mathfrak{U}$ in einem bestimmten Fall enthält, d. h. etwa beim Schulstundenplan, welche Fächer, Lehrer, Klassen und Räume gerade miteinander kombiniert werden und wie oft, das hängt ganz vom jeweiligen Beispiel ab. Bei Schulen wird dies durch die Lehrauftragsverteilung angegeben, bei Hochschulen sind es die Vorlesungsankündigungen und bei *Student Sectioning* die verschiedenen Studenten mit den von ihnen gewählten Vorlesungen.

Für die Darstellung dieser Unterrichtselemente gibt es im wesentlichen zwei Möglichkeiten. Für die Lehrauftragsverteilung ist es naheliegend, Matrizen zu verwenden. Man könnte sie z. B. als zweidimensionale Matrix $\mathbf{B} = (b_{ij})$ darstellen, in der das Element b_{ij} gleich der Anzahl Stunden ist, die Lehrer l_i in der Klasse k_j zu geben hat. Das Beispiel aus Abb. 58 würde dann folgender Teilmatrix von **B** entsprechen:

	k_{11}	k_{12}	k_{13}	k_{14}
l_{16}	7	2	0	0
l_{17}	2	2	0	2
l_{18}	2	0	2	0

Diese Darstellung hat den Nachteil, daß bei ihr außer dem reinen Unterrichtsbedarf keine weitere Information mehr vermittelt wird, wie etwa die Aufteilung des Unterrichts auf die einzelnen Fächer. Trotzdem reicht dies aus für die Behandlung einfacher Stundenplanmodelle, bei denen nur die wichtigsten Forderungen berücksichtigt werden. Schwerwiegender ist jedoch, daß gekoppelter Unterricht in der Matrix **B** nicht dargestellt werden kann. Deshalb wählt man häufig die andere Möglichkeit, bei der der gesamte Unterrichtsbedarf (das ist die Gesamtheit aller Unterrichtselemente, die zu verteilen sind) in Form von sogenannten *Stundenplaneinheiten* vorliegt.

Im einfachsten Fall besteht eine Stundenplaneinheit aus einem Unterrichtselement und der Angabe, wie häufig dieses im Stundenplan vorkommen soll. Beim obigen Beispiel würden z. B. die zwei Stunden Physik, die l_{16} in k_{12} gibt, zur folgenden *Stundenplaneinheit:*

$$\text{Physik} - l_{16} - k_{12} - \text{Physiksaal} - 2 .$$

Diese Art der Darstellung ist bei *beliebigen* Stundenplanproblemen möglich. Häufig nimmt man in eine Stundenplaneinheit noch einiges an Information über

Klassen

<table>
<tr><td></td><td></td><td>1</td><td>2</td><td>3</td><td>4</td><td>5</td><td>6</td></tr>
<tr><td rowspan="2">Stunden</td><td>1</td><td colspan="3" rowspan="2">1 , 2 , 3</td><td rowspan="2">7</td><td rowspan="2">4</td><td>6</td></tr>
<tr><td>2</td><td>5</td></tr>
<tr><td>3</td><td rowspan="2">6</td><td>5</td><td>2</td><td>4</td><td>7</td><td rowspan="2">1</td></tr>
<tr><td>4</td><td>2</td><td>5</td><td colspan="2">3 , 4</td></tr>
<tr><td>5</td><td>3</td><td colspan="2">2 , 7</td><td colspan="3">4 , 5 , 6</td></tr>
</table>

Abb. 60. Ausschnitt aus einem Klassenplan

den betreffenden Unterricht auf, so z. B. die Angabe, wieweit Doppelstunden gewünscht sind. Gekoppelter Unterricht kann so erfaßt werden, daß sämtliche dabei beteiligten Lehrer, Klassen und Räume zusammen angegeben werden.

Von diesen Stundenplaneinheiten her geschieht dann die Konstruktion des Stundenplans. Die Einhaltung der verschiedenen Nebenbedingungen ist dabei Sache des jeweiligen Lösungsverfahrens. Hierzu sind Prüfungen bzw. Abfragen und Vergleiche zwischen den Stundenplaneinheiten und dem soweit schon er-

17*

stellten Stundenplan notwendig. Die Angabe der Verfügbarkeit von Lehrern, Klassen, Räumen u. dgl. geschieht gerne mittels Vektoren, deren Komponenten die einzelnen Stunden repräsentieren und die Werte 0 oder 1 annehmen, je nachdem, ob der betreffende Lehrer in der entsprechenden Stunde noch frei oder schon belegt ist. Ein solcher *Verfügbarkeitsvektor* läßt sich in der Rechenanlage einfach darstellen; häufig genügt ein Maschinenwort dafür, wobei dann die einzelnen bits, die ja gerade zwei Werte O oder L annehmen können, die einzelnen Komponenten des Vektors bedeuten.

Der gerechnete Stundenplan kann in verschiedener Weise dargestellt werden, am einfachsten als Matrix. So ist z. B. der *Klassenplan* für eine Schule eine zweidimensionale Matrix, deren Spalten die verschiedenen Klassen bedeuten und die Zeilen die einzelnen Stunden. Die Matrixelemente selbst sind dann die Nummern der Lehrer, die die jeweilige Klasse in der betreffenden Stunde unterrichten. Man vergleiche hierzu das Beispiel in Abb. 60, wo die Klasse 3 in der 4. Stunde von Lehrer 5 unterrichtet wird. Klasse 1 hat dagegen in dieser Zeit eine Doppelstunde bei Lehrer 6 und die Klasse 4 und 5 gekoppelten Unterricht bei den Lehrern 3 und 4. In ähnlicher Weise sind Lehrer- oder Raumbelegungspläne aufgebaut.

3.3. Lösungsmethoden

Im Gegensatz zu anderen Problemen geht es bei der Erstellung eines Stundenplans nicht darum, mittels eines bekannten Algorithmus ein eindeutig festliegendes Ergebnis zu bekommen, sondern es ist eine *mögliche* Verteilung vorgegebener Elemente zu finden, die bestimmte Eigenschaften haben soll. Hierzu kann auf verschiedene Weise vorgegangen werden. Meistens ist auch der gesuchte Stundenplan gar nicht streng logisch determiniert, da verschiedene seiner Eigenschaften eine ziemlich dehnbare Interpretation zulassen. Deshalb gibt es gewöhnlich mehrere gleichwertige Stundenpläne, die untereinander ganz verschieden sein können. Von da her erklären sich die Schwierigkeiten, die bei der Suche nach Verfahren zur *maschinellen Stundenplanerstellung* auftreten.

Bisher werden Stundenpläne von Hand aufgestellt. Dabei werden meistens Probierstrategien verwendet, die gewöhnlich auf langjähriger Erfahrung beruhen. Beim Einsatz von Rechenanlagen steht man vor der Frage, wieweit man dieses Vorgehen einfach übernehmen kann, oder aber ob nicht durch die Rechenanlage neue Möglichkeiten und damit neue Verfahren gegeben sind. So befaßte man sich teils mit einem mehr oder weniger starken „Nachprogrammieren" des manuellen Vorgehens, teils wurde versucht, das Problem mathematisch zu formulieren und zu lösen.

Ein Lösungsverfahren für Stundenplanprobleme muß als Endresultat die gesuchte Verteilung der vorgegebenen Unterrichtselemente liefern. Der Weg dorthin kann verschieden aussehen. Entweder es wird ein Element nach dem anderen verteilt — dann muß das Verfahren angeben, in welcher Reihenfolge die Elemente abgearbeitet werden und in welche Stunde sie jeweils zu legen sind. Dies kann mittels *heuristischer Überlegungen* geschehen oder auch auf Grund *mathematischer Berechnungen*, falls solche anwendbar sind. Oder aber es gibt einen Algorithmus, der die gesamte Verteilung in einem Stück liefert.

Einen solchen Algorithmus gibt es zunächst nicht. Thornton berichtet aber in [31] von einer Studie, bei der eine australische Fluggesellschaft ein Dienstplanproblem samt Fahrplanerstellung löste. Es gelang, das Problem als nichtlineares ganzzahliges Optimierungsproblem zu formulieren und dann durch Verwandlung in eine Anzahl linearer ganzzahliger Optimierungsprobleme zu lösen. Ähnlich führen HOERNKE und ZWAHLEN das Problem der Diensteinteilung von Lokomotiven auf ein Transportproblem zurück [16]. GREKO erhält einen Schulstundenplan durch Ermittlung des optimalen Flusses in einem Netzwerk [14] (vgl. hierzu 4.3). Solche Methoden sind aber schwerlich bei beliebigen Stundenplanproblemen anwendbar.

Ein naheliegender Gedanke ist, das Ganze als *Optimierungsproblem* aufzufassen. Es ist ja jeweils ein *optimaler* Stundenplan gesucht, der verschiedenen Nebenbedingungen genügen muß. Insofern besteht eine Verwandtschaft zur Planungsrechnung, bei der eine vorgegebene Zielfunktion unter bestimmten Nebenbedingungen zu optimieren ist. Doch dies besagt noch nicht viel, da einmal häufig über die zu optimierende „Zielfunktion" bei den Stundenplanproblemen keine Einheit herrscht und außerdem die Nebenbedingungen oft nicht genügend exakt gefaßt werden können. Zum anderen ist es fraglich, ob *stets* das mathematische Modell der Planungsrechnung anwendbar ist.

Die andere Möglichkeit einer mathematischen Behandlung besteht darin, eine Zuordnung nach der anderen auf Grund *mathematischer Berechnungen* zu treffen. Dies ist in dem Verfahren von BERGHUIS stark ausgeprägt, der aber auch noch viel mit heuristischen Methoden arbeitet [5]. GOTLIEB versuchte, die Zuordnungen unter alleiniger Verwendung mathematischer Hilfsmittel zu bekommen [13]. Dies gelang, allerdings nur bei einem stark vereinfachten Modell. Eine Berücksichtigung weiterer Nebenbedingungen verlangte die Anwendung heuristischer Methoden [23].

Als *heuristisch* bezeichnet man solche Verfahren, bei denen das manuelle Vorgehen zur Stundenplankonstruktion auf der Rechenanlage nachgeahmt wird. Das Aufstellen eines Stundenplans von Hand geschieht unter Verwendung anschaulicher Hilfsmittel. So sind etwa auf einem „Steckbrett" verschiedenfarbige (Lehrer-) Knöpfe so zu verteilen, daß die an einen Stundenplan gestellten Forderungen erfüllt sind. Hierzu beginnt der betreffende Fachlehrer mit dem erfahrungsgemäß schwierigsten Teil des Planes und fährt solange fort, bis alle Knöpfe in Übereinstimmung mit den verschiedenen Forderungen verteilt sind. Verschiedentlich ist es hierbei notwendig, frühere Zuordnungen rückgängig zu machen oder Eintragungen gegeneinander auszutauschen. Zum Schluß werden dann noch gewisse Unbequemlichkeiten der Lehrer bearbeitet und so der Stundenplan „optimiert". Meistens ist es nicht möglich, *allen* Wünschen des Lehrerkollegiums nachzukommen, und es ist Erfahrungssache, dann mit den Verbesserungen aufzuhören, wenn diesen nur noch mit erheblichen Umtauschaktionen entsprochen werden kann.

Ein solcher durch *verschiedene* Bedingungen gesteuerter Verteilprozeß läßt sich mit der Rechenanlage gut durchführen. Er bildet deshalb den Kern der heuristischen Verfahren. Ausgangspunkt sind dabei die *Stundenplaneinheiten* aus 3.2. Von ihnen her erfolgen die Eintragungen der *Unterrichtselemente* in den Stundenplan. Dies geschieht nach verschiedenen Regeln, die einesteils aus der Erfahrung stammen, zu andern durch die Nebenbedingungen begründet sind.

Bei einem Schulstundenplan sind z. B. solche Fächer, die einen häufig benötigten Fachraum wie etwa die Turnhalle brauchen, vorrangig zu behandeln. Der Unterricht jener Lehrer, die keinen vollen Lehrauftrag haben, muß rechtzeitig eingeplant werden. Eine fünfstündige Vorlesung ist schwieriger unterzubringen als eine zweistündige. Häufig wird auf Grund solcher Überlegungen zunächst die „dringlichste" Stundenplaneinheit bestimmt und hierauf deren Unterrichtselemente in diejenigen Stunden gelegt, die sich als am „zweckmäßigsten" erweisen. Die verschiedenen Nebenbedingungen kommen dabei zum Tragen, so etwa die beschränkte Verfügbarkeit der Lehrkräfte oder die Bedingung, daß der Unterricht in einem Fach gleichmäßig über die Woche verteilt sein soll. Verschiedentlich ermöglichen hier auch *Bewertungen* eine günstige Verteilung der Unterrichtselemente.

Trotzdem ist es meistens nicht möglich, durch einen reinen Verteilprozeß den *vollständigen* Stundenplan zu erhalten. Früher oder später wird es notwendig, Eintragungen wieder zurückzunehmen, damit andere Elemente noch untergebracht werden können. Solche *Austauschschritte* sind sehr schwierig zu programmieren, insbesondere wenn mehrere Eintragungen dabei beteiligt sind. Der Mensch überblickt eine Stundenplantafel als Ganzes und sieht von da her leichter einen möglichen Austausch. Für die Maschine gibt es aber nur eine Vielzahl zunächst gleichrangiger Austauschmöglichkeiten. Erfolgreiche Strategien hierzu entwickelten Berghuis [5], Barraclough [4] und Lazak [20].

Neben den genannten Möglichkeiten wäre eine maschinelle Stundenplanerstellung auch noch mit Hilfe der *Kombinatorik* denkbar. Man könnte alle möglichen Verteilungen dieser Elemente aufstellen und daraufhin untersuchen, wieweit sie die geforderten Eigenschaften haben. Ein solches Vorgehen kommt aber nicht in Frage, da die Zahl der möglichen Verteilungen viel zu hoch ist. Allein für die 30 Felder einer Klasse, die etwa bei 5 verschiedenen Lehrern je 6 Wochenstunden Unterricht hat, gibt es bereits $\dfrac{30!}{5 \cdot 6!}$, also mehr als 10^{28} verschiedene mögliche Pläne. Mit diesen Plänen wäre auch eine sehr schnelle Rechenanlage Jahrmillionen beschäftigt.

3.4. Beispiel

In diesem Kapitel wird anhand eines konkreten Beispiels gezeigt, wie die maschinelle Stundenplanerstellung praktisch aussieht. Es handelt sich dabei um ein Programm zum Aufstellen von Schulstundenplänen, bei dessen Entwicklung der Verfasser mitgewirkt hat [17]. Es wurde für die Rechenanlage ER 56 von *Standard Elektrik Lorenz* geschrieben. Dies ist eine Dezimalmaschine, bei der eine Speicherzelle (*Maschinenwort*) gerade 7 Dezimalziffern aufnehmen kann.

Den Ausgangspunkt bildet die von der Schule gelieferte *Lehrauftragsverteilung*. Das Programm soll möglichst den gesamten in ihr enthaltenen Unterricht verteilen und dabei folgende Forderungen einhalten:

a) Einzigkeitsbedingungen,

b) für gewisse Fächer sind Fachräume nötig,

c) gleichmäßige Verteilung des Unterrichts über die Woche,

d) er kann als Einzel- oder Doppelstunde erteilt werden.

Beschränkte Verfügbarkeit oder irgendwelche Bedingungen bezüglich der Lehrer werden nicht berücksichtigt. Ferner kann das Programm nur klassenweisen Unterricht behandeln; gekoppelter Unterricht ist nicht vorgesehen. Als Zeitraster liegt eine Woche mit t Tagen zu je s Stunden zugrunde.

Als erstes ist die Lehrauftragsverteilung in *Stundenplaneinheiten* aufzuteilen, die hier die Form

Klasse — Fach — Fachraum — Lehrer — Anzahl Einzel- oder Doppelstunden

haben. Ein Beispiel hierfür wäre

Klasse 6 c — Physik — Physiksaal — Lehrer Schwenk — Einzelstunden — drei.

Eine solche Einheit kann nur Einzel- oder Doppelstunden anzeigen; sind in einem Fach beide Möglichkeiten gewünscht, so braucht man hierfür zwei Einheiten. Das Aufstellen dieser Stundenplaneinheiten geschieht von Hand, ebenso ihre Verschlüsselung in eine der Rechenanlage angemessene Form. Bei dieser werden Klasse, Fach und Lehrer durch je *zwei* Dezimalstellen dargestellt, Raum und Stundenzahl jeweils durch *eine*, ebenso die Angabe, ob es sich dabei um Einzel- oder Doppelstunden handelt. Das obige Beispiel wäre dann folgende Ziffernkombination:

$$63 \quad 52 \quad 5 \quad 27 \quad 1 \quad 3.$$

Die so verschlüsselte Liste der Stundenplaneinheiten wird in die Rechenanlage eingelesen und in aufeinanderfolgenden Zellen gespeichert. Dabei braucht man für eine Einheit gerade zwei Maschinenworte zu je 7 Dezimalziffern; das erste enthält das *Unterrichtselement*, das hier die Form

Klasse — Fach — Fachraum — Lehrer

hat, das zweite die Stundenzahl samt einigen weiteren Parametern, die für die Stundenplankonstruktion nötig sind.

Der Stundenplan wird in der Art des *Klassenplans* aufgestellt (vgl. 3.2), wobei aber die Matrixelemente gerade obige Unterrichtselemente sind. Abb. 61 zeigt ein Beispiel hierzu. Die Konstruktion des Stundenplans besteht dann darin, aus den Stundenplaneinheiten ein Unterrichtselement nach dem andern auszuwählen und in ein bestimmtes Feld des Stundenplans einzutragen. Als erstes wird dabei der Unterricht verteilt, bei dem Fachräume nötig sind. Das Programm geht hierzu stundenweise vor, d. h. es beginnt in der ersten Stunde der Woche und versucht, so viele Unterrichtselemente in ihr unterzubringen, als es Fachräume gibt. Dann folgen die Eintragungen in der nächsten Stunde auf entsprechende Weise usw.

Sind alle „Raumelemente" verteilt oder kann keines mehr untergebracht werden, so folgt die Verteilung des übrigen Unterrichts auf diejenigen Felder des Stundenplans, die noch frei sind. Dies geschieht wieder stundenweise. Dabei durchläuft das Programm innerhalb einer bestimmten Stunde *alle* Klassen in einer vorgegebenen Reihenfolge und versucht, in jeder Klasse, die noch frei ist, das jeweils „dringlichste" Unterrichtselement einzutragen. Die Dringlichkeit einer Eintragung wird mit Hilfe zweier Zahlen n und p ermittelt, die für jede Stundenplaneinheit folgendermaßen definiert sind:

n als Anzahl der Unterrichtselemente, die von dieser Einheit noch verteilt werden müssen;

p als Anzahl der Stunden, in die noch eine Eintragung von dieser Stundenplaneinheit gemacht werden kann.

Dann gibt der Quotient $\dfrac{p}{n}$ die durchschnittliche Zahl von Feldern im Klassenplan an, in die ein Unterrichtselement von einer Stundenplaneinheit noch eingetragen werden kann. Diejenigen Einheiten, für die diese Zahl am niedrigsten ist, sind am dringlichsten.

Auf diese Weise wird versucht, den durch die Lehrauftragsverteilung ge-

	Klasse 5 b	Klasse 5 c	Klasse 6 a	Klasse 6 b
Montag	5B T　T HEM 5B PH P GOE 5B F　　BK 5B M　　TR 5B G　　HEM	5C PH P GOE 5C T　T HEM 5C M　　TR 5C F　　SF	6A L　　HOE 6A L　　HOE 6A D　　HOE 6A E　　BM 6A M　　SA	6B CH C KST 6B M　　TR 6B T　T HEM 6B F　　SF 6B D　　BAU
Dienstag	5B EK E HEM 5B MU A HE 5B E　　BAU 5B D　　BAU 5B M　　TR	5C MU A HE 5C EK E HEM 5C M　　TR 5C E　　EB 5C F　　SF	6A GK　KO 6A E　　BM 6A RE　AUT 6A F　　KO 6A F　　KO	6B CH C KST 6B F　　SF 6B B　B KST 6B M　　TR 6B G　　BAU
Mittwoch	5B PH P GOE 5B MU A HE 5B F　　BK 5B M　　TR 5B E　　BAU	5C MU A HE 5C PH P GOE 5C M　　TR 5C E　　EB 5C G　　EB	6A M　　SA 6A B　　GO 6A G　　KO 6A L　　HOE 6A D　　HOE	6B M　　TR 6B F　　SF 6B B　B KST 6B PH P GOE 6B RE　KOE
Donnerstag	5B EK E HEM 5B CH C KAE 5B M　　TR 5B F　　BK 5B G　　HEM	5C CH C KAE 5C EK E HEM 5C RE　EB 5C M　　TR 5C D　　SF	6A B　　GO 6A E　　BM 6A G　　KO 6A M　　SA 6A GK　KO	6B M　　TR 6B GK　BAU 6B MU A HE 6B Z　Z MA 6B RE　KOE
Freitag	5B Z　Z MA 5B Z　Z MA 5B RE　KOE 5B D　　BAU 5B D　　BAU	5C F　　SF 5C CH C KAE 5C Z　Z MA 5C Z　Z MA 5C RE　EB	6A F　　KO 6A F　　KO 6A L　　HOE 6A D　　HOE	6B M　　TR 6B E　　BAU 6B E　　BAU
Samstag	5B D　　BAU 5B M　　TR 5B RE　KOE 5B CH C KAE 5B F　　BK	5C M　　TR 5C G　　EB 5C E　　EB 5C D　　SF 5C D　　SF	6A Z　　SAJ 6A RE　AUT 6A F　　KO 6A PH P GOE 6A CH C KST	6B PH P GOE 6B D　　BAU 6B D　　BAU 6B E　　BAU 6B G　　BAU

Abb. 61. Ausschnitt aus dem Stundenplan

forderten Unterricht möglichst zweckmäßig auf die einzelnen Stunden zu verteilen. Die Berücksichtigung der verschiedenen eingangs genannten Forderungen kann dabei wegen des stundenweisen Belegens mit verhältnismäßig einfachen Mitteln erreicht werden. Für die *Einzigkeitsbedingungen* genügen z. B. drei Tabellen für die Lehrer, Klassen und Räume, wobei etwa die Lehrertabelle für jeden Lehrer *ein* bit enthält. Durch seine Stellung **O** oder **L** zeigt dieses an, ob der betreffende Lehrer in der momentanen Stunde noch frei ist oder schon belegt wurde. — Die gleichmäßige Verteilung des Unterrichts über die Woche wird einmal dadurch erreicht, daß man ein Fach, sobald es in einer Klasse dran war, für den Rest des Tages für diese Klasse sperrt. Programmiertechnisch bedeutet dies, daß bei der Suche nach Unterrichtselementen in den übrigen Stunden dieses Tages die Stundenplaneinheit mit diesem Fach einfach übergangen wird. Andererseits sorgt das gewählte Maß für die Dringlichkeit dafür, daß dieses Fach an den anderen Tagen nicht zu früh gewählt wird.

Die mit diesem Programm erstellten Stundenpläne weisen noch einige Unebenheiten auf. Meistens gelingt es nicht, den gesamten Unterricht unterzubringen. Außerdem treten vereinzelt Hohlstunden auf. Trotzdem haben diese Pläne schon praktische Bedeutung, etwa in dem Sinne, daß sie ohne großen Aufwand von Hand vervollständigt und dann von der Schule verwendet werden können.

4. Programme zur Stundenplanerstellung

4.1. Überblick

Die Anfänge der maschinellen Stundenplanerstellung gehen bis etwa 1957 zurück. Seitdem untersuchten verschiedene Gruppen, wieweit Rechenanlagen bei den einzelnen Stundenplanproblemen eingesetzt werden können. Wohl am häufigsten wurden dabei *Schulstundenpläne* behandelt. Dagegen gibt es nicht viel Literatur zu den *Hochschulplänen*. Dies mag einmal darin begründet sein, daß dieses Problem sehr eng mit den Schulstundenplänen verwandt ist. Besonders deutlich wird dies in Amerika, wo die Schulform an den *High Schools* immer mehr den *Colleges* und *Universities* angeglichen wird. Zum andern mag bei den Hochschulplänen das Bedürfnis nach einer maschinellen Hilfe geringer sein. Dies kann man auch für *Prüfungspläne* annehmen, über die ebenfalls wenig veröffentlicht wurde. Dagegen gehört *Student Sectioning* mit zu den ersten Untersuchungen auf diesem Gebiet.

Das Aufstellen von *Dienstplänen* wurde nur vereinzelt mit Rechenanlagen versucht. Wie LAZAK in [19] mitteilt, befaßte sich das *Batelle-Institut* in Frankfurt/Main schon mit der Erstellung optimaler Dienstpläne bei Straßenbahnbetrieben. Einzelheiten hierüber fehlen; zugunsten der manuellen Methode wurden die Untersuchungen damals (1961) abgebrochen. An weiteren Arbeiten gibt es noch die von HOERNKE und ZWAHLEN [16] und von MEYER [25] über die Diensteinteilung von Lokomotiven sowie die auch schon in 3.3 erwähnte Studie einer Fluggesellschaft [31]. Über *Ausbildungspläne* ist noch nichts bekannt.

4.2. Heuristische Verfahren für Schul- und Hochschulpläne

Eine der ersten Veröffentlichungen zur maschinellen Stundenplanerstellung stammt von den Engländern APPLEBY, BLAKE und NEWMAN aus dem Jahre

1961 [3]. Bedeutsam an dieser Arbeit ist, daß in ihr das Wesen der heuristischen Methode klar erkannt wird. Die Stundenplankonstruktion geht von „Zeilen" aus, die den Stundenplaneinheiten aus 3.2 entsprechen und Angaben von der Form

Klasse — Lehrer — Anzahl Einzel- und Doppelstunden — weitere Bedingungen

enthalten. Die in 3.4 definierten Zahlen n und p werden verschiedentlich eingesetzt. So gibt die Differenz $p - n$ ein Maß für den Freiheitsgrad einer Zeile. Solange $p - n > 0$ ist, gibt es noch verschiedene Möglichkeiten, den Unterricht dieser Zeile zu verteilen, bei $p - n = 0$ dagegen nur noch eine. Wird einmal $p - n < 0$, so kann nicht mehr der gesamte Unterricht untergebracht werden und das Programm hat „versagt". Die Kriterien und Regeln für die Stundenplankonstruktion sind deshalb so angelegt, daß es erst gar nicht so weit kommt. Ein Austauschprogramm ist nicht vorgesehen.

Die wichtigsten Forderungen, wie gekoppelter Unterricht, Fachräume und Doppelstunden, werden berücksichtigt. Dagegen können Hohlstunden auftreten; die gleichmäßige Verteilung des Unterrichts ist nicht ganz zufriedenstellend. Beschränkte Verfügbarkeiten sind nicht vorgesehen. Auch kommt es vor, daß nicht aller Unterricht verteilt werden kann. Das für eine ältere Magnettrommel-Rechenanlage geschriebene Programm benötigte für ein Beispiel mit 26 Klassen bei 35 Wochenstunden etwa $1\frac{1}{2}$ Stunden Rechenzeit.

Während Appleby das Hauptgewicht darauf legt, einen *vollständigen* Stundenplan zu bekommen, in dem die wichtigsten Forderungen erfüllt sind, soll das Programm von Berghuis vor allem solche Stundenpläne erzeugen, die in den Schulen auch *praktisch* eingesetzt werden können. Das in [5] beschriebene Verfahren ist ein typisches Beispiel für das heuristische Vorgehen. Auf Grund der Verfügbarkeiten werden mittels umfangreicher Berechnungen Lehrer und Klasse ermittelt, für die jeweils eine Zuordnung erfolgen soll. Zahlreiche Kriterien, die die verschiedenen Nebenbedingungen enthalten, bestimmen schließlich die Stunde, in die eine Eintragung erfolgt. Auch ein *Austauschprogramm* wird verwendet, mit dem gegebenenfalls frühere Zuordnungen wieder rückgängig gemacht werden. Das Programm wurde 1962/63 an mehreren holländischen Schulen erfolgreich eingesetzt, obwohl gewöhnlich die Schulen hinsichtlich der Forderungen an den Stundenplan Zugeständnisse machen mußten.

Das in [4] beschriebene Programm von Barraclough ist eine Parallelentwicklung zu Berghuis. Es lehnt sich stark an das manuelle Vorgehen an und trägt Stunden, die nur sehr schwer untergebracht werden können, zuerst ein. Berechnungen werden dabei kaum angestellt. Auch Austauschschritte sind vorgesehen, die detailliert erläutert werden. Die praktische Erprobung an verschiedenen *Grammar Schools* Englands ergab brauchbare Ergebnisse, jedoch war es meistens nicht möglich, einen vollständigen Stundenplan zu bekommen.

Einen weiteren Ansatz liefert die Arbeit von Lazak (1962/63). Sein in [19] und [20] beschriebenes „logistisches Verfahren" berücksichtigt neben den Einzigkeitsforderungen und der Möglichkeit gekoppelten Unterrichts nur noch die beschränkte Verfügbarkeit von Lehrern und Klassen. Der Unterricht wird anhand einer „Dienstplanmatrix", die die einzelnen Stundenplaneinheiten enthält, verteilt. Dabei geschieht zunächst in einer „Setzphase" eine Eintragung nach der anderen, bis kein freies Feld mehr hierfür zur Verfügung steht. Dann beginnt die

„Kollisionsphase", in der frühere Setzungen wieder rückgängig gemacht und dadurch freie Felder geschaffen werden. LAZAK entwickelt hier eine sehr zweckmäßige Strategie.

Das Verfahren wurde an kleineren Beispielen auf der IBM 7090 ausgetestet. Wieweit damit auch praktischen Erfordernissen entsprochen werden kann, bleibt offen, da die Weiterentwicklung fehlt und verschiedene Forderungen nicht berücksichtigt werden. Zwar diskutiert LAZAK in [19] verschiedene Möglichkeiten durch, weitere Forderungen aufzunehmen. Aber es ist fraglich, ob sich dies programmiertechnisch verwirklichen läßt. Mit Hilfe „variabler Zielfunktionen" wird versucht, solche Bedingungen anzugehen, die eine mehr oder weniger gute Erfüllung zulassen (etwa die gleichmäßige Verteilung des Unterrichts) [21]. Es handelt sich hierbei um e-Funktionen, in denen bisherige Setzungen berücksichtigt werden und die man für die weiteren Zuordnungen mit heranzieht.

BRUSBERG entwickelte 1964/65 ein Programm für die Rechenanlage TR 4, das sowohl Schul- wie auch Hochschulpläne erstellen kann. Hierzu arbeitet es mit Unterrichtselementen, bei denen auf die spezielle Bedeutung der Merkmale wie Lehrer oder Klassen verzichtet wurde. Nur deren Eigenschaften, wie sie etwa in den Einzigkeitsbedingungen zum Ausdruck kommen, gehen in das Programm ein. Dadurch kann dieses auf verschiedene Stundenplanprobleme angewandt werden. Verschiedene Forderungen an einen Stundenplan werden berücksichtigt. Mittels Wunschlisten wird versucht, Wünschen — etwa von Lehrern — entgegenzukommen. Eine Vermeidung von Hohlstunden ist nicht gewährleistet.

Auch bei den beiden Programmen von ALMOND *„for constructing University timetables"* wird die Verwandtschaft zwischen Schul- und Hochschulplänen deutlich. Das eine Programm erstellt einen Stundenplan *„for one department"*; obwohl es sich dabei um eine englische Universität handelt, besteht doch weitgehende Ähnlichkeit mit dem Aufstellen eines Stundenplans für Gymnasien. Das andere Programm, das im Aufbau mit dem ersten übereinstimmt und Teile desselben verwendet, konstruiert *„a timetable for a Faculty"*. Dies wiederum kommt den Vorlesungsplänen an deutschen Hochschulen sehr nahe. Die Programme sind in ALGOL geschrieben. Sie demonstrieren deutlich das heuristische Vorgehen. So enthält [2] neben einer gut verständlichen Beschreibung des Verfahrens auch noch einen Ausschnitt aus dem ALGOL-Programm sowie zwei detaillierte Blockdiagramme. Der Einsatz dieser Programme an der *University of London* lieferte Stundenpläne, nach denen dann unterrichtet wurde.

4.3. Mathematisch orientierte Lösungsverfahren

Die ersten Versuche, Stundenpläne auf mathematischem Wege zu bekommen, stammen von GOTLIEB und CSIMA [13]. Sie gehen dabei von einem vereinfachten Stundenplanmodell aus, bei dem neben den Einzigkeitsbedingungen nur noch die Forderung erhoben wird, daß sowohl Lehrer wie auch Klassen in bestimmten Stunden nicht zur Verfügung stehen. Gekoppelter Unterricht kann nicht erfaßt werden, auch nicht Fachräume.

Die mathematische Darstellung dieses Modells gelingt durch Verwendung der Mengen $\mathfrak{L}$, $\mathfrak{K}$ und $\mathfrak{Z}$ aus 3.1 für die Lehrer, Klassen und Stunden und der *Bedarfsmatrix* **B** aus 3.2 für die Lehrauftragsverteilung. Eine Matrix **C** nimmt den gerechneten Stundenplan auf; ihre Elemente c^k_{ij} sind 1 oder 0, je nachdem, ob Lehrer l_i die Klasse k_j in der Stunde z_k unterrichtet oder nicht. Weitere Matrizen enthalten die „Anfangszuweisungen". In ihnen sind von vornherein gewisse Zuordnungen zwischen Lehrern und Klassen fest getroffen, wodurch beschränkte Verfügbarkeit erreicht wird. Auch kann man hierdurch besonders kritische Teile des Stundenplans bereits im voraus festlegen. Dann werden noch die aus 3.2 bekannten *Verfügbarkeitsvektoren* für jeden Lehrer und jede Klasse verwendet. Sie geben an, in welchen Stunden sie schon belegt und wann sie noch frei sind.

Die Lösungsmethode geht von der Tatsache aus, daß zwischen den Verfügbarkeiten einerseits und dem Unterrichtsbedarf andererseits bestimmte Bedingungen erfüllt sein müssen, damit überhaupt ein vollständiger Stundenplan existieren kann. Es sind dies die Bedingungen, die bereits von APPLEBY als notwendig für die Existenz einer Lösung erkannt wurden und die besagen, daß z. B. ein Lehrer in mindestens ebenso vielen Stunden verfügbar sein muß, als er zu unterrichten hat. Sie lassen sich mit Hilfe der Verfügbarkeitsvektoren und der Matrix **B** exakt formulieren.

Die Stundenplankonstruktion beginnt damit, daß zunächst *alle* diese Bedingungen aufgestellt und geprüft werden. Ist mindestens eine *nicht* erfüllt, so hat das Problem keine Lösung. Andernfalls aber wird anschließend ein Lehrer willkürlich ausgewählt und für eine bestimmte Stunde einer Klasse zugeordnet. Hierdurch ändern sich die Bedarfsmatrix sowie verschiedene Verfügbarkeitsvektoren, was zu neuen Existenzbedingungen führt. Fällt deren Prüfung wieder positiv aus, so erfolgt die nächste Zuordnung. In dieser Weise fährt das Verfahren iterativ fort, bis ein vollständiger Stundenplan erreicht ist oder aber ein Widerspruch erkannt wird.

Dieses Verfahren hat den Vorteil, daß man bei der Stundenplanerstellung die Auswirkungen einer einzelnen Eintragung unter Kontrolle hat. Damit kann man Zuordnungen vermeiden, die einen vollständigen Stundenplan unmöglich machen würden. Leider ist jedoch die Anwendung auf praktische Probleme stark einbeschränkt, da viele Forderungen an reale Stundenpläne unberücksichtigt bleiben und außerdem der Rechenaufwand zu unverhältnismäßig hohen Rechenzeiten führt. Ein für die IBM 7090 geschriebenes Programm zum Austesten des Verfahrens [10] brauchte für eine Schule mit 17 Klassen bei 9 Wochenstunden bereits 41 Stunden [11].

Durch Verwendung der „ungarischen Methode" in dem oben geschilderten Algorithmus gelang es dann, die Rechenzeit stark herabzusetzen [22]. Damit war es möglich, durch Hinzunahme weiterer Bedingungen das Programm den praktischen Erfordernissen besser anzupassen. So entstand das *„Ontario school scheduling program"*, mit dem 1966 für verschiedene Schulen brauchbare Stundenpläne in annehmbaren Zeiten erstellt werden konnten.

Es ist bezeichnend, daß dieses leistungsfähige Programm aus einer Kombination mathematischer und heuristischer Methoden besteht [23]. Es erstellt den Stundenplan in *Teilplänen* für die einzelnen Tage. Hierzu teilt es mittels heuristischer Überlegungen die Ausgangsdaten samt den Bedingungen auf die einzelnen Tage auf. Bei der Ermittlung eines *Tagesplans* werden dann die verschiedenen Bedingungen in einer durch Erfahrung und Zweckmäßigkeit festgelegten Reihenfolge durchgegangen und in Anfangszuweisungen umgewandelt. Gerät das

Programm hierbei in Schwierigkeiten, so schwächt es die einzelnen Bedingungen solange ab, bis ihre Formulierung als Anfangszuweisung möglich wird. Die eigentliche Verteilung des Unterrichts geschieht dann mittels des durch die „ungarische Methode" modifizierten Algorithmus von GOTLIEB.

GENRICHS Untersuchungen zeigen eine gewisse Verwandtschaft mit GOTLIEBS Theorie. Ihm geht es vor allem um die Frage, wie man Stundenplanprobleme und ähnliche kombinatorische Aufgaben *mathematisch* erfassen und damit einer mathematischen Behandlung zugänglich machen kann. Hierzu entwickelte er mittels Mengen, Mengenprodukten, Booleschen Vektoren und Relationen einen Kalkül, in dem sich derartige Probleme exakt formulieren und darstellen lassen [12]. Das Aufstellen eines Stundenplans wird dabei auf die Ermittlung einer Relation mit bestimmten Eigenschaften zurückgeführt. Aber es gelingt nicht, hieraus ein mathematisches Lösungsverfahren zu entwickeln. Nur für einfache kombinatorische Aufgaben kann man Ansatzpunkte hierzu finden; im Fall des Stundenplans läuft es im wesentlichen auf die Ergebnisse GOTLIEBS hinaus. Für die Konstruktion solcher Stundenpläne, die den praktischen Erfordernissen entsprechen, sind aber die Möglichkeiten sehr rasch erschöpft; das Programm, das in [12] erwähnt wird und mit dem verschiedene Stundenpläne der Praxis bearbeitet wurden, bedient sich heuristischer Methoden.

Ein ganz anderer Vorschlag stammt von GREKO. Auf Grund verschiedener Versuche — sowohl heuristischer Art als auch mittels GOTLIEBS Methode — vermutet er, daß bei der maschinellen Stundenplanerstellung am ehesten eine *zweckmäßige Kombination* verschiedenartiger Methoden zum Ziel führen dürfte. In diesem Sinne schlägt er in [14] vor, auch die *Theorie der Netzwerke* heranzuziehen.

Ein Netzwerk ist eine Menge von „Knoten", die durch „Zweige" miteinander verbunden sind. Im Beispiel der Abb. 62 entsprechen die Punkte 1 bis 7 den Knoten und die sie verbindenden Strecken den Zweigen. Durch das Netzwerk fließt ein „Fluß", der von einer „Quelle" (etwa Punkt 1) ausgehend sich auf die verschiedenen Zweige verteilt und in eine „Senke" (etwa Punkt 7) einmündet. In der Regel besitzt jeder Zweig eine Kapazitätsbeschränkung. Interessant ist dann die Frage nach dem „maximalen Fluß" von der Quelle zur Senke.

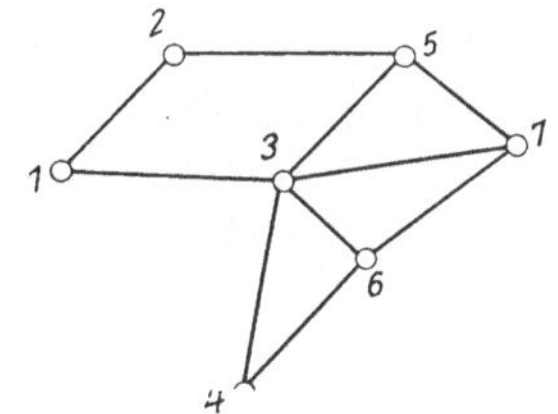

Abb. 62. Netzwerk mit 7 Knoten

Bei GREKO gehört nun zu *jedem* der Lehrer, Klassen, Fächer usw. ein Knoten. Entsprechend der Struktur des Stundenplans verlaufen Zweige zwischen ihnen. Diese sind einmal mit Kapazitätsbeschränkungen nach oben und unten versehen und ferner noch mit „Preisen" belegt. Ein von einer Klasse ausgehender Zweig hat z. B. als obere Kapazität die Anzahl Schüler in dieser Klasse. Mittels der *Preisbewertung* kann man die Verteilung entsprechend verschiedenen Wünschen steuern. Mit Hilfe eines Verfahrens aus der Netzwerktheorie wird dann der optimale Fluß ermittelt, aus dem sich der gesuchte Stundenplan ablesen läßt.

Die praktische Erprobung dieses Verfahrens beschränkt sich auf einen Teil der Klassen einer Schule. Abgesehen von einigen Schwächen — Hohlstunden konnten z. B. nicht völlig vermieden werden — war das Ergebnis zufriedenstellend. Wieweit sich diese Vorschläge in größerem Umfang verwirklichen lassen, bleibt allerdings offen, da die Darstellung des Netzwerks in der Rechenanlage sehr viel Speicherplatz erfordert.

In einem Vorschlag von Kirchgaessner wird das Aufstellen eines Stundenplans auf *Färbungsprobleme* bei Graphen zurückgeführt. (Ein Graph besteht wie ein Netzwerk aus Knoten und Zweigen, aber es interessiert die topologische Struktur.) Die einzelnen Knoten entsprechen dabei den Unterrichtselementen (vgl. 3.1). Zwei Elemente, die nicht in dieselbe Stunde gelegt werden dürfen — etwa zwei Prüfungen, die derselbe Student ablegt —, werden durch einen Zweig verbunden. Dann ist eine *solche* Färbung der einzelnen Knoten gesucht, daß die beiden Knoten eines Zweiges stets verschiedene Farben tragen. Alle Unterrichtselemente, die gleichfarbigen Knoten entsprechen, können dann derselben Stunde zugeteilt werden.

Gelingt es, dieses Färbungsproblem zu lösen, so läßt sich der Stundenplan dann leicht konstruieren, wenn nicht mehr Farben gebraucht wurden, als es Wochenstunden gibt. Sonst sind solange Zweige abzubauen, bis Übereinstimmung erreicht ist. Kirchgaessner gibt hierfür in [18] ein Verfahren an, das jedoch ziemlich aufwendig und auf kleinere Graphen beschränkt ist. Vielleicht könnte man hier ähnlich wie bei Gotlieb weiterkommen, indem man nur Tagespläne aufstellt. Trotzdem sind noch verschiedene grundsätzliche Fragen zu klären, ehe dieses Modell auf praktische Probleme angewandt werden kann.

4.4. GASP

GASP ist ein am M.I.T. in Cambridge, USA, entwickeltes Programm, mit dem Stundenpläne für *High Schools* und *Colleges* samt anschließendem *Student Sectioning* aufgestellt werden können. Es ist sehr stark auf die amerikanischen Verhältnisse zugeschnitten, so daß eine Verwendung an anderer Stelle — etwa an deutschen Hochschulen — kaum möglich ist.

In den Eingabedaten werden zahlreiche detaillierte Angaben über den Stundenplan verlangt, wie Listen der Dozenten, Räume, Studenten usw. Ferner sind für jede Vorlesung alle „*timepattern*" anzugeben, die für sie in Frage kommen, d. h. alle möglichen Arten, wie diese Vorlesung im Stundenplan untergebracht werden kann. Von diesen Daten her geschieht die Stundenplankonstruktion nach einfachen Regeln. Das Programm geht die Vorlesungen in der durch die Eingabe festgelegten Reihenfolge durch und versucht sie unterzubringen, indem es unter den möglichen „*timepattern*" dasjenige auswählt, das noch am wenigsten durch Dozenten oder Räume beansprucht ist. Kann auf diese Weise eine Forderung an den Stundenplan nicht erfüllt werden, so wird diese übergangen. Eintragungen werden nicht mehr rückgängig gemacht. Die Frage der Hohlstunden steht nicht zur Debatte; die gleichmäßige Verteilung des Unterrichts kann durch entsprechende „*timepattern*" erreicht werden, ist aber damit bereits in den Eingabedaten mitzuliefern. Das *Student Sectioning* geschieht mit ähnlichen einfachen Mitteln. Solche Studenten, für die auf Grund des erstellten Stundenplans Kollisionen auftreten, werden übergangen; die Maschine druckt eine entsprechende Bemerkung aus. Für die übrigen Studenten werden solange Zeitpläne aufgestellt, bis ein brauchbarer gefunden oder eine bestimmte Zahl von Versuchen ergebnislos abgelaufen ist.

GASP erstellt den Stundenplan in mehreren aufeinanderfolgenden Läufen. Die zu den ersten Durchgängen gehörigen Stundenpläne haben gewöhnlich noch zahlreiche Mängel, die dann durch entsprechendes Abändern der Daten immer mehr ausgemerzt werden. Je nach Größe der Schule kommt man so nach 7 bis 20 Läufen zu einem Stundenplan, der den verschiedenen Wünschen „so gut wie möglich" angepaßt ist. Auf diese Weise kann auch untersucht werden, wie sich gewisse Änderungen in den schulischen Gegebenheiten auswirken. So kann man z. B. danach fragen, wie sich die Wegnahme eines Hörsaals auf die Belegung der anderen auswirkt. Bei der Planung des *Meramec Junior Colleges* in St. Louis für 4500 Studenten wurde in dieser Weise eine optimale Benutzung der Räume ermittelt, was eine erhebliche Einsparung an Baukosten einbrachte [28].

Das Programm ist für IBM Maschinen vom Typ 709, 7090 oder 7094 geschrieben; es benötigt etliche Magnetbandgeräte sowie eine 1401 für die Ein- und Ausgabe. Je nach Größe des Problems dauert ein Durchgang auf der 7094 zwischen 5 und 20 Minuten; das Einlesen und Ausdrucken der Daten braucht ein Vielfaches dieser Zeit. Für ein *College* mit 1000 Studenten kommt man damit auf 3 bis 10 Stunden Gesamtrechenzeit. Bei ein bis zwei Tagen Abstand zwischen zwei aufeinanderfolgenden Läufen braucht man dann insgesamt zwei bis drei Wochen zum Erstellen des Stundenplans.

GASP wurde an verschiedenen *Colleges* und *High Schools* mit zum Teil ziemlich verwickelten Verhältnissen erfolgreich eingesetzt [26]. Es ist aber fraglich, ob dies auch an anderer Stelle möglich ist. Wie schon gezeigt wurde, müssen zum Teil starke Vereinfachungen in Kauf genommen werden. Außerdem wird das *Student Sectioning* immer mitbehandelt. In den Eingabedaten müssen sämtliche Alternativen angegeben werden und die Regeln, wie man unter ihnen zu wählen hat. Überhaupt nehmen die Eingabedaten zugunsten des einfachen Verfahrens ein sehr beträchtliches Ausmaß an, und allein das Ablochen dieser Daten kostet sehr viel Zeit. Versuche am *Deutschen Rechenzentrum* in Darmstadt ergaben, daß zu wenig Informationen über das Programm vorliegen und ziemlich viel Zeit investiert werden müßte, wollte man damit arbeiten. Außerdem waren Fehler im Programm.

4.5. Student Sectioning

Bei *Student Sectioning* müssen der Gesamtstundenplan der Hochschule sowie die Zeiten für die verschiedenen Kurse einer Vorlesung bereits festgelegt sein. Die Ermittlung der einzelnen Pläne für die Studenten wird bei einer Zahl von 10 000 Studenten zu einer mühsamen Angelegenheit. Deshalb wurden schon früh Programme entwickelt, um diese Routinearbeit zu vereinfachen. Ein Programm von der *Purdue University* kann nahezu 20 000 Studenten behandeln [4]. Das Programm CLASS für die IBM 7070 oder 7040 wurde bereits an verschiedenen *High Schools* erfolgreich eingesetzt [26]. Allerdings konnten nicht immer alle Studenten zugeordnet werden; von 2500 Studenten blieben einmal 73 übrig. Weitere Versuche stammen von BOSSERT und HARMON [6] und von MACON und WALKER [24].

Im Gegensatz zu den hier genannten Programmen besorgt GASP außer *Student Sectioning* auch noch das Aufstellen des Gesamtstundenplans. Dasselbe gilt vom „*Stanford School Scheduling System*", das weitgehende Ähnlichkeit mit GASP aufweist und etwa zur selben Zeit wie dieses an verschiedenen Schulen erfolgreich verwendet wurde [26]. Die beiden Programme unterscheiden sich hinsichtlich der Kapazität und ihrer Methoden.

4.6. Aufstellung von Prüfungsplänen

Über das Aufstellen von Prüfungsplänen mittels Rechenanlagen erschienen Veröffentlichungen von Cole [9] und von Broder [7] sowie eine Publikation der *University of Alberta*, Calgary, die aus einem ALGOL-Programm besteht [27]. Dieses dient dazu, m Prüfungen auf n Zeitperioden unter Berücksichtigung einer vorgegebenen „Konfliktmatrix" zu verteilen.

Broder geht heuristisch vor, mißt aber die Güte einer Zuordnung mittels arithmetischer Ausdrücke. Unter Verwendung von Variablen x_{ij}, die die Werte 1 oder 0 annehmen, je nachdem die Prüfung i in der Stunde j stattfindet oder nicht, erhält er lineare Gleichungen, in die die bisherigen Zuordnungen eingehen und die die Forderung nach minimaler Zahl von Konflikten enthalten. Aus ihnen wird jeweils die nächste Zuordnung ermittelt.

Das Programm von Cole soll hier näher beschrieben werden. Bei ihm geht es um einen Plan für N Prüfungen, die sich verschiedentlich noch in Teilprüfungen aufgliedern. Sie sind auf einen möglichst kurzen Zeitraum so zu verteilen, daß für Studenten keine Kollisionen entstehen.

Zunächst wird eine Liste der einzelnen Studenten samt den von ihnen gewählten Prüfungen eingegeben. Abb. 63 zeigt ein Beispiel für 7 Studenten; die Prüfungen sind von 1 bis N durchnumeriert. Dabei interessieren nur die Kombinationen von Prüfungen, die jeweils gewählt wurden. Aus diesen Daten gewinnt man eine *Konfliktmatrix*, wie sie Abb. 64 für die ersten 6 Prüfungen zeigt. Eine solche Matrix ist quadratisch von der Ordnung N; das Element in Zeile i und Spalte j ist dabei 0 oder 1, je nachdem, ob Prüfung i

```
2 , 3 , 5 , 6 , 7
2 , 3 , 5
1 , 2 , 3 , 7
1 , 3
1 , 4 , 8 , 9
2 , 5 , 6
3 , 5 , 6 , 8 , 9
```

Abb. 63

und Prüfung j zur selben Zeit stattfinden können oder nicht. (Zwei vom selben Studenten gewählte Prüfungen müssen in verschiedene Stunden gelegt werden.)

Die Speicherung einer Konfliktmatrix ist in einer Rechenanlage mit binärer Wortstruktur sehr einfach: ein Maschinenwort kann gerade so viele Elemente einer Zeile aufnehmen, als es Binärstellen besitzt.

Aus der Konfliktmatrix erhält man für jede Einzelprüfung die Anzahl p von Prüfungen, mit denen sie inkompatibel ist. Diese Werte p beeinflussen später die Reihenfolge, in der die Prüfungen abgearbeitet werden: solche mit hohen p-Werten sind mehr eingeengt und werden zuerst berücksichtigt.

	1	2	3	4	5	6
1	*	1	1	1	0	0
2	1	*	1	0	1	1
3	1	1	*	0	1	1
4	1	0	0	*	0	0
5	0	1	1	0	*	1
6	0	1	1	0	1	*

Abb. 64. Konfliktmatrix

Für Teilprüfungen gibt es einander ausschließende *Bedingungen* der folgenden Art: (0) sie können *beliebig* gelegt werden; (1) sie dürfen nicht in aufeinanderfolgenden Stunden stattfinden; (2) sie müssen in aufeinanderfolgende Stunden gelegt werden. *Jede* Prüfung ist also durch ein *Tripel* charakterisiert; die Nummer der Prüfung steht an erster Stelle, dann folgt die Zahl der Teilprüfungen und an dritter Stelle ist mit 0, 1 oder 2 verschlüsselt, *welche* der genannten Bedingungen zutrifft (vgl. Abb. 65). Schließlich werden noch solche Paare A, B von Prüfungen eingegeben, wo eine Prüfung A nicht vor einer Prüfung B stattfinden darf. Ein Beispiel zeigt Abb. 66.

Nach dem Einlesen der Daten werden die Prüfungen auf die einzelnen Stunden verteilt. Dabei trägt das Programm zunächst in der ersten Stunde so viele Prüfungen ein wie möglich, dann in der folgenden Stunde usw., bis sämtliche Prüfungen untergebracht sind. Es verwendet dazu eine Liste W, die aus N Binärstellen für die N Prüfungen besteht und in der während einer Stunde die Prüfungen markiert werden, die dieser Stunde schon zugeordnet wurden. Eine weitere Liste W' gibt diejenigen Prüfungen an, die mit denen in W inkompatibel sind. Damit enthalten W und W' immer gerade diejenigen Prüfungen, die der betreffenden Stunde nicht mehr zugeteilt werden können.

Zu Beginn einer jeden Stunde markiert nun das Programm in W zunächst alle Prüfungen aus der vorhergehenden Stunde, deren Teilprüfungen in aufeinanderfolgenden Stunden stattfinden müssen. Dann geht es die übrigen Prüfungen durch, die noch zu verteilen sind und die nicht in W oder W' stehen. Die Reihenfolge richtet sich dabei nach den oben definierten Werten p. Für die jeweils in Frage stehende Prüfung wird untersucht, ob ihre Eintragung in W mit den verschiedenen an den Prüfungsplan gestellten Bedingungen verträglich ist. In diesem Fall wird die Prüfung in W markiert, andernfalls geht das Programm zur nächsten Prüfung über.

Das Programm kann maximal 340 Prüfungen behandeln. In einem Beispiel für die *Leicester University* waren 34 ziemlich inkompatible Prüfungen mit insgesamt 57 Teilprüfungen zu verteilen. Das Ergebnis kann als optimal bezeichnet werden, da auf Grund der Konfliktmatrix mindestens 14 Stunden für die Aufteilung der Prüfungen nötig waren und das Programm einen Plan mit genau 14 Stunden erstellte. Es brauchte dazu etwa 12,5 Minuten auf einer Rechenanlage mit 576 μs Additionszeit.

1	1	0
2	1	0
3	2	1
4	2	2
5	1	0
6	3	2
7	2	1

Abb. 65

5	,	2
8	,	3
7	,	5
9	,	5
10	,	6

Abb. 66

5. Ergebnisse

Betrachtet man die Ergebnisse, die bis heute bei der maschinellen Stundenplanerstellung erzielt worden sind, so gewinnt man den Eindruck, daß mittels Rechenanlagen zwar Stundenpläne aufgestellt werden können, diese aber die Güte manuell gefertigter Pläne meistens nicht erreichen. Dieser Eindruck ist nur zum Teil richtig. Bei Prüfungsplänen und *Student Sectioning* z. B. können die von der Maschine erstellten Pläne durchaus mit manuell gefertigten konkurrieren; verschiedentlich sind sie ihnen sogar überlegen.

Die praktische Erfahrung hat gezeigt, daß mit Rechenanlagen um so bessere Ergebnisse zu erwarten sind, je einfacher die Struktur eines Stundenplanproblems ist. Am wirkungsvollsten dürfte die maschinelle Hilfe dort sein, wo ein Problem einfacher Art — d. h. mit relativ wenigen Restriktionen — für viele Einzeldaten zu lösen ist. Ein Beispiel hierfür ist *Student Sectioning*, wo außerdem das Problem durch seine Datenmenge oft so umfangreich wird, daß es dann manuell gar nicht mehr bewältigt werden kann und die Rechenanlage der einzig mögliche Ausweg ist.

Je komplexer aber ein Problem wird, um so mehr gerät die Rechenanlage ins Hintertreffen; in der Regel kann sie dann keine so guten Stundenpläne liefern wie ein Fachmann, der genügend Zeit dazu hat. Dies wird bei den Schulstundenplänen deutlich, die mit ihrer Vielzahl von Forderungen zu den schwierigsten Stundenplanproblemen zählen. Hier kommt allerdings auch noch die grundsätzliche Schwierigkeit hinzu, daß ein Stundenplanprogramm an verschiedenen Schulen eingesetzt werden soll, wobei diese in ihren Forderungen an ein solches Programm bzw. an den Stundenplan gewöhnlich gar nicht übereinstimmen. Dies ist mit ein Grund dafür, weshalb es schwerlich gelingen wird, mit einem Programm „optimale Stundenpläne" zu bekommen. Dieser Begriff ist zudem eine höchst relative Angelegenheit.

Es ist bezeichnend, daß die mit GASP oder ähnlichen Programmen ([5], [23]) erzielten Erfolge gewöhnlich nur dadurch möglich waren, daß die Schulen in ihren Forderungen nachgaben. Wenn bis heute in Deutschland die maschinelle Stundenplanerstellung über einige Versuche nicht hinausgegangen ist ([12], [17]), so hat dies sicher seinen Grund mit darin, daß zu hohe Forderungen an das Stundenplanprogramm gestellt wurden. Es wäre aber verfehlt, hieraus zu schließen, daß damit „der Computer bewiesen hat, daß unter diesen Bedingungen kein Stundenplan existiert". Vielmehr sprengt ein solches Problem eben die derzeitigen Grenzen der maschinellen Stundenplanerstellung.

Beim praktischen Einsatz von Stundenplanprogrammen ist zu beachten, daß die Rechenanlage zwar den Stundenplan aufstellt, nicht aber sämtliche Arbeit damit abnimmt. Vielmehr erfordert die Aufbereitung der Daten gewöhnlich einen Zeitaufwand, gegenüber dem die eigentliche Rechenzeit gering ist. Für einen Schulstundenplan braucht die Maschine vielleicht eine halbe Stunde, während das Zusammenstellen und Ablochen der Daten je nach der Größe der Schule einige Tage in Anspruch nehmen kann.

Für Schulen zeichnen sich zur Zeit zwei Möglichkeiten einer maschinellen Hilfe ab: Bei der einen erstellt die Rechenanlage innerhalb kurzer Zeit — etwa 20 Minuten — einen Stundenplan, der noch verschiedene Unebenheiten aufweist. Diese werden dann manuell beseitigt, wofür ein erfahrener Lehrer vielleicht noch einen Tag braucht. Gleichzeitig kann man den Plan den verschiedenen individuellen Bedürfnissen der Schule anpassen. Diese Möglichkeit wird bei Berghuis, Junginger und Lions erwähnt.

Die andere Möglichkeit wird bei GASP verwirklicht; auch das Programm von Genrich geht ähnlich vor. Bei Lions findet sich ebenfalls eine diesbezügliche Bemerkung. Hier wird der Stundenplan in *mehreren* Läufen erstellt, wobei man die Anpassung an die besonderen schulischen Verhältnisse durch entsprechendes Abändern der Daten erreicht. Ein Programm, das in *einem* Lauf einen „idealen" Stundenplan liefert, wird dagegen vorerst nicht zu erwarten sein.

Literatur

1. AKERMAN, F.: Elektronisk Schema-läggning. Journal for Swedish High Schools **5,** (1962).
2. ALMOND, M.: An Algorithm for Constructing University Timetables. The Computer Journal **8,** 331 (1966).
3. APPLEBY, J. S., D. V. BLAKE, and E. A. NEWMAN: School Timetables on a Computer and their Application to Other Scheduling Problems. The Computer Journal **3,** 237 (1961).
4. BARRACLOUGH, E. D.: The Application of a Digital Computer to the Construction of Timetables. The Computer Journal **8,** 136 (1965).
5. BERGHUIS, J., A. J. VAN DER HEIDEN, and R. BAKKER: The Preparation of School Timetables by Electronic Computer. BIT **4,** 106, (1964).
6. BOSSERT, W. H., and J. B. HARMON: *Student Sectioning on the IBM 7090.* IBM Corp., Cambridge, Mass. 1963.
7. BRODER, S.: Final Examination Scheduling. Comm. ACM **7,** 494 (1964).
8. BRUSBERG, H.: *Der Entwicklungsstand der Unternehmensforschung,* 413 S. Wiesbaden: F. Steiner. 1965.
9. COLE, A. J.: The Preparation of Examination Timetables Using a Small Store Computer. The Computer Journal **7,** 117 (1964).
10. CSIMA, J., and C. C. GOTLIEB: Tests on a Computer Method for Constructing School Timetables. Comm. ACM **7,** 160 (1964).
11. DUNCAN, A. K.: Further Results on Computer Construction of School Timetables. Comm. ACM **8,** 72 (1965).
12. GENRICH, H. J.: *Die automatische Aufstellung von Schulstundenplänen auf relationentheoretischer Grundlage,* 42 S. Köln und Opladen: Westdeutscher Verlag. 1966.
13. GOTLIEB, C. C.: The Construction of Class-Teacher Timetables. *Proceedings of the IFIP Congress 62,* S. 73. Amsterdam: North-Holland Publishing Co. 1963.
14. GREKO, B.: *School Scheduling Through Capacitated Network Flow Analysis,* 59 S. Stockholm. 1965.
15. GUNZENHÄUSER, R., und W. JUNGINGER: Über eine Methode zur Erstellung von Schulstundenplänen mit Hilfe einer Ziffernrechenanlage. MTW **11,** 100 (1964).
16. HOERNKE, H., und B. ZWAHLEN: Das Problem der Diensteinteilung von Lokomotiven. Unternehmensforschung **10,** 92 (1966).
17. JUNGINGER, W.: *Untersuchungen über die Erstellung von Schulstundenplänen mit Hilfe elektronischer Rechenanlagen.* Diplomarbeit, TH Stuttgart. 1964.
18. KIRCHGÄSSNER, K.: Die graphentheoretische Lösung eines nichtlinearen Zuteilungsproblems. Unternehmensforschung **9,** 217 (1965).
19. LAZAK, D.: *Das Dienstplanproblem,* Studienarbeit. TH Darmstadt. 1964.
20. LAZAK, D.: Ein mathematisches Modell zur Erstellung von Stundenplänen. Elektronische Datenverarbeitung **8,** 102 (1966).
21. LAZAK, D.: Variable Zielfunktionen beim Stundenplanproblem. Elektronische Datenverarbeitung **8,** 112 (1966).
22. LIONS, J.: Matrix Reduction Using the Hungarian Method for the Generation of School Timetables. Comm. ACM **9,** 349 (1966).
23. LIONS, J.: The Ontario School Scheduling Program. The Computer Journal **10,** 14 (1967).
24. MACON, N., and E. E. WALKER: A Monte Carlo Algorithm for Assigning Students to Classes. Comm. ACM **9,** 339 (1966).
25. MEYER, M.: Zum Problem der optimalen Diensteinteilung von Lokomotiven. Unternehmensforschung **11,** 119 (1967).
26. MURPHY, J.: *School Scheduling by Computer. The Story of GASP,* Educational Facilities Laboratories, Inc., New York 22, 1964.
27. PECK, J. E. L., and M. R. WILLIAMS: *Examination Scheduling.* University of Alberta, Calgary; Manuskript.

28. *Room Utilization at the Meramec Community College.* A report to the junior college district of St. Louis — St. Louis County, Missoury, Mc.Donnel Automation Center, St. Louis. 1964.
29. Sherman, G. R.: *The Sequential Method of Scheduling Students.* Computer Research Report, Purdue Research Foundation. 1958.
30. Stahlknecht, P.: Zur elektronischen Berechnung von Stundenplänen. Elektronische Datenverarbeitung **2,** 85 (1964).
31. Thornton, B. S.: Timetabling and Scheduling Problems. The Computer Journal **9,** 66 (1966).

VI. Sprachbearbeitung und Dokumentation mit Rechenanlagen

A. Maschinelle Analyse natürlicher Sprachen

Von

D. Krallmann

1. Einleitung

Das vielleicht nachhaltigste Ergebnis linguistischer Forschung ist der Zugriff zur Sprache mit den Methoden der modernen Logik und Mathematik. Der Anstoß kam von logischer Seite durch die Erarbeitung abstrakter „Sprachsysteme" sowie von seiten der elektronischen Datenverarbeitung durch die Versuche der maschinellen Sprachübersetzung und anderer verwandter Probleme. Die Weichen zu dieser Entwicklung waren bereits gestellt durch die verschiedenen linguistischen Richtungen, die sich in der Prager Schule, der Glossematik und dem amerikanischen Strukturalismus widerspiegeln. Hier wird die Sprache untersucht als Struktur, als Netzwerk von Relationen, für deren Elemente es gilt, mit Hilfe mengentheoretischer, statistischer oder logischer Ansätze Kriterien und Postulate bzw. Axiome zu definieren. Was sich hieraus als Mathematische Linguistik konstituierte [80], spiegelt sich diesen Aspekten entsprechend in ihren drei Teilbereichen algebraische, statistische und computer-orientierte Linguistik wider.

Die Mathematische Linguistik in aller Ausführlichkeit zu referieren, würde der Rahmen des zur Verfügung stehenden nicht erlauben. Zur Einführung insbesondere in den algebraischen und statistischen Teil sei auf [99] verwiesen.

Wir möchten uns auf die *computer-orientierte Linguistik* konzentrieren. Sie umfaßt zwei Bereiche, die man als Linguistik *mit Computern* und Linguistik *für Computer* bezeichnen könnte, um damit die verschiedenen Verwendungsweisen des Computers zum Ausdruck zu bringen. Der erste Bereich umfaßt die Untersuchung linguistischer Probleme mit Hilfe von Computern, der Computer wird eingesetzt als Analysenhilfe; demgegenüber werden im zweiten Bereich linguistische Phänomene in einer Art untersucht, die nicht unwesentlich vom Untersuchungsmittel, dem Computer, bestimmt wird. Hier wird versucht, linguistische Problemstellungen auf den Computer zu übertragen.

Entsprechend dieser Aufteilung lassen sich eine Reihe von Methoden und Anwendungen unterscheiden. Diese Arbeit möchte einen knappen Überblick über die Verwendung des Computers geben. Dabei werden wir uns hauptsächlich mit den Arbeiten befassen, die nach unserer Meinung stellvertretend für eine Methode oder ein Verfahren angesehen werden können.

Als erstes sind quantitative Methoden zu nennen, die verknüpft sind mit Problemen der Herstellung von Indizes und Konkordanzen von Textkorpora, Häufigkeitslisten von Wörtern, Verteilungen von Buchstaben, usw. sowie das gesamte Gebiet der Lexiko-Statistik. Bibliographische Hinweise finden sich bei Plath [80], Oettinger [76] und Krallmann [51]. Ergebnisse auf diesem Gebiet können beispielsweise aufgefaßt werden als Vorarbeiten zu einer automatischen Stilanalyse.

Vorrangig in der Forschungsaktivität sind jedoch Untersuchungen auf logischer und mengentheoretischer Basis. Sie führen zur linguistischen Automation mit grammatischen und syntaktischen Analyseverfahren. Die Ergebnisse dieser Analysen sind Voraussetzungen für jede automatische Dokumentation, auf ihr basieren die verschiedenen Methoden der maschinellen Sprachübersetzung. Untersuchungen von Untermengen von Sprachen und ihren semantischen Grundlagen sind die Ansatzpunkte von Frage-Antwort-Systemen.

2. Automatische Stilanalyse

Über statistische Untersuchungen sprachlichen Materials ist bereits mehrfach berichtet worden [41, 51, 80]. Als Untersuchungseinheiten können sowohl Phoneme, Buchstaben, Silben oder Wörter als auch syntaktische bzw. inhaltliche Einheiten gewählt werden. Bestimmte Eigenschaften dieser Einheiten lassen sich durch statistische Maße zum Ausdruck bringen. Besondere Beachtung haben bisher diejenigen statistischen Maße gefunden, die *stilistische Eigenschaften* eines Textes bzw. des Autors eines Textes zu charakterisieren gestatten. Diese werden ausgedrückt als Häufigkeitsverteilungen und Übergangswahrscheinlichkeiten linguistischer Einheiten im Text[1]. Unter der Automatisierung der stilistischen Analyse wollen wir die automatische Zerlegung eines Textes oder einer Menge von Texten in stilistisch homogene Abschnitte mit Hilfe der aus den Texten gewonnenen stilistischen Merkmale verstehen.

Hierzu werden zunächst systematisch alle möglichen Merkmale aufgestellt, die zur Charakterisierung und Beschreibung von Texten dienen können. N-Gramm-Häufigkeiten, Silben-, Wort- und Satzhäufigkeiten wären z. B. derartige Merkmale. Die Menge dieser Merkmale sei der *Eigenschaftskomplex* E_i. Dieser Eigenschaftskomplex stellt eine offene Menge von Stilmerkmalen dar. Er wird bei der Analyse als Index vorgegeben und zur stilistischen Klassifizierung der Texte benutzt. Gesucht ist nach einem Eigenschaftskomplex E_j, der zur stilistischen Klassifizierung der Texte eines Autors relevant zu sein scheint ($j \leqslant i$).

Praktisch geht das folgendermaßen vor sich. Zunächst werden alle überhaupt möglichen Struktureigenschaften, mit denen ein Text beschrieben werden kann, aufgezählt und in einer für den Automaten adäquaten Weise formuliert. Zur Beschreibung der Struktureigenschaften wird der Text in seine kleinsten Elemente zerlegt und stufenweise wieder zusammengesetzt, bis der ursprüngliche Text wiederhergestellt ist. Auf jeder Stufe werden ein oder mehrere Merkmale formuliert[2]. Die Möglichkeit einer maschinellen Entscheidung der stilistisch rele-

---

[1] Vgl. D. Krallmann: *Stilistische Textbeschreibung mit statistischen Methoden*, in diesem Band.

[2] Vgl. Fußnote 1, Abschnitt 2.

vanten Merkmale beruht auf der Hypothese, daß es einige Merkmale oder Kombinationen von Merkmalen gibt, die für den Stil eines Autors relativ konstant bleiben oder sich in einer abzusehenden Weise ändern. Merkmale, die für alle untersuchten Texte ungefähr gleiche Ergebnisse liefern, werden als Stilmerkmale ausgeschlossen; sie stellen allgemeine Sprachmerkmale dar.

Folgendes Beispiel möge dies erläutern. Als erstes Merkmal E_1 seien Einzelbuchstaben gewählt. Für k untersuchte Texte erhält man als Ergebnis der Analyse $E_1{}^1$, $E_1{}^2$, ... $E_1{}^k$ Resultate von Buchstabenhäufigkeiten, deren Werte für die untersuchten Texte ungefähr gleich sein werden.

Daß die Buchstabenhäufigkeiten stilistische Eigenschaften des Textes wiedergeben, muß aus zwei Gründen verneint werden: einmal ist leicht einzusehen, daß ein Autor nicht sein ganzes Leben hindurch die gleiche Art und Weise zu schreiben beibehält, zum anderen unterliegt die Buchstabenverteilung in den Wörtern nicht dem Einfluß des Autors, sondern ist sprachbedingt. Dagegen werden die Ergebnisse von Satzlängenzählungen sicherlich nicht über alle Texte gleichbleibende Werte haben; sie werden konstant sein für gewisse Textstücke und für andere Textstücke bzw. Texte zu einem größeren oder kleineren Wert tendieren. Damit ist die Wahrscheinlichkeit groß, daß die Ergebnisse von Satzlängenuntersuchungen zur stilistischen Beschreibung geeignet sind.

Hieraus wird ersichtlich, daß zwei Arten von Merkmalen erwartet werden müssen: *Stilmerkmale* und *Sprachmerkmale*. Merkmale, deren Ergebnisse von einem Text zu einem anderen differieren, können Stilmerkmale sein. Bei Merkmalen, die für alle Texte annähernd gleiche Ergebnisse liefern, ist die Wahrscheinlichkeit sehr groß, daß es sich um Sprachmerkmale handelt. Allerdings darf nicht angenommen werden, daß ein Merkmal generell ein Stilmerkmal darstellt, wenn es für einen Text relevante Ergebnisse geliefert zu haben scheint. Die Möglichkeit, daß das gleiche Merkmal bei Texten eines anderen Autors irrelevante Ergebnisse liefert, kann nicht ausgeschlossen werden. Je mehr dagegen die Ergebnisse eines Merkmals durch andere Merkmale gestützt und bestätigt werden, um so größer ist die Sicherheit der einzelnen Merkmale als Stilmerkmale.

Erste Ansätze zu einer Automatisierung der stilistischen Textbeschreibung sind in [51] dargestellt.

3. Linguistische Automation

Es ist erstaunlich, daß das Gebiet, dessen Ergebnisse notwendige Voraussetzungen für bestimmte Anwendungsbereiche wie die maschinelle Sprachübersetzung oder die automatische Dokumentation sind, erst dann systematisch in Angriff genommen wurde, als sich die ersten Rückschläge in den Anwendungsbereichen zeigten, dann jedoch um so intensiver behandelt wurde, je desillusionierender die weiteren Arbeiten in diesen Bereichen waren [76]. Hier zeichnen sich insbesondere zwei Schwerpunkte ab: einer, der die Arbeiten der linguistischen Grundlagenforschung betrifft, und ein weiterer, der in den Rahmen der Theorie der Grammatiken gehört. Wir möchten sie insoweit erläutern, als sie unter dem Gesichtspunkt der linguistischen Datenverarbeitung wichtig zu sein scheinen.

3.1. Untersuchung linguistischer Einheiten

Aufbauend auf formalen Definitionen oder algorithmischen Beschreibungen [2], [46] linguistischer Einheiten wird versucht, *Strukturtypen* abzuheben und eine erste Klassifizierung der Elemente zu erreichen. Sie wird dadurch erzielt, daß die Elemente auf semantische Aspekte untersucht oder als Mitglieder von Klassen von Elementen aufgefaßt werden.

Semantische Untersuchungen spielen insbesondere bei der automatischen Dokumentation und für Frage-Antwort-Systeme eine Rolle [18], [23], [107]. So ist auch das Modell einer semantischen Klassifikation von SIMMONS [102] als Bestandteil eines Frage-Antwort-Systems aufzufassen. Derartige Systeme basieren nach Ansicht des Autors auf einem nach *Konzepten* aufgebauten Wörterbuch. In ihm wird jedes Wort charakterisiert a) durch seine Klassenzugehörigkeit bzw. Klassenzugehörigkeiten, b) eine Menge von Attributen, c) eine Menge von Assoziationen und d) eine Menge von (aktiven und passiven) Aktionen.

Die Klassenzugehörigkeit enthält Aussagen wie: ein/das Wort X (Subst.) ist ein Y (Subst.). Ein Wort kann durch Attribute der Form charakterisiert sein: wenn y ein Attribut von x ist, dann ist die Aussage „x *ist ein* y" wahr und dann ist die Folge „yx" grammatisch. Wenn z. B. „scaly" ein Attribut von „aardvark" ist, dann ist „an aardvark is scaly" eine wahre Aussage und dann ist „the scaly aardvark" grammatisch. Assoziationen sind Angaben über die Relationen mit anderen Wörtern.

x besitzt ein y, besagt, daß y in Relation zu x steht und als Mitglied von x aufzufassen ist. So ist aus den Sätzen: „John has a wallet" und „John has a nose" abzuleiten, daß „wallet" und „nose" als Mitglieder von „John" aufzufassen sind. Die Menge der aktiven und passiven Aktionen wird aus den Verben und prädikativen Aussagen, die mit diesem Wort im Kontext vorkommen, ermittelt. Die beiden Sätze „native eat aardvark" und „aardvark eat ants" z. B. liefern „eaten by natives" und „eat ants" als passive und aktive Aktionen zum Wort „aardvark".

SIMMONS sieht in diesem Konstrukt die Konzipierung der Bedeutung eines Wortes in Form von *Relationenbündeln*. Das Modell ist inkorporiert in einem automatischen syntaktischen Analyseverfahren, das zunächst grammatische Informationen der Wörter liefert. Im Anschluß daran werden die Wörter auf ihre Umgebung und Position in definierten Kontexten untersucht.

Derartige Gesichtspunkte der sog. *co-occurrence* sind in experimentellen Arbeiten zur semantischen Interpretation linguistischer Einheiten oft anzutreffen. Hiernach stehen Wörter in Beziehung zueinander, die in gleicher oder ähnlicher Umgebung vorkommen. GARVINS *Fulcrum Technique* [32, 33] sowie seine Arbeiten des *Predication Typing* [34] sind charakteristische Beispiele hierfür.

Formal gesehen kann die Semantik als eine Komponente betrachtet werden, die auf Strukturtypen der von der Grammatik erzeugten Sätze operiert. Die semantische Komponente wird definiert durch das Paar [45]: $/V, R/$, in dem V das Vokabular und R die Menge der semantischen Regeln bzw. Relationen darstellen. Das Vokabular besteht aus zwei Teilen, den lexikalischen Elementen und einer Anzahl von Kategorien, die semantischer oder grammatischer Art sein können. Jedes lexikalische Element kann hinsichtlich der entsprechenden Kategorien semantisch, morphologisch oder syntaktisch gekennzeichnet werden.

KIEFER und andere konnten zeigen, daß semantische Regeln bzw. Relationen sich von entsprechenden grammatischen dadurch unterscheiden, daß sich letztere nur auf grammatische Kategorien, die erstgenannten jedoch sowohl auf grammatische als auch semantische Kategorien beziehen können [46].

Eine Arbeit, die eine Untersuchung der Wörter auf rein grammatischer Basis vorsieht, ist von MEYERS [71] im Rahmen eines maschinellen Übersetzungsverfahrens vom Russischen ins Englische durchgeführt worden. Das Ziel ist eine systematische Behandlung morphologischer Klassifikation mit Hilfe eines zweiteiligen Wörterbuches. Im ersten Teil, einer *full form*-Liste, sind unflektierte Wörter sowie Wortformen enthalten, der zweite Teil besteht aus Stämmen und ihren entsprechenden Klassenangaben. Ergänzt wird das Wörterbuch durch Endungstabellen. Mit Hilfe dieser Informationen wird jedes ankommende russische Textwort in eine Grundform (kanonische Form) überführt und klassifiziert.

Von den weiteren Verfahren der grammatischen Analyse linguistischer Einheiten seien insbesondere zwei genannt, die beide die Morphologie deutscher Wörter behandeln, ein Verfahren zur Untersuchung von Dekompositionen und eines zur Synthese und Analyse beliebiger Wörter des Deutschen. Ähnlich wie die Arbeit von MEYERS sind auch diese Verfahren Zuordnungsverfahren, da sie von Wortkomponenten ausgehen, die in Kategorien aufgeteilt vorliegen, und alle Wörter den Klassen zuordnen, die durch die Kategorien bestimmt sind.

VEILLON [111] untersucht Wörter, die durch Verkettung von Einzelwörtern gebildet werden können. Aus den Wörtern „Treibstoff", „Zufuhr" und „Regulierung" kann durch Aneinanderreihung beispielweise ein Wort „Treibstoffzufuhrregulierung" konstruiert werden. Würde man in einem maschinellen Übersetzungsverfahren alle möglichen Dekompositionen ins Wörterbuch aufnehmen, wäre der Aufsuchprozeß sehr unrationell. VEILLON analysiert deshalb alle Wörter, die Dekompositionen sein können. Ausgangspunkt sind vier Kategorien von Komponenten: Verbstämme, Stämme von Wörtern, die keine Verben sind, Suffixe und Affixe. Alle erlaubten Verbindungsmöglichkeiten von Kategorien sind explizit aufgezählt. Ein Programm zerlegt jedes Wort in Komponenten, bestimmt die Kategorie der Komponenten und entscheidet am Ende des Wortes, ob es eine zulässige Dekomposition darstellt.

Auch SCHNELLE [97] und BÜNTING [14, 15] gehen von Wortkomponenten aus, die in Kategorien aufgeteilt sind. Sie benutzen als Komponenten alle Stämme, Suffixe und Affixe. Jedes Wort wird aufgefaßt als Folge von Komponenten-Kategorien. Die Kategorie der letzten Komponente in der Folge entscheidet über die Klasse des betreffenden Wortes. Eine formale Beschreibung dieses Ableitungsverfahrens und ihre Darstellung als Kategorialsystem ist in [96] enthalten.

3.2. Automatische syntaktische Analyseverfahren

In den letzten Jahren ist eine große Anzahl syntaktischer Analysenverfahren entwickelt worden, die in der Regel eine Grammatik zugrunde legen. Mit Hilfe dieser Grammatik soll es möglich sein, zwischen richtigen und falschen Sätzen zu unterscheiden und jedem sinnvollen Satz eine richtige Struktur zuzuordnen. Eine Grammatik wird aufgefaßt als eine Menge von Symbolen, die durch eine Anzahl von Regeln miteinander verknüpft sind, wobei die Regel von der Form ist: $X \to Y$ und interpretiert wird als Anweisung, X als Y zu ersetzen. Unter den Symbolen unterscheidet man Zwischensymbole, Endsymbole sowie ein ausgezeichnetes Startsymbol. Nun verfügen einige Grammatiken über Beschränkungen bezüglich der Symbole, ihren Verkettungen und Ersetzungsregeln. Entsprechend der Art dieser Beschränkungen unterscheidet man vier Grammatik-Typen:

Typ 0 Grammatiken (*unbeschränkte Ersetzungssysteme*)

Typ 1 Grammatiken (*CS-Grammatiken*)

Typ 2 Grammatiken (*CF-Grammatiken*)

Typ 3 Grammatiken (*FS-Grammatiken*)

Die meisten Verfahren der automatischen syntaktischen Analyse natürlicher Sprachen sind auf Modellen von *CF-Grammatiken* aufgebaut [76]. Im folgenden wollen wir einen knappen Überblick über derartige Verfahren geben. Dabei werden wir nach den verschiedenen Grammatiken vorgehen, ohne jedoch auf die Unterschiede dieser Grammatiken näher eingehen zu können.

3.2.1. Abhängigkeitsgrammatik

Hier ist als erster D. G. Hays [37, 38, 40] zu nennen, der das Konzept der Abhängigkeitsgrammatik für eine Analyse des Russischen benutzt. Zur Ermittlung einer endgültigen Satzstruktur werden bei mehrdeutigen Sätzen die engsten Verkettungen gewählt. Deshalb ist in der syntaktischen Analyse eine statistische Untersuchung der Häufigkeit von Wortverbindungen enthalten. Die Verbindungen werden, ähnlich wie das aus der Dokumentation bekannte Verfahren des *probabilistic indexing* [66], entsprechend der Häufigkeit *gewichtet*. Bei der Analyse wird der Zweig gewählt, der die meisten Verbindungen mit den höchsten Gewichten aufweist.

Nicht der Analyse, sondern der Synthese von Sätzen widmet sich das Verfahren von Klein und Simmons [49]. Sie benutzen das Konzept der Wortabhängigkeit, um im Rahmen eines Frage-Antwort-Systems [48] *kohärente Redeteile* erzeugen zu können. In englischen Texten werden die Abhängigkeitsrelationen zwischen Wörtern untersucht. Diese zusammen mit den aus der Grammatik formulierten Beschränkungen ergeben bereits gute Ergebnisse bei der Erzeugung von Satzteilen und Sätzen.

3.2.2. IC-Grammatik

Eine *IC-Analyse* für das Englische ist von Robinson [84, 85] entwickelt worden. Alle Regeln sind binäre Kombinationsregeln. Seine Grammatik basiert auf Ersetzungsregeln der Form $Z \to AB$, in denen Z ein Zwischensymbol und A, B entweder Zwischen- oder Endymbole bedeuten. In jedem Satz wird jedes Paar von Wörtern (A, B), für das in der Grammatik eine Regel $Z \to AB$ existiert, durch Z ersetzt. Hieraus werden zweiteilige Strukturen für dreiwortige Folgen gebildet, danach vierwortige Folgen, usw., bis für einen Satz von n Wörtern eine Struktur gefunden ist, die sich als ein aus zwei Teilen mit je n_1 und n_2 Wörtern bestehendes Gebilde $n_1 + n_2 = n$ darstellt.

Weitere Verfahren sind von GREEN und KAY entwickelt worden. Zu einem ausführlichen Vergleich sei auf KUNO [58, 59] verwiesen.

Als Prototyp von *IC-Grammatiken* werden Voraussagegrammatiken interpretiert [76]. Das erste Verfahren einer prediktiven Analyse wurde von RHODES [83] geschrieben, das ausführlichste Verfahren von KUNO und OETTINGER [54, 55, 57, 59, 74] vorgelegt. Mit Hilfe einer Anzahl von *prediction pools* ist es möglich, alle Zerlegungen eines syntaktisch mehrdeutigen Satzes zu erhalten. Die Wirksamkeit des Verfahrens wird beispielsweise dadurch noch erhöht, daß das Programm eine begonnene Zerlegung eines Satzes abbricht, wenn die kleinste Summe der Anzahl der Wörter, die für die Voraussagen in der „pushdown"-Liste stehen, die Zahl der im Satz noch unanalysierten Wörter übersteigt. Die jetzige Version des Verfahrens besteht aus einer englischen Grammatik mit ungefähr 3500 Standardform-Regeln und einem Wörterbuch von rund 25 000 flektierten Wörtern. Einen normalen Satz von 70 Wörtern analysiert es in einer Minute.

3.2.3. DC-Grammatik

Eines der ersten Verfahren, die auf einer *DC-Grammatik* basieren, war ein von YNGVE [115] in der von ihm konstruierten Programmiersprache COMIT [114] formuliertes Programm zur Erzeugung englischer Sätze [116]. Mit einem sehr kleinen Vokabular, das einem Kinderbuch entnommen war, war es möglich, Sätze nach dem Zufallsprinzip zu erzeugen, die grammatisch einwandfrei, inhaltlich jedoch oft sinnwidrig waren.

Von den weiteren Verfahren innerhalb einer diskontinuierlichen Konstituenten-Struktur-Grammatik ist besonders eines hervorzuheben, das von KNOWLTON [50] als *selbstorganisierendes heuristisches Programm* formuliert worden ist. Der Algorithmus enthält zunächst einige Verallgemeinerungen, die im Verlauf der Analyse durch zunehmende Informationen ersetzt werden. Aus einigen manuell zerlegten Sätzen entnimmt das Analysenprogramm korrekte Teilstrukturen. Mit Hilfe dieser Information sind die meisten Satzzerlegungen bereits korrekt. Weitere Lernphasen sind in diesem Ansatz nicht vorgesehen.

3.2.4. Transformationsgrammatik

Der Prototyp der *Transformationsgrammatik* [16] hat im Laufe der Jahre ständig Veränderungen erfahren [3, 56]. Die Erkennungsverfahren, die bisher für Transformationsgrammatiken vorgelegt wurden, beruhen alle auf frühen und einfachen Versionen dieses Grammatik-Typs und sind außerdem weit von einer Vollendung entfernt.

WALKER und BARTLETT [58] schrieben einen Zerlegungsalogrithmus, der im wesentlichen auf MATTHEWS *analysis by synthesis* [68] aufbaut. Jede nach den Regeln der Grammatik erzeugte Endkette wird mit dem vorgelegten Satz verglichen. Ist der Vergleich erfolgreich, stellt die ermittelte Zerlegung eine Analyse des Satzes dar. Eine Reihe von Heuristiken ist in diesem System enthalten, um die Zahl der Transformationen zur Generierung des Analysensatzes auf die sinnvollen zu beschränken.

Das MITRE syntaktische Analyseverfahren [28] setzt sich aus drei Komponenten zusammen, der Basiskomponenten, der Transformationskomponenten und dem Lexikon, das die phonologische Komponente umfaßt. Ein diesem Verfahren eng verwandtes System wurde von Petrick [78] vorgeschlagen; es versucht, für gegebene Transformationsgrammatiken *Minimal*-Oberflächengrammatiken zu bilden. Darüber hinaus existiert noch ein Vorschlag von Kuno [56]. Ein ausführlicher Vergleich der drei Verfahren ist in [58] wiedergegeben.

4. Automatische Dokumentation

Ein großer Vorteil des Computers liegt zweifellos in seiner Schnelligkeit. So liegt es auf der Hand, ihn überall dort einzusetzen, wo umfangreiche und zeitraubende Such- und Vergleichsprozesse zu bewältigen sind. Inzwischen hat sich zwar gezeigt, daß die Dokumentation nicht reduzierbar ist auf eine Reihe von Such- und Vergleichsprozessen [1, 5], nichtsdestoweniger hat der Einsatz von Computern in diesem Bereich ständig zugenommen[1].

Die stillschweigende oder explizit ausgesprochene Begründung für eine Automatisierung der Dokumentation wird in der ans chaotische grenzenden *Veröffentlichungsflut* [24] gesehen, die bald einen Literaturüberblick selbst über eng begrenzte Fachgebiete unmöglich machen wird. Daher müsse die Dokumentation aller Fachgebiete modernisiert und zentralisiert werden. „Das Ergebnis wird, extrem formuliert, eine Bibliothek sein, die — so hofft man — alle bisher veröffentlichten Texte enthält, ständig ergänzt wird und von der beliebig viele Benutzer mit einem vernachlässigbar kleinen Zeit- und Kostenfaktor als Antwort auf gezielte Anfragen zu bestimmten Sach- und Themengebieten eine vollständige Liste der bis zum Zeitpunkt der Fragestellung relevanten Literatur erhalten können." [52].

Neben dieser überspitzten Argumentation besteht ein berechtigtes Interesse in einer Reihe praktischer Probleme, wie beispielsweise der Rationalisierung gewisser Aufsuchvorgänge aus dem Bestand einer Bibliothek. Die verschiedenen Methoden der Analyse (*abstracting*), Indizierung (*indexing*), Klassifizierung und Wiederaufsuche (*retrieval*) werden in sog. *experimental systems* erprobt, Systemen, die auf beschränkten Prämissen und einer sehr begrenzten Datenmenge beruhen. Der laufenden Dokumentation dienen *operational systems*, wie beispielweise das System des *Defense Documentation Center*, früher ASTIA, oder das System ITIRC [43]. Einen ausgezeichneten Überblick über die Methoden der Dokumentation unter dem Gesichtspunkt der maschinellen Verarbeitung hat Meadow [70] in einem kürzlich erschienen Buch gegeben.

Ausgangspunkt für eine automatische Dokumentation ist das Dokument oder der Text. Als erstes gilt es, ihn soweit zu analysieren, damit optimale Indizierung und Klassifizierung möglich sind, die wiederum Voraussetzung sind für eine effektive Wiederaufsuche. Die Analyse kann sich auf den Gesamttext, eine Inhaltsangabe, einen Auszug oder auf bibliographische Angaben des Textes beziehen. Eine Inhaltsangabe im strengen Sinne ist mit maschinellen Mitteln bis heute noch nicht möglich. Ein Auszug ist definiert als Aneinanderreihung von Textstücken. In der einfachsten Form stellt sich ein derartiger Auszug als KWIC-(*key-word-in-context*)-Index dar [25]. Die konsequente Weiterentwicklung dieses

---

[1] Vgl. F. W. Kistermann: *Dokumentation und elektronische Datenverarbeitungssysteme*, in diesem Band.

Verfahrens führt schließlich zum *auto-abstracting* [64, 65], das auf rein statistischer Basis die Signifikanz von Wörtern und Sätzen bestimmt. Die Ergebnisse können durch morphologische Untersuchungen ergänzt werden.

Die Verwendung syntaktischer Analyseverfahren ist äußerst selten. Das einzige dem Verfasser bekannte Beispiel ist das SMART System [90—95]. Doch heißt es dort ausdrücklich: „Because of the relative expense of performing automatic syntactic analyses and the difficulties inherent in the production of correct output, syntactic methods are used only in exceptional cases as components of information systems" [95].

Die Aufgabe der Indizierung ist es, einen Text durch einige inhaltlich relevante Begriffe, sog. *Indizes*, zu charakterisieren und ihn so dem Benutzer leichter zugänglich zu machen. Ein Index hat also die Brücke zu schließen zwischen der Sprache des Autors und der Ausdrucksweise des Benutzers. Ob die Mittel hierzu auf manuellem oder maschinellem Wege bereitgestellt werden, ist unwesentlich.

Die Versuche zur mechanischen Indizierung gliedern sich in statistische und mehr linguistische Verfahren. Die Pionierarbeit wurde von LUHN [64] geleistet, der die Signifikanz von Wörtern direkt aus der Häufigkeitsverteilung der Wörter im Text ableitete. Die Häufigkeit der Wörter im Text kann auch mit der relativen Häufigkeit von Fachwortlisten verglichen werden [24]. Ist das Wort selten im Wörterbuch, jedoch häufig im untersuchten Text, wird dies als Signifikanzkriterium gewertet. Diese Verfahren können durch Synonym-Wörterbücher oder Thesauri verfeinert werden.

Eine weitere Verfeinerung wird dadurch erreicht, daß man Relationen zwischen Indizes, seien es nun *keywords, uniterms, descriptors, concepts, compounds* o. ä., einführt. Bei einem statistischen Ansatz geht man von der Hypothese aus, daß zwei Wörter, die oft zusammen vorkommen, in irgendeiner Weise in Beziehung zueinander stehen [106]. Auf diesem Ansatz beruhen beispielweise die Arbeiten von MARON [66, 67] und BAXENDALE [6, 61], ihm liegt auch die *association map* von DOYLE [20, 21] zugrunde. Relationen höherer Ordnung, die zur Bildung sog. *cluster* führen, sind z. B. im SMART System [92, 93, 95] verwirklicht.

Eine natürliche Folge der Anwendung von Computern ist der Versuch, neue Möglichkeiten der Klassifizierung zu finden. Die bisherigen Formen der Klassifikation sind hierarchisch geordnete, logische Unterteilungen eines vorliegenden Bereiches. Auch Facettenklassifikationen bleiben hierarchisch, wenn sie auch eine größere Flexibilität durch die freie Kombination von Kategorien zulassen. Sind nicht Klassifikationen denkbar, die nicht durch hierarchische, sondern *künstliche* Ordnungen gekennzeichnet sind ?

Man geht davon aus, daß jeder Text seinen eigenen Bereich charakterisiert. Eine Klassifikation wird dadurch erzielt, daß man die in diesen Texten enthaltenen Indizes mit Hilfe mathematisch-statistischer oder mengentheoretischer Ansätze ordnet. Die hierzu durchgeführten Arbeiten werden durch drei Begriffe charakterisiert: *Factor Analysis, Latent Class Analysis* und *Clump Theory.*

BORKO [11, 12] ordnet Indizes und dazugehörige Texte in einer *Text-Index-Matrix* an. Mit Hilfe eines geeigneten Korrelationskoeffizienten gewinnt er eine *Index-Index-Matrix*, die die Relation zwischen den Wörtern in den untersuchten Texten widerspiegelt. Die Matrix wird in Eigenvektoren überführt, aus denen die endgültigen Klassen gewonnen werden. Die *Latent Class Theory* geht davon aus, daß Populationen unterteilt werden können in disjunkte Klassen [4]. Jeder Text läßt sich entsprechend der Anzahl von n Indizes darstellen als n-dimensionaler Vektor von binären Positionen. Hieraus lassen sich 2^n Antwort-Muster (*pattern*) bilden, aus denen die Wahrscheinlichkeit abzulesen ist, mit der ein Text einer *Latent Class* zugeordnet werden kann.

Ein der Faktorenanalyse ähnliches Verfahren ist die *Clump Theory* [19, 77], in der zwischen Paaren von Objekten, d. h. Wörtern oder Texten, auf Grund von Ähnlichkeits- und Relationsmaßen Untermengen (*clumps*) gebildet werden.

Bei den Versuchen zur automatischen Klassifikation treten eine Reihe von Fragen auf, deren Lösung für die weiteren Arbeiten von entscheidendem Einfluß zu sein scheint [22]: Sind die bisherigen Ergebnisse ein genereller Beweis dafür, daß eine automatische Klassifikation möglich ist, oder sind sie eine Folge des Untersuchungsmaterials? Sind die gewonnenen Klassen stabil? Die Schlüsselfrage ist jedoch, ob derartige Analysen eine Klassifikation liefern, die vergleichbar mit oder sogar besser als eine manuelle Klassifikation ist [12, 13].

Analyse, Indizierung und Klassifizierung sind vorbereitende Stufen für einen Prozeß, den man als das Ursprüngliche der automatischen Dokumentation ansehen kann, die Wiederaufsuche. In diesem Prozeß werden aus einer Kollektion von Texten entsprechend einer Fragestellung diejenigen herausgesucht, die relevant in bezug auf die Frage zu sein scheinen. Verschiedene Methoden sind entwickelt worden, um das zugrunde liegende System sowie die Ergebnisse der Wiederaufsuche in Abhängigkeit von Benutzerwünschen zu *bewerten* [18, 60, 92]. Generell können zwei Kategorien von Antworten unterschieden werden, eine, in der als Antwort eine Liste aller Texte gefordert ist, die relevant in bezug auf eine Fragestellung zu sein scheint, allerdings mit der Einschränkung, daß in ihr auch Texte enthalten sind, die möglicherweise nicht-relevant sind; als zweite Kategorie eine solche, die eine Liste nur wirklich relevanter Texte erwartet, mit dem anderen Zugeständnis, daß sie nicht alle relevanten Texte aufführt. Diese als ABNO (*all, but not only*) und OBNA (*only, but not all*) bekannten Kategorien werden in der Praxis durch zusätzliche Kriterien, wie benutzerorientierte Datenauslese [60, 70], zu verwischen versucht.

Neben diesen Arbeiten der heute schon fast „klassisch" zu nennenden automatischen Dokumentation, die definiert ist als *information (document) retrieval*, d. h. als (Wieder)Aufsuche derjenigen Texte, die auf Grund eines Vergleichs der Fragestellung und der die Texte charakterisierenden Stichwörter (Information) als relevant in bezug auf die Fragestellung anzusehen sind, verlagert sich in zunehmendem Maße der Schwerpunkt von der bloßen Angabe des Textes (Referenz) auf eine direkte Untersuchung und Abfrage des Textes selbst [103]. Dieser Ansatz führt schließlich zu Frage-Antwort-Systemen [17].

5. Frage-Antwort-Systeme

Während Wörter die Grundeinheiten für die Indizierung und Klassifizierung sind, Paragraphen und Abschnitte diejenigen zur automatischen Herstellung von Auszügen und Inhaltangaben, so stellen Sätze die Grundeinheiten für die Informationserschließung innerhalb von Texten dar [52]. *Fact retrieval, data retrieval* und *text retrieval* sind synonyme Bezeichnungen hierfür. Das Problem besteht darin, innerhalb von Texten Aussagen zu finden, mit deren Hilfe spezifische Fragen beantwortet werden können [103]. Wir betrachten die Informationserschließung innerhalb von Texten als Brücke zwischen der automatischen Dokumentation und Frage-Antwort-Systemen; denn ein Frage-Antwort-System ist ein Informationserschließungssystem, das — unabhängig von bestimmten Texten — in der Lage ist, Antworten auf spezifische Fragen zu geben, die in einer Untermenge einer natürlichen Sprache gestellt sind.

Den Frage-Antwort-Systemen unterliegt in der Regel ein Modell, das in wenigen wesentlichen Punkten der menschlichen Kommunikationsfähigkeit nachgebildet ist. Als wesentliches Merkmal der menschlichen Kommunikationsfähigkeit wird angenommen, daß ein Hörer eine Äußerung versteht, indem er sie in eine Reihe von *kernel sentences* transformiert. *Kernel sentences* seien Sätze oder *kohärente Redeteile* [10], die von einem Typ sind, für die keine weiteren Transformationen zum Verständnis mehr nötig sind. Dementsprechend verfügt ein Sprecher über eine Anzahl von *kernel sentences*, die in Verbindung mit den notwendigen Transformationen die Grundlage für jede Kommunikation sind.

Die Ausführungen über Hörer und Sprecher können nun interpretiert werden als Elemente von Programmen und Programmfunktionen, die in einem Frage-Antwort-System zur Analyse und Synthese von Äußerungen Verwendung finden. Ein Frage-Antwort-Prozeß vollzieht sich in sieben Schritten:

Eine Frage wird in natürlicher Sprache gestellt (1); auf diese Frage wird ein syntaktisches Analyseverfahren angewendet (2), das eine Strukturbeschreibung liefert (3). Mit Hilfe dieser Ergebnisse wird die ursprüngliche Fragestellung transformiert (4) und eine Frage formuliert, die sich mit den Arbeitsbedingungen des Systems verträgt (5). Anschließend werden die Daten nach einer Beantwortung abgesucht (6) und eine Antwort ausgegeben (7).

Beispiele von derartigen Systemen zugrunde liegenden Modellvorstellungen sind in [10, 100, 110] enthalten. Eine der wichtigsten Komponenten ist die Ableitung von *kernel sentences* [103]. Jeder Kern läßt sich formal schreiben als $X_1 R X_2$ [30], wobei X_1 und X_2 meistens Substantive sind, jedoch ebenso auf andere Kerne, Adjektive oder Adverbien referieren können. Zusätzlich sind die Kerne durch Querverweise miteinander verknüpft, um von jedem Kern zu dem gesamten, in einer Baumstruktur dargestellten Datenbereich Zugriff zu erlangen. Das Wechselspiel des Fragens und Antwortens ist als Vergleichprozeß von Frage- und System-Kernen aufzufassen. Wenn zu einer abgeleiteten Menge von Frage-Kernen und zu einer gegebenen Menge von System-Kernen eine Menge von Transformationsoperatoren existiert, derart, daß zu jedem Frage-Kern der oder die System-Kerne gefunden werden können, ist das System in der Lage, auf eine gestellte Frage eine vollständige Antwort zu geben.

Im folgenden werden die wichtigsten und bekanntesten Systeme aufgezählt und kurz beschrieben.

Das System von PHILLIPS [79] ist eine sehr frühe Frage-Antwort-Routine, deren Bemerkenswertes es ist, daß das Datenmaterial automatisch durch die Eingabesätze erweitert werden kann. Der Antwortprozeß macht jedoch eine Absuche aller System-Kerne erforderlich. BASEBALL [35] beantwortet Fragen über Mannschaften, Ort, Datum und Spielergebnis von Baseball-Spielen. Das System läßt jedoch nur sehr einfache Fragen zu. In einem System von LINDSAY

[62, 63] werden Verwandtschaftsbeziehungen als Eigenschaften *semantischer* Relationen dargestellt. Bennet [7] schrieb ein Programm, das aus den Wörtern, die durch den Rahmen, in dem sie vorkommen, charakterisiert sind, bestimmte Information zu extrahieren gestattet. Der Anwendungsbereich war durch die Art der Ergebnisse jedoch mehr als beschränkt. Von Simmons wurde ein System entworfen, das er *Synthex* [100] bzw. *Protosynthex II* [102] nennt. Es läßt nur Kerne zu, die die Form SVN, Subjekt-Verb-Nominalphrase, besitzen. Ähnliche Beschränkungen in bezug auf die zugrunde gelegte Grammatik besitzt SIR (*semantic information retriever*) [81, 82]; es behandelt Relationen von Wortpaaren, die als mengentheoretische Eigenschaften formuliert werden. STUDENT [10] löst eingekleidete Aufgaben, die in einem bestimmten Format gestellt sind, überträgt diese in algebraische Gleichungen und löst sie. Das System ELIZA [112] basiert auf Stichwörtern und Minimalkontexten. Der Versuch, ein Frage-Antwort-System zu formulieren, das unabhängig von spezifischen Untersuchungsdaten Verwendung finden kann, wurde in einem Programm DEACON [18] unternommen. Im Gegensatz zu fast allen Frage-Antwort-Systemen benutzt DEACON eine *CS-Grammatik*. Die Daten sind in sog. Ring-Strukturen angeordnet. Ein Schritt in Richtung einer echten Zusammenarbeit von Mensch und Computer wurde in einem Programm-System CAINT (*computer assisted interrogation*) [70] unternommen. Weitere Verfahren sind in einem kürzlich veröffentlichten Überblick [101] enthalten.

Derartige Systeme sind in den letzten Jahren in zunehmendem Maße entworfen worden, um Informationssysteme zu erhalten, die in der Lage sind, auf gezielte Fragen direkte Antworten zu geben. Sie sind jedoch aus folgenden Gründen noch sehr beschränkt:

a) Der Untersuchungsbereich und damit auch der Anwendungsbereich sind sehr eng und äußerst speziell. Es ist zweifelhaft, ob mit den jetzigen Ansätzen eine Ausdehnung auf Untersuchungsdaten möglich ist, die anderer Art sind als die bei der Planung vorgesehenen.

b) Alle sinnvollen Relationen zwischen den Elementen werden direkt gespeichert.

c) Die Sprache, in der die Fragen gestellt werden, sind so beschränkt, daß nur einfache Fragestellungen erlaubt sind, die leicht in Kernstrukturen überführt werden können.

Trotz dieser Beschränkungen verspricht eine weitere Entwicklung interessante Einsichten in die Struktur der Sprache. Da die hier erzielten Ergebnisse sowohl für die automatische Dokumentation als auch für die maschinelle Sprachübersetzung von Wichtigkeit sein können, erscheint es ratsam, auf den Entwurf weiterer Frage-Antwort-Systemen mit sehr engen praktischen Anwendungsbeispielen zu verzichten und dafür ein allgemeines System in Angriff zu nehmen, in dem die genannten Beschränkungen zu überwinden versucht wird.

6. Maschinelle Sprachübersetzung

Die maschinelle Sprachübersetzung stellt nicht mehr das Projekt mit höchster Vorrangigkeit dar. Inzwischen ist oft genug dargelegt worden, daß die Aussichten auf eine vollautomatische, qualitativ einwandfreie maschinelle Sprachübersetzung sehr gering sind[1] [5, 56, 73, 94]. OETTINGER faßt die Situation folgendermaßen zusammen [74, S. 11]: „Die automatische Sprachübersetzung bildet nicht länger das Hauptinteresse der Forschung. Die gegenwärtige Entwicklung richtet sich auf maschinelle Übersetzungshilfen. Niemand glaubt heute jedoch ernsthaft daran, daß eine vollautomatische, qualitativ hochwertige maschinelle Übersetzung unmittelbar bevorsteht ... Währenddessen fahren einige wenige Außenseiter fort, in regelmäßigen Abständen zu proklamieren, daß eine perfekte Übersetzung unmittelbar bevorstehe; und viele, die mit der Übersetzung vom Russischen ins Englische, vom Englischen ins Russische, oder in eine andere Richtung keinen Erfolg hatten, stürzen sich jetzt auf die Übersetzung vom oder ins Chinesische."

Auf Einzelheiten des Übersetzungsverfahrens sei hier nicht näher eingegangen[2]. Heute operieren in praxi nur drei mehr oder weniger automatische Übersetzungssysteme [74], alle haben ihre Vor- und Nachteile; daneben verspricht besonders das LIMAS-System interessante Ergebnisse.

Bei der Übersetzung von einer Sprache in eine andere scheinen besonders zwei Faktoren wichtig zu sein, über die der Mensch verfügt, die aber offensichtlich in keinem formalen Regelsystem formuliert werden können: eine Art *Mehrdeutigkeitstoleranz* und ein *semantischer Spürsinn*. So sind wir beispielsweise in der Lage, einen Artikel oder ein Buch nur unter einem bestimmten Gesichtspunkt zu lesen und zu interpretieren und von vornherein diejenigen Interpretationen der Wörter und Sätze auszuschalten, die unter einem gegebenen Gesichtspunkt nicht richtig zu sein scheinen. Die zusätzlichen Informations- und Interpretationsmöglichkeiten werden, wenn sie wahrgenommen werden, toleriert. Ob eine Äußerung inhaltlich mehrere Deutungen zuläßt oder ob sie syntaktisch mehrdeutig ist, ist meistens kein Hindernis für das Verständnis dieser Äußerung. KUNO [58] vermutet, daß das Verständnis von besonderen *cues*, inhaltlichen Schlüsselpositionen, abhänge, auf die wir uns bei der Bestimmung der syntaktischen Struktur und des Inhaltes der Äußerung beziehen. Wie viele derartige *cues* es gibt, weiß man nicht. Die Schwierigkeit ist außerdem, daß es noch keine formalen Kriterien dafür gibt, wann bestimmte Teile innerhalb einer Äußerung zu einem *cue* werden können.

Der Pessimismus gegenüber den Möglichkeiten einer automatischen Sprachübersetzung bezieht sich nicht auf die computer-orientierte Linguistik überhaupt. Sie ist sinnvoll und eine wertvolle Hilfe bei der Analyse bestimmter sprachlicher Phänomene, ist zum gegebenen Zeitpunkt jedoch auf die Analyse derjenigen sprachlichen Gegebenheiten beschränkt, die ausschließlich regel-orientiert sind.

Literatur

1. ARNOVICK, G., et al.: Information Storage and Retrieval; analysis of the state-of-the-art, SJCC 25, S. 537—562, Baltimore: Spartan. 1964.
2. ABRAHAM, S., and F. KIEFER: An Algorithmic Definition of a Morpheme. SMIL 4, 4—9 (1965).

---

[1] Vgl. außerdem: Sprache im Techn. Zeitalter 21 (1967), das ausschließlich Fragen der Übersetzung gewidmet ist.

[2] Vgl. H. SCHNELLE und G. ENGELIEN: *Maschinelle Sprachübersetzung*, in diesem Band.

3. BACH, E.: *An Introduction to Transformational Grammars*. New York: Holt. 1964.

4. BAKER, F. B.: Information Retrieval Based upon Latent Class Analysis. J. ACM 9, 512—521 (1962).

5. BAR-HILLEL, Y.: *Language and Information*. Reading, Mass.: Addison-Wesley. 1964.

6. BAXENDALE, P.: Machine-Made Index for Technical Literature — An Experiment. IBM J. Res. Dev. 2, 354—361 (1958).

7. BENNET, J. L.: A Computer Program for Word Relations, 1961-1. MT Group MIT, Cambridge, Mass. 1961.

8. BLACK, F.: A Deductive Question-Answering System. D. Th. Harvard Univ., Cambridge, Mass. 1964.

9. BOBROW, D. G.: Syntactic Analysis of English by Computer — A survey, FJCC S. 365—387. Baltimore: Spartan. 1963.

10. BOBROW, D. G.: A Question-Answering System for High School Algebra Word Problems, FJCC 26, S. 591—614. Baltimore: Spartan. 1964.

11. BORKO, H.: The Construction of an Empirically Based Mathematically Derived Classification System, SJCC 21, S. 279—289. Baltimore: Spartan. 1962,

12. BORKO, H., and M. BERNICK: Automatic Document Classification. J. ACM 10, 151—162 (1963), 11, 138—151 (1964).

13. BORKO, H.: Research in Automatic Generation of Classification Systems, SJCC 25, S. 529—535. Baltimore: Spartan. 1964.

14. BÜNTING, D.: Zur Erzeugung deutscher Wörter mit einem Computer. Forschungsber. 66/5, Inst. Phon. Komm. forschg., Bonn 1966.

15. BÜNTING, D.: Zur Flexion deutscher Wörter mit einem Computer, in: [14].

16. CHOMSKY, A. N.: *Syntactic Structures*. 's-Gravenhage: Mouton. 1957.

17. COOPER, W. S.: Fact Retrieval and Deductive Question-Answering Information Retrieval Systems. J. ACM 11, 117—137 (1964).

18. CRAIG, J. A., S. C. BEREZNER, H. C. CARNEY, and C. R. LONGYEAR: DEACON: Direct English Access and Control, FJCC 29, S. 365—380. Washington, D. C.: Spartan. 1966.

19. DALE, A. G., and N. DALE: Some Clumping Experiments for Associative Document Retrieval. Am. Doc. 16, 5—9 (1965).

20. DOYLE, L. B.: Semantic Road Maps for Literature Searchers. J. ACM 8, 553—578 (1961).

21. DOYLE, L. B.: Indexing and Abstracting by Association. Am. Doc. 13, 378—390 (1962).

22. DOYLE, L. B.: Is Automatic Classification a Reasonable Application of Statistical Analysis of Text? J. ACM 12, 473—489 (1965).

23. DUMPHY, D. C., P. J. STONE, and M. S. SMITH.: The General Inquirer: Further Developments in a Computer System for Content Analysis of Verbal Data in the Social Sciences. Beh. Sci. 10, 468—480 (1965).

24. EDMUNDSON, H. P., and R. E. WILLYS: Automatic Abstracting and Indexing — Survey and Recommendations. Comm. ACM 4, 226—234 (1961).

25. ELIAS, A. W. (Ed.): Conf. Techn. Inf. Center Adm., Vol. 1. Drexel Inst. Techn. Phila., Washington, D.C. 1964.

26. FAIRTHONE, R. A.: *Towards Information Retrieval*. London: Butterworths. 1961.

27. FEIGENBAUM, E., and J. FELDMAN (Eds.): *Computers and Thought*. New York: McGraw-Hill. 1963.

28. FRIEDMAN, J.: An Investigation of Surface Grammars. MITRE Corp., Bedford, Mass. 1965.

29. FRIES, C. C.: *The Structure of English*. London 1961.

30. FRIJDA, N. H.: Towards a Model of Human Memory. Amsterdam Univ., DG. 194.3.019.F., 1966.

31. FORMAN, B.: An Experiment in Semantic Classification. LRC 65 WT-3, Univ. Texas, Austin, Texas 1965.

32. GARVIN, P. L.: Fulcrum Techniques to Language Analysis. Thomson Ramo Wooldridge Inc., Calif., RADC-TDR-63-168, 1963.

33. Garvin, P. L., et al.: Fulcrum Technique for Chinese-English Machine Translation. RADC-TR-65-340, New York 1966.

34. Garvin, P. L., et al.: Predication-Typing — A Pilot Study in Semantic Analysis. The Bunker Ramo Corp., Canoga Park, Calif., 1966.

35. Green, B. F., et al.: Baseball: An Automatic Question-Answerer, in [27].

36. Gruska, J.: On a Classification of Context-Free Languages. Kybernetika **1**, 22—29 (1967).

37. Hays, D. G.: Grouping and Dependency Theories, Proc. Symp. MT (Ed.: H. P. Edmundson), Prentice Hall 1961.

38. Hays, D. G.: Dependency Theory: A Formalism and Some Observations. Lg. **40**, 511—525 (1964).

39. Hays, D. G.: Annotated Bibliography of RAND Publications in Computational Linguistics, RM-3894-PR, RAND Corp. Santa Monica, Calif., 1964.

40. Hays, D. G.: Parsing, *Readings in Automatic Language Processing* (Ed.: D. G. Hays), New York 1966, S. 73—82.

41. Hays, D. G., et al.: Computational Linguistics: Bibliography, The RAND Corp., RM-4986-PR, Santa Monica, Calif., 1966.

42. Hays, D. G.: *Readings in Automatic Language Processing*. New York: American Elsevier. 1966.

43. Kaufman, S.: The IBM Information Retrieval Center — (ITIRC) System Techniques and Applications, Proc. ACM 21st Nat. Conf., Thompson, Washington D.C., 1966, S. 505—512.

44. Kent, A.: *Textbook on Mechanized Information*. New York: Interscience. 1963.

45. Kiefer, F.: Some Semantic Relations in Natural Languages. Found. Lang. **2**, 228—240 (1966).

46. Kiefer, F.: Über Fragen einer formalen semantischen Theorie. Sprache Techn. Zeitalter **19**, 198—210 (1966).

47. Klein, S., and R. F. Simmons: Automated Analysis and Coding of English Grammar for Information Processing Systems, SDC Rpt., SP-490, System Dev. Corp., Santa Monica, Calif., 1961.

48. Klein, S., and R. F. Simmons: A Computational Approach to Grammatical Coding of English Words. J. ACM **10**, 334—337 (1963).

49. Klein, S., and R. F. Simmons: Syntactic dependence and computer generation of coherent discourse. MT **7**, 50—61, (1963).

50. Knowlton, K.: Sentence Parsing with a Self-Organizing Heuristic Program, MT-Grp, MIT Cambridge, Mass., 1962.

51. Krallmann, D.: *Statistische Methoden in der stilistischen Textanalyse* — Ein Beitrag zur Informationserschließung mit Hilfe elektronischer Rechenmaschinen, Diss., Bonn 1966.

52. Krallmann, D.: Informationserschließung, Abgrenzung und Begriffsbestimmung, ersch. demnächst.

53. Kuhn, J. L., and C. A. Montgomery: Experiments in Information Correlation, SJCC 25, S. 577—585. Baltimore: Spartan. 1964.

54. Kuno, S., and A. G. Oettinger: Multiple-Path Syntactic Analyzer, Math. Ling. Aut. Transl., Rpt. NSF 8, Havard Comp. Lab., Cambridge, Mass., 1963.

55. Kuno, S., and A. G. Oettinger: Syntactic Structure and Ambiguity of English, FJCC 24, S. 397—418. Baltimore: Spartan. 1963.

56. Kuno, S.: A System for Transformational Analysis, Rpt. NSF 15, Harvard Comp. Lab., Cambridge, Mass., 1965.

57. Kuno, S.: The Predictive Analyzer and a Path Elimination Technique. Com. ACM **8**, 453—462 (1965).

58. Kuno, S.: Computer Analysis of Natural Languages. Proc. Symp. Math. Asp. Comp. Sci., New York 1966.

59. Kuno, S.: The Augmented Predictive Analyzer for Context-Free Languages — Its Relative Efficiency. Comm. ACM **9**, 810—823 (1966).

60. Larsen, R. P.: Data Filtering Applied to Information Storage and Retrieval Applications. Comm. ACM **9**, 785—789 (1966).

61. Lewis, P. A. W., P. B. Baxendale, and J. L. Bennett: Statistical Discrimination of the Synonymy/Antonymy Relationship Between Words. J. ACM 14, 20—44 (1967).
62. Lindsay, R. K.: Inferential Memory as a Basis of Machines which Understand Natural Language, in: [27].
63. Lindsay, R. K.: A Heuristic Parsing Procedure for a Language Learning Program. Inf. Proc. Rpt. 10, Univ. Texas, Austin, Texas 1964.
64. Luhn, H. P.: A Statistical Approach to Mechanized Encoding and Searching of Literary Information. IBM J. Res. Dev. 1, 309—317 (1957).
65. Luhn, H. P.: The Automatic Creation of Literature Abstracts. IBM J. Res. Dev. 2, 159—165 (1958).
66. Maron, M. E., and J. L. Kuhns: On Relevance, Probabilistic Indexing and Information Retrieval. J. ACM 7, 216—244 (1960).
67. Maron, M. E.: Automatic Indexing: An Experimental Inquiry. J. ACM 8, 404—417 (1961).
68. Matthews, G. H.: Analysis by Synthesis of Sentences in a Natural Language. 1961 Int. Conf. MT Appl. Lang. Anal., London 1962.
69. McCoulogne, K., and R. F. Simmons: Analyzing English Syntax with a Pattern-Learning Parser. Comm. ACM 8, 687—698 (1965).
70. Meadow, C. T., and D. W. Waugh: Computer Assisted Interrogation. JSCC 29, S.381—394. Washington, D.C.: Spartan. 1966.
71. Meyers, L. F.: Morphological Classification in the National Bureau of Standards Mechanical Translation System. J. ACM 12, 437—472 (1965).
72. Needham, R. M.: The Theory of Clumps, II. M. L. 139, Cambridge Language Research Unit, Cambridge 1961.
73. O'Connor, J.: Automatic Subject Recognition in Scientific Papers: An Empirical Study. J. ACM 12, 490—515 (1965).
74. Oettinger, A. G.: Automatic Syntactic Analysis and the Pushdown Store, *Structure in Language and its Mathematical Aspects* (Ed.: R. Jakobson), Proc. Symp. Appl. Math. Soc., Providence, Rhode Island 1961.
75. Oettinger, A. G.: The State of the Art of Automatic Language Translation. Beitr. Sprachkunde Inf. verarb. 2, 11—32 (1963).
76. Oettinger, A. G.: Automatic Processing of Natural and Formal Languages. Proc. IFIP Congr. 1965, S. 9—16. Washington, D.C.: Spartan. 1965.
77. Pendergraft, E. D., and N. Dale: Automatic Linguistic Classification. LRC 65, WAT-1, Univ. Texas, Austin Texas 1965.
78. Petrick, S. R.: A Recognation Procedure for Transformational Grammar. The MITRE Corp., Bedford, Mass., 1964.
79. Phillips, A. V.: A Question-Answering System Routine. Math. Dep., MIT Cambridge, Mass., 1960.
80. Plath, W.: Mathematical Linguistics, *Trends in European and American Linguistics 1930—1960* (Eds.: C. Mohrmann, A. Sommerfelt, and J. Whatmough), Spectrum, Utrecht 1961, S. 21—52.
81. Raphael, B.: SIR: A Computer Program for Semantic Information Retrieval. D. Th., MIT, Cambridge, Mass., 1964.
82. Raphael, B.: A Computer Program which "Understands". FJCC 26, S. 577—589. Baltimore: Spartan. 1964.
83. Rhodes, I.: A New Approach to the Syntactic Mechanical Analysis of Russian. MT 6 (1961).
84. Robinson, J.: Preliminary Codes and Rules for Automatic Parsing of English. The RAND Corp., RM 3339-PR, Santa Monica, Calif., 1962.
85. Robinson, J.: Parse: A System for Automatic Syntactic Analysis of English Text. The RAND Corp., RM 4654-PR, Santa Monica, Calif., 1965.
86. Robinson, J.: The Transformation of Sentences for Information Retrieval. The RAND Corp., P-3243, Santa Monica, Calif., 1965.
87. Sagle, J. R.: Experiments with a Deductive Question-Answering Program, Comm. ACM 8, 792—798 (1965).

88. SALTON, G.: Some Experiments in the Generation of Word and Documents Association. FJCC 21, Baltimore: Spartan. 1962.

89. SALTON, G.: The Manipulation of Trees in Information Retrieval. Comm. ACM 5 (1962).

90. SALTON, G., and E. H. SUSSENGUTH: Automatic Structure Matching Procedures and Some Typical Retrieval Applications. Rpt. ISR-4, Harvard Comp. Lab., 1963.

91. SALTON, G., and E. H. SUSSENGUTH: Some Flexible Information Retrieval Systems Using Structure Matching Procedures. SICC 25, S. 587—597. Baltimore: Spartan. 1964.

92. SALTON, G.: A Flexible Automatic System for the Organisation Storage and Retrieval of Language Data. Rpt. ISR-5, Harvard Comp. Lab., 1964.

93. SALTON, G.: A Document Retrieval System for Man-Machine Interaction. Proc. ACM 1964.

94. SALTON, G.: Automatic Information Processing in Western Europe. Sci. 144, 626—632 (1964).

95. SALTON, G., and M. E. LESK: The SMART Automatic Document Retrieval System — An Illustration. Comm. ACM 8, 391—398 (1965).

96. SCHNELLE, H.: Zur Formalisierung der Wortableitung des Deutschen. Forschungsber. 66/5, Inst. Phon. Kommforsch., Bonn 1966.

97. SCHNELLE, H., und J. A. KRANZHOFF: Zur Beschreibung und Bearbeitung der Struktur deutscher Wörter. Beitr. Sprachkunde Inf. verarb. 5, 80—89 (1965); 6, 65—87 (1965).

98. SCHNELLE, H.: Maschinelle Sprachübersetzung — ein kritischer Überblick. Beitr. Sprachkunde Inf. verarb. 4, 58—67 (1964).

99. SCHNELLE, H.: Methoden mathematischer Linguistik, *Handbuch der geisteswissenschaftlichen Methoden* (Hrsgb.: M. THIELE). München: R. Oldenbourg. 1968.

100. SIMMONS, R. F.: Synthex 1964: A Progress Report and a Research Plan, SCD Rpt., System Dev. Corp., Santa Monica, Calif., 1964.

101. SIMMONS, R. F.: Answering English Questions by Computer: A Survey. Comm. ACM 8, 53—70 (1965).

102. SIMMONS, R. F.: Storage and Retrieval of Aspects of Meaning in Directed Graph Structures. Comm. ACM 9, 211—215 (1966).

103. SIMMONS, R. F., J. F. BURGER, and R. E. LONG: An Approach Toward Answering English Questions from Text. FJCC 29, S. 357—364. Washington, D.C.: Spartan. 1966.

104. STEVENS, M. E., and G. H. URBAN: Training a Computer to Assign Descriptors to Documents: Experiments in Automatic Indexing. SJCC 25, S. 563—575. Baltimore: Spartan. 1964.

105. STEVENS, M. E., V. E. GIULIANO, and L. B. HEILPRIN (Ed.): *Statistical Association Methods for Mechanized Documentation*. Symp. Proc. Washington, D.C. 1964, US Govt. Printing Office, Washington, D.C. 1965.

106. STILES, H. E.: The Association Factor in Information Retrieval. J. ACM 8, 271—279 (1961).

107. STONE, P. J.: A Computer Approach to Content Analysis: Studies Using the General Inquirer System. SJCC 23. Baltimore: Spartan. 1963.

108. SWANSON, D. R.: Automatic Indexing and Classification. NATO Advanced Study Inst. Automatic Doc. Anal., Venedig 1963.

109. TOSH, L. W.: Machine Translation and Linguistic Data Processing. Ling. 20, 35—40 (1964).

110. UNGEHEUER, G., D. KRALLMANN, H. SCHNELLE und H. G. TILLMANN: Künstliche Intelligenz — Stand der Forschung. Forschungsber. 66/7, Inst. Phon. Komm. forschg., Bonn 1966.

111. VEILLON, G.: Application of Finite Automata to German Morphology. Proc. 3rd AFCALTI Congr. Comp. Inf. Proces. Toulouse, France, 1963, Paris 1965, S. 249—254.

112. WEIZENBAUM, J.: ELIZA — a Computer for the Study of Natural Language Communication Between Man and Machine. Comm. ACM 9, 36—45 (1966)..

113. Williams, J. H.: A Discriminant Method for Automatically Classifying Documents. SJCC 23, S. 161–166. Baltimore: Spartan. 1963.
114. Yngve, V. H.: An Introduction to COMIT Programming. MIT Press, Cambridge, Mass., 1962.
115. Yngve, V. H.: A Framework for Syntactic Translation. MT 4, 59–65 (1957).
116. Yngve, V. H.: Random Generation of English Sentences. 1961 Int. Congr. Mt. Lang. Appl. Ling. Anal., London, 1962.

B. Aufbau und Anwendungsmöglichkeiten elektronischer Wörterbücher

Von

U. Winkler

1. Einführung

Die rasche Aufwärtsentwicklung von Wissenschaft und Technik sowie die immer engere Zusammenarbeit der Länder auf den verschiedensten Gebieten stellen die Dolmetscher- und Übersetzerdienste sowohl in personeller als auch vor allem fachlicher Hinsicht vor immer größere Probleme. Besonders auf dem wissenschaftlich-technischen Sektor, auf den die folgenden Überlegungen beschränkt sein mögen, ist der Fachmann — soweit er überhaupt die erforderlichen Sprachkenntnisse besitzt — nicht mehr in der Lage, die gesamte Literatur seines Fachgebietes und verwandter Bereiche zu überblicken oder gar in der Fremdsprache zu lesen. Er ist mehr denn je auf den Dokumentar und Übersetzer angewiesen. Diese Arbeitsteilung erfordert vom Übersetzer neben seiner sprachlichen Qualifikation eine erhöhte Sachkenntnis.

Diesbezügliche Untersuchungen haben nämlich gezeigt, daß mit zunehmendem Schwierigkeitsgrad technisch-wissenschaftlicher Fachtexte die Zahl lexikalischer Übersetzungsfehler, d. h. allgemeiner Wortfehler und Fachwortfehler, stark zunimmt und alle anderen Fehlerquoten weit übertrifft. Darüber hinaus wächst mit dem Schwierigkeitsgrad der Anteil der Fachwortfehler stärker, als der der allgemeinen Wortfehler abnimmt. Aber nur die richtige Wahl des Fachwortes gewährleistet eine sachlich exakte Übersetzung wissenschaftlich-technischer Literatur. Dem Übersetzer muß also ein Wortgut zur Verfügung gestellt werden, das hinsichtlich Umfang, Detailliertheit, terminologischer Einheitlichkeit und Aktualität den höchsten Anforderungen genügt. Das kann aber nur durch eine intensive Wörterbucharbeit seitens des Lexikographen und Terminologen erreicht werden. Damit ist zumindest eine der objektiven Voraussetzungen für eine qualitativ einwandfreie Übersetzung geschaffen.

Eine intensive Wörterbucharbeit ist aber nur dann gewährleistet, wenn Lexikograph und Terminologe die Möglichkeit haben, das Wortgut schnell und nach den verschiedensten Aspekten abzurufen, um es genau überwachen und überarbeiten zu können. Auch der Übersetzer sollte einen möglichst schnellen Zugriff zu einzelnen ihn interessierenden Fachwörtern haben, da die Suche nach diesen Ausdrücken im allgemeinen sehr zeitaufwendig ist. Zur Lösung dieser Probleme wurde beim Übersetzerdienst der Bundeswehr ein Verfahren der maschinellen Übersetzungshilfe entwickelt, dessen Aufgabe darin besteht, dem Lexikographen und Übersetzer die nichtschöpferische Routinearbeit so weit wie möglich abzunehmen.

In Abschnitt 2 wird gezeigt, daß nur der elektronische Rechner in der Lage ist, allen diesen Anforderungen gerecht zu werden. Abschnitt 3 weist Wege, wie ein elektronisches Wörterbuch für eine möglichst intensive Informationsgewinnung zu organisieren ist. Die Herstellung spezieller *Glossare* und *textbezogener Fachwortlisten* sowie die *Wörterbuchüberarbeitung* werden in den beiden nachfolgenden Abschnitten geschildert.

2. Die Unzulänglichkeiten schalttafelgesteuerter Lochkartenmaschinen

Eine wesentliche Vereinfachung und Beschleunigung der lexikographischen Arbeit brachte bereits die von vielen Benutzern vorgenommene Umstellung der manuellen Lexikographie auf *Lochkartenbetrieb*. Wenn sich auch der Einsatz von Lochkarten gegenüber dem Handbetrieb am Karteikasten als vorteilhaft erwiesen hat, so wird doch mit wachsenden Datenmengen und durch höhere Anforderungen an die Informationsgewinnung die Unzulänglichkeit der Lochkarte und der mechanischen Lochkartenmaschinen immer deutlicher:

a) Die beschränkte Kapazität sowie die durch die positionsgebundene Verarbeitungsweise der Lochkartenmaschinen bedingte starre Organisation der Lochkarte begrenzen die Länge der Informationseinheiten. Das bedeutet aber, daß ein Großteil von Informationen entweder gar nicht oder nur in gekürzter Form aufgenommen werden kann. Dieses Problem läßt sich auch nicht durch ein Folgekartensystem lösen, da die Lochkartenmaschinen auf der Grundlage einer festen und eindeutigen Zuordnung der Informationseinheiten zu bestimmten Lochkartenfeldern arbeiten.

b) Die Verarbeitungsgeschwindigkeit mechanischer Lochkartenmaschinen ist relativ gering und ihre Handhabung zu schwerfällig, was gerade bei großen Datenmengen ins Gewicht fällt.

c) Die wesentlichste Schwäche mechanischer Lochkartenmaschinen liegt in deren beschränktem Funktionsbereich. Auf dem Gebiet der nichtnumerischen Datenverarbeitung erlauben die schalttafelgesteuerten Maschinen im Grunde nur eine Tabellierung und Sortierung. Der Änderungsdienst erfordert aufgrund der langwierigen Sortierung weitestgehend manuelle Arbeit. Statistische Erhebungen, die Herstellung lexikalischer Konkordanzen und die Befragung des Wörterbuches sind unmöglich.

Die hier aufgezeigten Grenzen eines mechanischen Verfahrens lassen erkennen, daß nur mit Hilfe eines elektronisch gespeicherten Wörterbuches und der elektronischen Rechenanlage mit ihrer hohen Verarbeitungsgeschwindigkeit und ihrer Flexibilität hinsichtlich Datenstruktur und vor allem Verarbeitungsweise eine Automatisierung gewisser Arbeitsgänge in der Lexikographie und beim Übersetzen durchführbar ist.

Das Verfahren einer maschinellen Übersetzungshilfe ist ein rein nicht numerisches Problem der elektronischen Datenverarbeitung:

a) Die zu verarbeitenden Daten sind sprachlicher Natur, setzen sich also in erster Linie aus Buchstaben und Sonderzeichen zusammen.

b) Die Informationslänge ist variabel.

c) Das Verfahren umfaßt ausschließlich datenintensive Prozesse, wodurch der Ein- und Ausgabe eine besondere Bedeutung zukommt.

d) Zur Realisierung des Verfahrens auf der elektronischen Rechenanlage sind vor allem logische Operationen (Vergleichsoperationen), Transportbefehle sowie Ein- und Ausgaberoutinen erforderlich.

Die Struktur der Daten und die Methoden und Probleme ihrer Behandlung lassen viele Parallelen zu anderen Zweigen der Mechanolinguistik und vor allem zur maschinellen Dokumentation erkennen.

3. Aufbau des Wörterbuches

3.1. Struktur einer Wortstelle — die Stichworteinheit

In Abhängigkeit von der Art des Wörterbuches kann sich eine Wortstelle aus folgenden Arten von Informationseinheiten (IE) zusammensetzen (s. Abb. 67 und 68b am Ende des Beitrages):

I_1 *Stichwort*, d. h. der Ausdruck in der Ausgangssprache.

I_2 Im allgemeinen nicht klassifizierbare Erläuterungen und Ergänzungen zu I_1, formuliert in der Ausgangssprache.

I_3 *Schlüsselgruppe*, die klassifizierbare Merkmale über die gesamte Wortstelle enthält, z. B.
Sprachrichtung bei mehrsprachigen Wörterbüchern;
Sachgebiet, für das die Wortgleichung gilt;
Nachweis über die Herkunft der gesamten Wortstelle oder einzelner IE;
Qualitätssymbole, die Auskunft über Güte und Zuverlässigkeit des ausgangs- und zielsprachigen Ausdruckes sowie deren Zuordnung geben;
grammatische Informationen.

I_4 Äquivalent in der *Zielsprache*.

I_5 Im allgemeinen nicht klassifizierbare Erläuterungen und Ergänzungen zu I_4, formuliert in der Zielsprache.

Die Anzahl der IE-Arten und insbesondere der Merkmale innerhalb I_3 richtet sich natürlich nach den Anforderungen an das Wörterbuch und damit nach der Art des Wörterbuches. Bei einem einsprachigen Wörterbuch entfallen I_4 und I_5, und selbst I_2 oder I_3 kann fehlen. So haben die Wortstellen eines Definitionswörterbuches die Struktur I_1, I_2, wobei I_2 die Definition von I_1 enthält. Statistische Erhebungen an Texten führen zu Wörterbüchern, deren Wortstellen aus einem Textwort und der entsprechenden Fundstelle bestehen, die also die Form I_1, I_3 haben. Bei Konkordanzen enthält I_1 den Konkordanzbegriff, I_3 die Fundstelle und I_2 den Kontext, in dem der Konkordanzbegriff vorkommt (Struktur I_1, I_2, I_3). Die allgemeinste Form der Wortstelle tritt in mehrsprachigen Wörterbüchern auf. Das kennzeichnende Merkmal solcher Wörterbücher ist die Existenz von I_4. Die Minimalstruktur I_1, I_4 ist in fast allen Fällen unzureichend. So muß den Wortstellen von Wörterbüchern in der automatischen Sprachübersetzung die Schlüsselgruppe I_3 zugeordnet werden, die die grammatischen Informationen für die Analyse der Ausgangssprache und die Synthese in der Zielsprache in codierter Form enthält. I_3 ist aber auch dann notwendig, wenn einem Ausdruck der Ausgangssprache mehrere Äquivalente I_4 in der Zielsprache beigefügt sind. Diese Erscheinung kann einmal auf der Mehrsprachigkeit (mehr als zwei Sprachen) des Wörterbuches beruhen, weil die Äquivalente sich auf verschiedene Sprachen beziehen. Andererseits kann die mehrfache Zuordnung $I_1 \rightarrow I_4$ semantischer Art sein; ein englisches Wort kann verschiedenen Wortarten angehören und damit unter Umständen verschiedene Bedeutungen haben, oder ein Ausdruck hat in Abhängigkeit vom Sachgebiet verschiedene Übersetzungsmöglichkeiten. Da aber der Klassifizierung in Sachgebiete wegen der Gefahr einer Überlappung Grenzen gesetzt sind, enthalten die IE I_2 und I_5 die eventuell notwendigen weiter einengenden Kommentare. Außerdem können diese beiden IE Abkürzungen, Definitionen, Synonyme usw. der entsprechenden I_1 bzw. I_4 aufnehmen.

Für das Auffinden von Informationen in einem elektronischen Wörterbuch ist eine möglichst weitgehende und differenzierte Klassifizierung der den Benutzer interessierenden Merkmale erforderlich; denn der Rechner ist nicht in der Lage, nicht-klassifizierte und damit nicht-formalisierte Merkmale semantisch zu interpretieren. Insofern ist der Inhalt der I_2 und I_5 nicht direkt abrufbar. Die Anordnung der IE spielt für die automatische Informationsauffindung eine wesentliche Rolle. Im Interesse einer optimalen Speicherausnutzung sollten identische IE nur einmal gespeichert werden. Eine derartige Komprimierung muß aber stets die Möglichkeit offen lassen, zusammengehörige IE zu erkennen und die Wortstellen in der richtigen Sortierreihenfolge abzurufen.

Stimmen mehrere Wortstellen im Stichwort überein, so wird es nur einmal gespeichert, gefolgt von seinen Äquivalenten. Eine solche Anordnung $I_1 \ldots (I_2, I_3, I_4, I_5)_j \ldots$ oder kürzer $I_1, (I_2, I_3, I_4, I_5)_j$ heißt eine *Stichworteinheit*. Sind innerhalb einer Stichworteinheit mehrere I_3 identisch, so hat das Stichwort I_1 in dem betreffenden Sachgebiet mehrere Übersetzungen I_4. Stimmen dagegen gewisse I_4 überein, so ist die Zuordnung $I_1 \rightarrow I_4$ mehrfach verschlüsselt, d. h., die Wortgleichung gilt z. B. in den verschiedenen angegebenen Sachgebieten. Diese Mehrfachverschlüsselung ist notwendig, da nur so eine differenzierte Informationsgewinnung hinsichtlich I_3 möglich ist (s. Abschnitt 4). Die Entscheidung, ob I_3- oder I_4-Komprimierung vorzuziehen ist — beide zugleich verletzen die Forderung nach eindeutiger Synthese der IE einer Stichworteinheit zur Wortstelle —, ist eine reine Speicherplatzfrage. Für elektronische Wörterbücher mit vorwiegend technischem Wortgut ist auf Grund der Mehrfachverschlüsselung und der häufigen Vielgliedrigkeit der Komposita in I_4 eine I_4-Komprimierung vorteilhafter. Sieht man einmal von I_2 und I_5 ab, so hat eine I_4-komprimierte Stichworteinheit die Form $I_1, ((I_3)_i, I_4)_j$.

Die Informationseinheiten I_2 und I_5 sind freie Komponenten, da sie im Gegensatz zu den anderen IE-Arten in einer Wortstelle nicht unbedingt auftreten müssen. Sie sind entweder I_3-abhängig oder betreffen unabhängig von I_3 die IE I_1 und I_4. I_2 ist z. B. I_3-unabhängig, wenn sie die Abkürzung des Stichwortes enthält; sie ist I_3-abhängig, wenn sie eine nur in bestimmten Sachgebieten gültige

Definition darstellt. I_3-unabhängige I_2 und I_5 sind identisch, wenn die Stichwörter bzw. die Äquivalente übereinstimmen, und sie werden daher unmittelbar hinter die durch Komprimierung erzeugten I_1 bzw. I_4 gespeichert. I_3-abhängige freie Komponenten werden der entsprechenden I_3 in der Reihenfolge I_2, I_5 angefügt. Damit haben die Stichworteinheiten folgende allgemeine Form: $(I_1, I_2, ((I_3, I_2, I_5)_i, I_4, I_5)_j)_k$, wobei k die Stichworteinheiten zählt, $i(j)$ die Mehrfachverschlüsselung für das j-te Äquivalent bestimmt und $i(j) \cdot j(k)$ gleich der Anzahl der Wortstellen des k-ten Stichwortes ist.

Der Komprimierung sind Grenzen gesetzt, sobald die Äquivalente innerhalb einer Stichworteinheit ebenfalls einer Sortierreihenfolge unterliegen. In diesem Falle ist eine Komprimierung nur benachbarter Äquivalente möglich. Liegt z. B. eine Sortieranweisung für I_2 vor, so ist eine I_4-Komprimierung innerhalb einer Stichworteinheit nur dann uneingeschränkt möglich, wenn entweder kein I_2 existiert oder alle I_2 I_3-unabhängig und damit identisch sind.

3.2. Typisierung von Informationseinheiten

Unter *Typisierung* sei die Kennzeichnung von Informationseinheiten verstanden, um somit

a) die Informationseinheiten gegeneinander abgrenzen,

b) jede beliebige Informationseinheit identifizieren und damit abrufen und

c) aus zusammengehörigen Informationseinheiten die ursprünglichen Wortstellen regenerieren

zu können.

Die Typisierung hängt von der Datenstruktur und den rechner-internen Gegebenheiten ab. Bezüglich der Datenstruktur kann zwischen drei verschiedenen Arten der Typisierung unterschieden werden:

a) *Positionstypisierung* bei konstanter Länge der Informations- und Stichworteinheiten,

b) *Typisierung* der Informationseinheiten durch *Adreßzuordnung*,

c) *Typisierung* der Informationseinheiten durch *Marken* und *Kennungen*.

Positionstypisierung setzt konstante Länge der Informations- und Stichworteinheiten voraus. Da diese Voraussetzung bei Wörterbüchern nie erfüllt ist, muß sie künstlich geschaffen werden, indem für jede IE-Art die Informationseinheit maximaler Länge gesucht wird und alle anderen auf diese Länge durch Auffüllen mit Leerstellen expandiert werden. Analog verfährt man mit den Stichworteinheiten. Fehlende IE müssen durch Leerstellen vertreten werden. Unter Zugrundelegung eines festen Bezugspunktes ist allein durch die Kenntnis der für jede IE-Art festen Schrittlänge jede IE durch Adreßmodifikation identifizierbar. Es ist offensichtlich, daß der durch Expansion verursachte Speicherverlust höchst selten vertretbar und mithin die Positionstypisierung nur bei fester Länge der Informations- und Stichworteinheiten sinnvoll ist. Vielmehr muß von allgemeineren Voraussetzungen ausgegangen werden:

a) Variable Länge der IE

b) Variable Anzahl von IE innerhalb einer Wortstelle

c) Variable Anzahl von Wortstellen innerhalb einer Stichworteinheit.

Die Methode der Adreßzuordnung stellt jeder Wortstelle ein Adreßwort voran, das die bezüglich dieses Adreßwortes relativen Adressen der Informationseinheiten enthält. Jeder Informationseinheit wird innerhalb des Adreßwortes ein festes Adreßfeld zugeordnet, wodurch eine eindeutige Identifizierung der Informationseinheiten ermöglicht wird. Die Länge der Informationseinheiten ergibt sich aus der Differenz zweier aufeinanderfolgender Adressen im Adreßwort. Nicht auftretende Informationseinheiten werden durch eine „Fehl"adresse markiert. Diese Methode der Typisierung setzt auf Grund der Zuordnung fester Adreßfelder der Komprimierung Schranken.

Die generellste und flexibelste Methode der Typisierung liegt in der Markierung und Kennzeichnung der IE. Die Anzahl erforderlicher Kennungen hängt von der Anzahl der IE-Arten sowie deren Reihenfolge ab, d. h. von deren Anordnungsmöglichkeiten innerhalb eines periodisch wiederkehrenden Bereiches. Der kleinste derartige Bereich, in dem alle Anordnungen auftreten können, ist die Stichworteinheit, so daß wir unsere Überlegungen darauf beschränken können.

Die Typisierung ist von der Anzahl der IE-Arten unabhängig, wenn jede Stichworteinheit stets aus genau einer vollständigen Wortstelle besteht. Das läßt sich erreichen, indem auf eine I_1-Komprimierung verzichtet wird und fehlende IE durch Nullfelder ersetzt werden. In diesem Falle genügt eine einzige Kennung zur gegenseitigen Abgrenzung der IE. Jede IE ist dann durch ihre Position innerhalb der Stichworteinheit bestimmt, sofern ein Bezugspunkt gegeben ist, was im einfachsten Fall der Wörterbuchbeginn ist. Auch bei variabler Anzahl der IE innerhalb einer Stichworteinheit kann unter günstigen Voraussetzungen die Anzahl notwendiger Kennungen kleiner als die der verschiedenen IE-Arten sein. Die damit verbundene Zuordnung derselben Kennung zu IE verschiedenen Typs macht eine direkte Bestimmung der IE unmöglich. Statt dessen kann die Art einer IE nur auf Grund benachbarter IE, d. h. der Struktur der Stichworteinheit, bestimmt werden.

Neben der Wörterbuchorganisation hat die Wortstruktur der Maschine großen Einfluß auf die Art der Typisierung. Stellenmaschinen, die bezüglich der Speicherkapazität für Daten variabler Länge vorteilhaft sind, haben von vornherein eine Marke zur Begrenzung von Feldern und damit von Informationseinheiten. Derartige Begrenzungsmarken sind bei Wortmaschinen nicht gegeben, so daß hier eine Separierung der IE nur durch spezielle Kennungen möglich ist. Die Benutzung rechnereigener Kennungen wie *Vorzeichen* und *Typenkennungen* (Gleit- und Festkommazahl, Befehl, alphanumerisches Wort) ist nur beschränkt möglich. So kann z. B. ein Maschinenwort, das alphanumerische Zeichen enthält und pro forma die Typenkennung einer Festkommazahl hat, bei gewissen Operationen unter Umständen zu einem arithmetischen Alarm führen, da der Festkommazahl im Gegensatz zum Alphawort ein Vorzeichen zugeordnet ist. Es wird also im allgemeinen nicht möglich sein, für die verschiedenen IE-Arten genügend derartige rechnerinterne Kennungen bereitzustellen. Zur Lösung des Problems bleibt nur der Weg offen, IE auf Kosten der Speicherkapazität zu kennzeichnen:

a) Die Kennung wird in der kleinsten adressierbaren Einheit gespeichert und der IE vorangestellt. Diese Methode ist bei Stellenmaschinen zu empfehlen im

Gegensatz zu Wortmaschinen, bei denen die Kennung ein ganzes Maschinenwort belegen würde.

b) Die Kennung wird in die IE einbezogen, indem sie an einer Stelle gespeichert wird, die auf Grund des Befehlsvorrates des Rechners schnell ansprechbar ist und leicht auf ihren Inhalt geprüft werden kann. Bei Stellenmaschinen kommt dafür die erste oder letzte Stelle des Feldes gleichermaßen in Frage, je nachdem, ob die Adresse den Anfang oder das Ende des Feldes bezeichnet. Wendet man dieses Verfahren auf Wortmaschinen an, indem z. B. die erste Stelle des ersten der von der IE belegten Maschinenwörter die Kennung enthält, so müssen für die Kennung Zeichen verwendet werden, die nicht in den Informationseinheiten selbst auftreten können. Denn andernfalls ist es denkbar, daß ein auch als Kennung verwendetes Zeichen zufällig an erster Stelle des n-ten Maschinenwortes ($n > 1$) innerhalb einer IE steht und dieses Maschinenwort fälschlicherweise als Beginn einer neuen IE angesehen wird. Die Einschränkung, für Kennungen nur Zeichen zu verwenden, die nicht in der IE selbst auftreten, kann auf Grund des beschränkten Zeichenvorrates im Falle einer großen Anzahl von Informationsarten störend, wenn nicht sogar unannehmbar sein. Außerdem wäre es für die Identifizierung einer IE erforderlich, *jedes* Maschinenwort der entsprechenden Prüfung (VEL-Operation, Vergleich mit den Kennungszeichen, bedingter Sprung) zu unterziehen.

Eine andere, nicht so starken Einschränkungen unterliegende Methode besteht darin, eine bestimmte Stelle *jedes* Maschinenwortes für die Kennung zu reservieren. Da die wenigsten IE das letzte erforderliche Maschinenwort voll belegen, kommt der damit verbundene Speicherplatzverlust in vielen Fällen nicht zum Tragen. Die eigentliche Kennung steht nur im ersten Maschinenwort jeder IE, alle anderen Maschinenwörter enthalten in dieser Stelle eine Null. Bei den meisten Rechenanlagen empfiehlt es sich, für die Typisierung die letzte Stelle jedes Maschinenwortes zu reservieren und als Kennung nur Zeichen zu verwenden, die durch eine ungerade Zahl maschinenintern codiert sind. Damit ermöglichen die bedingten Sprungbefehle „Springe, wenn das letzte Bit des Maschinenwortes gleich (ungleich) Null ist" eine einfache Bestimmung der IE-Grenzen, da das jeweils erste Maschinenwort einer IE im letzten Bit eine 1, alle anderen Maschinenwörter eine 0 enthalten.

Zusammenfassend sei nochmals darauf hingewiesen, daß die Entscheidung über die Art der Typisierung stets nur in Abhängigkeit von der Wörterbuchstruktur sowie den rechnertechnischen Voraussetzungen getroffen werden kann.

3.3. Zeichenvorrat, Zeichenhierarchie, Sortierung

Der *Zeichenvorrat* des Wörterbuches, d. h. die Menge unterschiedlicher im Wörterbuch auftretender Zeichen, wird in erster Linie von den Datenträgern bestimmt, die Zubringerdienste leisten, also von Lochkarte und -streifen. Ihr Zeichenvorrat ist jedoch relativ klein gegenüber dem, der in der automatischen Sprachverarbeitung gewünscht wird. Selbst im Rechner können viele in Sprachdaten vorkommende Zeichen nicht dargestellt werden. So ist weder auf handelsüblichen Datenträgern noch in normalen Rechnern eine Codierung von Groß- und Kleinbuchstaben, Umlauten oder des Buchstabens „ß" möglich. Aber auch bei einer technischen Realisierung im Rechner durch Zuordnung neuer Bit-kombinationen ist das Problem der Verarbeitungsweise dieser Zeichen keineswegs gelöst. Denn einerseits müssen z. B. Groß- und Kleinbuchstaben, da sie verschiedene Zeichen sind, unterschiedlich codiert und damit bewertet werden, anderseits sollen sie aber bei der alphabetischen Sortierung als identisch gelten. Geht man einmal von der Voraussetzung aus, daß eine Ausgabeeinheit mit einer geeigneten Zwischenelektronik vorhanden ist, die sowohl Groß- und Kleinbuchstaben als auch alle anderen oben erwähnten Spezialzeichen zu codieren vermag, im Rechner und bei der Eingabeeinheit dieser erweiterte Zeichenvorrat aber nicht zur Verfügung steht, so muß bei der Eingabe den Informationen ein Code zugeordnet werden, der über die veränderte Schreibweise ausgabeseitig Auskunft gibt. Zwei Abkürzungen können sich nur in der Groß- oder Kleinschreibung eines einzigen Buchstabens unterscheiden (z. B. BBG = Bundesbeamtengesetz; BbG = Bundesbahngesetz). In diesem Beispiel könnte die zweite Abkürzung als „BBG" mit dem Code „K2" („K" für Kleinbuchstabe, „2" für 2. Zeichen) eingegeben werden. Auf die Möglichkeit, sich nur in der Codiergruppe unterscheidende Abkürzungen oder auch Wörter (Verb — Substantiv) nach dieser Codegruppe in sich noch zu sortieren, sei an dieser Stelle nur kurz hingewiesen. Bei der Verschlüsselung der Umlautbuchstaben spielt die gewünschte Sortierfolge eine wesentliche Rolle. Einige Lexikographen wünschen eine Einsortierung des „ö" wie „o", andere wie „oe". Im letzteren Fall muß bei der Ausgabe lediglich „oe" in „ö" transformiert werden. Dabei sind natürlich Wörter wie „Koexistenz" und „Oboe" von dieser Transformation auszuschließen. Im Falle, daß „ö" wie „o" einsortiert werden soll, bieten sich zwei Lösungswege an:

a) „ö" wird eingabeseitig durch „o" ersetzt, und das betreffende Wort erhält den Code „Un" („U" für Umlaut, „n" für *n*-tes Zeichen) zugeordnet, mit dessen Hilfe bei der Ausgabe wieder „ö" generiert wird;

b) „ö" wird als „oe" eingegeben und „e" bei zeichenweiser Sortierung unterdrückt (Ausnahmen bilden wiederum „Koexistenz" usw.). Bei der Ausgabe wird „oe" in „ö" rückcodiert.

Während die erste Methode eine wortweise Sortierung erlaubt, bietet die zweite den Vorteil, daß die bei der ersten Methode angewandte Codierung überflüssig ist.

Verzichtet man auf den Komfort der Groß- und Kleinschreibung und gibt man sich mit der Darstellung der Umlaute und des „ß" durch zwei Buchstaben zufrieden, so ist man der Umcodierung gewisser Zeichen noch nicht enthoben. Die in herkömmlichen Wörterbüchern übliche Sortierweise, Zwischenräume und Sonderzeichen zu ignorieren, ist bei maschineller Verarbeitung nur mit zeichenweiser Sortierung zu realisieren. Bei maschinenwortweiser Sortierung, die bei häufigen und langen Sortierläufen aus Zeitgründen vorzuziehen ist, werden die Sonderzeichen wie jedes andere Zeichen dem Vergleichsprozeß unterworfen. Die in fast allen Rechnern übliche *Zeichenhierarchie* „Ziffer — Buchstabe — Sonderzeichen" muß daher bei der Verarbeitung sprachlicher Daten aus folgenden Gründen in die Rangordnung „Sonderzeichen — Buchstabe — Ziffer" abgeändert werden:

1. Gewisse Sonderzeichen können eine spezielle lexikalische Bedeutung haben.

2. Bei maschinenwortweiser Sortierung werden auch die Stellen des letzten, von der Informationseinheit nicht vollständig belegten Maschinenwortes zum

Vergleich herangezogen. Besetzt man diese Stellen mit Zwischenräumen, so würde z. B. „control" hinter „control board" einsortiert, da der Buchstabe „b" eine niedrigere Valenz als der Zwischenraum hat. Der Zwischenraum muß also seiner Funktion als Nullelement entsprechend mit Null codiert werden, was wiederum bedingt, daß Null die Position des Zwischenraumes einnimmt.

Diese bei der Eingabe von Daten notwendige Umcodierung impliziert natürlich bei der Ausgabe eine Recodierung dieser Zeichen.

Bei vielen nichtnumerischen Prozessen, insbesondere im Zusammenhang mit elektronischen Wörterbüchern, kommt der *Sortierung* von Daten eine besondere Bedeutung zu. Vor allem bei Benutzung von Magnetbändern bedingen große Datenmengen relativ lange Sortierzeiten, so daß eine Optimalisierung des Programms großen Einfluß auf den Zeitfaktor hat. Das Sortierprogramm sollte bezüglich der Datenstruktur sowie der speicher- und gerätetechnischen Gegebenheiten flexibel sein. Ein hohes Maß an Flexibilität hinsichtlich der Datenstruktur kann erreicht werden, wenn das Programm eine konstante Länge der zu sortierenden Informationseinheiten fordert. Das bedingt natürlich, daß im Falle variabler Länge die Informationseinheiten durch Auffüllen mit Nullen auf die Länge der maximalen Informationseinheit expandiert werden. Diese Methode setzt zwar einen erhöhten Speicherbedarf voraus, ermöglicht aber andererseits, die Sortierbegriffe innerhalb der Wortstelle durch Positionsangabe zu identifizieren. Bei variabler Informationslänge hingegen können die Sortierbegriffe und ihre Länge nur mit Hilfe der Typisierung definiert werden.

Es würde zu weit führen, hier auf die verschiedenen Verfahren und Probleme der Sortierung, wie z. B. die schon oben erwähnte zeichenweise Sortierung, näher einzugehen. Abschließend seien jedoch einige der wesentlichen Voraussetzungen angeführt, die hinsichtlich einer möglichst niedrigen Sortierzeit vom Sortierprogramm bei Magnetbandeinsatz erfüllt sein sollten:

a) Die Anzahl der Hilfsmagnetbänder muß variabel gehalten werden, damit den jeweiligen Gegebenheiten Rechnung getragen werden kann. Je mehr Hilfsmagnetbänder zur Verfügung stehen, desto geringer ist die Sortierzeit.

b) Magnetbandein- und -ausgabe müssen nach der Wechselblockmethode (*Fortstartverfahren*) arbeiten.

c) Um das Rückspulen der Hilfsmagnetbänder zu umgehen, sollten die Daten vom Magnetband vor- und rückwärts gelesen werden können.

d) Schon vorhandene Sortierfolgen innerhalb der Daten sind auszunutzen.

e) Der Sortierspeicher muß möglichst groß sein. Zu diesem Zweck sollten Programm- und Arbeitsspeicherüberlappung vorgesehen werden.

f) Bei langen Sortierläufen sind Programmunterbrechungen auf Grund technischer Störungen der Peripherie nicht ausgeschlossen, so daß die Möglichkeit gegeben sein sollte, über einen RERUN-Eingang weiterzustarten.

4. Herstellung von Wörtlisten

Auf Grund der in Abschnitt 3.1 angegebenen Organisation des Wörterbuches ist es möglich, Informationen, die bestimmte Merkmale aufweisen, zu identifizieren und als Wortliste in beliebiger Form auszugeben. Die Merkmale werden über Parameterkarten dem Programm mitgeteilt. Soweit es sinnvoll und erforderlich ist, können gewisse Merkmale kumuliert werden, was die Herstellung stark spezialisierter Wortlisten erlaubt.

Folgende Merkmale sind zugelassen (s. Abb. 67 und 68b):

M1 *Sprachensymbol* (I_3)

Damit ist es möglich, aus einem mehrsprachigen Wörterbuch Wortstellen einer bestimmten Sprachrichtung auszudrucken.

M2 *Alphabetische Ordnung in der Ausgangssprache* (I_1)

Bei sehr umfangreichen Wörterbüchern empfiehlt es sich oft, nur Teile des Wörterbuches aufzulisten. Dem Programm werden für derartige Teilauflistungen die obere und untere Grenze innerhalb des Alphabets mitgeteilt. M2 kann mit M1 kumuliert werden.

M3 *Quelle* (I_3)

M3 erlaubt die Zusammenstellung aller Wortstellen, die aus bestimmten Quellen stammen, z. B. von einem bestimmten Gremium festgelegt oder aus einem bestimmten Wörterbuch übernommen wurden. M3 und M1 können kumuliert werden.

M4 *Sachgebiet* (I_3)

Dieses Merkmal gestattet die Herstellung sachgebietsbezogener Wortlisten. Das Programm fordert alle das Sachgebiet betreffenden Schlüsselgruppen an. M4 kann mit M1 und M3 kumuliert werden, z. B. zur Herstellung eines französisch—deutschen Wörterbuches der Datenverarbeitung mit der Einschränkung, daß nur solche Wortgleichungen gewählt werden, die von einem bestimmten internationalen Terminologieausschuß festgelegt wurden.

M5 *An beliebiger Stelle stehende Zeichenfolgen im ausgangs- und zielsprachigen Teil* (I_1 *und* I_4)

Derartige lexikalische Konkordanzen, deren Umgebung entweder die Stichworteinheit oder die Wortstelle ist, bieten die Möglichkeit

a) sich selbst korrigierender Wörterbücher, bei denen der Rechner zunächst eine Wortstelle mit der betreffenden Zeichenfolge sucht und diese dann durch eine andere Zeichenfolge ersetzt. Ein Fachausschuß hat z. B. vorgeschlagen, „Flugzeugführer" künftig durch „Pilot" zu ersetzen. Der Rechner sucht alle die Wortstellen, in denen im zielsprachigen Teil (bei einem fremdsprachig-deutschen Wörterbuch) „Flugzeugführer" isoliert oder innerhalb eines Kompositums vorkommt, und ersetzt die alte Zeichenfolge „Flugzeugführer" durch die neue „Pilot";

b) einer Vereinheitlichung der Benennungen, d. h. der Terminologie. Lexikograph und Terminologe werden in die Lage versetzt, neue Benennungen durch Vergleich mit analogen, schon früher formulierten Ausdrücken festzulegen.

Das Konkordanzprogramm kann in seinem Ablauf dadurch beschleunigt werden, daß als Konkordanzbegriff nicht die gesamte Zeichenfolge, sondern nur eine Teilfolge gewählt wird. Diese Teilfolge muß allerdings charakteristisch für die gesamte Zeichenfolge sein und darf nicht auch Wortstellen liefern, die die gewünschte Zeichenfolge nicht enthalten. In dem in Abb. 67 angeführten Beispiel wurden alle Wortstellen abgerufen, deren Stichwort I_1 die Zeichenfolge „system" enthält.

Hier werden die Parallelen zur *maschinellen Dokumentation* (KWIC) besonders deutlich, wenn auch dort der Umgebungsbegriff teilweise anders formuliert ist und die Konkordanzbegriffe für die Herstellung eines Index automatisch generiert werden.

Ebenfalls über Steuerkarten kann die Art der Ausgabe bestimmt werden, wie ON-LINE- oder OFF-LINE-Ausgabe über Schnelldrucker, Druck auf Normalpapier oder auf Offset-Folie und Ausgabe auf 8-Kanal-Lochstreifen zur Steuerung der Lichtsetzanlage Digiset. Im letzteren Fall weiden den Daten alle drucktechnischen Steuersignale, wie Schriftgröße, -type, Dickte usw., automatisch zugeordnet. Die Digiset-Anlage liefert einen Positivfilm, wodurch die langwierige photomechanische Verkleinerung der Rechnerausdrucke entfällt.

5. Die Wörterbuchbefragung — Herstellung textbezogener Fachwortlisten

Neben der in Abschnitt 4 geschilderten Möglichkeit der Herstellung von Wortlisten verschiedenster Art kommt dem elektronischen Wörterbuch bei der *Wörterbuchbefragung* eine mindestens ebenso große Bedeutung zu. Bei der Wörterbuchbefragung werden Ausdrücken der Ausgangssprache Äquivalente der Zielsprache zugeordnet. Die Art der Befragung und Wortsuche hängt von der Organisation des Wörterbuches und dem Speichermedium ab. Es würde hier zu weit führen, auf alle insbesondere im Rahmen der automatischen Sprachübersetzung entwickelten Verfahren des Wörterbuchvergleichs näher einzugehen. Die folgenden Betrachtungen gehen von der Voraussetzung aus, daß die Informationseinheiten variable Länge haben und das Wörterbuch auf Magnetband steht, also auf einem Speicher, der keinen direkten Zugriff hat. Im weiteren Verlauf der Ausführungen wird an den betreffenden Stellen auf die Konsequenzen und Möglichkeiten von Speichern mit direktem Zugriff hingewiesen.

Das Ergebnis der Wörterbuchbefragung sind *textbezogene Fachwortlisten* (s. Abb. 68b). Ihre Herstellung vollzieht sich in folgenden Schritten:

5.1. Identifizierung der Abfragen und Übertragung auf Lochstreifen

Der Übersetzer schreibt alle zu klärenden und ihm unbekannten Vokabeln in einer *Problemliste* nieder, oder er unterstreicht sie im Originaltext. Diesem Arbeitsgang kommt große Bedeutung zu, da die Formulierung der Abfragen oft für den Erfolg der Befragung maßgebend ist. Der Fragende muß entscheiden, ob der von ihm gewünschte Terminus eine lexikalische Einheit im Sinne des elektronischen Wörterbuches darstellt, und ihn gegebenenfalls modifizieren. Hierzu gehört auch die morphologische Reduktion auf die im Wörterbuch enthaltene Referenzform.

Beim Ablochen der Abfragen wird jedem Abfrageschub eines Übersetzers zur späteren Identifizierung eine den Fragenden und den Text bestimmende Kenngruppe vorangestellt.

5.2. Übernahme der Abfragen auf Magnetband und alphabetische Sortierung

Die Übertragung von Lochstreifen auf Magnetband vollzieht sich in folgenden Schritten:

a) Automatische Zuordnung der entsprechenden Kenngruppe zu jeder Abfrage bei gleichzeitiger Numerierung der Abfragen innerhalb jedes Abfrageschubes.

b) Umcodierung und Typisierung jeder Abfrage auf I_1-Form.

c) Sortiergerechte Aufbereitung, d. h. Expansion der Abfragen auf konstante Länge.

Die Abfragen werden für einen rationellen Vergleich in dieselbe alphabetisch steigende Reihenfolge gebracht, die die Stichwörter im Wörterbuch aufweisen. Dieser Arbeitsgang ist hinfällig, sobald das Wörterbuch auf einem Speicher mit direktem Zugriff steht.

5.3. Vergleich des Abfragenbandes mit dem Wörterbuchband

Abfragen- und Wörterbuchband laufen gegeneinander, und die Ergebnisse werden auf einem weiteren Band zwischengespeichert. Alle Magnetbandein- und -ausgaberoutinen arbeiten durch Anwendung der Wechselblockmethode im Fortstartverfahren, d. h., sobald der n-te Magnetbandblock eingegeben wird, kann der $(n-1)$-te verarbeitet werden. Grundvoraussetzung für das Fortstartverfahren ist, daß die Verarbeitungszeit eines Blockes kleiner als die Ein- bzw. Ausgabezeit ist. Dies kann unter Umständen dadurch erreicht werden, daß für jede Abfrage geprüft wird, ob sie überhaupt in einem bestimmten Wörterbuchblock liegen kann, indem sie mit der jeweils letzten I_1 des Blockes verglichen wird. Wird eine Abfrage im Wörterbuch aufgefunden, so werden ihr alle verfügbaren oder nur bestimmte, in diesem speziellen Zusammenhang interessierende Äquivalente zugeordnet; andernfalls wird die Abfrage mit einem Fehlhinweis versehen. Eine Ausfilterung gewisser Äquivalente kann nach Sprache und Sachgebiet des Textes, aus dem die Abfrage stammt, vorgenommen werden. Jedoch ist bei einer *Sachgebietsausfilterung* die Gefahr gegeben, daß wegen unzureichender Verschlüsselung oder der Vielschichtigkeit des Textes wertvolle Informationen unterdrückt werden. Die Ergebnisse werden wortstellenweise aufbereitet und so auf Magnetband übernommen, daß jeder Block genau einer Zeile auf dem Schnelldrucker entspricht, um somit die Voraussetzung für einen OFF-LINE-Ausdruck zu schaffen. Dabei sind die Zeilen innerhalb einer Stichworteinheit so zu numerieren, daß im folgenden Sortiervorgang zusammengehörige Informationen nicht getrennt werden. Der Rechner findet nur dann eine Abfrage im Wörterbuch, wenn sie mit einer I_1 in allen Stellen übereinstimmt. Sieht man einmal von echten Lücken im Wörterbuch ab, so werden die meisten Fehlhinweise durch unterschiedliche Schreibweise (z. B. Bindestrichsetzung im Englischen, Schreibweisenvarianten im britischen und amerikanischen Englisch) oder durch variable Bestandteile innerhalb einer Abfrage hervorgerufen. Ein Teil derartig bedingter Fehlhinweise läßt sich dadurch abfangen, daß gewisse *Varianten* ins Wörterbuch aufgenommen werden. Dieser Weg ist aber nur in relativ wenigen Fällen sinnvoll, da Redundanz und Wörterbuchumfang sonst zu groß würden. Statt dessen ist es notwendig, der Abfrage abgewandelte Formen zuzuordnen. Dies kann auf zweierlei Ebenen geschehen:

a) Der Fragende nimmt — analog der Konsultation eines herkömmlichen Wörterbuches — Varianten zu bestimmten Abfragen in seine Problemliste auf.

b) Der Rechner generiert im Falle eines Fehlhinweises sinnvolle Varianten der entsprechenden Abfrage und versucht, diese im Wörterbuch zu finden. Dies ist natürlich nur bis zu einem gewissen Grade realisierbar, denn es gilt, die syntaktische und semantische Struktur des Kompositums formal zu beschreiben, um sinnvolle Begriffe aus anderen Verbindungen automatisch ableiten zu können.

Eines der trivialsten, aber zugleich sehr störenden Probleme dieser Art bildet die recht vage und keinen festen Regeln unterliegende Bindestrichsetzung im Englischen. Um zu verhindern, einen Fehlhinweis nur wegen eines falsch gesetzten Bindestrichs zu erhalten, werden Bindestriche beim Vergleich ignoriert. Um einen zeichenweisen Vergleich zu umgehen, wurde zu diesem Zwecke aus dem für lexikographische Arbeiten bestimmten Wörterbuchband ein zweites für die Befragung hergestellt, das im ausgangssprachigen Teil keinerlei Bindestriche enthält. Ersetzt man bei der Eingabe der Abfragen alle Bindestriche durch Zwischenräume, so können keine Fehlhinweise mehr auf Grund unterschiedlicher Bindestrichsetzung entstehen.

Das Problem, aus Abfragen, die zu einem Fehlhinweis führen, durch gewisse Transformationen andere sinnvolle Ausdrücke zu erzeugen, stellt nicht nur an die Programmierung, sondern auch an die linguistische Arbeit auf dem Gebiet der Wortbildung hohe Anforderungen. Eine Transformation kann in einer Streichung, einer Substitution oder einer Hinzufügung von Komponenten bestehen. Substitution und Hinzufügung sind semantische Prozesse, denn sie erfordern eine Zerlegung des Fachwortes in kleinere bedeutungstragende Komponenten und ein Regelsystem für die Synthese derartiger Bestandteile zu neuen sinnvollen Ausdrücken. Untersuchungen auf diesem Gebiete haben noch nicht zu greifbaren Ergebnissen geführt. Für die automatische Generierung neuer Ausdrücke bleibt also nur die Streichung von Komponenten, d. h. eine Verkürzung des Terminus. Die Methode des *„longest match"* bildet verschiedene in der Abfrage enthaltene Zeichenfolgen, die als Ersatzabfragen mit dem Wörterbuch verglichen werden. Von den Ersatzabfragen, die zu einer positiven Antwort führen, wird die maximaler Länge als Ersatzinformation der ursprünglichen Abfrage beigefügt. Es wäre natürlich sinnlos und zu zeitaufwendig, alle in einer Abfrage enthaltenen Zeichenfolgen nach rein kombinatorischen Gesichtspunkten zu bilden und im Wörterbuch aufzusuchen. Vielmehr müssen Methoden gefunden werden, die von vornherein nur sinnvolle Folgen für die weitere Verarbeitung ausfiltern. Derartige Methoden hängen stark von der Sprache ab, der die Abfragen angehören. Im Englischen, wo Komposita durch Aneinanderreihen von Wörtern gebildet werden, die durch Zwischenräume oder Bindestriche getrennt sind, kann man sich auf die Zeichenfolgen beschränken, die durch Kombination aller im Kompositum enthaltenen Wörter entstehen. Bei einem n-gliedrigen Kompositum werden unter Beibehaltung der Reihenfolge der Wörter zunächst alle $(n-1)$-gliedrigen Komposita gebildet und als Ersatzabfragen identifiziert. Führen auch diese zu keiner positiven Antwort, wird zum $(n-2)$-, $(n-3)$-, ..., 1-gliedrigen Kompositum abgestiegen. Generierung und Aufsuchen der $(n-i)$-gliedrigen Komposita kann wiederum nach einer Rangordnung geschehen. So ist bei technischen Begriffen im Englischen häufig das Grundwort eines Kompositums variabler Bestandteil

($\sim$ system, $\sim$ equipment), d. h., schon der um das Grundwort reduzierte Ausdruck wird mit großer Wahrscheinlichkeit im Wörterbuch aufgefunden. Da aber die Position variabler Bestandteile im allgemeinen nicht fest ist, empfiehlt es sich, alle positive Antworten liefernden Ersatzabfragen maximaler Länge als Ergebnis auszugeben. Erst die Erfahrung wird zeigen, ob damit dem Fragenden nicht zu viele unwesentliche und sinnlose Informationen geliefert werden und ob es nicht günstiger wäre, bei Ersatzabfragen mit gleich viel Komponenten Prioritäten zu setzen.

Die Generierung von Ersatzabfragen wirft auch ein neues Problem für den Wörterbuchvergleich auf. Steht das Wörterbuch auf einem Speicher mit indirektem Zugriff, so ist die alphabetische Ordnung der Abfragen Grundvoraussetzung für einen rationellen Vergleich. Diese Voraussetzung ist aber für die Ersatzabfragen nicht mehr erfüllt, da diese erst nach dem Nichtauffinden der Originalabfragen generiert werden. Die Methode des „longest match" ist also nur dann sinnvoll, wenn der Sortierung der Abfragen keine Bedeutung mehr zukommt, wenn also der Wörterbuchspeicher direkten Zugriff hat. Dann kann mit einer Liste, die gewissen Wortstellen bzw. Anfangsbuchstaben Adressen im Wörterbuch zuordnet, der betreffende Wörterbuchbereich bestimmt und für den Vergleich direkt angesprochen werden. Im übrigen läßt sich — besonders wenn die Wortstellen konstante Länge haben — der Wörterbuchvergleich bei Außenspeichern mit direktem Zugriff durch spezielle Verfahren, wie z. B. die sukzessive Halbierung von Wörterbuchbereichen, weiter beschleunigen.

Solange das Wörterbuch auf Magnetband steht und damit auf Grund der obigen Ausführungen eine automatische Generierung von Ersatzabfragen unrationell ist, muß der Fragende diesen Arbeitsgang übernehmen (siehe lfd. Nr. 8/9 und 11/12 in Abb. 68b).

5.4. Rücksortierung und Ausgabe der Ergebnisse

Anhand der *Kenngruppe* (Name des Fragenden, Textnummer, laufende Nummer der Abfrage, Zeilennummer innerhalb einer Wortstelle) werden die Ergebnisse in die ursprüngliche Reihenfolge der Problemliste rücksortiert und als textbezogene Fachwortliste ausgegeben. Da beim Suchprozeß 5.3 die Ergebnisse schon in schnelldruckergerechter OFF-LINE-Form auf Band zwischengespeichert werden, kann für einen Text unter Umgehung der Rücksortierung auch eine alphabetische Fachwortliste hergestellt werden.

5.5. Vollautomatische Herstellung textbezogener Fachwortlisten

Es bleibt noch zu untersuchen, inwieweit die Herstellung textbezogener Fachwortlisten weiter automatisiert werden kann. Wie schon oben erwähnt wurde, können bei Wörterbuchspeichern mit direktem Zugriff die Sortiervorgänge (5.2) und (5.4) entfallen. Eine weitere Automatisierung bietet sich bei der Identifizierung der Abfragen und deren Übertragung auf Lochstreifen (5.1) an. Diese beiden Prozesse sind innerhalb des gesamten Verfahrens am zeitaufwendigsten. Das Ziel ist, jedem Übersetzer zusammen mit dem Originaltext, den er übersetzen soll, eine textbezogene Fachwortliste zu liefern. Ein anderer interessanter

Anwendungsfall besteht darin, für bestimmte Texte automatisch eine alphabetische Liste aller darin vorkommenden Fachwörter zu generieren, um dem Fachmann das Lesen des Artikels in der Fremdsprache zu erleichtern.

Zur Lösung dieser Aufgabe sind

a) eine vollautomatische Übernahme von Texten beliebiger Schrifttypen auf Magnetband und

b) eine Methode für die vollautomatische Generierung von Abfragen

erforderlich. Die erste Aufgabe ist ein rein technisches Problem, das zur Zeit noch nicht in vollem Maße gelöst ist. Die bis heute entwickelten *Klarschriftleser* verarbeiten nur Daten bestimmter Schrifttypen. Bei der vollautomatischen Generierung von Abfragen sind folgende Probleme zu lösen:

a) Automatische morphologische Reduktion auf Referenzform,

b) Eliminierung von Ausdrücken der Gemeinsprache,

c) Bestimmung der Fachwörter,

d) Eliminierung bedeutungsloser und mehrfach auftretender Ausdrücke.

Das vorliegende Problem ist gegenüber dem der Generierung von Ersatzabfragen wesentlich komplexer. Während bei letzterem eine Grundabfrage vorgegeben ist und die Generierung neuer Abfragen nur in einer Modifizierung dieser Grundabfrage besteht, muß jetzt die Grundabfrage selbst automatisch bestimmt werden. Die Modifizierung besteht hier im Gegensatz zum oben geschilderten Verfahren in einer Erweiterung; das einzelne Wort wird als Grundabfrage interpretiert, und durch Hinzufügen nachfolgender Wörter wird ein im Wörterbuch vorhandenes Kompositum maximaler Länge bestimmt. Die Wörter der Gemeinsprache innerhalb des Textes bedingen eine hohe Zahl erfolgloser Befragungen, wodurch der Prozeß sehr verlangsamt wird. Zur Lösung dieses Problems bietet sich die Methode an, die Generierung der Komposita auf gewisse Intervalle zu beschränken, die durch Satzzeichen und durch in einem Glossar erfaßte Wörter begrenzt werden, auch wenn damit einige Fachwörter nicht erkannt werden. Derartige Separierungswörter dürfen nicht oder nur mit geringer Wahrscheinlichkeit in einem Kompositum auftreten, wie z. B. Possessiv- und Personalpronomen, Hilfsverben usw. Dabei wird das Separierungsglossar vom Sachgebiet, aus dem der Text stammt, abhängen.

Mehr noch als bei der Generierung von Ersatzabfragen wird es hier auf Methoden ankommen, die von der Maschine gelieferten Ergebnisse auf Qualität und Quantität zu untersuchen, um den Übersetzer nicht mit einer zu großen Menge mehr oder weniger uninteressanter und sinnloser Informationen zu belasten. So dürfen häufig wiederkehrende Fachwörter durch Vergleich mit schon aufgefundenen innerhalb eines bestimmten Textbereiches nur einmal aufgeführt werden. Inwieweit Algorithmen für eine qualitative Bewertung von Ergebnissen entwickelt werden können, läßt sich jetzt noch nicht beurteilen. Sicher wäre es von Interesse festzustellen, inwieweit eine Analyse der syntaktischen Gegebenheiten innerhalb eines Satzes lexikalische Einheiten erkennen hilft.

Diese kurzen Ausführungen zeigen, daß eine vollautomatische Identifizierung von Fachwörtern bzw. lexikalischen Einheiten besonders dann problematisch ist, wenn diese wie z. B. im Englischen durch Aneinanderreihen von Wörtern, die durch Lehrstellen voneinander getrennt sind, gebildet werden. Hierin liegt auch eine der Hauptschwierigkeiten einer automatischen Sprachübersetzung aus dem Englischen.

6. Die Wörterbuchüberarbeitung

Ein Wörterbuch ist ein dynamisches Gebilde, das naturgemäß jederzeit änderungsbedürftig ist. Das trifft in besonderem Maße für technische Wörterbücher zu. Technische Entwicklungen haben stets neue Begriffsbildungen und damit neue Benennungen zur Folge. Da ein Wörterbuch um so häufiger benutzt wird, je mehr es dem neuesten Stand entspricht, kommt es darauf an, jegliche Änderung am Wörterbuch in möglichst kurzer Zeit vorzunehmen. Nur so können dem Benutzer des Wörterbuches die neuesten Terminologie-Ergebnisse vermittelt und ein Maximum an Informationen angeboten werden. Die Überarbeitung des Wörterbuches geschieht auf zweierlei Weise:

1. Anhand von *Tabellierungen* untersucht der Lexikograph das Wörterbuch auf Fehler und Ungenauigkeiten. Diese Art der Überarbeitung beschränkt sich bis auf wenige Ausnahmen auf die Bearbeitung schon vorhandener Wortstellen.

2. Die in Abschnitt 5 geschilderte Befragung des Wörterbuches erlaubt eine *dynamische Überwachung* des Wortgutes. Im Gegensatz zu 1. ist es mit Hilfe der textbezogenen Fachwortliste möglich, Lücken im Wörterbuch aufzudecken.

Die vom Fragenden mit Änderungsvorschlägen und Ergänzungen versehenen textbezogenen Fachwortlisten gehen an den Lexikographen, der nun seinerseits entscheidet, ob und in welcher Form Korrekturen am Wörterbuch vorgenommen werden.

Die Änderungen am Wörterbuch lassen sich auf Zugänge und Streichungen reduzieren, denn die Korrektur einer Wortstelle setzt sich formal aus einer Streichung dieser falschen Wortstelle und einer Hinzufügung der entsprechenden richtigen zusammen. Für die Streichung von Wortstellen bieten sich zwei Verfahren an. Das eine besteht darin, die zu streichende Wortstelle in voller Länge auf Lochkarten zu übertragen, während beim anderen — vorausgesetzt, daß alle Wortstellen durchnumeriert sind — eine Wortstelle durch Vorgabe der betreffenden Nummer gestrichen wird. Wenn auch die zweite Methode weniger Locharbeit erfordert, so bedingt die Numerierung neben dem erhöhten Speicherbedarf und einer weiteren Kennung für diese neue Informationseinheit eine aufwendige Überwachung dieser Wortstellennummern. Dies gilt um so mehr, als auf Grund der großen Datenmengen nicht nach jedem Änderungslauf eine neue Gesamttabellierung hergestellt werden kann. Andererseits bietet die erste Methode, bei der die zu streichende Wortstelle mit der Streichanweisung in ihrer vollen Länge auf Identität geprüft wird, den Vorteil, fehlerhafte Streichanweisungen leicht identifizieren zu können. Der Änderungsprozeß vollzieht sich in folgenden Schritten:

1. Übernahme der Zugänge und Streichungen von Lochkarten auf Magnetband.

a) Aufbereitung der einzelnen Informationseinheiten auf Wörterbuchform. Zuordnung einer Marke, ob Streichung oder Zugang. Zuteilung einer laufenden Nummer zu jeder Wortstelle.

b) Sortiergerechte Aufbereitung der gesamten Wortstelle.

c) Ausgabe der bezüglich der organisatorischen Konventionen falsch abgelochten Wortstellen.

2. Alphabetische Sortierung aller Änderungsanweisungen.

3. Ausgabe der alphabetisch sortierten Änderungsanweisungen über Schnelldrucker in Wortlistenformat. Diese Listen dienen als Ergänzungs- bzw. Korrekturlisten d. h. als Supplement zur Gesamttabellierung.

4. Identifizierung terminologisch und lexikographisch nicht vertretbarer Wortstellen des Supplements anhand der laufenden Nummern. Übertragung dieser Eliminationsnummern auf Lochkarten.

5. Herstellung des neuen Wörterbuchbandes durch Einmischen der unter 2. alphabetisierten Zugänge und Streichungen bei gleichzeitiger Unterdrückung der durch die Nummern identifizierten Wortstellen. Streichanweisungen, die auf Grund eines Ablochfehlers nicht ausführbar sind, werden gesondert aufgelistet.

7. Schluß

Die obigen Ausführungen haben gezeigt, daß die elektronische Rechenanlage zusammen mit den schnellen Speichermedien viele Arbeitsgänge vor allem bei der Wörterbucharbeit beschleunigt und erleichtert. Das Verfahren einer maschinellen Übersetzungshilfe sollte jedoch nicht nur unter diesem Aspekt gesehen und beurteilt werden. Der Name „Übersetzungshilfe" erscheint auf den ersten Blick ungenau, da die meisten Überlegungen die Automatisierbarkeit der Wörterbucharbeit betreffen. Dies ist aber ein Trugschluß; denn Lexikographie und Terminologie sind nicht um ihrer selbst willen da, sondern werden ihre Bemühungen stets nach den Wünschen und Bedürfnissen derjenigen auszurichten haben, die mit dem Wörterbuch arbeiten, also Dolmetscher, Übersetzer und all jene, die fremdsprachige Literatur lesen. Somit besteht die wesentlichste Aufgabe des Verfahrens einer maschinellen Übersetzungshilfe darin, die Zusammenarbeit zwischen dem Lexikographen und Terminologen einerseits und dem Wörterbuchbenutzer andererseits zu vertiefen und zu beleben. Das elektronische Wörterbuch übernimmt die Funktion eines Bindegliedes, das den Datenfluß zwischen beiden Partnern sowohl in quantitativer als auch vor allem in qualitativer Hinsicht intensiviert. Unter dieser Perspektive kommt der textbezogenen Fachwortliste eine besondere Bedeutung zu; denn je öfter der Benutzer das Wörterbuch befragt, desto schneller und klarer treten alle Unzulänglichkeiten des Wörterbuches zutage. Je schneller andererseits diese vom Lexikographen und Terminologen beseitigt werden, desto reichhaltiger und verläßlicher sind die Informationen, die dem Benutzer des Wörterbuches angeboten werden können.

1	2	3	4
F1 SYSTEM	C 900 9715	SYSTEME DE CONDITIONNEMENT D AIR	KLIMATISIERUNG
F1 SYSTEM	C 900 9714	SYSTEME DE CONDITIONNEMENT D AIR	KLIMAANLAGE
F1 SYSTEM	C P20 RA00	SYSTEME DE COUPLAGE DE FAISCX RADIO	FUNKPEILSTRAHLKOPPLER
F1 SYSTEM	C 991 6202	SYSTEME DE DATA LINK	DATENUEBERTRAGUNGSANLAGE
F1 SYSTEM	C F52 6202	SYSTEME DE DATA LINK	DATENUEBERTRAGUNGSANLAGE
F1 SYSTEM	C M12	SYSTEME DE PILOTAGE	REFERENZSYSTEM /FLUG-
F1 SYSTEM	C 900 B995	SYSTEME DE SENSATION ARTIFICIELLE	STEUERDRUCKSIMULATOR
F1 SYSTEM	C M12 TA00 +	SYSTEME DE SENSATION ARTIFICIELLE	STEUERDRUCKSIMULATOR
F1 SYSTEM	C U00	SYSTEME DES DEMANDES E DES RAPPORTS	MELDE- UND ANFORDERUNGSWESEN
F1 SYSTEM	C 902 7210+	SYSTEME DETECTEUR D ERREURS AVEC DEMANDE DE REPETITION	FEHLERERKENNUNGSSYSTEM MIT SIGNALWIEDERH
F1 SYSTEM	C H20 TA02+*	SYSTEME DETECTEUR D ERREURS AVEC DEMANDE DE REPETITION	FEHLERERKENNUNGSSYSTEM MIT SIGNALWIEDERH
F1 SYSTEM	C 902 7211*	SYSTEME DETECTEUR D ERREURS SANS REPETITION	FEHLERERKENNUNGSSYSTEM
F1 SYSTEM	C H20 TA02+*	SYSTEME DETECTEUR D ERREURS SANS REPETITION	FEHLERERKENNUNGSSYSTEM
F1 SYSTEM	C U00 +	SYSTEME F.S.C.	FSC-SYSTEM
F1 SYSTEM	C 994 MA06	SYSTEME F.S.C.	FSC-SYSTEM
F1 SYSTEM	C E58 **	SYSTEME GEOGRAPHIQUE DE REFERENCE	GEOGRAPHISCHES REFERENZSYSTEM
F1 SYSTEM	C F40	SYSTEME OPTIQUE EN FIBRE	OPTIK /FIBER- /IR-BILDVERSTAERKER/
F1 SYSTEM	C U00 +	SYSTEME OTAN D IDENTIFICATION	IDENTIFIZIERUNGSSYSTEM /NATO--
F1 SYSTEM	C 994 MA06	SYSTEME OTAN D IDENTIFICATION	IDENTIFIZIERUNGSSYSTEM /NATO--
F1 SYSTEM	C U00 +	SYSTEME OTAN DE CLASSIFICATION	KLASSIFIZIERUNGSSYSTEM /NATO--
F1 SYSTEM	C 994 MA06	SYSTEME OTAN DE CLASSIFICATION	KLASSIFIZIERUNGSSYSTEM /NATO--
F1 SYSTEM	C C10	SYSTEME SOCIAL	SOZIALORDNUNG
F1 SYSTEM	C H40	SYSTEME SPATIAL	WELTRAUMSYSTEM /FUNKDIENST USW/
F1 SYSTEM	C 993 PA60	SYSTEME TELEPHONIQUE	FERNSPRECHSYSTEM
F1 SYSTEM	C H20	SYSTEME TELEPHONIQUE	FERNSPRECHSYSTEM
F1 SYSTEM	A E81 RA00 +	SYSTEMIC BLOOD FLOW	BLUTKREISLAUF
F1 SYSTEM	A E81 RA00	SYSTEMIC POISONING	BLUTVERGIFTUNG
F1 SYSTEM	A F00 RA00	SYSTEMS PROJECT OFFICE /SPO/	PROJEKTLEITUNG
F1 SYSTEM	A F00 RA00	SYSTEMS PROJECT OFFICE /SPO/	PROJEKTLEITUNG
F1 SYSTEM	A 680 RA00	SYSTEMS PROJECT OFFICE /SPO/	PROJEKTLEITUNG
F1 SYSTEM	A 991 RA21 +	SYSTEMS TRAINING PROGRAM /STP/	AUSBILDUNGSPROGRAMM FUER DIE WAFFENSYSTE
F1 SYSTEM	A T20 RA21+*	SYSTEMS TRAINING PROGRAM /STP/	AUSBILDUNGSPROGRAMM FUER DIE WAFFENSYSTE
F1 SYSTEM	A 900 8407	TACTICAL AIR NAVIGATION SYSTEM	TAKTISCHES FLUGNAVIGATIONSVERFAHREN
F1 SYSTEM	A 900 8407	TACTICAL AIR NAVIGATION SYSTEM	TACAN-VERFAHREN /KURZFORM/
F1 SYSTEM	A P51 TA00 +	TACTICAL AIR NAVIGATION SYSTEM	TACAN-VERFAHREN /KURZFORM/
F1 SYSTEM	A 125 TA00 +	TACTICAL AIR NAVIGATION SYSTEM	TACAN-VERFAHREN /KURZFORM/
F1 SYSTEM	A 125 TA00 +	TACTICAL AIR NAVIGATION SYSTEM	TAKTISCHES FLUGNAVIGATIONSVERFAHREN
F1 SYSTEM	A P51 TA00 +	TACTICAL AIR NAVIGATION SYSTEM	TAKTISCHES FLUGNAVIGATIONSVERFAHREN
F1 SYSTEM	A P00 TA00 +	TACTICAL AIR NAVIGATION SYSTEM	TAKTISCHES FLUGNAVIGATIONSVERFAHREN
F1 SYSTEM	A P00 TA00 +	TACTICAL AIR NAVIGATION SYSTEM	TACAN-VERFAHREN /KURZFORM/
F1 SYSTEM	A 900 3096	TAPE SYSTEM	BANDSYSTEM /MB/
F1 SYSTEM	A F52 +	TAPE SYSTEM	BANDSYSTEM /MB/
F1 SYSTEM	A 040 0566	TARGET ACQUISITION SYSTEM	ZIELERFASSUNGSANLAGE
F1 SYSTEM	A 991 0566	TARGET ACQUISITION SYSTEM	ZIELERFASSUNGSANLAGE
F1 SYSTEM	A 040 0566	TARGET DESIGNATION SYSTEM	ZIELZUWEISUNGSANLAGE
F1 SYSTEM	A 991 0566	TARGET DESIGNATION SYSTEM	ZIELZUWEISUNGSANLAGE
F1 SYSTEM	A 991 0241+	TARGET SYSTEM	ZIELKATALOG
F1 SYSTEM	A R10 0241+	TARGET SYSTEM	ZIELKATALOG
F1 SYSTEM	A 052 0068	TARGET SYSTEM	SCHEIBENANLAGE
F1 SYSTEM	A 991 0068	TARGET SYSTEM	SCHEIBENANLAGE
F1 SYSTEM	A 903 2435	TARGET TRACKING SYSTEM	ZIELVERFOLGUNGSSYSTEM
F1 SYSTEM	A X58 +	TECHNICAL PUBLICATIONS SYSTEM	SYSTEM DER TECHNISCHEN VEROEFFENTLICHUNGE
F1 SYSTEM	A 900 0818	TECHNICAL PUBLICATIONS SYSTEM	SYSTEM DER TECHNISCHEN VEROEFFENTLICHUNGE
F1 SYSTEM	A H11 +	TELEMETERING SYSTEM	FERNMESSSYSTEM
F1 SYSTEM	A F02 +	TELEMETERING SYSTEM	FERNMESSSYSTEM
F1 SYSTEM	A F52 RA00	TELEPROCESSING SYSTEM	TELE-PROCESSING-SYSTEM
F1 SYSTEM	A H20 +	TELEX SYSTEM EXCHANGE	FERNSCHREIBWAEHLVERMITTLUNG
F1 SYSTEM	A 994 MA03	TELEX SYSTEM EXCHANGE	FERNSCHREIBWAEHLVERMITTLUNG
F1 SYSTEM	A 994 MA03	TELEX SYSTEM EXCHANGE	TELEX-VERMITTLUNG
F1 SYSTEM	A H20 +	TELEX SYSTEM EXCHANGE	TELEX-VERMITTLUNG
F1 SYSTEM	A 900 1019	TELL-TALE SYSTEM	SCHUELERUEBERWACHUNGSANLAGE
F1 SYSTEM	A M12 +	TELL-TALE SYSTEM	SCHUELERUEBERWACHUNGSANLAGE
F1 SYSTEM	A T24 +	TELL-TALE SYSTEM	SCHUELERUEBERWACHUNGSANLAGE

Abb. 67. Lexikalische Konkordanzen

1. Kolumne	Konkordanzbegriff
2. Kolumne	Schlüsselgruppe (I_3)
Spalte 1	Sprachensymbol (M 1)
Spalten 2—4	Sachgebiet (M 3)
Spalten 5—8	Quelle (M 4)
Spalten 9—10	Qualitätssymbole für I_1 und I_4
3. Kolumne	Ausgangssprachiger Teil (I_1 und I_2)
4. Kolumne	Zielsprachiger Teil (I_4 und I_5)

Textnummer 64/18968
Übersetzer: Müller

Here $\omega/2\pi = \nu$ = signal frequency, $g(\nu - \nu_{nn'})$ = <u>line shape function</u>, $\langle n' | g\beta\bar{H}\,\bar{S}\,|\,n\rangle$ = <u>matrix element of the transition</u>, v_g = <u>group velocity</u>, h = <u>Planck's constant</u>, μ_0 = <u>vacuum permeability</u>, A_M = <u>cross section</u> of maser material, A_s = cross section of structure; finally, the ratio of the magnetic field energy integrals alone in (3a) defines the filling factor. The symbols used are those introduced in Ref. 4, to which the reader is referred for a derivation of <u>travelling-wave maser</u> theory. In the optical range it is more convenient to characterize a <u>maser line</u> by its <u>spontaneous transition rate</u>, $W(\theta, \varphi, \bar{P})$, which is a function of the direction of emission expressed by <u>spherical angular coordinates</u> θ and φ, and of the polarization $\bar{P}$ of the emitted light. Using this term, a becomes

$$a = \frac{2\lambda_o^2\, g(\nu - \nu_o)\ W(\theta, \varphi, \bar{P})}{\varepsilon\, A_m} \qquad (3b)$$

where λ_o = vacuum wavelength of light, ε = <u>dielectric constant</u> of maser material, A_m = <u>cross section of amplified mode</u>. These symbols are defined as in Ref. 11, where the theory of optical travelling-wave maser amplifiers is derived.

The constant b accounts for <u>signal loss</u> along the <u>TWM.</u> In a microwave TWM it may consist of <u>ohmic structure losse</u>s (<u>copper loss</u>) and the <u>forward attenuation</u> of the isolator (<u>ferrite loss</u>). In an optical TWM, the losses may be contributed by scattering, diffraction and the isolator, although the latter two do not really occur in a distributed fashion. In units of decibels, the total <u>propagation loss</u> in the maser is 4.35 bL.

For the case of <u>CW pumping</u>, a maser <u>recovery rate</u> c is included in (2). It is the reciprocal of the exponential time constant which describes the low-power <u>gain recovery</u> after a <u>saturating pulse</u>. In microwave masers the <u>pump power</u> usually available is relatively high, so that c is essentially given by the <u>spin-lattice relaxation rate</u> of the <u>idler transition</u>. In CW optical masers the pump levels usually available tend to be lower in terms of <u>pump photons</u>, so that c may be largely determined by the pump power.

Abb. 68a. Fremdsprachiger Text

```
MUL 8968 000              ..................   TEXTBEZOGENE FACHWORTLISTE - UEBERSETZERDIENST DER BUNDESWEHR   ...............................

MUL 8968 001 00 LINE SHAPE FUNCTION                  AE31 *1                          LEITUNGSFORMFUNKTION
MUL 8968 002 00 MATRIX ELEMENT OF THE TRANSITION     AE31  1                          MATRIXUEBERGANGSELEMENT
MUL 8968 003 00 MATRIX ELEMENT                       AE10  1                          MATRIXELEMENT
MUL 8968 004 00 GROUP VELOCITY                       AH00**0                          GRUPPENGESCHWINDIGKEIT
MUL 8968 004 01                                      AE24**0                          GRUPPENGESCHWINDIGKEIT
MUL 8968 005 00 PLANCK,S CONSTANT                    AE20**1                          PLANCKSCHES WIRKUNGSQUANTUM
MUL 8968 005 01                                      AE20 *1                          PLANCKSCHE KONSTANTE
MUL 8968 006 00 VACUUM PERMEABILITY                  AE20  1                          ABSOLUTE PERMEABILITAET        /IM VAKUUM/
MUL 8968 007 00 CROSS SECTION                        AF00 *1                          QUERPROFIL
MUL 8968 007 01                                      AE30  1                          WIRKUNGSQUERSCHNITT
MUL 8968 007 02                                      AF20  1 /SHEET STEEL PILING/     KREUZPROFIL        /SPUNDWAND/
MUL 8968 007 03                                      AM40**1                          QUERSCHNITT
MUL 8968 007 04                                      AH50- 0                          QUERSCHNITT
MUL 8968 007 05                                      AE11  1                          QUERGRUPPE
MUL 8968 007 05                                      AM40**1                          PROFIL
MUL 8968 008 00 TRAVELLING WAVE MASER                                                 F E H L T
MUL 8968 009 00 TRAVELING WAVE MASER                 AE31 *1                          WANDERFELD-MASER
MUL 8968 009 01                                      AE31  1                          WANDERFELD-MOLEKULARVERSTAERKER
MUL 8968 010 00 MASER LINE                                                            F E H L T
MUL 8968 011 00 SPONTANEOUS TRANSITION RATE                                           F E H L T
MUL 8968 012 00 TRANSITION RATE                      AE31  1                          UEBERGANGSGESCHWINDIGKEIT
MUL 8968 013 00 SPHERICAL ANGULAR COORDINATE                                          F E H L T
MUL 8968 014 00 DIELECTRIC CONSTANT                  AH40**1                          ABSOLUTE DIELEKTRIZITAETSKONSTANTE
MUL 8968 014 01                                      AH40  1                          ELEKTRISCHE DURCHLAESSIGKEIT
MUL 8968 014 02                                      AH30 -1                          INDUKTIVE KAPAZITAET
MUL 8968 014 03                                      AH10 *1 /PERMITTIVITY/           DIELEKTRIZITAETSKONSTANTE
MUL 8968 014 04                                      AH00 *1                          DIELEKTRIZITAETSKONSTANTE
MUL 8968 015 00 CROSS SECTION OF AMPLIFIED MODE                                       F E H L T
MUL 8968 016 00 AMPLIFIED MODE                       AH30  1                          VERSTAERKTE SCHWINGUNGSFORM
MUL 8968 017 00 SIGNAL LOSS                          AH50  1                          SIGNALENERGIEVERLUST
MUL 8968 017 01                                      AE31  1                          SIGNALENERGIEVERLUST
MUL 8968 018 00 TWM                                  AE31  1                          TRAVELING-WAVE MASER
MUL 8968 019 00 OHMIC STRUCTURE LOSS                 AE31  1                          OHMSCHER STRUKTURVERLUST
MUL 8968 020 00 COPPER LOSS                          AH40 *1                          KUPFERVERLUST
MUL 8968 021 00 FORWARD ATTENUATION                  AE31  1                          DAEMPFUNG IN VORWAERTSRICHTUNG
MUL 8968 021 01                                      AH30  1                          DAEMPFUNG IN VORWAERTSRICHTUNG
MUL 8968 022 00 FERRITE LOSS                         AH40  1                          FERRITVERLUST
MUL 8968 023 00 PROPAGATION LOSS                     AH40  1                          FORTPFLANZUNGSVERLUST
MUL 8968 023 01                                      AE24  1                          FORTPFLANZUNGSVERLUST
MUL 8968 023 02                                      AH30  1                          AUSBREITUNGSVERLUST
MUL 8968 023 03                                      AH00  1                          AUSBREITUNGSVERLUST
MUL 8968 023 04                                      AE24  1                          AUSBREITUNGSVERLUST
MUL 8968 024 00 CW PUMPING                           AE31 *1                          DAUERSTRICHPUMPEN        /DAS -
MUL 8968 025 00 RECOVERY RATE                        AH30* 1                          ENTIONISIERUNGSZEIT
MUL 8968 025 01                                      AH40  1                          ERHOLZEIT
MUL 8968 025 02                                      AH30  1                          ERHOLZEIT
MUL 8968 025 03                                      AH30  1                          FREIWERDEZEIT
MUL 8968 025 04                                      AH00  1                          ERHOLZEIT
MUL 8968 026 00 GAIN RECOVERY                                                         F E H L T
MUL 8968 027 00 SATURATING PULSE                     AE31  1                          SAETTIGUNGSIMPULS
MUL 8968 027 01                                      AH50  1                          SAETTIGUNGSIMPULS
MUL 8968 028 00 PUMP POWER                           AH40  1                          PUMPLEISTUNG
MUL 8968 028 01                                      AH30  1                          PUMPLEISTUNG
MUL 8968 029 00 SPIN LATTICE RELAXATION RATE                                          F E H L T
MUL 8968 030 00 SPIN LATTICE RELAXATION                                               F E H L T
MUL 8968 031 00 IDLER TRANSITION                     AE31  1                          RUHESTROM-UEBERGANG
MUL 8968 032 00 PUMP PHOTON                          AE31* 1                          PUMPPHOTON
```

Abb. 68b. Textbezogene Fachwortliste zum Text in Abb. 68a

1. Kolumne		Kenngruppe	3. Kolumne		Schlüsselgruppe (I_3)
	Spalten 1—3	*Name des Fragenden*		Spalte 1	*Sprachensymbol* (M 1)
	Spalten 4—7	*Textnummer*		Spalten 2—4	*Sachgebiet* (M 3)
	Spalten 8—10	*Laufende Nummer der Abfragen*		Spalten 5—6	*Qualitätssymbole*
	Spalten 11—12	*Laufende Nummer der Äquivalente innerhalb einer Abfrage*		Spalte 7	*Quellencode* (M 4)
2. Kolumne		*Abfrage* (I_1)	4. Kolumne		*Erläuterungen und Ergänzungen zu* I_1 (I_2)
			5. Kolumne		*Zielsprachiger Teil* $(I_4$ *und* $I_5)$

Literatur

1. Bernhardt, R.: Computereinsatz bei der Herstellung der Deutschen Bibliographie. Nachr. Dok. **17**, 23—30 (1966).
2. Booth, A. D., L. Brandwood, and J. P. Cleave: *Mechanical Resolution of Linguistic Problems.* London: Butterworths Scientific Publications. 1958.
3. Edmundson, H. P. (Hrsg.): *Proceedings of the National Symposium on Machine Translation,* S. 310—353. Englewood Cliffs, N. J.: Prentice-Hall, Inc. 1961.
4. Harper, K. E.: Dictionary Problems in Machine Translation. P-2327, Mathematics Department, RAND Corp. (1961).
5. Hays, D. H.: *Introduction to Computational Linguistics.* New York: Elsevier. 1967.
6. Josselson, H. H.: Automatization of Lexicography (Manuskript). Wayne State University, Detroit 1965.
7. Krollmann, F., H.-J. Schuck und U. Winkler: Herstellung textbezogener Fachwortlisten mit einem Digitalrechner — ein Verfahren der automatischen Übersetzungshilfe. Beiträge zur Sprachkunde und Informationsverarbeitung **1965,** H. 5, 7—31.
8. Lamb, S. M.: Machine-Aided Translation. University of California, Berkeley 1963.
9. Lamb, S. M., and W. H. Jacobsen: A High-Speed Large-Capacity Dictionary System. Mechanical Translation **6,** 76—107 (1961).
10. National Academy of Sciences: *Language and Machines.* Washington, D.C., 20418. 1966.
11. Schnelle, H.: Maschinelle Sprachübersetzung — ein kritischer Überblick. Beiträge zur Sprachkunde und Informationsverarbeitung **1964,** H. 3, 41—61; H. 4, 58—63.
12. Tollenaere, F. de: *Nieuwe Wegen in de Lexicologie.* Amsterdam: N. V. Noord-Hollandsche Uitgevers Maatschappij. 1963.
13. Université Libre de Bruxelles: DICAUTOM, Consultation automatique de dictionnaires pour traducteurs humains. U.L.B. Bruxelles 1963.

C. Maschinelle Sprachübersetzung

Von

H. Schnelle und **G. Engelien**

1. Überblick

1.1. Zum gegenwärtigen Stand

Etwa fünfzehn Jahre intentiver Forschungen auf dem Gebiet der maschinellen Sprachübersetzung haben zu folgender Bilanz geführt [52]: Etwa vier automatische Übersetzungsverfahren (Russisch—Englisch) sind operativ[1]. Die Lesbarkeit der Übersetzungen ist jedoch mittelmäßig bis schlecht; ihre Qualität erlaubt es zwar dem Fachmann, den Inhalt des Originals zu erkennen, doch braucht er für die Lektüre das Doppelte bis Vierfache der Zeit für einen stilistisch einwandfreien Text. Trotz intensiver Werbung für die Verfahren, scheint ein

---

[1] Bunker-Ramo Corporation, Computer Concepts Inc., Foreign Technology Division, US-Air Force (FTD), Euratom. Das zweite der genannten Programme ist von der Deutschen Forschungsgemeinschaft angekauft worden und wird zur Zeit von einem Forscherteam an der Universität Saarbrücken (unter den Professoren Eggers und Dörr) mit dem Ziel einer russisch-deutschen Übersetzung bearbeitet.

Bedarf in einem Umfang, der den Einsatz ökonomisch rechtfertigen würde, nicht zu bestehen. Es erscheint sinnlos, Verfahren dieses Typs für die Übersetzung anderer Sprachpaare ineinander zu entwickeln. Eine wesentliche Verbesserung vollautomatischer Übersetzungsverfahren ist nur möglich, wenn neue Erkenntnisse linguistischer Forschung angewandt werden. Selbst dann erscheint es fraglich, ob nicht die außerspachlichen Kenntnisse, die ein menschlicher Übersetzer zum Einsatz bringt, diesem einen nicht einzuholenden Vorsprung vor der Maschine sichern.

Die gegenwärtige Situation wird daher von der Forderung nach intensiver linguistischer Grundlagenforschung bestimmt. Es müssen weitere systematische Einsichten, vor allem auf dem Gebiet der Semantik, gewonnen werden; die Prinzipien und Techniken der sprachwissenschaftlichen Formalisierung sind weiter zu entwickeln und anzuwenden; Experimente der automatischen Sprachverarbeitung müssen die Technik der *Sprachanalyse, -synthese* und *-umformung* vervollkommnen. Vor allem das letztgenannte Arbeitsgebiet erfordert eine erhebliche finanzielle Unterstützung. Mit Recht wies man daher darauf hin, daß die linguistische Datenverarbeitung nicht in erster Linie als eine Entwicklung mit praktischen Zielen angesehen werden darf (maschinelle Sprachübersetzung, Informationserschließung usw.), sondern als experimenteller Teil der Sprach*wissenschaft*. Man muß sich daran gewöhnen, daß nicht nur die physikalische Grundlagenforschung kostspielige Instrumente (Teilchenbeschleuniger usw.) zur Durchführung ihrer Forschungen benötigt, sondern auch die linguistische Grundlagenforschung.

1.2. Die Struktur des Übersetzungsprozesses

Der Prozeß der maschinellen Sprachübersetzung soll jedem beliebigen Text einer Ursprungssprache einen äquivalenten einer Zielsprache zuordnen. Wie bei der Übersetzung von Programmiersprachen, so muß man auch bei der Übersetzung von natürlichen Sprachen ineinander die Grammatik (Morphologie, Syntax, Semantik) der Sprachen berücksichtigen. Dementsprechend faßt man den Übersetzungsprozeß als einen dreistufigen Prozeß auf:

1. *Analyse* der grammatischen Eigenschaften und Relationen des Textes der Ursprungssprache gemäß der Grammatik der Ursprungssprache,

2. *Umformung* der analysierten Eigenschaften und Relationen in entsprechende der Zielsprache,

3. *Synthese* eines Textes der Zielsprache mit den entsprechenden Eigenschaften und Relationen [58].

Nützlich wäre ein *reversibles Verfahren*, d. h. ein solches, in dem jeder dieser drei Teilprozesse in trivialer Weise umkehrbar ist und damit der Gesamtprozeß ebenfalls. Der Synthese des Zielsprachtextes entspricht dann seine Analyse und der Analyse des Ursprungssprachtextes seine Synthese.

Die Entwicklung des maschinellen Übersetzungsverfahrens erfordert also (A) die *Formalisierung* der Lexika und Grammatiken von Ursprungs- und Zielsprache und die Formalisierung der Zuordnung der grammatischen Eigenschaften und Relationen beider Sprachen; (B) die Programmierung der formalisierten Zusammenhänge für eine verfügbare Rechenanlage.

Die Entwicklung der Forschungen hat mehrere Phasen durchlaufen, die jeweils hauptsächlich der Programmierung ganz bestimmter Aspekte gewidmet waren. Nach den Vorüberlegungen von 1949 bis 1954 waren die Forschungen von 1954 bis 1959 vor allem der Entwicklung *automatischer Lexika*, der *automatischen morphologischen Analyse* von Wörtern und dem automatischen Prüfen von *Kongruenz-* und *Rektionsbeziehungen* zwischen unmittelbar benachbarten Wörtern gewidmet [46]. Die Zeit von 1959 bis 1964 knüpfte an die Formalisierung der syntaktischen *Phrasenstruktur-Analyse*[1] an. Es wurden vor allem sogenannte *Parser* entwickelt, Verfahren zur automatischen Ermittlung der syntaktischen Phrasenstruktur [39 bis 41], [53], [28, 30, 38, 54], [1].

In der neueren Entwicklung seit 1963/64 werden vor allem drei neue Aspekte ins Spiel gebracht. Erstens versucht man, die Phasenstruktur-Grammatiken, die üblicherweise jeweils nur über einem einfachen kategorialen Symbol operierten, zu Phrasenstruktur-Grammatiken und Phrasenstruktur-Parsern mit Symbolkomplexen oder Vektoren auszuweiten [21, 38, 43, 44, 53, 55]. Dies ist vor allem in flektierenden Sprachen deswegen erforderlich, weil die linguistischen Einheiten im allgemeinen durch einen Komplex mehrerer Kategorien zu kennzeichnen sind und gewisse Operationen nur über dem einen oder anderen Teilaspekt einer solchen Kennzeichnung operieren. Zweitens versucht man, die Formalisierung von *Transformationen* [13 bis 16], [20] für die linguistische Datenverarbeitung fruchtbar zu machen [19, 42, 50, 51, 60, 61]. Es handelt sich dabei vor allem darum, generierte Symbolketten (im allgemeinen Texte) in andere zu überführen, in Abhängigkeit von gewissen strukturellen Aspekten der bereits analysierten Phrasenstruktur der Ketten. Drittens versucht man, zusätzlich zur Formulierung der syntaktischen Zusammenhänge über den mehr oder minder formal definierbaren Kategorien — wir nennen sie *Morphokategorien* (Substantiv, Verb, Adjektiv, ..., Subjekt, Objekt, ..., verschiedene Kategorien des Numerus, Kasus usw.) — kategoriale Zusammenhänge eines anderen Typs ins Spiel zu bringen. Es handelt sich um die sogenannten *Nomokategorien* (Größe, Geschehen/Sein, Merkmal, ..., Geschehensträger, Geschehensziel, ..., Abstraktum, personale Größe, Maßbezeichnung, ...). Einige davon werden zwar auch schon bei Chomsky [16] verwendet. Die systematische Einführung eines Systems von Nomokategorien und ihrer Kombinatorik kennzeichnet aber vor allem den Ansatz der LIMAS-Gruppe unter A. Hoppe [32 bis 36]. Die Verwendung eines solchen Systems ist, wenn auch weniger systematisch, schon in allen neueren deutschen Grammatiken angelegt [17, 25, 26]. Der kategoriale Zusammenhang von Morphokategorien, den ein Analyseprozeß einem Text zuordnet, heiße dessen *Morphostruktur* und der entsprechende kategoriale Zusammenhang zwischen Nomokategorien heiße *Nomostruktur*[2].

---

[1] Verschiedene systematische linguistische Gedanken zur Phrasenstruktur waren formalisiert worden: Konstituentenstruktur-Grammatiken des amerikanischen Strukturalismus, formalisiert durch Chomsky [12, 15], Kategorialgrammatiken nach Husserl, Lesniewski u. a., formalisiert durch Bar-Hillel [3 bis 5] und Abhängigkeitsstruktur-Grammatiken nach Tesniere, formalisiert durch Hays, vgl. vor allem Hays [29].

[2] Die Distinktion Morpho-Nomo ist von Glinz übernommen worden. Sie deckt sich nicht ganz mit der von Glinz. Nomostruktur im Sinne von Glinz ist eine in bestimmter Hinsicht bereits transformierte Nomostruktur im Sinne von LIMAS.

1.3. Das LIMAS-System

Die von A. Hoppe entwickelten grammatischen Vorstellungen sind Grundlage des bei LIMAS entwickelten Verfahrens zur maschinellen Sprachübersetzung. Das Programmsystem für dieses Verfahren wird von einem der Verfasser zur Zeit entwickelt und auf einige der dabei auftretenden Probleme wird im zweiten Teil eingegangen. Zuvor sollen aber noch einige linguistische Aspekte des LIMAS-Systems entwickelt werden.

Das reversibel anzulegende Teil-Programm zur einsprachigen Verarbeitung von Texten (Deutsch bzw. Englisch) und zur Ermittlung ihrer Eigenschaften ist dreistufig: Analyse-Synthese, Explikation-Ellipsierung, Transformation. Der *Analyse-Synthese-Algorithmus* erstreckt sich auf die Ermittlung und Bearbeitung von Morphostruktur und Nomostruktur der gegebenen Formulierung und hat — wegen der beiden dabei involvierten Kategorialsysteme — zwei Teile, die aber im Prozeß der aktuellen Bearbeitung miteinander verschränkt sind. Da das Nomosystem Kategorien für die Kennzeichnung der relevanten Aspekte der Morphostruktur enthält (die sog. grammatischen Denkweisen), ist nach dem abgeschlossenen Analyseprozeß die Morphostruktur redundant; die Nomostruktur bestimmt allein eindeutig die Formulierung und ist die Grundlage für die weiteren Verarbeitungsprozesse. Der Analyse-Synthese-Prozeß stellt sich somit als ein Übersetzungsprozeß von Text in Nomostruktur und umgekehrt dar. *Explikation* und *Transformation* werden angeschlossen, sofern eine unmittelbare Realisierung der ermittelten Nomostruktur in der Zielsprache nicht möglich ist. So erfordert z. B. die Übersetzung des Satzes

(1) Sie legte die Hand auf den Tisch

ins Englische die Explikation der Zugehörigkeit der Hand, die im Deutschen nicht erforderlich ist. Die Nomostruktur des Satzes muß also zunächst in die explizierte Nomostruktur des Satzes

(2) Sie legte ihre Hand auf den Tisch

überführt werden, und diese hat eine Entsprechung im Englischen:

(3) She laid her hand on the table.

Während bei diesem Satz eine Explikation ausreichte, ist bei dem Satz

(4) Sie legte dem Patienten die Hand auf die Schulter

eine Explikation der soeben beschriebenen Art und eine Transformation, d.h. eine Veränderung der Formulierungsstruktur, erforderlich. Erstere expliziert die Zugehörigkeit der Hand, letztere die Zugehörigkeit der Schulter. Die Transformation liefert die Nomostruktur des Satzes

(5) Sie legte ihre Hand auf die Schulter des Patienten

der eine Entsprechung im Englischen hat:

(6) She laid her hand on the patient's shoulder.

Die Verwendung des Nomokategorialsystems leistet über die übliche morphostrukturelle Analyse hinaus zweierlei. Erstens werden Mehrdeutigkeiten der Morphoanalyse aufgelöst. Die vollständige Analyse nach der LIMAS-Grammatik des von Kuno und Oettinger [40] gegebenen, morphostrukturell extrem mehrdeutigen Satzes

> (7) People who apply for marriage licenses wearing shorts
>   or pedal pushers will be denied licenses

liefert eine eindeutige Nomostruktur[1]. Zweitens werden tatsächlich vorhandene Mehrdeutigkeiten, die die Morphoanalyse nicht aufweist, deutlich herausgestellt. Dies ist der Fall bei dem Beispiel

> (8) Der Junggeselle ist ein Mann, dem zum Glück die Frau
>   fehlt.

Die Zweideutigkeit dieses Satzes, die in der Morphostruktur noch nicht auftritt, kommt in der Nomostruktur dadurch zum Ausdruck, daß von den möglichen Nomofaktoren der Präposition „zu" (*Lokal, Temporal, Modal, Final, Quantität*, vgl. dazu auch [26] 252 ff.) drei (nämlich *Lokal, Temporal, Quantität*) ausgeschlossen werden, da das regierte Nomen „Glück" als *Abstraktum* und *Nicht-Maßbezeichnung* charakterisiert ist, und die erste Nomokategorie nach einer Regel nicht mit den ersten beiden der genannten Nomokategorien von „zu" — d. h. mit *Lokal, Temporal* — kompatibel ist, die letzte nicht mit *Quantität*. Damit werden die beiden Bedeutungen des Satzes beschrieben und die beiden entsprechenden Übersetzungen ins Englische

> (9) The bachelor is a man who fortunately lacks a wife

oder

> (10) The bachelor is a man, who lacks a wife for happiness

geliefert.

2. Daten und Datenstrukturen

2.1. Grammatische Strukturbeschreibung

Nach der Erläuterung der linguistischen Zusammenhänge kommen wir zu den Fragen des Programmierers:

1. Welche Form haben die vom Grammatiker postulierten *Daten und Datenstrukturen*?
2. Welche grammatischen *Operationen* definiert der Grammatiker über den Datenstrukturen?
3. Wie können beide optimal in existierenden Rechenanlagen *realisiert* werden?

Eine Untersuchung aller bisher verwendeten Verfahren zeigt, daß die Datenstruktur, die die Analyse eines Satzes liefert, immer eine geordnete Menge von *Deskriptionseinheiten* ist. Wir müssen also klären:

1. Welche Arten von Ordnungsrelationen treten auf, und
2. was ist eine Deskriptionseinheit und welche Struktur hat sie?

Die Ordnung über der Menge der Deskriptionseinheiten gibt die syntaktischen Relationen der linguistischen Teileinheiten des Satzes wieder. Es ist bekannt, daß die primären syntaktischen Ordnungsrelationen eines Satzes hierarchische sind (Konstituentenstruktur, Abhängigkeitsstruktur usw.). Formal ist eine hierarchische Ordnung nichts anderes als die Ordnung eines topologischen Baums

---

[1] Nach einer mündlichen Mitteilung von A. Hoppe. Über die Mehrdeutigkeit dieses Satzes und anderer wird in Kürze eine Abhandlung erscheinen.

mit Wurzel. Wir gehen hier davon aus, daß die primären syntaktischen Zusammenhänge in Form einer *Konstituentenstruktur* gegeben sind. In einem solchen Gebilde sind die terminalen Elemente (die Endelemente im Baum) den Wortformen des Textes zugeordnet, die nichtterminalen dagegen ganzen Phrasen, d. h. den aus mehreren Wörtern gebildeten Teilstücken des Satzes (Verbalphrase, Präpositionalphrase usw.). Die primäre syntaktische Relation kann überlagert sein durch Relationen der Kongruenz und Rektion, der grammatischen Funktion und des Pronominalverweises usw.[1].

Die *Deskriptionseinheiten* sind im allgemeinen selbst komplexe Daten. Sie bestehen aus einer Bezeichnung des linguistischen Objekts, das die Deskriptionseinheit beschreibt. Diese Bezeichnung heiße *Transskription*, wenn sie in einem direkten Zusammenhang mit der lautlichen Realisierung des Objektes steht (z. B. die dieser zugeordnete Buchstabenfolge ist). Die Deskriptionseinheit enthält zweitens die Konjunktion einer Anzahl grammatischer Prädikate, die den linguistischen Objekten gemäß den Regularitäten der Grammatik zugesprochen werden. Die Konjunktion der Prädikate heiße *Deskriptor* des linguistischen Objekts[2]. Im einfachsten Fall besteht der Deskriptor aus einem einzigen Prädikat[3].

Es ist meist zweckmäßig, die einzelnen Prädikate, d. h. die Komponenten eines Deskriptors, zu *Teilgruppen* mit gleicher grammatischer Bedeutung zusammenzuordnen (eine Deskriptorkomponente für die Wortart, eine Gruppe von Deskriptorkomponenten für die Flexionsinformation, eine andere für die Forderungen der Rektion usw.).

Im Verlauf der Analyse eines Textes gibt es Zwischenstadien, in denen der Deskriptor, der einem linguistischen Objekt zukommt, noch nicht eindeutig festgelegt werden kann, wohl aber schon gewisse Alternativen angebbar sind. Diese Alternativen lassen sich durch eine Disjunktion mehrerer eindeutiger Deskriptoren formulieren. (Manchmal wird man es vorziehen, die Disjunktion der Deskriptorteilgruppen zu bilden.) Wir nennen eine solche Disjunktion einen *v-Deskriptor*.

2.2. Lineare Darstellung (Codierung) von Daten

An dieser Stelle soll etwas ausführlicher auf die Codierung der ermittelten Strukturen eingegangen werden. Die lineare Darstellung wird wegen der sequentiell anreihenden Arbeitsweise der Rechenanlage notwendig. (Es gibt nur zwei direkte Nachbarn zu einem gespeicherten Element.) Deshalb müssen Gliederungssymbole definiert und in die *lineare Darstellung* eingefügt werden.

Für die *Transskription* des Textes, wie die Deskription der Struktur der Sätze, benötigt man eine bestimmte Anzahl von Symbolen. Ein Symbol besteht aus einer Kette von Bits. Es gibt folgende *Symboltypen*:

---

[1] Das wird in den Formalisierungen der Konstituentenstruktur im allgemeinen nicht berücksichtigt, ist jedoch für stark flektierende Sprachen sehr bedeutsam.

[2] Ein Deskriptor ist also dasselbe wie ein Q-Prädikator bei BAR-HILLEL [2] bzw. [6] und eine Deskriptionseinheit ist nichts anderes als ein Vollsatz eines Q-Prädikators.

[3] Dies gilt für die üblichen Formalisierungen von Konstituentenstruktur-Grammatiken.

1. Elementare Symbole

Sie dienen der Transskription des Textes und können unterteilt werden in:
wörterkonstituierende Symbole: Buchstaben sowie einige Sonderzeichen, wie z. B.
Apostroph; *wörtertrennende Symbole*: z. B. Satzzeichen, Leerzeichen.

2. Kategorialsymbole

Sie werden für die Bezeichnung von grammatischen Kategorien benötigt.

3. Gliederungssymbole

Sie kennzeichnen die Ordnung, die in den Daten ermittelt worden ist. Sie
können unterteilt werden in:
Symbolpaare: Sie stellen Klammern dar (Anfang und Ende einer Kette).
Trennsymbole: Sie dienen der anreihenden Unterteilung von Ketten.
Verweissymbole: Sie zeigen auf ein anderes Symbol in einer Kette (Pointer).
Indexsymbole: Sie werden verwendet für die Indizierung des vorangehenden Sym-
bols und erleichtern die Erweiterung des Symbolvorrates.
Kommentarsymbole: Sie können beliebig in eine Symbolkette eingestreut werden
und haben außer der Erleichterung der Kommunikation mit der Rechenanlage
keine Funktion.

4. Binäre Vektorsymbole

Sie stellen die Elemente eines „binären" Vektors dar, die besetzt oder un-
besetzt sein können. Sie bestehen aus zwei Symbolen:
Besetztes Vektorelement und *unbesetztes Vektorelement*.

Die Anzahl der benötigten Bits pro Symbol kann man auf folgende Weise
berechnen:

Die Anzahl aller verwendeten Symbole sei N. Dann ist B die Anzahl der benötigten Bits.

Falls N eine Potenz der Basis 2 ist, ergibt sich:

$$B = \operatorname{ld} N.$$

Falls N keine Potenz der Basis 2 ist, ergibt sich:

$$B = \operatorname{entier} (\operatorname{ld} N + 1).$$

($\operatorname{ld} x$ ist der Logarithmus dualis von x und entier (x) ist die größte ganze Zahl,
die in x enthalten ist.)

Für die Darstellung in der Rechenanlage hat man zwei Möglichkeiten. Eine
ist die sequentiell anreihende Darstellung, bei der der Nachfolger durch die verdrahtete aufsteigende Adressierung gegeben ist; die andere Möglichkeit besteht
in der Verwendung von Verweisen, bei der die darzustellenden Informationen nicht
direkt hintereinanderstehen, sondern zwei Verweise auf den Vorgänger sowie auf
den Nachfolger enthalten. Dies ist der entscheidende Aspekt der *Listentechnik*.
Diese Codierung hat gewisse Vorteile, wenn während der Verarbeitung an bestimmten Stellen eine „Aufweitung" der dargestellten Information vorgenommen
werden muß. In diesem Fall muß bei der sequentiellen Darstellung die ganze
Information vor oder nach der Einschubstelle verschoben werden. Bei der Verwendung von Verweisen kann die Zusatzinformation auf irgendeinen freien
Speicherplatz gebracht werden. An der Einschubstelle ist nur der Verweis auf
die Zusatzinformation anzubringen. Diesem Vorteil steht ein erheblicher Aufwand an Speicherplatzverwaltung gegenüber, der dann die Rechenzeit bestimmt.

3. Linguistische Datenverarbeitung

3.1. Der Grammatikkode

Die Verarbeitung der Daten und Datenstrukturen hängt ab von den Regeln und Zuordnungen, die der Grammatiker definiert. Es handelt sich dabei vor allem um die Zuordnungen des Lexikons und die Regeln der Grammatik. Man kann das System, nach dem Lexika und Grammatiken formalisiert werden, als Programmiersprache ansehen. Um die grammatischen Anweisungen auf der Maschine ausführbar zu machen, hat der Programmierer ein allgemeines Programm zu entwickeln, das einem Interpreter oder Übersetzer einer Programmiersprache entspricht. Dieses Programm ermöglicht es, die Zuordnungen des Lexikons und die Vorschriften der Grammatik auf einer Rechenanlage auszuführen. Das gesamte Verarbeitungssystem ist also dreifach gegliedert: *Rechenanlage (hardware)*, *Grammatikinterpreter*, *Grammatikkode*. Das Verarbeitungssystem operiert über Deskriptorgebilden, wie sie oben beschrieben wurden.

Der *Grammatikkode* besteht aus dem Lexikon und den grammatischen Regeln. Die formale Struktur des *Lexikons* ist diejenige einer mehrdeutigen Zuordnungsfunktion. Werden Transkriptionseinheiten (Wörter, Wortformen, idiomatische Wendungen usw.) vorgegeben, so ordnet das Lexikon ihnen Deskriptoren zu (meist *v-Deskriptoren*). Bei der Synthese werden vorgegebenen Deskriptoren Klassen von Transkriptionen zugeordnet. Das Lexikon ist nach den Transkriptionseinheiten alphabetisch geordnet. Dies ermöglicht ökonomische Suchverfahren beim Analyseprozeß.

Die Anwendung der Regeln der *Grammatik* führt (im Analyseprozeß) zum Aufbau und Ausbau der vollständigen Deskription eines Satzes. Die Regeln enthalten bestimmte Bedingungen, unter denen sie auf vorgegebene Datenstrukturen anwendbar sind. Sind die Bedingungen erfüllt, so kommt die ebenfalls in der Regel enthaltene Vorschrift zur Veränderung der gegebenen Datenstruktur zur Anwendung.

Die bis heute am besten formalisierten Regelsysteme sind die Ersetzungs-Systeme (*rewriting systems*). Die Bedingung der Anwendung der Regel wird bei ihnen durch eine Kette gegeben; die Regel ist anwendbar, wenn die Bedingung als Teilkette einer vorgegebenen Kette auftritt. Die Anwendung der Regel besteht in der *Ersetzung* der Bedingungskette oder eines Teils der Bedingungskette. Wird nur ein Teil ersetzt, so heißt der nicht ersetzte Rest der bedingende *Kontext* der Ersetzung und die Regel heißt kontext-abhängig oder kontext-sensitiv (*CS*), im andern Fall kontext-frei (*CF*). Ein Regelsystem, in dem die ersetzte Kette jeweils nur aus einem einzigen einfachen Symbol (Prädikat) besteht, heißt Konstituentenstruktur-System, weil sich aus den Anwendungen solcher Systeme leicht Konstituentenstrukturen ableiten lassen. Systeme und Grammatiken dieser Art sind bis heute am besten formalisiert [24]. Daher wird die Leistungsfähigkeit moderner Verfahren zur linguistischen Datenverarbeitung oft in bezug auf diese gemessen [8, 9, 48].

Dennoch scheinen uns Systeme mit Ersetzungsregeln die Struktur der tatsächlich möglichen linguistischen Datenverarbeitung nicht angemessen wiederzugeben. In vielen Verarbeitungssystemen (z. B. nach dem COKE-Algorithmus)

wird keine Information ersetzt, sondern nur Information beigefügt. Eliminiert
werden allenfalls Informationen, die als mehrdeutige Alternativen in einem bestimmten Verarbeitungsstadium eingeführt wurden, deren Inkompatibilität mit
anderen Informationen des Satzes sich aber erwiesen hat. In Systemen dieser
Art gibt es also zwei Typen von Regeln:

1. Füge Information bei, sofern eine Bedingung der und der Art erfüllt ist.

2. Eliminiere Alternativ-Information, sofern eine Bedingung der und der Art
nicht erfüllt ist.

Chomsky [16] verwendet Regeln dieser Art zur Entfaltung der komplexen
Symbole. Die Tatsache, daß die einmal eingeführte Information in allen weiteren
Bearbeitungen erhalten bleibt, ermöglichst es, im Unterschied zu den Ersetzungs-
Systemen in den Bedingungen auch auf früher eingeführte Information zurück-
zugreifen, ein Merkmal, das diese Regeln mit den Transformationsregeln im
eigentlichen Sinn gemeinsam haben (Chomsky [16], 89). Letztere verändern
aber im Unterschied zu ihnen die Struktur, *ersetzen* also im Prinzip eine ganze
Datenstruktur durch eine andere.

3.2. Darstellung der Verarbeitungsvorgänge während des Übersetzungsprozesses

Bei der Entwicklung der Programme eines Übersetzungssystems steht die
Organisation der verschiedenen Lexika und die Benutzung der Lexika bei Ver-
gleichprozessen an zentraler Stelle. Die Lexika sind alphabetisch sortiert und
sequentiell auf Magnetbändern gespeichert. Die Rechenanlage verarbeitet Daten
aus dem Kernspeicher, der nur einen kleinen Teil des *Lexikons* aufnehmen kann.

Der Textkorpus ist ebenfalls auf einem Magnetband gespeichert, was nur
einen sequentiellen Zugriff zu den Daten gestattet. Es ist deshalb zweckmäßig,
die Textwörter durchzunumerieren und auch *alphabetisch* zu *sortieren*, um einen
schnellen, stückweisen Vergleich im Kernspeicher durchführen zu können. Anschließend kann man den Text anhand der Numerierung wieder zurücksortieren,
wonach jedes Textwort mit seiner Deskription versehen ist. Dieser Prozeß wird
um so schneller ablaufen, je kürzer das Lexikon ist. Bei einer stark flektierenden
Sprache ist es deshalb unter Umständen zweckmäßig, das Wort als Stamm ins
Lexikon zu nehmen und ein Programm für die Erzeugung der flektierten Form
zu benutzen. Bei schwach flektierten Sprachen wird die Vollform ins Lexikon
übernommen.

Selbstverständlich hängt die optimale Programmierung immer von der jeweiligen Rechenanlage ab. Falls ein Plattenspeicher zur Verfügung steht. ist
unter Umständen ein anderes Verfahren zweckmäßig.

Vor dem Lexikon-Vergleich wird der *Roh-Text* meistens in eine normierte
Form gebracht, um den Vergleichsprozeß, d. h. die Feststellung von Gleich-
heiten oder Ungleichheiten, zu vereinfachen. Nicht erkannte Textwörter werden
wie Fremdwörter behandelt und unverändert in die Zielsprache übernommen.
Man kann den Vergleichprozeß beschleunigen, indem man die 1000 häufigsten
Wörter in ein Sonderlexikon nimmt, womit man etwa 60% der Textwörter erkennen kann.

Nach dem Lexikonvergleich ist das einzelne Textwort mit allen Merkmalen versehen, die alle Vieldeutigkeiten darstellen, deren das isolierte Textwort fähig ist. Ziel der weiteren Verarbeitung ist es, diese Vieldeutigkeiten zu reduzieren und elliptische Ausdrücke zu explizieren, weil gewisse Relationen nicht expressis verbis in der Ursprungssprache formuliert sind, in der Zielsprache aber benötigt werden, wie in 1.3 erläutert wurde.

Es gibt verschiedene Möglichkeiten, den *Deskriptor* des Einzelwortes zu codieren. Zum Beispiel kann man jede Kategorie bezeichnen und die Liste der Bezeichnungen in einem Deskriptor variabler Länge aufführen, wobei die Reihenfolge der Kategorien irelevant ist. Für die maschinelle Verarbeitung ist es meistens einfacher, den Deskriptor als binären Vektor mit fester Länge darzustellen. Falls jedoch nur wenige Elemente gleichzeitig belegt sind, ist die Symboldarstellung unter Umständen vorteilhafter. Jedes Element dieses Vektors hat nur eine Bedeutung, die belegt oder nicht belegt sein kann. Falls man eine reversible Arbeitsweise anstrebt, d. h. Algorithmen entwickelt, die wahlweise der Analyse wie der Synthese dienen, erhält man die Anzahl der Elemente aus einer Produktdarstellung der kategorialen Mengen, die die Sprachwissenschaftler ermitteln.

Die *Syntax* enthält Regeln, die die Beziehungen von wenigstens zwei Wörtern darstellen. Die Kongruenz der Deskriptoren zweier Wörter, z. B. Artikel und Nomen, kann deshalb durch einfache Konjunktion der betreffenden Teile des binären Vektors realisiert werden. Es bleiben nach der Konjunktionsoperation nur diejenigen Merkmale erhalten, die beiden Vektoren gemeinsam sind.

Den Zugriff zu einem Symbol aus einer Symbolkette verschafft man sich über zwei Unterprogramme, die einem komplexeren *Leseoperator* und *Schreiboperator* entsprechen und die verdrahteten logischen, arithmetischen und Speicher-Operationen verwenden.

Mit zwei weiteren Operationen, wie dem *Dazwischenschieben* eines Symbols zwischen zwei andere Symbole einer Symbolkette und der *Entfernung* eines Symbols aus einer Symbolkette und einer Operation, die die *Gleichheit* bzw. die wertmäßige *Ordnungsrelation* (z. B. $>$, $<$) zwischen zwei Symbolen feststellt, hat man bereits alle wichtigen Unterprogramme aufgezählt. Es sind nur noch die Programme für die Benutzung der peripheren Speicher zu nennen.

3.3. Reversible Arbeitsweise

Bei der *maschinellen Sprachübersetzung* ist die *reversible Arbeitsweise* sehr vorteilhaft [32]. Die reversible Arbeitsweise ist dadurch gekennzeichnet, daß die Algorithmen für die Textverarbeitung so beschaffen sind, daß sie wahlweise für die *Analyse* oder für die *Synthese* einer sprachlichen Formulierung verwendet werden können. Die Vorzüge bestehen darin, daß für jede Sprache dieses System nur einmal vorhanden sein muß, wenn man zwischen zwei oder mehreren Sprachen hin und her übersetzt. Bei drei Sprachen würde man sechs Übersetzungssysteme, die nur in einer Richtung arbeiten, benötigen, während man bei reversibler Arbeitsweise nur drei benötigt, falls man von jeder Sprache in jede übersetzen will. Die Reduzierung des Programmierungsaufwandes ist offensichtlich.

Es hat sich gezeigt, daß die reversible Arbeitsweise das Ausprüfen der Programme sehr erleichtert. Die Algorithmen, z. B. für die Deklination und Konjugation, wurden zuerst immer in Syntheserichtung betrieben, weil die Parameterkombinationen der grammatischen Beschreibung leichter systematisch zu variieren sind und an dem Syntheseergebnis die Fehler besser zu erkennen sind. Der Analysefall wird bei reversibler Arbeitsweise gleich mit ausgeprüft. Die Ausprüfung in Analyserichtung wäre sehr viel umständlicher, da man die Formvariationen der Wörter auf Lochkarten schreiben und mit diesem umfangreichen Textmaterial die Programme testen müßte.

Ein verdrahteter Parallelautomat gestattet es, diesen reversiblen Datenfluß direkt in beiden Richtungen laufen zu lassen. Alle gegenwärtig zugänglichen Rechenanlagen arbeiten mehr oder weniger sequentiell, so daß der reversible Datenfluß simuliert werden muß.

Anhand eines Beispieles soll nun die Programmierung des Algorithmus für die *Deklination* dargestellt werden.

Dekliniert wird das Nomen: *Kind.*

1. Fall Singular	Kind	Kind —	(1 FS)
2. Fall Singular	Kindes	Kind es	(2 FS)
3. Fall Singular	Kind	Kind —	(3 FS)
4. Fall Singular	Kind	Kind —	(4 FS)
1. Fall Plural	Kinder	Kind er	(1 FP)
2. Fall Plural	Kinder	Kind er	(2 FP)
3. Fall Plural	Kindern	Kind ern	(3 FP)
4. Fall Plural	Kinder	Kind er	(4 FP)

Im Lexikon steht das Wort *Kind* sowie der Typ des zugehörigen Deklinationsmusters, nach dem es flektiert wird. Es soll K1 heißen. In dem Deklinationsbeispiel kommen mehrere Formen vor, die keine Endung haben. Man kann sich aber vorstellen, daß das Lexikonwort trotzdem mit einer Endung, einer Leer-Endung, versehen wird. Ein anderer Ausdruck hierfür ist Null-Morphem.

Ein Verfahren, das sich für die Verarbeitung an der Rechenanlage anbietet, ist die binäre Listendarstellung.

ern	—	es	er	K1			1FS	2FS	3FS	4FS	1FP	2FP	3FP	4FP
.	X	.	.	X	.	.	X	.	X	X	.	.	.	.
.	.	X	.	X	.	.	.	X	.	.	.	.	.	.
.	.	.	X	X	.	.	.	.	.	.	X	X	.	X
X	.	.	.	X	.	.	.	.	.	.	.	.	X	.

Die Analyse des Textes mit Hilfe des Lexikons liefert z. B. folgende Kombination:

ern	—	es	er	K1			1FS	2FS	3FS	4FS	1FP	2FP	3FP	4FP
.	X	.	.	X	.	.	.	.	.	.	.	.	.	.

Durch Vergleich dieses Vektors mit der obigen Liste erhält man:

ern	—	es	er	K1			1FS	2FS	3FS	4FS	1FP	2FP	3FP	4FP
.	X	.	.	X	.	.	X	.	X	X	.	.	.	.

Für die Synthese soll folgende Kombination vorgegeben sein:

ern	—	es	er	K1			1FS	2FS	3FS	4FS	1FP	2FP	3FP	4FP
.	.	.	.	X	.	.	.	.	.	.	.	X	.	.

Vergleicht man auch diesen Vektor wieder mit der gegebenen Liste, so erhält man:

ern	—	es	er	K1			1FS	2FS	3FS	4FS	1FP	2FP	3FP	4FP
.	.	.	X	X	.	.	.	.	.	.	X	X	.	X

Die binäre Liste hat in diesem Fall 12 Spalten. Es sind drei Klassen von binären

Variablen vertreten: die Endungen, die Deklinationsmuster-Kennzeichnung und die grammatische Beschreibung. Die grammatische Beschreibung bezüglich der Deklination ist bereits vollständig, während die Anzahl der Endungen und Deklinationsmuster noch vermehrt werden müßte, um alle Nomina des Deutschen deklinieren zu können. Aus ökonomischen Gründen ist man daran interessiert, die Anzahl der Deklinationsmuster möglichst klein zu halten. Bei der Analyse liefert der Lexikonvergleich das Deklinationsmuster zusammen mit der abgespaltenen Endung. Hieraus wird ein binärer Vektor erzeugt, der Zeile für Zeile auf Enthaltensein in der Liste geprüft wird. Falls die Bedingung erfüllt ist, erhält man den vollständig besetzten binären Vektor, der auch die grammatische Beschreibung enthält. Diese ist bei dem gewählten Beispiel, mit Ausnahme des Genitivs im Singular und des Dativs im Plural, vieldeutig.

Das Verfahren ist reversibel, denn bei der Synthese wird der gewünschte Fall im Singular oder Plural vorgegeben, zusammen mit dem Deklinationsmuster aus dem Lexikon. Hieraus wird ein binärer Vektor erzeugt, der wieder Zeile für Zeile in der Liste auf Enthaltensein geprüft wird. Sobald die Bedingung erfüllt ist, erhält man den vollständigen Vektor, bei dem auch das Endungs-Bit besetzt ist, woraus durch ein weiteres Programm die Klartextdarstellung gewonnen werden kann. In der Maschine sind selbstverständlich nur Bitkombinationen gespeichert, wobei jedes Bit seine Bedeutung durch seine Stellung in der Kette erhält.

Die *Listentechnik* hat den Vorteil, daß Änderungen oder Erweiterungen, die während einer Entwicklungsphase notwendig werden, leicht in die Liste eingefügt werden können, ohne daß die verarbeitenden Programme geändert werden müssen. Die Rechenzeit kann man verkürzen, indem man die häufigsten Formen an den Anfang der Liste stellt.

In gleicher Weise läßt sich auch die Konjugation der Verben durchführen, wobei jedoch andere grammatische Kategorien verwendet werden (u. a. Person, Zahl, Modus). Die Deklination der Adjektive ist etwas komplizierter, weil dabei bereits der Kontext, in dem sich das Adjektiv befindet, eine Rolle spielt. Formal ist das Verarbeitungsschema in der Liste gleich.

Eine andere, für die Rechenanlage geeignete Verarbeitungsform ist eine formelmäßige Darstellung. Alle binären Variablen einer Liste sollen durchlaufend numeriert sein.

$$(a_1, a_2, \ldots, a_n).$$

Die reversible Verarbeitung ergibt sich dann aus folgendem Gleichungssystem:

$$a_i := F_i\,(a_1, a_2, \ldots, a_n) \qquad i = 1, \ldots, n.$$

Es werden so viele logische Gleichungen ausgerechnet, wie Variable vorhanden sind. Die Werte der Variablen werden nicht durch einen Suchprozeß gewonnen, sondern die ganze Information steckt in dem Programm, das die logischen Gleichungen berechnet. Diese Programme können automatisch über die Boolesche Vollform aus der Liste gewonnen werden, d. h. auch mit Hilfe des Rechenautomaten. Die erhaltenen Gleichungen können danach automatisch minimisiert werden. (Der Rechenautomat ermittelt die minimal mögliche Verknüpfungsarbeit und verkürzt dadurch die Rechenzeit.)

Eine weitere Möglichkeit für die Programmierung ergibt sich aus einer dreidimensionalen Matrixdarstellung der Liste. Die Elemente der binären Matrix haben drei Indizes: $M_{e,k,g}$. Die Mengen der Endungen (E), Deklinationsmuster (K) und grammatischen Kategorien (G) sollen jeweils von 1 an aufwärts durchnumeriert sein. Die Indizes können alle Zahlenwerte der Numerierung annehmen. Für die Synthese und Analyse kann man jeweils zwei Formeln angeben:

$$E_e := G_g \overset{\wedge}{_g} (\overset{\vee}{_k} (K_k + M_{k,g,e}))$$

$$G_g := E_e \overset{\wedge}{_e} (\overset{\wedge}{_k} (K_k + M_{k,g,b}))$$

Die Größen G, E, K stellen binäre Vektoren dar. Der Suchprozeß ist bei diesem Verfahren in Form einer logischen Gleichung dargestellt worden. Bei der Berechnung ergibt sich ein Zeitgewinn, wenn man den Index, der das Deklinationsmuster bestimmt, und im voraus bekannt ist, auf den vorgegebenen Wert festlegt. Anschaulich könnte man sagen, der Suchprozeß beschränkt sich auf genau ein zulässiges Muster.

4. Folgerungen

Im folgenden sollen einige Erfahrungen aus der Praxis der Programmierung dargestellt werden.

Für den Programmierer stehen am Anfang häufig problemfremde Fragen im Vordergrund. Neben der Struktur der zugänglichen Rechenanlagen ist auch die Organisation des Arbeitsablaufes im Rechenzentrum zu berücksichtigen, wenn man nicht zu lange Programmierzeiten in Kauf nehmen will. Probleme ergeben sich besonders daraus, daß die meisten wissenschaftlichen Rechenanlagen der Bundesrepublik auf die Abwicklung von mathematisch-numerischen Aufgabenstellungen eingestellt sind.

Für nichtnumerische Aufgaben sind Stellenmaschinen mit großen Plattenspeichern als Massenspeicher besonders geeignet. Die Rechenzentren sind jedoch noch häufig mit Wortmaschinen ausgerüstet, was für die Bearbeitung nichtnumerischer Probleme Rechenzeitverlängerungen mit einem Faktor von 20 bis 50 (auch bei Verwendung des Maschinencodes) mit sich bringt. Eine Stellenmaschine gestattet den direkten Zugriff zu einem gespeicherten Symbol im Kernspeicher der Rechenanlage, während bei einer Wortmaschine nur der Zugriff zu einer Gruppe von Symbolen möglich ist. Eine Gruppe von Symbolen setzt sich im allgemeinen aus 4, 6 oder 8 Symbolen zusammen, die für die Verarbeitung erst mit Hilfe von logischen Operationen zerlegt werden müssen.

Bei der Entwicklung eines größeren Programmsystems gibt es mehrere, meist einander widersprechende Gesichtspunkte für die allgemeine Organisation. In der Entwicklungsphase, in der die Ermittlung der sprachlichen Strukturen und die Programmierung sich gegenseitig ergänzen, wird man eine möglichst flexible Programmgestaltung vorziehen, um leicht Veränderungen vornehmen zu können. Eine weitere Forderung ist die nach möglichst kurzer Rechenzeit bzw. nach einem möglichst großen Datenfluß durch die Maschine. Sie widerspricht jedoch der Forderung nach großer Flexibilität. Man wird deshalb erst nachdem das System fertigentwickelt ist, die häufig benutzten Programmteile „beschleunigen".

Ein weiteres Problem stellen die für die Rechenanlagen vorhandenen Programmiersprachen dar. Es ist unökonomisch, alle Programme im Maschinencode zu schreiben (Programmierzeit!). ALGOL, als numerische Programmiersprache, ist für nichtnumerische Programme ungeeignet. Das liegt vor allem daran, daß die Manipulation von Symbolketten nur auf sehr umständliche Weise erfolgen kann. Der Anschluß von Maschinencode-Programmen ist möglich; es sind jedoch sehr viele Einschränkungen im Zusammenspiel mit den *ALGOL-Programmen* zu beachten, wodurch die Programmierung unbequem wird. Besondere Schwierigkeiten machte bis vor kurzem die Bearbeitung variabler Eingangsdatenformate und die Ausgabe in solchen Formaten, weil diese Operationen noch nicht allgemein definiert worden waren.

FORTRAN ist, obwohl es auch für numerische Zwecke entwickelt wurde, in Verbindung mit dem Maschinencode hinreichend flexibel, um damit eine ökonomische Programmierung durchführen zu können.

Der verdrahtete Befehlsvorrat der Maschine hat einen großen Einfluß auf die Rechengeschwindigkeit der Programme. Programme für die nichtnumerische Datenverarbeitung sind dadurch gekennzeichnet, daß weniger die Verknüpfungsarbeit eine Rolle spielt, sondern vielmehr der Zugriff zu den Daten, d. h. die Rechenarbeit verlagert sich auf die *Adressenberechnung*. Das zeigt sich darin, daß in vielen Programmen ein hoher Prozentsatz der Befehle nur der Adressenberechnung dient, während z. B. die verdrahteten Gleitkomma-Operationen, Wurzelziehen usw. nicht benutzt werden. Es hat sich gezeigt, daß bei der Programmierung für die IBM 7090 von etwa 300 verdrahteten Befehlen zur Verarbeitung von Texten nur etwa 40 benötigt wurden.

Sehr zweckmäßig wäre deshalb die verdrahtete Relativadressierung und die rekursive indirekte Adressierung mit den zugehörigen Zählbefehlen.

Die Adressen können ein Merkmal tragen, das dem Befehlswerk der Rechenanlage sagt, daß nicht die Adresse selbst, sondern eine Adresse, die in der Speicherzelle steht, die die primäre Adresse angibt. Dieser Prozeß läuft rekursiv ab, wenn die Adressenarithmetik in einer Kette von indirekten Adressen solange sucht, bis sie auf eine Adresse stößt, die nicht selbst als indirekt bezeichnet ist. Die verdrahtete Relativadressierung bewirkt, daß ein Programm an einem beliebigen Platz im Kernspeicher gespeichert werden kann, ohne daß die Adressen der Befehle umgerechnet werden müssen. Alle Adressen gelten relativ zum Befehlszähler. Besonders die rekursive indirekte Adressierung fehlt in vielen Rechenanlagen, obwohl sie z. B. die Bearbeitung von Verweisstrukturen sehr erleichtern würde.

Das Fehlen dieser Eigenschaften wirkt sich in einer Verlängerung der Rechenzeit aus. Das zeigen auch die Programmiersprachen für nichtnumerische Aufgabenstellungen, wie COMIT [59], LISP [7], IPL [45] und SNOBOL [18]. Es handelt sich in allen Fällen um *Listenverarbeitungssprachen*.

Bei den peripheren Speichern ist man fast immer auf Magnetbandgeräte angewiesen, die in den meisten Fällen nur vorwärts lesbar sind, wodurch weitere Totzeiten durch das Zurückdrehen der Spulen entstehen, wenn man sie nicht durch Parallelarbeit und Verdopplung der Anzahl der Bandgeräte vermeidet.

Die nicht-numerische Datenverarbeitung ist im allgemeinen sehr *input-output-intensiv*. Sehr unangenehm ist deshalb der beschränkte *Zeichenvorrat* der Zeilendrucker und der Schreiblocher für Lochkarten. Hieraus ergeben sich

Transskriptionsprobleme. Diese Situation hat sich aber durch die Einführung von Byte-Maschinen verbessert. Lochstreifen-Schreibmaschinen verfügen bei Verwendung des 8-Kanal-Lochstreifens über eine große Anzahl von Druckzeichen. Die Verwendung von Lochstreifen ist jedoch für die Textverarbeitung unzweckmäßig, wenn man zur Korrektur der Lochstreifen keine Rechenanlage mit schnellen Lochstreifenlesern und -stanzern zur Verfügung hat.

Literatur

1. Banerji, R.: Some Studies in Syntax-Directed Parsing, pp. 76—123, in: [22].
2. Bar-Hillel, Y.: An Outline of a Theory of Semantic Information, Techn. Rep. 1952 und pp. 221—274 in: [6].
3. Bar-Hillel, Y.: A Quasi-Arithmetical Notation for Syntactic Description. Language **29**, 47—58 (1953) und pp. 61—74 in: [6].
4. Bar-Hillel, Y.: Some Linguistic Obstacles to Machine Translation, pp. 75—86 in: [6].
5. Bar-Hillel, Y.: On Categorial and Phrase Structure Grammars, pp. 99—115. in: [6].
6. Bar-Hillel, Y.: *Language and Information.* Reading, Mass.: Addison Wesley. 1964.
7. Berkeley, E. C., and D. G. Bobrow (Eds.), *The Programming Language LISP: Its Operation and Applications.* Cambridge, Mass.: The M.I.T. Press. 1966.
8. Bobrow, D. G.: Syntactic Analysis of English by Computer — A Survey, *AFIPS Conference Proceedings, Vol. 24.* Baltimore: Spartan. 1963.
9. Bobrow, D. G.: Syntactic Theories in Computer Implementations, in: [11].
10. Borko, H.: *Computer Applications in the Behavioral Sciences.* Englewood Cliffs, N. J.: Prentice Hall. 1962.
11. Borko, H.: *Automated Language Processing.* New York: J. Wiley. 1967.
12. Chomsky, N.: On Certain Formal Properties of Grammars. *Information and Control* **2**, 137—167 (1959).
13. Chomsky, N.: On the Notion ‚Rule of Grammar‘, pp. 6—24 und pp. 119—136 in: [18a].
14. Chomsky, N.: A Transformational Approach to Syntax, *Proc. IIIrd Texas Conference on Problems of Linguistic Analysis in English.* Austin, Texas: The University of Texas, 1962 und pp. 211—245 in: [18a].
15. Chomsky, N., and G. A. Miller: Introduction to the Formal Analysis of Natural Languages, pp. 269—321 in R. D. Luce, R. R. Bush, E. Galanter (Eds.): *Handbook of Mathematical Psychology, Vol. II.* New York: J. Wiley. 1963.
16. Chomsky, N.: *Aspects of the Theory of Syntax.* Cambridge, Mass.: The M.I.T. Press. 1965.
17. Erben, J.: *Abriß der deutschen Grammatik.* Berlin: Akademie-Verlag. 1965.
18. Farber, D. J., R. E. Grisworld, and I. R. Polonsky: SNOBOL, A String Manipulation Language, in: J. ACM 11, H. 2, 21—30 (1964).
18a. Fodor, J. A., and J. J. Katz (Eds.): *The Structure of Language.* Englewood Cliffs, N. J.: Prentice Hall. 1964.
19. Fraser, J. B.: The Utility of Transformational Grammars for Computer Control, in: [57].
20. Fraser, J. B.: Some Remarks on the Characterization of Syntactic Transformations, vervielfältigt. Cambridge, Mass.: The M.I.T. Press. 1966.
21. Garvin, P. L.: Syntax in Machine Translation, pp. 223—232, in: [22].
22. Garvin, P. L.: *Natural Language and the Computer.* New York: McGraw-Hill. 1963.
23. Garvin, P. L., and B. Spolski (Eds.): *Computation in Linguistics.* Bloomington, Ind.: Indiana Univ. Press. 1966.
24. Ginsburg, S.: *The Mathematical Theory of Context Free Languages.* New York: McGraw-Hill. 1966.

25. GREBE, P.: *DUDEN-Grammatik*. Mannheim: Bibliograph. Institut. 1966[2].

26. GRIESBACH, H., und D. SCHULZ: *Grammatik der deutschen Sprache*. München: M. Hueber. 1965[3].

27. GRIFFITHS, T. V., and S. R. PETRICK: On the Relative Efficiencies of Context-Free Grammar Recognizers. *Comm. ACM* **8**, 289—300 (1965).

28. HAYS, D. G.: Automatic Language-Data Processing, pp. 394—423 in: [10].

29. HAYS, D. G.: Dependency Theory: a Formalism and Some Observations. *Language* **40**, 511—525 (1964).

30. HAYS, D. G.: Parsing, pp. 73—82 in: [31].

31. HAYS, D. G.: *Readings in Automatic Language Processing*. New York: American Elsevier. 1966.

32. HOPPE, A.: Der sprachliche Formulierungsprozeß als Grundlage automatischer Hin- und Herübersetzung, pp. 95—108 in: S. W. WAGNER, K. STEINBRUCH (Hrsg.): *Neuere Ergebnisse der Kybernetik*. München: R. Oldenbourg. 1964.

33. HOPPE, A.: Der sprachliche Formulierungsprozeß in den Funktionsebenen der Sprache, in: *Beiträge zur Sprachkunde und Informationsverarbeitung*, H. 4. München: R. Oldenbourg. 1964.

34. HOPPE, A.: Schwierigkeiten und Möglichkeiten der maschinellen Sprachübersetzung, in: H. FRANK (Hrsg.): *Kybernetische Maschinen*. Frankfurt: S. Fischer. 1965.

35. HOPPE, A.: Der sprachliche Formulierungsprozeß als Grundlage eines neuen Übersetzungsverfahrens, pp. 251—254, in: H. FRANK (Hrsg.): *Kybernetik, Brücke zwischen den Wissenschaften*. Frankfurt: Umschau Verlag. 1966.[6]

36. HOPPE, A.: Eine Formelgrammatik als Brücke der maschinellen Sprachübersetzung, in: *Beiträge zur Linguistik und Informationsverarbeitung*, H. 8. München: R. Oldenbourg. 1964 ff.

37. KAY, M.: Natural Language in Computer Form, pp. 33—49 in: HAYS (1966).

38. KAY, M.: The Tabular Parser: A Parsing Program for Phrase Structure and Dependency. Santa Monica, Calif.: The RAND Corp. Memo RM-4933-PR. July 1966.

39. KUNO, S., and A. G. OETTINGER: Multiple-Path Syntactic Analyzer, pp. 306—312 in: Information Processing 1962, C. M. POPPLEWELL (Ed.). Amsterdam: North Holland Publ. Comp. 1963.

40. KUNO, S., and A. G. OETTINGER: Syntactic Structure and Ambiguity of English, in: *AFIPS Conference Proceedings, Vol. 24*, Baltimore: Spartan. 1963.

41. KUNO, A.: The Predictive Analyzer and a Path Elimination Technique. Comm. ACM **8**, 453—462 (1965) und in: HAYS (1966).

42. KUNO, S.: A System for Transformational Analysis, in: *Mathematical Linguistics and Automatic Translation*. The Computation Laboratory of Harvard Univ. NSF-15 (1965).

43. MARTINS, G. R., and S. B. SMITH: A Parsing Procedure for a Vector-Symbol Phrase Grammar of Russian, The Bunker Ramo Corp., Canoga Park Calif. 1965.

44. MERSEL, J.: Programming Aspects of Machine Translation, pp. 233—251 in: [22].

45. NEWELL, A. (Ed.): Information Processing Language-V, Manual. Englewood Cliffs, N. J.: Prentice Hall. 1961.

46. OETTINGER, A. G.: *Automatic Language Translation*. Cambridge, Mass.: Harvard Univ. Press. 1960.

47. OETTINGER, A. G.: Automatic Syntactic Analysis and The Pushdown Store, pp. 104—129 in: R. JAKOBSON (Ed.): *The Structure of Language and its Mathematical Aspects*, Providence, Rhode Island: American Mathematical Society. 1961.

48. OETTINGER, A. G.: Automatic Processing of Natural and Formal Languages, pp. 9—16 in: W. A. KALENICH (Ed.), *Information Processing* 1965, Vol. 1, Washington, D. C.: Spartan Books.

49. PETRICK, S. R.: A Recognition Procedure for Transformational Grammars, Doctoral Dissertation M.I.T., Cambridge Mass. 1965.

50. Petrick, S. R.: A LISP-Program for the Parsing of Sentences with Aspect to a Transformational Grammar, pp. 528—529 in: W. A. Kalenich (Ed.), Information Processing 1965, Vol. II. Washington, D. C.: Spartan Books. 1966.
51. Petrick, S. R.: Recognition Procedure for Transformational Grammars, in: [57].
52. Pierce, J. R., et al.: *Language and Machines.* Washington, D. C.: National Academy of Sciences. 1966.
53. Plath, W.: Multiple-Path Syntactic Analysis of Russian, Mathematical Linguistics and Automatic Translation, Report NSF-12.
54. Robinson, J.: Endocentric Constructions and the Cocke Parsing Logic. *Mechanical Translation* 9, 4—9 (1966).
55. Schneider, H. J.: Ein formales Verfahren zur Sprachanalyse und seine Anwendungsmöglichkeit, in: K. Detering, H. Pilch (Hsrg.): *Syntax und Datenverarbeitung II.* Wiesbaden: Steiner Verlag. 1966.
56. Simmons, R. F.: Automated Language Processing, pp. 137—169, in: C. A. Cuadra (Ed.), *Annual Review of Information Science and Technology*, Vol. 1. New York, N. Y.: J. Wiley. 1966.
57. Spiegel, J., and D. E. Walker: *Information System Sciences*, Proc. IInd Congress, Washington, D. C.: Spartan Books. 1965.
58. Yngve, V. H.: A Framework for Syntactic Translation. *Mechanical Translation* 4, 59—65 (1957) und pp. 189—198 in: Hays (1966).
59. Yngve, V. H.: An Introduction to COMIT Programming and COMIT-Programmers Reference Manual. Cambridge, Mass.: The M.I.T. Press.
60. Zwicky, A., et al.: English Preprocessor Manual, Information System Language Studies Number Seven, SR-132, The MITRE Corp. Bedford, Mass., 1964.
61. Zwicky, A., et al.: The MITRE Syntactic Analysis Procedure for Transformational Grammars, pp. 317—326, 1965 Fall Joint Computer Conference. Washington, D. C.: Spartan Books. 1965.

D. Stilistische Textbeschreibung mit statistischen Methoden

Von

D. Krallmann

1. Einführung

Wir unterteilen die mathematische Linguistik in einen algebraischen, einen statistischen und einen computer-orientierten Teil. Die hier zu behandelnde stilistische Textbeschreibung mit maschinellen Hilfsmitteln findet ihren Platz in der statistischen und computer-orientierten Linguistik.

Da unsere Methode der stilistischen Beschreibung eine mathematisch-statistische sein wird, definieren wir entsprechend der Auffassung der Statistik als *la science des écarts* den Begriff *Stil* als *écart par rapport à une norme* [8, 10, 11], und meinen damit folgendes: Beim Schreiben eines Textes hält sich der Autor an bestimmte Regeln und Konventionen, die als allgemeingültig und bindend anerkannt sind; darüber hinaus spiegeln sich im Text Eigenarten wider, die rein vom Autor des Textes bedingt sind. Insofern, als sie Fluktuationen und *Änderungen des Allgemeingültigen* sind, stellen sie Abweichungen von einer Norm dar.

Statt von *Abweichung von einer Norm* möchten wir jedoch eher von *Ausdrucksmöglichkeiten* sprechen. Ausdrucksmöglichkeit enthält Auswahl, die Auswahl wird bestimmt vom Autor, und diese Auswahlen spiegeln sich wider in Häufigkeitsverteilungen und Übergangswahrscheinlichkeiten [19]. In diesem Sinne wird die hier vorgesehene stilistische Textbeschreibung aufgefaßt als Untersuchung von Häufigkeitsverteilungen und Übergangswahrscheinlichkeiten linguistischer Einheiten im Text. Aus ihnen werden diejenigen Eigenschaften eruiert, die die stilistischen Merkmale des Textes ausmachen.

Ein derartiger Ansatz ist durchaus nicht neu. Nach einigen zögernden Versuchen, die bis zur ersten Hälfte des 19. Jahrhunderts zurückreichen [22, 35], wurde der Gedanke, sprachliche Untersuchungen mit statistischen Methoden durchzuführen, besonders von den Psychologen aufgegriffen [2, 19, 21, 23]. Diese Untersuchungen wurden dann von angelsächsischer Seite vorangetrieben [36]. Sie erhielten einen entscheidenden Anstoß, als C. E. SHANNON seine mathematische Kommunikationstheorie vorlegte [30], die es unter anderem erlaubte, Aussagen über das Auftreten bestimmter Zeichen oder -gruppen in Abhängigkeit vom vorangehenden Kontext zu machen [31, 25]. Inzwischen hat sich die analytische Textbehandlung mit mathematischen Mitteln stetig weiterentwickelt und bis heute eine beachtliche Zahl von Veröffentlichungen mit sich gebracht [9, 13 bis 15]. Die Untersuchungen umfassen sowohl die Behandlung kleinster linguistischer Einheiten als auch die Beschreibung komplexer Sprachstrukturen [4 bis 6, 18].

Den genannten Arbeiten ist zweierlei gemeinsam: in ihnen werden einzelne linguistische Einheiten, wie Buchstabe, Silbe, Wort usw., manuell behandelt und ausgewertet, für sie werden Gesetzmäßigkeiten abgeleitet; dies brachte es mit sich, daß der Schwerpunkt in der mathematisch-statistischen Auswertung der Daten liegt, die bestimmte linguistische Einheiten liefern. Auf Beschreibung und Definition linguistischer Einheiten braucht nicht näher eingegangen zu werden, da sich diese durch die Kenntnis von der Sprache ohnehin erübrigen, und jedem Sprachteilnehmer zumindest als Phänomen bekannt sind.

Der Einsatz elektronischer Rechenautomaten ermöglicht es, einmal umfangreiche Vergleiche der für verschiedene Einheiten abgeleiteten Gesetzmäßigkeiten durchzuführen, zum anderen setzt er eine formale Beschreibung der zu verwendenden Einheiten voraus, bevor die eigentliche stilistische Textbeschreibung auf mathematisch statistischer Basis beginnen kann.

Zu den zu verwendenden Statistiken oder besser statistischen Maßen bei linguistischen Fragestellungen sei noch einiges erwähnt. In der Entwicklung moderner statistischer Maße waren die ersten Techniken diejenigen, die Schlüsse über die Art der Verteilung, aus der die Daten entnommen waren, oder über die Größe der Abweichungen von hypothetischen Verteilungen zuließen. Da die Werte der Verteilungen *Parameter* darstellen, werden diese Maße *parametrische Maße* genannt. Hinzu kommt, daß die Elemente, die den Werten der Verteilung zugeordnet werden, schon von sich aus eine numerische Ordnung, eine *metrische* Ordnung, zulassen. So lassen sich die Schüler einer Klasse nach der Größe oder nach dem Alter einstufen. Werden dagegen bei Wortschatzuntersuchungen die Wörter eines Textes entsprechend ihrer Zugehörigkeit zu bestimmten Wortklassen oder in einer sog. Rangordnung aufgeführt, so ist dies keine Ordnung, die den Elementen schon von sich aus anhaftet, sondern eine solche, die erst per conventionem eingeführt worden ist. Nun gibt es aber gerade in nicht-naturwissenschaftlichen Disziplinen oft Fragestellungen, bei denen weder über die zahlenmäßigen Werte der Parameter noch über die mathematische Form der Häufigkeitsverteilungen Annahmen gemacht werden können [29]. Die statistischen Methoden und Tests, die sich mit diesen Problemen befassen, werden als verteilungsfreie oder nicht-parametrische Statistik bezeichnet. Zu ihnen rechnen wir die wahrscheinlichkeitstheoretischen Ansätze der Informationstheorie [33] sowie die sog. *ranking tests* oder *order tests* [7, 32].

2. Beschreibung der Analyse

Vor der stilistischen Textbeschreibung steht eine Analyse des Textes. Unter dem Gesichtspunkt der maschinellen Durchführung der Analyse sind bestimmte Kriterien wichtig, die die Beschreibbarkeit und Formalisierbarkeit der linguistischen Einheiten sowie die Gliederung und Durchführbarkeit der Analyse betreffen. Die Analyse stellen wir uns aus mehreren Teilanalysen bestehend vor. Für jede der Teilanalysen sind folgende vier Aufgaben zu erfüllen:

1. eine formale Beschreibung der linguistischen Einheiten,
2. die Anwendung von 1. auf einen Untersuchungstext,
3. mathematisch-statistische Auswertung,
4. stilistisch-linguistische Interpretation.

Die Gesamtanalyse eines Textes gliedert sich in mehrere Teilanalysen, deren Zahl je nach Fragestellung und Ansatz der Untersuchung verschieden sein kann.

Für die hier vorgesehene stilistische Textbeschreibung nehmen wir die in Abb. 69 gezeigte Gliederung an[1]. Die Gliederung zeigt fünf Teilaspekte, die wir

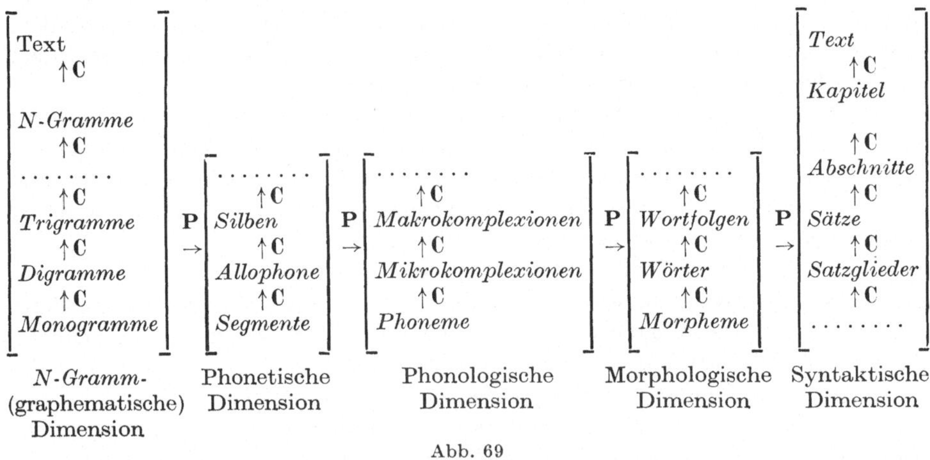

Abb. 69

Dimensionen nennen. Jede Dimension besitzt eine Anzahl von in bestimmter Relation zueinander stehenden Elementen (nach Hockett [16]: *C-Relation*). Eine Relation P symbolisiert die Beziehung der Dimensionen zueinander; da sie

---

[1] Eine ausführliche Begründung dieser Gliederung ist in [17] enthalten. Die Gliederung ist eine Abwandlung der von Hockett [16] geforderten Unterteilung einer Gesamtanalyse in mehrere Teilanalysen.

für eine stilistische Textbeschreibung nicht unbedingt notwendig zu sein scheint, sei auf sie nicht näher eingegangen. Innerhalb einer jeden Dimension nehmen wir eine hierarchische Ordnung an; so zeigt die Relation C, daß sich kleinere Elemente aus größeren ableiten bzw. größere aus kleineren zusammensetzen lassen.

Die Elemente der Dimension stellen linguistische Einheiten dar. Die erste der insgesamt fünf Dimensionen haben wir *N-Gramm-Dimension* genannt. Als Basiselemente dieser Dimension haben wir *Monogramme* gewählt, sie entsprechen den kleinsten Einheiten im Text, den Textzeichen. Anordnungen von zwei Textzeichen heißen *Digramme*, solche von drei Textzeichen *Trigramme*, solche von N Textzeichen schließlich N-Gramme, wobei N bis zur Größe der Textlänge selbst wachsen kann.

Die nächste Aufteilung betrifft die *phonetischen* und *phonologischen Dimensionen*. Als Basiselemente der beiden Dimensionen nehmen wir Segmente bzw. Phoneme an. Zwischen den Einheiten in den Dimensionen ist wieder eine eindeutige C-Relation gültig. Die Konstruktion der Einheiten soll dabei so gewählt sein, daß den Silben der phonetischen Dimension die Makrokomplexionen der phonologischen Dimension entsprechen.

Die letzten beiden Dimensionen heißen *morphologische* und *syntaktische Dimensionen*. Bei der morphologischen Dimension werden Morpheme, Wörter und Wortfolgen betrachtet, bei der syntaktischen Phrasen, Satzglieder, Sätze usw.

Bei einer Analyse mit maschinellen Hilfsmitteln treten jedoch einige grundsätzliche Schwierigkeiten auf. Die in Abb. 69 aufgeführten linguistischen Einheiten sind — mit Ausnahme der Einheiten der *N-Gramm-Dimension* — nicht ohne weiteres einer rein formalen bzw. operationalen Beschreibung zugänglich. Um diese zu erreichen, müssen die linguistischen Einheiten zuvor durch eine Reihe von charakteristischen Eigenschaften beschrieben werden. Diese Beschreibung der Einheiten durch eine Anzahl von Eigenschaften wollen wir als *Parallelsystem* auffassen, das dieselbe Anzahl an Dimensionen und innerhalb der Dimensionen dieselbe Gliederung besitzt, jedoch auf einer anderen Ebene existiert. Das bedeutet, es wird bei der maschinellen Analyse nicht mit den linguistischen Einheiten selbst operiert, sondern mit diesen adäquaten Charakteristika innerhalb eines Parallelsystems.

In diesem ersten Ansatz gehen wir jedoch von einigen vereinfachenden Hypothesen aus. Wir nehmen an, daß es für eine erste stilistische Beschreibung des Textes teilweise nicht notwendig ist, linguistische Einheiten umfassend zu beschreiben. Vielmehr genügt es unter Umständen, bestimmte Eigenschaften oder, im logischen Sinne, Prädikate anzugeben, die linguistische Einheiten soweit kennzeichnen, daß eine formale und maschinelle Behandlung der Einheiten sowie eine mathematische Auswertung möglich sind. Das ausschlaggebende Kriterium sei das Erkennen der Einheiten im Text. Die Prädikate seien so gewählt, daß ihre Beschreibung ein Indikator ist, der auf das Vorhandensein linguistischer Einheiten im Text hinweist.

Zur Bestimmung der Indikatoren denken wir uns folgendes Verfahren. Zuerst wird eine Anzahl von *Prädikaten* Pr_1, Pr_2, Pr_3, ... Pr_i aufgestellt; anschließend wird festgestellt, welche Prädikate für einzelne linguistische Einheiten zutreffen. Der Zusammenhang zwischen linguistischen Einheiten und Prädikaten dieser Einheiten ist in der folgenden Tabelle dargestellt, in der in den Zeilen *Prädikate*

$Pr_1, Pr_2, Pr_3, \ldots Pr_i$ und in den Spalten *linguistische Einheiten* $El_1. El_2, El_3 \ldots El_j$ stehen. Die Schnittpunkte der Reihen und Spalten stellen die *Bewertung* dar. Eine **0** bedeutet, daß ein Prädikat einer linguistischen Einheit nicht zukommt, ein **x**, daß eine linguistische Einheit das bezeichnete Prädikat besitzt. Jedes **x**

	El_1	El_2	El_3	$\ldots$	El_j
Pr_1	**X**	**0**	**X**	$\ldots$	**0**
Pr_2	**0**	**0**	**0**	$\ldots$	**X**
Pr_3	**X**	**X**	**0**	$\ldots$	**0**
.	.	.	.	$\ldots$	.
.	.	.	.	$\ldots$	.
.	.	.	.	$\ldots$	.
Pr_i	**0**	**X**	**X**	$\ldots$	**X**

der Tabelle sei aufgefaßt als möglicher *Indikator I* einer entsprechenden linguistischen Einheit. Dieser Sachverhalt läßt sich in einer zweidimensionalen Matrix I_{km} darstellen, in der k die Zeilenangabe der relevanten Prädikate und m die Spaltenangabe der entsprechenden linguistischen Einheiten sind.

$$I_{km} = \begin{pmatrix} I_{11} & I_{12} & I_{13} & \ldots & I_{1j} \\ I_{21} & I_{22} & I_{23} & \ldots & I_{2j} \\ I_{31} & I_{32} & I_{33} & \ldots & I_{3j} \\ . & . & . & \ldots & . \\ . & . & . & \ldots & . \\ . & . & . & \ldots & . \\ I_{i1} & I_{i2} & I_{i3} & \ldots & I_{ij} \end{pmatrix}$$

Jedes I_{km} sei ein Indikator einer Einheit El_m, die ein kennzeichnendes Prädikat Pr_k besitzt. Die Aufgabe besteht nun darin, für die in den einzelnen Dimensionen aufgeführten linguistischen Einheiten Prädikate zu finden, die geeignet sind, die Einheiten zu indizieren.

Eine Ausnahme bildet jedoch die *N-Gramm-Dimension*, da die Einheiten dieser Dimension in einer Form definiert wurden, die in erster Linie nicht von linguistischen Gesichtspunkten, sondern mehr von „kombinatorischen" ausgeht. Das hat zur Folge, daß die in dieser Dimension vorkommenden Einheiten relativ leicht operational zu behandeln sind. Aus diesem Grunde und gleichzeitig wegen der engen Beziehung der Einheiten zu linguistischen Einheiten anderer Dimensionen halten wir es für gerechtfertigt, bei der Formulierung von Prädikaten zur Indikation linguistischer Einheiten im Text auf die Ergebnisse einer *N-Gramm*-Untersuchung aufzubauen. Wie bereits erwähnt, gehen wir von der Annahme aus, daß zu einer ersten stilistischen Kennzeichnung des Textes eine genaue Beschreibung der linguistischen Einheiten nicht notwendig erscheint, sondern Indikatoren ausreichen, die auf das Vorhandensein der Einheiten im Text hinweisen. Wir verwenden als Indikatoren ausschließlich Einheiten der *N-Gramm*-Dimension, d. h. Textzeichen und Anordnungen von Textzeichen. Mit ihnen werden aus der phonetischen, phonologischen, morphologischen und syntaktischen Dimension verschiedene linguistische Einheiten indiziert, die zu einer stilistischen Beschreibung verwendbar zu sein scheinen. In dieser Arbeit sind dies insbesondere die Einheiten *Silbe*, *Wort*, *Nebensatz* und *Satz*.

Wir hatten die *N-Gramm-Dimension* gegliedert in Einheiten wie Monogramme,

Digramme, Trigramme usw. Dabei stellen die Einheiten Anordnungen von konstanter Größe (Länge) dar, die durch den Index N bestimmt wird, wobei N bis zur Textlänge selbst wachsen kann.

Wir beschreiben ein Monogramm formal als

$$A_{N=1} := \{TZ\}.$$

Hierbei bedeutet A eine Anordnung der Größe N, die aus einem Textzeichen besteht. Textzeichen werden unterteilt in Gruppierungszeichen GZ und Buchstaben BS. Buchstaben werden wieder gegliedert in Vokalbuchstaben V und Konsonantenbuchstaben K, Gruppierungszeichen in Interpunktionszeichen, Zwischenräume, Klammern usw.

Ein Digramm läßt sich schreiben als

$$A_{N=2} := \{TZ + TZ\}.$$

Ein Trigramm entsprechend

$$A_{N=3} := \{TZ + TZ + TZ\}.$$

Ein Konsonant-Digramm würde beispielsweise formuliert als

$$A^K_{N=2} := \{K + K\}.$$

Ein Vokal-Trigramm beispielsweise

$$A^V_{N=3} := \{V + V + V\}.$$

Mit Hilfe dieser Anordnungen wollen wir nun die linguistischen Einheiten *Silbe*, *Wort* und *Satz* indizieren.

Von der *N-Gramm-Dimension* aus betrachtet, stellt die Silbe eine gemischte Anordnung von Vokalen und Konsonanten dar. Die Schwierigkeit, aus derartigen Anordnungen Silben zu erkennen, liegt einmal in der Tatsache, daß die Zeichenabfolge innerhalb der Silbe nicht gleich ist, zum anderen darin, daß die Zahl der Zeichen in einer Anordnung keine konstante, im voraus angebbare Größe ist. Von diesen *Silbenanordnungen* kann nur gesagt werden, daß sie mindestens einen Vokal enthalten, da es „im Deutschen keine vokallosen Silben gibt" [24].

Auf Fragen der Abgrenzung der Silben braucht hier nicht eingegangen zu werden, da es genügt, ein Kriterium anzugeben, welches gestattet, das Vorhandensein einer Silbe im Text zu erkennen. Der maschinelle Analysenprozeß besteht also aus der Entscheidung, ob eine vorgelegte Zeichenfolge eine Silbe enthält oder nicht. Diese Entscheidung muß direkt aus den Zeichen ablesbar sein. Für die Silbe geben wir folgendes formale Schema an:

Silbe $\quad := \{\text{Umgebung} + \text{Kern} + \text{Umgebung}\}$

Kern $\quad := A^V_{N=1} / A^V_{N=2}$

Umgebung $:= A^K_{N=0} / A^K_{N=1} / A^K_{N=2} / \ldots$

Nach diesem Schema besteht die Silbe also aus einem *Vokalkern* und zwei *Umgebungen*. Die Umgebung des Kernes ist konsonantisch oder nicht belegt. So besitzt z. B. die Zeichenfolge *EI* nur einen vokalischen Kern[1]. Im Falle der Zeichenfolge *DREI* ist nur die erste Umgebung des Kernes belegt. Aus den beiden Beispielen wird bereits ersichtlich, daß zur Indikation von Silben offen-

---

[1] Das Zeichen * ist als Zwischenraum zu lesen.

sichtlich der Kern bereits ausreicht. Dieser Kern kann aus einem oder zwei Vokalen bestehen. Liegt eine Textzeichenfolge von mehr als zwei aufeinanderfolgenden Vokalen vor, erhöht sich die Zahl der umgebungslosen Kerne und damit die Zahl der Silben in dieser Folge. In der Zeichenfolge *ZWEIEIIG* kommen fünf Vokale hintereinander vor. Da ein Kern höchstens zwei Vokale enthalten soll, sind in dieser Folge drei Silbenkerne enthalten. Auf die Richtigkeit dieser Hypothese und auf die genaue Fehlerquote wird später eingegangen werden.

Während bei der Silbe auf Fragen der Abgrenzung nicht eingegangen wurde, wollen wir nun mit Hilfe der Grenzen der Einheiten eine Indikation von linguistischen Einheiten erreichen. Liegt beispielweise eine Textzeichenfolge *DIE *STILISTISCHE*TEXTBESCHREIBUNG* vor, so wollen wir uns nicht dafür

$$*DIE*STILISTISCHE*TEXTBESCHREIBUNG*$$

$$\uparrow w = 3 \uparrow \; \leftarrow w = 12 \rightarrow \uparrow \qquad \leftarrow \quad w = 16 \quad \rightarrow \qquad \uparrow$$

$$P_1 \qquad P_2 \qquad\qquad\qquad P_3 \qquad\qquad\qquad\qquad P_4$$

Abb. 70

interessieren, daß in dieser Folge die Wörter „die", „stilistische" und „Textbeschreibung" enthalten sind, sondern nur, daß bei denen mit P bezeichneten Textzeichen die Grenzen der Wörter liegen. Die Angabe der Grenzen soll als Indikator für die Einheit *Wort* dienen. Die mit P bezeichneten Textzeichen nennen wir Markierungszeichen. Jeweils zwei Markierungszeichen dienen als Indikator einer linguistischen Einheit. Markierungszeichen sind immer Textzeichen oder Anordnungen von Textzeichen, also wieder Elemente der *N-Gramm-Dimension*.

Theoretisch können alle Textzeichen und Anordnungen derselben als Markierungszeichen fungieren. Es ist jedoch zu überlegen, welche linguistische Einheit z. B. das Textzeichen $\{L\}$ als Markierungszeichen indizieren würde. Eine derartige Untersuchung würde nur als mathematisches Ergebnis die *Verteilungsdichte* dieses Konsonantbuchstabens im Text liefern. Andererseits läßt die Verteilungsdichte der Zwischenräume Aussagen über die mittlere Wortlänge zu[1]. Es ist also bei diesen Untersuchungen genau zu überlegen, welche Zeichen und Anordnungen als Markierungszeichen angenommen werden, damit die Ergebnisse von linguistischem Interesse sind und zur stilistischen Beschreibung herangezogen werden können.

Formal schreiben wir diesen Indikator folgendermaßen:

$$A_w := \{ A_N^{GZ} \} \; \ldots \; \{ A_N^{GZ} \}_!^!.$$

A_w stellt eine Anordnung dar, deren Markierungszeichen $\{ A_N^{GZ} \}$ durch w Elemente voreinander getrennt sind, wobei $\{ A_N^{GZ} \}$ Anordnungen von Gruppierungszeichen GZ der Länge N bedeuten. Da ein Gruppierungszeichen definiert ist als Zwischen-

---

[1] Immerhin konnten Miller und Newman [26, 27] zeigen, daß sich der Buchstabe $\{E\}$ auf Grund seiner großen Häufigkeit im Englischen als Indikator ähnlich wie das Zwischenraumzeichen verhält.

raum oder Interpunktionszeichen, wird nun die Möglichkeit zur Indikation von *Wörtern*, *Nebensätzen* und *Sätzen* gegeben[1].

Im folgenden sei kurz auf einen möglichen Programmablauf der Indikation dieser Einheiten eingegangen[2]. Wir stellen uns die Zeichen im Text durchnumeriert vor von 1 bis n ($1 \leqslant k \leqslant n$). Bei der maschinellen Analyse (vgl. Abb. 71) stützt sich das Programm auf eine Liste, in der die verschiedenen Markierungszeichen, die bei der Analyse verwendet werden sollen, aufgeführt sind. Die Markierungszeichen seien durchnumeriert von $m = 1, 2, 3, \ldots p$. $m = 1$ kann z. B. einen Zwischenraum bezeichnen, $m = 2$ ein Komma, usw. Zunächst werden für die Indizes m und k die Werte $+1$ gesetzt; d. h. aus der Liste der Markierungszeichen wird das erste Gruppierungszeichen mit dem ersten Textzeichen verglichen; sind die beiden Zeichen nicht gleich, wird der Positionszähler um $+1$ erhöht, also das zweite Textzeichen untersucht und mit dem Gruppierungszeichen verglichen. Dieser Vorgang wiederholt sich solange, bis das Gruppierungszeichen und das k-te Textzeichen identisch sind. In diesem Fall wird ein Zähler w auf eine Anfangsadresse $>w_0<$ gesetzt. Die Adresse wird solange um $+1$ erhöht, wie das Zeichen der k-ten Position kein Gruppierungszeichen ist; ist das gerade untersuchte Textzeichen das als Markierungszeichen fungierende Gruppierungszeichen, wird der Inhalt ($>w<$) der betreffenden Adresse $>w<$ auf $+1$ gesetzt. Anschließend wird verglichen, ob der Positionszähler der Textzeichen das letzte Zeichen im Text erreicht hat ($k = n$); ist k kleiner als n, beginnt der Programmablauf wieder bei der dritten Verknüpfung, die Adresse $>w<$ wird auf die Anfangsadresse $>w_0<$ zurückgesetzt.

Der Index w erfüllt eine doppelte Aufgabe; jeweils zwei Markierungszeichen geben

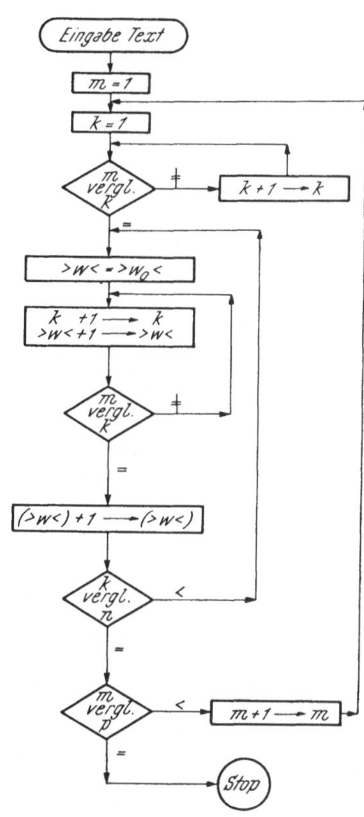

Abb. 71. Indikation linguistischer Einheiten

k Position der Zeichen im Text
m 1, 2, 3, ... p entspricht der Liste der Markierungszeichen
w Weite bis zum nächsten Markierungszeichen
n Textlänge
($>w<$) Häufigkeit der Weite $>w<$

---

[1] Die Termini *Wort*, *Nebensatz* und *Satz* sind hier nicht im strengen Sinne als linguistische Termini zu verstehen, sondern stellen in erster Linie Bezeichnungen für Anordnungen dar, deren Länge durch bestimmte Markierungszeichen ermittelt wird. Eine adäquatere Bezeichnung für *Wort* in diesem Zusammenhang wäre beispielsweise *Zwischenraumanordnung*. Die Folge von Buchstaben zwischen zwei Zwischenräumen trägt zufällig den Namen *Wort*.

[2] Das hier beschriebene Programm stellt eine stark vereinfachte Version dar. Eine ausführliche Beschreibung der Originalprogramme ist in [17] wiedergegeben.

eine Einheit an. So indiziert jedes A_w eine linguistische Einheit. Die Anordnungen sind gleichzeitig durch eine Eigenschaft charakterisiert, hinsichtlich
ihrer Länge, ausgedrückt durch die Weite w. Der Inhalt $(>w<)$ einer jeden
Adresse $>w<$ gibt an, wie häufig eine Anordnung A_w im Text vorkommt. Ist
der Text einmal untersucht, stellt der Speicherauszug für ein Markierungszeichen
die entsprechend der Länge mit Angabe der Häufigkeiten geordneten Anordnungen dar. Anschließend kann die Analyse für verschiedene andere Markierungszeichen wiederholt werden. Als Markierungszeichen A_N^{GZ} können alle Gruppierungszeichen GZ oder Folgen von ihnen dienen. Die Weite w kann in Buchstaben, indizierten Silben oder indizierten Wörtern definiert werden.

3. Darstellung von Ergebnissen

Im folgenden sollen die Ergebnisse einiger einfacher statistischer Untersuchungen beschrieben werden. Es kam uns dabei nicht so sehr auf eine umfangreiche statistische Auswahl als vielmehr auf den Nachweis der Anwendbarkeit
elektronischer Rechenautomaten zur stilistischen Textanalyse an. Das Unter-
suchungsmaterial wurde dem Gesamtkorpus der philosophischen Werke von
Immanuel Kant (hrsg. von der Preußischen Akademie der Wissenschaften,
Bd. 1 bis 9) entnommen. Die Texte liegen vollständig auf Lochkarten bzw.
Magnetband vor. Das Korpus umfaßt ungefähr 5000 Buchseiten; es enthält
1 354 567 Textwörter (*token*), auf sie entfallen rund 57 000 verschiedene Wort-
formen (*types*). Statistisch ausgewertet wurde nur normaler Text, d. h. in die
Auszählung gingen alle diejenigen Passagen nicht ein, die als fremdsprachliche
Formulierung, Überschrift, Tabelle o. ä. gekennzeichnet waren.

3.1. Maschinelle Silbenzählung

Als erstes sei auf die Ergebnisse der *Silbenindikation* näher eingegangen. Die
Silbe hat zur statistischen Textauswertung schon immer eine dominierende
Rolle gespielt [5, 6]. Uns ist jedoch kein Fall bekannt, bei dem Silbenzählungen
maschinell durchgeführt wurden. Das Analyseprogramm stützte sich bei der
Zählung von Silben ausschließlich auf den vokalischen Kern, die konsonantische
Umgebung wurde nicht berücksichtigt. Als Kern galten Vokalmonogramme und
-digramme; Einzelvokale und Vokalpaare werden als ein Silbenkern gezählt,
Gruppen von drei und vier Vokalen als zwei Silbenkerne, usw.

So enthält das Wort *GEAEUSSERT* beispielsweise drei derartige Kerne:

$$A_{N=2} := \{\text{EA}\}; \qquad A_{N=2} := \{\text{EU}\}; \qquad A_{N=1} := \{E\}.$$

Laut Definitionsschema werden drei Silben indiziert. Die Entscheidung ist offensichtlich richtig, nur die Bestimmung der Kerne ist irrelevant.

Untersucht man daher die Annahmen der Indikation genauer, ergibt sich der
in Abb. 72 gezeigte Zusammenhang.

Läßt man für einen Augenblick die in Abb. 72 aufgeführten Häufigkeiten
außer acht und interpretiert eine runde Klammer als Zeichen dafür, daß zwei
aufeinanderfolgende Vokale als zwei verschiedene Kerne zu behandeln sind und
eine eckige dafür, daß sie teils als zwei und teils als ein Kern zu werten sind, so

zeigt sich, daß bei statistischer Gleichverteilung der Vokale die Annahme, daß
zwei Vokale in der Regel einen Silbenkern bilden, nur zu 32% eindeutig und
richtig, zu 12% von der konsonantischen Umgebung abhängig und sogar zu
56% falsch wäre.

Zur genauen Fehlerabschätzung wurden deshalb die *Vokal-N-Gramme* für
einen Untersuchungstext (Bd. 3 von I. Kant) von 182 894 Wörtern (*token*) aus-

	A	E	I	O	U
A	10	48 025	1	(—)	6 839
E	(416)	[627]	26 612	(194)	543
I	(159)	[14 305]	(—)	(1305)	(53)
O	(4)	3 608	(2)	[9]	(34)
U	(81)	4 689	(79)	(—)	(11)

Abb. 72

gezählt. Der Text enthielt 502 575 Vokale, die in insgesamt 393 492 Vokalanordnungen vorkamen. Hiervon entfielen auf Monogramme 204 557 Anordnungen,
auf Vokaldigramme 107 609, auf Vokaltrigramme 1325 Anordnungen und auf
Vokaltetragramme 1 Anordnung.

Zur Frage der Fehlerentscheidung bei der maschinellen Silbenindikation sei
auf Abb. 72 verwiesen. Unter Berücksichtigung der Verteilungshäufigkeiten der
Vokaldigramme verändern sich die Quoten der richtigen, mehrdeutigen und
falschen Indikationen wie folgt:

bei statistischer Gleich- verteilung der Vokale		unter Berücksichtigung der Vokalhäufigkeiten
32%	richtige	83,94%
12%	mehrdeutige	13,88%
56%	falsche Indikationen	2,17%

Von den 16,05% nicht unbedingt richtigen Entscheidungen entfällt die Mehr-
zahl auf die drei Vokaldigramme {EE}, {IE} und {OO}. Sie sind teils als ein
Silbenkern, teils als zwei Kerne zu werten, je nachdem in welchen Wörtern und
konsonantischen Umgebungen sie vorkommen. So gibt es im Deutschen Wörter
wie *SEELE*, *RE-ELL*, *ZOO*, *ZO-OLOGISCH*, *DIENER*, *PRIN-
ZIPI-EN*. Die Vokalkombination {IE} bildet auf Grund ihrer hohen
Häufigkeit (13,29%) unter den mehrdeutigen Indikationen eine Sonderrolle.
In ihr machen der Artikel *DIE* sowie die Demonstrativpronomen *DIE-
JENIGE*, *DIESER*, *DIESE*, *DIESES* die weitaus größte Häufigkeit aus.

Eine genaue Prüfung der Vokalkombination {EE}, {IE} und {OO} ergab,
daß sie im untersuchten Text nur zu 0,4% als zweiwertiger Kern aufzufassen
waren. Die Zahl der falschen Indikation erhöht sich allerdings um einige Fälle,
bei denen Digramme, die in der Regel einwertig sind, als zwei Kerne zu werten
sind, wie beispielsweise das Digramm {UE}, das in dem Wort *KONGRUENT*
als zweiwertiger Kern behandelt werden muß. Dagegen gibt es andererseits eine

22*

Anzahl von Vokaldigrammen, die in der Regel zweiwertig sind, in einigen Fällen jedoch als ein Silbenkern beurteilt werden müssen; so ist dies in allen denjenigen Wörtern der Fall, in denen eine Buchstabenfolge {QU} von einem Vokal gefolgt wird, wie z. B. in *ADAEQUAT*, *REQUISIT*, *KONSEQUENT*.

Für den untersuchten Text ergab die Prüfung der 107 609 Vokaldigramme einen prozentualen Anteil der falschen Indikationen von 2,65%. Rechnet man diesen Wert auf die 393 492 im Text vorkommenden Vokalanordnungen um, so ergibt sich eine echte Fehlerquote (Fehlindikationen) von 0,812%, ein Wert, der für statistische Berechnungen als hinreichend klein betrachtet werden kann.

3.2. Längenuntersuchungen

Die weiteren Ergebnisse beschränken sich auf Längenuntersuchungen linguistischer Einheiten. Betrachtet wurden die indizierten Einheiten *Wort*, *Nebensatz* und *Hauptsatz*; zur Längenbestimmung wurden herangezogen Buchstaben sowie die indizierten Einheiten *Silbe* und *Wort*. Zur Indikation von Wörtern wurde das Auftreten von Zwischenräumen im Text gewählt; der Abstand zwischen zwei Zwischenräumen wurde entweder in Anzahl der Buchstaben oder (indizierten) Silben angegeben. Zur Indikation von Haupt- und Nebensätzen haben wir bestimmte Gruppierungszeichen *GZ* verwendet. Wir unterscheiden Hauptsatzzeichen *HSZ* und Nebensatzzeichen *NSZ*.

$$HSZ := . / : / ? / !$$

$$NSZ := , / [/] / (/) / ;$$

Als Hauptsatz gilt jede Folge von (indizierten) Wörtern, die zwischen zwei *HSZ* steht. Ein Nebensatz ist jede Wortfolge innerhalb des indizierten Hauptsatzes von wenigstens zwei Wörtern, die eingeschlossen ist von Satzzeichen, von denen mindestens eines im *NSZ* ist.

3.2.1. Wortlängen

Im Text Bd. 3 wurden für die Wortlängenuntersuchungen ohne Überschriften, Anmerkungen und fremdsprachlichen Formulierungen insgesamt 179 046 (indizierte) Wörter ausgezählt. Die Zahl der Silben betrug 340 406, die der Buchstaben 1 040 755. Hieraus ergibt sich, daß ein Wort im Durchschnitt 5,8 Buchstaben und 1,9 Silben enthält.

Diese Werte lassen sich folgendermaßen ordnen und im einzelnen darstellen: Gegeben sei ein Text, der n Wörter enthält. In diesem Text ist die relative Häufigkeit der Wörter, die z_1 Buchstaben besitzen, $p(z_1)$, der Wörter, die z_2 Buchstaben besitzen, $p(z_2)$, usw. Allgemein ist die relative Häufigkeit der z-buchstabigen Wörter $p(z)$. Stellt man diesen Sachverhalt zeichnerisch dar, so ergibt sich für den genannten Text die in Abb. 73 gezeigte Kurve, in der die $p(z)$-Werte über den einzelnen z-Werten aufgetragen sind. Das Bild zeigt, daß die Verteilung sehr schnell zum häufigsten Wert ansteigt und zu höheren Buchstabenzahlen hin abfällt. Der Modus liegt bei 3, d. h. daß die Mehrzahl der Wörter drei Buchstaben enthalten.

Dieses Bild ändert sich auch nicht, wenn die *Wortlängenverteilungen* über die Texte Bd. 1 bis 9 mit insgesamt 1 354 567 Wörtern gemittelt wird. Vergleicht

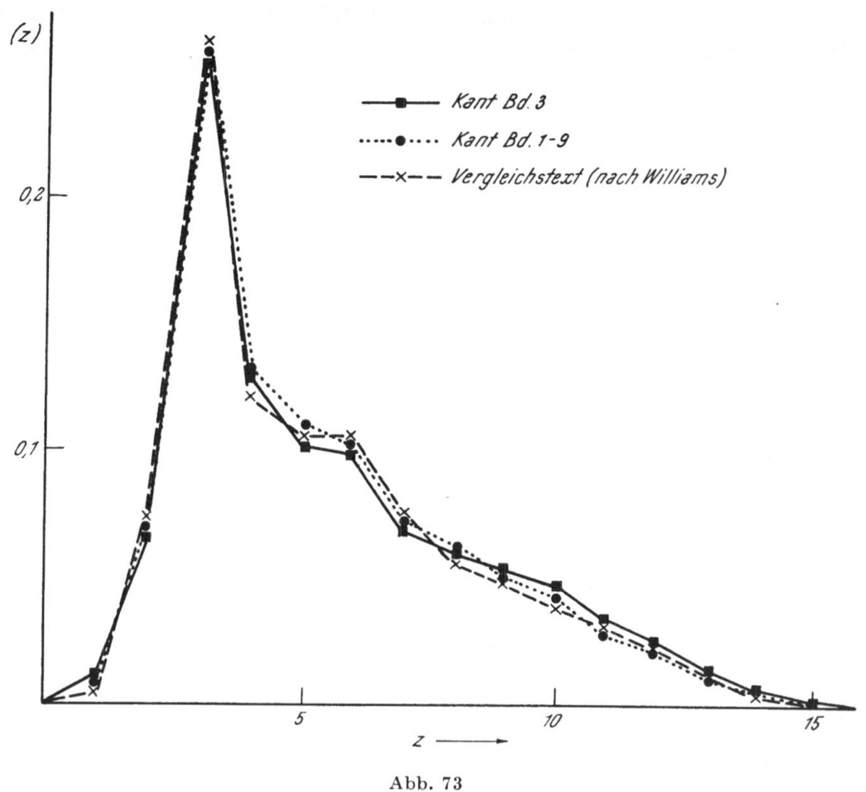

Abb. 73

man zusätzlich beide Verteilungen mit einer von C. B. WILLIAMS [35] angegebenen allgemeinen Verteilung für deutsche Texte, liegt die Vermutung nahe, daß derartige Verteilungen der Buchstaben pro Wort kennzeichnend sind für die deutsche Sprache überhaupt. Dagegen differieren das arithmetische Mittel sowie die höheren Momente um den Mittelwert zum Teil erheblich. So ergibt sich die *mittlere Wortlänge*, berechnet über die Texte Bd. 1 bis 9, zu 5,6924 Buchstaben pro Wort mit einer Schiefe der Verteilung von $\alpha_3 = 1,1523$ sowie einer Kurtosis $\alpha_4 = 4,1410$; die geringste mittlere Wortlänge errechnet sich für Bd. 9 zu 5,4691 Buchstaben/Wort mit $\alpha_3 = 1,1910$ und $\alpha_4 = 4,2760$, die größte Wortlänge für Bd. 5 zu 5,8384 Buchstaben/Wort mit $\alpha_3 = 1,1553$ und $\alpha_4 = 4,1432$.

Gibt man die Wortlänge nicht in Buchstaben, sondern in Silben/Wort an, zeigt sich, daß der häufigste Wert bei einer Silbe pro Wort liegt. Ein Vergleich mit Untersuchungen an Texten anderer Autoren, die von W. FUCKS durchgeführt wurden [18], macht deutlich, daß die Verteilungsform wieder dieselbe ist[1]. Dagegen ändern sich die Häufigkeitswerte des Maximums. In der nachfolgenden

---

[1] FUCKS benutzte folgende Texte: Goethe: *Wilhelm Meisters Lehr- und Wanderjahre*; Rilke: *Die Weise von Liebe und Tod des Cornets Christoph Rilke.*

Tabelle sind die entsprechenden Werte für drei Autoren eingetragen. Die Mittelwerten sind in allen drei Fällen voneinander verschieden. Die Silbenzahl pro Wort ist bei KANT größer als die bei RILKE und GOETHE, dagegen ist, wie die Kurtosis zeigt, die Verteilungskurve bei RILKE wesentlich steiler und spitzer als bei GOETHE und KANT.

	z	α_3	α_4
RILKE	1,45	4,64	23,21
GOETHE	1,73	1,19	3,94
KANT	1,89	1,09	3,66

3.2.2. Satzlängen

In einem Text von 182 896 Wörtern (Bd. 3) wurden 5261 Hauptsätze und 23 400 Nebensätze gezählt. Von den 5261 Hauptsätzen besaßen 764 keine Nebensätze, d. h. bei 764 Wortfolgen zwischen zwei Hauptsatzzeichen kamen keine Nebensatzzeichen vor. Unterteilt man diesen Text entsprechend den vom Autor angegebenen Abschnitten in sechs Teile und berechnet die Zahl der Nebensätze pro Hauptsatz sowie die Zahl der Hauptsätze ohne Nebensätze gesondert für die einzelnen Unterteilungen, so ergeben sich folgende Ergebnisse:

	Hauptsätze ohne Nebensätze (in %)	Nebensätze pro Hauptsatz (Mittelwert)
Teil I	7,04%	6,90
Teil II	16,21%	4,14
Teil III	20,32%	3,80
Teil IV	14,70%	4,38
Teil V	14,01%	4,45
Teil VI	13,89%	4,42

Hiernach besitzt Teil I die wenigsten und Teil III die meisten Hauptsätze ohne Nebensätze; andererseits weist Teil I die höchste Zahl der Nebensätze pro Hauptsatz auf, Teil III die kleinste. Um nachzuprüfen, ob und inwieweit sich die in der Tabelle eingetragenen Ergebnisreihen gegenseitig beeinflussen, d. h. inwieweit eine hohe Anzahl von Hauptsätzen ohne Nebensätze eine niedrige Anzahl von Nebensätzen pro Hauptsatz (und umgekehrt) bedingen, wurden die Zahlenreihen miteinander korreliert. Das Ergebnis ist ein sog. *Rangkorrelationskoeffizient*.

$$\tau = \frac{S}{\frac{1}{2} n (n - 1)}$$

wobei n die Anzahl der Stellen in der Zahlenreihe (in dem vorliegenden Fall also $n = 6$) und S die Summe der Differenz zwischen den beiden Reihen ist.

Für den vorliegenden Fall errechnet sich $\tau = 0,866$, ein Wert, der eine relativ hohe Korrelation zwischen den beiden Zahlreihen anzeigt, d. h. daß eine kleine Anzahl von Hauptsätzen ohne Nebensätze eine hohe Anzahl von Nebensätzen pro Hauptsatz bedingt und umgekehrt, daß eine Verminderung der Nebensätze pro Hauptsatz eine Erhöhung der Zahl der Hauptsätze ohne Nebensätze zur Folge hat. Dieses Ergebnis wird bestätigt durch die Längenuntersuchung.

	Silben/Hauptsatz			Wörter/Hauptsatz		
	$\bar{z}_s$	α_3	α_4	$\bar{z}_w$	α_3	α_4
Teil I	96,13	0,90	4,07	51,32	0,92	4,12
Teil II	59,22	1,76	6,83	31,74	1,78	6,83
Teil III	55,54	1,35	4,22	29,35	1,37	4,85
Teil IV	62,91	1,37	6,47	33,03	1,36	6,59
Teil V	66,49	1,32	5,62	34,89	1,33	5,50
Teil VI	63,32	1,02	4,17	33,31	1,02	4,10

4. Interpretation

Die Interpretation muß sich auf zweierlei konzentrieren: auf die Möglichkeit der Indikation linguistischer Einheiten durch eine Reihe von Prädikaten und auf die Signifikanz der statistischen Maße.

Die Definition einiger Einheiten ist vom sprachwissenschaftlichen Standpunkt aus in einigen Fällen sicherlich anfechtbar. Dies gilt besonders für die als Nebensätze bezeichneten Wortfolgen. Daß die Bezeichnungen nur Arbeitstermini sind und keinen Anspruch auf linguistische Gültigkeit erheben, war schon früher erwähnt worden. Bei den Hauptsätzen liegt der Fall schon ein wenig günstiger. Man kann davon ausgehen, daß in der Regel zwischen zwei Hauptsatzzeichen mindestens ein grammatikalisch vollständiger und richtiger Satz steht. Welcher Art dieser Satz bzw. diese Sätze sind, wird allerdings nicht berücksichtigt. Die Nebensatzuntersuchungen sagen dagegen nur sehr wenig über die Anzahl oder die Länge der wirklichen, d. h. der grammatikalisch korrekten Nebensätze aus. Hierdurch wird im Grunde nur die Zahl der Interpunktionszeichen und die Länge zwischen den Interpunktionszeichen innerhalb eines Hauptsatzes angegeben.

Für die Silbenindikation konnte eine Fehlerquote von 0,8% errechnet werden, ein Wert, der für statistische Auswertungen als hinreichend klein angesehen werden kann.

Zu den statistischen Ergebnissen sei zusammenfassend bemerkt: Auf Grund der Ergebnisse scheint die Vermutung berechtigt, daß die berechneten statistischen Maße geeignet sind, Stilmerkmale eines Autors zahlenmäßig zu beschreiben. Die Zahlenwerte der statistischen Maße lagen für den untersuchten Text innerhalb bestimmter Grenzen, ließen also eine gewisse Einheitlichkeit für den gesamten Text erkennen, hoben sich dagegen gut von Vergleichwerten anderer Autoren ab.

Literatur

1. AITCHISON, J., and J. A. C. BROWN: *The Lognormal Distribution*. Cambridge: University Press. 1957.
2. CHOTLOS, J. W.: Studies in Language Behaviour, IV. A Statistical and Comparative Analysis of Individual Written Language Samples. Psych. Mon. **56**, 75—111 (1944).

3. Elderton, W. P.: A Few Statistics on the Length of English Words. JRSS. A **112**, 436—445 (1949).
4. Fucks, W.: On Nahordnung und Fernordnung in Samples of Literary Texts. Biom. **41**, 116—132 (1954).
5. Fucks, W.: *Mathematische Analyse von Sprachelementen, Sprachstil und Sprachen.* Heft 34a der Arbeitsgemeinschaft für Forschung des Landes Nordrhein/ Westfalen, Köln/Opladen, 1954.
6. Fucks, W.: *Zur Deutung einfachster mathematischer Sprachcharakteristiken.* Forschungsberichte des Ministeriums für Wirtschaft und Verkehr des Landes NRW Nr. 344, Köln/Opladen, 1956.
7. Guilford, J. P.: *Psychometric Methods.* New York, 1954.
8. Guiraud, P.: *Les caractéres statistiques du vocabulaire.* Paris, 1954.
9. Guiraud, P.: *Bibliographie critique de la statistique linguistique.* Utrecht: Spectrum. 1954.
10. Guiraud, P.: *Problémes et Methodes de la Statistique linguistique.* Paris, Presses universitaires de France. 1960.
11. Guiraud, P.: Structures des répertoires et répartition fréquentielle des éléments: la statistique du vocabulaire écrit, in: *Communications et Langages,* hrsgb. von A. A. Moles und B. Vallancien, Paris, 35—48, 1963.
12. Gunzenhäuser, R.: Zur mathematischen Textanalyse: Der Vergleich von Texten. Grundlagenstudien **1**, H. 5, 153—159 (1960).
13. Herdan, G.: *Type-Token Mathematics.* s'Gravenhage: Mouton & Co. 1960.
14. Herdan, G.: *The Calculus of Linguistic Observations.* s'Gravenhage: Mouton & Co. 1960.
15. Herdan, G.: *The Advanced Theory of Language as Choice and Chance.* Berlin-Heidelberg-New York: Springer. 1966.
16. Hockett, C. F.: Linguistic Elements and Their Relations. Language **37**, 20—53 (1961).
17. Krallmann, D.: *Statistische Methoden in der stilistischen Textanalyse — Ein Beitrag zur Informationserschließung mit Hilfe elektronischer Rechenmaschinen,* Diss. Bonn, 1966.
18. Kreuzer, H., und R. Gunzenhäuser: *Mathematik und Dichtung, Versuche zur Frage einer exakten Literaturwissenschaft,* 2.Aufl. München: Nymphenburger Verlagshandlung. 1967.
19. Kullmann, P.: Statistische Untersuchungen zur Sprachpsychologie. Z. Psych. Sinnesorg. **54**, 290—310 (1910).
20. Levin, S. R.: *Linguistic Structures in Poetry.* s'Gravenhage, 1962.
21. Lipsky, A.: Rhythm as a Distinguishing Characteristic of Prose Style. Arch. Psych. **4**, New York, 1907.
22. Lutoslawski, W.: *The Origin and Growth of Plato's Logic, with an Account of Plato's Style and of the Chronology of his Writings.* London-New York: Longmans, Green and Co. 1897.
23. Marbe, K.: *Über den Rhythmus der Prosa.* Gießen, 1904.
24. Meyer-Eppler, W.: Physikalische Analogien linguistischer Strukturen. Phys. Bl. 11 J., **10**, 445—452 (1955); englische Übersetzung: Indian Linguistics **17**, 59—69 (1957).
25. Meyer-Eppler, W.: *Grundlagen und Anwendungen der Informationstheorie.* Berlin-Göttingen-Heidelberg: Springer. 1959.
26. Miller, G. A., E. B. Newman, and E. A. Friedman: Length Frequency Statistics for Written English. Inf. Contr. **4,1**, 370—389 (1958).
27. Miller, G. A., and E. B. Newman: Tests of a Statistical Explanation of the Rank-Frequency Relation for Words in Written English. Amer. J. Psych. **71**, 209—218 (1958).
28. Plath, W.: Mathematical Linguistics, in: *Trends in European and American Linguistics,* 1930—1960, hrsgb. C. Mohrmann, A. Sommerfeld und J. Whatmough, Utrecht, Antwerpen, 1963, S. 21—52.
29. Neurath, P.: *Statistik für Sozialwissenschaftler.* Stuttgart, 1960.

30. Shannon, C. A.: A Mathematical Theory of Communication. Bell System Techn. J. **27**, 379—423, 623—656 (1948).
31. Shannon, C. A.: Prediction and Entropy of Printed English. Bell System Techn. J. **30**, 50—64 (1951).
32. Siegel, S.: *Nonparametric Statistics for the Behavioral Sciences.* New York, 1956.
33. Ungeheuer, G.: Language in the Light of Information Theory. Int. Soc. Sci. J. **19**, 96—106 (1967).
34. Williams, C. B.: A Note on the Statistical Analysis of Sentence Length as a Criterion of Literary Style. Biom. **31**, 356—361 (1939).
35. Williams, C. B.: Studies in the History of Probability and Statistics, IV. Note on the early statistical study of literary style. Biom. **43**, 248—256 (1956).
36. Zipf, K. G.: *Human Behavior and the Principle of Least Effort.* Cambridge, 1949.

E. Dokumentation und elektronische Datenverarbeitungssysteme

Von

F. W. Kistermann

1. Einführung

Nach der Auffassung der *International Federation for Documentation* (FID) in Den Haag, einer Auffassung, die in Deutschland geteilt wird, ist die *Dokumentation* die Sammlung, Ordnung und Nutzbarmachung von Dokumenten aller Art zur Unterrichtung über den Stand der Erkenntnisse und Erfahrungen. Die Bezeichnung *Dokument* ist dabei umfassender als im juristischen Sinn zu verstehen. Dokumente sind hier Zeitschriftenveröffentlichungen, Patentschriften, Reports, Bücher, Filme, Bilder, Schallplatten, Museumsgegenstände. In der heutigen Situation müssen unter Dokument aber auch Werkzeuge, Werkstoffe, Werkstücke, Rezepte, Normen, Krankengeschichten, Personalakten u. a. m. verstanden werden [B 5, B 6, B 17, B 8].[1]

Seit etwa einem Jahrzehnt hat die Bezeichnung *Information Retrieval* eine größere Verbreitung gefunden. Das hat einmal seinen Grund darin, daß die englischsprachige Literatur sehr umfangreich ist und die ihr zugrunde liegenden Arbeiten einen wesentlichen Anteil an der Entwicklung des Fachgebietes darstellen. Zum anderen ist es aber auch ein gewisses Unbehagen, das bei der Nennung des Wortes *Dokumentation* entstehen kann, so daß gern zu einer anderen Bezeichnung gegriffen wurde. Ein Teil des Unbehagens betrifft die starke Kopplung von Dokumentation und *Internationaler Dezimalklassifikation* (DK), einem Ordnungssystem mit hierarchischer Struktur, das in der Technik für die Ordnung des Schrifttums umfangreiche Anwendung gefunden hat und als das anzuwendende Ordnungssystem angesehen wird. Die ersten Versuche der Anwendung von Datenverarbeitungsmaschinen, damals waren es Lochkartenmaschinen, in der Dokumentation fanden durch die Anwendung der Dezimalklassifikation,

---

[1] B bzw. Z verweisen auf die unter „Bücher" bzw. „Zeitschriftenveröffentlichungen" angeführten Publikationen·

aber auch durch die nicht genügende systemanalytische Vorarbeit und den Stand der Technik der Datenverarbeitung, ihre großen, nur in wenigen Einzelfällen überwundenen Schwierigkeiten. Die nicht DK-gebundenen Dokumentare fanden — so ist man geneigt zu sagen — in der Bezeichnung *Information Retrieval* eine adäquate Bezeichnung ihrer Tätigkeiten. Weiß man nun noch, daß *Information Retrieval* die Kurzform für *Information Storage, Retrieval and Dissemination* ist, so hat die eingangs gegebene Definition der Dokumentation eigentlich nur eine andere Ausdrucksform erhalten.

Die bevorzugte Dokumentart der Dokumentation ist die Zeitschriftenveröffentlichung. Das ist verständlich, denn in den Zeitschriften kommen die neuesten Gedanken und Ergebnisse am schnellsten zur möglichen Kenntnisnahme durch

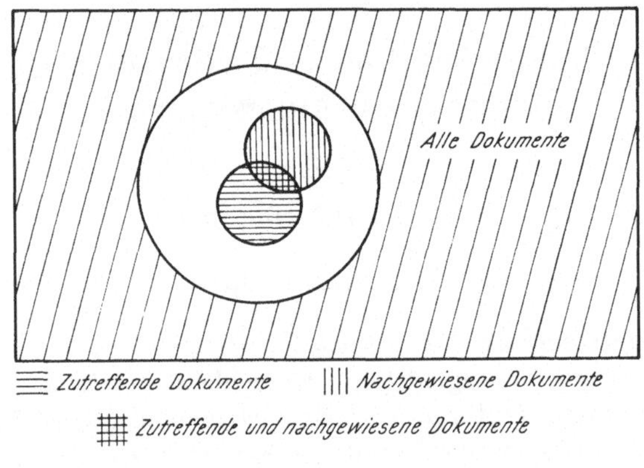

Abb. 74

die Fachwelt. Bedingt durch den Wandel der Gepflogenheit, Gedanken und Ergebnisse bekanntzumachen, hat sich der *Report* als weitere wichtige Dokumentart in den Vordergrund geschoben. Von diesen beiden Dokumentarten, die zusammengerechnet auch den überwiegenden Anteil an allen fachlichen Veröffentlichungen darstellen, soll vorzugsweise die Zeitschriftenveröffentlichung den folgenden Betrachtungen zugrunde gelegt werden.

Nach der verbal gegebenen Aufgabenstellung der Dokumentation soll eine anschauliche Darlegung der Aufgabenstellung folgen. In der Abb. 74 stellt das Rechteck die Menge aller veröffentlichten Dokumente dar. Eine Dokumentation hat nun die Aufgabe, hieraus Dokumente auszuwählen, zu sammeln, und zwar auf Grund von Regeln, die in ihrem Auftrag angegeben sind. Diese Regeln enthalten Angaben über die *Fachgebiete*, z. B. Atomkernenergie, über die *Dokumentarten*, z. B. Reports, Zeitschriftenveröffentlichungen, Patentschriften, über den *Zeitraum* oder den zeitlichen Beginn, z. B. ab 1965, über die *Daten*, die zu registrieren sind, z. B. neben den obligatorischen bibliographischen Angaben aus dem Inhalt der Dokumente alle Namen oder Bezeichnungen von Datenverarbeitungsanlagen oder Programmiersprachen. Diese Dokument-Daten sind in einer zweckmäßigen Form in dem Speicher des Dokumentations- oder Informationssystems zu speichern. In einer zweckmäßigen Form heißt, daß bei Anfragen an das Informationssystem die nachgewiesenen Dokumente auch die in dem System enthaltenen, auf die Anfrage zutreffenden Dokumente sind [B 10, B 11]. In der Sprache von Abb. 74 heißt das: Die beiden senkrecht bzw. waagerecht gestrichelten Kreise sollten sich decken. In der Fachsprache wird gesagt, der *recall* (im Deutschen etwa: Rückruf), d. h. das Verhältnis von nachgewiesenen und zutreffenden Dokumenten zu den insgesamt im Speicher befindlichen und zutreffenden Dokumenten soll möglichst gleich Eins sein. Wieder in der Sprache der Abbildung: diese beiden Kreise sollen auch klein im Verhältnis zu dem sie umschließenden Kreis sein. Auf eine Anfrage sollten also nur relativ wenige Dokumente als Antwort erscheinen.

Diese Erläuterungen zur Aufgabenstellung der Dokumentation lassen eine Vielzahl von Fragen und Problemkreisen erkennen, die die Diskussion und die Untersuchungen der letzten fünfzehn Jahre stark belebt haben. Die Themen dieser Zeit lassen sich fast direkt aus der Abb. 74 ablesen: Welche Ordnungs- und Klassifikationssysteme sind richtig? Welche Notationen und Codesysteme sind hierzu am zweckmäßigsten? [B 15, B 16]. Da die Menge der Dokumente eine progressive Wachstumsrate aufweist, ergibt sich die weitere Frage, wie man die Beantwortung von Anfragen beschleunigen kann und welche Hilfsmittel sind dazu angebracht? Gleichzeitig damit ergeben sich Fragen der Organisation großer und sehr großer Speicher. Es darf also kaum wundern, wenn schon zu Beginn der fünfziger Jahre der Einsatz von Datenverarbeitungsmaschinen diskutiert und praktiziert wurde [B 3].

2. Konventionelle Dokumentation

Eine übersichtliche Darstellung eines Themas läßt sich immer sehr nützlich an einem *Blockdiagramm* geben. Deshalb wird den weiteren Betrachtungen eine kurze Übersicht des Verarbeitungsvorganges für die in den Speicher eines Dokumentationssystems einzugebenden Dokumente vorangestellt. Die für das Dokumentationssystem als dokumentationswürdig betrachteten Dokumente, siehe Abb. 75, werden durch den Dokumentar einer inhaltlichen Analyse unterzogen.

Es ist nicht ungewöhnlich, wenn der Dokumentar den sachlichen Gehalt des Dokuments in einem Referat zusammenfaßt und eine mehr oder weniger große Zahl den Inhalt des Dokuments charakterisierende Ordnungselemente aus dem Ordnungssystem dem Dokument zuordnet. Im Sprachgebrauch wird der letztere Vorgang als „klassifizieren" bezeichnet. Das Ordnungssystem ist entweder selbst entwickelt oder von anderer Stelle übernommen worden. In der Dokumentation der technischen Literatur wird dazu in vielen Fällen die Internationale Dezimalklassifikation übernommen. Die von dem Dokument ermittelten *Inhaltsdaten* werden dann mit den *bibliographischen Daten* des Dokumentes, also z. B. den Autoren, dem Titel, den Quellenangaben, auf eine Karteikarte nach vorgegebenen Regeln, z. B. den DIN-Normen, geschrieben. Da die ausgewerteten Dokumente nach verschiedenen Gesichtspunkten wieder auffindbar sein sollen, müssen von der einen Karteikarte mehrere Kopien angefertigt und in Karteien eingeordnet werden. Üblicherweise findet man eine *Autoren-Kartei*, eine *Sach-Kartei* (wenn das Ordnungssystem ein Schlagwortsystem ist), eine *DK-Kartei* (wenn das Ordnungssystem die Dezimalklassifikation ist). Häufig wird eine *Quellen-Kartei* geführt, d. h. das Ordnungskriterium ist die Zeitschrift und innerhalb der Zeitschrift das Jahr und das Heft. Die Dokumente selbst gelangen in ein *Dokument-archiv*, z. B. das Zeitschriftenmagazin. Die Karteien und das Dokumentarchiv stellen zusammengenommen den Speicher des Dokumentationssystems dar, wobei die Karteien den Schlüssel zum Dokumentarchiv darstellen. Die an den Speicher gerichteten Anfragen gehen über die Karteien zu den Dokumenten. Die

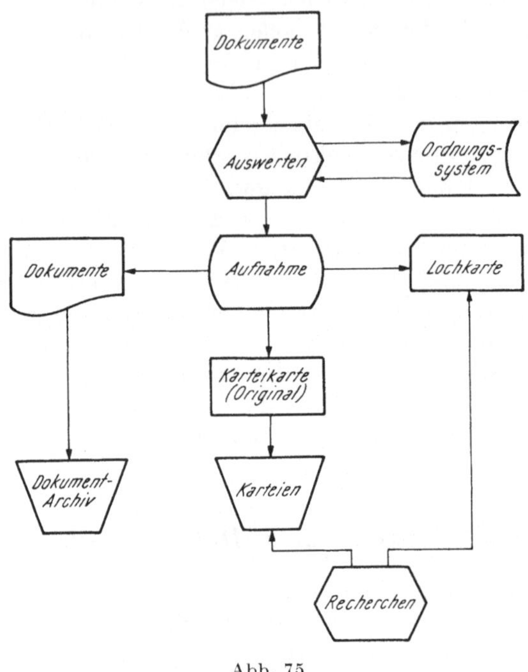

Abb. 75

Karteien sind somit die Register zu dem Speicherinhalt und von ihrer genügenden Unterteilung und Verschiedenheit hängt die Geschwindigkeit und Genauigkeit ab, mit der eine Anfrage bearbeitet werden kann. Der Rückruf, das Verhältnis der ermittelten Dokumente zu den insgesamt im Speicher befindlichen und zutreffenden Dokumenten, wird davon beeinflußt. Das Hauptaugenmerk gilt dabei immer den Sachregistern und den ihnen zugrunde liegenden Ordnungssystemen [B 15].

Die ständig zunehmende Menge der auszuwertenden Dokumente führt dazu, daß die Dokumentspeicher schnell wachsen. Gleichzeitig damit mußten aber auch die Ordnungssysteme weiter gegliedert, weitergehend unterteilt werden. Darüber hinaus machte sich eine starke Detaillierung des Berichtsstoffes bemerkbar, die durch die Spezialisierung der Wissenschaften hervorgerufen wurde. Damit einhergehend gehen natürlicherweise auch die Anfragen mehr ins Detail und sind zahlreicher geworden. Zu Anfang der fünfziger Jahre suchte man darum nach Hilfen und glaubte sie in den Lochkarten und den Lochkartenmaschinen gefunden zu haben. Der Stand der Technik in der Datenverarbeitung erlaubte seinerzeit nur die Verwendung *einer* Lochkarte für ein Dokument. So wurde die Lochkarte der Datenträger für die Karteien zur Durchführung von maschinellen Recherchen. Dieses Recherchemedium mußte jedoch immer separat neben den nach wie vor erforderlichen Karteikarten hergestellt werden. Wegen der Kapazität der Lochkarten, die unter Berücksichtigung der technischen Möglichkeiten nicht besonders groß ist, ergaben sich intensive und interessante Diskussionen über die dabei zutage tretenden Verschlüsselungsprobleme. Die Diskussionen über die Ordnungssysteme, ob hierarchisch oder ahierarchisch, nahmen sehr lebhafte Formen an. In den praktisch erfolgreichen Fällen der Anwendung von Maschinenlochkarten erwies sich die Abkehr vom streng hierarchischen Ordnungssystem als notwendig. Allgemein gültige Lösungen ergaben sich nicht, da die technischen Möglichkeiten es noch nicht zuließen [B 12]. Die naturgemäße Beschränkung des hier gegebenen Darstellungsraumes gestattet nicht, auf Einzelheiten einzugehen.

Ein Punkt muß jedoch hervorgehoben werden, der die grundsätzlichen Formen der Organisation eines Dokumentationsspeichers betrifft und schon vor fünfzehn Jahren zu einer wesentlichen Beeinflussung der Entwicklung dieses Fachgebietes geführt hat [B 14, B 16]. Abb. 76 dient dazu, die Erläuterungen zu unterstützen. Bei der Auswertung von Dokumenten werden Sachverhalte, die den Inhalt des Dokumentes charakterisieren, zugeteilt. Das Dokument mit der Nummer 1 bekommt z. B. die Sachverhalte A, D, E, G, I zugeordnet, das Dokument mit der Nummer 2 die Sachverhalte B, C, F, usw. Nun kann man sich vorstellen, daß aus den Dokumentnummern und den Sachverhalten des Dokumentationssystems eine Matrix gebildet wird, in der die Zuordnung der Sachverhalte zu den Dokumenten eingetragen werden kann. Das Dokument 4 mit den Sachverhalten B, D, H, I ist in der Matrix besonders hervorgehoben. Sind die Sachverhalte wie hier der Dokumentnummer zugeordnet und diese in der Folge der Dokumentnummern gespeichert worden, so kann dieses Prinzip der Speicherorganisation als *Dokumentsystem* bezeichnet werden. Bei der Notierung der Dokumentnummern unter dem jeweiligen Sachverhalt, wie es für den Sachverhalt G in der Abb. 76 hervorgehoben ist, wird die Anordnung erhalten, die als *Sachverhalt-*

Dokument Nr.	Sachverhalte								
	A	B	C	D	E	F	G	H	I
1	×			×	×		×		×
2		×	×			×			
3				×		×		×	×
4		×		×				×	×
5	×		×		×		×	×	
6	×	×	×			×			×
7					×		×	×	×
8		×	×		×		×		

Abb. 76

system bezeichnet wird. Gleichgültig welcher Datenträger für die Notierung der Sachverhalte bzw. Dokumentnummern verwendet wurde, ob normale Karteikarte, Maschinenlochkarte oder Magnetbandsatz, diese beiden grundsätzlichen Speicherorganisationen geben zu vielen Betrachtungen Anlaß. Bei einer Recherche in einem Speicher mit der Dokumentsystemorganisation muß jedes Dokument im Hinblick auf die Recherche geprüft werden. Diese Vorstellung läßt eine gewisse

Skepsis gegenüber einer solchen Maßnahme aufkommen. Sie bewährt sich bei umfangmäßig kleinen Dokumentationsspeichern. Ausdruck dieser Skepsis sind die seit jeher in den Bibliotheken verwendeten Autoren- und Sachkarteien über den Bücherbestand. Die Randlochkarten-, Kerblochkarten- und Schlitzlochkarten-Karteien sind die typischen Vertreter von Dokumentsystemen [B 3]. Auch die Bemühungen der letzten Jahre, die Maschinenlochkarte und ihre maschinelle Verarbeitung auszunutzen, waren Bemühungen im Bereich der Dokumentsysteme [B 12]. Mit den Dokumentsystemen verbunden sind die Untersuchungen und Diskussionen über Verschlüsselungs- und Klassifikationssysteme. Nur ein Datenträger, Kerblochkarte, Schlitzlochkarte oder Maschinenlochkarte, für ein Dokument ist von der Handhabung her sinnvoll. Wegen der endlichen Menge von Codes, die sich in einen Datenträger hineingeben lassen, und der diese Möglichkeiten überschreitenden Anzahl unterzubringender Sachverhalte, ergaben sich nach mehr oder weniger großer Benutzungszeit des Dokumentationsspeichers Kapazitätsschwierigkeiten.

Das typische Sachverhaltsystem ist, neben den bereits erwähnten Karteien und Registern, die *Sichtlochkarten-Kartei*. Diese Art der Speicherorganisation ist insbesondere durch das UNITERM-Verfahren von Taube zu Bedeutung gelangt, die dann von dem Sichtlochkarten-Verfahren übernommen wurde [B 14, B 13]. Durch das UNITERM-Verfahren und das Sichtlochkarten-Verfahren wurde das Augenmerk wieder mehr auf die Sachverhalte als Ergebnis der Dokumentauswertung gelenkt, weg also von den Klassifikationssystemen [Z 33]. Wie es oft geschieht, so auch hier: Der Enthusiasmus und die Möglichkeiten des Sachverhaltsystems in der Form des UNITERM-Verfahrens, vor allem aber des Sichtlochkarten-Verfahrens, führten dazu, die Sachverhalte in ihre Bestandteile aufzulösen [Z 2]. Die Sachverhalte wurden in die einzelnen Wörter zerlegt. Zur Illustration sei folgender Sachverhalt gegeben, „Buchausleihe, Kerblochkarten in der —, Wirtschaftlichkeit von —", der durch seine Auflösung folgende Einzelwörter ergibt: Buchausleihe, Kerblochkarten, Wirtschaftlichkeit. Damit ist deutlich geworden, daß Sachverhaltsysteme in der Form der Steilkartei dadurch sinnvoll werden, weil sie Tatbestände im Sachzusammenhang nachweisen können. Aus dem hier benutzten Sachverhalt müßten aber noch zwei weitere Sachverhalte durch Vertauschung der Bestandteile entstehen, damit der Dokumentinhalt wenigstens von diesen drei Gesichtspunkten her zugänglich wird. Eine tiefere Auswertung dieses Dokumentinhaltes würde noch weitere Sachverhalte notwendig machen, deren physische Übernahme in eine Kartei bei der Einordnung und dem dafür notwendigen Raum zu Problemen führt. Sachverhaltsysteme nach Art des Sichtlochkartenverfahrens geben da einige Vorteile dadurch, daß Einordnungsund Raumsorgen vermindert werden. Bei der Auswertung der Dokumente ergeben sich Erleichterungen, da die Formulierung von Sachverhalten nicht mehr notwendig ist. Dadurch scheinen die stetig wachsenden Literaturmengen und die durch die zunehmende Spezialisierung in den wissenschaftlichen und industriellen Tätigkeiten notwendige ausführliche Auswertung in den Griff zu kommen.

Aber die letztgenannten Sachverhaltsysteme zerreißen den sachlichen Zusammenhang zwischen den Wörtern, die in die Auswertung gelangen. Um beim Beispiel zu bleiben, die Wirtschaftlichkeit der Buchausleihe ist ja nicht Gegenstand des angenommenen Dokumentes. Dieses Dokument würde beim Sichtlochkartenverfahren mit in der Antwort auf die Frage nach der Wirtschaftlichkeit der Buchausleihe enthalten sein, aber nicht zutreffen. Die Frage der Erhaltung des sachlichen Zusammenhanges der für die Auswertung ausgeworfenen Schlagwörter ist schon sehr zeitig bei der Mechanisierung in der Dokumentation bearbeitet worden [Z 16, Z 17]. In den Anfängen des UNITERM-Verfahrens und des Sichtlochkartenverfahrens, das eigentlich eine Mechanisierung des ersteren darstellt, hat man geglaubt, diese Zusammenhänge könnten vernachlässigt werden. Die ersten Erfahrungen zeigten das Gegenteil, und die daran anschließenden Bemühungen führten zu der Einführung des *Funktionsanzeigers*, im Englischen *role indicator* genannt [Z 3, Z 6, Z 7, Z 11, Z 24, Z 25]. Die Abb. 77a und 77 b beleuchten die Aufgabe des Funktionsanzeigers. Im Dokument DOK 1 sollen die Äußerungen de Gaulles über die EWG und die Aufnahmegesuche der EFTA-Länder wiedergegeben sein. Dokument DOK 2 soll einen Kommentar

	de Gaulle	EWG	EFTA	
DOK 1	×	×	×	
DOK 2	×	×		
DOK 3		×	×	

Abb. 77a

	de Gaulle		EWG		EFTA	
	akt.	pass.	akt.	pass.		
DOK 1	×			×	×	
DOK 2		×		×		
DOK 3			×		×	

Abb. 77 b

über de Gaulle und die EWG enthalten, während im Dokument DOK 3 die Stellung der EWG zu den Aufnahmegesuchen der EFTA-Länder behandelt sein soll. Durch die Verwendung der Funktionsanzeiger *aktiv* und *passiv* wird eine Verbesserung des Recherchenergebnisses bezüglich der Anzahl der anfallenden Dokumente und des Zutreffens dieser Dokumente erhalten. In der Chemie-Dokumentation kommen z. B. die Funktionsanzeiger *Ausgangsprodukt, Zwischenprodukt* und *Endprodukt* zur Anwendung. Die Funktionsanzeiger sollen also ein notwendiges Maß an Sachzusammenhang erhalten helfen [Z 3].

Das UNITERM-Verfahren entstand in den ersten fünfziger Jahren. In der zweiten Hälfte der fünfziger Jahre wurden die ersten Versuche unternommen, den Sachzusammenhang vollständig zu erhalten und trotzdem den dazu notwendigen Aufwand in einem erträglichen Umfang zu belassen. Die Ermutigung dazu erwuchs aus dem inzwischen erfolgten Fortschritt in der Entwicklung von Datenverarbeitungsmaschinen. Aus den reinen elektronischen Rechenmaschinen der ersten Nachkriegsjahre waren elektronische Datenverarbeitungsmaschinen geworden, die umfangreiche, auch *alphanumerische Datenmengen* zu verarbeiten und zu speichern in der Lage waren. Die nachhaltigste Wirkung auf die Verwendung von elektronischen Datenverarbeitungsanlagen in der Dokumentation hatten die Arbeiten von H. P. Luhn [Z 18, Z 19, Z 37] ausgangs der fünfziger Jahre. Der erste Grundgedanke von Luhn war, der Maschine die bibliographischen Angaben von Dokomenten zu geben, zu denen ja der Titel gehört, und daraus rein maschinell eine Bibliographie, ein Autorenregister und unter Benutzung des Titels ein Sachregister, den *Key-Word-In-Context-*(KWIC-)*Index*, anzufertigen. Gibt der Titel eines Dokumentes auch nicht immer und vor allem einen von Fachgebiet zu Fachgebiet unterschiedlichen Hinweis auf den Inhalt des Dokumentes, so ist diese Luhn-Methode doch zum Markstein und Wendepunkt für den Einsatz von Maschinen in der Dokumentation geworden [Z 23, Z 27].

Der zweite Grundgedanke von Luhn, der Maschine auch den Text des Dokumentes zu übergeben, und daraus ein Referat und die den Inhalt charakterisierenden Schlüsselwörter (*Keywords*) zu gewinnen, hat einen ebenso großen Einfluß auf die Gesamtentwicklung gehabt [Z 19, Z 30, Z 37], vor allem, weil die prinzipielle Richtigkeit des Gedankens in umfangreichen Experimenten unter realistischen Bedingungen nachgewiesen werden konnte. Doch hat die *maschinelle Registerherstellung* bisher am meisten Anwendung gefunden. Mit der maschinellen Registerherstellung ist zwangsläufig eine Dateneingabe verbunden, die es dem Verarbeitungsprogramm in der Datenverarbeitungsanlage erlaubt, die einzelnen Datenarten eines Dokumentes zu identifizieren. Beim Ablochen der Daten wird in Kartenarten festgehalten, um welche Datenart es sich jeweils handelt, z. B. ist die Kartenart 1 den Autoren zugeordnet, die Kartenart 2 dem Titel des Dokumentes, die Kartenart 3 der Quellenangabe, usw. Die KWIC-Dateneingabe ist die erste gegliederte und dadurch normierte Titelaufnahme, die einen weit verbreiteten Standard darstellt, jedoch mit dem Nachteil der Anpassung an Erfordernisse, die durch die Datenverarbeitungsanlagen gegeben waren [Z 36].

Es war also noch erforderlich, eine normale Karteikarte mit allen bibliographischen Angaben und den den Inhalt charakterisierenden Angaben zu erstellen, falls man sich nicht ganz auf die Maschine einrichten wollte. Daraus mußte erst der maschinell verarbeitbare Datenträger gewonnen werden, der eine maschinelle Recherche und Registerherstellung ermöglicht. Die elektronischen Datenverarbeitungsmaschinen wirkten im Gesamtarbeitsablauf so, als seien sie dem Arbeitsablauf aufgepfropft worden. Oder sie wirkten so, als würde von ihnen ein die Arbeitsgewohnheiten, z. B. die Datenanordnung, verändernder Einfluß ausgehen. Der Eindruck einer unangebrachten Nebenwirkung kann z. B. durch das ausgerichtete Format der Dateneingabe hervorgerufen werden. Der verändernde Einfluß kann auch dadurch verursacht werden, daß nun keine Karteien mehr notwendig sein sollen, da maschinell recherchiert wird.

Eine Integration der durch die elektronischen Datenverarbeitungsanlagen gegebenen Möglichkeiten hat noch nicht stattgefunden. Das wird aber bald geschehen müssen, wenn die Dokumentation mit dem stetigen Wachsen der Fachliteratur und den an die Dokumentation zwangsläufig herangetragenen Forderungen fertig werden will.

Im folgenden Kapitel wird die Möglichkeit einer Integration aufgezeigt und ein nicht ausbleibender Einfluß auf Organisationsformen und Gewohnheiten in der Dokumentation deutlich gemacht.

3. Nicht-konventionelle Dokumentation

Es ist nützlich und sinnvoll, sich bei der Datenverarbeitung mit den Daten zu beschäftigen, aus denen gewünschte Ergebnisse erhalten werden sollen. Die Daten der Dokumente lassen sich in einige große Gruppen gliedern, und zwar die *Kennzeichnungs-Daten*, die *Inhalts-Daten* und die *Verwaltungs-Daten*. Die letzteren sind nur der Vollständigkeit halber erwähnt worden. Sie sind, da sie z. B. den Lieferanten, den Preis, den Besteller usw. als Daten umfassen, für die hier angestellten Betrachtungen unwesentlich. Zu den *Kennzeichnungs-Daten* gehören die Autoren, der Titel des Dokumentes, die Quellenangaben, wie der Zeitschriftentitel, die Band- und Jahresangaben, die Heftnummer und die Seitenangaben, dazu die Dokumentnummer. Die *Inhalts-Daten* sind, wie schon der Name angibt, alle Daten, die den Dokumentinhalt betreffen. Zum einen die DK-Zahlen, die Notationen anderer Klassifikationen, die Sachverhalte, die Schlagwörter usw., mithin die Daten, die für eine sachliche Erschließung des Dokumentinhaltes aus diesen entnommen oder abgeleitet, d. h. zugeordnet werden; zum anderen gehören dazu das Referat und der volle Text des Dokumentes. Abb. 78 enthält die Kennzeichnungs- und Inhalts-Daten für einige

	Buch	Zeitschriften-Veröffentlichung	Patentschrift
	0 2	0 3	0 4
# 1.	Dokument-Nummer		
# 2	Autor(en)		Erfinder
# 2.	Korporativer Autor		Anmelder
# 3	Titel		
# 4	Verlagsort, Verlag, Ersch. Jahr	Ztschr.-Titel, Band, Jahr, Heft, Seiten	Land, Patent-Nr. Aktenz., Anm.-, Bek.-, Patent.-Datum
# 4.	Beigabenvermerke		
# 5	Standorte	Zweitquellen	Prioritätsland, Patent-Nr., Aktenz., Datum
# 7	Schlagwörter (Deskriptoren, Keywords)		
	Klassifikationszahlen	{ LC DK DC	{ DKL IPC
# 8	Referat / Voller Text		

Abb. 78

Dokumentarten, nämlich für ein Buch, eine Zeitschriftenveröffentlichung und eine Patentschrift [Z 12, Z 15]. Korrespondierende Datengruppen befinden sich in einer Zeile dieser Matrix. Die erste Spalte in Abb. 78 zeigt die Bezeichnung der Datengruppen, die aus dem Zeichen # (*number sign*, einem Sonderzeichen im Zeichenvorrat der elektronischen Datenverarbeitungsmaschinen), einer einstelligen Zahl und einer Leerstelle, die zur Bezeichnung von Daten-Untergruppen herangezogen wird, besteht. Eine unter Benutzung dieser Bezeichnungen vorgenommene Titelaufnahme einer Zeitschriftenveröffentlichung ist in Abb. 79 wiedergegeben. Diese Titelaufnahme zeigt nur geringfügige Modifikationen gegen-

```
# 1.   03 FE 00006
# 2    Becker, H.
# 2.   Universitaet Graz, Pathologisch-Anatomisches
# 2.       Institut.
# 3    Befunddokumentation in der Pathologie. Erfahrungen
# 3        mit einer Maschinenlochkartenkartei.
# 4    Methodik der Information in der Medizin 4 (1965) H. 1,
# 4        S. 30—35.
# 4.   37 Lit., 5 Abb.
# 7    Obduktionen              Operationsschluessel
# 7    Diagnoseschluessel       Arbeitsablauf
@
```

Abb. 79

über den üblichen Titelaufnahmen in der Dokumentation, die aber eine für die Datenverarbeitung wesentliche Normalisierung, jedoch keine willkürliche Abkehr vom Bisherigen ergeben, nur weil die elektronische Datenverarbeitung eingesetzt werden soll. Da der „Abstand" zwischen der dreistelligen Datengruppenbzw. Datenart-Bezeichnung und dem Text in der Zeile unwesentlich ist, kann das erstere auch „außerhalb" eines Karteikartenformates angeschrieben werden. Dadurch gewinnt man eine normale Beschriftung einer Karteikarte, der die später nachfolgende Datenverarbeitung nicht anzusehen ist.

Mit der Gruppierung der Eingabedaten und den Möglichkeiten der elektronischen Datenverarbeitungsanlagen läßt sich ein wesentlich modifiziertes, bausteinartig zusammengesetztes Schema (Abb. 80) entwickeln. In dem BLOCK A werden die für das Dokumentations- oder Informationssystem wichtigen Dokumente aus der Gesamtmenge der Dokumente ausgewählt. Im BLOCK J geschieht die Aufnahme der Kennzeichnungsdaten der Dokumente. Hierbei entsteht eine *Inventar-Karte* oder ein Karteikarten-Original, das zwischengespeichert oder sofort weiterverarbeitet wird. Der anfallende Datenträger, z. B. Lochkarte, Lochstreifen usw., kann im BLOCK U schon teil- oder vollverarbeitet werden. Es können z. B. mit dem Luhnschen KWIC-Verfahren Autoren- und Titel-Sachregister gewonnen werden [B 18]. Eine Methode, um neu in das System gelangte Dokumente schnell und bis zu einem gewissen Grad sachlich erschlossen den Benutzern zur Verfügung zu bringen. Im BLOCK B gelangen dann die Dokumente unter Hinzuziehung des zur Anwendung gelangenden Auswertungssystems, z. B. Schlagwortsystem, Klassifikation usw., zur Auswertung. Verbunden damit ist natürlicherweise die ständige Überprüfung und der Ausbau des Auswertungssystems. Hiernach werden die Inhaltsdaten aufgenommen. Der dabei erhaltene Datenträger gelangt im BLOCK U zur Verarbeitung. Im BLOCK S werden die Karteien erstellt und in BLOCK T die Dokumente im Dokumentarchiv gespeichert. Der BLOCK U ist unterteilt in einen BLOCK U 1, in dem die Eingabe, die Prüfung und die Korrektur der eingegebenen Daten zusammengefaßt sind. Das geschieht deshalb, weil in die Verarbeitung und die Bestandsführung, die im BLOCK U 2 zusammengefaßt

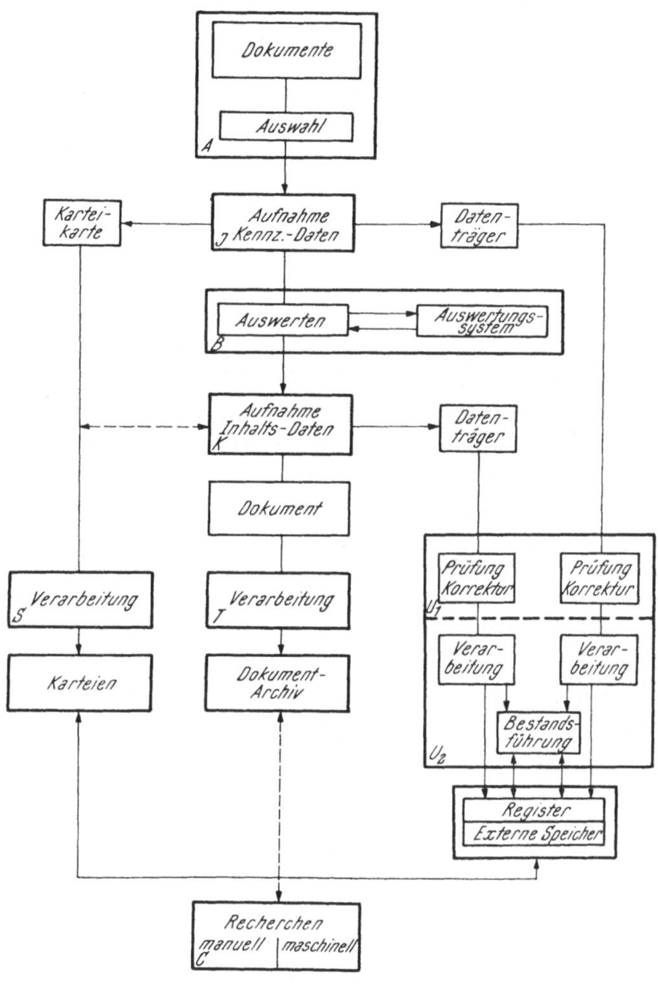

Abb. 80

sind, nur saubere Daten eingehen dürfen. Selbstverständlich können Kennzeichnungsdaten und Inhaltsdaten an dieser Stelle auch dokumentweise zusammengeführt werden, bevor sie zur Verarbeitung gelangen. Manuelle und maschinelle Recherchen sind jetzt an den Karteien, den Dokumenten, den Registern und den externen Speichern möglich.

Dieses Schema kann zu vielerlei Betrachtungen Anlaß geben. Zunächst einmal ist deutlich geworden, daß die elektronische Datenverarbeitung im BLOCK U grundsätzlich nicht von der Eingabe der Daten beeinflußt wird. Es wird augenscheinlich, daß die konventionelle Arbeitsweise in der Dokumentation, also links der gedachten Mittellinie in Abb. 80, und die nicht-konventionelle Arbeitsweise in der Dokumentation, also rechts von der Mittellinie, im Grunde genommen miteinander verträglich sind und einander ergänzen können. Auch ist von der konventionellen zur nicht-konventionellen Arbeitsweise ein kontinuierlicher Übergang möglich. Die Organisation der Karteien, Register und externen Speicher ist nicht abhängig von der Organisation der Eingabe, da dazwischen eine Verarbeitung liegt. In den BLÖCKEN A, B und C lassen sich die Aufgaben des Dokumentars, nämlich das Auswählen der für das Dokumentationssystem wichtigen Dokumente, das Auswerten dieser Dokumente und die Formulierung von Recherchen einschließlich der Beurteilung von deren Ergebnis gut von den Aufgaben trennen, deren Grundlage die Kennzeichnungsdaten sind.

Darüberhinaus ergibt sich zwischen den einzelnen Bausteinen, insbesondere zwischen den BLÖCKEN A und J einerseits und den BLÖCKEN B und K andererseits, eine Entkopplung. Das ist der Umstand, der für das Aktionsvermögen eines Dokumentationssystems und für seine Stabilität von wesentlicher Bedeutung ist. Erfahrungsgemäß — hier sei auf die Referatblätter in Technik und Naturwissenschaft hingewiesen — liegt zwischen dem Eingang der Dokumente und der Recherchenmöglichkeit ein erheblicher Zeitraum, der überwiegend durch den Auswertungsvorgang verursacht wird. Ein Beispiel der Verwendung von elektronischen Datenverarbeitungsanlagen, diesen Zeitraum zu überbrücken und nicht nur zu verkürzen, sind die *Chemical Titles* der *American Chemical Society*. Die *Chemical Titles* enthalten eine Bibliographie, ein Autorenregister und ein Titel-Sachregister im KWIC-Format, die maschinell hergestellt sind. Die darin enthaltenen Zeitschriftenveröffentlichungen werden jedoch in den *Chemical Abstracts*, dem amerikanischen Chemie-Zentralblatt, noch referiert. Das ist also ein typisches Beispiel für das Schema in Abb. 80.

Kehren wir noch einmal zu Luhn und dem von ihm entwickelten „*auto-indexing*" zurück. Aus den früheren Ausführungen war schon hinreichend klar geworden, welch ein entscheidender Einfluß von der Qualität der Auswertungsarbeit des Dokumentars auf die Qualität des speziellen Dokumentationssystems ausgeht. Mit dem *auto-indexing* war ein Verfahren gegeben, das dem Dokumentar eine Erleichterung seiner Arbeit geben konnte. Aber es war auch bekannt, daß die Titel von Dokumenten kein ausreichendes Erschließen des Dokumentinhaltes erlauben. Das „*auto-encoding*" und das „*auto-abstracting*" waren die nächsten Schritte, die Luhn vorgeschlagen hat. Vor allem das *auto-abstracting* schien einen wesentlichen Wandel in der Bewältigung der stetig wachsenden Literaturmengen anzudeuten. In der Dokumentation ist es von jeher üblich gewesen, nicht nur einige den Dokumentinhalt charakterisierende Sachverhalte oder DK-Zahlen anzugeben, sondern auch ein Referat über den Dokumentinhalt anzufertigen. Die Anfertigung des Referates ist ein Vorgang, der den stärksten zeitlichen und kostenmäßigen Einfluß auf das Dokumentationsergebnis hat. Das zeitliche „Nachhinken" der Referateblätter ist durch die Anfertigung der Referate bedingt. Die im Jahr 1958 in Washington, D. C., stattfindende *International Conference on Scientific Information* (ICSI) gab Luhn die geeignete Gelegenheit, seine Gedanken in realisierter Form einer großen Zahl von Fachleuten vorzuführen. Die

Vortragsmanuskripte für diese Konferenz bildeten die Dokumente, die dem „auto-abstracting"-Programm auf einer IBM 704 unterworfen wurden [Z 30, Z 37]. Die dabei erzielten Resultate waren sehr zufriedenstellend.

Das maschinelle Herstellen von Referaten war jedoch nicht die Richtung, die in den darauffolgenden Jahren weiterverfolgt worden ist. Da das beste Referat in keinem Fall das Dokument ersetzen kann, ging die Entwicklung vollständig in die Richtung des „auto-encoding". Hierunter wird die Untersuchung des Dokumenttextes mit einer elektronischen Datenverarbeitungsanlage verstanden. Also aus dem vollen Text die kennzeichnenden Sachverhalte und Schlüsselwörter zu extrahieren, um sie für eine spätere maschinelle Recherche oder eine Auswahl davon für die maschinelle Registerherstellung zur Verfügung zu haben. BAXENDALE [Z 4] hatte sich zur gleichen Zeit wie LUHN [Z 18, Z 14] mit der Extraktion von signifikanten Schlüsselwörtern und Sachverhalten aus vollen Texten beschäftigt, dabei jedoch auch Wortzusammenhänge berücksichtigt. LUHN berücksichtigte ausschließlich die statistische Häufigkeit der Wörter eines Dokumentes. BAXENDALE und LUHN werden als diejenigen angesehen, die zum ersten Mal elektronische Datenverarbeitungsanlagen zur Erschließung von Dokumenten verwendeten und dadurch bahnbrechend für die maschinelle und die automatische Dokumentation wirkten.

Betrachten wir jetzt wieder das Schema in Abb. 80. Wird das Auswerten der Dokumente durch das „auto-encoding"-Programm einer elektronischen Datenverarbeitungsanlage übernommen, dann schrumpft der BLOCK B auf eine stetige Bearbeitung des Auswertungssystems zusammen, die jedoch sehr durch den Verarbeitungsprozeß im BLOCK U gesteuert wird. Der Grad der Steuerung des REST-BLOCKES B hängt von der Komplexität der „auto-encoding"-Methode ab. Eine in der Literatur ausführlich beschriebene Methode, die den Vorteil hat, bereits programmiert (IBM 7094) worden zu sein, ist die Methode von SALTON [Z 28, Z 29, Z 39]. Dieses SMART-System enthält eine Vielfalt von statistischen, semantischen und syntaktischen Verfahrensweisen, die ein umfangreiches Experimentieren an vollen, englischen Texten ermöglicht. Über das Stadium des Experiments sind alle diese sehr maschinenzeit- und speicher-intensiven Verfahren noch nicht hinausgekommen. Programmpakete wie sie in dem SMART-System enthalten sind, haben für die Entwicklung der automatischen Dokumentationssysteme eine große Bedeutung [Z 1, Z 14, Z 26]. Der dazu notwendige Aufwand, vor allem für die Bereitstellung der recherchierbaren Dokumente, wird auf kooperativer Basis möglich sein. Darüber hinaus muß aber auch der Kreis der Benutzer groß sein. Das wird unter Benutzung der Time-Sharing-Methode möglich werden [Z 1]. Wir können bei dem heutigen Stand der Entwicklung ziemlich sicher sein, daß die allgemeine Verwendung nur noch eine Frage eines kurzen Zeitraumes sein wird. Sind diese Methoden der automatischen Dokumentation noch etwas Zukunftsmusik, so wollen wir im folgenden einmal einen Blick auf die mechanische Dokumentation werfen. In der mechanischen Dokumentation werden Datenverarbeitungsanlagen dazu verwendet, die Dokumentdaten aufzubereiten, zu verarbeiten und in Form von manuell und maschinell recherchierbaren Medien zur Verfügung zu stellen. Diese Medien sind Magnetplatten, Magnetstreifen oder Magnetbänder, also externe Speicher. Wie schon früher ausgeführt, kann die Speicherorganisation nach dem Dokumentsystem oder dem Sachverhaltsystem aufgebaut werden. Betrachten wir das Dokumentsystem und Magnetbänder als externes Speichermedium, wobei diese Kombination als der eine extreme Fall betrachtet wird und die Kombination Sachverhaltsystem und Magnetplatten als der andere extreme Fall angesehen werden kann, so kann man sich die in der Abb. 81 aufgezeigten drei Arten der Datensatzanordnung auf dem Magnetband vorstellen. Die *Methode M 1* verwendet die ungeblockte Speicherung der Datensätze. In den *Methoden M 2* werden geblockte Datensätze gespeichert, wobei

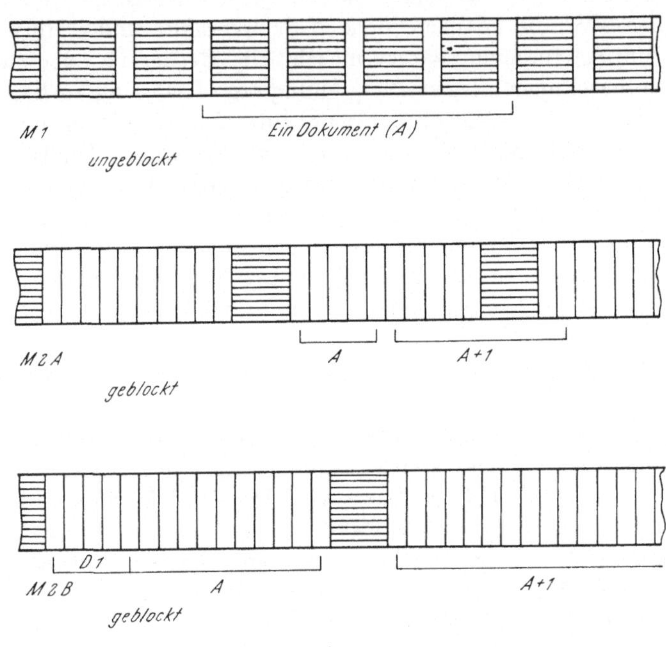

Abb. 81

sich die *Methode M 2 B* von der *Methode M 2 A* dadurch unterscheidet, daß in der ersteren in einem Datensatzblock die Datensätze nur eines Dokumentes enthalten sind. Bei der festen Blocklänge bedeutet das ein Auffüllen des Blocks mit Leersätzen und eine maximale Satzanzahl für ein Dokument. Die *Methode M 2 B* gibt also die Möglichkeit, mit einem Bandlesebefehl die Datensätze eines Dokumentes in den Arbeitsspeicher einzulesen und der Verarbeitung zuzuführen. Bei der *Methode M 2 A* müssen die Datensätze eines Dokumentes erst „gesammelt“ werden. Dafür gibt es keine hier erkennbare, durch die Blocklänge implizierte Anzahl von Datensätzen für ein Dokument. Die externen Speicher sind aber nur ein Teil einer elektronischen Datenverarbeitungsanlage. Der Entwurf eines Verarbeitungsprogrammes für die nach der Methode *M 2 A* gespeicherten Datensätze läßt umgehend die Frage nach der maximalen Zahl der Datensätze für ein Dokument aufkommen. Zum „Sammeln“ der Datensätze muß eine Programmroutine vorhanden sein und der „Sammelbereich“ für ein Dokument muß in seiner maximalen Größe bereitgestellt werden. Anders gesagt, die Organisation der externen Speicher beeinflußt die Programmierung. Um einige Gedanken über die maximale Zahl der Datensätze für ein Dokument kommt man offenbar nicht herum.

Bei Berücksichtigung von praktischen Erfahrungen kann gesagt werden, daß im Durchschnitt 16 Datensätze für ein Dokument benötigt werden. Darin können u. a. enthalten sein: vier Autoren (zwei Datensätze), ein korporativer Autor (zwei Datensätze), ein Titel (drei Datensätze), Quellen- und Beigabenvermerke (drei Datensätze) und zehn Schlagwörter (fünf Datensätze). Wird eine maximale Zahl von 21 Datensätzen für ein Dokument berücksichtigt, so gibt die Tab. 15 einige Zahlen, die die Kapazität eines großen Magnetbandes in Dokumenten aus-

Tabelle 15

Externer Speicher:	Magnetband
Zeichendichte:	800 BPI ($= 320$ Zcm^{-1})
Bandlänge:	720 m

Länge des Datensatzes			57 Zeichen
Länge des Datenblockes	$N1 =$	$\emptyset$	16 Sätze
	$N =$		21 Sätze
		$=$	1 197 Zeichen
Methode M 1	$D1 =$		2 649 Dokumente
	$D =$		2 019 Dokumente
Methode M 2 A	$D1 =$		17 809 Dokumente
	$D =$		13 569 Dokumente
Methode M 2 B	$D1 = D =$		13 569 Dokumente

drücken. Die Länge des Datensatzes mit 57 Zeichen basiert auf einer bei der *IBM Deutschland* entwickelten Standard-Dateneingabe [Z 12]. Damit ergibt sich eine maximale Blocklänge von 1197 Zeichen und die angegebenen Bandkapazitäten bei durchschnittlicher (D1) und bei maximaler (D) Anzahl von Datensätzen für ein Dokument. Zunächst ist daraus zu ersehen, daß ein Magnetband eine nicht unbeachtliche Zahl von Dokumentdaten aufnehmen kann. Aber die Bewertung dieser Magnetbandkapazität hängt von dem Dokumentationssystem ab, genauer ausgedrückt von der erzielten Auswertungsrate. Eine Forschungsgruppen-Dokumentation wird einige Jahre damit das Auslangen haben können. Die Patent-dokumentation eines Unternehmens benötigt für ein Magnetband vielleicht zwei Jahre oder weniger. Nach Literaturangaben würde eine durchschnittliche Dokumentationsstelle in Deutschland etwa sechs bis sieben Jahre für 13 500 Dokumente benötigen.

Was soll damit nun aufgezeigt werden? Wird die Benutzung der elektronischen Datenverarbeitung in der Dokumentation in Betracht gezogen, so tut man gut daran, das gesamte Dokumentationssystem systemanalytisch zu betrachten. Ist eine maschinelle Recherche sinnvoll, von der Seite ihrer Programmierung und Benutzung, wenn der Dokumentspeicher nur einige tausend Dokumente enthält? Für die Verarbeitung und die Ausgabe einer Bibliographie, eines Autoren- und eines Sachregisters (KWIC-Typ) über 500 Dokumente benötigt eine IBM 1401 etwa eine Stunde Maschinenzeit. KWIC-Programme gibt es in verschiedenen Ausführungen. Wenn fertige Programme nicht zur Verfügung stehen, so würden sich diese ohne übermäßigen Aufwand erstellen lassen, wenn man sich beispielsweise die obigen Betrachtungsergebnisse vor Augen hält. Bei Benutzung einer gegliederten, Datenkennzeichnungen verwendenden Dateneingabe und einer externen Speicherungsmethode nach $M2B$ ergeben sich einfache Programmstrukturen für die Prüfung, Korrektur, Verarbeitung und Ausgabe, zu deren einfacher Programmierung Programmiersprachen wie etwa COBOL oder PL/I benutzt werden können.

Das Sachverhaltsystem soll nicht besprochen werden, da diese Speicherungsmethode in der praktischen Durchführung bei großen Dokumentmengen gewisse Probleme aufweist [Z 5, Z 31, Z 35].

Bereits vor mehreren Jahren (1963) wurde von Warheit vorgeschlagen, das Dokumentsystem und das Sachverhaltsystem miteinander zu verbinden [Z 34, Z 40]. Bei diesem *Combined File Search System* handelt es sich um ein Dokumentationssystem, mit dem maschinelle Recherchen durchgeführt werden können. Die nach vorgegebenen Regeln formulierten Anfragen werden in Lochkarten abgelocht und von der elektronischen Datenverarbeitungsanlage, in diesem Fall einer IBM 1401, zunächst dazu benutzt, aus dem Sachverhaltsystem-Teil, für den ein Magnetband oder ein Magnetplattenstapel als externer Speicher benutzt wird, die den abgefragten Sachverhalten zugeordneten Dokumentnummern abzurufen. Nach ihrer Sortierung dienen diese Dokumentnummern dazu, aus dem Dokumentsystem-Teil, der auf einem Magnetband gespeichert ist, die Dokumentdaten zu extrahieren, mit denen dann die Anfragen mit den in ihnen enthaltenen Zusammenhängen im Detail konfrontiert werden. Das Sachverhaltsystem-Teil wird also dazu benutzt, die Zahl der einer genauen Untersuchung zu unterziehenden Dokumente auf ein angemessenes Maß zu reduzieren.

Alles in allem kann man feststellen, daß die elektronischen Datenverarbeitungsanlagen seit Beginn der sechziger Jahre für die Dokumentation in vielfältiger Form zur Verwendung gekommen sind. Eine ins einzelne gehende Darstellung kann nicht der Sinn dieser Ausführungen sein. Hierzu muß auf die angegebene Literatur verwiesen werden, deren Zusammenstellung in diesem Zusammenhang eine Erleichterung für den Zugang zu diesem Thema geben kann.

Im abschließenden Kapitel wird die Beschreibung eines Dokumentationssystems gegeben, das innerhalb der IBM für eine weltweite, automatisierte Zurverfügungstellung der Literatur für die Mitarbeiter sorgt.

4. Gezielte Verteilung von Informationen

Das nun zu behandelnde Dokumentationssystem ist eine sog. *Automatische Dokumentation*. Im Jahr 1958 hatte Luhn seine Gedanken zu einem *Business Intelligence System* veröffentlicht [Z 20, Z 21]. Alle für ein solches System interessanten Dokumente werden in eine maschinenverarbeitbare Form gebracht, dem *auto-abstracting* und *auto-encoding* unterworfen und die Verarbeitungsergebnisse werden gespeichert. Dann werden diese Ergebnisse mit den Interessenprofilen von Dienststellen und Mitarbeitern des Unternehmens verglichen und, wenn sie auf Grund dieses Vergleichs für die Aktionsstellen (*action points*) als interessant festgestellt werden, diesen Interessenten zugesandt. Das heißt also nichts anderes, als daß das Dokumentationssystem nicht auf Anfragen reagiert, sondern auf Grund von ständigen, d. h. gespeicherten Anfragen (= *Interessenprofilen*) von sich aus tätig wird. In die Betrachtung hinein kommt also der Gesichtspunkt der gezielten, automatischen Verteilung von Verarbeitungsergebnissen über Dokumente.

Das nennt man im englischen Sprachraum *Selective Dissemination of Information*, SDI. Dieser Gedanke des SDI wurde ein Jahr später (1959) auf einer IBM 650 verwirklicht [Z 9]. Die dabei erzielten Ergebnisse führten zu einem SDI mit der IBM 704 und danach mit der weitverbreiteten IBM 1401. Das IBM-SDI wurde später überarbeitet und durch die IBM-Programmbibliothek allgemein zugänglich gemacht.

Aufbauend auf diesen und anderen Arbeiten wurde vor einigen Jahren das IBM *Technical Information Retrieval Center* (ITIRC) im *Thomas J. Watson Research Center* eingerichtet [Z 22, Z 38, Z 41]. Von allen für dieses Dokumentationssystem interessanten Dokumenten — es sind firmeninterne und firmenexterne Berichte, Zeitschriftenveröffentlichungen, amerikanische Patentschriften, Firmenveröffentlichungen usw. — wird ein Referat, also ein normalisierter Text, abgelocht und durch Programme eingehend, z. B. auf Schreibfehler, geprüft. Nach Durchführung von Korrekturen wird der saubere Text maschinell so aufbereitet, daß eine maschinelle Recherche dieses normalisierten Textes möglich ist. Es ist also zu bemerken, daß keine Auswertung etwa durch die Angabe von Sachverhalten oder Schlagwörtern erfolgt. In Abb. 82 ist der prinzipielle Aufbau

```
TEIL 1   SATZLÄNGE   —   DOKUMENT-NR.   —   ANZAHL MASCH.
         WÖRTER  —  ANZAHL WÖRTER IN TEIL 3  —  ANZAHL
         ZEILEN   IN   TEIL   4   —   RELATIVADRESSEN   DER
         TEILE  2—3—4 —

TEIL 2   2NORMA     L- - - - -    1TEXT-     1CAN- -   1BE- - -
         2SEARC     HED- - -      1TO- - -   2PROVI    DE- - - -
         1A- - - -  2MEANI        NGFUL-     1AND- -   2USEFU
         L- - - - - 2CURRE        NT- - - -  2AWARE    NESS- -
         2SYSTE     M- - - - -    1CIS- -    1OR- - -  1THE- -

TEIL 3   (1)   8 — 10 — 4 — 3 — 15 — 16 — 2 — 17 — 6
         (2)  13 — 12 — 18 — 19 — 9 — 1 — 7 — 5 — 20 — 14 — 11

              1      2      3     4     5      6
TEIL 4   Normal  text   can   be   searched  to  @@@@@@
              7      8      9         10    11
         provide  a  meaningful  and  useful  @@@@@@
              12         13        14     15
         Current  Awareness  System.  CIS  @@@@@@
              16 17       18       19        20
         or the Current Information Selection  @@@@@@
```

Abb. 82

des Bandspeichersatzes dargestellt. Der *Teil 1* des Speichersatzes enthält verarbeitungsnotwendige Angaben. Im *Teil 2* ist der Text ohne Satzzeichen und mit Großbuchstaben enthalten, während in *Teil 3* die Textwortnummern geordnet nach Maschinenwortlänge und in alphabetischer Folge verzeichnet sind. *Teil 4* enthält den normalisierten Text mit Groß- und Kleinbuchstaben einschließlich Satzzeichen, der dazu dient, ein Recherchenergebnis auch mit dem Text auszugeben. Die *Teile 2* und *3* werden für die Durchführung von maschinellen Recherchen vornehmlich für den Vergleich der gespeicherten Interessenprofile mit den Dokumentprofilen neu in das System gelangender Dokumente verwendet. Das Recherchieren von Texten verlangt eine *flexible Recherchenformulierung*. Daher sind nicht nur AND, OR und NOT möglich, sondern auch die Spezifizierung von nebeneinanderstehenden Wörtern bzw. von Wortfolgen und die Angabe von Einzelwörtern. Diese Möglichkeiten der Recherchenformulierung, der Speichersatzaufbau und die Systemkonfiguration IBM/360 *Modell 50-40*, in früheren Jahren IBM 7090-1401, ermöglichen auf regelmäßiger Basis folgende hauptsächlichen Dienstleistungen:

a) *Recherchen des gesamten Dokumentspeichers (retrospektive Recherchen).* Diese werden mit einer Geschwindigkeit von 120 000 Wörtern pro Minute durchgeführt, wobei bis zu einhundert Fragen gleichzeitig bearbeitet werden können. Die Bearbeitung der Fragen erfolgt von einem Tag auf den anderen. Die Zufriedenheit der Benutzer oder Fragesteller ist gut. Auf Grund von Rückmeldungen konnte festgestellt werden, daß etwa 90% der nachgewiesenen Dokumente die gestellte Frage betrafen, also als relevant bezeichnet wurden.

b) *Gezielte Verteilung von Information.* In gewissen Zeitabständen, derzeit auf monatlicher Basis, werden die Recherchen für die laufende Unterrichtung der abonnierten Mitarbeiter durchgeführt. Die Zahl der dem ITIRC *Current Information Selection* (CIS) angeschlossenen Mitarbeiter beträgt etwa 3000 bis 4000, die in USA und Europa beschäftigt sind. In *einem* Maschinenlauf können gleichzeitig 1500 Interessenprofile (CIS *profiles*) bearbeitet werden. Auf Grund von Rückmeldungen konnte auch hier festgestellt werden, daß die Mitarbeiter gut bedient werden, da die Relevanz der vorgewiesenen Dokumente etwa 85% ist.

Bei diesen beiden Dienstleistungen sind *Rückmeldungen* erwähnt worden. Diese Meldungen sind natürlicherweise für ein automatisches Dokumenationssystem von außerordentlicher Bedeutung, da durch sie eine Steuerung des Informationsflusses ermöglicht wird. Abb. 83 zeigt eine Antwortlochkarte, die für jeden einzelnen Dokumentnachweis eines Abonnenten ausgestanzt wird. Die

NAME	Location	DIV	DEPT	BDLG	DOCUMENT NUMBER	ACCESS. NO.

INSTRUCTIONS:

1. Read the abstract that carries the above document number.

2. Respond by punching out the appropriate boxes.

3. Envelope card to your IBM library or report center, in above location ⎯⎯⎯⎯

If no IBM library available, return card to address below.

Abstract of interest, document not needed ☐

Send copy of document . . . . ☐

Abstract of interest, have seen document
  before . . . . ☐
  (Indicate where seen under Comments)

Abstract not relevant to my profile . . . . ☐

Comments - Punch this box when writing comments or address changes below . . . ☐

Current Information Selection from the IBM TECHNICAL INFORMATION RETRIEVAL CENTER
Thomas J. Watson Research Center, Yorktown Heights, New York

Abb. 83

Karten werden einer Auflistung der Dokumentnachweise beigefügt. Im ersten Halbjahr 1966 wurden für den CIS-Dienst eine Viertelmillion Antwortkarten verschickt, von denen 75% zurückkamen und in das System eingegeben wurden.

c) Die dritte Dienstleistung des ITIRC sind *monatliche Literaturberichte*, die alle in dem Zeitraum eingegangenen Dokumente in vier Serien enthalten, IBM

*Documents, Non-*IBM *Documents, Journals, Patent Disclosures.* Jeder Literaturbericht enthält die notwendigen Register, wie Autorenverzeichnis, Sachverhalts- und Sachkategorienregister, und einige spezielle Register, z. B. ein Reportnummernverzeichnis. Diese Register werden in angemessenen Abständen kumuliert. Auch diese Dienstleistung wird vollständig maschinell erstellt und ist ein wichtiges, da arbeit- und zeitsparendes Nachweismittel für die große Zahl der IBM-Bibliotheken.

Ist das *Selective Dissemination of Information* auch nur ein Teil des von LUHN konzipierten *Business Intelligence System,* so ist es doch ein wesentliches und notwendiges Teil, das seit einigen Jahren vollständig verwirklicht ist. Man kann sagen, daß in der automatischen Dokumentation bereits einige *Management-Informations-Systeme* (MIS) existieren. Und man kann sagen, daß in der Dokumentation MIS geplant und verwirklicht wurden, nur nannte z. B. LUHN sein Konzept *„Business Intelligence System",* als in anderen Fachgebieten noch kein Gedanke daran vertan wurde.

5. Schlußbemerkungen

Die vorstehenden Ausführungen geben notwendigerweise einen groben Überblick über dieses außerordentlich interessante und für die Zukunft von Forschung und Entwicklung, Wissenschaft, Technik und Wirtschaft, Einzelperson und Gesamtheit der Menschen wichtige Gebiet der Dokumentation mit elektronischen Datenverarbeitungssystemen, dem Gebiet der *Information Science and Technology.*

Auch in der Literaturzusammenstellung kann nur ein sehr kleiner Teil der Veröffentlichungen angegeben werden. Als Schlüssel zu diesem Gebiet können CUADRA [B 4] und MEADOW [B 7] genannt werden, da dies die jüngste Zusammenstellung bzw. Darstellung ist.

Die Dokumentation im modernen Sinn, betrachtet unter dem Gesichtspunkt der wachsenden Spezialisierung, der zunehmenden Verflechtung aller Wissensgebiete, der stetig zunehmenden Kommunikationsprobleme, wird eine überragende Bedeutung bekommen.

Literatur

Bücher

1. BECKER, J., and R. M. HAYES: *Information Storage and Retrieval: Tools, Elements, Theories.* New York: J. Wiley & Sons. 1963.
2. BOURNE, CH. P.: *Methods of Information Handling.* New York: J. Wiley & Sons. 1963.
3. CASEY, R. S., J. W. PERRY, M. M. BERRY, and A. KENT (Ed.): *Punched Cards. Their Applications to Science and Technology.* 2nd ed. New York: Reinhold Publ. Corp. 1958.
4. CUADRA, C. A.: *Annual Review of Information Science and Technology.* Vol. 1. New York: Interscience Publishers. 1966.
5. FRANK, O.: *Handbuch der Klassifikation, Heft 5, Einführung in die Dokumentation.* Stuttgart: Dorotheen-Verlag. 1949.
6. FRANK, O.: *Handbuch der Klassifikation, Heft 8, Literaturnachweis und Literaturrecherchen.* Stuttgart: Dorotheen-Verlag. 1953.
7. MEADOW, CH. T.: *The Analysis of Information Systems. A Programmer's Introduction to Information Retrieval.* New York: J. Wiley & Sons. 1967.
8. MERTENS, P.: *Betriebliche Dokumentation und Information.* Meisenheim a. Glan: A. Hain. 1965.

9. Newman, S. M.: *Information Systems Compatibility.* Washington, D. C.: Spartan Books. 1965.
10. Perry, J. W., and A. Kent: *Documentation and Information Retrieval. An Introduction to Basic Principles and Cost Analysis.* Cleveland, Ohio: Western Reserve University Press. 1957.
11. Perry, J. W., A. Kent, and M. M. Berry: *Machine Literature Searching.* New York: Interscience Publishers. 1956.
12. Pietsch, E. H. (Hrsg.): *Automatische Dokumentation in der Praxis. Berichte ADIA-Konferenz 1959.* Frankfurt/Main: Deutsche Gesellschaft für Dokumentation. 1961.
13. Sass, M. A., and W. D. Wilkinson: *Symposium on Computer Augmentation of Human Reasoning.* Washington, D. C.: Spartan Books. 1965.
14. Stevens, M. E.: *Automatic Indexing: A State-of-the-Art Report.* Washington, D. C.: National Bureau of Standards. 1965. NBS Monograph 91.
15. Vickery, B. C.: *Classification and Indexing in Science.* 2nd ed. London: Butterworths. 1959.
16. Vickery, B. C.: *On Retrieval System Theory.* 2nd ed. London: Butterworths. 1965.
17. *Internationales Handbuch des Informationswesens.* Stuttgart: Dorotheen-Verlag. 1959ff.
18. *Literature on Information Retrieval and Machine Translation. Bibliography and Auto-Index.* 1st ed. New York: The Service Bureau Corp. (IBM). 1958.

Zeitschriftenveröffentlichungen, Reports

1. Allen, S. I., G. O. Barnett, and P. A. Castleman: Use of a Time-Shared General-Purpose File-Handling System in Hospital Research. Proceedings of the IEEE **54**, 1641—1648 (1966).
2. Arntz, H.: Dokumentation mit Sichtlochkarten. Ringtausch mit Lochkarten im Dienst der auswärtigen Vertretungen der Bundesrepublik Deutschland. Nachrichten für Dokumentation **15**, 18—27 (1964).
3. Artandi, S., and T. C. Hines: Roles and Links — Or Forward to Cutter. American Documentation **14**, 74—77 (1963).
4. Baxendale, P. B.: Machine-Made Index for Technical Literature — an Experiment. IBM Journal of Research and Development **2**, 354—361 (1958).
5. Canter, J. D., and C. E. Donaghey: UPLIFTS — University of Pittsburgh Linear File Tandem System. Communications ACM **8**, 579—581 (1965).
6. Cushing, R.: Improving Personal Filing Systems. Chemical Engineering **70**, 73—86 (1963).
7. Danner, H.: Aufbau einer Begriffsliste für die Dokumentation des Standes der Technik auf chemischen Teilgebieten. Nachrichten für Dokumentation **16**, 68—75 (1965).
8. Hayes, R. M., R. M. Shoffner, and D. C. Weber: The Economics of Book Catalog Production. Library Resources and Technical Services **10**, 57—90 (1966).
9. Hensley, C. B.: Selective Dissemination of Information (SDI): State of the Art in May, 1963. In: 1963 Spring Joint Computer Conf., AFIPS Conf. Proc. **23**, 257—262 (1963).
10. Herbert, E.: Information Transfer. International Science and Technology **1966**, 26—37.
11. Holm, B. E.: Information Retrieval — A Solution. Chemical Engineering Progress **57**, 73—78 (1961).
12. Kistermann, F. W.: Eine Standard-Eingabe für die Datenverarbeitung in der Dokumentation und dem Bibliothekswesen. IBM Nachrichten **16**, 28—34 (1966).
13. Kistermann, F. W.: Zur Geschichte des Sichtlochkartenverfahrens. Dokumentation, Fachbibliothek, Werksbücherei **6**, 7—13 (1957).
14. Lamson, B. G., and B. Dimsdale: A Natural Language Information Retrieval System. Proceedings of the IEEE **54**, 1636—1640 (1966).
15. Lang, F. H.: Die Kennzeichnung der Eingabedaten im Bibliothekswesen und in der Dokumentation. Sindelfingen: IBM Deutschland 1967 (März), Form-Nr. 81537.

16. LANG, F.: Schlagwortgebung und Klassifizierung. Nachrichten für Dokumentation **13**, 202—210 (1962).
17. LOUKOPOULOS, L.: Indexing Problems and Some of Their Solutions. American Documentation **17**, 17—25 (1966).
18. LUHN, H. P.: A Statistical Approach to Mechanized Encoding and Searching of Literary Information. IBM Journal of Research and Development **1**, 309—317 (1957).
19. LUHN, H. P.: The Automatic Creation of Literature Abstracts. IBM Journal of Research and Development **2**, 159—165 (1958).
20. LUHN, H. P.: A Business Intelligence System. IBM Journal of Research and Development **2**, 314—319 (1958).
21. LUHN, H. P.: Automation und Feedback in einem umfassenden wissenschaftlichen Kommunikationssystem. Nachrichten für Dokumentation **10**, 173—179 (1959).
22. MAGNINO, J. J., JR.: Current Information Selection by Computer. Industrial Electronics **4**, 269—273 (1966).
23. MAIZELL, R. E.: Value of Titles for Indexing Purposes. Review of Documentation **27**, 126—127 (1960).
24. MONTAGUE, B. A.: Patent Indexing by Concept Coordination Using Links and Roles. American Documentation **13**, 104—111 (1962).
25. MORSE, R.: Information Retrieval. Chemical Engineering Progress **57**, 55—58 (1961).
26. PRYWES, N. S.: Man-Computer Problem Solving with Multilist. Proceedings of the IEEE **54**, 1788—1801 (1966).
27. RESNICK, A.: Relative Effectiveness of Document Titles and Abstracts for Determining Relevance of Documents. Science **134**, 1004—1006 (1961).
28. SALTON, G.: Information Dissemination and Automatic Information Systems. Proceedings of the IEEE **54**, 1663—1678 (1966).
29. SALTON, G.: Data Manipulation and Programming Problems in Automatic Information Retrieval. Communications ACM **9**, 204—210 (1966).
30. SAVAGE, T. R.: The Preparation of Auto-Abstracts on the IBM 704 Data Processing System. Yorktown Heights, N.Y., IBM Corp. 1958.
31. SIEBURG, J.: Updating an I. R. System. A Legal Information File. Datamation **11**, 24—26 (1965).
32. VICKERY, B. C.: Thesaurus — A New Word in Documentation. Journal of Documentation **16**, 181—189 (1960).
33. WALL, E.: Information Systems. Chemical Engineering Progress **55**, 55—59 (1959).
34. WARHEIT, I. A.: The Direct Access Search System. In: AFIPS Conf. Proc. **24**, 167—172 (1963).
35. CURTICE, R. M.: Magnetic Tape and Disc File Organisations for Retrieval. Bethlehem, Penn., Lehigh University, Center for the Information Sciences. 1966.
36. LUHN, H. P.: General Rules for Creating Machinable Records for Libraries and Special Reference Files. Yorktown Heights, N.Y., IBM Corp., ASDD. 1959.
37. LUHN, H. P.: Potentialities of Auto-Encoding of Scientific Literature. Yorktown Heights, N.Y., IBM Corp. 1959.
38. MAGNINO, J. J., JR.: Information Retrieval in Action. Yorktown Heights, N.Y., IBM Corp., Th. J. Watson Research Center. 1966.
39. SALTON, G.: A Document Retrieval System for Man-Machine Interaction. Proceedings 19th National Conf., Philadelphia, 1964, Assoc. Computing Machinery.
40. The IBM 1401 Information Storage and Retrieval Program for Engineering Parts and Drawings. White Plains, N.Y., IBM Corp. o. J. Form-Nr. E 20-0132.
41. KAUFMAN, S.: The IBM Technical Information Retrieval Center (ITIRC). Yorktown Heights, N.Y., IBM Corp., Th. J. Watson Research Center. 1966. Form-Nr. ITIRC-008.

Zeitschriften

American Documentation. A quarterly review of ideas, techniques, problems, and achievements in Documentation. Vol. 1 (1950) ff. New York: Interscience Publishers.

Journal of Chemical Documentation. Vol. 1 (1960) ff. Washington, D. C.: American Chemical Society.

Journal of Documentation. Devoted to the recording, organization, and dissemination of specialized knowledge. Vol. 1 (1945) ff. London: Association of Special Libraries and Information Bureaux.

Nachrichten für Dokumentation. Vierteljahresschrift für Forschung und Praxis der Dokumentation. Jg. 1 (1950) ff. Frankfurt/Main: Deutsche Gesellschaft für Dokumentation.

Revue de la Documentation. Vol. 1 (1934) ff. Den Haag: Fédération Internationale de Documentation.

Special Libraries. Official Journal Special Libraries Association. Vol. 1 (1910) ff. New York: Special Libraries Association.

F. Maschinelle Datenverarbeitung in Bibliotheken mit Hilfe von Rechenanlagen

Von

W. Lingenberg

1. Einleitung

Der Titel dieses Beitrages könnte vielleicht Erinnerungen an Diskussionen über „automatische Bibliotheken" oder „elektronische Wissensspeicher" wachrufen, die auf nicht viel mehr als einen Knopfdruck jedes gewünschte Buch oder jede gewünschte Information in Sekundenschnelle zur Verfügung stellen. Es mag daher sogleich darauf hingewiesen werden, daß in diesem Beitrag von solcherart Bibliotheken nicht die Rede sein soll.

Wer einmal über den weiten Umfang menschlichen Wissens und die Mannigfaltigkeit der in Büchern niedergelegten Erfahrungen, Erkenntnisse und Ansichten und über die Vielfalt der Informationsbedürfnisse nachgedacht hat, wird sich nicht mehr wundern, bei näherer Betrachtung in den großen, und das heißt meist auch: in den wissenschaftlichen Bibliotheken, äußerst komplexe Organismen vorzufinden, die oft ein Eigenleben besonderer Art zu führen scheinen.

Allerdings legen es die sehr großen Datenmengen, die in großen Bibliotheken zu organisieren und zu bearbeiten sind und die Aufgabe, die Informationsbereitstellung angesichts einer explosionsartigen Vermehrung des Umfanges der wissenschaftlichen Literatur zu verbessern, nahe, die Möglichkeiten der Anwendung von Datenverarbeitungsmaschinen in Bibliotheken sorgfältig zu prüfen. Dabei hat man zu beachten, daß es im allgemeinen wenig sinnvoll ist, bisher auf traditionelle Weise erledigte Arbeitsgänge nun mit Hilfe von Datenverarbeitungsanlagen in genau derselben Art, nur maschinell, durchzuführen. Vielmehr ist eine genaue Analyse der Bibliotheksfunktionen und der Bedürfnisse ihrer Benutzer notwendig, um Organisationsformen entwickeln zu können, die es erlauben, die Möglichkeiten elektronischer Datenverarbeitung voll auszuschöpfen.

So sind in den letzten Jahren auf Teilgebieten und bei einzelnen Anwendungen eine Reihe beachtlicher Erfolge erzielt worden, wenn auch teilweise in Bereichen, die nicht so sehr im Blickfeld der Bibliotheksbenutzer und der Öffentlichkeit liegen. Eine 1966 angestellte Umfrage bei US-amerikanischen und kanadischen Bibliotheken und Informationszentren hat z. B. ergeben [93], daß eine weit größere Zahl von ihnen, als man annehmen konnte, für die verschiedensten Aufgaben elektronische Datenverarbeitungsmaschinen einsetzen, und zwar überwiegen bei den Bibliotheken die Anwendungen im Verwaltungsbereich, während bei den Informationszentren die maschinellen Literatursuchverfahren des *information retrieval* stark im Vordergrund stehen.

Wir sind jedoch in den grundsätzlichen Fragen noch weit von befriedigenden Antworten entfernt. Ganz unklar ist es auch, wie der unvermeidliche Strukturwandel unserer großen Bibliotheken sich im einzelnen vollziehen soll. Selbst wenn aber Pläne realisiert werden, nach denen sich gewisse Formen der Bibliotheks- und Literaturbenutzung als „Zwiegespräch" zwischen Mensch und Computer abspielen sollen, wobei letzterer den fast augenblicklichen Zugriff zu gesuchten Informationen vermittelt, die in einem riesigen Wissensspeicher enthalten sind, so wird das doch noch auf längere Zeit hinaus nicht die einzige Möglichkeit sein, das in der Literatur gespeicherte menschliche Wissen zu nutzen. Wegen der im nächsten Abschnitt genannten Probleme dürfte es wohl noch nicht so schnell möglich sein, auf wissenschaftliche Bibliotheken in Form von Büchersammlungen zu verzichten.

In dieser einführenden Darstellung wollen wir uns aber nur am Rande mit den schwierigen Fragen der Bibliotheksorganisation im allgemeinen und der zukünftigen Entwicklungen im Bibliothekswesen befassen. Hauptsächlich sollen uns einige einfache Beispiele beschäftigen, die zusammengenommen vielleicht doch die derzeit wichtigsten Anwendungsbereiche elektronischer Datenverarbeitung in Bibliotheken umschreiben. Dem persönlichen Geschmack des Autors entsprechend wird es sich dabei fast ausschließlich um Anwendungen handeln, die bereits irgendwo realisiert worden sind und die sich nicht auf Bibliotheken allzu speziellen Charakters beziehen.

Das bedeutet unter anderem, daß wir die Fragen der maschinellen Dokumentation, die sich heute des Interesses weiter Kreise in Wissenschaft und Technik erfreuen, die aber schwieriger zu sein scheinen, als man oft annimmt, nur streifen, da sie zur Zeit nur für die Literaturerschließung einzelner Fachgebiete und in Spezialbibliotheken eine Rolle spielen. Sie werden in diesem Buch in einem besonderen Beitrag behandelt [33].

Wir haben bei der Aufbereitung des in Bibliotheken für eine spätere Benutzung und Auswertung in Form von Büchern, Zeitschriften, Einzelberichten, Manuskripten, Bildern und Tonträgern gespeicherten Materials zwei Stufen zu unterscheiden, deren erste das Zusammentragen und Ordnen von oft Hunderttausenden oder Millionen von Einzelstücken in materieller Form und deren zweite das Erschließen des Inhaltes der Bücher usw. selbst betrifft.

Auf der ersten Stufe begegnen wir mehrfach Aufgaben, die in der allgemeinen Verwaltung, in der Wirtschaft und der Industrie in gleicher oder ähnlicher Form ebenfalls vorkommen, und die zur Entwicklung eines besonderen Zweiges der nichtnumerischen Datenverarbeitung, der sog. „kommerziellen Datenverarbeitung" geführt haben. Das sind z. B. Probleme, die eine Bibliothek mit der Verwaltung eines Materiallagers gemeinsam hat, Fragen des Bestellwesens und der Inventarisierung (Akzession) und manche anderen mehr. Auch auf dieser ersten

Stufe gibt es allerdings Datenverarbeitungsprobleme, die in der kommerziellen Datenverarbeitung bisher nicht in ähnlicher Form behandelt worden sind, dazu gehören z. B. verschiedene Verwaltungsarbeiten in der Zeitschriftenstelle, Teilbereiche elektronischer Ausleihverbuchungssysteme und anderes mehr.

Außerdem sind gewisse Arbeiten, die zunächst rein dem kommerziellen Datenverarbeitungsbereich anzugehören scheinen, wie z. B. die verwaltungsmäßige Bearbeitung der Buchbestellungen und die Führung von Zugangsbüchern, mit anderen Arbeiten in der Bibliothek, die sich z. B. auf die Katalogisierung und die sachliche Erschließung der Bibliotheksbestände beziehen, soweit verzahnt, daß die Anwendung von Standardmethoden der kommerziellen Datenverarbeitung die Entwicklung von integrierten Datenverarbeitungssystemen in der Bibliothek behindern würde. Hinzu kommt, daß, wenn wir einmal von den öffentlichen Büchereien und den Lehrbuchsammlungen von Hochschulen absehen, die von einer größeren Menge von Titeln mehrere oder viele Exemplare enthalten, von den Bibliotheken fast immer nur ein oder zwei Exemplare von jedem Titel erworben werden. Das bedeutet, daß sich die Inventarisierung und die Katalogisierung vorwiegend auf Einzelstücke bezieht, denen überdies Autor, Herausgeber, Verleger und Setzer eine möglichst individuelle Gestalt auch im Äußerlichen zu geben bestrebt sind, so daß die Gewinnung von einheitlich normierten Daten für eine automatisierte Datenverarbeitung oft nicht ganz leicht ist.

Die Katalogisierung, also die Buchbeschreibung und die sachliche Erschließung des Buchinhaltes, die ich oben als zur zweiten Stufe der Aufbereitung des gedruckten Materials in der Bibliothek rechnete, wird daher nicht mehr zur kommerziellen Datenverarbeitung zu zählen sein, da hier die bibliothekarischen Erfordernisse entscheidend zu berücksichtigen sind [38]. Im übrigen stellt der Einsatz von Datenverarbeitungsanlagen bei der Katalogisierung wohl das wichtigste und aussichtsreichste Gebiet der Bibliotheksautomatisierung dar.

Für die Beschreibung der einzelnen Anwendungen folgen wir zunächst dem Lauf des Buches durch die Bibliothek von der Beschaffung bis hin zur Aufstellung im Magazin oder in den Lesesälen, also dem sog. Geschäftsgang und weisen zuerst auf Verfahren der elektronischen Datenverarbeitung in der Erwerbungsabteilung und der Zeitschriftenstelle hin. Dabei werden wir allerdings die Verfahren der kommerziellen Datenverarbeitung als bekannt voraussetzen und vorwiegend auf Dinge eingehen, die von den dort üblichen Standardverfahren abweichen. Dann behandeln wir die Titelaufnahme und die Herstellung der Buchkataloge mit Hilfe von Rechenanlagen. Danach werden wir auf Fragen der Ausleihverbuchung eingehen. Hieran soll sich ein kurzer Hinweis auf integrierte Systeme anschließen, also Systeme, bei denen der gesamte Bereich der verwaltungsmäßigen Bearbeitung der Neuzugänge einer Bibliothek bis hin zu ihrer Benutzung in ein umfassendes elektronisches Datenverarbeitungssystem integriert wird. Als Abschluß weisen wir dann auf Weiterentwicklungen hin, die sich in der Planung bzw. im Versuchsstadium befinden.

Die Literatur zu den im folgenden behandelten Fragen wird nur soweit angegeben, als es zur Erläuterung der vorgetragenen Beispiele erforderlich erscheint. Vollständigere Literaturangaben findet man in weiterführenden Werken, wie z. B. [63], oder auch in Fortschrittsberichten, wie z. B. [48, 50, 87], in Bibliographien [43, 101] und Referatenorganen [84].

2. Allgemeine Probleme des Computereinsatzes in Bibliotheken

Für die Anwendung in großen Bibliotheken sind die schalttafelgesteuerten Datenverarbeitungsmaschinen nur von begrenztem Nutzen, so daß wir in diesem Beitrag auf konventionelle Lochkartenverfahren nicht eingehen werden, sondern ausschließlich Methoden beschreiben, die sich an irgendeiner Stelle eines Computers bedienen.

Der erfolgreiche Einsatz von Computern im Bibliothekswesen beruht auf ihren Eigenschaften, die sie als informationslogische Automaten haben: sie vermögen Abzählvorgänge durchzuführen, Vergleichsoperationen vorzunehmen und Informationen gemäß den Regeln der formalen Logik (Boolesche Algebra) miteinander zu verknüpfen. Hieraus läßt sich unter anderem ihre Fähigkeit, Alphabetisierungen vorzunehmen, ableiten. Allerdings kann man nicht übersehen, daß sie für das Hantieren mit numerischer Information besser geeignet sind als für den Umgang mit sprachlicher oder textlicher Information, da für die erstere alle Operationsregeln streng definiert werden können, während man für die Bearbeitung der letzteren noch andere Regeln braucht, die sich nicht so gut in logischer Weise fixieren lassen.

Daher sind auch die bedeutsamsten Erfolge, die man bisher bei der Bearbeitung von textlicher Information durch einen Computer hat erzielen können, beschränkt auf solche Probleme, bei denen die eingangs genannten Regeln eine entscheidende Rolle spielen, also z. B. die Herstellung von KWIC- oder KWOC-Indizes. Sobald es aber darum geht, Synonyma zu berücksichtigen, Homonyme zu unterscheiden, Querverbindungen zwischen Begriffen herzustellen, zu assoziieren, werden die Schwächen der heutigen Computer offenbar. Hier muß noch oft die menschliche Intelligenz helfend eingreifen. Wie allerdings aus den folgenden Seiten und aus anderen Beiträgen dieses Buches hervorgehen dürfte, sind bisher die Möglichkeiten, die die Anwendung der genannten einfachen Regeln für den Computereinsatz bieten, noch nicht voll genutzt.

Ein weiteres Problem bezieht sich auf die Informationsspeicherung. Die Bestände einer großen Bibliothek mit etwa 10^7 Bänden ließen sich in einem Datenspeicher mit etwa 10^{12} Zeichen oder Bytes Kapazität unterbringen. Selbst wenn wir einmal annehmen, daß ein schnell ansprechbarer Speicher dieser Größe gebaut werden könnte, müßte man die Informationen in eindeutiger Weise, also insbesondere logisch widerspruchsfrei einspeichern, um auf eine Anfrage später wirklich die gewünschten Informationen vollständig wieder aus dem Speicher herauszubekommen. Dieses Organisationsproblem, dem noch ein klassifikationstheoretisches Problem vorgeschaltet ist, ist leider noch nicht befriedigend gelöst. Schließlich wird nicht einmal alles, was auf dem Gebiet der Entwicklung großer Informationssysteme bereits erforscht und geklärt ist, veröffentlicht, weil es für militärische Zwecke von Bedeutung sein könnte.

Es wäre aber wichtig, die genannten Schwierigkeiten zu überwinden, da sich gerade auf dem Gebiet der Literaturerschließung die bedeutsamsten Erfolge der elektronischen Datenverarbeitung in Bibliotheken erzielen lassen sollten, die bei Anwendung maschineller Methoden erheblich mehr in die Tiefe gehen kann als bei manuellen Methoden, bei denen der Arbeitsaufwand mit zunehmender Tiefe der Erschließung rasch zu hoch wird. Auf diese Weise würde man manche heute noch unbeantwortbare Frage beantworten und so zu einer wesentlichen Verbesserung des Dienstes am Benutzer kommen können.

Schließlich ist noch ein Sonderproblem zu erwähnen, das bei der Textverarbeitung auftritt und das daher bei den Bibliotheksanwendungen eine Rolle spielt. Der Zeichenvorrat bei der Ein- und Ausgabe muß ungleich höheren Ansprüchen genügen als bei den meisten anderen Anwendungen von elektronischen Datenverarbeitungsanlagen. So sind neben Groß- und Kleinbuchstaben auch diakritische Zeichen und eine ganze Anzahl von Sonderzeichen zu berücksichtigen [100].

Ich möchte nun noch einige allgemeine Bemerkungen zu den in den folgenden Abschnitten erwähnten Maschinenkonfigurationen und zu ihrer Programmierung machen. Für die Anwendungen in Bibliotheken spielen zunächst die Datenerfassungsgeräte eine große Rolle. Während optische oder magnetisch arbeitende Belegleser bisher nur ganz vereinzelt eingesetzt worden sind, werden neben den üblichen Lochkartenlochern und Lochstreifenschreibmaschinen [44] auch Leser für vorfabrizierte Datenträger, z. B. bei der Ausleihverbuchung, benötigt, also z. B. für das Lesen von Lochkarten die IBM 357 oder die IBM 1031 [18, 82] oder für Lochstreifenkarten Leser wie der T send 61 von Siemens [90a]. Man vgl. auch [73], S. 191 ff.

Auf der Ausgabeseite wurden bisher meist Zeilendrucker mit einem sehr beschränkten Typenvorrat verwendet, doch gibt es jetzt schon einige Bibliotheken, die Zugang zu Druckern haben, die die Groß- und Kleinschreibung ermöglichen und auch eine Reihe von diakritischen und Sonderzeichen darstellen können.

Einige Bibliotheksprobleme stellen beträchtliche Anforderungen an die Kapazität der Speicher der benutzten Datenverarbeitungsanlage, und zwar sowohl an die zentralen, als auch an die peripheren Speicher. Zweifellos ist es möglich, schon mit einer $4K$-Maschine mit zwei Magnetbandeinheiten für die Katalogisierung zu arbeiten, wie z. B. Kilgour [30, 31] gezeigt hat, aber die dann unter anderem erforderliche Segmentierung der Programme bedingt sowohl eine Erschwerung der Programmierung als auch eine Verlängerung der Laufzeiten bei der Verarbeitung. Daher ist auch meist mit größeren Kernspeicherkapazitäten gearbeitet worden. Pflug [48] gibt $16K$ bis $64K$ als diskutabel an, doch scheint es, als ob mit weiterer Steigerung der Ansprüche an die Kataloge auch das noch als etwas knapp anzusehen sei. Da die Bibliotheksprobleme sehr datenintensiv sind, ist es nicht unbedingt erforderlich, Maschinen mit sehr kleinen Zykluszeiten, also im Kern sehr schnelle Maschinen zu verwenden. Vielmehr spielt eine weit größere Rolle, ob man schnell ansprechbare größere Sekundärspeicher benutzen kann, also ob z. B. random-access-Speicher für eine effektive Sortierung großer Datenmengen vorhanden sind oder nicht. Bei den in den bisherigen Anwendungen benutzten Computern der zweiten Generation spielte auch die Unterscheidung zwischen Wort- und Stellenmaschinen eine Rolle, wobei für Bibliothekszwecke die letzteren eine rationellere Ausnutzung der verfügbaren Kernspeicherkapazitäten ermöglichten, da die zu verarbeitenden Datensätze oft variable Länge besitzen.

In der Praxis war es allerdings meist so, daß Bibliotheken, die sich der elektronischen Datenverarbeitung bedienen wollten, darauf angewiesen waren, den

Computer ihrer eigenen Organisation, z. B. der Hochschule oder anderer Institutionen, mitzubenutzen. Typische Beispiele für solche Computer sind die Anlagen der 1400er-Gruppe von IBM, also etwa IBM 1401, 1440 usw. Es gibt allerdings auch Beispiele, daß die in den Rechenzentren amerikanischer Hochschulen vorhandenen Großanlagen, z. B. die Control Data CDC 3600, oder die IBM 7090/94, zum Einsatz kamen. Alle diese Anlagen waren oder sind noch vorwiegend bandorientiert.

Es gibt bisher nur wenige Beispiele, daß Computer ganz oder überwiegend für Bibliotheks- und Dokumentationszwecke eingesetzt werden. Ich nenne hier z. B. die Siemens 3003 der *Universitätsbibliothek Bochum* mit 64 K Kernspeicherstellen und 6 Magnetbandeinheiten, die IBM 1460 der *Zentralstelle für maschinelle Dokumentation* in Frankfurt/Main, die mit 8 Magnetbandeinheiten und 5 Plattenspeichern IBM 1311 ausgerüstet ist, und die Honeywell 800 der *National Library of Medicine* in Bethesda bei Washington. Ein Unikat ist der *Crossfiler*, ein speziell für Katalogisierungszwecke entwickelter Kleincomputer, der bei der *Air Force Cambridge Research Laboratory Library*, Bedford, Mass., Verwendung fand [87] S. 219. Ferner hat die *University of Missouri Library* eine IBM 1440 mit drei Platteneinheiten IBM 1311 und einer Magnetbandstation gemietet.

Als Programmsprachen wurden meist COBOL oder AUTOCODER, auch SPL neben den selbstverständlich oft benutzten maschinenorientierten Sprachen verwendet. Allerdings drückt sich die oben schon genannte nur beschränkte Eignung der heutigen Computer für die Bearbeitung textlicher Information auch darin aus, daß in allen heute vorliegenden problemorientierten Sprachen bis hin zu PL/I keine ausreichenden Instruktionen für diesen Bereich vorhanden sind. Es erfordert daher manchmal erhebliche Anstrengungen der Programmierer, um durch programmiertechnische Kniffe doch noch zum Ziel zu gelangen [31].

Die rasch fortschreitende technische Entwicklung zu immer größeren und schnelleren Rechnern hin, die im time-sharing- bzw. im real-time-Betrieb von einer Vielzahl von Benutzern gleichzeitig in Anspruch genommen werden können, wird vielleicht auch dazu führen, daß für Bibliotheken, die selbständig oder über ihre Institution an eine solche Datenverarbeitungszentrale angeschlossen werden können, on-line-Verarbeitungssysteme auch für reine Verwaltungsarbeiten, etwa in der Akzession oder der Ausleihe, ausgearbeitet werden. Hierzu sind Studien z. B. in *Los Gatos* [20] unter Benutzung des von der IBM entwickelten ATS (*Administrative Terminal System*) gemacht worden, wobei die über eine Schreibmaschinentastatur eingegebenen Daten auf der Platteneinheit IBM 1311 einer IBM 1460 gespeichert und jederzeit abrufbar bzw. modifizierbar gehalten wurden. Man vergleiche auch das *Technical Information Project* am *Massachusetts Institute of Technology* (S. 394 ff.). Auch die Datenfernübertragung wird in der Zukunft für die Bibliotheken wohl eine Rolle spielen.

3. Erwerbungsabteilung und Zeitschriftenstelle

3.1. Monographienakzession

Bei der Fülle der ständig neu herauskommenden Publikationen wäre eine Bibliothek, die ihre Bestände nicht laufend ergänzt und erweitert, in kürzester Zeit zu einem musealen Dasein verurteilt. Deshalb bezieht sich ein großer Teil der laufenden Arbeit in den Bibliotheken auf die Auswahl und die Beschaffung neuer Literatur. Erstere erfordert so viele Entscheidungsprozesse mit zum Teil nicht genau genug fixierbaren Regeln, daß sie vorerst nicht mechanisierbar sein dürfte. Dagegen lassen sich die mit der Buchbestellung und der Inventarisierung verbundenen Arbeiten, wenn man sie isoliert betrachtet, mit Hilfe von Standardmethoden der kommerziellen Datenverarbeitung automatisieren.

Die *Library of Congress*, eine der größten Bibliotheken der Welt, z. B. setzt dafür schon seit vielen Jahren [25] Lochkartenmaschinen bzw. Computer ein, zur Zeit eine IBM/360 Modell 30 D mit 4 Magnetbandeinheiten. Unter den großen Universitätsbibliotheken benutzt die *University of Michigan Library* [11 a], die jährlich weit über 100 000 Bände erwirbt, einen Computer für die Erwerbungsabteilung. Ebenso bezieht sich das von der *General Electric* entwickelte System ALPHA (*Automated Literature Processing, Handling and Analysis*), das im *Redstone Scientific Information Center*, Redstone Arsenal, Alabama, benutzt wird, im Bereich der Erwerbung nur auf kommerzielle Datenverarbeitungsprobleme [40]. Bei anderen Bibliotheken, vor allem Universitätsbibliotheken in den USA, ist allerdings die Entwicklung auf der Stufe der konventionellen Lochkartentechnik stehengeblieben.

Ich möchte auf alle diese Projekte nicht eingehen, sondern lieber auf das Verfahren einer mittelgroßen medizinischen Hochschulbibliothek mit einem Anschaffungsetat von etwa 40 000 Dollar hinweisen, das so angelegt war, daß es inzwischen zu einem integrierten System für Erwerbungs- und Katalogisierungsabteilung ausgebaut werden konnte.

Bei der *Washington University School of Medicine Library* in St. Louis/Mo. werden für jeden Titel, der in die Bestände der Bibliothek eingereiht werden soll, sei es durch Kauf, Tausch oder als Geschenk, ein Satz von Hollerithkarten abgelocht, die nicht nur die erforderlichen Bestelldaten, sondern auch alle bereits bekannten und für die Katalogisierung erforderlichen bibliographischen Daten enthalten [41]. Von diesen werden die für die Bestellung notwendigen Angaben auf ein Fünffachformular zurückgeschrieben, dessen einzelne Durchschriften für den Buchhändler, für die Bestellkartei der Erwerbung, als Interimszettel für den alphabetischen Katalog und für weitere betriebsinterne Zwecke bestimmt sind. Die gesammelten Lochkarten für neue Titel werden zusammen mit Korrekturkarten, die z. B. bei der Titelaufnahme bereits eingegangener Bücher anfallen, einmal in der Woche zum Rechenzentrum der Universität gebracht, wo sie dazu dienen, mit Hilfe eines IBM 1401/7072 Datenverarbeitungssystems die auf Magnetband gespeicherten Daten über die Bücher der Bibliothek auf den neuesten Stand zu bringen und die erforderlichen Listen auszudrucken.

Das Hauptdatenband der Bibliothek enthält die Daten für drei Klassen von Büchern: erstens Bücher, die bestellt, aber noch nicht geliefert, zweitens Bücher, die geliefert, aber noch nicht vollständig bearbeitet und drittens Bücher, die seit dem 1. 8. 1964 katalogisiert worden sind. Für die Verarbeitung der Daten existieren sechs Programme, von denen zwei Standardsortierprogramme für die IBM 1401 bzw. die IBM 7072 sind. Die übrigen Programme sind: ein Hauptprogramm, das die Weiterführung des Hauptdatenbandes steuert, ein Editionsprogramm für die Auswahl der Daten für den Druck von insgesamt 17 Listen und

Katalogen und ihre Umspeicherung auf die entsprechenden Verarbeitungsbänder, ein Hauptlisten- oder Katalogprogramm, das die Verarbeitung der genannten und sortierten Datenbänder steuert, z. B. auch die nötigen Buchungs- und Abrechnungsvorgänge vornimmt und gleichzeitig als Ausgabeprogramm für den Druck der gewünschten Listen sorgt.

Von diesen sind für die Erwerbung von Bedeutung: je eine Liste der eingegangenen und bezahlten, der eingegangenen und noch nicht bezahlten Bücher (jeweils alphabetisch geordnet), eine Liste der eingegangenen Bücher nach Lieferanten geordnet, ferner drei entsprechende Listen für die noch nicht eingegangenen Bücher, eine Liste der eingegangenen Bücher geordnet nach den Namen derjenigen Personen oder Dienststellen, die sie zur Anschaffung vorgeschlagen haben, und je eine Liste der bezahlten und der noch nicht bezahlten Bücher, nach Etatskonten geordnet. Für die wöchentlich erscheinende Neuerwerbungsliste der Bibliothek wird ein besonderes Programm benötigt, da diese Liste nach Schlagworten geordnet ist, die besonders hinzugefügt werden müssen.

Durch die Benutzung einer Datenverarbeitungsanlage können also die Verwaltungs- und Abrechnungsarbeiten in der Erwerbungsabteilung der Bibliothek weitgehend automatisiert werden. Darüber hinaus ermöglicht die Verwendung der bereits bei der Buchbestellung eingegebenen bibliographischen Daten für die spätere Katalogisierung ein rationelleres Arbeiten. Während früher diese Daten bei der Buchbestellung, bei der Erfassung für die Neuerwerbungsliste und für die Zettelkataloge stets neu geschrieben werden mußten, genügt es jetzt, sie nur einmal zu erfassen und in das Datenverarbeitungssystem einzugeben. Die genannten Verarbeitungsprogramme erlauben es, sämtliche erforderlichen Unterlagen automatisch zu erhalten, wobei wegen des geringen Umfanges der Arbeiten das System IBM 1401/7072 nur während sehr kurzer Zeiten beansprucht wird. Dagegen entfallen früher notwendige und ermüdende Karteiführungsarbeiten.

Noch einen Schritt weiter bei der Integration der Datenverarbeitung in der Bibliothek geht z. B. die *IBM Research Library* in Yorktown Heights [55], die ebenfalls Erwerbung und Katalogisierung automatisiert hat, außerdem aber die einmal erfaßten Daten noch dazu benutzt, vom Computer regelmäßig eine sog. *processing information list* (PIL) ausdrucken zu lassen, die für alle im Geschäftsgang befindlichen Bücher ihren Bearbeitungszustand angibt (vgl. dazu auch 6.).

In einer ganz anderen Weise ist im *Nassau Library System*, Hempstead, New York, mit Hilfe eines Computers rationalisiert worden. Hier haben sich etwa 50 Public Libraries (öffentliche Büchereien) zusammengeschlossen und ein gemeinsames *service center* gegründet, das die verschiedensten Verwaltungsarbeiten für die angeschlossenen Bibliotheken ausführt. Insbesondere ist die Bearbeitung und Abrechnung der Buchanschaffungen zentralisiert und wird mit Hilfe von Lochkarten und einer Datenverarbeitungsanlage vom Typ Univac 1004 erledigt [14]. Die Kosten der Zentrale werden anteilig von den beteiligten Bibliotheken je nach dem Umfang ihrer Buchkäufe getragen. Diese Art der Benutzung eines Computers scheint auch für kleinere Bibliotheken aussichtsreich zu sein.

Es dürfte sich auch lohnen, die Daten des in Bibliotheken oft geführten Zugangsbuches, dessen Aufgaben man im wesentlichen auf solche der Statistikerhebung reduzieren kann, abzulochen und so z. B. für das „Jahrbuch der deutschen Bibliotheken" benötigte statistische Angaben durch maschinelle Auswertung zu erhalten. So verfährt z. B. die *Universitätsbibliothek der Technischen Universität Berlin.*

Schließlich möge noch darauf hingewiesen werden, daß das Bestellwesen und die Akzession auch im on-line-Betrieb abgewickelt werden können, wenn die entsprechenden maschinellen Möglichkeiten gegeben sind. Hier ist das schon in 2. erwähnte System [20] der *IBM Advanced Systems Development Division Library* in Los Gatos zu nennen.

3.2. Zeitschriftenbearbeitung

Wir haben bisher nur von der Monographienakzession gesprochen. Bei den periodisch erscheinenden Veröffentlichungen kommen aber noch einige weitere Aufgaben hinzu. Die mit der Abonnementserneuerung und Abrechnung verbundenen Arbeiten sind normalerweise verhältnismäßig einfach, wenn die Bibliothek alle Zeitschriften nur in je einem Exemplar bezieht. Bei Bibliotheken von Institutionen aber, die zentral die Zeitschriftenabonnements für eine Vielzahl von Abteilungen betreuen, kann die Vervielfachung der Abonnements und die Verteilung der Exemplare auf die einzelnen Aufstellungsorte kombiniert mit dem Zeitschriftenumlauf (s. unten) zu einigermaßen komplizierten Programmen führen [58, 64].

Etwas interessanter sind die Probleme, die sich bei der Zeitschrifteneingangskontrolle ergeben, also bei der Überwachung des regelmäßigen und vollständigen Einganges der einzelnen Zeitschriftenhefte. Hierbei handelt es sich darum, die von einer Zeitschrift eingehenden Einzelhefte zu erfassen und zu registrieren, so daß man jederzeit einen Überblick darüber hat, was eingegangen ist, was noch aussteht und was etwa bei den betreffenden Lieferanten noch angemahnt werden muß. Da große Bibliotheken in der Regel viele Tausende von laufenden Zeitschriften und Serien mit insgesamt Zehn- oder Hunderttausenden von eingehenden Einzelstücken pro Jahr zu überwachen haben, wobei die Erscheinungsweise der Zeitschriften von täglichem oder wöchentlichem bis zu jährlichem oder noch seltenerem oder gar gänzlich unregelmäßigem Erscheinen variiert, war die bisher in Form etwa einer Steilkartei geführte Überwachung zwar für die Inventarisierung recht brauchbar, aber für die Kontrolle des regelmäßigen Einganges nicht so gut geeignet. Die stark anwachsende Zahl der periodischen Veröffentlichungen hat deshalb vor allem in vielen großen wissenschaftlichen Bibliotheken der USA zur Entwicklung von Systemen der Zeitschrifteneingangskontrolle geführt, die sich der elektronischen Datenverarbeitung bedienen.

Wenn auch der Grundgedanke aller dieser Verfahren, die manuelle Arbeit bei der Eingangskontrolle und Inventarisierung eines einzelnen Heftes auf das Ziehen einer Lochkarte aus einer Ziehkartei zu reduzieren, sehr einfach ist, so ergeben sich doch aus der Vielfalt der Erscheinungsweisen und der Bandzählungen Probleme, die es rechtfertigen dürften, auf diese Verfahren etwas näher einzugehen.

Man muß zunächst dem Computer die erforderlichen Daten für die zu überwachenden Zeitschriften eingeben. Das sind bibliographische Angaben, wie Titel und Erscheinungsvermerk u. ä., dann aber auch Angaben über die Erscheinungsweise und die Band- und Heftzählung, sowie die Erwerbungsart, den Preis und

Codes für die verschiedenen Lieferanten, die fachliche Zugehörigkeit der Zeitschriften, ihren Aufstellungsort, die Individualsignatur und schließlich Angaben, die für das Einbinden und die Weiterbehandlung der kompletten Jahrgänge oder Bände notwendig sind. Ferner sollte man auch in einer maschinell lesbaren Form Adressen und Bankverbindungen der Lieferanten und gegebenenfalls auch die der verschiedenen Vertragsbuchbinder speichern. Diese Daten ermöglichen nun die automatische Überwachung der meisten in der Zeitschriftenstelle anfallenden Arbeiten.

Für die Eingangskontrolle und die Inventarisierung der Zeitschriftenhefte z. B. sind Programme entwickelt worden, die es gestatten, den Rechner in regelmäßigen Zeitabständen, z. B. einmal im Monat, für jedes im folgenden Monat (oder einem anderen vorgewählten Zeitabschnitt) zu erwartende Zeitschriftenheft eine Lochkarte lochen zu lassen, die Kurztitel sowie Band- und Heftnummer, die Signatur und eventuell weitere Codes enthält. Diesen Satz von Lochkarten für die im folgenden Bearbeitungszeitraum zu erwartenden Zeitschriftenhefte läßt man sich alphabetisch nach Titeln geordnet vom Computer ausgeben, und bewahrt ihn als Ziehkartei in der Zeitschriftenstelle der Bibliothek auf.

Jedesmal, wenn ein Zeitschriftenheft eingeht, wird die entsprechende Karte gezogen, auf dem Heft selbst die Signatur vermerkt und die Karte dann für die weitere Verarbeitung beiseitegelegt, womit der manuelle Teil der Inventarisierung beendet ist. Die so gesammelten Lochkarten erlauben unmittelbar den Ausdruck von täglichen oder wöchentlichen Zugangslisten. Einmal im Monat werden sie dann dazu benutzt, um durch den Computer den Zeitschriftenbestandsspeicher der Bibliothek auf den neuesten Stand zu bringen, oder, wie man in der bibliothekarischen Fachsprache sagt, die neuen Stücke „nachzutragen".

Die in der Ziehkartei des Monats zurückgebliebenen Karten zeigen an, daß die entsprechenden Hefte nicht eingegangen sind. Sie werden durchgesehen und, falls eine Mahnung erforderlich erscheint, zur Datenverarbeitungszentrale gegeben, die die weitere Bearbeitung der Mahnungen übernimmt, Mahnschreiben ausdrucken läßt usw. Natürlich gibt es Zeitschriften, die nicht ganz regelmäßig und sogar solche, die ganz unregelmäßig erscheinen. Hier beginnen nun die Schwierigkeiten, wenn man das Mahnverfahren automatisieren will.

Man kann z. B. versuchen, den Computer aus den Eingangsdaten der früheren Hefte einer Zeitschrift einen Erwartungswert für das Eingangsdatum des nächsten Heftes berechnen zu lassen und danach die Ausgabe der nächsten Eingangskontrollkarte zu veranlassen. Außerdem kann man aus den Zeitinvervallen der bisherigen Lieferungen und ihrer Streuung den Computer ein Karenzintervall ausrechnen lassen, nach dessen Ablauf das nächste Heft automatisch gemahnt wird, falls es nicht inzwischen eingegangen sein sollte. So läßt sich der Mahnturnus den individuellen Gegebenheiten der einzelnen Zeitschrift und ihrer Lieferung anpassen. All das erfordert natürlich gewisse mathematische Überlegungen und einen nicht unerheblichen Programmieraufwand, ohne daß die Resultate bisher restlos überzeugten. Es scheint vorerst doch noch am praktischsten zu sein, den Zeitpunkt der Mahnung durch menschlichen Eingriff zu bestimmen und den Computer erst für die Herstellung der Mahnschreiben selbst einzuschalten.

Auch bei der Weiterbearbeitung der Zeitschriftenbände kann die Rechenanlage eingesetzt werden, um z. B. festzustellen, wann ein Band komplett geworden

ist und eingebunden werden sollte, wobei sie gleich die Belege für die Einband-
stelle der Bibliothek und die Vertragsbuchbinder herstellt. Ist der Band dann
eingebunden, so erfolgt eine Rückmeldung an den Rechner, der daraufhin die
gespeicherten Bestandsangaben für die Zeitschrift ergänzt.

Wenn der Bestandsspeicher nach Signaturen geordnet ist, kann man ihn auch
als einen maschinell lesbaren Standortkatalog ansehen. Man wird hiervon periodisch nach Signaturen geordnete Ausdrucke herstellen lassen, die der Bibliothek
jeden gewünschten Aufschluß über ihre Zeitschriftenbestände liefern.

Einer der großen Vorzüge der Zeitschriftenbearbeitung mit Hilfe einer Rechenanlage, der mit dazu beigetragen hat, ihr Eingang im Bibliothekswesen zu verschaffen, ist der, daß man in praktisch beliebigen Zeitabständen auf dem laufenden
befindliche Kataloge des Zeitschriftenbestandes der Bibliothek auch für die Benutzer ausdrucken kann, sei es als alphabetischer oder als Sachkatalog oder seien
es Teilkataloge einzelner Teilsammlungen oder Fachbereiche. Wer nur einmal ein
solches Zeitschriftenverzeichnis vorbereitet hat, weiß, wieviel redaktionelle Vorarbeit dazu erforderlich ist und wie mühsam die Korrektur bei allen manuellen
Verfahren vonstatten geht. Dagegen stellt ein solches Verzeichnis bei elektronischer Datenverarbeitung beinahe ein Nebenprodukt dar.

Während es für die Zwecke, die ein Standortkatalog erfüllen soll, notwendig
ist, die vorhandenen Bände jeder Zeitschrift einzeln mit Erscheinungsjahr und
Sondertiteln aufzuführen, muß man im alphabetisch nach Titeln oder auch nach
sachlichen Gesichtspunkten geordneten Zeitschriftenkatalog die Bestände in zu-
sammengezogener Form angeben, also etwa schreiben „Bd 1 — 53. 1907 — 1959."
usw. Auch dieses Zusammenführen der Bestände kann der Computer automatisch
durchführen, falls er vorher entsprechend programmiert worden ist. Dazu aber
ist es nötig, alle vorkommenden Zählweisen und Zusammenfassungen von Zeit-
schriftenbänden zu berücksichtigen, z. B. also Band- und Jahrgangszählungen,
alphabetische „Zählungen", Supplementzählungen, Doppel- und geteilte Bände
und vieles andere mehr. Wenn man also in die automatisierte Zusammenfassung
der Bestandsangaben auch kompliziertere Fälle einbeziehen will, sind umfangreiche Programmierarbeiten notwendig.

Als Beispiele für Bibliotheken, die die beschriebenen Verfahren anwenden,
seien die *University of California San Diego Library* [92], die *Biomedical Library*
der *University of California Los Angeles* [69] (S. 194 ff.), die *Washington University
School of Medicine Library St. Louis* [51], die *Purdue University Library* in
Lafayette, Indiana [17] und als Beispiel einer Spezialbibliothek die *IBM Advanced Systems Development Division Library* in Los Gatos [20] genannt.

Neuerdings interessiert man sich auch in Deutschland für derartige Verfahren.
Durch Zuwendungen der Deutschen Forschungsgemeinschaft ist an der *Universitätsbibliothek Göttingen* der Druck einer Neuauflage des „Göttinger Zeitschriften-
nachweises" (GÖZN) mit Hilfe einer IBM 1401 der Max-Planck-Gesellschaft vorbereitet worden [70]. In diesem Verzeichnis werden etwa 25 000 Zeitschriften
und Serien, die seit 1945 mit mindestens einem Band in der Bibliothek vorhanden sind, erfaßt, das damit eines der umfangreicheren seiner Art sein dürfte.
Da man außer dem Titel und den Bestandsangaben auch z. B. herausgebende
Institutionen mit auf dem Magnetband gespeichert hat, wird man außer dem
alphabetischen Gesamtverzeichnis auch ein Korporationsregister und Teilkataloge

für einzelne Fachbereiche: Medizin, Naturwissenschaften usw. ausdrucken können, letzteres, weil die mitgespeicherten Standnummern Rückschlüsse auf die Fachzugehörigkeit der betreffenden Zeitschriften erlauben. Der Zeilendrucker IBM 1403 soll direkt Offsetfolien beschriften, die dann zur Vervielfältigung der Kataloge dienen.

Übrigens werden die Bestände zunächst bandweise getrennt auf dem Magnetband gespeichert, und die Zusammenziehung der Bestände erfolgt durch ein besonderes Programm erst bei der Ausgabe für den Druck des GÖZN. Dadurch wird der bisher manuell geführte Standortkatalog der Zeitschriften für die Bestände ab 1967 überflüssig. Es ist geplant, etwa ab 1968 auch die Eingangskontrolle der einzelnen Zeitschriftenhefte in der oben geschilderten Art zu automatisieren.

Wenn die Zeitschriftentitel einmal in maschinell lesbarer Form gespeichert sind, kann man natürlich auch vom Computer einen KWIC-Index der in der Bibliothek vorhandenen Zeitschriften herstellen lassen, wie etwa bei der *Francis A. Countway Library* in Boston geschehen [10]. Auch Gesamtzeitschriftenkataloge, die die Bestände mehrerer Bibliotheken nachweisen, sind von Datenverarbeitungsanlagen hergestellt worden [12, 52, 67].

Der erste mir bekanntgewordene Zeitschriftenkatalog, der trotz seiner Herstellung durch einen Computer die Titel in Groß- und Kleinschreibung darbietet und bei dem der Computer auch die Silbentrennung am Ende der Druckzeile automatisch vornehmen soll, ist am *Massachusetts Institute of Technology* hergestellt worden [78, 86].

Als weiterer, leicht zu automatisierender Bereich der Zeitschriftenbearbeitung bleibt noch die Zeitschriftenumlaufskontrolle zu erwähnen, die sich eigentlich auf die Benutzung der Zeitschriften bezieht, meist aber von der Zeitschriftenstelle der Bibliothek mitbetreut wird. Sie spielt vor allem bei Spezialbibliotheken und Bibliotheken mit einem festen Benutzerkreis eine Rolle [57, 66]. Man hat dazu nur Angaben darüber, welche Zeitschriften die einzelnen Benutzer erhalten sollen, nebst deren Personaldaten zu speichern. Als Ausdrucke kann man dann z. B. die an den einzelnen Heften zu befestigenden Umlauflisten bekommen. Fügt man außerdem noch Lochkarten bei, die bei der Weitergabe von einem zum anderen Benutzer an die Zentrale zurückgeleitet werden, so hat man eine erwünschte Übersicht über den Verbleib der einzelnen Hefte. Hinsichtlich der gezielten Versendung von Informationen in Form von einzelnen Zeitschriftenaufsätzen oder Referaten anhand von im Computer gespeicherten „Interessenprofilen", die sogar auf Grund der Reaktionen der Benutzer auf das zugesandte Material vom Computer automatisch berichtigt werden können [59], vergleiche man den Beitrag von F. KISTERMANN [33] in diesem Band.

4. Katalogisierung

4.1. Allgemeines

Um ein bestimmtes Buch oder Bücher mit bestimmten Merkmalen oder bestimmtem Inhalt in einer größeren Büchersammlung nachzuweisen, braucht man geordnete Verzeichnisse. Kennt man Autor und Titel eines Buches, so benutzt man zum Auffinden der Signatur oder Standnummer, die auf den Standort des

Buches in der Bibliothek hinweist, den alphabetischen Verfasserkatalog oder „Alphabetischen Katalog", dagegen läßt sich die Frage, ob Bücher über ein bestimmtes Sachgebiet in der Bibliothek vorhanden sind, am besten durch einen Sachkatalog beantworten, der entweder ein alphabetisch geordneter oder Schlagwortkatalog oder ein systematischer, also die Titel nach einem Klassifikationssystem geordnet aufführender Katalog sein kann. Für bibliotheksinterne Zwecke benötigt man dann noch den früher schon erwähnten Standortkatalog, der ein Abbild der Aufstellung der Bücher im Magazin darstellt und auch Sonderstandorte nachweist. Hinzu kommen in manchen Bibliotheken noch Sonderkataloge, etwa biographische oder Regionalkataloge und Kataloge von besonderen Typen von Material.

Ursprünglich wurden die Kataloge meist in Bandform geführt. Als aber die Bibliotheksbestände immer schneller wuchsen, wurde es immer schwieriger, neue Titel an den richtigen Stellen einzufügen, ohne immer größere Teile der Kataloge laufend erneuern zu müssen. Man ging deshalb dazu über, sie in Zettelform weiterzuführen, wobei auf jedem Zettel höchstens eine Titelaufnahme verzeichnet wurde. Zwar waren die Zettelkataloge für die Benutzung etwas umständlicher und unübersichtlicher, aber sie waren leichter auf dem laufenden zu halten, weil neue Aufnahmen leicht an beliebiger Stelle eingefügt werden konnten. Inzwischen sind nun die Zettelkataloge großer Bibliotheken zu gigantischen Ausmaßen angewachsen, sie füllen ganze Katalog„säle" und sind nur noch mühsam zu benutzen. Außerdem erfordert auch ihre Weiterführung einen immer größeren Aufwand. Schon eine mittlere Universitätsbibliothek mit nur drei Hauptkatalogen, einem alphabetischen Verfasserkatalog, einem Sachkatalog und einem Standortkatalog hat jährlich weit über 100 000 Zettel in diese Kataloge neu einzulegen, und bei den ganz großen Bibliotheken beträgt die Zahl der einzulegenden Zettel ein Vielfaches hiervon.

Auf der anderen Seite sind moderne Rechenanlagen imstande, Einordnungs- und Sortierarbeiten ebenso wie den Ausdruck von Listen oder das Heraussuchen von Informationen aus einem Datenspeicher völlig automatisch zu erledigen. So erhebt sich die Frage: Sind die klassischen Methoden der Katalogisierung und die herkömmlichen Bibliothekskataloge noch zeitgemäß?

Daß nun die Bibliothekare bis vor wenigen Jahren gezögert haben, sich intensiv mit der Frage zu beschäftigen, inwieweit die elektronische Datenverarbeitung für die Katalogisierung eingesetzt werden kann, hatte mehrere Gründe. Erstens hätte man auf Groß- und Kleinschreibung, alle diakritischen und fast alle Sonderzeichen verzichten müssen, da der Typenvorrat der Drucker von Rechenanlagen beschränkt war. Damit wäre zuviel an Übersichtlichkeit und Information in den Katalogen verlogengegangen. Zweitens waren auch die internen Verarbeitungsgeschwindigkeiten und die externen Speicher der Computer noch nicht soweit entwickelt, daß eine ökonomische Lösung der Katalogführungsprobleme mit ihrer Hilfe möglich gewesen wäre, da man bei einer durchschnittlichen Länge von z. B. 300 Zeichen pro Titelaufnahme für einen vollständigen Katalog einer Bibliothek mit etwa einer Million Bänden etwa 10^8 bis 10^9 Zeichen speichern und verarbeiten muß.

Bei den Computern der dritten Generation aber bestehen die beiden genannten Schwierigkeiten nicht mehr, und so sind auch einige Bibliotheken inzwischen dazu übergegangen, ihre Kataloge von einer Rechenanlage weiterführen und periodisch ausdrucken zu lassen. Allerdings würde es auch heute noch nicht rationell sein, ganz auf ausgedruckte Kataloge zu verzichten und sämtliche Anfragen im *real-time*-Betrieb vom Computer selbst beantworten zu lassen. Dies gilt insbesondere für die in großen Allgemeinbibliotheken häufige Suche nach einem Buch, dessen Autor und Titel genau bekannt sind. Hierbei ist die Benutzung eines gedruckten Kataloges auf manuellem Wege meist nicht nur billiger, sondern wohl auch zeitsparender. Für bestimmte Teile eines größeren Bestandes, etwa die vielbenutzte neueste Literatur, wird aber bereits die Möglichkeit diskutiert, die bibliographische Information in einem großen Datenspeicher für eine laufende Befragung im Direktzugriff über Konsolen bereitzuhalten (wie es z. B. KESSLER am *Massachusetts Institute of Technology* für die Aufsätze aus etwa zwei Dutzend der wichtigsten physikalischen Zeitschriften getan hat und BREGZIS es an der *University of Toronto* plant). Insbesondere bei der Suche nach komplexen Sachverhalten, die durch die Beschränkungen der eindimensionalen Anordnung in den gedruckten Katalogen von diesen nur schwer oder gar nicht erschlossen werden können, ist ein maschinelles Durchsuchen eines entsprechend organisierten Datenspeichers durchaus sinnvoll und erweitert die Möglichkeiten der Bestandserschließung erheblich.

Vom Computer kann man nicht nur Bandkataloge ausdrucken, sondern auch Katalogkarten bedrucken lassen. Allerdings muß man dann nachträglich einzuordnende Zettel manuell in den Katalog einlegen. Aus diesem Grunde ist dem Bandkatalog bisher meist der Vorzug gegeben worden, wobei man in der Regel vollständige Kataloge nur in größeren Zeitabständen ausdruckt und die Neuzugänge in den Zwischenzeiten in kumulierenden Supplementen zum Hauptkatalog erfaßt, um die Kosten, die bei der Größe der hier ins Auge gefaßten Kataloge nicht unbeträchtlich sind, in Grenzen zu halten. Derartige maschinell hergestellte Bibliothekskataloge umfassen gegenwärtig zwar selten mehr als etwa 10^5 Titel, wachsen jedoch mit jedem neuen Ausdruck rasch weiter. Vielleicht wird sich daher auch herausstellen, daß bei größerem Umfang der Kataloge ein Kurztitelkatalog, der häufiger erscheinen kann, ökonomischer ist als ein Katalog mit vollständigen bibliographischen Angaben, weil letzterer erheblich längere Druckzeiten erfordert. Eine weitere Möglichkeit, die Kosten der Katalogherstellung in Grenzen zu halten, wäre die, jeweils in größeren Zeitabständen einen ganz neuen Katalog anzufangen, also eine zeitliche Gliederung des gesamten Katalogwerkes in Abschnitte vorzunehmen.

Auf dem Gebiete des Katalogdruckes haben sich die elektronischen Verfahren noch gegen die ernste Konkurrenz der photographischen Verfahren zu behaupten, die heute bereits sehr weit entwickelt sind (Schrittkameras u. ä.) und z. B. auch bei der Herstellung von periodischen Verzeichnissen wie der *British National Bibliography* und der *New Serial Titles* des *National Union Catalog* (USA) angewendet werden.

HAYES und SHOFFNER [19, 21] haben allerdings am Beispiel der *Stanford Undergraduate Library* eine eingehende Kostenanalyse der verschiedenen möglichen Verfahren zur Herstellung von Katalogen durchgeführt und sind zu dem Schluß gekommen, daß in dem betrachteten Fall auf längere Sicht gesehen (Neuauflagen) der Einsatz eines Computers am rationellsten wäre. Das stimmt gut zusammen mit Kostenabschätzungen für deutsche Verhältnisse, die unabhängig voneinander D. Fleischer und G. Pflug angegeben haben. Der Anteil der Kosten für Rechenzeit auf einem Computer macht nämlich nur etwa 10% der Gesamtkosten der Katalogisierung aus, während die anderen 90% auf die Herstellung der Titelaufnahme und deren Ablochung entfallen. Bei der im nächsten Abschnitt behandelten Ausleihverbuchung hingegen liegen die pro Monat erforderlichen Maschinenzeiten erheblich höher, was sich stark auf die rechnerische Rentabilität auswirkt.

4.2. Datenerfassung bei der Titelaufnahme und Sortierprobleme

Die Buchbeschreibung für die Kataloge, die sog. „Titelaufnahme", hat sich in den Bibliotheken im Laufe der Jahrhunderte fast zu einer Wissenschaft sui generis entwickelt, an die Generationen von Bibliothekaren viel Scharfsinn und Fleiß gewandt haben, um auf möglichst gedrängtem Raum möglichst viel über ein Buch auszusagen. Diese Titelaufnahmen muß man nun maschinengerecht aufbereiten und maschinell lesbar machen, bevor man Kataloge maschinell herstellen und weiterführen kann. Zu diesem Zweck werden sie gegliedert und in ein starres „Format" gebracht, was man z. B. durch eine sog. „Kategorisierung" der einzelnen Bestandteile der Aufnahme erreicht.

Ohne mich hier auf allzu viele Einzelheiten einzulassen, möchte ich doch einmal ein (vereinfachtes) Schema einer in Kategorien eingeteilten Titelaufnahme angeben (man vergleiche auch [1a, 33, 91, 95, 99]):

11 Laufende Nummer, Kennzeichnung,
21 Standort des Werkes (Abteilung oder Zweigbibliothek),
22 Standnummer des Werkes (Individualsignatur),
31—33 Autor 1—3,
34—35 Herausgeber oder Mitarbeiter 1—2,
36—38 Herausgebende Institution oder Korporation 1—3,
41 Titel in der vorliegenden Form (z. B. Übersetzungstitel),
45 Originaltitel (in der Originalsprache oder Transkription usw.),
49 Zusätze zum Sachtitel, Auflagebezeichnung usw.,
50 Bandaufzählung mit deren Titelei,
51 Erscheinungsort und Verlag,
52 Erscheinungsjahr,
53 Umfang, Seitenzahl, Beigabevermerke,
61 Übergeordneter Titel mit Bandangabe (z. B. Gesamttitel, Serientitel usw.),
71 Code für bibliographische Hinweise (z.B. B =: mit Literaturverzeichnis usw.),
72 Code für Sprache des Textes,
81—89 Schlagwort, Deskriptor 1—9,
91—99 Notation, systematische Kennzeichnung 1—9.

Da gegenwärtig die optisch oder magnetisch arbeitenden Beleglser noch nicht soweit entwickelt sind, daß sie die verschiedenartigen vorkommenden Schriften nebeneinander lesen, d. h. verarbeiten können, läßt man die Katalogisierer gewöhnlich Arbeitsblätter ausfüllen, die die Reihenfolge und den Umfang der Eintragungen festlegen. Dann werden die Daten von einer Locherin oder Schreibkraft nach strengen Regeln auf einer Lochstreifenschreibmaschine oder einem

Lochkartenlocher abgelocht. Die Aufteilung in Kategorien ermöglicht es, im Computer aus dieser Titelaufnahme alle mehr oder weniger ausführlichen Eintragungen für alle benötigten Kataloge durch vollständiges oder teilweises Duplizieren und Umgruppieren der Kategorien herzustellen, d. h. die Titelaufnahme zu „expandieren", sie dann nach den Ordnungsmerkmalen irgendeiner Kategorie zu sortieren und insgesamt oder gruppenweise auszudrucken oder anderweitig auszugeben.

Für die oben erwähnte Benutzung der bibliographischen Daten für ein System, das die Beantwortung von Anfragen im real-time-Betrieb gestattet, könnte es sich allerdings als notwendig erweisen, den Begriff der Kategorie, dem ja etwas Starres anhaftet, noch etwas zu modifizieren und flexibler zu gestalten, um die Möglichkeiten, die sich aus dem im on-line-Betrieb möglichen Dialog zwischen Benutzer und Rechenmaschine ergeben, besser ausschöpfen zu können. Überhaupt scheinen Fortschritte auf dem Gebiet der Bearbeitung von bibliographischer Information eng mit der Weiterentwicklung ihrer Theorie verknüpft zu sein.

Nehmen wir aber zunächst einmal an, daß die eingegebenen Daten für die Herstellung eines alphabetischen Kataloges verwendet werden sollen, dann können wir die oben angegebene Einteilung oder eine Verfeinerung davon für die Datenerfassung benutzen. Bei der Verarbeitung ergeben sich dann sehr bald Sortierprobleme, die zum Teil äußerst komplex sind, da etwa die Regeln für die Einordnung in einen alphabetischen Katalog einer großen Bibliothek keineswegs so einfach abgefaßt werden können, wie es sich manche Benutzer wünschen mögen. Beispielsweise stößt man ja auch schon bei der Benutzung einer so einfachen Liste, wie sie ein Telefonbuch darstellt, oft auf Schwierigkeiten, wenn man nicht nur Personennamen, sondern auch Namen von Firmen und Institutionen sucht, deren korrekte Bezeichnung einem nicht genügend genau bekannt ist oder die vielleicht gerade ihren Namen geändert haben. Diese Schwierigkeiten sind aber nur ein Teil von jenen, die bei einem Bibliothekskatalog auftreten können. Man denke nur an die verschiedenen möglichen Formen von Namen und Titeln in den verschiedensten Sprachen und Alphabeten, z. B. etwa Russisch, Arabisch oder gar Japanisch usw. Ebenso muß die Ordnung der verschiedenen Veröffentlichungen eines Verfassers untereinander festgelegt werden, damit für jeden Namen und jeden Titel ein eindeutig bestimmter Platz im alphabetischen Katalog gefunden werden kann.

Dies wird durch die in unserem Schema vorgenommene Kategorisierung, die persönliche Verfasser, korporative Verfasser und Sachtitel in verschiedene Kategorien einstuft, erleichtert. HAHN hat dagegen in [16] beschrieben, wie auch unter weitgehendem Verzicht auf derartige Hilfsmittel eine Ordnung von Titeln nach den Regeln der Kommission für die alphabetische Katalogisierung des Vereins Deutscher Bibliothekare durch einen Computer möglich ist. Dies erfordert allerdings einen enormen programmtechnischen Aufwand, weil der Computer die ordnungsbestimmenden Teile der Titelaufnahme genauestens analysieren muß, um etwa herauszufinden, ob es sich um eine Verfasserschrift, eine Korporationenschrift oder etwa um einen Sachtitel handelt, z. B. läßt sich aus dem Vorhandensein eines Kommas in einer Namenszeile schließen, daß es sich um einen Personennamen handelt, und daß nach dem Komma ein Vorname folgt, wie etwa im Beispiel „Schmidt, Erich" usw.

Wenn man mehrere Alphabete zusammensortiert, die zum Teil die gleichen Titel enthalten, wie etwa bei der Erzeugung von Gesamtkatalogen, kann es vorkommen, wie Richmond [56] aus seinen Erfahrungen bei der Zusammenlegung von Katalogen in Rochester berichtet, daß der Computer Titel deshalb nicht als identisch erkennt, weil Spatien, Interpunktionszeichen, verschiedene Auflösungsarten von Abkürzungen und dergleichen zu „verschiedenen" Formen eines Titels führen (z. B. gibt er für den nur in Großbuchstaben geschriebenen Titel „THE CHINESE, THEIR HISTORY AND CULTURE" nicht weniger als 40 verschiedene Formen an), wobei die Abweichungen selbst ein auf Kleinigkeiten formaler Art achtender Bibliothekar kaum erkennen kann, geschweige denn ein durchschnittlicher Benutzer. Hier muß man also weitere programmtechnische Vorkehrungen treffen, um wenigstens die gröbsten Ungereimtheiten beseitigen zu lassen. Was dann an Problemen auf uns zukommt, wenn wir Anfragen nach Titeln über Konsolen manuell in ein Datenverarbeitungssystem eingeben wollen, wo außerdem noch Gedächtnisfehler, Schreibfehler usw. hinzukommen, vermag wohl noch niemand zu übersehen.

Durch die Aufteilung in Kategorien kann nun der Computer etwa für jeden Autor eines Werkes eine Titelaufnahme in der für den Verfasserkatalog benötigten Form, also z. B. ohne die Kategorien 11, 75 ff. abspeichern, nach Autoren alphabetisch sortieren und so einen alphabetischen Katalog herstellen.

Die zum Teil äußerst schwierigen Probleme, die in der logisch einwandfreien und zweckmäßigen Ausfüllung der Kategorien 81—89 (Schlagworte) und 91—99 (systematische Klassifikationssymbole) liegen, müssen hier aus Platzmangel leider übergangen werden, man vergleiche dazu die bibliothekarische Fachliteratur, wie sie etwa in [84] referiert wird. Gerade für eine automatisierte Sacherschließung sollten aber die heutigen Klassifikationsverfahren noch weiter neu durchdacht und weiterentwickelt werden, um die Möglichkeiten maschineller Datenverarbeitung voll ausnutzen zu können. Da die automatische Klassifizierung und Indizierung von Dokumenten durch Rechenanlagen, die heute z. B. durch statistische Analysen von Worthäufigkeiten im betrachteten Dokument versucht wird (Borko, Lustig u. a.), noch in den ersten Anfängen steckt, muß die Vergabe von Schlagworten und systematischen Notationsbezeichnungen vorerst in der Regel auf traditionelle Weise erfolgen.

Nehmen wir einmal an, diese Sachkennzeichnungen seien gegeben und mit der Titelaufnahme abgelocht worden, dann kann natürlich der Computer ebenso wie für die Eintragungen in den Alphabetischen Katalog auch eine Expansion der Titelaufnahme nach den Sachkennzeichnungen vornehmen und die Daten so zur Herstellung eines Schlagwort- oder Systematischen Kataloges benutzen. Selbstverständlich lassen sich dann auch Anfragen an die so gespeicherten Daten im Direktzugriff beantworten, indem die entsprechenden Schlagworte oder ein aus ihnen gebildeter Boolescher Ausdruck in den Computer eingegeben werden, der dann bei allen Titelaufnahmen nachprüft, ob der Inhalt der Kategorien 81 bis 89 mit dem oder den eingetragenen Schlagworten übereinstimmt oder nicht, je nach den Forderungen des gegebenen Booleschen Ausdruckes [62], und der dann die relevanten Titel ausgibt.

Um die Beantwortung aber nicht zu kostspielig werden zu lassen, muß man entweder eine größere Anzahl von Anfragen zusammenfassen, was für den Benutzer oft eine längere Wartezeit bedeutet, wie z. B. beim Index-Medicus-Projekt der *National Library of Medicine*, Washington [9, 88], oder die Daten müssen sich auf einem Speicher mit wahlfreiem Zugriff, also etwa einem Magnetplatten- oder Magnetkartenspeicher, befinden, so daß sie im real-time-Betrieb abgefragt werden können. Man vergleiche auch S. 394. Für weitere Einzelheiten zum *information retrieval* verweise ich wieder auf den Beitrag von KISTERMANN [33].

Die gespeicherten Sachkennzeichnungen neu katalogisierter Werke können aber auch noch im Rahmen einer *selective dissemination of information* [98] verwendet werden, um Benutzer, deren Interessenprofile im Computer gespeichert sind, von den Neuerwerbungen ihrer Bibliothek periodisch in Kenntnis zu setzen — vgl. [6], S. 504 —, ein Verfahren, das wohl wirksamer wäre als die ungezielte Versendung der heute noch oft produzierten allgemeinen Neuerwerbungslisten von Bibliotheken.

4.3. Einzelne Anwendungsbeispiele

Weitere Einzelheiten zur Katalogisierung und Bestandserschließung sollen nun anhand von Beispielen diskutiert werden. Am weitesten entwickelt sind die Katalogisierungsmethoden einiger neugegründeter Universitätsbibliotheken in den USA, Kanada und Deutschland, die allerdings alle in Einzelheiten von unserem Muster und beklagenswerterweise auch alle voneinander abweichen.

An der Universitätsbibliothek Bochum z. B. werden sämtliche Titelaufnahmen auf Siemens-Fernschreibern abgelocht und in eine Datenverarbeitungsanlage vom Typ Siemens 3003 eingegeben [23]. Ein im Mai 1966 ausgedruckter alphabetischer Katalog enthielt rund 145 000 Titel und wird durch regelmäßig ausgedruckte kumulierende Supplemente (die bis Juni 1967 etwa 55 000 Titel enthielten) ergänzt, wobei das Nachtragen von Folgebänden eines größeren Werkes vom Computer automatisch erledigt wird, wozu etwa auch unsere Kategorie 61 benutzt werden könnte. Der Teil des Bochumer Kataloges, der die Sachtitel und die Korporationseintragungen enthält, umfaßt weitere 25 000 Titel. Neuerdings ist auch ein Kurztitelkatalog ausgedruckt worden. Leider kann man im Bochumer Katalog des verwendeten Datenerfassungs- und -verarbeitungssystems wegen die Groß- und Kleinschreibung nicht berücksichtigen und auch keine diakritischen Zeichen drucken.

In dieser Beziehung waren die ersten Kataloge der *Florida Atlantic University Library* fortschrittlicher [11, 46]. Dort werden die Titelaufnahmen auf Lochkarten abgelocht, wobei die Groß- und Kleinschreibung durch Steuerzeichen bei der Eingabe markiert wird. Mit Hilfe einer eigens für Bibliothekszwecke entwickelten Druckkette für den Schnelldrucker IBM 1403 wurden die Titel mit Groß- und Kleinschreibung und mit einigen Akzenten ausgedruckt. Leider hat man aus finanziellen Gründen (Druckzeit!) zur reinen Großschreibung zurückkehren müssen. Außer dem alphabetischen Verfasserkatalog werden bei der Bibliothek auch alphabetische Titelkataloge und Schlagwortkataloge ausgedruckt.

Mit Hilfe der Kategorie 21 unseres oben angeführten Schemas kann man auch Teilkataloge für einzelne Abteilungen einer Bibliothek oder für die einzelnen an einem Zentralkatalogunternehmen beteiligten Bibliotheken ausdrucken. Die Bedeutung solcher Kataloge scheint mir u. a. darin zu liegen, daß durch die technisch einfache Vervielfältigung den teilnehmenden Bibliotheken, die den Hauptkatalog und die nachfolgenden, meist kumulierenden Supplemente erhalten, das Weiterführen eines eigenen alphabetischen Zettelkataloges erspart wird.

Beispiele hierfür bieten die Kataloge verschiedener Public Libraries in den USA und in Großbritannien, man vergleiche z. B. [24, 28, 39, 42] und [53] S. 225. Beim sog. ONUL (*Ontario New Universities Libraries*)-Projekt [6, 6a] lag der Rationalisierungseffekt ebenfalls darin, daß durch den Computereinsatz die benötigte Vielzahl von Katalogen billiger herzustellen war als auf manuellem Wege. Nach dem Abschluß dieses Projektes beschäftigt man sich in Toronto mit Plänen, Kataloge nur für die Masse der älteren Bestände auszudrucken und für die vielbenutzte und neueste Literatur die bibliographischen Daten in einem random-access-Speicher als einen *„reactive catalog“* bereitzuhalten, der im Direktzugriff befragt werden kann und durch entsprechende Programmierung des Rechenautomaten auch bei ungenauen oder falschen Fragen eine „sokratische Methode“ des Findens benötigter Information erlaubt (Breszis). Man vergleiche auch S. 379.

Das MARC-Pilot-Projekt der *Library of Congress* in Washington hat dagegen andere Ziele [1a, 2, 83a]. Bekanntlich gibt die *Library of Congress*, die einen sehr großen Teil der wissenschaftlich-technischen Literatur der ganzen Welt erhält, Zetteldrucke aller ihrer Titelaufnahmen heraus, die von vielen amerikanischen Bibliotheken für ihre eigene Katalogisierung benutzt werden. Seit Herbst 1966 wird nun einer Gruppe von Bibliotheken, die Zugang zu entsprechenden Datenverarbeitungsanlagen haben, ein Teil der neuen Titelaufnahmen der *Library of Congress*, und zwar solche für englischsprachige Monographien, auf Magnetband gespeichert wöchentlich zugesandt. Von den einzelnen Bibliotheken wird nun geprüft, was sie an Nutzen aus den auf Band gespeicherten Katalogdaten ziehen können.

Es ist u. a. an die automatisierte Herstellung von Katalogkarten, von *authority lists*, die die Ansetzung von Namensformen und Ordnungselementen festlegen, und an manches andere mehr gedacht. Auch für die Erwerbungsabteilung können die Daten benutzt werden. Ganz allgemein darf man wohl gerade in der zentralen Erfassung und Verteilung der Katalogisierungsdaten an die einzelnen Bibliotheken sehr große Möglichkeiten der Rationalisierung sehen.

Unsere Kategorien 36—38 ermöglichen es, Kataloge der von Korporationen herausgegebenen Schriften, die Kategorie 52 chronologische Kataloge herzustellen, z. B. hat die *Widener Library* der *Harvard University* im Anschluß an die Ablochung ihres Standortkataloges auch nach Erscheinungsjahren geordnete Listen ihrer Bestände ausgedruckt [45].

Das Beispiel der *Widener Library* ist aber auch noch aus einem anderen Grunde interessant. Man wird sich nämlich mit Recht fragen: Zwar können die neugegründeten Bibliotheken ihre Katalogisierung und ihre Kataloge von vornherein auf elektronische Datenverarbeitung hin ausrichten, was machen aber die alten Bibliotheken, die bereits über Kataloge mit Hunderttausenden oder Millionen von Eintragungen in traditioneller Form verfügen?

Eine radikale Lösung wäre hier, die alten Kataloge abzubrechen und von einem Stichtage an einen neuen, „elektronisch“ bearbeiteten Katalog zu beginnen. Auch diese so einfach erscheinende Lösung hat aber ihre Probleme, z. B.

in der Benutzung, weil es an der Nahtstelle zweier verschiedener Kataloge eine Fülle von Überschneidungen und Zweifelsfragen gibt und auch das Nachschlagenmüssen in zwei statt einem Katalog an sich lästig ist.

Die *Widener Library* hat nun anläßlich einer ohnehin notwendigen Überarbeitung ihres Standortkataloges damit begonnen, die Titel auf Hollerithkarten abzulochen. Da die Bestände im Magazin systematisch aufgestellt sind, und abteilungsweise vorgegangen wird, entstehen im Laufe der Zeit nach und nach Fachkataloge für die einzelnen Abteilungen in maschinell lesbarer Form, die sich dann eines Tages zu einem Katalog der Gesamtbestände zusammenfügen werden. Aber auch die in der Zwischenzeit in verschiedener Anordnung — alphabetisch, systematisch und chronologisch — ausgedruckten Teilkataloge stellen eine wertvolle Hilfe für die Benutzung dar, da die Bibliothek bisher z. B. über keinen systematischen Katalog verfügte. Bis 1966 waren 8 Listen mit über 100 000 Titeln erschienen.

Es ist auch untersucht worden, was eine Umwandlung des *National Union Catalog*, der die Erwerbungen sehr vieler Bibliotheken der USA nachweist, in maschinell lesbare Form kosten würde. Für die vor 1952 nachgewiesenen Titel wären nach dieser Untersuchung etwa 4,4 bis 5,3 Millionen Dollar, also etwa 35 bis 41 Cents pro Titel aufzubringen gewesen [81, 90].

Die Übertragung der Daten eines Standortkataloges in maschinenlesbare Form wird noch eleganter bei der *Milton S. Eisenhower Library* in Baltimore, der Zentralbibliothek der *Johns Hopkins University*, vorgenommen. Nachdem sich herausgestellt hatte, daß es nicht möglich war, die vorhandenen Karteikarten unmittelbar von einem Belegleser ablesen zu lassen, da zu viele verschiedene Schrifttypen im Katalog vorkamen, ließ man die Karten mit einer Schreibmaschine mit standardisierter Type abschreiben und diesen Text von einem Belegleser ablesen und auf Magnetband übertragen [89].

4.4. Katalogvervielfältigung und Druckprobleme

Während z. B. bei der *Universitätsbibliothek Bochum* nur die wenigen Exemplare des Kataloges für die Benutzung zur Verfügung stehen, die sich als Durchschriften eines einmaligen Computerausdruckes gewinnen lassen, wurde letzterer bei der *Florida Atlantic University* auf photographischem Wege verkleinert und durch Offsetdruck vervielfältigt. Sehr viel bessere typographische Resultate erhält man, indem man die Ergebnisse der Datenverarbeitung nicht über Zeilendrucker ausgibt, sondern die Rechenanlage direkt oder indirekt zur Steuerung einer Setzmaschine benutzt [72, 77]. Inwieweit sich diese Technik für den Druck von Bibliothekskatalogen lohnen wird, muß einstweilen noch dahingestellt bleiben.

Hier soll aber ein anderes schon realisiertes Projekt beschrieben werden, und zwar die Herstellung der Frankfurter „*Deutschen Bibliographie*“, weil diese die erste Nationalbibliographie darstellt, die mit Hilfe elektronischer Datenverarbeitungsmethoden gesetzt wird [3, 5, 34]. Sie verzeichnet laufend sämtliche deutschsprachigen Veröffentlichungen, und zwar in einer wöchentlichen Ausgabe die Erscheinungen des Buchhandels und in einer vierzehntägigen Ausgabe die Erscheinungen außerhalb des Buchhandels. Das gesamte Titelmaterial wird dann in halbjährlichen Kumulationen einmal nach Verfassern, einmal nach Stichworten und einmal nach Schlagworten zusammengefaßt. Schließlich gibt es dann noch die Fünfjahresverzeichnisse.

Um diese mehrfachen Kumulationen nicht jedesmal wieder neu ordnen und redaktionell bearbeiten zu müssen, ist man dazu übergegangen, ab 1. 1. 1966 sämtliche Titelaufnahmen in kategorisierter Form und mit etlichen für den Drucksatz erforderlichen Steuerzeichen auf Lochstreifenschreibmaschinen abzulochen. Diese Lochstreifen werden durch die IBM 1460 der *Zentralstelle für maschinelle Dokumentation* in Frankfurt am Main gespeichert und verarbeitet. Die Anlage gibt die zur Steuerung einer Setzmaschine, der Linoquick, erforderlichen 6-Kanal-Lochstreifen im TTS-Code aus, und zwar für sämtliche Ausgaben der Deutschen Bibliographie. Dabei werden z. B. für die wöchentlichen Ausgaben noch Autoren-, Stichwort- und Verlagsregister automatisch erstellt, was u. a. erfordert, daß die Verlagsbezeichnung in einer eigenen Kategorie untergebracht ist. Für die Steuerung der Setzmaschine sind u. a. Steuerzeichen für Fettdruck, Kursivdruck, Zeilenende usw. erforderlich.

Eines tut der Computer der ZMD allerdings noch nicht: er führt die Silbentrennung am Ende der Druckzeilen nicht automatisch durch. Silbentrennungsprogramme sind ziemlich aufwendig, insbesondere für die deutsche Sprache mit ihren komplizierten Silbentrennungsregeln. Derartige Programme führen auch in der Regel nur in bis zu 99% der Fälle zu korrekter Silbentrennung. Sie wurden aber bereits im Zeitungsdrucksatz verwendet, wo eine kleine Anzahl von Fehlern, die gegebenenfalls noch bei der Satzkorrektur berichtigt werden können, nicht so stört.

Als Beispiel weise ich auf die Veröffentlichungen der *Perry Publications Inc.* West Palm Beach, Florida, hin, die bereits seit 1963 mit einem RCA 301 Computer arbeiteten, jetzt aber wohl eine RCA Spectra 70 (in Deutschland als Siemens 4004 vertrieben) benutzen und außer einer Lichtsetzmaschine Photon 513 noch den Perry Photo-Composer für die automatisierte Herstellung von Druckplatten für beliebige Schwarz-Weiß-Vorlagen einsetzen [47].

Beim Halbjahresverzeichnis der *Deutschen Bibliographie* sind außer den Stichworten auch noch Schlagworte zu berücksichtigen, die im Text der Aufnahme selbst nicht vorkommen. 1971 wird dann das gesamte bis dahin angefallene Material für das Fünfjahresverzeichnis zusammengeordnet und ausgegeben werden müssen. Gegenwärtig gibt es im Datenfluß noch einen Engpaß: die Linoquick ist bei weitem das langsamste Glied in der Kette der eingesetzten Maschinen. Der Computer liefert die Daten viel schneller, als die Setzmaschine den Satz erstellen kann. Außerdem werden die Daten für den Satz der Deutschen Bibliographie von der IBM 1460 nicht über vergleichsweise langsame Streifenlocher, sondern auf Magnetband ausgegeben und dann off-line durch ein externes Gerät vom Magnetband in den TTS-Lochstreifen gestanzt. Vermutlich wird daher die Linoquick durch eine Lichtsetzmaschine, etwa der Firma Hell in Kiel, die sich bereits in der Erprobung befindet, ersetzt werden. Diese kann direkt von einem Computer gesteuert werden.

Ein Beispiel für solch eine Kopplung von Computer und Lichtsetzmaschine ist von der *National Library of Medicine* in Bethesda bei Washington her bekannt, wo das Titelmaterial für den *Index Medicus* von einer Honeywell 800 aufbereitet und der Satz der gedruckten Bibliographie durch das Verarbeitungssystem

„GRACE" gesteuert wird [88]. Daneben wird aber seit Anfang 1966 vom Datenverarbeitungssystem auch ein „Current Catalog" hergestellt, der in vierzehntägigen Ausgaben, die zu vierteljährlichen und jährlichen Ausgaben kumuliert werden sollen, die vollständigen Titelaufnahmen der Neuerwerbungen der Bibliothek enthält. Die Kumulationen umfassen neben dem alphabetischen auch einen Schlagwortteil [1, 71]. Da die Bibliothek mindestens die amerikanischen medizinischen Neuerscheinungen vollständig erhält, ist damit für das Gebiet der Medizin ein ähnliches Projekt wie bei der Deutschen Bibliographie realisiert worden.

Die bahnbrechenden Arbeiten der *National Library of Medicine* auf dem Gebiete des information retrieval, die von dem auf Magnetband gespeicherten Titelmaterial des *Index Medicus* ausgehen, gehören zu den in diesem Beitrag nicht behandelten Dokumentationsproblemen.

5. Ausleihe

Wir wollen uns hier nur mit Datenverarbeitungsfragen bei der Buchausleihe beschäftigen und uns im wesentlichen auf die Registrierung und Kontrolle der Ausleihvorgänge beschränken. Zur Kennzeichnung eines Ausleihvorganges braucht man drei Angaben:

1. eine Benutzerkennzeichnung,
2. eine Buchkennzeichnung,
3. eine Datumsangabe.

Die letztere kann z. B. das Fälligkeitsdatum oder auch das Ausleihdatum sein.

In den großen wissenschaftlichen Bibliotheken muß man die Ausleihregister nach allen drei angegebenen Merkmalen leicht abfragen können, da man erstens beim Ausscheiden eines Benutzers aus dem Kreis der Leser (z. B. Exmatrikulation eines Studenten bei einer Hochschulbibliothek) prüfen will, ob er noch Bücher aus der Bibliothek entliehen hat, zweitens oft etwas über den Verbleib eines bestimmten Buches wissen will, etwa wann seine Rückgabe zu erwarten ist, und schließlich überfällige Bücher anhand der Angabe des Fälligkeitsdatums anmahnen können sollte.

Das bedeutet aber, daß man bei manueller Führung der Ausleihregister drei Karteien führen bzw. durch Setzen von Marken Kennzeichnungen in einer oder zwei Karteien anbringen muß. Dies führt bei größeren Ausleihzahlen von vielen hundert bis zu mehreren tausend Bänden pro Tag zu einem erheblichen Aufwand an Ordnungs- und Sortier- bzw. Kennzeichnungsarbeiten. Wenn man dagegen die Ausleihdaten in maschinell lesbarer Form erfaßt, kann man diese Arbeiten einem Computer übertragen. Zudem gestatten die maschinell gespeicherten Daten eine Fülle der verschiedensten Auswertungen, die mit manuellen Methoden entweder gar nicht oder nur mit verhältnismäßig großem Aufwand zu gewinnen sind.

Ich beschreibe hier zunächst als Beispiel ein Verfahren, das sich bei der *Universitätsbibliothek der Technischen Universität Berlin* mit finanzieller Unterstützung durch die Deutsche Forschungsgemeinschaft in der Entwicklung befindet. Diese Bibliothek besitzt etwa 250 000 Bände und leiht jährlich am Ort etwa 120 000 Bände aus. Sämtliche Bücher sind mit Buchtaschen im hinteren Buchdeckel versehen worden, in denen jeweils eine 12,5 cm lange Lochstreifenkarte steckt, in die die Buchsignatur im Fernschreibcode CCIT Nr. 2 gelocht ist.

Ebenso sind alle Benutzer mit einer Lochstreifenkarte versehen, die ihre Benutzernummer gelocht enthält. Beim Ausleihen eines Bandes werden Benutzerkarte und Buchkarte durch einen Lochstreifenkartenleser abgetastet und die Benutzernummer und die Buchsignatur durch einen angeschlossenen Lochstreifenlocher in einen Lochstreifen übertragen. Leiht der Benutzer mehrere Bücher aus, so werden nacheinander die Benutzerkarte und die betreffenden Buchkarten eingelesen. Bei der Buchrückgabe tritt an die Stelle der Benutzerkarte eine Lochstreifenkarte mit einem Rückgabekennzeichen. Die so täglich anfallenden Lochstreifen, die am Anfang noch das Ausleihdatum enthalten, sind in den Jahren 1965 bis 1967 dazu benutzt worden, um mit Hilfe einer kleinen Rechenanlage, einer Zuse Z 23 des Recheninstitutes der Technischen Universität, die Fristkontrolle der entliehenen Bücher und die Exmatrikelkontrolle für die studentischen Benutzer durchzuführen [35].

Die Umstellung auf Verarbeitung der Daten durch eine ICT 1909, die mit 6 Magnetbandeinheiten ausgestattet ist, wird es der Bibliothek möglicherweise erlauben, auch das letzte derzeit noch manuell geführte Register, nämlich das Signaturenregister, zu eliminieren, da die Rechenanlage dann täglich nach Signaturen geordnete Listen der ausgeliehenen Werke über ihren Schnelldrucker ausgeben wird. Die Mahnschreiben für die überfälligen Bücher werden automatisch vom Computer ausgedruckt, ebenso wie er zur Abrechnung der angefallenen Mahngebühren benutzt werden kann.

Die Herstellung der für die Verbuchung benötigten Buch- und Benutzerkarten geschieht halbautomatisch, da z. B. die benötigten Signaturen zunächst aus den Katalogen oder von den neuen Katalogzetteln abgeschrieben werden müssen. Dabei werden allerdings Zeichenfolgen, die bei mehreren Signaturen gleich bleiben, und laufende Zählungen abgekürzt notiert. Ein auf einem Fernschreiber gelochter „Datenstreifen", der zur Eingabe in den Computer dient, enthält dann etwa folgende Zeichenkombination:

$$=8\mathrm{BA}=[3100-3200]**3201/[1-2]**3202'2**.$$

Die Z 23 locht bei Eingabe dieses Datenstreifens und eines entsprechenden Programmes 104 Signaturen, und zwar

8BA3100   8BA3101   ...   8BA3200   8BA3201/1   8BA3201/2   8BA3202'2

jeweils mit einigen Betriebs- und Kontrollzeichen im Abstand von jeweils 50 Zeichen auf einen Lochstreifen, der dann dazu dient, kontinuierlich endlosgefaltete Lochstreifenkarten von 50 Zeichen Länge, die Buchkarten, zu lochen.

Die Kosten für die Herstellung von rund 300 000 Buchkarten (es wurden schon Karten für zu erwartende Folgebände mitgelocht) einschließlich der Datenerfassung anhand der Kataloge oder am Standort im Magazin, Ablochen, Lochen und Prüfen der Buchkarten, Einkleben der Buchtaschen in die Bücher, Einlegen der Karten in die Buchtaschen betrugen insgesamt rund 100 000 DM.

Das geschilderte automatisierte Verfahren hat insbesonders in einer Spezialabteilung der Bibliothek, der etwa 8000 Bände umfassenden Lehrbuchsammlung, die häufig gebrauchte Lehrbücher in vielfach gestaffelter Anzahl enthält, einen rationellen Personaleinsatz ermöglicht, da täglich bis zu 500 und mehr Entleihungen von ein bis zwei Mitarbeitern, die sich im Schichtdienst abwechseln, und die nebenher noch eine Reihe anderer Arbeiten erledigen, bewältigt werden.

Allerdings ist in dieser Abteilung von vornherein auf einen geschriebenen Nachweis in Form eines Leihscheines verzichtet worden, vielmehr gehen die Benutzer selbst an die Regale und holen sich die gewünschten Bücher. Die Verbuchung findet ausschließlich auf die geschilderte Art mit den Lochstreifenkarten am Ausgang statt. Für die in geschlossenen Magazinen untergebrachten Buchbestände der Bibliothek ist jedoch für die Anforderung aus dem Magazin ein Bestellschein erforderlich, der vom Benutzer ausgefüllt werden muß und der dann in das oben erwähnte Signaturenregister eingelegt wird.

Bei anderen Bibliotheken, z. B. in der *Kernforschungsanlage Jülich*, ist versucht worden, die Bestellungen mit Hilfe eines Fernschreibers nebst angeschlossenem Locher ins Magazin übertragen zu lassen [60], wobei man die Kosten für eine Rohrpostanlage zur Beförderung der Leihscheine spart. Allerdings würde man bei einem solchen Verfahren in größeren Bibliotheken für die Spitzenzeiten der Benutzung wohl mehrere Eingabestationen und damit auch mehr Personal benötigen.

Durch die Speicherung der Ausleihdaten in maschinell lesbarer Form werden statistische Analysen der Bibliotheksbenutzung sehr erleichtert. Insbesondere die Hochschulbibliotheken in Deutschland haben den Fragen, wie häufig und von welchen Lesern denn nun eigentlich die einzelnen Bücher ihres Bestandes benutzt werden, bisher nicht die genügende Aufmerksamkeit geschenkt.

Ein erster Schritt zur Beantwortung dieser Fragen ist von der Bibliothek der Technischen Universität Berlin getan worden, indem die Tagesausleihstreifen für die Jahre 1965 und 1966 durch eine Siemens 2002 des *Hahn-Meitner Institutes für Kernforschung* in Berlin-Wannsee, das auch die Programme hierzu entwickelt hat, auf die Ausleihhäufigkeit einzelner Signaturen hin analysiert worden sind. Schon eine flüchtige Betrachtung der ausgedruckten Listen, von denen eine die Signaturen (Standnummern) nach der Ausleihhäufigkeit geordnet, eine andere alle ausgeliehenen Signaturen mit ihrer Ausleihhäufigkeit nach Signaturen geordnet aufführen, läßt eine Fülle von interessanten Einzelheiten erkennen, obwohl erst die entsprechende Statistik für 1968 ein vollständiges Bild für den Gesamtbestand der Bibliothek liefern wird, da erst im Spätsommer 1967 die Ausstattung der Bände mit Buchkarten abgeschlossen werden konnte. Es wäre wünschenswert, die genannten Listen für z. B. 60 000 Ausleihvorgänge von 1966 einmal etwas genauer zu analysieren. Als Beispiel für mögliche Aussagen sei hier nur erwähnt, daß das 1966 am häufigsten ausgeliehene Werk der Lehrbuchsammlung das dort in 67 Exemplaren vorhandene Buch von Eberhard Schütz „Grundzüge der Elektrotechnik. 1956" war, auf das 607 Ausleihen entfielen. Aus den Zeitschriftenbeständen mit einer Leihfrist von 14 Tagen wurden die ersten 8 Bände von „Betriebswirtschaftliche Forschung und Praxis" je 20- bis 25mal, und aus den Buchbeständen im Magazin mit einer Leihfrist von 4 Wochen „R. J. Reed: Ion production by electron impact. 1962" 15mal ausgeliehen. Bei den etwa 12 000 Bänden der Signaturgruppe „8 BC", die die Mehrzahl der 1959 bis 1965 erworbenen Monographien enthält und von denen 3000 Bände insgesamt 8000mal ausgeliehen wurden, entspricht die auf genau x-malige Entleihungen ($x > 0$) entfallende Anzahl der Entleihungen ziemlich genau einer „halbierten" Gauss'schen Fehlerverteilung, genügt also einer Formel $y = A \cdot e^{-x^2}$.

Statistische Auswertungen von auf Lochkarten gespeicherten Ausleihvorgängen nach Signaturen sind auch bei der *University of California Los Angeles* in größerem Umfange vorgenommen worden [4] S. 294, [87] S. 279. Die umfangreichste und detaillierteste Statistik dieser Art, die u. a. auch die Zahl der Benutzungstage und der Benutzertypen für jedes ausgeliehene Buch nachwies, sah der Verfasser im August 1967 in der Bibliothek der *University of British Columbia* in Vancouver, wo eines der größten Ausleihsysteme mit Computereinsatz existiert.

Zweifellos werden derartige Auswertungen, die manuell praktisch unmöglich regelmäßig durchgeführt werden können, Auswirkungen auf die Bibliothekspolitik, insbesondere die Erwerbungspolitik haben, worauf auch Verhoeff [68] hinweist.

Als weitere Bibliothek, die ebenfalls ihre Ausleihverbuchung mit Hilfe eines Computers automatisiert hat, nenne ich die *Universitätsbibliothek der Ruhruniversität* in Bochum [75], die ebenfalls mit Lochstreifenkarten als Buchkarten und mit Telecollecta-Benutzerausweisen arbeitet. Die Auswertung der Ausleihdaten findet hier durch eine Siemens 3003 der Bibliothek statt. Da die Benutzer grundsätzlich freien Magazinzutritt haben, wird die Verbuchung am Ausgang aus dem Magazin vorgenommen, wobei Leihscheine gänzlich wegfallen, so daß die Bibliothek auch keine Ausgabequittung mit Unterschrift des Benutzers erhält.

Bei den computerisierten Ausleihsystemen der *Florida Atlantic University Library* in Boca Raton [11] und der *Lehigh University Library* in Bethlehem, Penns. [13], werden Hollerithkarten als Buchkarten und IBM-Ausweise als Benutzerkarten verwendet, die von IBM 357-Datenerfassungsgeräten gelesen werden können. Im übrigen sind die Verfahren dem Bochumer und Berliner System ähnlich. In [13] werden übrigens detaillierte Angaben über die Kosten der Umstellung von einem manuellen auf das elektronische Verfahren gemacht, ebenso werden die laufenden Kosten für das neue System angegeben.

Bei anderen Verbuchungsmethoden werden keine Buchkarten verwendet, sondern die Buchsignaturen bei jedem Ausleihvorgang manuell eingetastet, wie etwa bei dem Verfahren der *Stadtbücherei in Duisburg* [54], wobei allerdings vorerst keinerlei Signaturennachweis vorgesehen ist. Um sich gegen Eintastfehler zu sichern, wird in Duisburg zur rein numerischen Ausleihnummer (Buchkennzeichnung) eine Kontrollziffer hinzugenommen. Diese Kontrollziffer entsteht durch eine Art gewichteter Quersummenbildung, die z. B. Ziffernvertauschungen zu erkennen gestattet. Die Auswertung der Ausleihdaten besorgt hier eine plattenorientierte Anlage IBM/360 Modell 30 der Stadtverwaltung Duisburg.

Eine elegante Art der Eingabe der Buchsignaturen in ein maschinelles System gibt es bei der *TH-Bibliothek Delft*, das *bibliofoon*, eine Art Telefonapparat, mit dem man die Buchsignaturen wie eine Telefonnummer anwählt. Wie in Duisburg ist eine Kontrollziffer eingebaut, die bei Fehlern zu einer Rückmeldung und der Bitte an den Benutzer führt, neu zu wählen. Allerdings ist bei diesem Verfahren kein Computer beteiligt, so daß ich bezüglich weiterer Einzelheiten auf die Originalliteratur verweisen möchte [68]. In der Zukunft wird es wohl möglich sein, eine maschinell lesbare Kennzeichnung fest mit dem Buch zu verbinden, etwa in Form eines magnetisierten Streifens, um Verlust oder Vertauschung der Datenträger auszuschließen.

Wenn man an die im *real-time-mode* betriebenen Platzbuchungssysteme der Fluggesellschaften denkt, liegt es nahe, zu fragen, ob nicht auch für den Ausleihbetrieb einer Bibliothek ein ähnliches Verfahren anwendbar ist. In der Tat liegen dafür auch bereits Pläne vor [15, 32], allerdings ist wohl noch kein größeres System dieser Art in der Praxis erprobt worden. Wahrscheinlich ist es dabei in den meisten Fällen unzweckmäßig, etwa für jede Standnummer (Signatur) einen Platz in einem *random-access*-Speicher zu reservieren, auf dem dann die Daten für einen möglichen Ausleihvorgang, also der Entleiher, das Fälligkeitsdatum und Vormerk- und Mahnstatus usw. festgehalten werden können.

Ein solches Verfahren dürfte sich nur bei kleineren Buchbeständen mit einer intensiven Benutzung lohnen. Bei größeren Buchbeständen, z. B. bei wissenschaftlichen Bibliotheken, ist das Verhältnis der Zahl der ausgeliehenen zu den insgesamt vorhandenen Bänden zu ungünstig (z. B. sind bei der *TU-Bibliothek* in Berlin im Mittel etwa 4% der Bestände jeweils ausgeliehen).

Außerdem sind die Buchsignaturen oft aus mehreren Elementen zusammengesetzt. Die vorkommenden mehrdimensionalen Zählungen lassen sich wohl nicht leicht umkehrbar eindeutig (das ist wegen der Rückübersetzung erforderlich) auf eine einfache Zählung abbilden, ohne daß tiefe Eingriffe in die Prinzipien der Signaturgebung und die Katalogisierung vorgenommen werden müßten, was einen sehr großen Aufwand erfordern dürfte. Bisher nämlich haben die Bibliothekare meist versucht, in ihren Buchsignaturen und Katalogeintragungen den bibliographischen Zusammenhang innerhalb größerer Werke deutlich werden zu lassen, und alle Zählungen, auch die kompliziertesten und manchmal unsinnigen, von Verlegern, Herausgebern und Autoren getreulich reproduziert.

Bei der maschinellen Sortierung von Signaturen, die außer Ziffern oft auch Buchstaben und weitere Sonderzeichen enthalten, ergeben sich deshalb manche Probleme. Um die genannten Zusammenhänge in ausgedruckten, nach Signaturen geordneten, Listen zu erhalten, muß man die Signaturen vor der Sortierung in ihre einzelnen Bestandteile zerlegen und diese dann einzeln sortieren lassen.

Es dürfte sich deshalb empfehlen, nur die wirklich als ausgeliehen gemeldeten Signaturen auf den Plattenspeicher zu übernehmen.

Im *real-time*-Betrieb könnte die Bibliothek natürlich ständig über den Verbleib ihrer Bücher Auskunft erhalten. Wenn also ein Benutzer ein Buch aus einem geschlossenen Magazin bestellt, könnte man durch eine Anfrage an den Computer zunächst klären, ob das fragliche Buch ausgeliehen ist, ehe man die Bestellung ins Magazin weiterleitet, und so dem Magazinpersonal unnütze, oft längere Wege ersparen. Dies würde sich besonders bei Hochschulbibliotheken auswirken, die mit „Verliehen"-Quoten von 20 bis 30% und mehr rechnen.

Ferner wäre die Sperrung einzelner Benutzer oder Benutzergruppen für einzelne Teile des Bestandes oder für den Gesamtbestand der Bibliothek möglich. Vormerkungen und Verlängerungen der Leihfrist würden ebenfalls leichter als bisher durchzuführen sein. Allerdings fehlen bisher noch detaillierte Untersuchungen darüber, ob der Aufwand, den ein real-time-Betrieb nun einmal mit sich bringt, dem Nutzen angemessen ist.

6. Integrierte Systeme

Wir haben in den vorangegangenen Abschnitten verschiedene Arbeiten in der Bibliothek kennengelernt, die sich mit Hilfe der elektronischen Datenverarbeitung automatisieren lassen. Dabei sind oftmals Daten, die für einen Teilbereich notwendig sind, auch für eine andere Abteilung der Bibliothek erforderlich. Auf der anderen Seite ist die Datenerfassung stets ein besonders kostspieliger Teil der Datenverarbeitung. Man hat deshalb schon frühzeitig daran gedacht, die Datenverarbeitung so zu organisieren, daß alle erforderlichen Daten nur einmal, und zwar an der Stelle, an der sie zuerst auftreten, erfaßt und in eine maschinell lesbare Form gebracht und immer dann, wenn man sie für eine weitere Verarbeitung braucht, nur aus einem Datenspeicher aufgerufen werden.

In der Bibliothek sind solche immer wieder benötigten Daten etwa bibliographische Angaben über ein Buch, seine Signatur und anderes mehr. Man hat sich daher ein integriertes Datenverarbeitungssystem in einer Bibliothek so vorzustellen, daß etwa bei der Bestellung nicht nur reine Bestelldaten, sondern auch bibliographische Daten abgelocht werden. Wie in Abschnitt 2 am Beispiel der *Washington University School of Medicine Library* geschildert, können dann Bestellformulare und -listen für Buchhändler und Bibliothek automatisch bedruckt werden. Die Abrechnungsvorgänge für eingegangene Lieferungen und die Führung der Inventarlisten werden ebenfalls automatisch vom Computer erledigt, während für die Katalogisierung die bibliographischen Daten anhand des dann vorliegenden Buches nur noch ergänzt und berichtigt zu werden brauchen. Für die Zeitschriftenstelle gibt der Computer Eingangskontrollkarten aus, mit deren Hilfe der Eingang der einzelnen Hefte überwacht wird. Auch die mit dem Einbinden der einzelnen Bände verbundenen Datenverarbeitungsprobleme, wie z. B. bei Zeitschriften die Festlegung der Art des Einbandes und der Bandbeschriftung mit Titel und Signatur, kann mit Hilfe von Angaben des Computers gesteuert werden, ebenso wie die Herstellung der etwa für die Ausleihe des Buches benötigten Buchkarten.

Man kann aber auch noch in einer anderen Weise Nutzen aus den für jedes bestellte oder gelieferte Buch gespeicherten Daten ziehen. Mit Hilfe von vorgelochten Hollerithkarten, die man dem Buch bei seinem Lauf durch den Geschäftsgang beigibt und die als „Eingangskontrollkarten" für eine bestimmte Bearbeitungsstufe dienen, also beim Eingang des Buches in der betreffenden Abteilung der Bibliothek dem Buch entnommen werden, kann man die Datenverarbeitungszentrale benachrichtigen, an welcher Stelle im Geschäftsgang ein bestimmtes Buch sich gerade befindet. Der Computer druckt nach diesen Angaben regelmäßig, etwa täglich, sogenannte *processing information lists* (PIL) aus.

Diese sind besonders für große Bibliotheken von Bedeutung, in denen der Geschäftsgang sehr stark gegliedert ist und sich in der Regel sehr viele Bücher gleichzeitig in Bearbeitung befinden, deren jeweiligen Aufenthaltsort man bei Anfragen bisher nur mühsam feststellen konnte. Die PIL stellt eine Art Erweiterung der Bestell- und Interimskarteien dar, die bisher in vielen Bibliotheken geführt wurden. Überdies ist sie auch von eminenter Bedeutung für eine rationelle Steuerung des Bibliotheksbetriebes selbst. Dadurch, daß sie für jedes Stück das Eingangsdatum in einer bestimmten Abteilung nachweist, bekommt man eine genaue Übersicht über die Laufzeiten einzelner Stücke im Geschäftsgang. Vom Computer kann man Durchschnittswerte für die einzelne Abteilung und dann auch mittlere Laufzeiten, differenziert nach den einzelnen „Wegen", die die verschiedenen Bücher im Geschäftsgang durchlaufen können, berechnen lassen. So werden Engpässe offenbar, und durch eine anschließende Systemanalyse (die übrigens auch anhand von Computermodellen des Systems durchgeführt werden kann) und organisatorische Maßnahmen wird eine Glättung des Arbeitsablaufes möglich.

Über eine derartige PIL verfügen die *IBM Research Library* in Yorktown Heights [55] und andere Spezialbibliotheken in den USA. Integrierte Systeme befinden sich auch an neugegründeten Universitätsbibliotheken in Deutschland im Aufbau, vor allem an der schon mehrfach genannten *Universitätsbibliothek Bochum*, die auf dem Gebiete der Bibliotheksautomatisierung in Deutschland führend ist. Noch sehr viel weitergehende Integrationspläne werden an der *University of Toronto* und der *University of Chicago* verfolgt.

7. Automatisierung der Library of Congress und Project Intrex

Abschließend soll nun noch über Projekte zur Bibliotheksautomatisierung berichtet werden, die sich erst in der Planung bzw. im Versuchsstadium befinden. Dabei wollen wir auch unseren Blick ein wenig in die Zukunft schweifen lassen. Zweifellos werden vor allem große Bibliotheken, bei denen der Informationsfluß sowohl in die Bibliothek hinein und aus der Bibliothek hinaus, als auch der Datenfluß innerhalb der Bibliothek erhebliche Ausmaße annimmt, nicht darum herumkommen, zu prüfen, ob ihre Organisation auf elektronische Datenverarbeitung umzustellen sein wird.

In diese Richtung gehen Überlegungen, die etwa an der *Bayerischen Staatsbibliothek* in München, die rund zweieinhalb Millionen Bände umfaßt und jährlich zur Zeit mehr als 80 000 Bände neu erwirbt und vor allem an der riesigen *Library of Congress*, die fast 14 Millionen Bücher und insgesamt vielleicht 45 Millionen Bestandsstücke zählt, angestellt worden sind.

Auf einer Reihe von Tagungen und in Ausarbeitungen von Spezialistengruppen, vor allem in dem Bericht [74], wurde eine durchgreifende Automatisierung der *Library of Congress* vorgeschlagen, die weit über das hinausgeht, was oben als bisher schon in irgendeiner Form existent bzw. mit den gegenwärtigen technischen Hilfsmitteln verhältnismäßig leicht realisierbar erwähnt worden ist. In [74] wird u. a. vorgeschlagen, alle Kataloginformationen der *Library of Congress* in maschinell lesbarer Form zu speichern, derart, daß sie jederzeit auf Anforderung auf einer der zahlreichen aufzustellenden Konsolen, die eine optische Anzeige gestatten, wieder sichtbar gemacht werden können. Gleichzeitig soll die sachliche Erschließung des in der Bibliothek enthaltenen Materials, sei es gedruckt oder in anderer Form, z. B. auf einem Bild- oder Tonträger, gespeichert, soweit vertieft werden, daß das zentrale Datenverarbeitungssystem über die Konsolen auch Sachanfragen im *real-time*-Betrieb beantworten kann.

Von der Größenordnung dieses Projektes kann man sich schon durch wenige Zahlenangaben ein Bild machen. Für die Umstellung der *Library of Congress* auf dieses computerisierte Verarbeitungs- und Auskunftssystem — denn selbstverständlich sollen auch die internen Verwaltungsarbeiten automatisiert werden — schätzte man 1963 in dem genannten Bericht, daß die Anfangskosten des gesamten Systems einschließlich hardware und software bei etwa 30 Millionen Dollar, die jährlichen Betriebskosten bei etwa 4,5 Millionen Dollar liegen würden, letztere um etwa eine halbe Million unter den 1972 zu erwartenden Kosten eines manuellen Systems. Wegen der genannten hohen Beträge und weil für das System technische Hilfsmittel benötigt wurden, die seinerzeit noch nicht serienmäßig verfügbar waren, hat man verschiedentlich diese Pläne als utopisch abgetan. Dennoch geht gegenwärtig die Diskussion weiter [36], und in der Tat zwingen die immer größer werdenden Anforderungen, die an die wissenschaftlichen Biblioheken von seiten der Benutzer gestellt werden, zum Suchen nach neuen Wegen, um deren Bedürfnisse zu befriedigen.

Hier ist nun ein weiteres Projekt, das sogenannte „Project INTREX" (*Information Transfer Experiment*) zu nennen, das zwar ganz allgemein die Verbesserung der Informationsübermittlung an den Wissenschaftler zum Ziele hat, aber doch in wesentlichen Teilen von Datenverarbeitungsanlagen abhängig sein wird.

Auf einer Planungskonferenz in Woods Hole/Mass. [83] wurde 1965 u. a. die Gründung einer Modellbibliothek beschlossen, in der vorerst in kleinerem Rahmen die wesentlichen Grundsätze und Methoden entwickelt und getestet werden sollten. Man entschloß sich dann aber, als Modellbibliothek die *Engineering Library* des *Massachusetts Institute of Technology* (MIT) auszubauen, die zu diesem Zweck vorübergehend aus dem Zuständigkeitsbereich des Direktors der zentralen Hochschulbibliothek herausgenommen wurde [85]. Man hat damit begonnen, die bibliographische Erschließung der Bibliotheksliteratur wesentlich zu vertiefen und die Katalogeintragungen ausführlicher als bei den *Library-of-Congress*-Aufnahmen zu machen, wobei auch Zeitschriftenartikel u. dgl. erfaßt werden sollen. Diese Daten werden dann von einem Computer in einem Speicher mit wahlfreiem Zugriff für eine on-line-Benutzung bereitgehalten.

Allgemein soll der Forscher in die Lage versetzt werden, von seinem Arbeitsplatz oder einer in dessen Nähe gelegenen Station (*terminal*) aus die gesamten Hilfsmittel der Bibliothek in Anspruch nehmen zu können, wobei ein Teil seiner Anfragen durch konversationsähnlichen Verkehr mit dem zentralen Computer erledigt werden soll, ergänzt durch gegebenenfalls erforderliche Direktübertragung von Dokumenten, Bildern, Diagrammen und dergleichen mehr.

Dies setzt natürlich einen *Time-sharing*-Computer größten Ausmaßes voraus. Gerade am MIT aber hat man schon Erfahrungen im Rahmen des Projektes MAC (*Multiple Access Computer*) gesammelt. Bei diesem Projekt wird der Verkehr einer Vielzahl von Benutzern mit einer zentralen IBM 7094 mit Satelliten und großen externen Speichern über Konsolen studiert.

Hier ordnet sich auch das „*Technical Information Project*" (TIP) ein, das von einer Arbeitsgruppe um M. M. Kessler entwickelt wird, und seit einiger Zeit den an das Projekt MAC angeschlossenen Benutzern erlaubt, über ihre Konsolen im Direktzugriff Suchanfragen nach Sachverhalten oder Aufsätzen aus einer Reihe von physikalischen Zeitschriften zu stellen, deren Inhalt in Form von bibliographischen Daten der einzelnen Aufsätze in einem random-access-Speicher enthalten ist [27, 37]. Auch danach, wer was zitiert, kann gefragt werden, weil zu jedem Aufsatz auch die Zitate mit abgespeichert werden. Hierdurch kann eine Literaturrecherche ausgehend von einem Aufsatz nicht nur ältere, sondern auch neuere Aufsätze zum Thema der Ausgangsarbeit aufspüren.

Darüber hinaus sollen im Projekt INTREX aber auch andere Verfahren untersucht werden, dem Benutzer das benötigte Material auf die bestmögliche und schnellste Art zur Verfügung zu stellen. Dabei soll die Speicherung je nach Bedarf als Druck oder photographisches Bild, in digitaler oder analoger Form, auf photographischen oder magnetischen Materialien, die Übermittlung durch Transport des Dokumentes selbst oder durch elektrische Signale und die Ausgabe durch optische Projektion, auf Bildschirm oder als Xerographie usw. erfolgen. Ferner sollen auch Studien für den Aufbau eines großräumigen Netzes von untereinander durch modernste Kommunikationsmittel verbundenen Bibliotheken und Informationszentren und Datenbänken gemacht werden.

Damit berührt sich das Projekt INTREX mit ähnlichen Untersuchungen und Experimenten, die an der Westküste der USA an den staatlichen Hochschulen in Los Angeles (*University of California, California Institute of Technology*) vorgenommen werden sollen. Allerdings befinden sich alle diese Projekte noch im Planungs- und Versuchsstadium, so daß man nicht weiß, wie schnell sich Fortschritte einstellen werden.

8. Schlußbemerkung

Bei einem Bericht über ein so sehr in Bewegung geratenes Arbeitsgebiet wie das der Bibliotheksautomatisierung ist es unvermeidlich, daß im Zeitpunkt seines Erscheinens viele Einzelheiten bereits überholt sind. Außerdem besteht immer die Gefahr, daß man Literaturberichte als Quellen benutzt, in denen nicht ganz klar zwischen Realitäten und Plänen unterschieden wird. Dieser Gefahr hat der Verfasser dadurch zu begegnen versucht, daß er sich überwiegend auf Beispiele von Projekten gestützt hat, die er in der Praxis sehen konnte. Dennoch möge der Leser nicht zu sehr bei den einzelnen mitgeteilten Fakten stehenbleiben, sondern mehr auf das Gesamtbild der Entwicklung achten.

Hier läßt sich nun wohl sagen, daß durch die geschilderten Arbeiten, sei es durch bereits realisierte oder erst geplante Projekte, das Bibliothekswesen in Richtung auf die Bildung von Informationszentren und Kommunikationsnetzen hin in Bewegung geraten ist und daß sich gerade auf diesem Gebiet in naher Zukunft Wandlungen vollziehen dürften, die auch und vor allem durch die großen technischen Möglichkeiten der elektronischen Datenverarbeitung bedingt sind, die allerdings durch organisatorische und andere Maßnahmen ergänzt werden müssen.

Literatur

1. Austin, Ch. J.: Transmission of Bibliographic Information. In: [76], S. 143—150.
1a. Avram, H. D., R. S. Freitag, and K. D. Guiles: A Proposed Format for a Standardized Machine-Readable Catalog Record. A preliminary draft. 118 S. Washington: Library of Congress 1965. (ISS Planning memorandum. 3.) (Nebst:) Suppl. 1, 1965, 22 S.
2. Avram, H. D., and B. E. Markuson: Library Automation and Project MARC. An experiment in the distribution of machine-readable cataloging data. In: [76]. S. 97—123.
3. Bernhardt, R.: Computer-Einsatz bei der Herstellung der Deutschen Bibliographie. Nachr. für Dokumentation **17**, 23—30 (1966).
4. Black, D. V., and E. A. Farley: Library Automation. In: [73], S. 273—303.
5. Blum, R.: Die maschinelle Herstellung der Deutschen Bibliographie in bibliothekarischer Sicht. Zeitschrift für Bibliothekswesen und Bibliographie **13**, 303—321 (1966).

6. Bregzis, R.: The Ontario New Universities Library Project, an automated bibliographic data control system. College and Research Libraries **26**, 495—508 (1965).

6a. Bregzis, R.: TheONULP Bibliographic Control System. An evaluation. Proceedings of the 1965 Clinic on Library Applications of Data Processing, 112—140 (1966).

7. Bryan, H.: American Automation in action. Library J. **92**, 189—196 (1967).

8. Coblans, H.: *Use of Mechanized Methods in Documentation Work*, 89 S. London: Aslib. 1966.

9. Cummings, M. M.: Health Sciences (MEDLARS). In: [80], S. 111—119.

10. Curran, A. T.: The Mechanization of the Serial Records for the Moving and Merging of the Boston Medical and Harvard Medical Serials. Library Resources and Technical Services **10**, 362—372 (1966).

11. Dahlberg, I.: Verwirklichung einer modernen Universitätsbibliothek. Verband der Bibliotheken des Landes Nordrhein-Westfalen, Mitteilungsblatt, N. F. **15**, 86—105 (1965).

11a. Dunlap, C.: Automated Acquisitions Procedures at the University of Michigan Libraries. College and Research Libraries **11**, 192—202 (1967).

12. Felter, J. W., and D. S. Tjoeng: A Computer System for a Union Catalog, These and Variations. Bull. of the Medical Library Association **53**, 163—177 (1965).

13. Flannery, A., and J. D. Mack: *Mechanized Circulation System, Lehigh University Library*, 17 S. Bethlehem, Pa.: Library (Aug.) 1966.

14. Geddes, A.: Data Processing in a Cooperative System — Opportunities for Service. In: [79], S. 25—35.

15. Glagla, H.: Maschinelle Datenverarbeitung in der Buchausleihe der Staats- und Universitäts-Bibliothek (SUB) Hamburg. Zeitschrift für Bibliothekswesen und Bibliographie **13**, 169—177 (1966).

16. Hahn, A.: Regeln für die alphabetische Katalogisierung und elektronische Datenverarbeitung. Verband der Bibliotheken des Landes Nordrhein-Westfalen, Mitteilungsblatt, N. F. **16**, 216—219 (1966).

17. Hammer, D. P.: Reflections on the Development of an Automated Serials System. Library Resources and Technical Services **9**, 225—230 (1965).

18. Harris, M. H.: The 357 Data Collection System for Circulation Control. College and Research Libraries **26**, 119—120 (1965).

19. Hayes, R. M., and R. M. Shoffner: *The Economics of Book Catalog Production*. A study prep. for Stanford University Libraries and the Council on Library Resources. Sherman Oaks, Cal.: Hughes Dynamics. 1964.

20. Hayes, R. M.: *The Concept of an On-line, Total Library System*, 13 S. Chicago: LTP 1965. (Library Technology Reports. Data Processing.)

21. Hayes, R. M., and R. M. Shoffner: The Economics of Book Catalog Production. Library Resources and Technical Services **10**, 57—90 (1966).

22. Heiliger, E.: Florida Atlantic University Library. Proceedings of the 1965 Clinic on Library Applications of Data Processing, 92—111 (1966).

23. Heim, H.: Automatisierte Datenerfassung und maschinelle Datenverarbeitung in der Universitätsbibliothek Bochum. Verband der Bibliotheken des Landes Nordrhein-Westfalen, Mitteilungsblatt, N. F. **17**, 10—16 (1967).

24. Johnson, G.: What the Public Librarian Wants from Computers. Aslib Proceedings **18**, 239—245 (1966).

25. Keller, A. H.: Book Records on Punched Cards. Library J. **71**, 1785—1786 (1946).

26. Kessler, M. M.: The M.I.T. Technical Information Project. Physics Today **18**, 28—36 (1965).

27. Kessler, M. M.: *TIP User's Manual*. A Guide for On-Line Search and Retrieval of the Current Literature in Physics, 26 S. Cambridge, Mass.: MIT Press. 1966.

28. Kieffer, P.: The Baltimore County Public Library Book Catalog. Library Resources and Technical Services **10**, 133—141 (1966).

29. KILGOUR, F. G.: Mechanization of Cataloguing Procedures. Bull. of the Medical Library Association **53**, 152—162 (1965).

30. KILGOUR, F. G.: Library Catalogue Production on Small Computers. American Documentation **17**, 124—131 (1966).

31. KILGOUR, F. G.: Symbol-Manipulative Programming for Bibliographic Data Processing on Small Computers. College and Research Libraries **27**, 95—98 (1966).

32. KIMBER, R. T.: Studies at the Queen's University of Belfast on Real Time Computer Control of Book Circulation. J. of Documentation **22**, 116—122 (1966).

33. KISTERMANN, F.: Dokumentation und elektronische Datenverarbeitungssysteme, in diesem Band.

34. KÖSTER, K.: The Use of Computers in Compiling National Bibliographies. Libri **16**, 269—281 (1966).

35. LINGENBERG, W.: Über das Arbeiten mit Lochstreifen bei speziellen Bibliotheksproblemen. Zeitschrift für Bibliothekswesen und Bibliographie **14**, 8—14 (1967).

36. MARKUSON, B. E.: A System Development Study for the Library of Congress Automation Program. Library Quarterly **36**, 197—233 (1966).

37. MATHEWS, W. D.: *TIP Program Description*. 12 S. Cambridge, Mass.: MIT Press. 1966.

38. MEADOW, CH. T.: *The Analysis of Information Systems*. A Programmers' Introduction to Information Retrieval, 319 S. New York: J. Wiley. 1967.

39. MEAKIN, A. O.: The Production of a Printed Union Catalogue by a Computer. Library Association Record **67**, 311—316 (1965).

40. MILLER, E. F., B. W. LEE, and J. D. NILSSON: Automated Book Ordering and Receiving. Special Libraries **57**, 96—100 (1966).

41. MOORE, E. A., E. BRODMAN, and G. S. COHEN: Mechanization of Library Procedures in the Medium-Sized Medical Library. 3. Acquisitions and cataloguing. Bull. of the Medical Library Association **53**, 305—328 (1965).

42. MORELAND, G. B.: An Unsophisticated Approach to Book Catalog and Circulation Control. In: [79], S. 53—63.

43. MÜLLER, D.: *Maschinelle Datenverarbeitung im Bibliothekswesen*. Literaturzusammenstellung. 52 S. Frankfurt/M.: ZMD 1966. (ZMD. A,3.)

44. NATALIS, G.: Neuere Lochstreifengeräte für die Datenaufnahme und die Verarbeitung von Lochstreifen mit elektronischen Datenverarbeitungsanlagen. Nachr. für Dokumentation **17**, 84—92 (1966).

45. PALMER, F. M.: Conversion of Existing Records in Large Libraries, with Special Reference to the Widener Shelflist. In: [76], S. 57—77.

46. PERREAULT, J.: Computerized Cataloging: The Computerized Catalog at Florida Atlantic University. Library Resources and Technical Services **9**, 20—34 (1965).

47. PERRY, J. H. JR.: Application of Computers and OCR at Perry Publications. In: [77], S. a27—a31.

48. PFLUG, G.: Probleme der elektronischen Datenverarbeitung in Bibliotheken. Libri **15**, 35—49 (1965).

49. PFLUG, G.: Der Einfluß der elektronischen Datenverarbeitung auf die Katalogisierungspraxis. In: *Aktuelle Probleme der Bibliotheksverwaltung*. Festgabe Hermann Fuchs, S. 111—125. Wiesbaden. 1966.

50. PFLUG, G.: Automatisierungsbestrebungen im deutschen Dokumentations- und Bibliothekswesen. Verband der Bibliotheken des Landes Nordrhein-Westfalen, Mitteilungsblatt, N. F. **16**, 75—103 (1966).

51. PIZER, I. H., D. R. FRANZ, and E. BRODMAN: Mechanization of Library Procedures in the Medium-Sized Medical Library. 1. The serial record. Bull. of the Medical Library Association **51**, 313—338 (1963).

52. PIZER, I. H.: The State University of New York Computerized Biomedical Information Resource. In [76], S. 151—164.

53. POGGENDORF, D.: Neuere Verfahren der Katalogisierung. In [87], S. 206—260.

54. RAKOWSKI, F., und W. SCHMITZ-VELTIN: Die Verwendung der Datenverarbeitung in der Stadtbücherei Duisburg. Verband der Bibliotheken des Landes Nordrhein-Westfalen. Mitteilungsblatt, N. F. **17**, 23—27 (1967).

55. Randall, G. E., and R. P. Bristol: PIL (Processing Information List) or a Computer-Controlled Processing Record. Special Libraries 55, 82—86 (1964).

56. Richmond, Ph. A.: Note on Updating and Searching Computerized Catalogs. Library Resources and Technical Services 10, 155—160 (1966).

57. Riddle, S.-M.: Automatic Journal Routing Using IBM Punched Cards. Special Libraries 53, 537—540 (1962).

58. Rittberger, W.: Bibliotheksrationalisierung mit Lochstreifengeräten. Zeitschrift für Bibliothekswesen und Bibliographie 11, 77—85 (1964.)

59. Sage, C. R.: Comprehensive Dissemination of Current Literature. American Documentation 17, 155—177 (1966).

60. Schneider, E., und J. Peetz: *Erfahrungen in der Benutzung einer Siemens-Selex-Anlage für die Ausleihvorgänge einer Bibliothek*, 15 S., 16 S. Abb. Jülich: Kernforschungsanlage des Landes Nordrhein-Westfalen 1966.

61. Schneider, E.: Erfahrungen in der Benutzung einer Siemens-Selex-Anlage für die Ausleihvorgänge einer Spezialbibliothek. Verband der Bibliotheken des Landes Nordrhein-Westfalen, Mitteilungsblatt, N. F. 17, 20—23 (1967).

62. Schulte-Tigges, F.: Magnetbandspeicherung und elektronische Befragung eines bibliothekarischen Sachkataloges. Nachr. für Dokumentation 14, 93—96 (1963).

63. Schultheiss, L. A., D. S. Culbertson, and E. Heiliger: *Advanced Data Processing in the University Library*, 402 S. New York: Scarecrow Pr. 1962.

64. Scoones, M. A.: The Mechanization of Serial Records with Particular Reference to Subscription Control. Aslib Proceedings 19, 45—62 (1967).

66. Skelton, M. W., and R. R. Haefner: *A Computer Program for Circulation of Library Journals*. 55 S. Aiken: E. J. du Pont de Nemours & Co., Savannah River Lab.: June 1965. (DP-970.)

67. Tell, B. V., and A. Pontius: ADB av en tidskriftssamförtekning. Tidskrift för documentation 22, 55—59 (1966).

68. Verhoeff, J.: The Delft Circulation System. Libri 16, 1—9 (1966).

69. Vogt, H.: Akzessionierung und Katalogisierung der Zeitschriften. In: [87], S. 176—205.

70. Vogt, H.: Die automatisierte Katalogisierung von Zeitschriften und Serien an der Niedersächsischen Staats- und Universitätsbibliothek in Göttingen. Zeitschrift für Bibliothekswesen und Bibliographie 14, 135—142 (1967).

71. Weiss, I. J., and E. V. Wiggins: Computer-Aided Centralized Cataloging at the National Library of Medicine. Library Resources and Technical Services 11, 83—96 (1967).

72. *Advances in Computer Typesetting*. Proceedings of the 1966 Computer Typesetting Conference, 306 S. London: Inst. of Printing. 1967.

73. *Annual Review of Information Science and Technology*. 1, 401 S. New York: Interscience. 1966.

74. *Automation and the Library of Congress*, 88 S. Washington, 1963.

75. *Die automatisierte Buchausleihe*. Mit Beitr. v. Christine Bossmeyer, B. Adams, H. Heim u. G. Pflug, 186 S. Bochum: Universitätsbibliothek. 1967.

76. *The Brasenose Conference on the Automation of Libraries*. Proceedings of the Anglo-American Conference on the Mechanization of Library Services held at Oxford, 30. 6.—3. 7. 1966. Ed. J. Harrison and P. Laslett, 173 S. London: Mansell. 1967.

77. *Computer Typesetting Conference*. University of Sussex, Institute of Printing, 15.—16. 7. 1966. (1:) Preprints. (2:) Summaries. London: Inst. of Printing. 1966.

78. *Current Serials and Journals in the M.I.T. Libraries*. 9. ed., Jan. 1967, 234 S. Cambridge, Mass.: MIT Press. 1967.

79. *Data Processing in Public and University Libraries*. Ed. J. Harvey, 160 S. Washington: Spartan Books. 1966. (Drexel Information Science Series. 3.)

80. *Electronic Information Handling*. Ed. by A. Kent, E. Taulbee, 363 S. Washington: Spartan Books. 1965.

81. IBM Corporation. Federal System Division. *Report of a Pilot Project for Converting the Pre-1952 National Union Catalog to Machine Readable Record.* A Study Spons. by the Council on Library Resources. Rockville, Md., 1. July 1965.

82. IBM Deutschland. *Einführungsschrift IBM Tele-processing.* Systeme und ihre Anwendung. 1964 (IBM Form 74913-1.)

83. *Intrex.* Report of a planning conference on information transfer experiments, Sept. 3, 1965. Ed. CARL F. OVERHAGE and R. J. HARMAN, 294 S. Cambridge, Mass.: MIT Press. 1965.

83a. Library of Congress: *A Preliminary Report on the MARC Pilot Project.* Prep. by the Information Systems Office, 105 S. Washington: Library of Congress, Oct. 1966.

84. *Library Science Abstracts.* 1 ff. London: Libr. Assoc. 1950 ff.

85. Massachusetts Institute of Technology. Project Intrex. *Semiannual Activity Report.* 1. (20. 9. 1965—15. 3. 1966) ff. Cambridge, Mass.: MIT Press. 1966 ff.

86. Massachusetts Institute of Technology. Technical Information Project. *Mechanization of Serials and Journals.* (By) PATRICIA M. SHEEHAN. 28. 6. 1965. Cambridge, Mass. (Flußdiagramme.)

87. *Mechanisierung und Automatisierung in amerikanischen Bibliotheken.* Eindrücke einer Studienreise ... im Frühjahr 1965. Im Auftrag d. Dt. Forschungsgem. hrsg. v. G. PFLUG, 323 S. Frankfurt/M.: Klostermann 1967. (Zeitschrift f. Bibliothekswesen u. Bibliographie. Sonderheft 6.)

88. *The Medlars Story at the National Library of Medicine,* 74 S. Washington, D. C.: US Dept. of Health, Education and Welfare. 1963.

89. *Progress Report on an Operations Research and Systems Engineering Study of a University Library,* 110 S. Baltimore, Md.: M. S. Eisenhower Library of the Johns Hopkins Univ. June 1965.

90. Route '66. Library J. **92,** 51—63 (1967).

90a. Siemens AG: *Lochstreifensender 61 (Tz 539), Lochstreifensender 61 D (Tz 540, 546).* 46 S., Abb. Beschreibung. München. 1965.

91. Universität Konstanz. Die Bibliothek. *Entwurf eines Schemas zur Erfassung bibliographischer Daten,* 31 S. Konstanz . 1966.

92. University of California San Diego. Serials Computer Project. *Final report,* 78 S. San Diego, Cal. 1964.

93. *The Use of Data Processing Equipment by Libraries and Information Centers.* A survey prep. for Documentation Div., Special Libraries Assoc. and Library Technology Program, American Library Assoc., 168 S. New York: Creative Research Services Inc. 1966.

94. KESSLER, M. M.: The Technical Information Project of the Massachusetts Institute of Technology. Proceedings of the 1966 Clinic on Library Applications of Data Processing, 7—17 (1966).

95. LANG, F. H.: *Die Kennzeichnung der Eingabedaten im Bibliothekswesen und in der Dokumentation,* 10 S. Sindelfingen. 1967. (IBM Form 81537)

96. HINES, T. C., and J. L. HARRIS: *Computer Filing of Index, Bibliographic and Catalog Entries,* 135 S. Newark, N. J. 1966.

97. IBM Data Processing Application. *Mechanized Library Procedures for the IBM Advanced Systems Development Division Library, Los Gatos, Calif.,* 82 S. White Plains, N. Y. 1967. (E-20-0285-0.)

98. CONNOR, J. H.: Selective Dissemination of Information. A review of the literature and the issues. Library Quarterly **37,** 373—391 (1967).

99. CURRAN, A. T., and H. D. AVRAM: *The Identification of Data Elements in Bibliographical Records.* Final report. (USASI/Z-39) Univ. of North Carolina, May 1967.

100. GLICKMAN, R. J., and G. J. STAALMAN: *Manual for the Printing of Literary Texts and Concordances by Computer.* Preliminary ed., 117 S. Toronto: Univ. Pr. 1966.

101. McCUNE, C., and S. R. SALMON: Bibliography of Library Automation. ALA-Bulletin **61,** 674—694 (1967).

VII. Informationsverarbeitung mit Rechenanlagen

A. Verarbeitung, Erkennung und Erzeugung von Zeichenmustern

Von

H. Kazmierczak, F. Holdermann und R. Hartenstein

1. Allgemeines

Die Behandlung nicht-numerischer Probleme auf einem digitalen Rechenautomaten erfordert besonders bei bildhaft vorliegenden *Zeichenmustern* spezielle Prozesse, die der eigentlichen Auswertung vor- und nachgeschaltet sein können. Externe Nachrichtenquellen und Senken einschließlich des Menschen, die Zeichen erzeugen, senden und empfangen, und Automaten, die Zeichen verarbeiten und ausgeben sollen, haben im allgemeinen keine gemeinsame Sprache oder Schrift. Spezielle *Nachrichtenwandler* müssen z. B. daher Zeichenmuster-, Sprach- oder Schriftelemente in den Maschinencode des Rechenautomaten umsetzen. Zweckmäßig werden zwei Arten der Nachrichtenwandlung unterschieden:

a) Nachrichtenwandlung ohne wesentliche Änderung der Information,
b) Nachrichtenwandlung mit *Informationsreduktion*.

Zur Gruppe a) gehört die Eingabe nicht-binärer Signale von Meßanordnungen in einen digitalen Rechenautomaten. Auch die kontrastverbessernde Verarbeitung und Reproduktion von bildhaften Zeichen zählt zur Gruppe a), ebenso wie die Erzeugung und graphische Darstellung von Zeichenmustern aus binär codiert vorliegenden Zeichen. Die digitalen Informationen im Automaten werden z. B. bei der Zeichenerzeugung oder Ausgabe aus darstellungstechnischen Gründen zur besseren Erkennung und Unterscheidung mit zusätzlicher Redundanz versehen, d. h. die digitalen Informationen werden in Schriftzeichen, Sprachlaute oder Worte, in bildhafte Darstellungen usw. umgewandelt.

Zur Gruppe b) der Nachrichtenwandler gehören die *Zeichen-*, *Sprache-* und *Gestalt-erkennenden* Wandler [22, 43]. Ihre Aufgabe besteht allgemein darin, einzelne optische, akustische oder andere Zeichenmuster einer von mehreren vorgegebenen Bedeutungs*klassen* zuzuordnen und binär zu codieren. Anschließend können die codierten Zeichen entsprechend der gestellten Aufgabe in üblicher Weise durch einen digitalen Rechenautomaten verarbeitet werden. In Tab. 16 sind einige Anwendungsbeispiele für eine Nachrichtenwandlung mit und ohne Informationsreduktion zusammengestellt.

Die konventionelle Art der Nachrichtenwandlung erfolgt nach Abb. 84a über

Tabelle 16. *Einige Anwendungsbeispiele für eine Nachrichtenwandlung mit und ohne Informationsreduktion*

Aufgabe	Spezielle Eingabe und Verarbeitung	Konventionelle Datenverarbeitung	Spezielle Ausgabe
Prozeßdatenverarbeitung	Analog-Digital-Wandlung	Regelungs-, Steuerungssystem	Digital-Analog-Wandlung
Bildgüteverbesserung, Codierung von Videosignalen	Kontrastverschärfung, Verbesserung des Signal-Rausch-Verhältnisses [14, 37, 40, 50, 51, 52]		Bildreproduktion
Unterwasserschall-Signalauswertung	Erkennung von Unterwasser-Objekten [48, 49]		
autom. Sprach- und Sprechererkennung	Erkennung gesprochener Worte, Phoneme, Buchstaben u. charakt. Sprechmerkmale [53]	Auskunfts-, Reservierungssystem	automatische Spracherzeugung
autom. Luftsicherung (Radarsignalauswertung)	Ermittlung von Flugobjekten und Positionsbestimmung [16]	Positionsverarbeitung im Luftsicherungssystem	Positionsdarstellung von Flugobjekten
autom. Kartenherstellung (Luftbildphotogrammetrie)	Ermittlung konjungierter Punkte von Stereoluftbildpaaren [42]	Bestimmung von Parallaxe u. Höhenkoordinaten, Koordinatenentzerrung	Darstellung von Profilkarten u. Orthoprojektionen
autom. Belegverarbeitung, Schrift- u. Schreibererkennung	Erkennung gedruckter od. handgeschriebener alphanumerischer Zeichen u. Unterschriftsidentifikation [5—8, 12, 23, 28, 29, 47]	System für Buchung, Lagerhaltung, Textübersetzung, Dokumentation usw.	
autom. Blasenkammerauswertung (Kernphysik)	Spurverfolgung, Feststellung nuklearer Ereignisse [3, 13, 27, 32]	dreidimensionale Positions- u. Bahnauswertung (Impuls, Energie)	Darstellung von Histogrammen, Diagrammen u. ä.
autom. Auswertung von Fingerabdrücken (Kriminalistik)	Auswertung, Speicherung und Identifikation von Fingerabdrücken	System für kriminalistische Dokumentation u. Fahndung	Darstellung von Personenbildern u. Merkmalen
autom. Auswertung biomedizinischer Aufnahmen (Röntgen-, Blut-, Chromosomen-Bilder u. ä.)	Klassifikation u. Zählung von Blutkörperchen, Chromosomen, Erkennung von Befunden, Veränderungen u. ä. [2, 26, 33, 36, 46]	klinisches System zur Diagnostik	Darstellung von Histogrammen, Diagrammen u. ä.
autom. Luftbild-Photointerpretation u. allg. Objekterkennung	Objektfilterung, Textur-, Situations-, Objekterkennung [17, 18, 24, 31, 38]	militärisches System, System für unbemannte Raumfahrt	Darstellung von Positionen, Objekten, Texturen u. ä.

elektrische oder *Analog-Digital*-Wandler (Prozeßdateneingabe) bzw. bei spezieller
Zeichenmusterverarbeitung mit Informationsreduktion nach Abb. 84 b durch den
Menschen. Bei der automatischen Belegverarbeitung (Tab. 16 und [8, 23, 47])
wird der Mensch bereits weitgehend durch spezielle Wandler wie Zeichenlese-
maschinen ersetzt. Abgesehen von speziellen Geräten kann aber auch der digitale

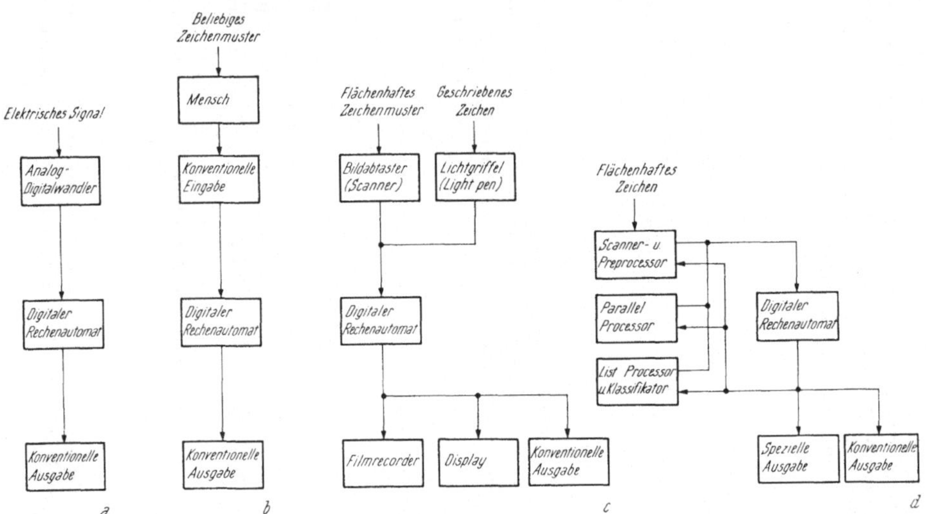

Abb. 84. Systemkonfigurationen mit Nachrichtenwandlung: a) Ohne Informationsreduktion;
b) mit Zeichenmustererkennung durch den Menschen; c) mit Zeichenmustererkennung durch
einen digitalen Rechenautomaten; d) spezielle Systemkonzeption für die Zeichenmustererkennung

Rechenautomat selbst, bevor er z. B. die mit der Aufgabe verbundene numerische
Rechnung ausführt, für Aufgaben der Zeichenerkennung und auch für reine
Simulationen zur Gestalterkennung herangezogen werden [4—7, 12, 15, 19, 22,
28—30, 44]. Für diese Anwendung des Rechenautomaten sind im wesentlichen
zwei Systemkonfigurationen nach Abb. 84 c und 84 d zu unterscheiden.

Üblich ist das System nach Abb. 84 c, welches aus einem digitalen Rechenautomaten besteht, der spezielle periphere Geräte besitzt, wie *Bildabtaster* oder
Lichtgriffel zur Eingabe bildhafter oder graphischer handschriftlicher Informationen und z. B. *Filmrecorder* oder *Display* zur Bildausgabe oder visuellen Bildwiedergabe. Bei reiner Simulation ist auch das visuell-manuelle Übertragen von
Zeichenmustern in Lochkarten und Lochstreifen möglich. Diese Methode ist aber
wenig effektiv für die Prüfung eines Zeichenerkennungsmodells, da wegen des
Zeitaufwandes die Anzahl der präparierbaren Zeichenmuster begrenzt ist.

Optische oder akustische Zeichen müssen in eine geeignete *quantisierte* Form
gebracht werden, damit sie von einem digital arbeitenden Rechenautomaten
verarbeitet werden können. Optische, in Form von Bildern vorliegende Zeichen
lassen sich durch flächenhaft veränderliche Remissionssignale, bei Negativfilmen
durch Transparenzsignale darstellen, je nachdem, ob die Betrachtung bzw. Abtastung in Auf- oder Durchsicht erfolgt. Sie können nach Flächenelementen x_l
und Grauwertamplituden $s_l^{(\lambda)}$ quantisiert werden. Akustische oder Sprachsignale

lassen sich durch zeitlich veränderliche Druck- oder Schnellesignale wiedergeben, die zweckmäßig nach Amplitude und Zeit quantisiert werden. In der Frequenzdarstellung können Sprachsignale auch bildhaft als „visible speech"-Diagramm vorliegen. Da das flächenhafte Zeichenmuster eine allgemeinere Darstellungsform als z. B. das zeitlich veränderliche, eindimensionale Sprachsignal darstellt, werden im folgenden ausschließlich Verarbeitungsprozesse bildhafter Zeichen behandelt.

Bei dem System in Abb. 84 c können Schriftzeichen oder graphische Informationen mit einem Lichtgriffel [29, 30] auf einer Kathodenstrahlröhre in gewählten Positionen gesetzt oder unter Umständen auch von Hand in quantisierter Form geschrieben oder gezeichnet werden (s. auch 7.). Bildhafte komplexe Zeichenmuster auf Filmen oder undurchsichtigen Zeichenträgern werden dagegen mit einem Bildabtaster in n Bild*rasterelemente* x_l $(l = 1, 2, \ldots n)$ zerlegt, wobei die Intensität jedes Bildelements in einen von r Grauwerten $s^{(\lambda)}_l$ $(\lambda = 1, 2, \ldots r)$ quantisiert wird.

Die Zeichenmuster- und *Bildverarbeitung* ist grundsätzlich ein zweidimensionales Problem und läßt sich daher wirkungsvoller mit einem speziellen, parallel arbeitenden Computer als mit einem digitalen Rechenautomaten behandeln. Ein spezielles System, in dem der Rechenautomat im wesentlichen nur noch Steuerungs-, Verwaltungs- und Erkennungsaufgaben auf höherer Ebene übernimmt, ist in Abb. 84d dargestellt. Der seriell arbeitende Scanner gibt die Bildinformationen bereits vorverarbeitet, z. B. als Kontrast-Richtungselemente [24], in den Rechenautomaten ein, so daß dieser weitgehend von der seriellen Bildelementverarbeitung entlastet wird. Gleichzeitig steht der Scanner unter Rechnerkontrolle (bidirektionaler Datenaustausch). Damit wird das Abtastprogramm vom Rechner aus wählbar. Die Bildelementansteuerung und Abtastung kann z. B. mit beliebigem Zugriff erfolgen, so daß das vorliegende zu verarbeitende Bild als optisches Speichermedium des Systems angesehen werden kann. Ein spezieller Processor [27] ermöglicht z. B. die parallele Weiterverarbeitung und parallele Speicherung von Teilbildmatrizen. Ein spezieller Decoder kann weiter für die Verarbeitung von Listen und zur parallelen Klassifikation (z. B. Assoziativspeicherung) herangezogen werden.

Im allgemeinen steht eine Systemkonfiguration nach Abb. 84 c mit einem seriell arbeitenden digitalen Rechenautomaten zur Verfügung. Im folgenden wird daher nur die spezielle Zeichenmusterverarbeitung diskutiert, welche eine Systemkonzeption nach Abb. 84 c zur Grundlage hat. Damit eine wirkungsvolle und ökonomische Bildverarbeitung mit einem digitalen Rechenautomaten durchgeführt werden kann, müssen spezielle Methoden angewandt und einige besondere Punkte beachtet werden. In den folgenden Abschnitten werden geeignete Zeichenmusterdarstellungen für die Verarbeitung, spezielle Methoden der Bildverarbeitung mit und ohne Informationsreduktion, zweckmäßige Maschinen-, Wort-, Befehlsstrukturen und Bildspeicherungen, die Bildeingabe und spezielle Ein-Ausgabe-Geräte diskutiert.

2. Darstellung bildhafter Zeichenmuster

Bildhafte Zeichenmuster bzw. Bildstrukturen können zweckmäßig in Linienstrukturen, Flächenstrukturen und stochastische Strukturen gegliedert werden.

Linienhafte Strukturen lassen sich besonders einfach darstellen, da das Struktur-element nur binär als Linienelement „vorhanden" bzw. „nicht vorhanden" auf-tritt. Nach Abb. 85 a kann eine Linie in einem Hilfs- bzw. Konstruktionsgitternetz näherungsweise durch die belegten bzw. markierten Gitter- oder Rasterelemente (Abb. 85 b) oder nach Abb. 85 c durch eine Folge von Geradenstücken (Polygon-zug) wiedergegeben werden.

Eine Darstellung der markierten und unmarkierten Bildrasterelemente $x_{\eta\xi}$ nach Abb. 85 b ist mit dem digitalen Rechenautomaten ohne weiteres möglich.

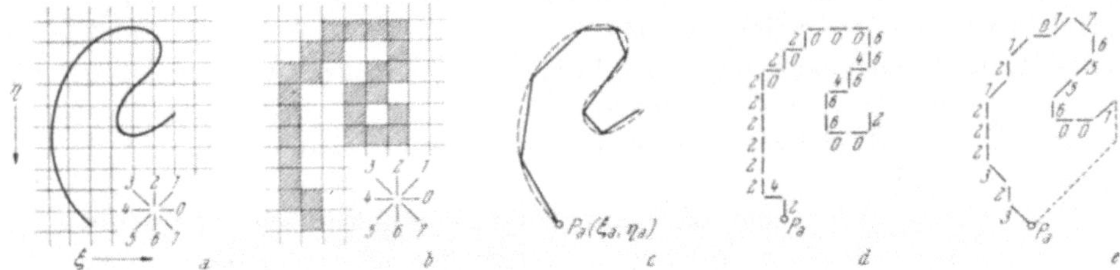

Abb. 85. a) Hilfs- bzw. Konstruktionsgitternetz zur Darstellung einer Linie; b) Linienapproximation durch markierte Rasterelemente, c) durch einen Polygonzug, d) durch Einheitselemente in vier Richtungen und e) durch Kettencodierung

Der *Bildinformation* „markiert" bzw. „schwarz" eines Rasterelements $x_{\eta\xi}$ wird die binäre Information $s_{\eta\xi} = 1$, der Bildinformation „unmarkiert" bzw. „weiß" die binäre Information $s_{\eta\xi} = 0$ zugeordnet. Anstelle von 0 und 1 kann z. B. auch eine beliebige positive und negative Zahl gewählt werden. Zu beachten ist, daß die zweidimensionale Verteilung der Bildinformation im Rechenautomaten eindimensional abgespeichert wird, so daß eine Speicherverwaltung der n Bild-elemente getrieben werden muß.

Bei linienhaften Zeichenmustern wie bei Blasenkammeraufnahmen oder Schriftzeichen ist im allgemeinen eine binäre Schwarz-Weiß-Darstellung aus-

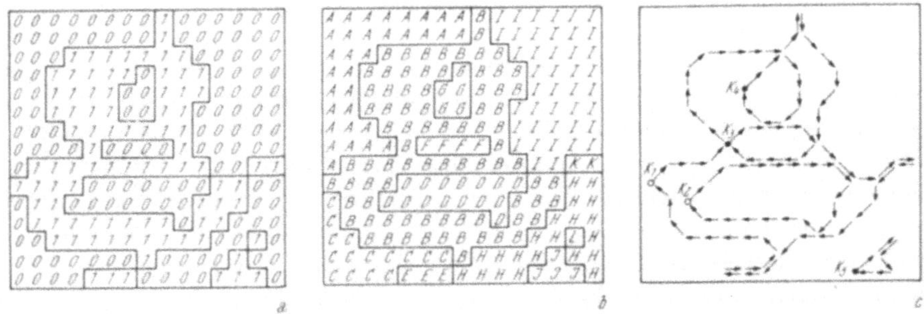

Abb. 86. a) Darstellung eines linienhaften Zeichenmusters durch eine binäre Bildmatrix $S_{\eta\xi}$; b) Darstellung und Kennzeichnung einer flächenhaften Struktur nach der Konturbestimmung durch Flächen unterschiedlicher Grautönung (nichtbinäre Bildmatrix oder Satz binärer Bild-matrizen $S^{(1)}$, $S^{(2)}$, ... $S^{(\lambda)}$, ...); c) Darstellung der Flächenkonturen durch Kettencodierung

reichend. Gedruckte Zeichen können wegen ihrer Strichdicke bereits nicht mehr zu den Linienstrukturen gezählt werden, jedoch lassen sich derartige einfache Flächenstrukturen ebenso wie die Linienstrukturen durch eine binäre 0-1-Ver-teilung bzw. *Bildmatrix* $S_{\eta\xi} = (s_{11}, s_{12}. \ldots s_{21}, s_{22}, \ldots)$ darstellen (Abb. 86 a).

Bei flächenhaften Grauntonbildern wie z. B. Luftbildern, Röntgenaufnahmen u. ä. kann die Bildwiedergabe durch einen Satz von r' binären Bildmatrizen $S^{(1)}, S^{(2)}, \ldots S^{(2)}, \ldots$ erfolgen, wenn eine Grauwertdarstellung in r Stufen erforderlich ist ($ld\,r + 1 > r' \geqq ld\,r$, r' positiv ganzzahlig).

Für bestimmte Anwendungen wie z. B. die Zeichenerkennung ist eine Grautondarstellung von geringer Bedeutung. Zweckmäßig ist dagegen bei flächen- und linienhaften Zeichenmustern eine *Darstellung* durch *Konturen* (Umrißlinien) oder Mittellinien (*Skelettlinien*) unter sinnvoller Ausnutzung und gleichzeitiger Veränderung der *Bildredundanz*. Eine Kontur wird durch zwei aneinandergrenzende Flächen gebildet, welche eine einheitliche Grautönung aufweisen, gegeneinander aber einen wesentlichen bzw. erkennbaren Grautonunterschied besitzen. Wenn die Flächenstrukturen ermittelt sind (Methoden s. 4.1), ist der Grauton einer Fläche als der Mittelwert der Grauwertamplituden aller Bildrasterelemente innerhalb der Kontur definiert. Die konturmäßig abgegrenzten Flächen können dann z. B. wie in Abb. 86 b durch Buchstaben oder Ziffern gekennzeichnet und dargestellt werden.

Stochastische Flächenstrukturen, bei denen eine Kontur im genannten Sinne nicht vorliegt, können im allgemeinen nur als quantisierte Grauwertverteilung gespeichert werden. In speziellen einfachen Fällen läßt sich das statistische Erzeugungsgesetz (z. B. Markoffscher Prozeß) für Flächenbereiche angeben. Bei charakteristischen Unterschieden von Textur (Granulation und Tönung) können wie bei den Flächenstrukturen die Flächenbereiche durch Konturen abgegrenzt werden [20].

Die unterschiedlichen Darstellungen bildhafter Zeichenmuster, die bei bildverarbeitenden Prozessen angewandt werden, können entsprechend ihrem Redundanzgrad und Bildinformationsgehalt in folgende Gruppen gegliedert werden:

a) Bildreproduktion in zweidimensionaler, quantisierter Darstellung durch Bildmatrizen $S_{\eta\xi}^{(\nu)}$.

b) Darstellung mit veränderter Bildredundanz, wobei keine oder höchstens eine unwesentliche Änderung des Bildinformationsgehaltes stattfindet (wie z. B. die Unterdrückung der Flächenfeinstruktur bei Konturdarstellung u. ä.).

    α) Redundanzvermehrung (Vorteil: einfache Durchführung bestimmter bildverarbeitender Operationen s. 2.1).

    β) Redundanzverminderung (Vorteil: geringere erforderliche Speicherkapazität s. 2.1 und 5.).

c) Darstellung mit wesentlicher Änderung des Bildinformationsgehaltes (Informationsreduktion).

2.1. Bilddarstellung mit veränderter Bildredundanz

Gleichwertig mit der flächenhaften Darstellung von Zeichenmustern durch binäre Bildmatrizen $S_{\eta\xi}$ ist die Speicherung der Koordinatenwerte (ξ, η) markierter Rasterelemente. Diese Methode ist besonders für Linien und Konturen geeignet, die eine verglichen mit den n Matrixelementen geringe Anzahl markierter Elemente besitzen. Noch wirksamer wird diese Methode, wenn die Speicherung eines Linienzuges durch Anfangspunkt (ξ_a, η_a) und einen in Laufrichtung sich erstreckenden, nach bestimmten Richtungen quantisierten Polygonzug erfolgt (Abb. 85 c). Eine Modifikation dieser Speicherart läßt nur eine Streckeneinheitslänge (Abb. 85 d) zu. Eine für den Rechenautomaten besonders geeignete Methode bezieht Streckenlänge und Richtung auf die 8 unmittelbaren *Nachbarknoten*elemente bzw. Rasterelemente (*Kettencodierung* nach Abb. 85 e [9, 10]. Jedes *Richtungselement* erfordert 3 bit an Information zur eindeutigen Kennzeichnung. Der in Abb. 85e dargestellte Linienzug läßt sich z. B. durch die dual codierte Ziffernfolge (1) wiedergeben.

$$\xi_a,\ \eta_a,\ 011,\ 010,\ 011,\ 010,\ 010,\ 010,\ 001,\ \ldots,\ 001 \tag{1}$$

Bei der Konturdarstellung flächenhafter Strukturen sind grundsätzlich zwei Methoden denkbar, die sich wesentlich in ihrem Redundanzgehalt unterscheiden. Bei der ersteren werden nur die Koordinaten der Kontrastübergänge *0-1* bzw. *1-0* anstelle von Schwärzungs- bzw. Grautonflächen gespeichert (Abb. 88 a). Als Vorlage dient z. B. das Zeichen der Abb. 86 a ohne Berücksichtigung der eingeschlossenen inneren Flächen. Bei der zweiten Methode wird die Konturspeicherung durch zusätzliche Informationen über den Konturverlauf ergänzt. Wie bei den linienhaften Strukturen kann das flächenhafte Zeichen z. B. durch Anfangspunkte und Streckenfolgen seiner Konturen dargestellt werden (Abb. 86 c).

Flächenstrukturen können außer durch die Kontur auch durch andere einfache Linienstrukturen eindeutig beschrieben werden. Der Zusammenhang zwischen Linie und Fläche ist allerdings nicht so anschaulich wie bei der Kontur. In Abb. 87 a wird z. B. eine Skelettliniendarstellung einer Fläche und das Prinzip der Skeletterzeugung gezeigt [34, 39]. Von der Kontur aus werden ins Flächeninnere geschlossene Linien bzw. Wellenfronten konstruiert, die von der Kontur einen konstanten Abstand haben. Die Skelettlinie ist der geometrische Ort aller Punkte, die eine Abschnürung oder Unstetigkeit einer inneren Wellenfrontlinie bilden. Jeder Punkt der Skelettlinie hat einen bestimmten Abstand von der Kontur. Somit läßt sich eine Fläche durch die Skelettlinienlage und durch die parametrischen Angaben über Konturabstand für jeden Punkt der Skelettlinie rekonstruieren.

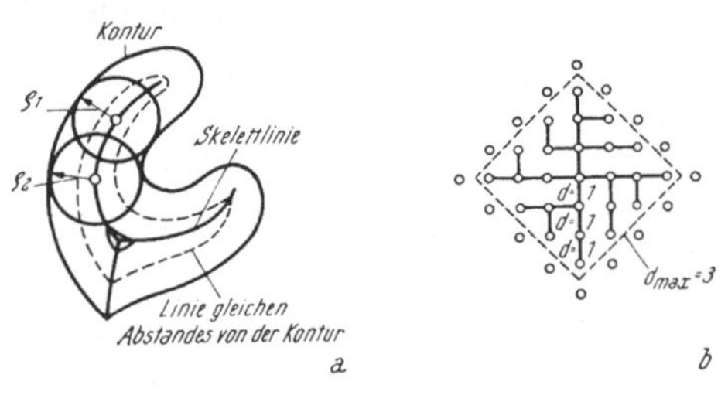

Abb. 87. a) Prinzip der Skeletterzeugung bei einer Fläche; b) Kreisdarstellung bei einer nichteuklidischen Abstandsdefinition $d = |\xi_a-\xi_e| + |\eta_a-\eta_e|$

Die Kontur ist die Umhüllende aller Kreise, deren Mittelpunkte auf der Skelettlinie liegen und deren Radien gleich den betreffenden Konturabständen e_1 sind.

Bei Anwendung eines digitalen Rechenautomaten kann eine Metrik, die nicht auf einem Euklidischen Abstand wie in Abb. 87 a beruht, zweckmäßiger sein. Abb. 87 b zeigt eine Metrik, bei der zum Abstand nur die Beträge $|\xi_a - \xi_e| + |\eta_a - \eta_e|$ zweier Punkte P_a und P_e beitragen. Dargestellt ist ein Flächenbereich, dessen Rasterelemente vom mittleren Element gemäß der Abstandsdefinition einen maximalen Abstand von $d = 3$ besitzen.

Um die Skelettlinie des in Abb. 86a gezeigten Zeichens konstruieren zu können, müssen zunächst die inneren Wellenfronten der Kontur nach Abb. 88a gebildet werden. Die richtungsquantisierte Wellenfront wird so gezogen, daß bei Anwendung eines Verbindungsschemas, welches sich auf die 8 nächsten Nachbarelemente bezieht, der kleinstmögliche Umfang entsteht. Die abgeschnürten bzw. übrigbleibenden inneren Rasterelemente in Abb. 88b bilden die Skelett-

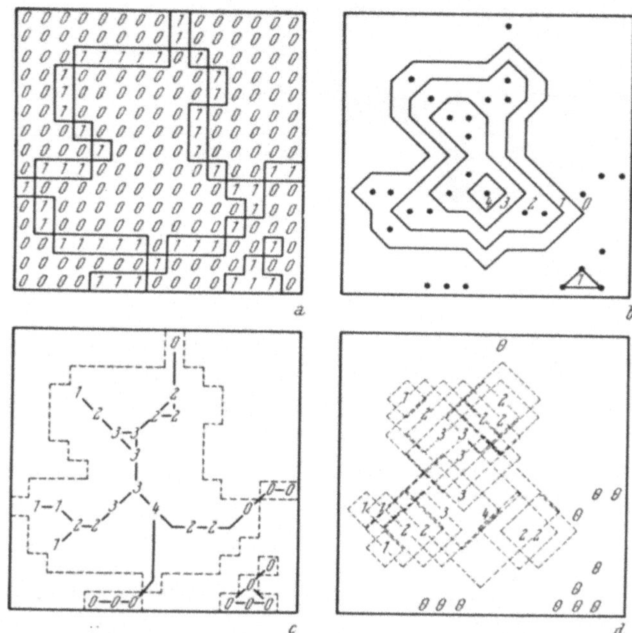

Abb. 88. a) Darstellung eines flächenhaften Zeichens durch die Kontur, b) durch die inneren Wellenfronten der Kontur, c) durch das Abstandsskelett; d) Prinzip der Konturerzeugung aus der Abstandsskelettdarstellung

linienpunkte (Abb. 88c), die wegen der Quantisierung nicht notwendigerweise zusammenhängen müssen. Es läßt sich leicht zeigen (Abb. 88d), daß die Rücktransformation der *Abstandsskelettlinie* wieder die ursprünglich vorgelegte Flächenstruktur liefert. Die Skelettdarstellung hat gegenüber der Konturdarstellung den Vorzug, einen besseren Relativlagenbezug zwischen vorgegebenen Rasterelementen und der vorliegenden Fläche zu ermöglichen, während eine Konturlinienverfolgung (Konturbezug) verhältnismäßig schwerfällig ist.

2.2. Bilddarstellung mit reduziertem Informationsgehalt

Zeichenmusterdarstellungen, die z. B. in einer fortgeschrittenen Verarbeitungsphase bei der Zeichenerkennung auftreten, unterscheiden sich von den vorangegangenen durch einen reduzierten Bildinformationsgehalt. Das bedeutet, daß zwar eine eindeutige Transformation des Originalbildes in die reduzierte Darstellung existiert, eine Rekonstruktion des Originals aus der reduzierten Darstellung jedoch nicht mehr möglich ist [11, 15].

Als einfaches Beispiel sei das in Abb. 89a dargestellte Zeichenmuster mit spaltenweise *segmentierten* und gekennzeichneten Teilflächen betrachtet. Wenn z. B. bei der spaltenweisen Abtastung von oben nach unten ein Segment erscheint, sich verzweigt oder Segmente sich vereinigen, werden eine oder mehrere neue Segmentnummern Z für die folgenden neuen Zeichenteilflächen eingeführt.

Die Abb. 89b zeigt dasselbe Zeichenmuster in reduzierter Darstellung, bei der auf den genauen Verlauf der Segment-Konturlinien verzichtet und nur das Verknüpfungsschema der Segmente erfaßt wird. Jedes Segment kann als Zustand

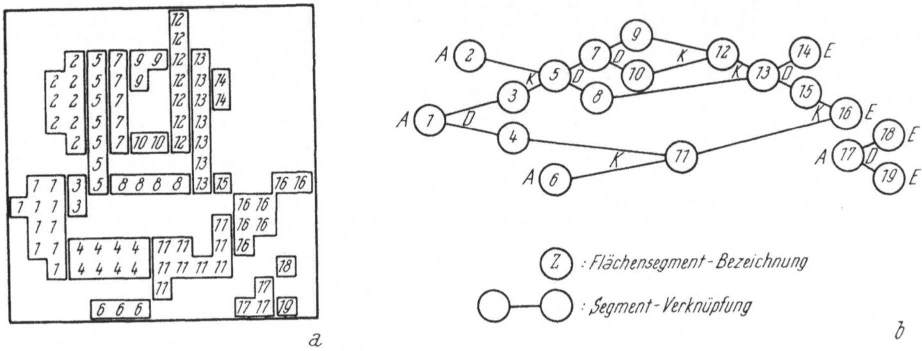

Abb. 89. a) Flächenhaftes Zeichen mit spaltenweise segmentierten und gekennzeichneten Teilflächen; b) reduzierte Darstellung in Form eines Verknüpfungsschemas der Segmente Z (A Anfang, E Ende, D Divergenz, K Konvergenz)

eines Graphen, jede gemeinsame Grenzlinie bzw. Berührungslinie zweier Segmente als ungerichteter Zustandsübergang angesehen werden. Für die Segmentzerlegung sind z. B. noch folgende ergänzende Angaben des Graphen zweckmäßig: (A) Verknüpfung nur nach rechts, (E) nur nach links, (D) Zweifachverknüpfung nach

Tabelle 17. *Automatentafel für das Verknüpfungsschema des nach Abb. 89 segmentierten Zeichens*

Verknüpfung	Segment-Nr. Z																		
	1	2	3	4	5	6	7	8	9	10	11	12	13	14	15	16	17	18	19
L			1	1			5	5	7	7				13	13			17	17
KO					2						4	9	12			15			
KU					3						6	10	8			11			
R		5	5	11		11		13	12	12	16	13			16				
DO	3				7		9						14				18		
DU	4				8		10						15				19		
spez. Zustand	A	A					A							E		E	A	E	E

rechts und (K) nach links. Bei den Zweifachverknüpfungen kann (O) oberer und (U) unterer Ast unterschieden werden. Mit Verknüpfung (R) nach rechts, (L) nach links und den Angaben (DO), (DU), (KO) und (KU) läßt sich das Verknüpfungsschema in Form einer Automatentafel darstellen (Tab. 17).

3. Bildverarbeitung ohne wesentliche Änderung des Bildinformationsgehaltes

Eine Folge bildverarbeitender Prozesse, die eine eingegebene Bildmatrix $S^{(i)}$ in eine bestimmte andere auszugebende Bildmatrix $S^{(o)}$ umwandelt, soll *Bildprozedur* $S^{(i)} \rightarrow S^{(o)}$ genannt werden. Die Bildprozedur besteht im allgemeinen aus einer Folge einzelner *Grundoperationen* $S^{(i)}$, $S^{(1)}$, $S^{(2)}$, ..., $S^{(\nu)}$, ... $S^{(o)}$, wobei jede Grundoperation z. B. nach (2) auf die sogenannte *Argumentmatrix* $S^{(b)}$ ausgeübt wird [32]. Als Nebenbedingung kann eine binäre *Auswahlmatrix* $S^{(c)}$

$$S^{(a)} = f(S^{(b)}, S^{(c)}; \textit{Parameter}) \tag{2}$$

die *lokal* auszuführende Operation bzw. die *Ergebnismatrix* $S^{(a)}$ beeinflussen. Abgesehen von dieser Steuerung ist die auf das einzelne Element $x_{\eta\xi}$ angewandte lokale Operation für jedes Matrixelement gleich.

Typisch für viele bildverarbeitende Prozesse ist das systematische Einbeziehen von Bildinformationen $s_{\eta+j,\ \xi+i}$ benachbarter Bild- oder Rasterelemente bei einer auf das Bezugselement $x_{\eta\xi}$ angewandten lokalen Operation. Die Parameter in (2) geben die betreffenden Nachbarelemente (i, j) an. Nur in Ausnahmefällen sind die Operationen *nachbarschaftsunabhängig*, wie z. B. die Bildmatrixein- und -ausgabe, das Setzen von Matrixelementen, Zähloperationen u. ä. (s. 4.2aα). Jede Grundoperation besteht abgesehen vom Rand im allgemeinen aus n gleichen lokalen Operationen, die bei Anwendung eines digitalen Rechenautomaten zeitlich seriell, bei speziellen Computern parallel ablaufen können (z. B. ILLIAC III [27]). Operationen, bei denen eine spezifische Behandlung von bestimmten Bildelementen oder größeren Einheiten wie Flächenbereichen u. ä. durchgeführt wird, bezeichnet man als *global* [35].

3.1. Lokale bildverarbeitende Operationen

Die nachbarschaftsabhängigen lokalen Operationen werden im allgemeinen nur auf die 8 unmittelbaren Nachbarelemente $x_{\eta+j,\ \xi+i}$ mit $i = -1, 0, 1$ und $j = -1, 0, 1$ bezogen. In der Parameterangabe von (2) werden die entsprechenden Elemente einfach durch Kennziffern 1 bis 8 dargestellt. Das Bezugselement erhält die Ziffer 0, das rechte Nachbarelement die Ziffer 1, das in positiver Drehrichtung folgende Nachbarelement die Ziffer 2 usw. (s. Abb. 90a). Als Beispiel

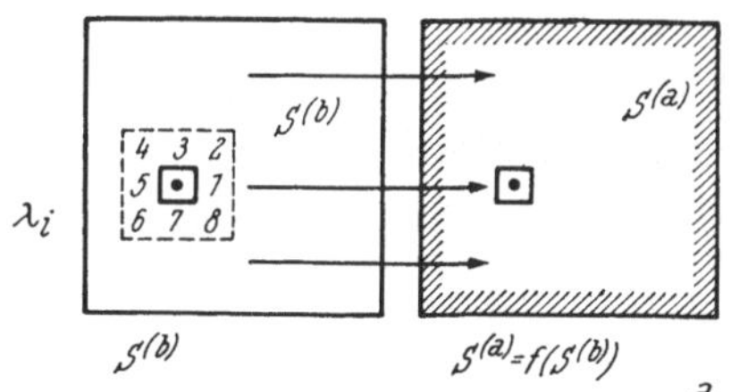
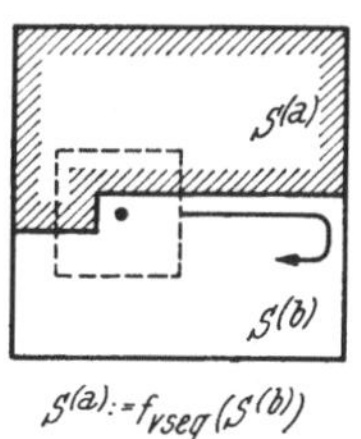
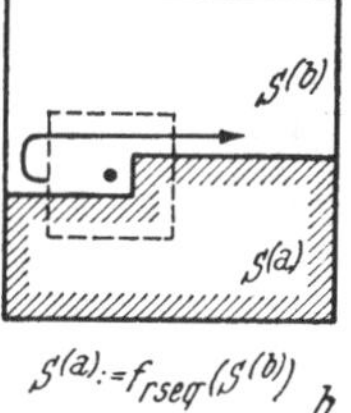

Abb. 90. Schematische Darstellung von a) paralleler und b) sequentieller lokaler bildverarbeitender Operation

für eine lokale parallele Operation soll die spezielle Funktion (3) betrachtet werden, bei der die Argumentmatrix $S^{(b)}$ gleichzeitig als Auswahlmatrix $S^{(c)}$ dient [39].

Bei n-facher Anwendung (ungünstigster Fall) der lokalen Grundoperation (3) entsteht aus der eingegebenen Bildmatrix $\mathbf{S}^{(i)}$ als Ausgangsmatrix $\mathbf{S}^{(a)}$ der Bildprozedur eine abstandstransformierte Konturdarstellung (Abb. 91c) im Sinne von Abb. 88b.

$$\mathbf{S}^{(a)} = \min(\mathbf{S}^{(b)} + 1, \mathbf{S}^{(c)}; 1, 3, 5, 7) \qquad \text{mit} \qquad \mathbf{S}^{(c)} \equiv \mathbf{S}^{(b)}$$

$$\text{oder} \quad s_{j,i}^{(a)} = \min(s_{j,i-1}^{(b)}, s_{j,i+1}^{(b)}, s_{j-1,i}^{(b)}, s_{j+1,i}^{(b)}) + 1 \qquad \text{für} \quad s^{(b)} = 1 \tag{3}$$

$$\text{und} \quad s_{j,i}^{(a)} = 0 \qquad\qquad\qquad\qquad\qquad\qquad \text{für} \quad s^{(b)} = 0$$

Die Operation nach (3) wird als *parallel* bezeichnet, da Argumentmatrix und Ergebnismatrix unabhängig voneinander sind und getrennt gespeichert werden (Abb. 90a). Derartige parallele lokale Operationen sind besonders für spezielle Parallelprozessoren (s. Abb. 84d) geeignet, die z. B. n arithmetische Einheiten zur simultanen Ausführung der n lokalen Operationen besitzen [27]. Bei der im allgemeinen durchgeführten Behandlung bzw. Simulation von Bildprozeduren auf digitalen Rechenautomaten werden die Grundoperationen zweckmäßig als Makroinstruktionen in einer *Assembler*sprache programmiert und in der Programmbibliothek gespeichert, oder es wird eine Programmierspache auf *Compiler*niveau durch spezielle Instruktionen zu einer formalen Bildverarbeitungssprache erweitert (PAX [32, 35], s. auch 4.2).

Bei der Ausführung von Bildprozeduren mit einem Rechenautomaten haben *sequentielle* lokale Operationen besondere Bedeutung. Diese erfordern nach Abb. 90b keine getrennte Speicherung von Argument- und Ergebnismatrix. Jede sequentielle lokale Operation bezieht sich entsprechend zur Fortschreitrichtung auf noch nicht verarbeitete Nachbarinformationen (Teil der Argumentmatrix $\mathbf{S}^{(b)}$) und auf bereits verarbeitete Nachbarinformationen (Teil der Ergebnismatrix $\mathbf{S}^{(a)}$). Bei der sequentiellen lokalen Bildoperation (4) unterscheidet man zweckmäßig einen Vorwärts- und einen Rückwärtsmodus (Abb. 90b).

$$\mathbf{S}^{(a)} := f_{vseq}(\mathbf{S}^{(b)}; \lambda_i) \qquad\qquad \mathbf{S}^{(a)} := f_{rseq}(\mathbf{S}^{(b)}; \lambda_i)$$

$$\text{oder} \quad s^{(a)} := f_{vseq}(s^{(b)}; \lambda_i^{(b)}, s^{(a)}; \lambda_i^{(a)}) \qquad s^{(a)} := f_{rseq}(s^{(b)}; \lambda_i^{(b)}, s^{(a)}; \lambda_i^{(a)})$$

$$\text{mit} \quad \lambda_i^{(a)} \quad \text{aus} \quad 2, 3, 4, 5 \qquad\qquad \lambda_i^{(a)} \quad \text{aus} \quad 1, 6, 7, 8 \tag{4}$$

$$\qquad\quad \lambda_i^{(b)} \quad \text{aus} \quad 0, 1, 6, 7, 8 \qquad\qquad \lambda_i^{(b)} \quad \text{aus} \quad 0, 2, 3, 4, 5$$

Als Beispiel soll eine Abstandsskelettbildung in sequentieller Arbeitsweise durchgeführt werden [39]. Die Abstandstransformation (Abb. 91c) wird durch Anwendung der sequentiellen Vor- und Rückwärtsoperation (5) gebildet. Zu

$$\mathbf{S}^{(1)} := \min_{vseq}(\mathbf{S}^{(i)} + 1, \mathbf{S}^{(i)}; 3, 5) \quad \text{und} \quad \mathbf{S}^{(2)} := \min_{rseq}[(\mathbf{S}^{(1)}; 0), (\mathbf{S}^{(1)} + 1; 1, 7)] \tag{5}$$

beachten ist, daß gegenüber Abb. 88b der Abstand d um den Wert l erhöht worden ist, damit die freie Bildmatrixfläche durch 0 dargestellt werden kann. Um das Abstandsskelett aus $\mathbf{S}^{(2)}$ zu erhalten, wird z. B. die parallele lokale Grundoperation (6) angewandt, die auch seriell durchführbar ist. Durch inverse Transformationen kann man die abstandstransformierte Konturdarstellung $S^{(2)}$ zurück-

$$S^{(o)} = S^{(2)} \quad \text{für} \quad (S^{(2)}; 1, 3, 5, 7) \neq (S^{(2)} + 1; 0) \tag{6}$$
$$\text{sonst} \quad S^{(o)} = 0$$

gewinnen. Hierzu werden z. B. die beiden sequentiellen lokalen Operationen (7) auf $S^{(o)}$ angewandt (s. Abb. 91).

$$S^{(3)} := \max{}_{vseq}[(S^{(o)}; 0), (S^{(o)} - 1; 3, 5)]$$
$$\text{und } S^{(2)} := \max{}_{rseq}[(S^{(3)}; 0), (S^{(3)} - 1; 1,7)] \tag{7}$$

Gegengekoppelte lokale Operationen s. [37] (*laterale Inhibition*).

3.2. Nichtlokale bildverarbeitende Operationen

Als Ergebnis einer Bildprozedur mit lokaler Bildverarbeitung entstehen mehr oder weniger zusammenhängende Bereiche oder Zonen in verschiedenen Bildebenen $S^{(r)}$ (Verarbeitung von Mikrostrukturen). Eine übergeordnete Sprache mit globaler Bildverarbeitung, wie sie z. B. besonders für die Zeichenmustererkennung interessant ist, muß anschließend die Makrostrukturverarbeitung und Beschreibung durchführen. Die Entwicklung auf diesem Gebiet ist zur Zeit noch

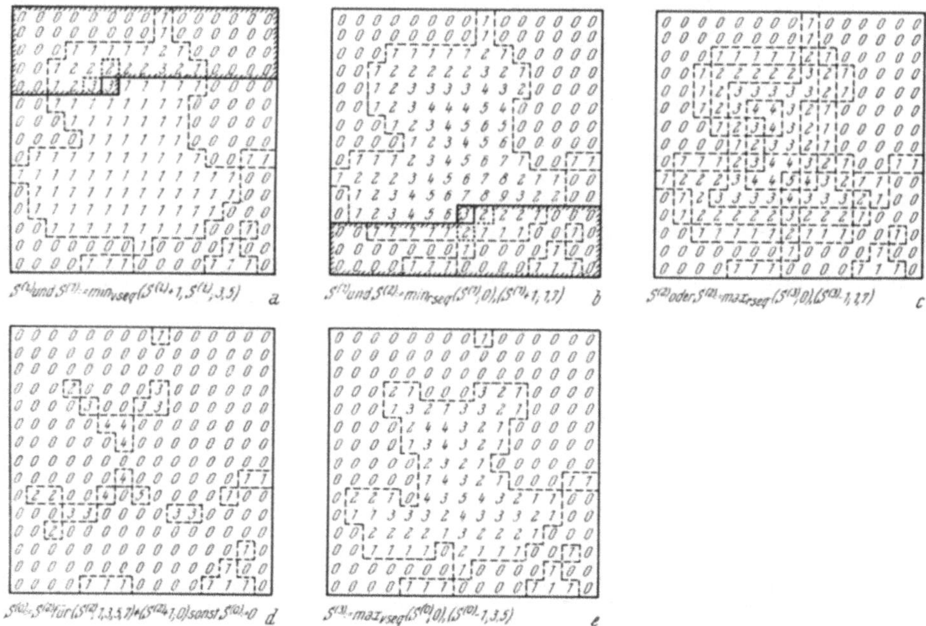

Abb. 91. Bildmatrixtransformation zur Abstandsskelett-Bildung: a) Eingabe der Bildmatrix $S(i)$; b) Zwischenstufe $S^{(1)}$ zur Abstandsbildung; c) Abstandstransformierte $S^{(2)}$ der Kontur; d) Skelettliniendarstellung $S^{(0)}$ (Ausgabematrix); e) Zwischenstufe $S^{(3)}$ zur Rücktransformation

in Fluß. Hier sollen als Beispiel einige geometrische Operationen dargestellt werden, die besonders bei der Kettencodierung von Zeichenmustern interessant sind. Wegen der speziellen Speichermethode weichen die Operationen von den üblichen analytisch-geometrischen Methoden ab.

Ohne Berücksichtigung des Bezugspunktes $P_a(\xi_a, \eta_a)$ kann eine Kontur oder Linie nach H. Freemann [9, 10] durch (8)

$$\mathop{C}_{l=1}^{n}(s_l) = s_1, s_2, \ldots, s_n \qquad (s_l\text{: Richtungselement nach Abb. 85e}) \qquad (8)$$

dargestellt werden. Die inverse Darstellung $C^{(-1)}$ gibt die Richtungsfolge von C beginnend mit dem Endpunkt $P_e(\xi_e, \lambda_e)$ wieder. Zur Bildung von $C^{(-1)}$ braucht nur die Folge der Richtungselemente s_l umgekehrt durchlaufen und jedes Richtungselement durch das inverse um 180^0 gedrehte Element $s_l^{(-1)}$ ersetzt werden (9).

$$C^{(-1)}(s_l) = \mathop{C}_{l=1}^{n}(s_{n-l+1}^{(-1)}) \qquad \text{mit} \qquad s_l^{(-1)} = (s_l + 4)_{mod\,8} \qquad (9)$$

Als *Kettenresiduum* $R(s_l)$ wird die kürzeste Kette zwischen P_a und P_e in Standardform, d. h. in aufsteigender Ordnung der s_l definiert. $R(s_l)$ wird aus $C(s_l)$ dadurch gewonnen, daß alle Elemente mit ihren inversen Elementen eliminiert und alle geeigneten Zweierkombinationen zu einem (z. B. $30 \triangleq 2$) oder zu zwei gleichen Elementen (z. B. $13 \triangleq 22$) zusammengefaßt werden. Aus der Kettencodierung C in Abb. 85e wird z. B. nach Tab. 18 $R = 111122$. Zu bemerken ist noch, daß das Kettenresiduum höchstens aus je einem bestimmten Typ eines geraden s_g und ungeraden Richtungselements s_u besteht.

In (10) sind einige einfache geometrische Größen dargestellt, wie Länge l, Breite b und Höhe h einer kettencodierten Linie C, der Abstand d von Anfangs-

Tabelle 18. *Bildung des Kettenresiduums* $R(s_l)$ *von der in Abb. 85e dargestellten Linie* $C(s_l)$

Kettencodierte Linie C nach Abb. 85e	3	2	3	2	2	2	1	2	1	0	1	7	6	5	5	6	0	0	1
Kombination 37 (gegenseitige Aufhebung)	3											7							
26 (gegenseitige Aufhebung)		2											6						
26 (gegenseitige Aufhebung)				2												6			
15 (gegenseitige Aufhebung)							1							5					
15 (gegenseitige Aufhebung)									1						5				
Elimination	–	–	3	–	2	2	–	2	–	0	1	–	–	–	–	–	0	0	1
Kombination $30 \triangleq 2$			3							0									
$20 \triangleq 1$					2												0		
$20 \triangleq 1$						2												0	
Substitution	–	–	2	–	1	1	–	2	–	–	1	–	–	–	–	–	–	–	1
Kettenresiduum $R(C)$ in Standardform	1	1	1	1	2	2													

und Endpunkt von C und der Winkel α, der durch den Abstandsvektor $\overline{P_a P_e}$ mit der positiven Koordinatenrichtung $\overline{e}_\xi$ gebildet wird. Mit n_g bzw. n_u wird die

Anzahl der Elemente mit gerad- bzw. ungeradzahliger Ordnung bezeichnet. Die Gittereinheit des quadratischen Konstruktionsnetzes ist in (10) gleich 1 gesetzt.

$$l(C) = n_g + \sqrt{2}\, n_u = n_g + \sqrt{2}\,(n - n_g)$$

$$h(C) = \max(h_\lambda) - \min(h_\lambda) \quad \text{mit} \quad h_\lambda = \sum_{l=1}^{\lambda} \overline{s}_l\, \overline{e}_\xi \quad \text{und} \quad h_0 = 0$$

$$b(C) = \max(b_\lambda) - \min(b_\lambda) \quad \text{mit} \quad b_\lambda = \sum_{l=1}^{\lambda} \overline{s}_l\, \overline{e}_\xi \quad \text{und} \quad b_0 = 0$$

$$\text{(für} \quad \lambda = 0, 1, \ldots, n) \tag{10}$$

$$d(C) = d(R) = \sqrt{n_u{}^2(R) + n^2(R)} \leq l(R)$$

$$\alpha(\mathrm{d}, \xi) = \frac{\pi}{4}\, s_g + (s_u - s_g)\, \mathrm{arc\,tg}\, \frac{n_u(R)}{n(R)}$$

Nicht so einfach wie die Bestimmung geschlossener Linien C durch Prüfung von $l(R) = 0$ ist die Ermittlung von Eigenschaften wie Schnittpunkte zweier Linien, mehrfach geschlossene Linie, gemeinsame Linienelemente, Flächeninhalte, Momente usw. (s. [9, 10, 19]). Sehr einfach lassen sich dagegen eine 90°-Drehung und eine Vergrößerung (V positiv ganzzahlig) einer Linie C durchführen (11). Eine Verkleinerung ist im allgemeinen nicht ohne Verzerrung möglich.

$$C^{(\pm\gamma\frac{\pi}{4})} = \overset{n}{\underset{l=1}{C}}(s_l \pm \gamma)_{mod\,s} \quad \text{und} \quad C^{(\Gamma)} = \overset{n}{\underset{l=1}{C}}(s_l^{(V)}) \quad \text{mit} \quad s_l^{(V)} = s_l\, s_l \ldots s_l\ (V\text{-mal } s_l)$$

$$\tag{11}$$

Andere nichtlokale Bildoperationen lassen sich besonders einfach und speicherökonomisch auf der Grundlage der Abstandsskelettdarstellung von Flächen durchführen. Operationen wie die Prüfung, ob ein Punkt $P(\xi, \eta)$ innerhalb oder außerhalb einer geschlossenen Linie C liegt, die Darstellung von Durchschnitten und Vereinigungen von Flächen, die Kennzeichnung und Bestimmung von Nachbarflächen, das Schraffieren von Flächenbereichen usw. werden in [34, 35, 39] beschrieben.

4. Bildverarbeitung mit Reduktion des Bildinformationsgehaltes

Eine Bildverarbeitung mit Informationsreduktion wird allgemein als Zeichenerkennung bezeichnet (z. B. optische Zeichenerkennung, Spracherkennung). Die Zeichenerkennung kann grob in zwei Verarbeitungsstufen gegliedert werden:

a) Trennung oder *Filterung* bedeutsamer *Teilinformationen* (Zeichen) aus der vorliegenden Bildinformation.

b) *Merkmalfilterung* und *Klassifikation* der Teilinformationen (Zeichen).

Um z. B. einzelne Objekte auf Bildern maschinell erkennen zu können, müssen diese zunächst aus dem Bildverband herausgelöst werden. Nach der Objektfilterung liegt ein flächenhaftes Objekt mit seiner Kontur gleichsam auf weißem Untergrund vor und kann mit den Methoden der Zeichenerkennung klassifiziert werden. Auch bei der Spracherkennung müssen die Phoneme oder Wortelemente als Teilinformation zunächst in gewisser Weise aus der Sprache herausgefiltert und dargestellt werden. Bei der Erkennung gedruckter Schriftzeichen ist die Zeichentrennung besonders einfach, da die Zeichen sich bereits vom hellen Untergrund abheben und im Gegensatz zur Handschrift nicht zusammenhängen. Die allgemeine Objekttrennung ist im Schwierigkeitsgrad mit der Objekterkennung vergleichbar.

Die Trennung von Teilinformationen a) und ihre Klassifikation, die eigentliche Zeichenerkennung b), können im einzelnen in folgende Verarbeitungsstufen gegliedert werden:

aα) Bildabtastung, fotoelektronische Wandlung, Quantisierung und Bilddarstellung.

aβ) Lokale Bildvorverarbeitung und Kriterienbildung.

aγ) Globale Nachverarbeitung und Bereichsbildung (Zeichen).

bα) Lokale Zeichenvorverarbeitung und Kriterienbildung.

bβ) Globale Nachverarbeitung und Listenerstellung von Erkennungsmerkmalen.

bγ) Klassifikation mit Hilfe der Erkennungsmerkmale.

Die Entwicklung und Grundlagenuntersuchung ist besonders auf dem Gebiet der Zeichenerkennung noch sehr in Fluß. Daher kann die Methodik zur Zeit nur unvollständig dargestellt werden. Sie wird im folgenden hauptsächlich an speziellen Beispielen demonstriert.

4.1. Methoden der Objekt-(Zeichen-)Filterung

Die Aufgabe der Luftbildauswertung besteht z. B. darin, Objekte auf Transparentfilmen maschinell zu erkennen und ihr Vorhandensein und ihre Bildposition zu bestimmen. Objekte sind z. B. Gebiete bestimmter Textur, wie Wald-, See-, kultiviertes Gebiet, oder Einzelobjekte mit regelmäßiger Struktur und parallelen Kontrasten wie Straßen, Brücken, Schienen usw.

Für die Objekttrennung können statistische oder systematische Methoden angewandt werden. W. S. Holmes, J. Muerle u. a. [18, 45] benutzen zur Objekttrennung einen modifizierten Kolmogorov-Smirnov-Test (KS-Test). Von W. Svoboda u. a. [45] und K. Olson [45] wird eine Objekttrennung mit Hilfe einer systematischen Konturauswertung betrieben. Diese Methode erfaßt nur Objekte, die regelmäßige Strukturen und parallele Kontraste besitzen.

Bei der Objekttrennung mit statistischen Mitteln wird davon ausgegangen. daß zwischen Objekt und Untergrund bzw. zwischen Objekt und umgebenden Objekten ein größerer Grauwertunterschied besteht. Objekte auf einem Luftbild sind Flächenbereiche, die wegen der vorkommenden Störungen im Objekt und der nicht vermeidbaren Störungen bei der Aufnahme oder Auswertung keine einheitliche Grautönung, jedoch im allgemeinen eine bestimmte Grauwertverteilung der zugehörigen Bildelemente aufweisen.

Bei Anwendung des KS-Tests wird mit der Grauwertprüfung an einer beliebigen Stelle des Bildes begonnen und eine Untermatrix aus z. B. 8×8 Bildelementen untersucht. Die Grauwertverteilung einer Untermatrix wird bestimmt. wobei z. B. $r = 64$ Grauwertstufen berücksichtigt werden. Danach werden die

Grauwertverteilungen der angrenzenden Untermatrizen ermittelt. Sind diese der Bezugsuntermatrix gleich oder ähnlich, so werden sie dieser angegliedert und bilden ein Fragment. Das Fragment wächst bei wiederholter Prüfung angrenzender Untermatrizen und Anwendung des Tests zu der vorliegenden Objektfläche an. Wenn keine ähnlichen Untermatrizen an der Fragmentsgrenze mehr vorliegen, wird der Prozeß abgebrochen und das Objekt aus dem Bildverband herausgelöst. Der Prozeß kann an anderer Stelle zur Trennung weiterer Objekte erneut eingeleitet werden.

Die statistische Prüfung erfolgt auf der Grundlage der kumulativen Häufigkeit H_λ der Grauwerte $s^{(\lambda)}$ einer Untermatrix. Die kumulative Häufigkeits-

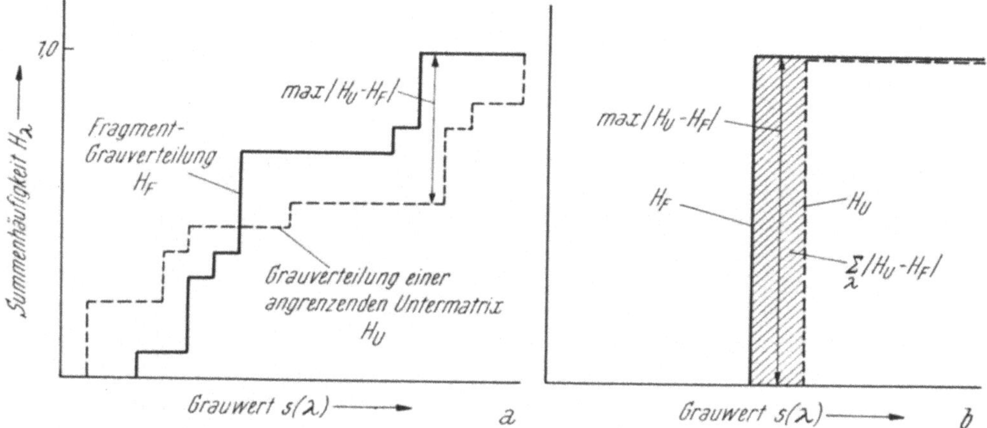

Abb. 92. Summenhäufigkeitsverteilung $H_\lambda = f(s^{(\lambda)})$ der Grauwerte als Grundlage für den Kolmogorov-Smirnov-Test zur Objekt- (Zeichen-) Trennung: a) Übliche, b) mögliche Verteilung

funktion oder Summenhäufigkeitsfunktion $H(\lambda)$, die nach (12) aus der Häufigkeit h_λ der auftretenden Grauwerte gebildet wird, ist die über die Grauwerte $s^{(\lambda)}$ aufgetragene H_λ-Verteilung (Abb. 92). Zur statistischen Prüfung

$$H(\lambda) = f(s^{(\lambda)}) \quad \text{mit} \quad H_\lambda = \sum_{i=1}^{\lambda} h(s^{(i)}) \tag{12}$$

auf Ähnlichkeit werden die Summenhäufigkeitsfunktionen von angrenzender Untermatrix $H_U(\lambda)$ und Fragment $H_F(\beta)$ verglichen. Übersteigt die Amplitudendifferenz $|H_U(\lambda) - H_F(\lambda)|$ an keiner Stelle λ einen bestimmten Schwellenwert T, so werden beim KS-Test Untermatrix und Fragment zusammengefaßt. In entsprechender Abwandlung wird die durch H_U und H_F eingeschlossene Fläche für den Test benutzt. Der Schwellenwert $T(F)$ kann dabei noch in Abhängigkeit der Fragmentgröße F geändert werden (13).

$$\max |H_U(\lambda) - H_F(\lambda)| \geqq T \quad \text{bzw.} \quad \sum_{\lambda=1}^{r} |H_U(\lambda) - H_F(\lambda)| \geqq T(F) \tag{13}$$

4.2. Verarbeitungsmethoden der Zeichen

Die *Zeichenvorverarbeitung*, die im allgemeinen aus lokalen Operationen besteht, leitet die Bildung der Erkennungsmerkmale ein. Abb. 93 stellt die wichtigsten Grundoperationen der Zeichenvorverarbeitung dar. Das z. B. eingegebene
Schriftzeichen (Abb. 93a) wird im allgemeinen erheblich von der Idealgestalt abweichen, bedingt durch die Freizügigkeit beim Schreiben, durch

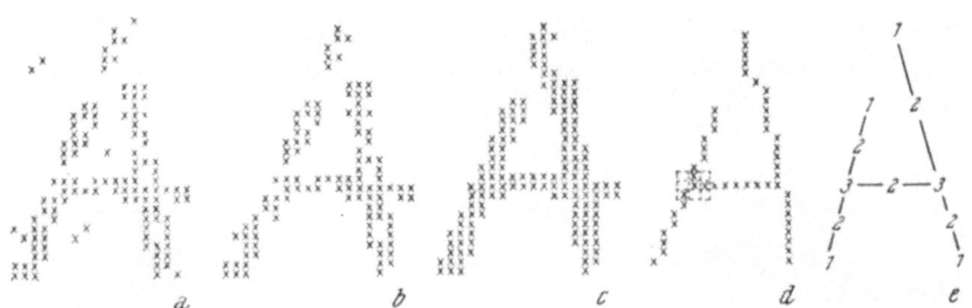

Abb. 93. Typische Grundoperationen der Zeichenvorverarbeitung: a) Originalzeichen; b) Fleckenbeseitigung; c) Fehlstellenbeseitigung; d) Erzeugung von Linienstrukturen oder Kontrastgrenzen;
e) Graphendarstellung mit Verknüpfungswerten

fehlerhafte Zeichenerstellung, durch Quantisierungsfehler u. ä. Das Schriftzeichen
besteht z. B. aus nicht zusammenhängenden größeren Zeichenteilen, aus Flecken,
Unterbrechungen und Fehlstellen. Außerdem ist die Strichdicke nicht konstant
und einheitlich. Zur Zeichenerkennung ist aber im wesentlichen nur die Kontur
oder die Strichmittellinie von Bedeutung, so daß sich die Merkmalbildung nur
auf die Kontur zu erstrecken braucht. Da weiter Zeichenstörungen die Klassifikation erheblich beeinflussen und sogar unmöglich machen können (Falscherkennung und Nichterkennung von Zeichen), müssen die Störungen beseitigt
werden. Die Verarbeitungsschritte im einzelnen sind:

a) Fleckenbeseitigung,
b) Fehlstellenbeseitigung,
c) Erzeugung von Linienstrukturen oder Kontrastgrenzen,
d) Kennzeichnung von Zeichensegmenten.

Nach Kennzeichnung von Zeichensegmenten durch verschiedene Kennmarken
muß die globale Verarbeitung einsetzen. Die globale Verarbeitung umfaßt die
Beschreibung und Abspeicherung größerer Bildbereiche einheitlicher Kennzeichnung, die Zusammenfassung bestimmter Bereiche und die Verwaltung und
Verarbeitung von Merkmallisten. Am Ende der globalen Verarbeitung liegen für
jedes Zeichen ein Satz Merkmale vor, die nach üblichen Methoden klassifiziert
werden können [22, 23, 41].

Zur Klassifikation muß in der Maschine für jede zu erkennende Zeichenklasse
die zugeordnete Menge der Merkmalsätze gespeichert sein. Jeder Merkmalsatz
$X_\nu = (x_1, x_2, \ldots, x_n)_\nu$ kann im n-dimensionalen Nachrichtenraum als Vektor X_ν
oder Raumpunkt dargestellt werden. Damit wird die Klassifikation geometrisch
anschaulich. Zweckmäßig werden die Vergleichsmerkmalsätze je Klasse so ge-

wählt, daß sie möglichst wenig Speicherplatz einnehmen. Derartige Sonderfälle sind z. B. die Bereichs- und Repräsentantenzuordnung. Bei der Bereichszuordnung kann eine Zeichenklasse im Nachrichtenraum durch eine Hüllfläche abgegrenzt werden. Das erfordert zur Speicherung der Vergleichsmerkmale nur die Angabe der Hüllfläche. Die Klassifikation eines Merkmalsatzes besteht dann darin, zu prüfen, ob das Zeichen innerhalb oder außerhalb der Hüllfläche liegt. Bei der Repräsentantenzuordnung werden nur ein oder wenige Vergleichszeichen oder Merkmalsätze je Klasse gespeichert. Die Klassifikation eines Merkmalsatzes erfolgt bei dieser Methode dadurch, daß der kürzeste Abstand zu einem Vergleichszeichen ermittelt wird. Der vorliegende Merkmalsatz bzw. das analysierte Zeichen wird dann der Klasse des betreffenden Vergleichszeichens zugeordnet.

Bei einfachen Aufgaben der Zeichenerkennung kann unter Umständen eine lokale und globale Verarbeitung nicht ohne weiteres unterschieden werden, da die globale Verarbeitung bereits bei oder gleich nach einmaliger Prüfung der Bildmatrix $S_{\eta\xi}$ durchgeführt wird. Wegen der grundsätzlichen Bedeutung, welche die lokalen bildverarbeitenden Operationen besonders bei paralleler Verarbeitung für die Zeichenerkennung haben, sollen im nächsten Abschnitt einige lokale informationsreduzierende Operationen dargestellt werden.

4.2.1. Lokale informationsreduzierende Bildoperationen

In diesem Abschnitt sind einige lokale Grundoperationen des Typs (2) zusammengestellt, die besonders für die Verarbeitung linienhafter Strukturen, wie sie auf Blasenkammeraufnahmen vorkommen, Bedeutung haben (Einzelheiten s. R. NARASIMHAN [32] und [27]). Bei den lokalen logischen Operationen sind die Symbole $\wedge$ und $\vee$ in der Parameterangabe durch die Symbole $\cdot$ und $+$ ersetzt. Bei zusammengesetzten Funktionen wie z. B. bei *THRESHOLD (...)* ist zu beachten, daß die Operationen *MARK*, *CMARK* und *CHAIN* je Bezugsrasterelement $x_{\eta\xi}$ die Anzahl der markierten Elemente darstellen sollen.

α) Setzoperationen: $S^{(a)} := f(S^{(b1)}, S^{(b2)})$

Bemerkungen:

Übliche logische Funktionen, wie $S^{(1)} \wedge S^{(2)}$, $S^{(1)} \vee S^{(2)}$, $S^{(1)} \wedge \neg S^{(2)}$, $\neg (S^{(1)} \wedge S^{(2)}) \wedge (S^{(1)} \vee S^{(2)})$ usw., einschließlich $S^{(1)} := S^{(2)}$, $S^{(1)} := \neg S^{(2)}$, $S^{(1)} := 1$, $S^{(1)} := 0$.

β) Logische Operationen: $S^{(a)} := MARK\ (S^{(b)};\ Parameter)$

$S^{(a)} := MARK\ (S^{(b)}, S^{(c)};\ Parameter)$

$S^{(a)} := CHAIN\ (S^{(b)}, S^{(c)};\ Parameter)$

$S^{(a)} := TRANSFORM\ (S^{(b)}, S^{(c)};\ BFUNCTION)$

mit *Parameter*: $\lambda_0, \lambda_1, \ldots, \lambda_8$ (Auswahl)

und *BFUNCTION*: $\vee\ (\lambda_0 \wedge \lambda_1 \wedge \ldots \wedge \lambda_8)$ (Disjunktive Normalform)

Bemerkungen:

MARK: Bestimme für jedes $s^{(b)} = 1$ die durch die Parameter angegebenen markierten Elemente von $s^{(b)}$ und markiere die hierzu korrespondierenden Elemente $s^{(a)}$ in $S^{(a)}$ ($s^{(a)} := 1$). Die restlichen Elemente setze $s^{(a)} := 0$.

CMARK: Wie MARK, aber nur die korrespondierende Untermenge mit $s^{(c)} = 1$ wird in $S^{(a)}$ markiert.

CHAIN: Die zu den $s^{(c)} = 1$ korrespondierenden Elemente in $S^{(b)}$ mit $s^{(b)} = 1$ bilden Ausgangspunkte für eine Kettenbildung. Die Kette wird durch die angrenzenden, durch die Parameter angegebenen Nachbarn gebildet, bis keine markierten Nachbarn in $S^{(b)}$ mehr vorhanden sind. Die zu den Kettenelementen korrespondierenden Elemente in $S^{(a)}$ werden markiert, die restlichen zu Null gesetzt.

TRANSFORM: Für die zu den $s^{(c)} = 1$ korrespondierenden Elemente in $S^{(b)}$ wird die BFUNCTION berechnet. Wenn $BFUNCTION = 1$, werden die zu $s^{(c)} = 1$ korrespondierenden Elemente in $S^{(a)}$ markiert, die restlichen zu Null gesetzt.

γ) Schwellwert-Operation:

$$S^{(a)} := THRESHOLD \ (FUNCTION/OPERATOR/ZAHL)$$
mit *FUNCTION: MARK, CMARK, CHAIN*
　　OPERATOR: $=, \leqslant, \geqslant, <, >$
　　ZAHL: positive ganze Zahl

Bemerkungen:

THRESHOLD: Die zu $s^{(b)} = 1$ korrespondierenden Elemente in $S^{(a)}$ werden markiert, wenn gleichzeitig FUNCTION die Schwellwertbedingung erfüllt, die restlichen werden zu Null gesetzt.

Neben den aufgeführten Grundoperationen können z. B. Bildelement- (*READ, WRITE*), Verbindungs- (*CONNECT*), Boolesche-, listende (*LIST*) und Ein-Ausgabe-Operationen [*INPUT(SI)*, *OUTPUT(SO)*] als Makroinstruktionen gebildet werden. Mit Hilfe dieser Grundoperationen lassen sich z. B. Bildprozeduren zum Eliminieren kleinerer Fehlstellen, Unterbrechungen oder Flecken, zur *Verdünnung* von *Linien* und zur Kennzeichnung von Zeichensegmenten formulieren. Die letztere Prozedur leitet bereits die globale Nachverarbeitung ein.

Als Beispiel sei hier die Bildprozedur *THIN* [32] behandelt, die auf eine Bildmatrix *SI* angewandt wird, die zusammen mit dem Ablauf der Bildverarbeitung in Abb. 94 dargestellt ist. Die Ausführung der nachstehend in ALGOL-Schreibweise wiedergegebenen Prozedur *THIN* (15) wird zweckmäßig durch eine Fehlstellen auffüllende Prozedur *CROSS* [32] (14) eingeleitet. Die Prozedur *THIN* wird iterativ angewandt, bis *Stabilität* eingetreten ist, d. h. bis sich keine Veränderung der Bildmatrizen *SI* und *SO* mehr ergibt.

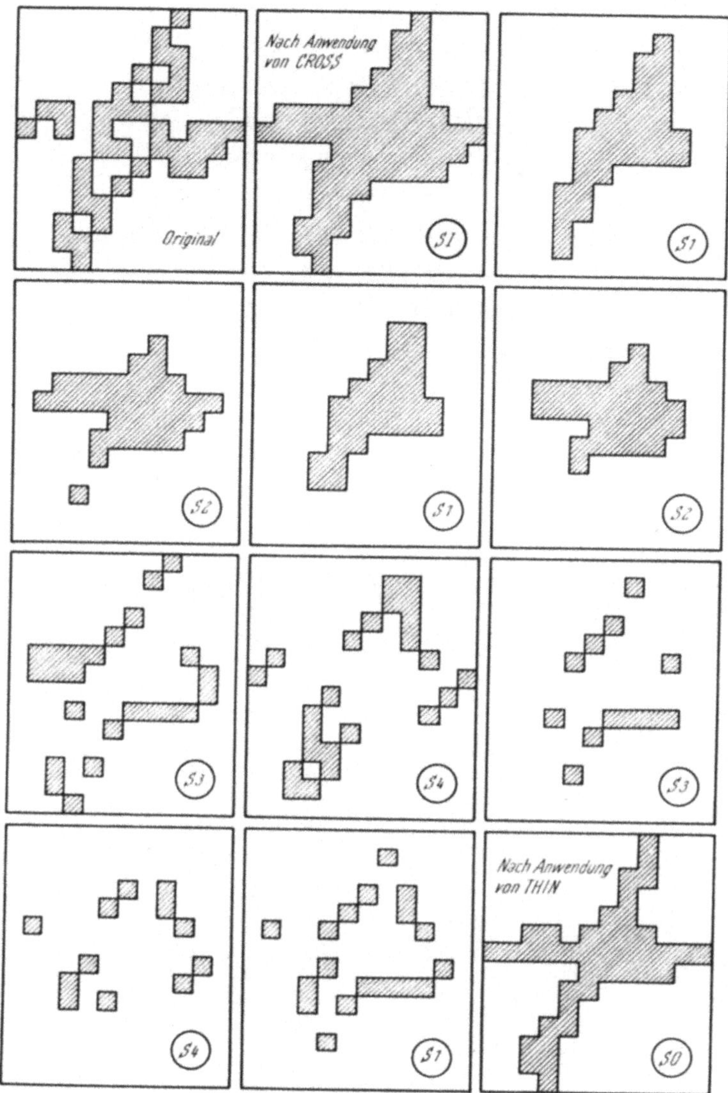

Abb. 94. Beispiel für die Anwendung der Bildprozedur *CROSS* [14] und *THIN* [15] auf ein ange-
nommenes Zeichenmuster

$$\text{'}PICTURE\text{'} \quad \text{'}PROCEDURE\text{'} \; CROSS \; (SI, \; SO); \quad\quad\quad (14)$$
$$\text{'}PICTURE\text{'} \; SI, \; SO;$$

$$\text{'}BEGIN\text{'} \quad SO := \overline{SI};$$
$$SO := TRANSFORM \; (SI, \; SO; \; 15 + 26 + 37 + 48);$$
$$SO := SO + SI;$$
$$\text{'}END\text{'};$$

$$\text{'}PICTURE\text{'} \quad \text{'}PROCEDURE\text{'} \; THIN \; (SI, \; SO);$$
$$\text{'}PICTURE\text{'} \; SI, \; SO; \quad\quad\quad (15)$$

‘BEGIN’   ‘PICTURE’ $S1,\ S2,\ S3,\ S4,\ S5;$

$\qquad S1 := TRANSFORM\ (SI,\ SI;\ 37);$

$\qquad S2 := TRANSFORM\ (SI,\ SI;\ 15);$

$\qquad S1 := TRANSFORM\ (S1,\ S1;\ 1+5);$

$\qquad S2 := TRANSFORM\ (S2,\ S2;\ 3+7);$

$\qquad S3 := TRANSFORM\ (SI,\ SI;\ \overline{37}+\overline{37});$

$\qquad S4 := TRANSFORM\ (SI,\ SI;\ \overline{15}+\overline{15});$

$\qquad S3 := TRANSFORM\ (S1,\ S3;\ 3+7);$

$\qquad S4 := TRANSFORM\ (S2,\ S4;\ 1+5);$

$\qquad S1 := S3+S4;$

$\qquad S0 := \overline{SI}*S1;$

‘END’;

Bei wiederholter Anwendung einer Bildprozedur muß unter Umständen außer der Existenz eines Endzustandes gefordert werden, daß entsprechend der

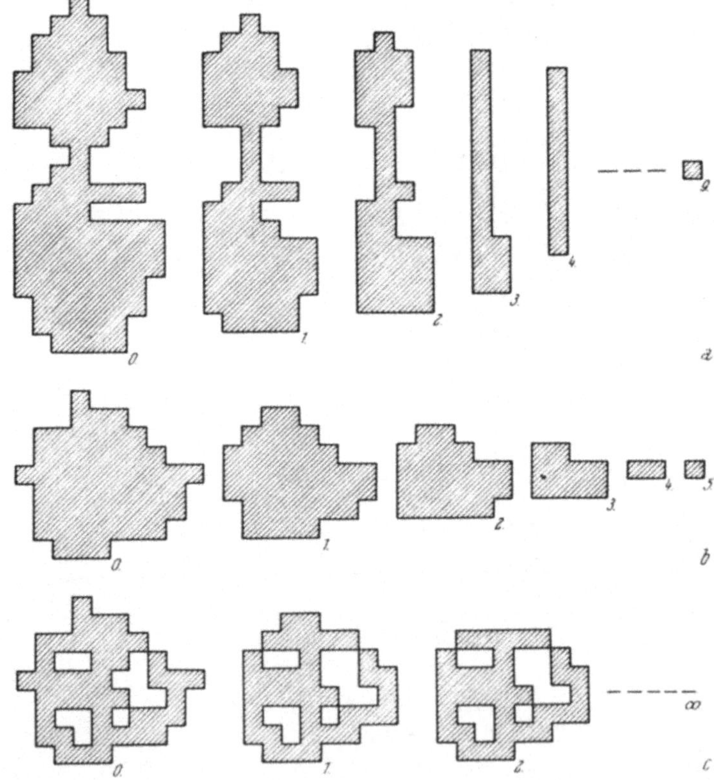

Abb. 95. Beispiel für die Anwendung einer Schrumpfungsprozedur auf angenommene Zeichenmuster: a) Längliches Zeichen; b) rundliches Zeichen; c) rundliches Zeichen mit Granulationstextur

durchzuführenden Aufgabe wesentliche und charakteristische Eigenschaften des Eingangszeichens $S^{(i)}$ in $S^{(o)}$ erhalten bleiben. Bei einer Linienverdünnung darf z. B. das eingegebene Zeichen nicht vollständig abgebaut werden. Asymptotisch ist ein Endzustand zu erreichen, der eine Linienstruktur mit einelementiger Strichdicke liefert und die vorliegende *Syntax* der *Linienstruktur* konserviert.

In Abb. 95 ist noch ein einfaches Beispiel für eine lokale bildverarbeitende Grundoperation dargestellt, die als *Schrumpfungsprozedur* bezeichnet werden kann. Diese Prozedur wurde z. B. zur Blutbilduntersuchung angewandt [36]. Das CELLSCAN-System besteht aus einem Fernseh-Mikroskop, welches an einen digitalen Rechenautomaten nach Art der Abb. 84c angeschlossen ist. Das System soll weiße Blutkörperchen klassifizieren und Histogramme über die Blutzusammensetzung erstellen. Die Aufgabe besteht darin, eine bestimmte Art Blutkörperchen festzustellen und zu zählen. Dazu wird die Schrumpfungsregel auf die Körperchen z. B. iterativ angewandt, bis isolierte markierte Rasterelemente übrigbleiben, die dann einfach gezählt werden können.

Die zu bestimmenden binuklearen Blutkörperchen haben quantisiert eine längliche Form einheitlicher Schwärzung und müssen von Blutkörperchen mit runder und länglicher Form mit granulierter Flächentextur unterschieden werden. Die Klassifikation kann nach Abb. 95 z. B. einfach durch die Ermittlung der Anzahl der Iterationszyklen erfolgen, die für eine vollständige Schrumpfung erforderlich ist. Die Schrumpfungsprozedur ist eine typische instabile Prozedur, die künstlich durch Prüfung auf isolierte Punkte z. B. durch eine logische Funktion $f_{ISO,seq} = 1$ stabilisiert wird. Zur Ausführung der in (16) angegebenen Schrumpfungsregel müssen die logischen Funktionen f_{00} und f_{LV} bestimmt werden, die sich auf die 8 Elemente der Nachbarringzone beziehen. Dabei ist $f_{00} = 1$,

$$s^{(a)} := s^{(b)} \wedge (f_{ISO,seq}^{(a,b)} \vee f_{00}^{(b)} \vee f_{LV}^{(b)}) \tag{16}$$

wenn zusammenhängende, nicht durch *1* unterbrochene *0*-Elementketten aus höchstens zwei Nullen bestehen, und $f_{LV} = 1$, wenn allgemeine *0*-Elementketten oder *0*-Elemente zwei- oder mehrmals von *1*-Elementen unterbrochen werden (durchlaufende Linie oder Verzweigung).

b) Einige nichtlokale Methoden zur Erkennung handschriftlicher Zeichen

Im folgenden soll eine kurze Übersicht über die Methoden der *Schriftzeichenerkennung* mit Hilfe digitaler Rechenautomaten gegeben werden. M. EDEN und M. HALLE entwickelten eine Methode zur Erkennung von Einzelbuchstaben und Wörtern ohne Großbuchstaben [6, 7]. Sie definieren 18 Linienelemente, die aus vier Grundsegmenten innerhalb einer in vier horizontale Zonen aufgeteilten Schreibfläche gebildet werden (Abb. 96). In einer Weiterentwicklung [7] werden die Erkennungsmerkmale durch die Schreibgeschwindigkeit ergänzt, die ein weitgehend invariantes Beschreibungselement der Schrift darstellt. Allerdings ist diese Methode auf eine spezielle Zeicheneingabe wie z. B. Lichtgriffeleingabe angewiesen, da bei stationär vorliegender Schrift die Schreibgeschwindigkeit nicht mehr ermittelt werden kann.

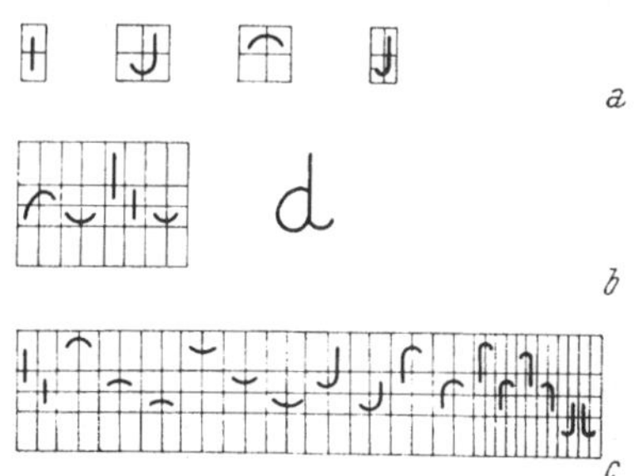

Abb. 96. Segmentierung handgeschriebener Zeichen nach [6]: a) Die 4 Grundsegmente; b) Zeichenbeispiel; c) Definition von 18 Linienelementen für die Zeichenbeschreibung

L. S. Frishkopf und L. D. Harmon [12] geben eine Ganzwortmethode zur Zeichenerkennung an. Beim Durchlaufen der Zeichenlinie in Schreibrichtung werden relative Maxima und Minima (Abb. 97) bestimmt und folgende Merkmale aufgestellt:

α) Rechter oder linker ξ-Extremwert, oberer oder unterer η-Extremwert.

β) Konkave oder konvexe Verbindungslinie benachbarter Extremwerte.

γ) Lage der Extremwerte.

Zur Lagebestimmung wird die Schreibfläche in eine Oberlängen-, Mittellängen- und Unterlängenzone eingeteilt (s. auch Abb. 98a). Die ungefähre Buchstabenanzahl je Wort kann noch durch die Auswertung der Zeichenlinienschnitte mit einer Geraden bestimmt werden, die horizontal in Mittellage der mittleren Zone verläuft.

Eine andere Worterkennungsmethode wurde von L. D. Earnest [5] angegeben. Nach Reduzierung von Störungen und Höhen- und Breitenbestimmung

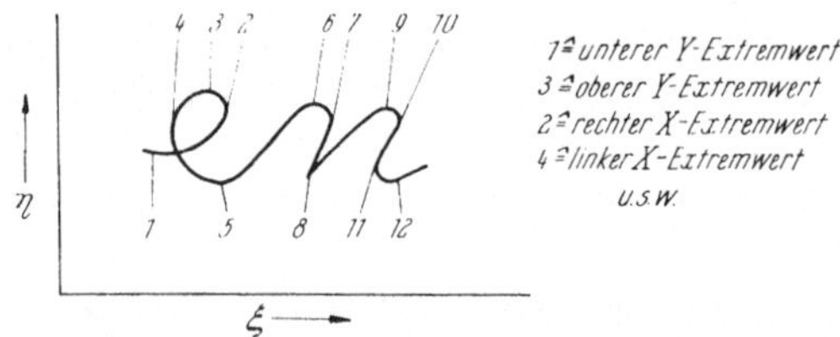

Abb. 97. Bestimmung relativer Maxima und Minima nach [12] zur Beschreibung handgeschriebener Zeichen. 1 ≙ unterer Y-Extremwert, 3 ≙ oberer Y-Extremwert, 2 ≙ rechter X-Extremwert, 4 ≙ linker X-Extremwert usw.

wird das geschriebene Wort wie vorher in 3 horizontal orientierte Zonen zerlegt. In der mittleren Zone werden alle Linienelemente bis auf geschlossene Linien bzw. Schleifen eliminiert (Abb. 98b). Die Folge der Ober-, Unterlängen und Schleifen und die Anzahl der Linienschnitte in der Mittelzone bilden die Beschreibung des zu erkennenden Wortes. Ein besonders wirkungsvolles System zur Erkennung ist CYCLOPS-1 [29, 30], bei dem die Zeichenlinien nicht in üblicher Schreibrichtung eingegeben werden müssen, und Zeichen über- und ineinander geschrieben sein können. Das System führt folgende Verarbeitungsschritte aus:

α) Linienbildung aus nichtzusammenhängenden Punkt- und Segmentfolgen und Linienseparation.

β) Auswahl einer Zeichenklassenbeschreibung.

γ) Prüfung auf vorhandene Merkmale und Lagebestimmung wie z. B. gerade Linie geneigt nach rechts oder links, paralleles oder zusammenlaufendes Linienpaar, Endpunkt einer Linie in der Nähe der Mitte einer anderen Linie usw.

δ) Rückweisen oder Anerkennen der Hypothese β usw.

Damit das System seine Fähigkeiten durch Schreibexperimente in einer Anpassungsphase verbessern kann, wurde ein weiteres Programm CYCLOPS-2 entwickelt, welches seine Algorithmen automatisch zu modifizieren gestattet. Die Modifikationen können über die vorgegebene Programmstruktur natürlich nicht hinausgehen (adaptive Systeme s. [1, 21, 43]).

5. Einfluß von Maschinenparametern auf die Bildverarbeitung

Die Wahl einer geeigneten Speicherart und Wortstruktur für die Bildelementespeicherung ist neben der im allgemeinen vorgegebenen Maschinen- und Befehlsstruktur entscheidend für die wirksame Durchführung bildverarbeitender Prozesse auf einem digitalen Rechenautomaten. Von diesen Parametern hängen

Tabelle 19. *Speicherbedarf für verschiedene Bild- bzw. Zeichenmuster-Darstellungen (n Anzahl der Elemente einer Bildmatrix, n_W Anzahl der Bit-Positionen eines Wortes, n_B Anzahl der Bytes eines Wortes, n_z Anzahl der Konturlinien, n_ϱ Anzahl der Skelettpunkte, ε_1 Flächenanteil geschwärzter Matrixelemente, ε_2 Flächenanteil von Konturelementen, ε_3 Flächenanteil von Skelettelementen)*

Zeichenmuster-Darstellung 12 Bit × 12 Bit	erforderliche Wort-Speicherkapazität C ($= n_W\, C$ Bit) bei bestimmter Speicherorientierung		
	Wort	*Byte*	*Bit*
	$(\varepsilon_3 < \varepsilon_2 \ll \varepsilon_1 < 1;\ n_W \geqslant 24,\ n_B \geqslant 4)$		
Bildmatrix			
nichtbinär (6 Bit)	n	$\dfrac{n}{n_B}$	
binär	n	$\dfrac{n}{n_B}$	$\dfrac{n}{n_W}$
Koordinaten (ξ, η)	$2\,\varepsilon_1\, n$	$\varepsilon_1\, n$	
(6 Bit × 6 Bit)		$\dfrac{1}{2}\,\varepsilon_1\, n$	
Konturkoordinaten	$2\,\varepsilon_2\, n$	$\varepsilon_2\, n$	
(6 Bit × 6 Bit)		$\dfrac{1}{2}\,\varepsilon_2\, n$	
Kettencodierung		$\dfrac{1}{4}\,\varepsilon_2\, n + n_z$	$\dfrac{1}{8}\,\varepsilon_2\, n + n_z$
Abstandsskelett	$2\,\varepsilon_3\, n + n_\varrho$	$\varepsilon_3\, n + n_\varrho$	
(6 Bit × 6 Bit)		$\dfrac{1}{2}\,\varepsilon_3\, n + n_\varrho$	

Verarbeitungszeit und Speicherbedarf ab. Da beide Größen beschränkt sind ($32 \ldots 512\,K$ Arbeitsspeicher, $1 \ldots 0{,}1\,\mu s$ Operationszeit), die Zahl der Elemente einer Bildmatrix aber groß ist ($64 \times 64 \ldots 4096 \times 4096$ Rasterauflösung), muß im allgemeinen ein Kompromiß zwischen Verarbeitungszeit und Speicheraufwand gesucht werden. Tab. 19 gibt den Speicherbedarf für bestimmte

Bildspeicherarten bei *Wort-*, *Byte-* und *Bit*-Speicherorientierung an. Wenn z. B. jedes der n binären Bildmatrixelemente s_l als ein Wort gespeichert wird, ist die Verarbeitungszeit optimal, der Speicheraufwand groß. Werden n_w Elemente als ein Wort gespeichert (im allgemeinen $n_w \geqslant 24$ *Bit*), so ist die Speicherung optimal, die Verarbeitung aber wegen der erforderlichen Maskierung einzelner Elemente zeitaufwendiger, da das einzelne *Bit* nicht adressierbar ist. Einen guten Kompromiß bietet eine Maschine mit einer *Byte*-weise adressierbaren Wortstruktur (*1 Wort* $= n_B$ *Byte*). Die Tab. 20 stellt z. B. die Verarbeitungszeiten der Grundoperation $S^{(a)} := THRESHOLD\ (CMARK\ (S^{(b)},\ S^{(c)};\ \lambda_i) \geqslant T)$ bei verschiedenen Bilddarstellungen im Speicher vergleichend gegenüber.

Für die Bildverarbeitung sollte eine Maschine mit einem Instruktionssatz zur Verfügung stehen, der eine blockweise Verarbeitung von Speicherfeldern und eine *Byte-* und *Bit*-weise Verarbeitung von Wörtern zuläßt. Bei der *blockweisen* Verarbeitung sind Instruktionen wie feldweises Suchen auf Gleich- oder Ungleichheit bei vorgebbarem Element, Verschieben und Setzen von Feldern und Ausführung arithmetischer Operationen mit Feldern zu nennen. Bei vorhandenem *Interrupt*-System kann unter Umständen eine parallele bzw. überlappende Verarbeitung von Feldern und nicht blockweise durchzuführenden Operationen erfolgen. Weiter ist *Byte*-weises Speichern und Laden und *Bit*-weises Schieben und Maskieren in den Registern bzw. selektives Laden erforderlich. Daneben sind noch wortorientierte Instruktionen nützlich wie unmittelbare Speichertests mit indirekter Adressierung und Ausführung von Sprungbefehlen oder *Bit*-weiser Verschiebung mit Vorzeichenprüfung u. ä.

Wenn die Bildverarbeitung nicht nur simuliert wird, muß die Maschinenstruktur eine Eingabe von „Prozeßdaten" bzw. Bilddaten zulassen. Moderne Rechenautomaten mit *Multiplex*-Kanälen bieten diese Möglichkeit (max. Transferraten $1 \ldots 15$ *Megabit/s*). Weiter müssen geeignete Medien wie z. B. Magnetplatten (mittl. Zugriff um 80 *ms* bei etwa $5 \cdot 10^7$ *Bit* Speicherkapazität) zur Speicherung großer Bilddatenmengen zur Verfügung stehen (Luftbildinformation etwa 2 *Megabit/cm²*). Eine spezielle Maschinenstruktur ist für ein blockweises Verarbeiten von Feldern und für ein Interruptsystem erforderlich. Eine blockweise Verarbeitung kann z. B. durch eine selbständige spezielle Recheneinheit erfolgen, die der Zentralrecheneinheit beigestellt wird.

6. Ein-Ausgabe bildhafter Zeichenmuster

Bei der Ein-Ausgabe von Bildinformationen sind einige besondere Punkte zu beachten, da es sich bei diesen um keine α-numerischen Daten handelt. Die Bildinformationen werden im allgemeinen dicht gepackt als binäre Daten vom Bildabtaster, Lichtgriffel oder bei Simulation vom Karten- oder Streifenleser über einen Multiplexkanal als Halb-, Ganz- oder Doppelworte angeliefert. Die im Arbeitsspeicher zwischengespeicherten Bilddaten müssen durch ein Verarbeitungsprogramm in Assemblersprache in die gewünschte *Doppelwort-* (z. B. für ALGOL), *Wort-* oder *Byte*-orientierte Darstellungsart (s. auch Tab. 19) umgewandelt werden (Abb. 99a). Hierzu benutzt man zweckmäßig die Ein-Ausgaberoutinen der Assemblersprache.

Wenn eine Weiterverarbeitung der Bildinformationen in einer Compiler-

Tabelle 20. *Verarbeitungszeit der lokalen Grundoperation THRESHOLD (CMARK* $(S^{(b)}, S^{(c)}; 0\ 1\ 2\ 3\ 4\ 5\ 6\ 7\ 8) \geqslant T)$ *mit einem digitalen Rechenautomaten CONTROL DATA CD 3300 einschließlich Business Data Processor CD 3321 bei verschiedenen Bilddarstellungen im Speicher* $(n = n_\xi\, n_\eta$ *Anzahl der Elemente einer Bildmatrix,* n_1 *Anzahl der Elemente mit* $s = 1$, $n_{Rest} = n_{mod\ 24})$

Speicherart der binären Bildinformation $s_{\eta\xi}^{(\nu)}$	Speicherbedarf (Anzahl 24Bit-Wörter) Programm Bildmatrizen $S^{(a)}, S^{(b)}, S^{(c)}$		minimale Operationszeit in μs (bei $0{,}75\mu$s Zugriffszeit)
wortweise 00...01 bzw. 00...00	38	$3\,n$	$6{,}1\,n - 5\,n_\xi + 11\,n_\eta + 91$ $+\ 7\,n_{c1} + 28\,n_{cb1} + 5\,n_{a1}$
wortweise positive bzw. negative Zahl	44	$3\,n$	$7\,n\ -5\,n_\xi + 11\,n_\eta + 21$ $+\ 7\,n_{c1} + 38\,n_{cb1} + 5\,n_{a1}$
byteweise 000001 bzw. 000000	65	$0{,}75\,n$	$0{,}9\,n \qquad + 11\,n_\eta + 10$ $+\ 26\,n_{c1} + 38\,n_{cb1} + 6\,n_{a1}$
bitweise 1 bzw. 0	146	$0{,}125n + 0{,}125n_\eta\,n_{Rest}$	$6\,n - 12\,n_\xi + 22\,n_\eta + 55 + (6\,n_\eta - 12)\,n_{Rest}$ $+\ 5\,n_{c1} + 43\,n_{cb1} + 13\,n_{a1}$

Speicherart (Beispiel)	Speicherbedarf für Bildmatrizen (z. B. $n = 64 \times 64$ und $n_{Rest} = 8$)		minimale Operationszeit in ms (z. B. verschiedene $\dfrac{n_{c1}}{n} : \dfrac{n_{cb1}}{n} : \dfrac{n_{a1}}{n}$			
			$20\%:20\%:10\%$	$10\%:10\%:5\%$	$20\%:2\%:1\%$	$10\%:1\%:0{,}5\%)$
wortweise (Zahl)	$12\,K$	$=12\,288$ Bit	56	41	33	29
wortweise (Vorzeichen)	$12\,K$	$=12\,288$ Bit	67	48	38	33
byteweise	$3\,K$	$=3\,072$ Bit	60	32	28	17
bitweise	$0{,}5\,K + 64$ Bit $=$	576 Bit	73	51	36	32

426   H. Kazmierczak et al.: Zeichenmuster

sprache (z. B. ALGOL) erwünscht ist, bedarf es besonderer Vorkehrungen, um
den Speicherplatzbezug zwischen *Assembler-* (z. B. als Code-Prozedur) und
Compiler-Programm herzustellen. Die einzuhaltenden Konventionen können bei

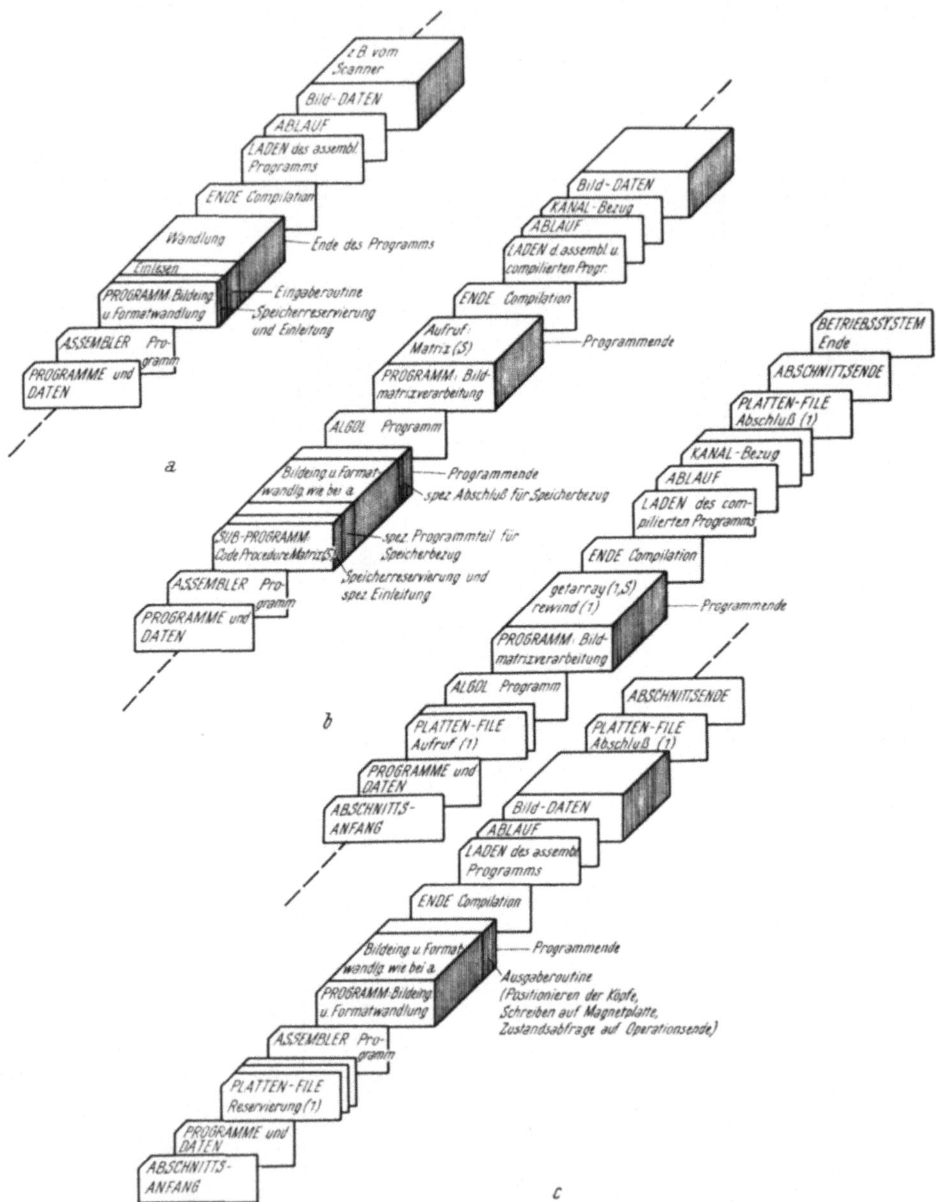

Abb. 99. a) Programmstruktur für die Bilddateneingabe und Umwandlung bzw. Darstellung der
Bildmatrix in einer geeigneten Speicherart; b) Programmstruktur für die Herstellung eines Speicher-
platzbezuges zwischen einem *Assembler-* (wie a) und *Compiler*-Programmteil bei *on-line*-Ver-
arbeitung der Bilddaten; c) Programmstruktur für die Aufgabe b) mit *off-line*-Verarbeitung der
Bilddaten, erster Ablauf wie Aufgabe a) und Zwischenspeicherung, zweiter Ablauf ALGOL-Bild-
verarbeitungsprogramm

on-line-Verarbeitung der Bilddaten bei einer Programmstruktur nach Abb. 99b verhältnismäßig kompliziert sein. Bei *off-line*-Verarbeitung mit 2 Abläufen (*Runs*) kann der Bezug bei einer Programmstruktur nach Abb. 99c unter Umständen verhältnismäßig einfach mit dem ALGOL-Wortsymbol *get array* und einigen speziellen *hardware*-Hilfsfunktionen für ALGOL erfolgen. Der erste *Run* besteht z. B. aus der Verarbeitung und Zwischenspeicherung der Bilddaten in einem Plattenspeicher, der zweite *Run* aus der eigentlichen Bildverarbeitung durch ein ALGOL-Programm mit Zugriff und Bezug zum Plattenspeicher. Die Ausgabe von Bildinformationen durch spezielle Geräte wie *Displays*, *Plotter* und *Filmrecorder* kann bei ähnlicher Programmstruktur wie die Bildeingabe durchgeführt werden.

7. Spezielle Ein-Ausgabegeräte für bildhafte Zeichenmuster

Die für eine Bild-Einausgabe bei einer Systemkonfiguration nach Abb. 84c in Frage kommenden Geräte sind der Bildabtaster (*Scanner*), der *Display* (Bilddarstellung z. B. im Vektormodus oder Kettencodierung nach Abb. 85e und Eingriffmöglichkeit über Tastatur, Lichtgriffel oder Rollkugel), der *Plotter* oder *computer*-gesteuerte Zeichentisch und der *Filmrecorder* als Display mit Bildprojektion und Filmbelichtung für die Bildaufzeichnung. Die Abtastung bzw. Darstellung wird entweder mit mechanisch bewegter Blendenöffnung bzw. Schreibfeder, oder mit elektronisch abgelenktem Lichtpunkt einer Kathodenstrahlröhre vorgenommen (*flying spot*-Prinzip). Die Bewegung bzw. Ablenkung kann im allgemeinen gezielt über Koordinatenangaben oder inkrementmäßig im Vektor- oder im Linienmodus erfolgen (*jumping spot*-Prinzip).

Der Vektormodus wird durch zwei Dualzähler realisiert, die mit den Koordinaten ξ und η korrespondieren und entsprechend dem Richtungscodewort nach Abb. 85e um eine Zählereinheit vorwärts oder rückwärts weitergeschaltet werden. Wegen dieser einfachen technischen Realisierung ist die Kettencodierung für die Darstellung von linienhaften Zeichenmustern von großer Bedeutung. Die Anfangskoordinaten (ξ_a, η_a) werden abweichend vom Inkrementbetrieb parallel in die beiden Dualzähler eingeschrieben.

Beim komplizierteren Linienmode werden zwei vorgegebene Anfangs- und Endpunkte durch eine im allgemeinen gerade Linie verbunden. In Tab. 21 sind die Leistungen einiger typischer Ein-Ausgabegeräte gegenübergestellt. *Plotter* kommen dabei wegen des langsamen mechanischen Transports nur in Sonderfällen für die Bilderstellung in Betracht, wenn z. B. höchste Auflösung gefordert wird (typische Herstellungszeit > 10 *Std./Bild*).

Etwas ausführlicher soll der Lichtgriffel (LEG) für die Eingabe graphischer Informationen beschrieben werden. In Abb. 100 ist ein LEG-Gerät dargestellt, welches die Autoren speziell für die Simulation von Zeichenerkennungsaufgaben entwickelt haben. Mit einem Oszillographen wird z. B. ein schwach leuchtender Raster als Schreibfläche aus 64×64 oder 32×128 Punkten mit Hilfe zweier hintereinander geschalteter 6-stelliger Dualzähler erzeugt. Durch *Digital-Analog*-Wandlung werden aus den Zählerständen die zwei zur spaltenweisen Ablenkung des Lichtpunktes erforderlichen Treppenspannungen gebildet. Der Lichtgriffel besteht im wesentlichen aus einem Licht fortleitenden Schlauch. Die sogenannte

Tabelle 21. *Leistungen einiger typischer Ein-Ausgabe-Geräte für Bilder bzw. Zeichenmuster*

Gerätetyp und Hersteller	Punktraster (Größe)	Intensität (Stufen)	max. Abtast-geschwindigkeit (Punkt- oder Vektormodus)	max. Transport-geschwindigkeit (Schrittlänge)	Sonstiges
Film-Scanner:					
CONTROL DATA *CD* 278	$8\,192 \times 8\,192$	512	50 kHz		mit *Monitor-Display*
INFORMATION INTERNAT.					u. *Lichtgriffel*
PFR-3	$16\,384 \times 16\,384$	64	5 kHz		
Display:					
CONTROL DATA *CD* 270	$4\,096 \times 4\,096$ (14×14 Zoll)	2	300 kHz		mit *Monitor-Display,*
DIGITAL EQUIPMENT 338	$1\,024 \times 1\,024$ ($9^3/_8 \times 9^3/_8$ Zoll)	8	120 kHz		*Lichtgriffel* u. *Tastatur*
IBM 2250	$1\,024 \times 1\,024$ (12×12 Zoll)	2	60 kHz		
Film-Recorder:					
CAL. COMP. PROD. 835	$2\,200 \times 3\,400$	32	100 kHz		mit *Filmprojektor*
CONTROL DATA *CD* 280	$1\,024 \times 1\,024$	2	200 kHz (2 Bilder/s)		mit *Monitor-Display Lichtgriffel* u. *Tastatur*
Plotter:					
AEG *Geagraph*	$1,20 \times 1,50$ m	6		133 mm/s (0,01 mm)	*Tisch*
	$2,50 \times 10$ m				
CALCOMP 502	$0,79 \times 0,86$ m		300 Hz	75 mm/s (0,25 mm)	*Tisch*
565	$0,28 \times 40$ m				*Walze*
EAI 1130 *M*	$0,25 \times 0,38$ m			500 mm/s	*Tisch*
ZUSE *Graphomat*	$1,20 \times 1,40$ m	6		30 mm/s (0,06 mm)	*Tisch*

Faseroptik leitet den Lichtstrom des Lichtpunktes, wenn dieser sich in einer
Position unter der Spitze des Griffels befindet, zu einem Fotovervielfacher. Nach
lichtelektrischer Wandlung, Verstärkung und Impulsformung wird die je Spalte

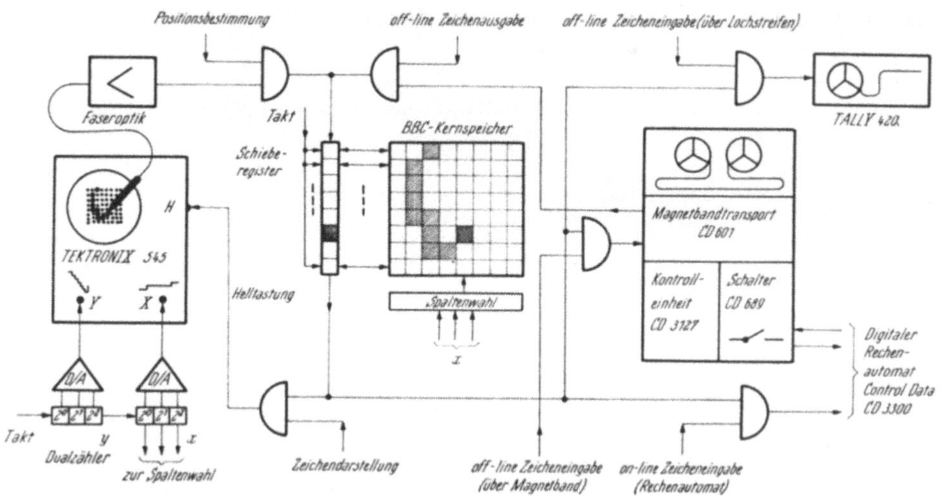

Abb. 100. Funktionsprinzip eines speziellen Lichtgriff-Eingabegerätes (LEG des Instituts für
Nachrichtenverarbeitung und Nachrichtenübertragung, Universität Karlsruhe)

erhaltene Positionsangabe in einem Schieberegister zwischengespeichert und darauf in die entsprechende Spalte (Wort oder Doppelwort) eines externen Kern-
speichers (*4096 Bit* Speicherkapazität) eingeschrieben. Nach einmaliger Raster-

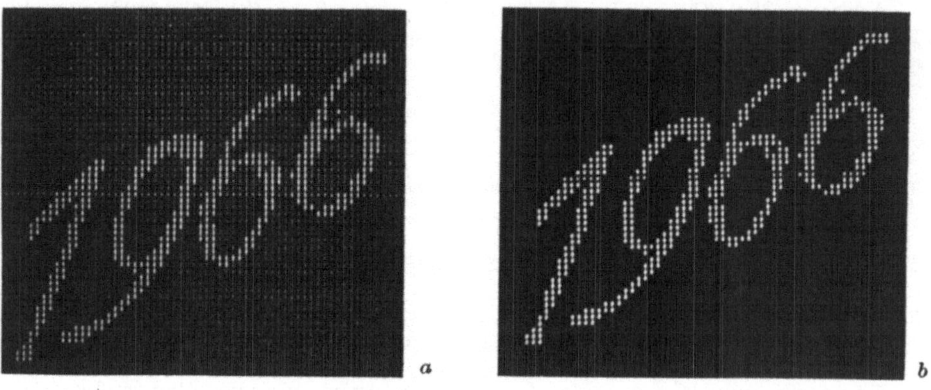

Abb. 101. Beispiel für die Darstellung graphischer Informationen mit dem LEG der Abb. 100:
a) Mit Grundabtastraster; b) Speicherinhalt

abtastung (Positionsbestimmung 20 *ms*) wird eine Darstellungsphase (20 *ms*)
eingeleitet, in welcher der Kernspeicherinhalt auf der Oszillographenröhre sichtbar gemacht wird (Abb. 101). Hierzu werden die entsprechenden Rasterpunkte

im richtigen Zeitpunkt stärker hellgetastet als die Punkte des Grundschreib-
rasters. Positionsbestimmung und Darstellung alternieren im 50-*Hz*-Rhythmus.

Die im Kernspeicher vorliegende Zeichenmusterinformation kann *on-line* in
einen digitalen Rechenautomaten eingegeben werden. Bei *off-line* Eingabe wird
die Kernspeicherinformation entweder auf Magnetband oder Lochstreifen umgesetzt. Das Magnetbandgerät kann hierzu vom Rechenautomaten abgetrennt
werden. Bei umgekehrter Betriebsart wird eine vom Rechenautomaten oder
vom LEG auf Magnetband aufgeschriebene und gespeicherte Bildinformation in
den externen Kernspeicher eingeschrieben und auf der Oszillographenröhre
visuell dargestellt.

Literatur

1. ARKADJEW, A. G., und E. M. BRAVERMAN: *Zeichenerkennung und maschinelles Lernen.* München: Oldenbourg. 1966.
2. BUTLER, M. K., and S. W. BUTLER: Computer Analysis of Photographic Images.
Nucleonics **25**, 44—51 (1967).
3. CLARK, R., and W. F. MILLER: Computer-Based Data Analysis Systems. In:
Methods in Computational Physics **5** (B. ALDER et al., Hrsg.), New York:
Academic Press. 1966.
4. DINEEN, G. P.: Programming Pattern Recognition. Proc. WJCC 1955, 94—100.
5. EARNEST, L. D.: Machine Recognition of Cursiv Writing. In: *Information Processing 1962*, S. 462—465. North-Holland Publishing Co. 1963.
6. EDEN, M.: Handwriting and Pattern Recognition, S. 167—170 in [44].
7. EDEN, M., and M. HALLE: The Characterisation of Cursiv Writing. In: *Information
Theory*, S. 287—299. IV. London Symp. (C. CHERRY, Hrsg.), London: Butterworth. 1961.
8. FISCHER, G. L., et al. (Hrsg.): *Optical Character Recognition.* Washington, D. C.:
Spartan Books. 1962.
9. FREEMANN, H.: On the Encoding of Arbitrary Geometry Configurations. IRE
Trans. **EC-10** 1961, 260—268.
10. FREEMANN, H.: Techniques for the Digital Computer Analysis of Chain-Encoded
Arbitrary Plane Curves. Proc. Nat. Electronics Conf. **17**, 421—432 (1961).
11. FREEMANN, H., and L. GARDNER: A Pictorial Jigsaw Puzzle: The Computer
Solution of a Problem in Pattern Recognition. IEEE Trans. **EC-13**, 118—127
(1964).
12. FRISHKOPF, L. S., and L. D. HARMON: Machine Reading of Cursiv Script. In:
Information Theory, S. 300—316. IV. London Symp. (C. CHERRY, Hrsg.). London:
Butterworth. 1961.
13. GELERNTER, H.: Data Collection and Reduction for Nuclear Particle Trace
Detectors. In: *Advances in Computers* (F. L. ALT et al., Hrsg.). New York: Academic Press. 1965.
14. GRAHAM, R. E.: Snow Removal — A Noise-Stripping Process for Picture Signals,
S. 129—144 in [44].
15. GRIMSDALE, R. L., and J. M. BULLINGHAM: Character Recognition by Digital
Computers Using a Special Flying-Spot Scanner. Computer-Journal 4, 129—135
(1961).
16. HAACK, W., und H. SPRINGER: Automatische Auswertung von Radarinformatio-
nen unter Berücksichtigung lernender Systeme. Jahrestagung der DGRR und
WGLR in Berlin 1964.
17. HARLEY, T., et al.: System Considerations for Automatic Imagery Screening.
In [45].
18. HOLMES, W. S.: Automatic Photointerpretation and Target Location. Proc.
IEEE **54**, 1679—1686 (1966).
19. HU, M.: Visual Pattern Recognition by Moment Invariants, S. 179—187 in [44].

20. JULESZ, H.: Visual Pattern Discrimination, S. 84—91 in [44].

21. KAMENTSKY, L. A., and C. A. LIU: Computer-Automated Design of Multifont Print Recognition Logic. IBM J. Res. and Dev. **7**, 2—13 (1963).

22. KAZMIERCZAK, H.: *Einführung in die Automatische Zeichenerkennung.* München: R. Oldenbourg (erscheint).

23. KAZMIERCZAK, H.: Automatische Zeichenerkennung. In: *Taschenbuch der Nachrichtenverarbeitung*, 2. Auflage, S. 754—787 (K. STEINBUCH, S. W. WAGNER, Hrsg.). Berlin-Heidelberg-New York: Springer. 1967.

24. KAZMIERCZAK, H., and F. HOLDERMANN: The Karlsruhe System for Automatic Photointerpretation. In [45].

25. KIRSCH, R. A.: Experiments in Processing Pictorial Information with a Digital Computer. Proc. EJCC 1957.

26. LIPKIN, L. E., et al.: The Analysis, Synthesis, and Description of Biological Images, S. 984—1012 in [46].

27. MCCORMICK, B. H.: The Illinois Pattern Recognition Computer — ILLIAC III. IEEE Trans. **EC-12**, 791—813 (1963).

28. MERMELSTEIN, P., and M. EDEN: A System of Automatic Recognition of Handwritten Words. AFIPS **26**, 333—342 (1964).

29. MERRIL, T., et al.: Cyclops-1: A Second-Generation Recognition System. AFIPS **24**, 27—34 (1963).

30. MERRIL, T., and B. H. BLOOM: Learning and Perceptual Processes for Computers, S. 1029—1034 in [46].

31. MUERLE, J., and D. ALLEN: Techniques for Automatic Segmentation of Objects in a Complex Scene. In [45].

32. NARASIMHAN, R.: Labeling Schemata and Syntactic Descriptions of Pictures. Information & Control **7**, 151—179 (1964).

33. NEURATH, P. W., et al.: Human Chromosome Analysis by Computer — An Optical Pattern Recognition Problem, 1013—1028 in [46].

34. PFALTZ, J. L., and A. ROSENFELD: Computer Representation of Planar Regions by Their Skeletons. Comm. ACM **10**, 119—123 (1967).

35. PFALTZ, J. L., et al.: Local and Global Picture Processing by Computer. In [45].

36. PREWITT, J. M. S., and M. L. MENDELSOHN: The Analysis of Cell Images, 1035—1053 in [46].

37. REICHARDT, W., und C. MCGINITIE: Zur Theorie der lateralen Inhibition. Kybernetik **1**, 155—165 (1962).

38. ROSENFELD, A.: Eliminating the Human Observer. In: *Optoelectronic Devices and Circuits*, S. 213—218 (S. WEBER, Hrsg.). London-New York: McGraw-Hill. 1964.

39. ROSENFELD, A., and J. L. PFALTZ: Sequential Operations in Digital Picture Processing. Journ. ACM **13**, 471—494 (1966).

40. SCHREIBER, W. F.: Picture Coding. Proc. IEEE **55**, 320—330 (1967).

41. SEBESTYEN, G. S.: *Decision-Making Processes in Pattern Recognition.* London-New York: Macmillan. 1962.

42. SHARP, J. V.: Automatic Map Compilation Using Digital Techniques. X. Congress of the Int. Soc. of Photogrammetry, Lissabon 1964.

43. UHR, L. (Hrsg.): *Pattern Recognition.* New York: J. Wiley. 1966.

44. Special Issue on Sensory Information Processing. IRE Trans. **IT-8**, H. 2 (1962).

45. Symposium on Automatic Photointerpretation, Washington, D. C., 31. 5.—2. 6. 1967.

46. Advances in Biomedical Computer Applications. In: *Annals New York Academy Sciences* **128**, Art. 3 (1966), 31. Jan. (MEYER, W., HUTCHINS, H., Hrsg.).

47. *Character Recognition 1967.* The British Computer Society, London.

48. ZIEHM, G.: Die zeitliche Echo-Struktur bei Sonar-Zielen. NTZ **20**, 388—401 (1967).

49. ZIEHM, G.: Zusammenhänge zwischen Rückstreufläche, Zielmaß und Gewichtsfunktion bei ausgedehnten Sonar- und Radarzielen. NTZ **20**, 441—448 (1967).

50. PFEILER, M.: Lineare Systeme zur Übertragung zeitabhängiger Ortsfunktionen und Bilder. NTZ **21**, 97—108 (1968).

51. SCHOTT, O.: Elektronische Informationsaufbereitung in der Röntgendiagnostik. Elektromedizin **12**, 204—215 (1967).
52. PFEILER, M., et al.: Die Intensitätsverteilung im Strahlenrelief als Eingangsgröße beim Röntgenfernsehen. Elektromedizin **11**, 17—28 (1966).
53. ENDRES, W.: Automatische Spracherkennung und Synthetische Sprache. In Taschenbuch der Nachrichtenverarbeitung, 2. Aufl., 787—814. Hrsg. K. STEINBUCH. Berlin-Heidelberg-New York: Springer. 1967.

B. Informationsverarbeitung bei der Briefsortierung

Von

R. Blücher und **W. Gräf**

1. Manuelle Briefbearbeitung

Die aus den Briefkästen geleerten Briefsendungen werden zu den Briefverteilstellen der Postämter gebracht. Diese ungeordnete Post wird auf einen Tisch geschüttet und von Hand geordnet, indem die Briefsendungen stempelgerecht gestapelt werden. Anschließend werden die Wertzeichen (Briefmarken) mit dem Tagesstempel versehen.

Grundlage für das anschließende Sortieren ist die Postleitzahl, deren System nach verkehrsgeographischen Gesichtspunkten aufgebaut ist [4]. Die Tausenderstelle einer vierstelligen Postleitzahl bezeichnet die *Leitzone*, die Tausender- und Hunderterstelle zusammen bezeichnen den *Leitraum*, die ersten drei Stellen geben den *Leitbereich* an. Z. B. liegt der Ort BARMSTEDT mit der Postleitzahl 2202 im Leitbereich 220, im Leitraum 22 und in der Leitzone 2 (Abb. 102). Etwa 3170 Orte haben eine eigene Postleitzahl. Das sind alle Orte, die im Durchschnitt

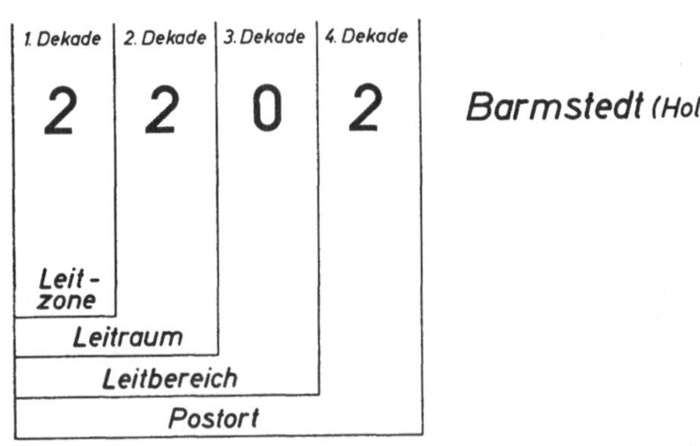

Abb. 102. Aufbau der Postleitzahl

täglich mindestens 750 Briefsendungen erhalten. Von den übrigen der rund 24 000 Postorte haben jeweils mehrere Orte eine gemeinsame Postleitzahl. Durch diese Zusammenfassung von Orten ist es möglich geworden, mit vierstelligen Postleitzahlen auszukommen. Das ist deshalb wichtig, weil eine vierstellige Zahl beim Sortieren der Postsendungen noch verhältnismäßig gut visuell erfaßt werden kann, während eine fünfstellige Zahl in dieser Hinsicht schon wesentlich ungünstiger wäre.

Die gestempelten Sendungen werden zuerst an *Verteilfachwerken* nach Postleitzahlen grob vorsortiert. Jedes dieser Fächer enthält die Sendungen für einen bestimmten *Feinverteilplatz*. An jedem Feinverteilplatz werden die Sendungen in etwa 50 Fächer sortiert, wiederum nach Postleitzahlen. Lediglich bei einigen Großstädten gibt es mehrere Fächer für eine Stadt, und die Sendungen werden nach den in der Anschrift angegebenen Ortsteilen in die Fächer sortiert. Für diese Tätigkeit sind gewisse geographische Kenntnisse Voraussetzung. Insgesamt werden in einer mittleren Briefverteilstelle etwa 1000 verschiedene Verteilrichtungen angelegt. In einer Verteilrichtung sind möglichst nur Briefsendungen für einen bestimmten Ort zusammengefaßt. Lediglich bei kleineren Orten, die wenig Post bekommen, werden die Briefsendungen für mehrere Orte zusammengefaßt. Die Briefe einer jeden Verteilrichtung werden stapelweise zusammengebunden, und die Briefbunde werden mit den nächstmöglichen Zügen in ihre Zielrichtung abtransportiert.

In den größeren *Briefeingangsstellen* werden die eingehenden Briefsendungen (Eingangspost) zunächst nach den Anfangsbuchstaben der Straßennamen sortiert. Die hier tätigen Kräfte brauchen keine Kenntnisse über die Aufteilung der Straßen auf Zustellbezirke zu haben. Erst nachdem die Sendungen alphabetisch sortiert sind, werden sie durch Arbeitskräfte, die genau wissen, in welche Zustellbezirke die Straßen gehören, in einem zweiten Verteilgang nach Zustellbezirken sortiert. Dadurch braucht jede Verteilkraft, die im zweiten Verteilgang sortiert, nur über Straßen mit einem bestimmten Anfangsbuchstaben Bescheid zu wissen.

2. Informationseingabe bei der teilautomatischen Briefbearbeitung

1. Dadurch daß die Wertzeichen auf den Briefsendungen (Anschriftenseite oben rechts) angebracht sind, können mittels dieser Information die einzelnen Briefsendungen so gedreht und gewendet werden, daß sie danach alle die gleiche Lage haben. Damit sich die Postwertzeichen für die *automatische* Erkennung gut vom Untergrund der Briefumschläge bzw. der Postkarten abheben, werden die durch die Deutsche Bundespost vertriebenen Postwertzeichen mit einem fluoreszierenden Stoff behandelt, der durch eine chemische Reaktion im Papierbrei erzeugt wird. Der dabei entstehende *Fluoreszenzstoff* ist sehr feinkörnig und ergibt eine verhältnismäßig große Oberfläche. Daher braucht man nur wenig Material, um eine ausreichende Fluoreszenz der Wertzeichen unter Bestrahlung mit

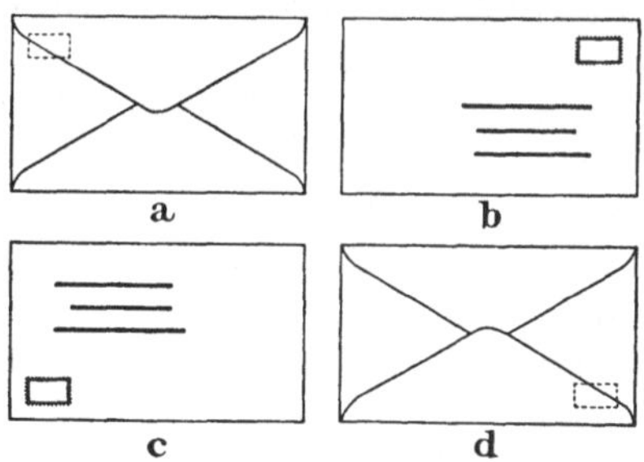

Abb. 103a. Die vier möglichen Lagen der Briefe (aus K. STEINBUCH, Taschenbuch der Nachrichtenverarbeitung, 2. Aufl. Berlin-Heidelberg-New York: Springer. 1967)

ultraviolettem Licht zu erhalten [1]. Andere Postverwaltungen behandeln ihre Wertzeichen zum Teil mit phosphoreszierendem Material, um sie automatisch erkennen zu können.

Wenn die Briefsendungen bei Anbringen der Wertzeichen oben rechts nach einer langen Kante ausgerichtet sind, gibt es für die Lage der Briefsendungen vier Möglichkeiten (Abb. 103a). Um die Lage einer Sendung zu ermitteln, wird sie auf beiden Seiten nach dem Postwertzeichen abgetastet. Dieses Abtasten geschieht in vier *Spurgruppen*, jeweils vor und hinter der Sendung eine Spurgruppe oben und eine Spurgruppe unten. Genau eine der vier Spurgruppen liefert beim Abtasten einer Sendung das Signal „Wertzeichen erkannt". Damit ist die Lage der betreffenden Sendung erkannt, und mit diesem Signal wird die nachfolgende Behandlung der Sendung gesteuert. Im einfachsten Fall besteht diese Behandlung darin, jede Sendung je nach ihrer Lage über Abzweigungen in einen von vier Staplern zu steuern. In diesem Fall nehmen alle Sendungen, nachdem sie diese Einrichtung durchlaufen haben, innerhalb eines Staplers die gleiche Lage ein.

In Aufstellmaschinen älteren Typs durchlaufen die Sendungen zunächst den Abtastkopf und dann je nach ihrer Lage verschiedene Wege, wo sie gedreht

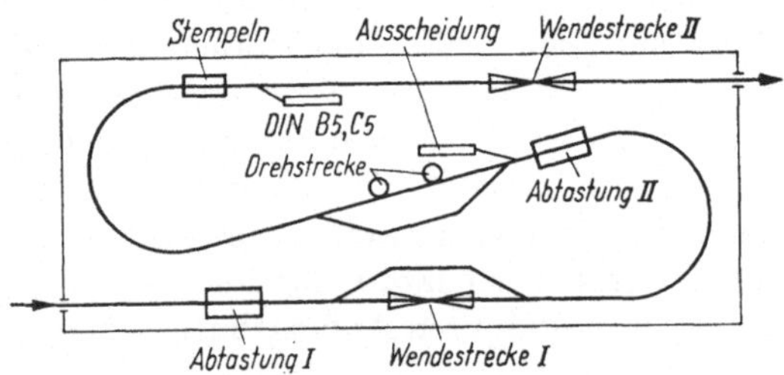

Abb. 103b. Prinzip einer Aufstell- und Stempelmaschine (aus K. Steinbuch, Taschenbuch der Nachrichtenverarbeitung, 2. Aufl. Berlin-Heidelberg-New York: Springer. 1967)

und gewendet werden. Nach dieser Behandlung werden sie wieder zusammengeführt und haben dann alle die gleiche Lage. In einer anschließenden *Förderstrecke*, die alle Sendungen nacheinander in gleicher Lage durchlaufen, ist ein Stempel angeordnet, der die Postwertzeichen entwertet.

In neueren Maschinen konnte der Aufwand verringert werden, indem zunächst nur ein Teil der Informationen über die Lage der Postwertzeichen und damit der Briefsendungen durch einen Abtastkopf gewonnen werden. Z. B. wird nur unterschieden, ob das Postwertzeichen vorn oder hinten liegt. Je nach der Aussage dieser Teilinformation werden die Sendungen an einer nachfolgenden Verzweigung in eine von zwei Förderstrecken gesteuert. Nach Durchlauf der einen oder anderen Förderstrecke gibt es für alle Sendungen nur noch *zwei* mögliche Lagen. Sie werden zusammengeführt und durchlaufen einen zweiten Abtastkopf, der die restlichen Informationen über die Lage der Briefsendungen liefert, die anschließend ähnlich wie beschrieben ausgewertet werden.

2. Für das automatische Sortieren der abgehenden Sendungen ist die Postleitzahl eine wesentliche *Eingabeinformation*. Die Postleitzahlen sind etwas redundant, weil nur knapp die Hälfte der möglichen vierstelligen Zahlen verwendet worden sind. Das führt dazu, daß ein Teil der *Eingabefehler*, soweit es die Postleitzahl betrifft, erkannt werden kann. Falls ein Fehler erkannt worden

ist, wird eine Wiederholung der Eingabe veranlaßt oder die entsprechende Sendung wird zunächst aus dem normalen Bearbeitungsweg herausgeschleust und in einem *Rückweisungsfach* abgelegt.

Weil für einige größere Städte mehrere Richtungen beim Sortieren angelegt werden müssen und dafür der Informationsgehalt der Postleitzahlen nicht ausreicht, werden in diesen Fällen weitere Teile der Anschrift eingegeben. Das ist entweder der hinter dem Ortsnamen angegebene *Ortsteil* (z. B. 23 KIEL-HOLTENAU) oder die Nummer des *Zustellpostamtes* (z. B. 2 HAMBURG 36). Diese Nummer wird wegen ihrer geringeren Redundanz vollständig eingegeben. Wenn hinter dem Ortsnamen der Ortsteil nicht als Zahl sondern als Name angegeben ist, dann ist die Redundanz dieser Angabe im allgemeinen sehr groß, und es genügen wenige Buchstaben (eventuell sogar ein einziger Buchstabe), um die Ortsteile hinreichend voneinander zu unterscheiden.

Bei Luftpostsendungen genügt die Eingabe des Merkmals „LUFTPOST", um diese Sendungen einer besonderen Bearbeitung zuzuführen. Mit den Standard-Sendungen zusammen werden auch die Paketkarten bearbeitet. Diese müssen bei den großen Orten, die ein spezielles Paketpostamt haben, diesem zugeführt werden. Damit das beim Sortieren berücksichtigt werden kann, muß für die Paketkarten ein zusätzliches Merkmal eingegeben werden.

3. Die Eingangspost muß nach *Zustellbezirken* oder *Postfächern* sortiert werden. Die hierfür erforderlichen Informationen werden der in der Anschrift angegebenen Postfachnummer oder dem Straßennamen, zum Teil unter Einschluß der Hausnummer, entnommen. Da die Straßennamen bis auf einzelne Ausnahmen sehr redundant sind, genügt bereits die Eingabe weniger Buchstaben, um einen Straßennamen eindeutig zu erkennen.

Wenn in der Anschrift eine *Postfachnummer* angegeben ist, dient diese als Eingabeinformation für das Sortieren der betreffenden Sendung. Die beiden letzten Stellen der Postfachnummer geben die Fachnummern innerhalb eines Postfach-Schrankes an. Automatisch werden die Sendungen auf diese Schränke und danach von Hand in die einzelnen Fächer der Schränke sortiert. Die Schranknummern erhält man, wenn man von der Postfachnummer die beiden letzten Ziffern abstreicht. Es genügt also, wenn die Postfachnummer ohne die beiden letzten Ziffern eingegeben wird.

4. Eine *Leseeinrichtung*, die abends für den Briefabgang und morgens für den Briefeingang eingesetzt werden soll, muß für den Briefabgang im wesentlichen die Ziffern der Postleitzahlen und der Zustellämter sowie in Ausnahmefällen auch Buchstaben lesen. Für den Briefeingang müssen die Buchstaben der Straßennamen oder die Postfachnummern und teilweise die Hausnummern gelesen werden.

Aus der Vielfalt der Informationen, die im Anschriftenfeld angegeben sind, müssen automatisch die jeweils benötigten Informationen herausgesucht werden. Im Falle des *Anschriften-Lesens* kann der Ort der jeweils zu lesenden Informationen nicht wie beim Lesen von Belegen genau angegeben werden, weil das Anschriftenfeld durch die Postbenutzer individuell eingeteilt wird. Hilfsmittel für das Finden der Informationen sind die Regeln für die Einteilung des Anschriftenfeldes, die von den meisten Postkunden beachtet werden. Hierzu gehört die Reihenfolge: Name des Empfängers, Name des Ortes mit davor angeordneter Postleitzahl und hinter dem Ort angegebenem Ortsteil oder Zustellpostamt. Die Ortsangabe wird in der Regel durch Unterstreichen hervorgehoben. Diese Unterstreichung ist ein wichtiges Orientierungsmittel für das automatische Anschriften-Lesen. Unter dem Ortsnamen folgt dann der Straßenname mit Hausnummer oder die Postfach-Nummer.

Bei dem größten Teil der Standard-Briefsendungen werden die Anschriften mit Schreibmaschine geschrieben oder mit Druckplatten hergestellt. Dabei werden neben den Ziffern hauptsächlich Großbuchstaben, Kleinbuchstaben, Punkte für Abkürzungen und Bindestriche verwendet. Diese Schriftzeichen treten dabei in verschiedenen Größen und in verschiedenen Formen (Schriftarten) auf (Abb. 104a). Der Schwärzungsgrad der Schriftzüge ist sehr unterschiedlich, die Druckqualität oft schlecht. Häufig sind die Linienzüge der Zeichen unterbrochen, die Linienbreite ist sehr unterschiedlich. Oft findet man Schwärzungen an Stellen, die unbedruckt sein sollen. Bei vielen Schreibmaschinen sind auch die Typenhebel etwas verbogen. Das hat zur Folge, daß die Zeichen teilweise ineinander übergehen. Neben den am meisten gebräuchlichen schwarzen Farbbändern werden die Anschriften teilweise auch bunt geschrieben. Die Anschriften werden manchmal sogar im Durchschriftverfahren erstellt.

```
gefälliges Aussehen und ist
leicht lesbar. 1234567890        a


Privatkorrespondenz und Übersee-
Briefverkehr. 1234567890 1       b

dung der Cubic-Schrift eine
besondere Note. 1234567890 12    c

gewährleistet, zeichnet sich durch besonders
grosse, leicht lesbare Buchstaben aus. 1234  d
```

Abb. 104a. Verschiedene Schriftarten: *a* Pica, *b* Perl, *c* Perl-Cubic, *d* Raumspar

Als *Schriftträger* werden die verschiedensten Papiere verwendet. Sie unterscheiden sich durch ihre Farbe, Dicke und Oberflächenbeschaffenheit. Bei dünnen Briefumschlägen sieht man oft die Schriftzüge des einliegenden Briefes hindurchschimmern. Die Papiere von Briefumschlägen und Postkarten remittieren das Licht nicht gleichmäßig an ihrer ganzen Oberfläche, sondern die Papieroberflächen bestehen aus kleinen Zonen verschiedener Helligkeit. Dadurch erhält man schon beim Abtasten von unbedrucktem Papier mehr oder weniger starke Helligkeitsänderungen, die von denen beim Abtasten von Schriftzeichen unterschieden werden müssen. Auch durch Fremdkörpereinschlüsse und Verunreinigungen der Briefhüllen und Postkarten wird das automatische Lesen erschwert.

Bei Fensterbriefhüllen müssen die Anschriften durch die Fenster hindurch gelesen werden. Die Fenster sind oft trüb und über dem die Anschrift tragenden Inhalt mehr oder weniger stark gewölbt (Abb. 104b). Dadurch erscheinen die Schriftzeichen unklar und verschwommen. Eine weitere Schwierigkeit liegt darin, daß bei Fensterbriefhüllen die Anschrift auf der linken Seite steht, während sie bei anderen Briefhüllen und bei Postkarten auf die rechte Seite geschrieben wird.

Neben den mit Schreibmaschinen geschriebenen Anschriften findet man sehr viel handgeschriebene Anschriften. Die Variationen in Schriftgrößen und Schriftzeichen sind sehr groß. Auch werden die verschiedensten Schreibgeräte in allen Farben verwendet. Es sind noch sehr viele Probleme zu lösen, ehe daran gedacht werden kann, auch handschriftliche Adressen zu lesen.

Die Redundanz der Zahlenangaben (Postleitzahl, Nummer des Zustellpostamtes, Postfachnummer, Hausnummer) ist nicht so groß, daß eine Ziffer

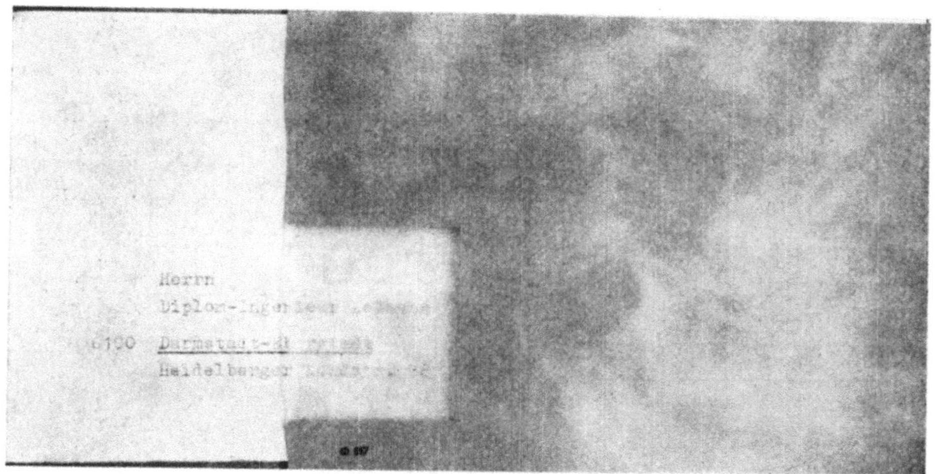

Abb. 104b. Aufgeschnittener Fensterbrief

beim Lesen weggelassen werden könnte. Deshalb müssen bei Zahlenangaben *alle* Ziffern richtig erkannt werden, um dann anschließend automatisch sortieren zu können. Sendungen, bei denen *eine* oder *mehrere* Ziffern nicht erkannt werden konnten, müssen den *manuellen Codierplätzen* zugeführt werden, um dort für das automatische Sortieren vorbereitet zu werden, oder sie werden von Hand sortiert.

Die Redundanz der mit Buchstaben angegebenen Informationen ist bis auf einige Ausnahmen recht groß. Die meisten Orts- und Straßennamen sind auch noch erkennbar, wenn mehrere Buchstaben der Namen unleserlich sind. Deshalb kann für die Buchstaben-Leseeinrichtung eine hohe *Rückweisungsrate*, bezogen auf die Einzelbuchstaben, zugelassen werden, und trotzdem kann die Anzahl der nicht erkannten Orts- und Straßennamen gering sein. Auch wenn *zwei* oder *mehr* verschiedene Buchstaben, deren Schriftzeichen ähnlich sind, in vielen Fällen durch die Leseeinrichtung nicht voneinander unterschieden werden können, können die Orts- und Straßennamen wegen der hohen Redundanz meist trotzdem erkannt werden. Bei der Deutschen Bundespost ist eine Leseeinrichtung für Postleitzahlen der Firma Siemens im Versuchsbetrieb eingesetzt [4].

5. An den *Codierplätzen* werden die Briefsendungen automatisch einzeln vorgeführt. Jede Sendung bleibt solange in der Lesestellung stehen, bis die Arbeitskraft am Codierplatz der Anschrift die für die weitere Bearbeitung erforderlichen Informationen entnommen und diese über eine Tastatur (Abb. 104c) eingegeben hat. Wenn alle benötigten Informationen eingetastet sind, wird

der zugehörige Brief aus der Lesestellung abtransportiert, und ein neuer Brief gelangt in die Lesestellung. Dadurch bestimmt die Arbeitskraft am Codierplatz selbst, wie lange ihr jede Briefsendung im Lesefeld zur Verfügung steht.

Den Anschriften werden die Informationen nach festen Regeln entnommen. Diese Regeln müssen die Codierkräfte lernen, bevor sie an den Codierplätzen arbeiten können. Darüber hinaus brauchen diese Arbeitskräfte keine geogra-

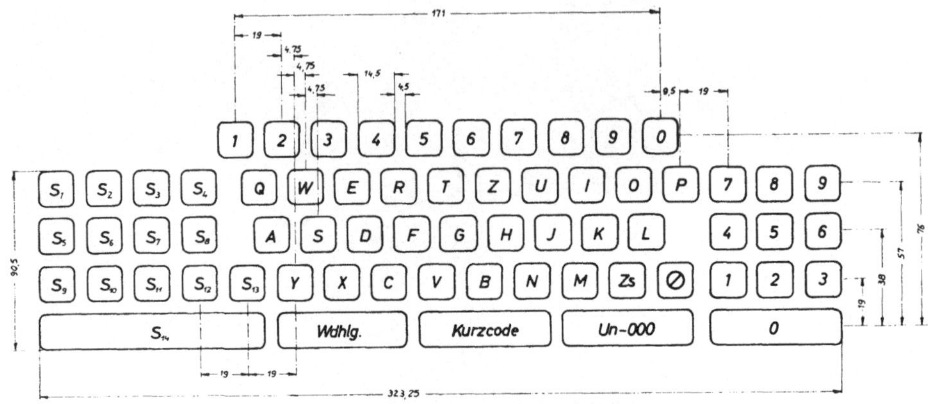

Abb. 104c. Tastatur eines Codierplatzes

phischen Kenntnisse zu haben, und sie brauchen auch nicht zu wissen, über welche Leitwege die Briefsendungen ihre Zielorte erreichen. Die Codierkräfte wissen auch nicht auswendig, wie die Straßen eines Ortes in einzelne Zustellbezirke aufgeteilt sind.

Bei Sendungen, die für den *Briefabgang* vorbereitet werden, wird in der Regel die Postleitzahl eingetastet und zwar so, wie sie der Absender in der Anschrift angegeben hat. Sobald vier Ziffern eingetastet sind, ist die Eingabe beendet, und ein neuer Brief wird automatisch in das Lesefeld transportiert. Die Tatsache, daß vier Ziffern eingetastet worden sind, ist hinreichend für das Heranführen eines neuen Briefes. In diesem Fall braucht durch die Codierkraft keine Schlußtaste betätigt zu werden.

Wenn die Postleitzahl nur ein-, zwei- oder dreistellig ist, betätigt die Codierkraft eine *Schlußtaste*, nachdem sie die Postleitzahl eingetastet hat. Diese Schlußtaste, auch als *Nullenauffülltaste* bezeichnet, löst dann die Transporteinrichtung des Codierplatzes aus.

Bei einem Teil der Großstädte, in denen es mehrere Zustellpostämter gibt, wird die für diese Städte meist einstellige Postleitzahl durch die ein- bis zweistellige Nummer des Zustellpostamtes ergänzt, sofern diese hinter dem Ortsnamen in der Anschrift angegeben ist. In diesen Fällen wird zunächst eine Null eingetastet, danach die Postleitzahl und dann die zweistellige Nummer des Zustellamtes. Ist die Nummer des Zustellpostamtes einstellig, so wird ihr eine Null vorangesetzt. Bei 3 HANNOVER 6 wird z. B. 0306 eingetastet.

Wenn bei Großstädten in der Briefanschrift der Ortsteil als Name angegeben ist, z. B. 6 FRANKFURT-ECKENHEIM, werden am Codierplatz Buchstaben eingetastet. Hierfür gilt die Grundregel, daß der erste Buchstabe des Ortes und anschließend der erste, dritte und vierte Buchstabe des Vorortes eingetastet werden. Der zweite Buchstabe wird bei der Eingabe übersprungen, weil der Informationsgehalt dieses Buchstabens bei den meisten Orts- und Straßennamen merklich kleiner ist als der der anderen Buchstaben. Dagegen ist der Informationsgehalt des ersten Buchstabens im allgemeinen besonders groß [5].

Im *Briefabgang* sind es nur einzelne Sendungen, bei denen Buchstaben eingetastet werden. Dagegen ist es im *Briefeingang* die Regel, daß Buchstaben über die Tastatur eingegeben werden, die nach festen Regeln den Straßennamen entnommen werden. Die Grundregel für die Buchstabeneingabe besagt, daß der erste, dritte, vierte und der letzte Buchstabe des Straßennamens eingetastet werden. Der zweite Buchstabe wird aus den oben angegebenen Gründen übersprungen. Der fünfte Buchstabe des Straßennamens wird nicht benutzt, sondern der letzte, weil eine Korrelation zwischen aufeinanderfolgenden Buchstaben besteht. Wegen dieser Korrelation ist der Informationsgehalt von zwei in einem Wort aufeinanderfolgenden Buchstaben geringer als der von zwei Buchstaben, die im Wort weit auseinander liegen.

Die Bezeichnung „Straße" wird beim Heraussuchen des letzten Buchstabens aus dem Straßennamen nicht berücksichtigt. Z. B. wird für „Ludwigstraße" LDWG eingetastet.

Man hat festgestellt, daß viele Straßennamen auf „en" oder „er" enden. Dadurch ist der Informationsgehalt dieser beiden letzten Buchstaben gering, und deshalb werden diese beiden Endungen bei Anwendung der Codierregeln ebenfalls nicht berücksichtigt. Z. B. wird für die „Hamburger Straße" HMBG über die Tastatur eingegeben.

Besteht ein Straßenname aus *mehreren* Wörtern, so wird von jedem Wort der *erste* Buchstabe eingetastet. Auf das letzte Wort wird die Grundregel (erster, dritter, vierter, letzter Buchstabe) solange angewendet, bis vier Buchstaben eingetastet sind. Z. B. ergibt die „Kleine Brunnenstraße" KBUN.

Weitere Regeln gibt es für die Behandlung von „Allee, Platz oder Weg" sowie über die Buchstaben bzw. Buchstabengruppen „ä, ö, ü, ae, oe, ue, sch, ss, ß".

Obwohl es $26^4 = 456\,976$ verschiedene *vier*stellige Buchstabengruppen gibt, treten bei Anwendung der Codierregeln auf Straßennamen schon bei etwa 2000 Straßennamen etliche Buchstabengruppen doppelt und mehrfach auf. Wenn durch eine Codierkraft eine derartige Buchstabengruppe eingetastet worden ist, wird über den Codierzuordner festgestellt, daß diese Eingabeinformation nicht eindeutig ist und der Codierer wird automatisch durch das Aufleuchten einer Lampe zum Nachtasten eines weiteren Buchstabens, der wiederum nach einer bestimmten Regel dem Straßennamen entnommen wird, aufgefordert. Durch die Nachgabe dieses 5. Buchstabens werden die Eingabeinformationen meistens eindeutig.

In großen Städten gibt es meist einige lange Straßen, die auf mehrere Zustellbezirke aufgeteilt werden müssen. Hier ist die Hausnummer das Kriterium für die Grenzen zwischen den Zustellbezirken. Diese Straßen müssen die Codierkräfte auswendig kennen und von ihnen den ersten und dritten Buchstaben und die Hunderter- und Zehnerstelle der Hausnummer eintasten. Wenn auch noch die Einerstelle für die Festlegung des Zustellbezirkes wichtig ist, wird durch den Codierzuordner über eine Lampe am Codierplatz zur Nachgabe der Einerstelle der Hausnummer aufgefordert, sobald die Codierkraft zwei Buchstaben und zwei Ziffern eingetastet hat.

Die Briefsendungen, auf denen die *Postfachnummer* angegeben ist, werden durch Eintasten dieser Postfachnummer auf die automatische Bearbeitung vorbereitet. Die Zehner- und Einerstellen werden dabei weggelassen, weil durch die Sortiermaschinen nur nach Postfachschränken und nicht nach den einzelnen Postfächern sortiert wird.

Außer den Buchstaben- und Zifferntasten sowie der Schlußtaste enthält die Tastatur (Abb. 104 c) noch weitere Tasten. Mit der *Löschtaste* kann die Codierkraft die bereits eingegebenen Informationen löschen, solange die Eingabe noch nicht vollständig ist. Hierdurch können die Eingabedaten bei Irrtum korrigiert werden. 14 sogenannte *Sondertasten* dienen dazu, die notwendigen Informationen für bestimmte Sendungsgruppen mit einem einzigen Tastenanschlag einzugeben. Im Briefabgang werden die Sondertasten hauptsächlich für größere Orte, die sehr viele Briefsendungen erhalten, verwendet. Dadurch werden diese Briefsendungen an den Codierplätzen durch einen einzigen Tastendruck für die automatische Weiterverarbeitung vorbereitet. Einige Sondertasten werden im *Briefabgang* für die Kennzeichnung von besonderen Sendungsgruppen, die ebenfalls besonders stark auftreten, benutzt. Diese Sendungsgruppen sind hauptsächlich Sendungen für den eigenen Ort, für das Ausland, Luftpost- und Eilbotensendungen, Sendungen für Mitteldeutschland.

Im *Briefeingang* werden hauptsächlich die folgenden Sendungsgruppen mit Sondertasten bearbeitet: Postlagernde Sendungen, Paket- und Postgutkarten, Nachnahmesendungen, Nachsendungsanträge, Postfachsendungen für Großabholer, Post- und Zahlungsanweisungen, Nachgebührensendungen, Sendungen mit Eilzustellung.

Durch Betätigen der *Kurzcode*-Taste wird die Bedeutung aller übrigen Tasten umgeschaltet. Auf diese Weise können weitere Sondereingabe-Möglichkeiten gewonnen werden. So werden z. B. in Braunschweig die Sendungen für das Fernmeldeamt durch Drücken der „Kurzcode"-Taste und anschließendes Betätigen der Buchstabentaste „F" bearbeitet.

Oft werden der Post Briefsendungen in größerer Zahl vorsortiert angeliefert. Wenn solche Sendungen an den Codierplätzen bearbeitet werden, werden der Codierkraft teilweise Sendungen für den selben Empfangsort unmittelbar nacheinander vorgeführt. Für diese Fälle steht eine *Wiederholungstaste* zur Verfügung. Durch Drücken dieser Wiederholungstaste wird die Information, die für die vorhergehende Sendung ausgegeben worden ist, auch der unmittelbar nachfolgenden Sendung zugeordnet. Die Wiederholungstaste kann beliebig oft nacheinander verwendet werden.

Im Briefabgang können fast alle Sendungen ohne Benutzung von Buchstabentasten bearbeitet werden. Deshalb werden sogenannte *Normalcodierplätze* verwendet, an denen die Sendungen ohne Benutzung von Buchstabentasten bearbeitet werden. Diejenigen Sendungen, die sich auf diese Weise nicht bearbeiten lassen, werden durch Drücken einer besonderen Taste den Sonder-codierplätzen oder der Handverteilung zugeführt. Diese Maßnahme erleichtert die Ausbildung der Codierkräfte, die an den Normalcodierplätzen arbeiten und vereinfacht deren Arbeit. An den *Sondercodierplätzen*, wo die von den Normal-codierplätzen abgewiesenen Sendungen bearbeitet werden, sind Kräfte eingesetzt, die auch die Buchstabentasten bedienen und einen großen Teil dieser Sendungen für die automatische Sortierung vorbereiten.

3. Steuerung des Brieflaufes

Die aus den Eingabedaten durch Verarbeitung gewonnenen Ausgabedaten dienen der Steuerung der Wege, die die Sendungen je nach ihrer Anschrift zurück-zulegen haben, bis sie ihr Ziel erreicht haben. Die Ausgabedaten sind damit *Zielinformationen* für die Briefsendungen. Das Transportsystem für die Brief-sendungen enthält Verzweigungen. Jede Verzweigung wird von den Brief-sendungen über einen Zulaufkanal erreicht und wird von jeder Sendung über *einen* von mindestens zwei Abführkanälen verlassen. Solche Verzweigungen werden in Briefförderrichtung gesehen mehrfach nacheinander angeordnet. Über diese Verzweigungen wird jede Briefsendung automatisch in ein bestimmtes Sortierfach gesteuert. Die mechanisch auf die Briefsendungen einwirkenden Stellglieder an den Verzweigungen sind Weichen oder Klappen, die durch die elektrischen Ausgabesignale zeitgerecht angesteuert werden. Diese mecha-nischen Stellglieder, durch die der Brieflauf beeinflußt wird, können *monostabil* sein, d. h. sie haben eine feste Ruhelage, aus der sie während der Durchlaufzeit einer Briefsendung ausgelenkt werden oder sie sind *bistabil*, d. h. sie behalten jeweils die Lage bei, in die sie zuletzt ausgelenkt worden sind.

Die Förderzeiten für die Briefsendungen bestimmen die Zeitpunkte, in denen die Stellglieder durch die Ausgabe-Informationen geschaltet werden müssen. Wenn Förderer verwendet werden, bei denen kein Schlupf zwischen den geför-derten Briefsendungen und den Fördermitteln auftreten kann, werden diese Zeitpunkte durch Nockenkontakte, die auf einer Welle sitzen, die starr mit dem Förderer gekoppelt ist, oder ähnliches angegeben. Wenn ein Schlupf zwischen den Fördermitteln und den Briefsendungen auftreten kann, sind längs der Förderstrecke Lichtschranken angeordnet, die durch die Briefsendungen unterbrochen werden. Dadurch wird der Weg jeder Briefsendung in Abhängigkeit von der Zeit kontrolliert, und die Zeitpunkte, in denen die Stellglieder geschaltet werden müssen, werden durch die Signale der Lichtschranken angegeben. Die für die einzelnen Briefsendungen erarbeiteten Ausgabeinformationen werden solange gespeichert, bis die betreffenden Briefsendungen *alle* Verzweigungen durchlaufen haben und ihre Ziele auf direktem Weg erreichen.

Um eine große Bearbeitungsleistung zu erreichen, werden die Sendungen möglichst schnell einzeln nacheinander in das Fördersystem gegeben. Dadurch befinden sich in der Regel mehrere Sendungen im Fördersystem. Dabei muß dann zu jedem Zeitpunkt jeder einzelnen Sendung ein Speicher für die Ziel-information zugeordnet sein. Wenn wegen des Schlupfes keine starre Zuordnung der Speicherzellen zu den Briefsendungen möglich ist, wird die Zuordnung über Lichtschranken kontrolliert (vgl. 5.5).

4. Speicherung von Informationen für die Briefsortierung

1. Wenn bei einem Briefsortiersystem diejenigen Briefsendungen, deren Anschriftenmerkmale bereits automatisch gelesen sind oder über einen Codierplatz eingegeben worden sind, zwischengestapelt werden müssen, bevor sie ihr endgültiges Sortierfach erreicht haben, ist es zweckmäßig, aus der Eingabe abgeleitete Zielinformationen auf die Briefsendungen aufzubringen. Diese Zielinformationen werden so aufgebracht, daß sie durch einen Abtastkopf mit verhältnismäßig einfachen Mitteln sicher wieder zurückgewonnen werden können, ohne daß die Briefsendungen im Abtastkopf gestoppt werden müssen.

Für das *Zwischenstapeln* gibt es verschiedene Gründe. Die Anzahl der Sendungen, für die Anschriftenmerkmale über Leseeinrichtungen oder über Codierplätze eingegeben worden sind, schwankt ständig. Das hängt damit zusammen, daß durch automatische Leseeinrichtungen viele Briefe nicht gelesen werden können und deshalb die Anzahl der gelesenen und zur Weiterverarbeitung anstehenden Briefsendungen schwankt. Die Anzahl der an den Codierplätzen bearbeiteten Sendungen wird durch die an den Codierplätzen tätigen Arbeitskräfte bestimmt. Deshalb ergeben sich auch hier Schwankungen. Diese *zeitlichen Schwankungen* des Stoffanfalls werden ausgeglichen, indem durch Zwischenstapeln der Briefsendungen ein *Puffer* geschaffen wird. Wenn die Anzahl der Sortierfächer nicht ausreicht, werden Sendungen mit bestimmten Zielinformationen zunächst abgestapelt und dann später in einem besonderen Arbeitsgang in die zur Verfügung stehenden Sortierfächer sortiert. Auch ist das Aufbringen von Zielinformationen auf Briefsendungen dann zweckmäßig, wenn Sendungen zunächst maschinell sortiert werden, dann beispielsweise mit der Bahnpost transportiert und danach mit aus anderen Richtungen herantransportierten Sendungen zusammen erneut maschinell sortiert werden.

Für das Aufbringen von maschinell gut lesbaren Informationen gibt es viele Möglichkeiten. Vorteilhaft ist es, die Informationen so ähnlich wie bei Lochkarten oder Lochstreifen in einem binären Code zu verschlüsseln. Als Element des *Binärcodes* kann ein einfaches Druckzeichen, z. B. ein senkrechter Strich, dienen, der an bestimmten Druckpositionen abgedruckt oder nicht abgedruckt sein kann. Wird für das Abdrucken eine sichtbare Farbe, z. B. Druckerschwärze, verwendet, so muß ein Code von hoher Redundanz, eventuell ein Fehlerkorrektur-Code verwendet werden, damit die abgedruckte Information auch unter ungünstigen Umständen, nämlich bei schlechtem Kontrast gegen das als Untergrund dienende Papier oder wenn ein Teil der Anschrift im Codefeld steht, noch mit ausreichender Sicherheit erkannt werden kann. Werden die Codestriche in einer magnetischen Farbe aufgebracht und mit auf die magnetischen Eigenschaften der Farbe ansprechenden Abtastelementen abgelesen, so beeinträchtigen im Codefeld liegende Teile der Anschrift oder die Farbe des Briefumschlages die Lesbarkeit der Codezeichen nicht. Es werden auch lumineszierende Farben für den Codeaufdruck verwendet, und zwar sowohl fluoreszierende als auch phosphoreszierende Farben. Diese Farben können so blaß sein, daß sie bei normaler Beleuchtung kaum wahrgenommen werden. Ein Code-Aufdruck mit dieser Farbe beeinträchtigt daher das optische Bild der Briefe kaum. Auch bei diesen Farben dürfen Teile der Anschrift im Codefeld liegen, ohne die maschinelle Lesbarkeit der Code-Striche zu verschlechtern und auch die Farbe der Briefumschläge ist gleichgültig, solange sie keine nennenswerten Mengen fluoreszierender oder phosphoreszierender Stoffe enthalten.

Mit den bei der Deutschen Bundespost installierten Briefverteilanlagen werden solche *Codeaufdrucke* als magnetische, fluoreszierende oder phosphoreszierende Striche auf die Briefsendungen aufgebracht. Jede Briefsendung erhält eine mit diesen Codeelementen verschlüsselte vierstellige Kennzahl aufgedruckt, wobei jede der vier Ziffern im „Zwei-aus-fünf"-Code verschlüsselt ist. Dazu werden $4 \times 5 = 20$ Codeelemente gebraucht. Ein derartiger Codeaufdruck dient der Abgangsverteilung, ein zweiter Codeaufdruck dient der Eingangsverteilung (Abb. 105 a).

Die in den Codeaufdrucken enthaltenen vierstelligen Kennzahlen werden mit Abtastköpfen abgelesen, bevor die Briefsendungen in einer Sortiermaschine die Verzweigungen erreichen, und die Zielinformationen für die Briefsendungen bzw. die Steuerinformationen für die Weichen werden aus den abgelesenen vierstelligen Kennzahlen automatisch erarbeitet. Der erste Schritt hierzu ist das Umsetzen der binär codierten vierstelligen Kennzahl in eine binär codierte Fachnummer, die beispielsweise aus einer zweistelligen Dezimalzahl besteht, wenn es sich um eine Sortiermaschine mit 100 Sortierfächern handelt. Die Fachnummer wird bei Briefverteilanlagen über einen Verteilzuordner der vierstelligen Kennzahl zugeordnet.

Die *Hamming-Distanz* für Codezeichen eines „zwei-aus-fünf"-Codes ist mindestens zwei. Einfache Fehler lassen sich mit diesem Code erkennen. Briefsendungen, deren Codeaufdruck beim Ablesen als fehlerhaft erkannt worden ist, werden einem Rückweisungsfach zugeführt.

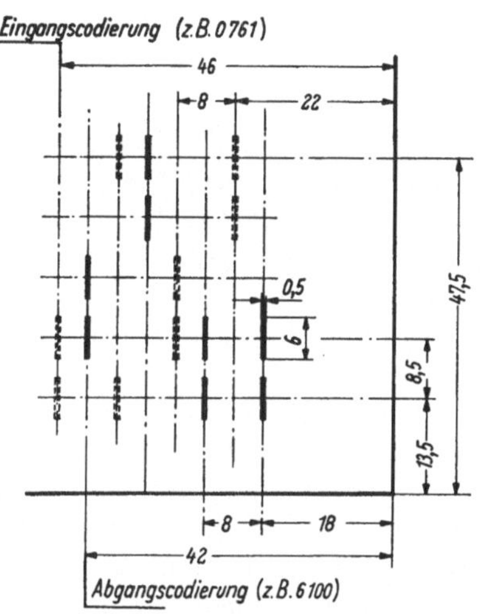

Abb. 105a. Kennungsdruck auf einer Briefsendung (aus K. STEINBUCH, Taschenbuch der Nachrichtenverarbeitung, 2. Aufl., Berlin-Heidelberg-New York: Springer. 1967)

Für Sendungen, die ins Ausland gehen, ist international vereinbart, daß diese Sendungen nicht mit einem Codeaufdruck versehen werden dürfen, damit dadurch die Bearbeitung mit Briefverteilanlagen im Bestimmungsland nicht erschwert wird. Wenn dann eine derartige Sendung einen Abtastkopf durchläuft, wird das Fehlen eines Codeaufdruckes als eindeutige Information gewertet und die betreffende Briefsendung wird in das für Auslandssendungen bestimmte Sortierfach gesteuert.

2. Die an den Codierplätzen eingetasteten oder durch die Abtastköpfe abgelesenen Informationen werden bei den von der Deutschen Bundespost betriebenen Briefverteilanlagen mit *Codier-* bzw. *Verteilzuordnern* umgesetzt, bei denen die Ausgabeinformationen in *Festspeichern* gespeichert sind. Die Eingabeinformation ist dabei Adresse für die zugehörige Ausgabeinformation. Das

Festspeicherprinzip ist deshalb für den Aufbau der Zuordner geeignet, weil über längere Zeit hinweg feste Beziehungen zwischen den eingegebenen und den ausgegebenen Informationen bestehen. Erst nach längeren Zeiträumen, z. B. mit der Neuausgabe des Kursbuches der Bundesbahn oder mit der Erweiterung eines Stadtgebietes, müssen die Zuordnungen teilweise geändert werden.

Bei einer Briefverteilanlage in einer Stadt mit etwa 300 000 Einwohnern werden an den Codierplätzen etwa 8000 verschiedene alphanumerische Zeichenfolgen eingetastet, wobei jede Zeichenfolge aus 4 oder 5 Zeichen besteht. Diese dienen als Adresse für 8000 Speicherzellen des Festspeichers des Codierzuordners. In jeder Speicherzelle stehen eine oder zwei *Grobsortierzahlen*, mit deren Hilfe jede Briefsendung bereits bei Verlassen der Codierplätze in eine von etwa zehn Förderrinnen sortiert wird. Außerdem stehen in den Speicherzellen die vierstelligen Kennzahlen, die auf die Briefsendungen aufgedruckt werden, sofern sie nicht bereits mit den eingetasteten vierstelligen Zeichenfolgen übereinstimmen. Um die Eingabe- und Ausgabeinformationen eines Codierzuordners als Liste zu speichern, wäre eine Speicherkapazität von etwa 300 000 bit notwendig.

Aus Gründen der Wirtschaftlichkeit werden *alle* in einem Briefverteilamt aufgestellten Codierplätze über einen gemeinsamen Codierzuordner betrieben. Die einzelnen Codierplätze werden nacheinander vom Codierzuordner bedient. Dabei soll die Zugriffszeit für jeden Codierplatz etwa 50 ms in der Regel nicht überschreiten.

Der Verteilzuordner ordnet den mit den Abtastköpfen von den Briefsendungen abgelesenen Codeaufdrucken, die binär verschlüsselte vierstellige Kennzahlen darstellen, die Zielinformationen für die Briefsendungen in Form von binär verschlüsselten Zahlen zu. Die eingegebenen Kennzahlen sind Adressen für die Speicherzellen des Festspeichers. In jeder verwendeten Speicherzelle des Festspeichers ist die zugehörige Ausgabeinformation enthalten. Diese besteht aus einer oder mehreren Zahlen, mit denen die Briefsendungen nach einem oder mehreren verschiedenen *Sortierprogrammen* sortiert werden. Als Eingabeinformation treten 4000—5000 vierstellige Kennzahlen auf. Um diese in einer Liste zusammen mit jeweils beispielsweise vierstelligen Zahlen für die Ausgabe zu speichern, müßte die Speicherkapazität etwa 200 000 bit groß sein.

Alle in einem Briefverteilamt aufgestellten Sortiermaschinen werden durch einen gemeinsamen *Verteilzuordner* gesteuert, wobei sie nacheinander bedient werden. Die Zugriffszeit für jede Sortiermaschine muß kleiner als etwa 50 ms sein [2].

5. Ausführung spezieller technischer Einheiten

1. Die im Briefverteildienst bei der Deutschen Bundespost verwendete Tastatur (Abb. 104 c) stimmt im Mittelteil mit der Schreibmaschinentastatur überein. Nach links ist diese Tastatur durch Sondertasten erweitert, nach rechts schließt sich eine Zehner-Tastatur an. Da die Ziffern auch in der obersten Reihe der Tastatur angeordnet sind, gibt es für jede Ziffer zwei Tasten mit gleicher Bedeutung. Am Normalplatz im Briefabgang werden nur die beiden außen liegenden Tastaturen, nämlich die Sondertastatur und die Zehnertastatur

benutzt, weil keine Buchstaben eingegeben werden. Im Briefeingang wird mit der Buchstabentastatur gearbeitet (siehe Abschnitt 2.5). Die Hände haben wie bei der Schreibmaschine ihre Grundstellung über der Buchstabentastatur. Wenn zum Straßennamen auch die Hausnummer eingetastet werden muß oder eine Postfachnummer einzugeben ist, liegen die Ziffern in der obersten Reihe günstiger.

Zu jeder Taste gehört ein Kontakt, der geschlossen wird, sobald die betreffende Taste gedrückt ist. Wegen der Störanfälligkeit der offenen Kontakte und wegen des Papierstaubes werden durch die Tasten Schutzgaskontakte mit Hilfe von Permanentmagneten betätigt. Vorteilhaft an den Schutzkontakten ist auch ihre kurze Prellzeit von weniger als 1 ms. Damit sich die Tasten leicht betätigen lassen, liegt der Tastendruck bei 40—60 p. Nur die Langtasten in der unteren Reihe erfordern maximal 120 p. Der Gesamthub einer Taste bis zu ihrem weichen Anschlag beträgt 4 mm. Um eine Tastatur im Bedarfsfalle schnell auswechseln zu können, sind die elektrischen Anschlüsse steckbar.

2. An den Vorbereitungsplätzen werden binäre Codezeichen auf die Sendungen aufgedruckt. Die Binärelemente sind durch Striche dargestellt, die magnetisierbar sind oder lumineszieren (siehe Abschnitt 4.1). An den Abtastköpfen laufen die Sendungen senkrecht auf einer langen Kante stehend vorbei. Um alle Binärzeichen zu erfassen, hat jeder Abtastkopf 5 Abtastelemente, die übereinander angeordnet sind. Mit diesen Abtastelementen werden die 5 Spuren der Briefe, in denen Codestriche aufgedruckt sein können, abgetastet (Abb. 105 a).

In den Abtastköpfen für *magnetisierbare* Striche bestehen die Abtastelemente aus Magnetköpfen. Zum Abtasten werden die Briefe mit etwa 1,5 m/s Geschwindigkeit an den Luftspalten der Magnetköpfe vorbeigeführt. Das Magnetfeld eines magnetisierten Codestriches induziert, während er über den Luftspalt gleitet, in der Magnetkopfspule eine Spannung. Nach dem Induktionsgesetz tritt eine Spannung in der Magnetkopfspule nur auf, wenn sich der magnetische Fluß ändert, das heißt hier, wenn die vordere oder die hintere Kante des magnetisierten Striches am Luftspalt vorbeiläuft. Hierin liegt ein gewisser Nachteil der induktiven Magnetköpfe. Die Briefsendungen berühren die Magnetköpfe während der Abtastung, damit der Magnetkopf möglichst starke Ausgangssignale erzeugt. Der durch die Reibung zwischen den Briefen und den Magnetköpfen entstehende Abrieb ist verhältnismäßig gering.

Bei den *optischen Abtastverfahren* werden die Striche, die mit lumineszierendem Material aufgedruckt sind, durch ultraviolette Strahlung zur Lumineszenz angeregt. Die Lumineszenzstrahlung wird lichtempfindlichen Indikatoren zugeführt, die Lichtsignale in elektrische Signale wandeln. Man unterscheidet zwei Arten von Lumineszenz: Fluoreszenz und Phosphoreszenz. Fluoreszierendes Material leuchtet nur während der Anregung, phosphoreszierendes Material leuchtet noch nach der Anregung nach. Dementsprechend werden fluoreszierende Codeelemente während der Anregung, hingegen phosphoreszierende Codeelemente nach beendeter Anregung abgetastet.

Das fluoreszierende Material, das als Codestriche auf die Sendungen gedruckt wird, hat sein Strahlungsmaximum bei etwa 550 nm Wellenlänge und fluoresziert gelborange. Angeregt wird dieser Stoff durch ultraviolette Bestrahlung. Leider enthalten sehr viele Briefhüllen Aufheller, die bei Bestrahlung mit ultraviolettem Licht blau fluoreszieren. Die Intensität der Fluoreszenzstrahlung dieser

Aufheller ist auch bei einer Wellenlänge von 550 nm noch recht stark im Verhältnis zur Intensität des aufgedruckten Fluoreszenzstoffes. Einen für die Abtastung der fluoreszierenden Codestriche ausreichenden Kontrast erhält man erst bei etwa 600 nm. Ähnliche Verhältnisse gelten für die Abtastung von fluoreszierenden Briefmarken (Abb. 105 b).

Als ultraviolette Lichtquellen für die Anregung werden Gasentladungslampen als Quecksilber-Hochdruck- oder Quecksilber-Niederdruckbrenner verwendet. Es sind auch schon Glühlampen dafür verwendet worden, obwohl deren Strah-

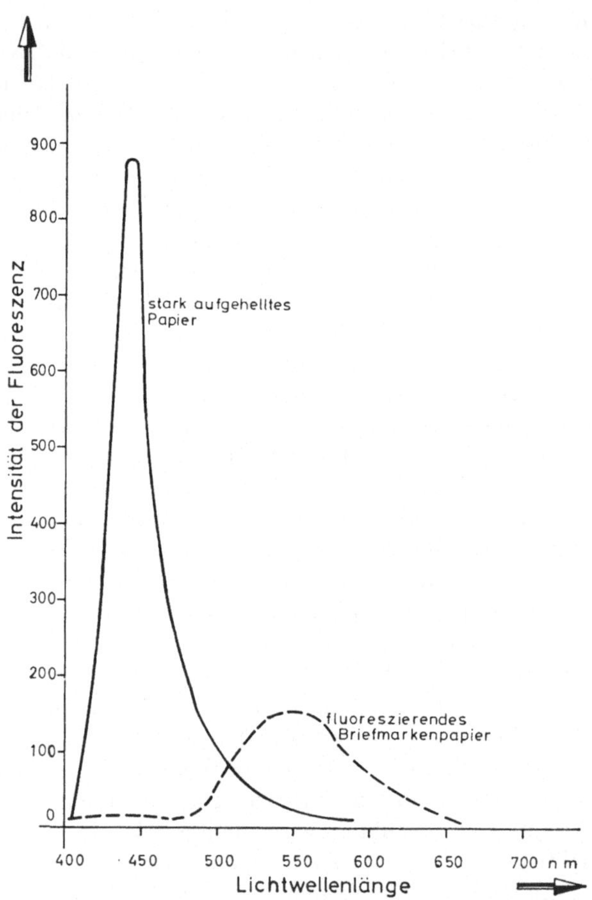

Abb. 105 b. Strahlungsintensität von Briefmarken- und Briefumschlagpapier

lungsintensität im ultravioletten Bereich natürlich sehr gering ist. Als Empfänger für die Fluoreszenzstrahlung sind Photovervielfacher gut geeignet. Es sind auch Photowiderstände als Empfänger für die Fluoreszenzstrahlung eingesetzt worden. Die Photowiderstände sind nicht nur unempfindlicher als die Photovervielfacher, sondern sie verformen auch die Signale wegen ihrer großen Trägheit.

Zwischen der ultravioletten Lichtquelle und dem bestrahlten Brief wird ein Filter angeordnet, das das von der UV-Quelle ausgehende sichtbare Licht dämpft. Ein weiteres Filter ist zwischen dem Brief und dem Empfänger für die Fluoreszenzstrahlung angeordnet. Dieses Filter dämpft das ultraviolette Licht.

Zur Abtastung phosphoreszierender Codestriche wird der abzutastende Brief zunächst an der ultravioletten Lichtquelle vorbeitransportiert. Hier wird der phosphoreszierende Stoff zur Strahlung angeregt. Danach bewegen sich die Codestriche an den Abtastspalten vorbei, und die Phosphoreszenzstrahlung gelangt auf die Lichtempfänger. Die Intensität der Phosphoreszenzstrahlung ist meist wesentlich geringer als die der Fluoreszenzstrahlung, weil die Energie für die Phosphoreszenzstrahlung während der Anregungsphase gespeichert werden muß. Andererseits erscheinen die von phosphoreszierenden Codestrichen herrührenden elektrischen Signale in einem größeren Kontrast als die Signale von fluoreszierenden Codeelementen, denn Aufheller machen sich beim Phosphoreszenzverfahren nicht bemerkbar.

Alle Sendungen, die sowohl im Briefabgang als auch im Briefeingang automatisch sortiert werden sollen, erhalten einen Codeaufdruck im Abgangspostamt und einen zweiten Codeaufdruck im Eingangspostamt (Abb. 105a). Die beiden Codeaufdrucke sind um einen halben Spaltenabstand gegeneinander versetzt. Bei der Sortierung im Briefeingangsamt interessiert nur der in diesem Amt aufgebrachte Codeaufdruck. Der Codeaufdruck des Abgangsamtes darf das Lesen des Eingangscodes nicht stören. Das ist möglich, wenn der eine Code mit magnetisierbaren Strichen und der andere mit lumineszierenden (fluoreszierenden oder phosphoreszierenden) Strichen ausgeführt wird. Sollen für beide Codedrucke lumineszierende Striche verwendet werden, so müssen die fluoreszierenden Striche als Abgangscode und die phosphoreszierenden Striche als Eingangscode aufgedruckt werden. Umgekehrt würden die im Abgang aufgedruckten phosphoreszierenden Striche das Lesen der fluoreszierenden Striche des Eingangscodes stören.

3. Alle an einem Zuordner angeschlossenen Geräte (*Codierplätze* oder *Verteilmaschinen*) werden einzeln nacheinander an den Zuordner angeschlossen, wobei die Abfrageeinrichtung den zeitlichen Ablauf steuert. Die Verbindungen zwischen jedem einzelnen Gerät und dem Zuordner sind dabei immer nur eine sehr kurze Zeit durchgeschaltet. Beispielsweise wird in einem Zeitraum von 50 ms jedem Gerät einmal mit dem Zuordner ein Informationsaustausch ermöglicht. Bei der hier notwendigen Schaltgeschwindigkeit und Schalthäufigkeit, im angegebenen Beispiel 20 pro Sekunde, ist es zweckmäßig, die Abfrageeinrichtung mit elektronischen Bauelementen zu verwirklichen. Da die Leitungen zwischen den Geräten und dem Zuordner digitale Informationen übertragen, eignen sich Gatterschaltungen für die Steuerung des Informationsflusses. Der Zeitablauf wird meist durch eine Zählschaltung gesteuert, wobei jedem Gerät eine bestimmte Zählereinstellung zugeordnet ist. Der Zähler muß also mindestens ebensoviel verschiedene Einstellungen haben, wie Geräte über die Abfrageeinrichtung nacheinander durchgeschaltet werden.

Abb. 106a zeigt einen *Binäruntersetzer* als Zähler mit den zugehörigen Konjunktionen. Diese Anordnung liefert an den 4 Ausgängen E bis H zeitlich versetzte Impulse, mit denen die Leitungen von 4 Geräten nacheinander durchgeschaltet werden können. Die Leitung mit dem Signal B legt an alle Konjunktionen eine „0", während sich die beiden letzten Stufen des Binärunter-

setzers einstellen. Dadurch ist sichergestellt, daß während dieser Zeit keine
unerwünschten Impulse über die Ausgabeleitungen E bis H weitergeleitet werden.

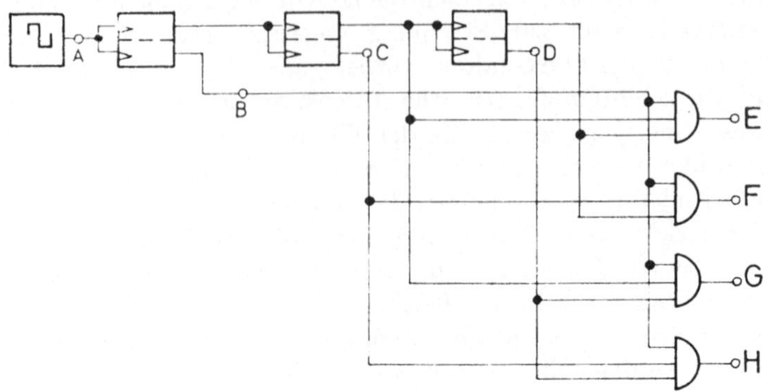

Abb. 106a. Binäruntersetzer

Die Anordnung läßt sich mit weiteren Binäruntersetzer-Stufen und weiteren
Konjunktionen nach dem gleichen Prinzip für den Anschluß einer größeren
Zahl von Geräten ausbauen.

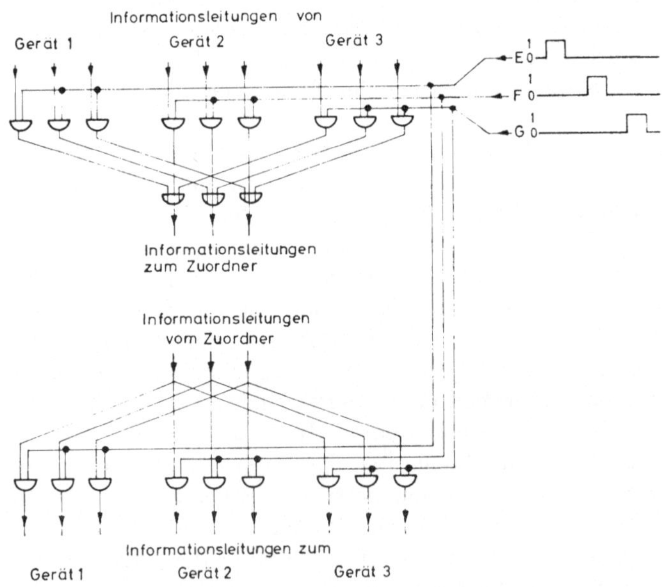

Abb. 106b. Anschaltung von 3 Geräten an den Zuordner

Abb. 106b zeigt für drei Geräte, wie die Informationsleitungen durchgeschaltet
werden. Zur Steuerung dienen zeitlich versetzte Impulse, wie sie die Anordnung
der Abb. 106c liefert. Sie werden den Leitungen E, F, G zugeführt. Die Informa-

tionen jeweils eines Gerätes gelangen über die Konjunktionen und Disjunktionen
in den Zuordner. Die Informationen vom Zuordner gelangen über Konjunktionen auf die Leitungen zu dem jeweils angeschalteten Gerät.

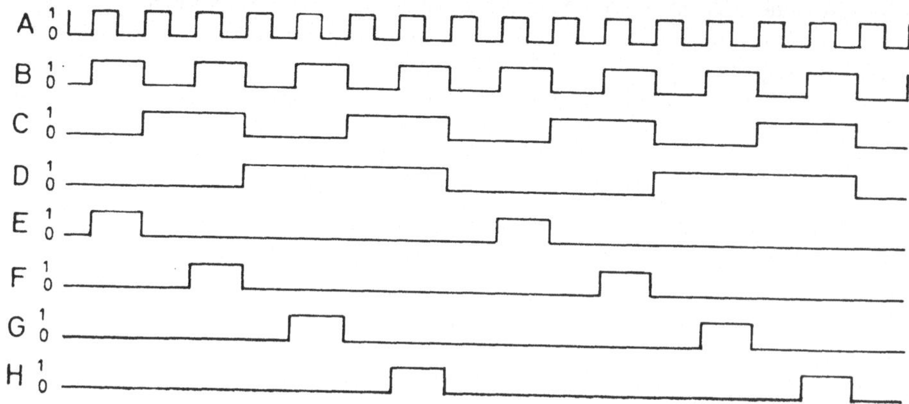

Abb. 106c. Impulsplan zum Binäruntersetzer

4. Der Codierzuordner und der Verteilzuordner enthalten Speicher, in denen
die Beziehungen der Ausgabedaten zu den Eingabedaten listenmäßig festgelegt
sind. Der Inhalt dieser Speicher wird verhältnismäßig selten geändert; deshalb
eignen sich hierfür besonders Festspeicher. Diese Festspeicher werden vorzugsweise mit Magnetringkernen aufgebaut, durch die dünne Drähte gefädelt sind.
Jeder Draht kann dabei an bestimmten Kernen vorbeigeführt und durch andere
hindurchgefädelt werden. Damit wird der Speicherinhalt festgelegt.

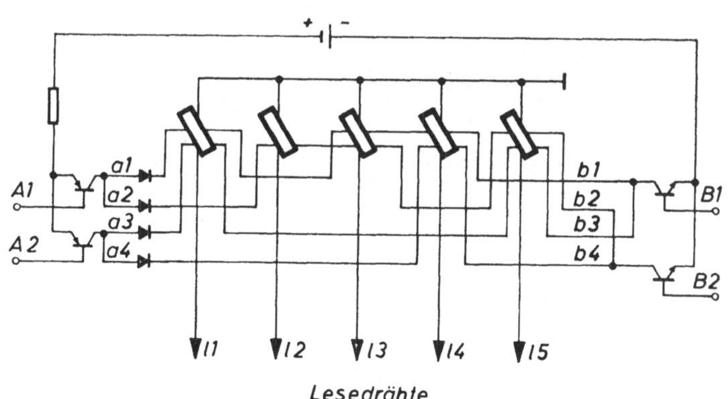

Abb. 107a. Prinzip eines einfachen Ringkern-Festspeichers

Abb. 107a zeigt einen einfachen Festspeicher dieser Art. Jeder Speicheradresse ist ein Aufruf-Draht a_n-b_n zugeordnet. Eine bestimmte Speicheradresse
wird aufgerufen, indem eine Stromquelle an den entsprechenden a_n-b_n-Draht
geschaltet wird. Dadurch ändert sich der magnetische Fluß in den Ringkernen,

durch die der betreffende a_n-b_n-Draht gefädelt ist. In den zugehörigen Lesedrähten werden Lesespannungen induziert. Wenn der Speicherinhalt, der beim Aufruf einer bestimmten Adresse ausgelesen wird, geändert werden soll, muß der zugehörige a_n-b_n-Draht herausgezogen oder stillgelegt werden und an seiner Stelle ein neuer Draht dem gewünschten Speicherinhalt entsprechend gefädelt werden. Jeweils ein Aufrufdraht wird über die Transistoren $A_n\,B_n$ aufgerufen. Bei diesem Prinzip kann man mit $2\,n$ Transistoren n^2 Aufrufdrähte und damit n^2 Speicherzellen aufrufen. Zur Entkopplung muß jedem Aufrufdraht eine Diode in Serie geschaltet werden.

Wenn der Festspeicher eines Zuordners nach Abb. 107a ausgeführt ist, ist jede sinnvolle Eingabeinformation eine Adresse des Festspeichers. Jeder sinnvollen Eingabeinformation ist ein Aufrufdraht zugeordnet, der so gefädelt ist, daß bei Anschaltung dieses Drahtes an den Lesedrähten die gewünschte Ausgabeinformation entsteht. In der durch die Eingabeinformation aufgerufenen Speicherzelle sind also die auszugebenden Daten gespeichert. Dieses Verfahren des *direkten Aufrufes* hat den Vorteil, daß für das Suchen der Speicherzelle keine Zeit verbraucht wird, daß der zusätzliche Aufwand für das Suchen eingespart werden kann und daß Speicherkapazität gespart wird.

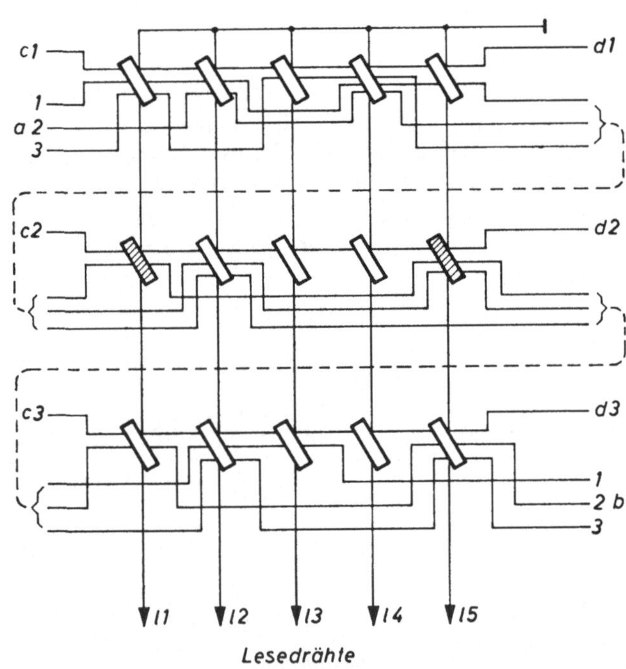

Abb. 107b. Prinzip eines Ringkern-Festspeichers mit Aufrufdrähten und Zeilendrähten

Es soll nun ein weiterer Festspeicher beschrieben werden, der ebenfalls in Zuordnern für die automatische Briefverteilung verwendet ist. Bei diesem Festspeicher werden 10 000 Speicherzellen über nur 4×10 Transistoren aufgerufen. Das Prinzip dieses Festspeichers zeigt die Abb. 107b. Die Aufrufdrähte a_n-b_n sind ähnlich wie in Abb. 107a entsprechend den zu speichernden Daten durch bestimmte Ringkerne hindurchgefädelt und an anderen laufen sie vorbei. Im Gegensatz zur Abb. 107a durchlaufen sie in der Abb. 107b jedoch mehrere Zeilen von Ringkernen.

Jeweils eine der 10 000 Speicherzellen wird mit einem von 100 Zeilendrähten und einem von 100 Aufrufdrähten aufgerufen. Das anhand der Abb. 107a beschriebene Aufrufverfahren wird auch bei dem Festspeicher der Abb. 107b angewendet. In jeden der 100 Zeilendrähte und in jeden der 100 Aufrufdrähte ist eine Diode eingeschaltet, und jeweils ein Draht jeder Gruppe von 100 Drähten wird durch jeweils zwei von zweimal 10 Transistoren aufgerufen.

Durch einen weiteren Draht, der hier nicht mitgezeichnet ist und der durch alle Ringkerne gefädelt ist, fließt dauernd ein Ruhestrom, der alle Kerne in einer Richtung weit in den Sättigungsbereich vormagnetisiert. Wird ein a_n-b_n-Draht an die Stromquelle angeschlossen, so fließt durch diesen ein Strom, der in bezug auf die Magnetisierung der Kerne dem Ruhestrom entgegen wirkt. Er reicht jedoch nicht aus, um die Kerne in die entgegengesetzte Richtung umzumagnetisieren. Das wird erst möglich, wenn gleichzeitig ein Strom durch einen Zeilendraht c_n-d_n fließt. Dabei ändert sich dann die Magnetisierungsrichtung derjenigen Kerne in der durch den c_n-d_n-Draht aufgerufenen Zeile, durch die außerdem der aufgerufene a_n-b_n-Draht gefädelt ist. Über die ent-

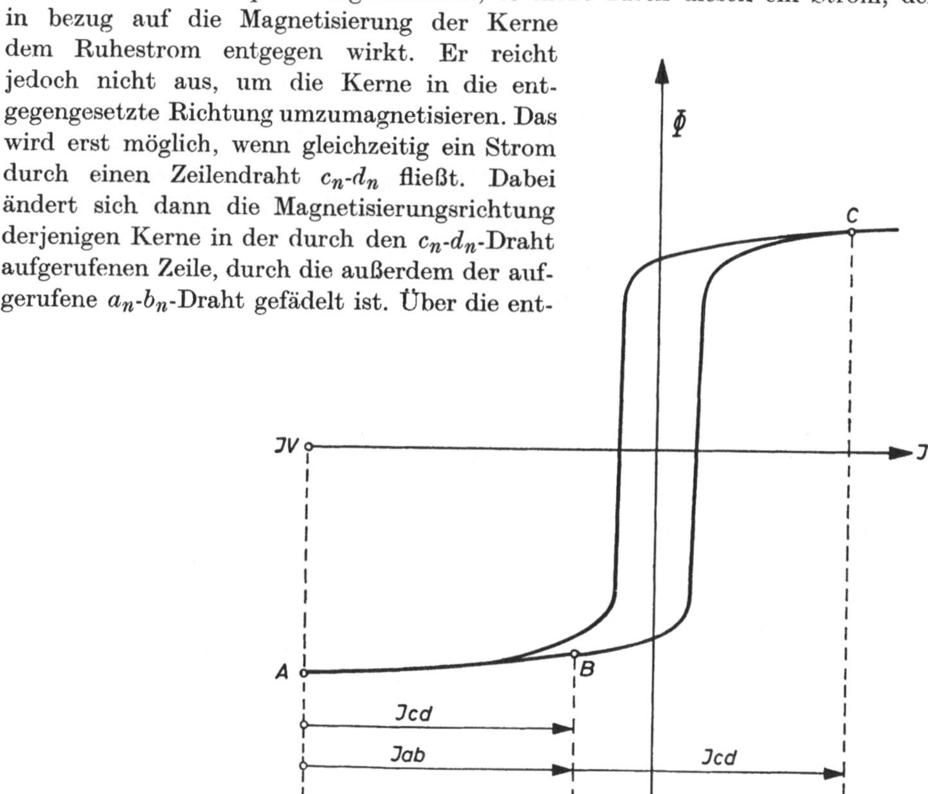

Abb. 107c. Hysteresisschleife

sprechenden Lesedrähte erhält man die beim Ummagnetisieren der Kerne induzierten *Leseimpulse*. Sind z. B. die Drähte a_1-b_1 und c_2-d_2 stromdurchflossen, so werden die in Abb. 107b schraffierten Kerne ummagnetisiert, und in den Lesedrähten 11 und 15 werden Leseimpulse induziert. Abb. 107c zeigt die

Hysteresisschleife eines Ringkernes mit dem magnetischen Fluß Φ in Abhängigkeit vom Strom I. Im Ruhezustand fließt nur der Ruhestrom I_v: der Magnetisierungszustand des Kernes ist durch den Punkt A der Magnetisierungskennlinie gekennzeichnet. Fließt zusätzlich ein Strom entweder nur über einen Aufrufdraht $a_n\text{-}b_n$ oder nur über den Zeilendraht $c_n\text{-}d_n$ durch den betreffenden Kern, so wird er in den durch den Punkt B der Kennlinie gekennzeichneten Magnetisierungszustand übergeführt. Erst wenn beide Ströme I_{ab} und I_{cd} gleichzeitig durch den Kern fließen (Koinzidenz), wird dieser ummagnetisiert und erreicht den Punkt C der Kennlinie. Während dieser Ummagnetisierung induziert der betreffende Kern eine Lesespannung.

Diejenigen Kerne, die nur von einem Teilstrom (I_{ab} oder I_{cd}) erregt werden und deren Zustand vom Punkt A der Kennlinie auf den Punkt B übergeht, induzieren Störimpulse in den Leseleitungen. Das Integral dieser Störspannung über die Zeit muß sehr viel kleiner sein als das entsprechende Integral eines Leseimpulses. Bei einem großen Festspeicher dieser Art mit vielen Zeilen von Ringkernen gehen beim Aufruf eines $a_n\text{-}b_n$-Drahtes und eines $c_n\text{-}d_n$-Drahtes viele Kerne gleichzeitig vom Zustand A in den Zustand B über, und an den Lesedrähten erhält man außer den Leseimpulsen die Summe der Störimpulse aller teilerregten Kerne. Das zeitliche Integral aller Störspannungen eines Lesedrahtes kann ebensogroß wie oder größer als das Integral über die Zeit eines einzelnen Leseimpulses werden. In diesem Falle könnten die Leseimpulse nicht mehr von Störimpulsen unterschieden werden. Dieser Schwierigkeit entgeht man, wenn im Ruhestand alle Leseverstärker gesperrt sind und zunächst nur der Strom durch den ausgewählten $a_n\text{-}b_n$-Draht eingeschaltet wird. Erst wenn die Störimpulse, die dabei auftreten, abgeklungen sind, werden die Leseverstärker eingeschaltet. Dann wird der Strom durch den ausgewählten $c_n\text{-}d_n$-Draht eingeschaltet. In jedem Lesedraht wird nun entweder ein Leseimpuls oder ein einfacher Störimpuls induziert. Diese können nun von den Leseverstärkern leicht voneinander unterschieden werden.

Durch die Ummagnetisierung der Ringkerne werden Spannungen nicht nur in den Lesedrähten induziert, sondern auch in den übrigen Drähten, die durch den betreffenden Kern geführt sind. So werden insbesondere in den Aufrufdrähten und in dem Ruhestromdraht Spannungen induziert. Dadurch sind die Ringkerne über die Aufrufdrähte und den Ruhestromdraht miteinander verkoppelt, wodurch der Störabstand der Leseimpulse herabgesetzt wird. Die Kerne werden voneinander entkoppelt, wenn für den Ruhestrom und die Aufrufdrähte Stromquellen mit hohem Innenwiderstand verwendet werden. Auch darf bei einem derartigen Festspeicher die Ummagnetisierungszeit der Ringkerne nicht zu kurz gewählt werden, weil dann unerwünschte Verkopplungen über die Schaltkapazitäten und die Sperrschichtkapazitäten der Halbleiter entstehen.

Für einen derartigen Festspeicher mit 10 000 Speicherzellen zeigen die Abb. 107 d und e einen *Lese-* und einen *Störimpuls*. Ihre Integrale über die Zeit verhalten sich etwa wie 6 : 1. Dieses Verhältnis reicht aus, wenn Leseverstärker verwendet werden, die auf das zeitliche Integral der Spannung ansprechen.

5. Briefverteilmaschinen, die zum Teil noch in der Entwicklung sind, haben zwischen 10 und einigen 100 Verteilfächern. In den Versuchsämtern der Deut-

schen Bundespost sind mehrere Briefverteilmaschinen mit 100 Fächern und eine für 10 Verteilrichtungen aufgestellt. In der Zukunft sind jedoch auch bei der Deutschen Bundespost weitere Verteilmaschinen mit einer von 100 abweichenden Anzahl von Verteilrichtungen zu erwarten. Vielleicht können in vielen Postämtern Verteilmaschinen mit 200 oder 400 Fächern vorteilhaft ein-

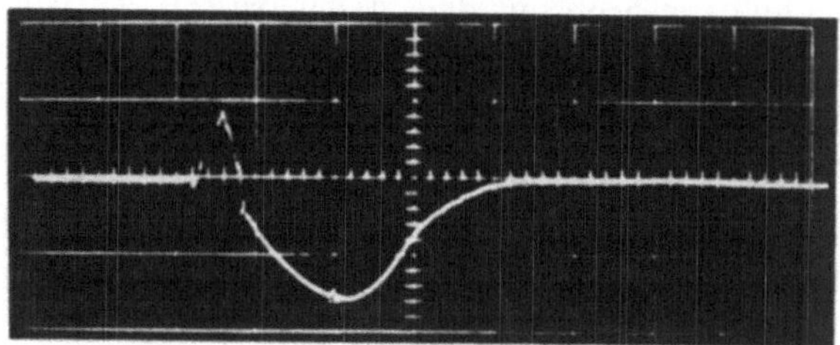

Abb. 107d. Oszillogramm eines Nutzimpulses auf einer Leseleitung

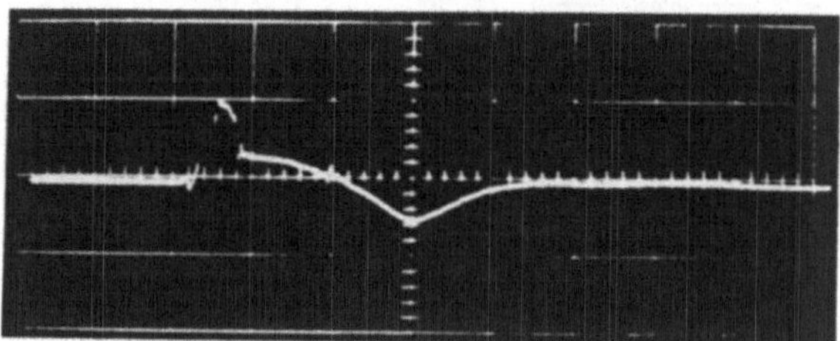

Abb. 107e. Oszillogramm eines Störimpulses auf einer Leseleitung

gesetzt werden. In einer Verteilmaschine muß jeder Brief sehr viele Verzweigungen durchlaufen, ehe er sein Fach erreicht und dort abgestapelt wird. Wegen der Vielzahl der möglichen Zielinformationen und der großen Zahl von Verzweigungen, die für jeden vorbeilaufenden Brief besonders eingestellt werden, ist der Informationsfluß in einer Briefverteilmaschine besonders interessant, zumal da sich meist mehrere Briefe gleichzeitig in einer Verteilmaschine bewegen. Je nach der Konstruktion der Verteilmaschinen eignen sich verschiedene Verfahren für die Weiterschaltung der digitalen Zielinformationen. Hier sollen nur die bei der Deutschen Bundespost eingeführten Verfahren beschrieben werden.

Bei Briefverteilmaschinen nach dem *Behälterprinzip* wird jeder einzelne Brief in einen Behälter gesteckt und dann in diesem Behälter über die Verzweigungen bis zum Ziel gefördert. Die Zielinformation eines jeden Briefes kann in einem Speicher gespeichert werden, der starr mit dem Behälter verbunden ist. Bei der Behälterverteilmaschine der Firma Siemens ist an jedem Behälter eine Platte mit 10 Magneten befestigt. Jeder Magnet kann in einer von zwei Richtungen magnetisiert sein und ist damit ein duales Speicherelement. Um jeweils eine von 100 Zielinformationen für jeweils 1 von 100 Fächern zu speichern, würden 7 Magnete ausreichen. Tatsächlich werden jedoch 10 Magnete zur Darstellung der Zielinformation verwendet. Diese Redundanz verbessert die Störsicherheit.

Wenn ein Brief in einen Behälter geladen wird, wird die Zielinformation in Form der verschlüsselten Fachnummer gespeichert, indem jeder Magnet in einer von zwei Richtungen magnetisiert wird (Abb. 108). Die Behälter drehen sich mit den Magnetplatten in einer Richtung, und die Zuführungskanäle mit den Sammelfächern drehen sich in der entgegengesetzten Richtung. Hinter dem Kranz mit den Magnetplatten dreht sich ein Kontaktkranz in entgegengesetzter Richtung und synchron mit dem Fachkarussell. Zu jedem Fach gehört eine bestimmte Kontaktplatte des Kontaktkranzes, die entsprechend der Fachnummer mit Schutzrohrkontakten bestückt ist. Wenn eine bestimmte Kombination von aktivierten Magneten der entsprechenden Anordnung der Kontakte

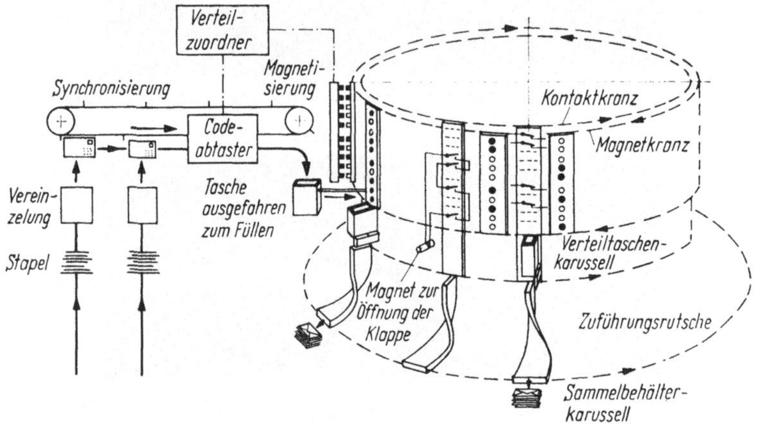

Abb. 108. Prinzip der Briefverteilmaschine der Siemens AG. (aus K. STEINBUCH, Taschenbuch der Nachrichtenverarbeitung, 2. Aufl. Berlin-Heidelberg-New York: Springer. 1967)

gegenüber steht, schließen sich alle Kontakte einer Kontaktplatte. Da alle Kontakte einer Kontaktplatte in Reihe geschaltet sind, fließt nur in diesem Fall ein Strom durch den zugehörigen Stromkreis, wodurch die Klappe der betreffenden Tasche geöffnet wird und die Sendung durch den Zuführungskanal in das zugehörige Fach rutscht.

Bei Briefverteilmaschinen nach dem *Weichenprinzip* laufen die Briefe einzeln nacheinander in die Weichenstrecke. Jeder Brief gelangt, nachdem er mehrere Weichen passiert hat, in das für ihn vorbestimmte Fach. Während die Briefe die Verteilmaschine durchlaufen, durchlaufen die zugehörigen Zielinformationen ein Analogon. Dieses kann mechanische, elektromechanische, elektrische oder magnetische Speicherelemente enthalten. Bei keiner der von der Deutschen Bundespost eingesetzten Briefverteilmaschinen wird ein Analogon mit mechanischen Speicherelementen benutzt. An bestimmten Punkten des Analogons werden die Zielinformationen abgenommen und für die Weichensteuerung aufbereitet. Wenn ein Schlupf zwischen den Förderern und den Briefen auftreten kann, werden die Förderstrecken über Lichtschranken kontrolliert. Mit Hilfe dieser Lichtschranken wird der Informationsfluß im Analogon mit dem Lauf der Briefe in der Verteilmaschine synchronisiert. Eine Briefsortiermaschine nach dem Weichenprinzip kann aber auch so konstruiert werden, daß kein

Schlupf zwischen den Förderern und den Briefen auftreten kann. Das ist z. B. dann der Fall, wenn die Briefe von Stiften, die an Ketten befestigt sind, geschoben werden. In diesem Falle braucht man keine Lichtschranken für die Synchronisierung. Es genügt, wenn der Informationsfluß im Analogon mit dem Antriebsmechanismus der Förderer für die Briefe synchronisiert wird. Dies kann z. B. durch eine mechanische Kupplung verwirklicht werden, wenn die Speicherelemente des Analogons umlaufen, ähnlich wie bei der Behälterverteilmaschine. Besteht das Analogon aus ruhenden Speicherelementen, muß der Förderer elektrische Synchronisierimpulse für das Analogon abgeben. Das zuletzt beschriebene Verfahren ist bei den von der Deutschen Bundespost eingesetzten Briefsortiermaschinen bisher noch nicht verwirklicht.

6. Ausblick

Bei den Zuordnern mit Festspeichern, denen die Tabellen auf mechanischem Weg durch Fädeln von Drähten eingegeben werden, sind Änderungen verhältnismäßig schwierig durchzuführen. Vorteilhaft wären deshalb Speicher, wie sie in elektronischen Rechenmaschinen verwendet werden, bei denen der Speicherinhalt auf elektrischem Wege eingeschrieben und geändert wird. Da diese Speicher sehr zuverlässig sind und laufend billiger werden, wird es in zunehmendem Maße interessant, diese Speicher anstelle der Zuordner in Briefverteilanlagen einzusetzen. Es ist damit zu rechnen, daß in Zukunft die Zuordneraufgaben und auch große Teile der elektronischen Steuerung von automatischen Briefverteilanlagen durch programmierte Prozeßrechner übernommen werden. Darüber hinaus kann ein Prozeßrechner Daten über den Betriebsablauf, die Bearbeitungsqualität und den technischen Zustand der Anlage liefern. Statistische Übersichten über den Betriebsablauf, die der Optimierung des Prozesses dienen können, können durch Prozeßrechner ermittelt und ausgewertet werden. Um Erfahrungen auf diesem Gebiet zu sammeln, wird die Deutsche Bundespost demnächst in einem automatisierten Briefverteilamt einen Prozeßrechner IBM 1800 in Betrieb nehmen.

Literatur

1. ALBRECHT, W., H. FLÜMANN, H.-J. KLIMEK und M. PEEK: *Der Briefverteildienst.* Bd. 14 der Schriftenreihe zur Organisation und Dienstpostenbewertung der Deutschen Bundespost. Herausgeber: H. STEINMETZ, J. BUSCH. Starnberg: J. Keller. 1964.
2. BLÜCHER, R.: Datenverarbeitung bei der automatischen Briefbearbeitung. Zeitschr. f. d. Post- und Fernmeldewesen **1967**, H. 20.
3. GRÄF, W.: *Taschenbuch der Nachrichtenverarbeitung*, hrsg. von K. STEINBUCH, 2. Aufl., Abschnitt 9.2. Berlin-Heidelberg-New York: Springer. 1967.
4. JURK, R.: Postleitzahlen, automatisch gelesen. Siemens-Zeitschrift. Juli 1965, H. 7.
5. LISKE, G.: Das Codieren von Briefanschriften. Ztschr. f. d. Post- und Fernmeldewesen **1960**, H. 18.

C. Erzeugung ästhetischer Objekte mit Rechenanlagen

Von

F. Nake

1. Historischer Überblick

Für viele Konsumenten und Produzenten von Kunst ist „Kunst" ein letzter Schlupfwinkel der Seele, der Irrationalität. Sie sehen Fundamente ihres Weltbildes erzittern, wenn sie hören, daß „Computer Kunst machen". Denn sie leiten daraus für sich eine — im geistigen Bereich liegende — existentielle Bedrohung ab. Dieser Beitrag läßt Fragestellungen außer acht, die aus einer solchen Grundhaltung auftauchen können. Außerdem geht er nicht ein auf die vielen Versuche, Musik, Texte und Zeichnungen mit Computern zu produzieren, ohne daß dabei ein ästhetischer Anspruch erhoben wird.

Da in der folgenden Aufzählung der ästhetischen Computer-Produktion mehrmals von „*zufälliger Auswahl*" gesprochen wird, soll schon hier bemerkt werden, daß der „künstlerische Schaffensprozeß" aufgefaßt werden kann als ein zufälliges Auswählen von „Zeichen" aus einem gegebenen Zeichenrepertoire.

Rechenanlagen wurden bisher meines Wissens in den ästhetischen Bereichen der Musik, der Literatur, der Grafik und des Films eingesetzt.

Im musikalischen Bereich sind wohl überhaupt die ersten ästhetischen Anwendungen von Computern erfolgt. M. E. Shannon und J. R. Pierce setzten 1949 zur Komposition stochastischer Melodien zwar noch keine Rechenanlage ein, simulierten aber mit Würfeln weitgehend alle späteren Ansätze zur Erzeugung ästhetischer Realität mit Rechenanlagen. Denn allen solchen Versuchen ist gemeinsam die Ausnutzung zufälliger Zahlenfolgen, also der Vielfalt der Variationsmöglichkeiten. Mitte der fünfziger Jahre wurden in den USA erste Computer-Kompositionen veröffentlicht. J. R. Pierce gibt in [21] eine Übersicht über diese Versuche (s. auch [24]), die einen Höhepunkt wohl in der "*Illiac Suite for String Quartet*" von L. A. Hiller, Jr. und L. M. Isaacson hatten (1957) (vgl. [8, 9, 10]). Innerhalb eines festen Schemas werden dabei Noten zufällig eingesetzt, die von den beiden unmittelbar vorher gewählten Noten abhängen und etliche vorgeschriebene Regeln nicht verletzen dürfen. Spätere Versuche stammen von Xenakis (ST/10, 1962), Tenny (*Stochastic Composition 1*, 1963) und M. V. Mathews. Auf der Schallplatte „*Music from Mathematics*" (*Decca* DL 9103) sind Computer-Kompositionen von M. V. Mathews, J. R. Pierce, S. D. Speeth, D. Lewin, N. Guttman, J. Tenny festgehalten. Die Tonfolgen sind hier nach verschiedenen Kompositionsprinzipien, die an gewissen Stellen zufällige Entscheidungen enthalten, von einer Rechenanlage erzeugt worden und mit einem sogenannten „*Digital-to-sound transducer*" (Übersetzer digitaler Daten in Töne) maschinell in Schallwellen umgesetzt. Nach der Programmierung läuft also die gesamte Produktion automatisch ab.

H. Kupper schrieb 1966 ein Programm [12], das in einem (ersten) Analyse-Teil beliebiges vorgegebenes Notenmaterial auf die darin vorkommenden Häufigkeiten der Noten-Ketten beliebiger Länge untersucht. Die so gewonnenen statistischen Merkmale einer oder mehrerer Kompositionen dienen im zweiten, dem

Synthese-Teil, als Grundlage zur Erzeugung neuer Kompositionen. Diese werden dem Original beliebig ähnlich, je nachdem man das Auftreten eines Tones von ein, zwei, drei oder mehr vorangegangenen Tönen abhängen läßt. KUPPER erzeugte zweistimmige Inventionen im Stile BACHS, die von einem musikalisch wenig geschulten Hörer wohl nicht als Computer-Musik erkannt werden können. Dabei stellte sich heraus, daß es ausreicht, die Fünfer-Ketten zu zählen, um hohe Ähnlichkeit mit dem Original zu erzielen.

Es ist nicht sehr verwunderlich, daß gerade Musik das erste Betätigungsfeld von Computern im Bereich der „Kunst" war. Denn musikalische Kompositionen sind für eine Mathematisierung sehr geeignet wegen der schon weitgehend formalisierten Notensprache, in der sie fixiert werden. In ihren Elementen (nämlich den Wörtern) einer maschinellen Synthese auch leicht zugänglich ist die gesprochene Sprache, also die Sprache, in der Texte materialisiert werden. Einem formalen Zugriff entzieht sich aber noch weitgehend ihre Syntax, also die Grammatik.

Vorstudien zur maschinellen Erzeugung von Texten wurden von C. E. SHANNON vorgenommen (vgl. [21]). Nach den bekannten Häufigkeiten der Einer-, Zweier- und Dreiergruppen von Buchstaben der englischen Sprache erzeugte er Buchstabenfolgen, die er als Näherungen 0., 1., 2. Stufe bezeichnete. Bessere Annäherungen an „sinnvolle" Texte erhält man, wenn man von Wörtern statt von Buchstaben ausgeht.

Die ersten mir bekannten veröffentlichten Computer-Texte stammen von T. LUTZ [13, 14, 7], der 1959 eine Rechenanlage Texte folgender Art produzieren ließ: Aus 16 Subjekten und 16 Prädikaten (im Beispiel ausgewählt aus F. KAFKA, *Das Schloß*) wurden Elementarsätze gebildet. Je zwei davon wurden durch eine von vier möglichen logischen Konjunktionen verbunden. Syntax und Wortrepertoire waren also ziemlich eng. Es ergaben sich Sätze wie:

Nicht jeder Blick ist nah. Kein Dorf ist spät.
Ein Schloß ist frei und jeder Bauer ist fern.
Jeder Fremde ist fern. Ein Tag ist spät.
Jedes Haus ist dunkel. Ein Auge ist tief.
Nicht jedes Schloß ist alt. Jeder Tag ist alt.

Sehr weitreichend sind die „*Autopoeme*" von G. STICKEL [25, 17]. STICKEL gab der Rechenanlage umfangreiche Wortrepertoire ein, die dazu dienten, vorgegebene Satzmuster zufällig (ohne semantischen Bezug) zu füllen. Er gab 280 mögliche Satzmuster vor. Bei jedem Autopoem wurde die Anzahl der zu erzeugenden Sätze, die Art der Satzmuster und in diesen die einzusetzenden Wörter zufällig gewählt. Als Beispiele mögen die *Autopoeme Nr. 151* und *Nr. 303* dienen (durchschnittliche Rechenzeit: 0,25 Sekunden):

Autopoem Nr. 151

Hurra! Helle Kritiker dichten.
Und der Effekt ist langsam.
Warm trillert der wertvolle Unsinn.

Ein Gestalt gleitet rund und starr.
Metrisch schaltet das sinnlose Metrum.
Weil der Pinsel rasselt, sind wir ab und zu künstlich.
Morgen ist die Balance schnell.
Kunst ist beweglich und musikalisch.
Die Lösung lernt.
Wenn das Gleichmaß erscheint, musiziert ein Material.

Autopoem Nr. 303

Wenn die Dunkelheit spielt, erstarrt ein Abend.
Gold und Schönheit strahlen manchmal.
Ich tanze und sinne.
Oft berührt mich das Gras.
Die Glocke wächst rauh und golden.
Pfade und Boten sind drunten stürmisch.
Wer küßt eine Pflanze? — Der Poet.

Nach der Konstruktion von automatischen Zeichengeräten — die von Lochstreifen, Lochkarten, Magnetbändern oder direkt von Rechenanlagen gesteuert werden (vgl. [3]) — wurden digitale Rechenanlagen auch zur Herstellung von Graphiken mit ästhetischem Anspruch eingesetzt. (Die Bilder von Kurvenscharen, wie man sie mit Analogrechnern erzielt, sollen hier außer Acht bleiben.)

Von Problemen der Wahrnehmungspsychologie herkommend stellte B. Julesz 1961 Bilder aus schwarzen und weißen Flecken her (s. [21]). 1963/64 begannen F. Nake, G. Nees und A. M. Noll [17, 18, 19, 20] unabhängig voneinander mit der Erzeugung von *Computer-Grafik.* Ihre ersten Ergebnisse, einfache Irrfahrten, sind sehr ähnlich. Seit 1965 finden Ausstellungen von Computer-Grafik statt, wodurch dieser Zweig der Computer-Produktion inzwischen eine beachtliche Popularität erreicht hat. Erstmals im August 1963 veranstaltete die amerikanische Zeitschrift *Computers and Automation* einen „*Computer Art Contest*" genannten Wettbewerb, der seither jährlich wiederholt wurde und den bisher das *US Army Ballistic Research Laboratory* in Aberdeen (1963, 1964), A. M. Noll (1965) und F. Nake (1966) gewannen. Nicht selbst produktiv, aber durch Vorträge und Publikationen sehr anregend auf dem Gebiet der Computer Grafik wirkt L. Mezei [15, 22].

Die Entwicklung von Bedienungsgeräten für Datenverarbeitungsanlagen, mit denen eine direkte Ein- und Ausgabe grafischer Daten (über Fernsehschirme) erfolgen kann, macht eine Design-Arbeit unmittelbar am Computer möglich. Z. B. ergibt sich für Architekten die Möglichkeit, durch Vorgabe von Grund-, Auf- und Seitenriß eines Gebäudekomplexes in kürzester Zeit perspektivische Ansichten von beliebigen Standorten aus anfertigen zu lassen. Auf diese Weise kann der Architekt eine Wanderung auf das Gebäude zu, um es herum oder sogar in es hinein simulieren, ohne einen Stein zu verbauen. Entspricht die optische Wirkung nicht den Wünschen des Entwerfers oder des Auftraggebers, so werden die Risse verändert und das „neue" Gebäude der optischen Prüfung unterzogen.

Ähnlich können Möbel-Designer und Innenarchitekten ihre Sessel und Schränke in imaginären Räumen zusammenstellen und beliebig verändern, bevor die materielle Produktion beginnt. (Vgl. [3]).

Indem man jedes einzelne Bild eines Filmes im Computer erzeugen und speichern läßt und anschließend auf lichtempfindliches Material übertragen läßt, kann man Computer-Filme herstellen. K. KNOWLTON hat auf diesem Weg einen Lehrfilm „gedreht", der gerade dieses Verfahren zum Inhalt hat; anders ausge-

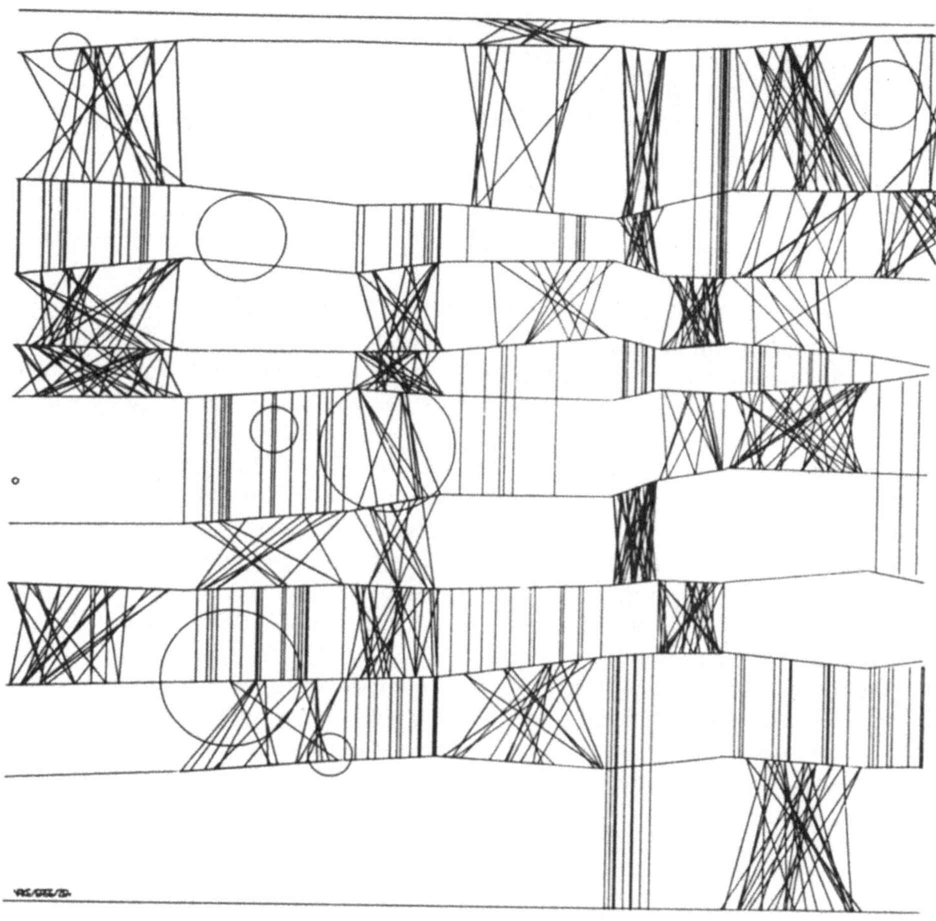

Abb. 109. Computer-Grafik von FRIEDER NAKE

drückt: einen Computer-Film über Computer-Film. E. ZAJAK produzierte einen Film, in dem die Stabilisierung eines künstlichen Erdsatelliten simuliert wird. Ästhetische Ansprüche erhebt der Film „*Hyper Movie*" von A. M. NOLL (1966). In ihm bewegt sich ein aus „Stäben" bestehendes Objekt im vierdimensionalen Raum. Diese Bewegungen sind in einen dreidimensionalen Raum projiziert und von dort aus perspektivisch in die Ebene des Films übertragen. Auf diese Weise werden Vorgänge optisch dargestellt, die sich jeder direkten sinnlichen Anschauung entziehen.

2. Bemerkung zum Verhältnis zwischen Wirklichkeit und mathematischem Modell

Mit Hilfe naturwissenschaftlicher Methoden versuchen Menschen, sich Erkenntnis über Wirklichkeit zu verschaffen. Dabei geht man in der Regel etwa folgendermaßen vor: Von dem zu untersuchenden Teil der Wirklichkeit wird ein (z. B. mathematisches) Modell erstellt; über dieses werden im Rahmen einer Theorie logisch wahre Aussagen gewonnen; diese werden in den Bereich der Wirklichkeit projiziert und mit experimentell gewonnenen Ergebnissen verglichen. Bei genügend großer Übereinstimmung werden die theoretischen Aussagen als Erkenntnis über Wirklichkeit bezeichnet.

Den hier grob skizzierten Vorgang kann man deuten als Beschreibung eines Bereiches der Wirklichkeit in einer geeignet gewählten Sprache. Aussagen über Wirklichkeit sind dann zu interpretieren als Sätze, die in der gewählten Sprache möglich sind. Sie müssen der Syntax dieser Sprache genügen, wodurch bis zu einem gewissen Grade ihre ,,Reichhaltigkeit'' festgelegt wird. Stets sind nur solche Aussagen möglich, die in der gewählten Sprache möglich sind. Man darf also von der beschreibenden Sprache nie mehr verlangen, als sie zu leisten vermag.

In vielen Fällen, in denen man von einer Untersuchung von Wirklichkeit Exaktheit fordert, hat es sich als günstig erwiesen, die mathematische Sprache zur Beschreibung zu verwenden. Gerade aus der Exaktheit dieser Sprache folgt aber, daß viele der feststellbaren Merkmale von Wirklichkeit außer Betracht bleiben müssen. Als historisches Beispiel möge der freie Fall dienen: Vor GALILEI wurde die *inhaltliche* Seite dieses Problems untersucht, die Frage nach dem Wesen dieses Vorgangs. GALILEI begnügte sich mit der *formalen* Seite und fragte nach dem ,,*wie*''. Das führte unter der Annahme eines geeigneten Modells dazu, daß das formale Problem gelöst wurde. Seither kann man mit hoher Genauigkeit das Fallen eines Steines beschreiben — nicht allerdings das Fallen eines Blattes im Säuseln der Herbstluft.

Diese Bemerkungen erscheinen mir notwendig aus folgenden Gründen: Wenn versucht werden soll, mit Hilfe von Rechenanlagen ,,Kunstwerke'' zu produzieren oder zu kritisieren, so setzt das eine Programmierung und diese wiederum eine scharfe Formulierung der zu behandelnden Aufgabe voraus. Aus dem Gesagten soll nun erhellen, daß bei der Anwendung von Rechenanlagen auf den Bereich der ,,Kunstwerke'' bis heute notwendig auf sehr viele ihrer Aspekte, Merkmale, Eigenschaften verzichtet werden muß. Das bedeutet aber nicht, daß man überhaupt verzichtet auf derartige exakte Untersuchungen.

3. Können Computer Kunst erzeugen?

Ich füge hier eine Bemerkung ein zu Fragen der Art ,,Kann ein Computer Kunst erzeugen?''. Immer noch wird oft übersehen, daß diese Frage überhaupt erst gestellt werden kann, wenn eine Definition von ,,Kunst'' vorliegt.

Es scheint nun keine Schwierigkeit zu sein, ,,Kunst'' einmal so zu definieren, daß die Frage mit ,,*ja*'' beantwortet wird, ein anderes Mal mit ,,*nein*''.

Weiterhin inbegriffen ist die Frage nach der Eigenleistung des Computers. Man kann hierzu zwei wesentlich verschiedene Standpunkte einnehmen. Erstens kann man den Computer betrachten als reines Werkzeug, das dem Menschen bei der Verrichtung gewisser geistiger Arbeiten hilft. Zweitens kann man ihn betrachten als ein System, das im Rahmen des ihm gelieferten Programms völlig selbständig arbeitet. Man zieht dann eine Parallele zum Menschen, der auch im Rahmen eines Programms arbeitet, das ihm durch Erbanlagen und Umwelteinflüsse geliefert wird. Dieser Standpunkt ist nützlich bei Lernprogrammen. In beiden Fällen jedoch ist für die Arbeit des Computers ein Programm notwendig, das in letzter Instanz von Menschen erstellt wird. Schon daraus folgt, daß ein erstes informations-ästhetisches Prinzip nicht verletzt wird, wenn man „Kunstwerke" mit Computern herstellt. Dieses Prinzip verlangt: „Das Kunstwerk (ist) als eine Nachricht zu verstehen, deren Quelle mit einem menschlichen Bewußtsein verbunden ist." (Vgl. [5] S. 40).

Die Aufgabe dieses Beitrags soll nicht sein, die Frage „Kunst oder nicht?" zu diskutieren, sondern vielmehr einiges Material bereitzustellen, das eventuell als Grundlage einer solchen Diskussion dienen kann. Dabei sollen nicht programmiertechnische Feinheiten im Vordergrund stehen, sondern Grundrisse der Zusammenarbeit Künstler—Computer.

4. Voraussetzungen aus der Informationsästhetik

Ich werde mich auf Begriffe und Aussagen der Informationsästhetik stützen (BENSE [1], FRANK [4], GUNZENHÄUSER [6], MOLES [16]). Wichtig für uns sind in erster Linie folgende Gedankengänge.

Jedes „Ding" kann sowohl Träger physikalischer als auch ästhetischer Realität sein. Wenn es gewisse notwendige Forderungen erfüllt, wird es als *„ästhetisches Objekt"* bezeichnet. Als solches ist es Zeichen für ästhetische Information und funktioniert in einem Kommunikationsprozeß, eben dem ästhetischen. In diesem ist der Produzent ästhetischer Objekte (*„Künstler"*) der Sender, der auf einem gewissen Zeichenschema ästhetische Informationen sendet, die vom Konsumenten (*„Leser"*, *„Zuschauer"*, *„Hörer"*) auf einem zweiten Zeichenschema empfangen werden, wobei die Übertragung gewissen Störungen ausgesetzt sein kann (*„Verständnis"*).

Der ästhetische Prozeß wird eingeteilt in die Phasen der Realisation, der Kommunikation, der Konsumation und der Kritik ästhetischer Information. Die Phase der Kritik wirkt zurück auf die Phase der Realisation, wodurch der so aufgefaßte ästhetische Prozeß zum rückgekoppelten System wird. Wir werden im folgenden vor allem die Phase der Realisation oder Produktion ästhetischer Information betrachten.

Man definiert in der *numerischen Ästhetik* quantifizierbare Begriffe, die an ästhetischen Objekten mittels objektiver Methoden gemessen werden können, wie in der Physik z. B. die Temperatur der Luft eines Raumes. Es ist nicht beabsichtigt, daß das Feststellen solcher Maßzahlen als Aussage der Art „ist schön" oder „ist nicht schön" interpretiert wird. Solche Maßzahlen dienen lediglich der Angabe gewisser Sachverhalte und bedeuten darüber hinaus keine Wertung. So, wie die Feststellung „Die Lufttemperatur in diesem Raum beträgt jetzt gerade 22° C" nichts darüber aussagt, ob ich mich in diesem Raum wohlfühle.

Gunzenhäuser hat in Anlehnung an das ästhetische Maß von G. D. Birkhoff [6] ein informations-ästhetisches Maß als

$$M = \frac{R}{H}$$

definiert, wo R eine Redundanz und H eine Information bedeuten. Ein ästhetisches Objekt sei realisiert mit Hilfe der (voneinander verschiedenen) Zeichen $z_1, z_2, \ldots, z_n$, die mit den relativen Häufigkeiten $p_1, p_2, \ldots, p_n$ auftreten ($\sum\limits_{i=1}^{n} p_i = 1, 0 \leq p_i \leq 1$). Dann wählt man als H die statistische Information

$$H = - \sum\limits_{i=1}^{n} p_i \cdot \mathrm{ld}\ p_i\ ^1. \tag{1}$$

Für R können beliebige Redundanzen eingesetzt werden. Wir wollen hier nur die *objektive* (oder *Code-*) *Redundanz* verwenden, weil sie an einem gegebenen Objekt direkt gemessen werden kann. Wir haben also

$$R = \frac{H_{\max} - H}{H_{\max}}$$

wobei $H_{\max} = \mathrm{ld}\ n$ die bei einem Zeichenrepertoire von n möglichen Zeichen maximale Information ist. Wir stützen uns also auf ein durch

$$M = \frac{R}{H} = \frac{1}{H} - \frac{1}{\mathrm{ld}\ n} \tag{2}$$

gegebenes *ästhetisches Maß* (vgl. auch [2]).

Es sei ein Zeichenrepertoire $Z = \{z_1, z_2, \ldots, z_n\}$ von n möglichen Zeichen gegeben. Über ihm werde eine ästhetische Information gesendet. D. h. es werde ein ästhetisches Objekt hergestellt nur unter Benutzung von Z. Dabei sollen insgesamt N Zeichen auftreten, die Information soll also den Umfang N haben. Jedes der Zeichen z_i soll mindestens einmal vorkommen. Für die relativen Häufigkeiten p_i der Zeichen z_i gilt dann

$$\frac{1}{N} \leq p_i < 1$$

$$\sum\limits_{i=1}^{n} p_i = 1.$$

Man kann dann über das ästhetische Maß (2) folgende Aussagen beweisen: Bei festem n und N wird M am größten, wenn alle Zeichen bis auf eines genau einmal auftreten, wenn also z. B. gilt

$$p_1 = p_2 = \ldots = p_{n-1} = \frac{1}{N}, \qquad p_n = 1 - \frac{n-1}{N}.$$

---

^{1} ld bedeute den Logarithmus zur Basis 2.

Hält man das Zeichenrepertoire, also n, fest, so wird das maximale Maß M_{max} mit wachsendem Umfang N immer größer. Hält man dagegen den Umfang N fest, so wird das maximale Maß M_{max} am größten für $n = 2$, also bei nur zwei möglichen Zeichen.

Demnach reicht das vorgeschlagene Maß M für unser Empfinden von „Schönheit" wohl noch nicht allzu weit. Es bewertet am höchsten die minimale ästhetische Störung. Es soll darauf hingewiesen werden, daß der unterschiedliche Charakter der einzelnen Zeichen z_i von M nicht berücksichtigt wird; es zählen vielmehr nur die Häufigkeiten des Vorkommens.[1]

5. Ein Modell für den Vorgang der künstlerischen Produktion

Wir wollen jetzt Ansätze für die Beschreibung ästhetischer Realität und ästhetischer Prozesse geben, die als Grundlage für die Programmierung digitaler Rechenanlagen geeignet erscheinen.

Man kann sich von der Phase der Realisation (Produktion) ästhetischer Information, also von der der Arbeit eines Künstlers an einem ästhetischen Objekt, folgendes Bild machen: Gegeben sei eine beschränkte Menge A des n-dimensionalen Raumes E_n, etwa ein kompaktes Intervall. Der E_n sei zerlegt in ein Netz von *Elementar-Intervallen* mit endlichen positiven Seitenlängen. Die Arbeit des Künstlers besteht darin, daß er sukzessive für jedes (ganz oder teilweise) in A gelegene Elementar-Intervall eine Entscheidung trifft, die dieses Elementarintervall zum Träger ästhetischer Information macht. Da A beschränkt, ist, sind nur endlich viele Entscheidungen nötig, um jedes Elementarintervall einmal zu berühren. Dieses Modell der ästhetischen Produktion sei erläutert an Beispielen.

Beispiel 1: Schriftsteller. A sei ein beschränktes Intervall des E_1. (Bildlich ein langes Papierband). Entscheidung: Besetzen der Elementarfelder mit Wörtern, Satzzeichen, . . .

Beispiel 2: Komponist. A sei ein beschränktes Intervall des E_1. Entscheidung: Eintragen einer oder mehrerer übereinander liegender Noten oder anderer Zeichen der Notenschrift.

Beispiel 3: Maler. A sei beschränktes Intervall der Ebene E_2. (Konkret etwa eine auf Keilrahmen gespannte Leinwand.) Entscheidung: Anbringen eines Farbfleckes im Elementarfeld.

Beispiel 4: Plastiker. A sei ein beschränktes Intervall des Raumes E_3. Entscheidung: Entfernen oder Anbringen von Materie aus bzw. in einem Elementarfeld.

Beispiel 5: Choreograph. A sei ein beschränktes Intervall des Raum-Zeit-Kontinuums E_4 (als Cartesisches Produkt des Bühnenraums E_3 mit der Zeitachse E_1). Entscheidung: Für jeden Zeitpunkt und Ort Angabe des dort sich befindenden Körperteils welches Tänzers.

Die Folge der Entscheidungen kann die Elementarintervalle in einer beliebigen Reihenfolge treffen. Der „Künstler" kann bei der Produktion „springen",

---

[1] Inzwischen wurde eine weitreichende Präzisierung von M vorgeschlagen von S. Maser in: Grundlagenstudien aus Kybernetik und Geisteswissenschaft 8, 101—113 (1967).

er muß nicht immer zu einem benachbarten Elementarfeld übergehen, sondern kann ein beliebiges wählen. (Ein Schriftsteller kann zuerst den Schluß, dann den Anfang, dann den Mittelteil eines Textes schreiben.) Ein Elementarintervall kann mehr als einmal berührt werden, allerdings nur endlich oft (Übermalen, Ausstreichen). Die Entscheidungen können abhängen von allen, einigen oder keiner der vorher getroffenen.

Besonders anschaulich scheint das Modell für das Herstellen von ebenen visuellen Objekten zu sein. Die Hand des Malers führt ja eine Irrfahrt über einem Ebenenstück aus und setzt dabei von Zeit zu Zeit ein Werkzeug auf die Fläche, um dort Farben anzubringen. Der Augenblick und der Ort, wo sie sich senkt, entspricht der Entscheidung, in dem dort befindlichen Elementarfeld ein Zeichen anzubringen. Fährt die Hand mit gesenktem Werkzeug weiter (Pinselstrich, Linienzug), so entspricht das laufend Entscheidungen über nächste Elementarintervalle.

Man kann das Modell auch so betrachten: Die Menge $A \subset E_n{}^1$ mit dem darüber gelegten Raster von Elementarintervallen entspricht einer n-dimensionalen Matrix. Jeder Entscheidungsschritt bedeutet eine Transformation der gesamten Matrix. Der Produktionsvorgang kann beschrieben werden durch eine Folge von Matrizen-Transformationen.

6. Definition eines „ästhetischen Programms"

Die Modellvorstellung der Produktion ästhetischer Information führt zum Begriff des „*ästhetischen Programms*". Dieses soll eine Vorschrift, ein Verfahren, ein Algorithmus sein zur Erzeugung ästhetischer Objekte.

Es bezeichne $\mathbb{N} = \{1, 2, 3, \ldots\}$ die Menge der natürlichen Zahlen. Ist M eine Menge, so bezeichne M^* die Menge aller endlichen Folgen von Elementen aus M,

$$M^* = \{(m_{i_1}, m_{i_2}, \ldots, m_{i_k}) : 1 \leqq k < \infty, \; m_{i_j} \in M, \; j = 1 \, (1) \, k\}\,^2.$$

Mit $Z \times T$ bezeichnen wir das *Cartesische Produkt* der Mengen Z und T.

Definition: Es sei

Z eine nichtleere (endliche oder unendliche) Menge von „Zeichen".
T eine nichtleere Menge von Abbildungen $\tau : Z \to Z$.
α eine Abbildung $\alpha : \mathbb{N} \to Z \times T$.
β eine Abbildung $\beta : (Z \times T)^* \to E_m \; (1 \leqq m < \infty)$.
G eine nichtleere Untermenge des E_m.
Dann heißt das Quintupel (Z, T, α, β, G) *ästhetisches Programm*.

Wir nennen Z das „*Zeichenrepertoire*", T die „*Transformationsmenge*" oder auch „*Menge der Operationen*", α die „*Ablauffunktion*", β die „*Beendigungs-*

---

[1] $A \subset E_n$ bedeutet: A ist Teilmenge von E_n.

[2] $m \in M$ bedeutet: m ist Element der Menge M.

funktion" oder *„Zielfunktion"*, G die *„Zielmenge"* oder *„Wunschmenge"* oder *„Menge der Kriterien"*.

Im Zeichenrepertoire Z sind alle Zeichen zusammengefaßt, die in einem ästhetischen Objekt möglich sein sollen (Farbflecken, Wörter, Noten, ...). Die Menge T der Operationen enthält alle Operationen oder Transformationen, die auf die Zeichen $z_i \in Z$ anwendbar sein sollen. (Anbringen eines Farbflecks an einem gewissen Ort eines Bildes, Vergrößern, Verdrehen, Verzerren einer Form, Aneinanderfügen von Wörtern oder Noten nach Regeln einer Grammatik oder der Fuge, ...). Dabei denken wir uns zweckmäßig die Transformationen $\tau \in T$ zu Klassen zusammengefaßt und diese Klassen wieder mit τ bezeichnet. Soll es bei einem Bild z. B. erlaubt sein, Zeichen $z \in Z$ um beliebige Winkel δ zu drehen, $0 \leq \delta < 2\pi$, so müßte man für jedes δ eine Abbildung τ_δ in der Menge T bereithalten. Wir fassen nun alle diese τ_δ zu einer Klasse τ_d, genannt „Drehung", zusammen. Weil die Anwendung von „Drehung" auf ein Zeichen $z \in Z$ unendlich viele andere Zeichen erzeugen kann und weil die Werte der Abbildungen wieder in Z liegen sollen, müssen wir Z als unendliche Menge zulassen. Wir denken uns dort also schon alle möglichen Ergebnisse der Anwendungen der Abbildungen $\tau \in T$ mit aufgenommen.

Die Ablauffunktion α ordnet jeder natürlichen Zahl $i \in \mathbb{N}$ ein Paar $(z_i, \tau_i) \in Z \times T$ zu. Die Zielfunktion β gibt zu jeder endlichen Folge $\varphi_k = = \{(z_j, \tau_j)\}_{j=1}^{k} \in (Z \times T)^*$ einen Punkt im E_m und „bewertet" die bisher erzeugte Folge, wobei sie insgesamt m Kriterien anwendet.

Das *„Programm"* soll nun folgenden Prozeß in Gang setzen: Die Ablauffunktion α erzeugt eine Folge φ_k ($k = 1, 2, \ldots$) von Paaren von Zeichen z_j und Transformationen τ_j. Die Transformation τ_j wird auf das Zeichen z_j angewendet. Wir nennen φ_k den *„Zustand des ästhetischen Objektes zur Zeit k"*. Dieser Zustand wird mit der Zielfunktion β geprüft. Ist $\beta(\varphi_k) \in G$, so wird der Prozeß abgebrochen, andernfalls wird zum Zustand φ_{k+1} übergegangen. G enthält also die Forderungen, die das ästhetische Objekt erfüllen soll, damit es als „fertig" bezeichnet wird.

Der Name *„ästhetisches Programm"* soll dadurch gerechtfertigt werden, daß wir verlangen: Die durch (Z, T, α, β, G) erzeugte Zeichenfolge soll Träger ästhetischer Information sein. Ohne diese — etwas unexakte — Zusatzforderung ist (Z, T, α, β, G) auch geeignet zur Beschreibung anderer Programme. Aufgabe einer ästhetischen Theorie kann es sein, zu definieren, was wir unter *„ästhetischer Information"* verstehen wollen. Z. B. kann man für die Zielfunktion β das Maß (2) wählen, für G das Intervall $[a, b]$. Dann erreicht man ein ästhetisches Objekt mit vorgeschriebenem Maß (2).

An die gegebene Definition knüpft sich die Frage an: Existiert ein $\varphi_k \in (Z \times T)^*$ so daß $\beta(\varphi_k) \in G$? Ist also das ästhetische Objekt in endlich vielen Schritten realisierbar, so daß es die gestellten Bedingungen erfüllt? Es lassen sich einfache Beispiele dafür angeben, daß ein solches φ_k stets oder nie existiert. Das angeschnittene Existenzproblem läuft auf die Konstruktion einer geeigneten Ablauffunktion α hinaus. Hier erscheint die bekannte Tatsache, daß mit gewissen („zu geringen") Mitteln gewisse („zu hohe") Ziele nicht erreichbar sind.

7. Einführung von Zufallszahlen. Deutung als stochastischer Prozeß

Ein wesentlicher Punkt bei der Konstruktion einer Ablauffunktion α ist die Verwendung von „Zufallsgeneratoren"[1]. (Immer wenn wir im folgenden von Verteilungsfunktion, Zufallsvariable oder anderen wahrscheinlichkeitstheoretischen Begriffen reden, denken wir uns einen geeigneten Wahrscheinlichkeitsraum $(\Omega, \mathfrak{F}, P)$ zugrunde gelegt.)

Jedem $i \in \mathbb{N}$ ordnet α ein Paar $(z_i, \tau_i) \in Z \times T$ zu. Dies kann einmal völlig deterministisch, zum anderen völlig willkürlich, schließlich teils deterministisch, teils willkürlich geschehen. Auf jeden Fall erzeugt das Programm (Z, T, α, β, G) eine Klasse C von Objekten. Dabei ist C leer, falls das Programm nicht lösbar ist. Existiert eine Lösung mit deterministischer Ablauffunktion α, so enthält C genau *ein* Objekt, ist das Programm lösbar mit „zufälligem" α, so enthält C mehr als ein Objekt, eventuell unendlich viele. Unter „zufälligem" α wollen wir ein α verstehen, das *„zufällige Parameter"* (das sind „Zufallsvariable", s. [23]) enthält.

Bei einer Realisation eines ästhetischen Programms mit zufälligem α müssen Realisationen der Zufallsvariablen erzeugt werden, die in α enthalten sind. Deren Verteilungsfunktionen werden sich in der materiellen Wiedergabe des ästhetischen Objektes mehr oder weniger deutlich ablesen lassen.

Erzeugt man z. B. einen Text der Länge k, bei dem n verschiedene Wörter zulässig sind, die mit Wahrscheinlichkeiten $p_1, \ldots, p_n$ auftreten sollen und unabhängig voneinander zu einer Folge angeordnet werden sollen, so muß die Ablauffunktion α eine Zufallsvariable X enthalten, für die gilt

$$P\,[X = i] = p_i, \quad i = 1\,(1)\,n.$$

D. h., X nimmt den Wert i mit der Wahrscheinlichkeit p_i an.

Man hat durch die Vorgabe der Verteilungsfunktionen für die auftretenden Zufallsvariablen die Möglichkeit, den Realisationsprozeß trotz der ihm zugestandenen „Zufälligkeit" in gewissem Maße zu steuern, oder: Redundanzen zu erzeugen. Z. B. kann man Konzentrationen von Farben auf Bildern erreichen oder das seltene Auftreten gewisser Zeichen oder maximale Auffälligkeit oder vorgeschriebenen Überraschungswert eines Zeichens (vgl. [5]).

Ebenso wichtig — für die Simulation des „Schaffensprozesses" vielleicht noch wichtiger — ist die Abhängigkeit des Wertes $\alpha\,(i)$ der Ablauffunktion im Zeitpunkt i von der bisher erzeugten Folge $\varphi_k = \{(z_j, \tau_j)\}_{j=1}^{k}$. Indem man diese Abhängigkeit einführt, wird der nächste Schritt der Produktion beeinflußt vom erreichten Zustand des ästhetischen Objektes. Das entspricht der Tatsache, daß ein Maler das Bild ansieht und abhängig von seinem Eindruck weitermalt. Wahrscheinlichkeitstheoretisch bedeutet es die Einführung bedingter Wahrscheinlichkeiten in die Ablauffunktion. Diese ist genauer zu definieren als

$$\alpha : \mathbb{N} \times (Z \times T)^* \to Z \times T.$$

An diese Bemerkungen und an das in Abschnitt 5 gegebene Modell der Arbeitsweise eines „Künstlers" schließt sich folgende Deutung der Definition eines

---

[1] Siehe P. Roos: *Zufallsgeneratoren*, in diesem Band.

ästhetischen Programms an. Es sei S die Menge aller „*zulässigen Orte*" ($=$ Menge der Elementarintervalle in A). Wir wählen die Transformationsmenge T fest; sie enthalte nämlich nur die Transformation „Anbringen am Ort $s \in S$". Statt der Paare $(z, \tau) \in Z \times T$ können wir dann die Paare $(z, s) \in Z \times S$ betrachten.

Die Ablauffunktion denken wir uns ebenfalls spezieller gewählt durch die Vorgabe von Übergangswahrscheinlichkeiten. Ist der Zustand $\varphi_k = \{(z_j, s_j)\}_{j=1}^{k}$ erreicht, so soll die Wahrscheinlichkeit dafür, daß als nächstes Paar (z_{k+1}, s_{k+1}) gewählt wird, abhängen von φ_k. Wir geben uns also eine Folge von Zufallsvariablen (ζ_i, σ_i) vor, deren Werte in $Z \times S$ liegen, und für die die Übergangswahrscheinlichkeit

$$Q : \mathbb{N} \times (Z \times S)^* \to [0, 1]$$

mit den Werten

$$q_k (z, s; z_k, s_k, \ldots, z_1, s_1) = P [\zeta_{k+1} = z, \sigma_{k+1} = s \mid \zeta_i = z_i, \sigma_i = s_i, i = 1\,(1)\,k]$$

gegeben ist.

Die Zustände des ästhetischen Objekts sind dann endliche Anfangsstücke φ_k einer Realisierung $\{(z_i, s_i)\}$ der Folge $\{(\zeta_i, \sigma_i)\}$ von Zufallsvariablen. Wir haben es mit einem stochastischen Prozeß zu tun, der durch Vorgabe von Zielfunktion β und Wunschmenge G zum Entscheidungsprozeß wird. (Übrigens bedeutet die Einführung von Zufallsvariablen mit gegebenen Verteilungsfunktionen die (mindestens teilweise) Beschreibung der „*Intuition*").

8. Stufeneinteilung der Computer-Produktion

Jeder Behandlung einer Aufgabe mit Hilfe einer programmgesteuerten digitalen Rechenanlage muß eine „Programmierung" vorausgehen, das ist die Übersetzung der Aufgabenbeschreibung in eine maschinen-verständliche Sprache[1]. Damit können wir uns folgendes Bild machen von der Herstellung ästhetischer Objekte mit Rechenanlagen (vgl. Abb. 110).

a) Ein „Künstler" **K** besitzt eine gewisse ästhetische Konzeption, d. h. den Entwurf gewisser ästhetischer Objekte (zumindest in seiner Phantasie). Er sei in der Lage, diese Konzeption in ein „*ästhetisches Programm*" zu übersetzen. Ist er dazu nicht fähig, so bricht der Prozeß hier ab. Der Künstler ist nicht geeignet zur Zusammenarbeit mit Rechenanlagen.

b) Ein oder mehrere Programmierer **P** übersetzen das ästhetische Programm in ein Maschinenprogramm, z. B. in der Sprache ALGOL geschrieben.

c) Das Maschinenprogramm wird weitergegeben an eine geeignete Rechenanlage **R**, die es abarbeitet und als Ergebnis die gewünschten Informationen in geeigneter Form liefert (Lochstreifen, Lochkarten, Magnetband, . . .). Die Ausgabe-Informationen seien „*Output*" genannt.

d) An einer geeigneten Umsetzanlage **U** (Zeichenmaschine, Oszillograph, Schnelldrucker, Milling Machine, automatische Filmkamera, . . .) wird der Output in die endgültige materielle Form gebracht. Die ästhetische Information wird materialisiert.

---

[1] Vgl. W. Knödel: *Aufbau, Arbeitsweise und Programmierung digitaler Rechner, als Werkzeuge der nicht-numerischen Datenverarbeitung*, in diesem Band.

Als Überbau oder Klammer zu **K**, **P**, **R**, **U** erscheint die Umwelt **W**, aus der **K** seine Konzeption zieht (Erbanlagen, Fremdeinflüsse, Lernprozesse, . . .) und an die **U** die ästhetische Information abgibt. Diese erscheint auf den einzelnen Stufen a) bis d) jeweils in anderer Verschlüsselung (Sprache) und ist für einen menschlichen Empfänger dabei eventuell gar nicht als „ästhetische" Information erkennbar. **K**, **P**, **R**, **U** sind nur durch Abstraktionen aus der Umwelt **W** herausfiltriert, zu der sie selbst gehören. Sie müssen räumlich und zeitlich nicht scharf getrennt sein, sondern können verschiedene Funktionen ein und desselben Apparates (Mensch, Maschine) bedeuten. Man kann **W** als ein Super- oder Meta-Programm auffassen.

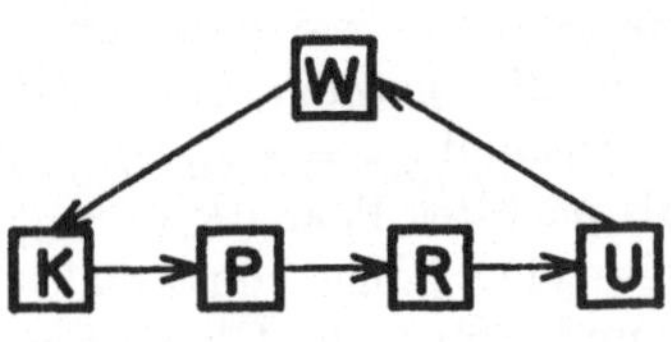
Abb. 110. Ablauf der Produktion ästhetischer Objekte mit Rechenanlagen

Die Arbeit des Programmierers — also die Übersetzung des ästhetischen Programms in ein Maschinenprogramm, oder die Transformation der ästhetischen Information vom Zustand „ästhetisches Programm" in den Zustand „Maschinenprogramm" — bereitet in der Regel keine großen Schwierigkeiten. Er muß z. B. Unterprozeduren bereitstellen zur Erzeugung von Pseudo-Zufallszahlen, zur Berechnung ästhetischer Maße in gegebenen Zeichenverteilungen, zur Anwendung der Transformationen $\tau \in T$ auf die Zeichen $z \in Z$, zur Aufbereitung des Output in einer Form, die der Umsetzanlage verständlich ist.

Konkret kann bei einer Zeichnung z. B. die Umrißlinie einer Form gegeben sein durch die Koordinaten genügend vieler Punkte auf dieser Umrißlinie. Diese Koordinaten werden fest gespeichert; immer, wenn das ästhetische Programm von dieser Form als einem Zeichen der Menge Z spricht, spricht das Maschinenprogramm von den zugehörigen Koordinaten, also von einer Anzahl von Speicherplätzen.

Die Zeichen eines Textes — Wörter, Interpunktionszeichen — können im Maschinenprogramm durch Kennzahlen charakterisiert werden bezüglich Kriterien wie Wortart, Geschlecht, Fall, Zeit usw. Übergangswahrscheinlichkeiten legen fest, mit welcher Wahrscheinlichkeit zwei beliebige Wörter aufeinander folgen sollen, wodurch man z. B. „sinnlose" Wortkombinationen verhindern kann. Je nach dem Zusammenhang werden aufgrund der Kennzahlen die entsprechenden syntaktischen Formen wie „der Mann" oder „den Männern" usw. eingesetzt.

9. Ein Beispiel

Zur Demonstration soll ein sehr einfaches Beispiel einer Computer-Grafik dienen. Die Konzeption sei: Zeichnungen, die aus einem ununterbrochenen Linienzug mit abwechselnd horizontalen und vertikalen Strecken bestehen. Die Bestandteile des ästhetischen Programms können dann gewählt werden als:

Z: Menge aller gerichteten Strecken z_l der Länge l,

$$l_1 \leq l \leq l_2.$$

T: τ_1 bedeute „vertikal anbringen", τ_2 bedeute „horizontal anbringen".

α: $\alpha(1) = (z_l, \tau_1)$,

$$\alpha(i) = \begin{cases} (z_l, \tau_1) & \text{falls } \tau_2 \text{ in } \alpha(i-1) \text{ auftrat} \\ (z_l, \tau_2) & \text{falls } \tau_1 \text{ in } \alpha(i-1) \text{ auftrat.} \end{cases}$$

Dabei ist l als Realisation einer Zufallsvariablen L zu betrachten, deren Verteilungsfunktion gegeben ist.

β: $\beta(\varphi_k) = k$.

G: $\{n\}$ wobei n zu Beginn zufällig im Intervall $[n_1, n_2]$ gewählt wird. Abgebrochen wird also nach n Teilstrecken.

Das Maschinenprogramm in der Sprache ALGOL lautet:

```
begin boolean b; integer modl, i, n, modn;
    real l, l 1, l 2, n 1, n 2;
    procedure zeichne (r, x, y, s);
        value r, s; integer r, s; array x, y;
        comment Diese Prozedur liefert den Output für das Zeichnen eines
                Polygonzugs vom Punkt (x [1], y [1]) bis zum Punkt (x [r],
                y [r]) mit Stift s. Bei s = 0 : Stifte heben;
        code;
    real procedure choose (mod, a, b);
        value mod, a, b; integer mod; real a, b;
        comment Diese Prozedur liefert eine Realisierung einer Zufallsvariablen
                mit Verteilungsfunktion F mod (x) im Intervall [a, b];
        code;
    array x, y [1 : 2];
    n := choose (modn, n 1, n 2);
    x [1] := y [1] := x [2] := y [2] := 0;
    b := true; i := 0;
weiter: l := choose (modl, l 1, l 2);
    if b then y [2] := y [1] + l else x [2] := x [1] + l;
    b := not b;
    zeichne (2, x, y, 1);
    x [1] := x [2];  y [1] := y [2];
    i := i + 1;
    if i less n then goto weiter;
    zeichne (2, x, y, 0);
end
```

Abb. 111 gibt eine Realisation dieses Programms wieder (bei der noch vorausgesetzt war, daß der Linienzug ein gegebenes Format nicht verläßt).

Dieses simple Programm erscheint mehr als eine ad hoc-Lösung des gestellten Problems. Gerade wegen der Einfachheit der Aufgabe ist es aber gerechtfertigt, für sie ein spezielles Maschinenprogramm zu schreiben.

Man wird kompliziertere Maschinenprogramme erhalten, indem man allgemeinere Aufgaben löst. So habe ich ein Programm zur Erzeugung von Computer-Grafiken geschrieben, bei dem das Zeichenrepertoire Z nicht festliegt, sondern beliebig wählbar, also Parameter ist. Das gegebene Format wird mit einem beliebigen achsenparallelen Raster überzogen, dessen Felder sukzessive auf beliebig

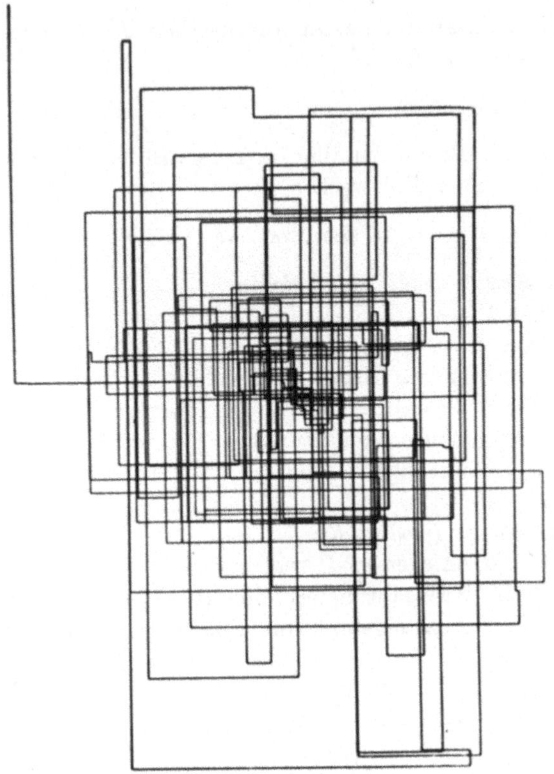

Abb. 111. Computer-Grafik von Georg Nees

wählbare Art (Ablauffunktion α!) gefüllt werden. Die Wahrscheinlichkeiten für den Übergang von einem Zeichen zum nächsten können beliebig vorgeschrieben werden. Gleichzeitig wird das in Abschnitt 4 definierte Maß (2) für die Verteilung der Zeichen, sowie der Zweier- und Dreierketten von Zeichen berechnet.

Mit diesem Programm wurden bisher vorwiegend mehrfarbige Computer-Grafiken erzeugt, die sich für eine Wiedergabe hier schlecht eignen. Bei den Abb. 112 und 113, die von dem erwähnten Programm stammen, bestand das Zeichenrepertoire nur aus drei Elementen, nämlich einer horizontalen und einer vertikalen Strecke gleicher Länge sowie dem leeren Rasterfeld. Von einem Rasterfeld wurde zu einem benachbarten übergegangen und dort entschieden, welches Zeichen angebracht werden soll. Auf diese Art wurde eine Bewegung über das ganze Bildformat so ausgeführt, daß jedes Rasterfeld genau einmal berührt wurde und daß in diesem Augenblick entschieden wurde, welches Zeichen dort placiert werden sollte. Bei Abb. 112 war die Bewegung „zeilenweise", abwechselnd von rechts nach links bzw. von links nach rechts. Bei Abb. 113 dagegen wurde diagonal vorgegangen. Dabei hingen die Übergangswahrscheinlichkeiten von einem Zeichen zum nächsten jeweils nicht ab von dem speziellen vorangegangenen Zeichen. Sie hingen dagegen ab von der Anzahl der insgesamt schon angebrachten Zeichen. Die Wahrscheinlichkeit für den senkrechten Strich nahm nämlich gegen die „Mitte" der Abbildung zu, wo sie am größten war; zu Anfang und am Ende war sie 0,1. „Mitte" soll dabei die Hälfte aller Zeichen bedeuten, die auf dem Bild erscheinen. Die Wahrscheinlichkeit für den waagrechten Strich war überall 0,1 und das leere Feld war in der „Mitte" am seltensten, an den „Rändern" am häufigsten.

Die gleichzeitig nach (2) berechneten ästhetischen Maße (basierend auf den Häufigkeiten der Zeichen) sind 0,16 bzw. 0,17. Wir haben hier also ein Beispiel für die Tatsache, daß die Topologie des Bildes vom Maß (2) nicht beachtet wird.

Abb. 112. Computer-Grafik von FRIEDER NAKE

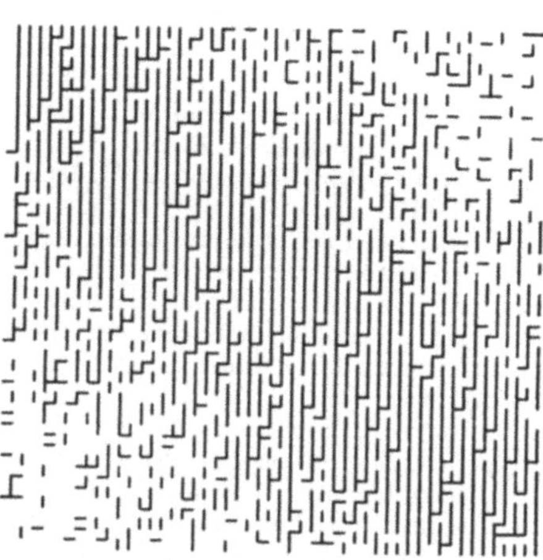

Abb. 113. Computer-Grafik von FRIEDER NAKE

10. Schlußbemerkung

Nicht sehr sinnvoll erscheint mir der Einsatz von Rechenanlagen zur Herstellung eines ganz speziellen ästhetischen Objekts, es sei denn, dieses lasse sich mit herkömmlichen Mitteln nur sehr umständlich realisieren. Sinnvoll erscheint dagegen eine Programmierung, die die Produktion ganzer Klassen ästhetischer Objekte gestattet. Dadurch wird es möglich, nach der nur einmal zu leistenden Gedankenarbeit die Produktion an Maschinen abzugeben und so menschliche Arbeitskraft besser zu nutzen. Man kann Maschinenprogramme schreiben, die so allgemein sind, daß sie mehrere ästhetische Programme umfassen. Allerdings besteht dabei die Gefahr der zu großen Verallgemeinerung, insbesondere bei wachsender Anzahl der zufälligen Parameter.

Für Künstler ergibt sich die Möglichkeit, ein Formproblem in kurzer Zeit in sehr vielen Varianten durchspielen zu können und nach subjektiven oder objektiven Maßstäben aus dem gelieferten Material auszuwählen. Die Erfindung einer speziellen „Computer-Kunst", die sich genügend von der bisher vorliegenden Produktion abhebt, hängt davon ab, ob es gelingt, die neue Technik einfallsreich genug einzusetzen. Besonders interessant erscheinen mir die Aspekte, die sich durch die Formalisierung ästhetischer Abläufe für unsere ästhetische Weltbetrachtung ergeben können.

Literatur

1. BENSE, M.: *Aesthetica*. Baden-Baden: Agis-Verlag. 1965.
2. BURKHARDT, K., und S. MASER: *strukturen — berechnungen*. rot **24**. Stuttgart 1965.
3. FETTER, W. A.: *Computer Graphics in Communication*. New York: McGraw-Hill. 1965.
4. FRANK, H.: *Grundlagenprobleme der Informationsästhetik und erste Anwendung auf die mime pure*. Diss. TH Stuttgart 1959.
5. FRANK, H.: *Kybernetische Analysen subjektiver Sachverhalte*. Quickborn: Verlag Schnelle. 1964.
6. GUNZENHÄUSER, R.: *Ästhetisches Maß und ästhetische Information*. Quickborn: Verlag Schnelle. 1962.
7. GUNZENHÄUSER, R.: Zur Synthese von Texten mit Hilfe programmgesteuerter Ziffernrechenanlagen. MTW **10**, 4—9 (1963).
8. HILLER, L. A. JR., und M. BACKER: Computer Kantate. Darmstädter Beiträge zur Neuen Musik **1963**, H. 8.
9. HILLER, L. A. JR., and L. M. ISAACSON: Illiac Suite for String Quartet. New Music **30** (1957).
10. HILLER, L. A. JR., and L. M. ISAACSON: *Experimental Music: Composition with an Electronic Computer*. New York: McGraw-Hill. 1959.
11. KNÖDEL, W.: Aufbau, Arbeitsweise und Programmierung digitaler Rechner als Werkzeuge der nicht-numerischen Datenverarbeitung. *In diesem Band*.
12. KUPPER, H.: Computer und Musikwissenschaft. IBM Nachrichten **180**, 297—303 (1966).
13. LUTZ, T.: Stochastische Texte. Augenblick **4**, H. 1, 3—9 (1959).
14. LUTZ, T.: Über ein Programm zur Erzeugung stochastisch-logistischer Texte. Grundlagenstudien aus Kybernetik und Geisteswissenschaft **1**, 11—16 (1960).
15. MEZEI, L.: Computer Art — a Bibliography. Journal of Computer Studies in the Humanities and Verbal Behaviour **1**, No. 1 (1967).
16. MOLES, A. A.: *Théorie de l'Information et Perception esthétique*. Paris: Flammarion. 1958.
17. NAKE, F., M. V. MATHEWS, B. DEUTSCHMAN und G. STICKEL: Herstellung von zeichnerischen Darstellungen, Tonfolgen und Texten mit elektronischen Rechenanlagen. Programm-Information PI-21, Deutsches Rechenzentrum Darmstadt. 1966.
18. NEES, G.: Statistische Grafik. Grundlagenstudien aus Kybernetik und Geisteswissenschaft **5**, 67—68 (1964).
19. NEES, G.: Variationen von Figuren in der Statistischen Grafik. Grundlagenstudien aus Kybernetik und Geisteswissenschaft **5**, 121—125 (1964).
20. NEES, G.: computer-grafik. rot **19**. Stuttgart 1965.
21. PIERCE, J. R.: *Symbols, Signals, and Noise*. New York, Evanston, London: Harper and Brothers. 1961. — Deutsch: *Phänomene der Kommunikation*. Düsseldorf-Wien: Econ-Verlag. 1965.
22. ROCKMAN, A., and L. MEZEI: The Electronic Computer as an Artist. Canadian Art Magazine Nov. **1964**.
23. ROOS, P.: Zufallsgeneratoren. *In diesem Band*.
24. STEINBUCH, K. (Hrsgb.): *Taschenbuch der Nachrichtenverarbeitung*. Berlin-Göttingen-Heidelberg: Springer. 1962.
25. STICKEL, G.: Computerdichtung — Zur Erzeugung von Texten mit Hilfe von datenverarbeitenden Anlagen. Der Deutschunterricht **18**, 120—125 (1966).

D. Digitalrechner als Lehrautomaten

Von

R. Gunzenhäuser

1. Einleitung

Versuche über den Einsatz programmgesteuerter Rechenanlagen als *Lehrautomaten* wurden in den letzten Jahren in den Vereinigten Staaten, in England, in der Sowjetunion und in der Bundesrepublik unternommen. Für die Methode der *Programmierten Instruktion* wie auch für die Konstruktion und Programmierung entsprechender technischer Geräte sind diese Ansätze bemerkenswert und zukunftsweisend. Trotzdem finden heute Rechenanlagen für Lehr- und Schulungszwecke noch kaum Verwendung; Ausnahmen dieser Regel wurden aus den Bereichen der industriellen und militärischen Schulung bekannt.

Für allgemeinbildende Schulen, Hochschulen und größere Industriebetriebe ist es zur Zeit wirtschaftlich kaum vertretbar, vorhandene Datenverarbeitungssysteme mehr als nur versuchsweise für Instruktionszwecke einzusetzen, auch wenn diese Anlagen, für die Bearbeitung andersartiger Aufgaben bestimmt, in ihrer Kapazität nicht voll ausgelastet sind.

Erst zwei seit kurzem verfügbare technische Möglichkeiten gestatten einen wirtschaftlich sinnvollen Einsatz von Digitalrechnern als Lehrautomaten: Die *Datenfernübertragung* und die damit verbundene Anschlußmöglichkeit zahlreicher Geräte für einen bequemen Informationsaustausch zwischen einer zentralen Rechenanlage und verschiedenen Benutzern (*Sichtgeräte, Schirmbildarbeitsplätze* usw.).

Wie beispielsweise auf der INTERDATA-Ausstellung 1965 in New York von verschiedenen Herstellerfirmen elektronischer Rechenanlagen überzeugend dargestellt werden konnte, können „Schüler" mit Hilfe solcher Fernbedienungsgeräte über Hunderte von Kilometern hinweg mit der zentralen Rechnereinheit, mit großen Datenspeichern und untereinander in Informationsaustausch treten. Durch ein geeignetes Betriebssystem[1] entstehen für die einzelnen Parallel-Benutzer kaum Wartezeiten, obwohl jeder einzelne Benutzer individuell „bedient" wird. Verschiedene Schüler können *gleichzeitig* durch verschiedene Unterrichtsprogramme unterrichtet werden. Trotzdem entstehen für die zentrale Rechnereinheit noch genügend „Pausen", in denen sie an der Lösung eines mathematisch-technischen oder eines kaufmännischen Problems arbeiten kann.

Im folgenden soll aufgezeigt werden, warum speicherprogrammierte Datenverarbeitungsanlagen[1] als universelle Lehrautomaten hervorragend geeignet sind. Auf exemplarische Weise soll dann über bisher bekannt gewordene Versuche dieser „computergesteuerten Instruktion" berichtet werden. Schließlich sollen erste Schlußfolgerungen gezogen werden für eine „Schule von übermorgen", in der der Einsatz von Rechenanlagen als technisches Hilfsmittel im Unterricht und in der Verwaltung wohl selbstverständlich sein dürfte.

---

[1] Vgl. W. Knödel: *Aufbau, Arbeitsweise und Programmierung digitaler Rechner als Werkzeuge der nicht-numerischen Datenverarbeitung,* in diesem Band.

2. Warum sind Digitalrechner als Lehrautomaten geeignet?

Schon 1961 traf L. M. Stolurow die Feststellung, daß eine „voll anpassungsfähige" Lehrmaschine nur mit Hilfe einer Datenverarbeitungsanlage realisiert werden könne. Das heißt aber, ein solches Lehrgerät besteht entweder aus einem entsprechend programmierten Rechenautomaten mit speziellen Ein- und Ausgabe-Einheiten oder aus einem programmgesteuerten System, das für die Aufgabe der Programmierten Instruktion entworfen wurde *und* das die prinzipiellen Merkmale einer Datenverarbeitungsanlage trägt. Nicht *alle* bisher konstruierten Rechenanlagen sind für die programmierte Unterweisung geeignet. Welche speziellen Erfordernisse im Hinblick auf diesen Verwendungszweck notwendig sind, soll im folgenden erörtert werden.

2.1. Die Aufgabe der Ein- und Ausgabeeinheiten

Zur Ausgabe von Informationen in Klarschrift, in Bild- und Tonform (Lehrtexte, Fragen, Regieanweisungen, verbesserte Antworten, Beispiele usw.) benötigt jedes Lehrgerät eine „*Ausgabeeinheit*". Sie dient zur optischen oder akustischen Darbietung der in einzelnen Speicherwerken abgelegten Lehrprogramm-Informationen. Zur Ausgabe *einzelner* Sätze, Zahlen und Formeln kann eine direkt angeschlossene elektrische Schreibmaschine dienen. Mit Hilfe ihrer Tastatur können dann „Antworten" gegeben werden, d. h. die Schreibmaschine findet auch als „*Eingabeeinheit*" Verwendung. Zur Ausgabe umfangreicherer Textinformationen (Protokolle, Fehlerlisten, statistische Auswertung von Schülerantworten usw.) ist ein schnelles Zeilendruckgerät notwendig, das auf Endlosformulare druckt. In der Hand des Lehrers sind solche Protokolle und Auswertungen eine wichtige Hilfe für die Verbesserung der Lehrprogramme.

Die *Lehrinformationen* und die dazugehörigen *Programmanweisungen* stellen in der Regel umfangreiche Texte dar. Um sie in die Speicherwerke einer Rechenanlage „einzulesen", sind schnelle Lochkarten- oder Lochstreifenleser, wie sie fast immer vorhanden sind, erforderlich.

Speziell für Instruktionszwecke geeignet sind Lichtbildprojektoren oder Magnettongeräte, die mit den Schülerbedienungsgeräten gekoppelt sind. Durch einen Steuerbefehl der Rechenanlage wird ein Lichtbild oder gespeicherte akustische Information dargeboten; in der Rechenanlage ist dabei nur die „Steuerinformation" gespeichert, was insbesondere für Datenverarbeitungssysteme mit geringerer Speicherkapazität von Vorteil ist. Ein Nachteil ist aber folgender: Wenn die Dias, die Film- oder Tonbänder einmal erstellt sind, lassen sich Einzelinformationen nicht mehr abändern, es sei durch Austauschen der einzelnen Informationsträger.

Bei Rechenanlagen mit großer Speicherkapazität sind die sogenannten *Schirmbildarbeitsplätze* das optimale Ein- und Ausgabemedium für Instruktionszwecke. Texte, Skizzen, Formeln usw. werden mit Hilfe einer Fernsehröhre auf einem mittelgroßen Bildschirm dargestellt. Durch Tastendruck im Bedienungsfeld des Geräts läßt sich die dargestellte Information abändern oder ergänzen; auf Wunsch geschieht dies zugleich im Speicher der Rechenanlage. Solche *digitalen Anzeigegeräte* arbeiten praktisch ohne Zeitverzögerung. Die Übertragung eines vollen Bildes mit mehr als 1000 Zeichen dauert z. B. bei einem Gerät der Firma CONTROL DATA nur etwa 20/1000 Sekunden. Selbst bei Parallelarbeit mit 81 dieser Geräte entstehen praktisch keine Wartezeiten. Wie schon erwähnt, ist die Rechenanlage durch „*time-sharing*" in der Lage, an einem anderen Programm zu arbeiten, das nicht so viele Ein- und Ausgabevorgänge erfordert wie das laufende Lehrprogramm.

Nach bisher vorliegenden Schätzungen können Lehrprogramme oft nur 5—10% der Rechnerzeit nutzen; der Rest wäre Wartezeit, wenn sie nicht durch Parallelarbeit eines Programms „niedrigerer Priorität" genutzt werden könnte. Durch die Festlegung von Prioritäten im Betriebssystem der Anlage kann erreicht werden, daß das Lehrprogramm unbedingten Vorrang hat. Durch die rasche Informationsübertragung zu den Schülergeräten entstehen für diese keine merkbaren Wartezeiten.

Ohne sinnvolle Parallelarbeit ist die computer-gesteuerte Instruktion auch in entfernter Zukunft wirtschaftlich kaum tragbar.

2.2. Die Aufgabe der Speicherwerke

Zur Speicherung der einzelnen Lehrinformationen (dem *Lehrstoff*) und der Programmstruktur (dem methodischen Weg und seiner Organisationsmöglichkeiten) benötigt jeder Lehrautomat hinreichend große *Informationsspeicher* (Gedächtnisse) mit vernünftig kurzen Zugriffszeiten. Eine moderne Datenverarbeitungsanlage bietet verschiedene Speicherarten: Einen *Ferritkern-Arbeitsspeicher* für laufende Programmteile, ihre Daten und die Pufferung der Aus- und Eingabe sowie verschiedene *Magnetband-* bzw. *Magnetplattenspeicher*, die ein umfangreiches Archiv für sehr große Datenmengen (also auch große Lehrprogramme) darstellen.

Ein Lehrautomat verlangt *beide* Speicherarten. Sollen die Speicherwerke nicht nur verschiedene Lehrprogramme abrufbereit haben, sondern auch alle gegebenen Schülerantworten registrieren, verschiedene Statistiken führen und noch umfangreiche Lernhilfen (wie Antworten auf Zusatzfragen besonders eifriger Schüler) bereit halten, so wird ersichtlich, welchen Kapazitätsumfang solche Speicherwerke besitzen müssen.

2.3. Die Aufgabe des Befehlswerks

Das *Befehlswerk* eines Rechners sorgt u. a. für den korrekten Informationsaustausch zwischen den Speichereinheiten, den Ein- und Ausgabewerken und dem Rechenwerk. Es bewerkstelligt ferner den folgerichtigen, schrittweisen Ablauf des (Lehr-)Programms. Normalerweise wird Lernschritt nach Lernschritt dargeboten. Bei *verzweigten Programmen* — die auf programmgesteuerten Lehrautomaten den Normalfall bilden — ist die Programmfortsetzung an den einzelnen „Verzweigungspunkten" des Programms abhängig von den vorangehenden Antworten bzw. Leistungen des individuellen Schülers oder auch zusätzlicher Kriterien. Jeder einzelne Teilnehmer findet damit einen *eigenen* Weg durch ein verzweigtes Programm. Das Befehlswerk sorgt dafür, daß dieser individuelle Weg festgehalten wird und damit der „individuelle Kontakt" zu jedem einzelnen Teilnehmer gewahrt bleibt. Nur so kann sich ein Lehrautomat dem Lerntempo und sonstigen Erfordernissen der einzelnen Programmteilnehmer anpassen.

Bei Lehrprogrammen werden häufig feste zeitliche Abstände zwischen der Darbietung der Lernschritte, den nachfolgenden Fragen und den Schülerantworten vorgeschrieben. So kann ein Schüler, auf dessen Antwort die Rechenanlage wartet, „angemahnt" werden. Auf diese Weise kann auch kontrolliert werden, welche Teilnehmer überdurchschnittlich schnell arbeiten. Ihnen sollten dann erschwerte Zusatzfragen angeboten werden. Für die Zeitkontrolle eines Lehrprogramms muß ein Lehrautomat mit einem *Zeitgeber* (einer eingebauten Uhr) im Betriebssystem ausgerüstet sein.

2.4. Die Aufgaben des Rechenwerks

Zum Vergleich von Schülerantworten mit den (gespeicherten) korrekten Lösungen und für logische Entscheidungen über den weiteren Ablauf des Lehrprogramms — um nur zwei Beispiele zu nennen — wird ein logisches *Vergleichswerk* benötigt. Als Teil des *Rechenwerks* einer Datenverarbeitungsanlage fällt es solche Entscheidungen in Zeitintervallen, die in Millionstel-Sekunden gemessen werden. Dadurch ist eine *sofortige* Betätigung oder Ablehnung einer Schülerantwort möglich. Jeder Teilnehmer wird Teil eines unmittelbar rückgekoppelten Systems: Die sofortige Antwort verstärkt nach der behavioristischen Lerntheorie den Akt des „Lernens am Erfolg".

Im Rechenwerk werden arithmetische Operationen mit unvorstellbar hoher Geschwindigkeit durchgeführt. Bei Lehrprogrammen sind solche Berechnungen notwendig für die *Statistik* der Lernergebnisse und für die *Programmorganisation:* Zählen von Programmschleifen, Berechnung von numerischen Kriterien für die Programmverzweigung, geänderte Numerierung der Lernschritte nach Programmänderungen usw. Bei *mathematischen* Lehrprogrammen kann das Rechenwerk die vom Schüler verlangten Rechenergebnisse kontrollweise errechnen. Das Rechenwerk dient auch zur Erzeugung von (Pseudo-) Zufallszahlen[1]. Mit ihrer Hilfe kann man in die Aufgabenfolge eines Programms Abwechslung hineinbringen, die für Außenstehende nicht durchschaubar ist. Durch *Zufallszahlen* (Zufallsentscheidungen) kann eine Frage aus einem Vorrat gleichwertiger Fragen ausgewählt werden. Dadurch können sich die Fragefolgen der einzelnen Teilnehmer unterscheiden; auf diese Weise kann jeder Täuschungsversuch in einer Prüfungssituation verhindert werden. Mathematische Aufgaben können durch zufällige Wahl bestimmter Zahlengrößen variiert werden. Im Rechenwerk werden die jeweils korrekten Ergebnisse errechnet und anschließend mit den Schülerantworten verglichen. Eine solche Variablität weist z. B. ein programmiertes Lehrbuch nicht auf.

2.5. Die Programmierung von Lehrautomaten

Die Programmierung von Lehrautomaten erfolgt auf zwei Stufen: Zunächst muß der Text des Lehrprogramms, d. h. die einzelnen Lehrschritte, die Fragen,

---

[1] Vgl. dazu P. Roos: *Zufallsgeneratoren*, in diesem Band.

die richtigen und die möglichen Antworten und die Organisationsstruktur (Verzweigungspunkte, Pausen, Wiederholungsmöglichkeiten usw.) festgelegt werden. Das Ergebnis dieser *„didaktischen Programmierung"* ist ein Lehrprogrammtext, wie man ihn von Lehrprogrammen in Buchform her kennt. In der Regel werden solche Lehrprogrammtexte mit einzelnen Schülern oder Schülergruppen ausgetestet und damit von groben Irrtümern befreit, bevor die zweite Stufe der *„technischen Programmierung"* beginnt: Der Lehrprogrammtext wird in die Sprache der betreffenden Datenverarbeitungsanlage übersetzt.

Hierbei müssen die Texte der Lehreinheiten, die Fragen und Antworten usw. auf einen *Datenträger* (Lochkarten, Lochstreifen usw.) übertragen werden. Die Programmstruktur muß in einzelne logisch verknüpfte Anweisungen (im Rahmen eines Betriebssystems der Rechenanlage) zergliedert werden. Diese Anweisungen werden in der betreffenden Maschinensprache (dem Maschinencode) oder mit Hilfe einer problemorientierten Programmiersprache wie ALGOL oder FORTRAN ausformuliert, auf Datenträger abgelocht, zusammen mit den *„Lehrtexten"* (den *Daten* des Maschinenprogramms) in die Speicherwerke der Anlage eingegeben und im Anschluß daran auf ihr korrektes logisches Zusammenwirken getestet. Erst dann steht ein Lehrprogramm zur Benutzung bereit.

Die *„technische Programmierung"* eines fertigen Lehrprogramm-Textes ist sehr zeitraubend und erfordert höchste Gewissenhaftigkeit. Moderne Rechnersprachen sind oft so kompliziert, daß selbst erfahrene *„Programmierer"* Wochen dazu brauchen, bis sie sich auf ein neues System und damit eine neue Sprache umgestellt haben.

Problemorientierte Programmiersprachen, die von fast allen Rechenautomatentypen *„verstanden"* und in die jeweilige Maschinensprache übersetzt werden können, bringen hier entscheidende Vorteile. Schon 1961 entwickelte W. R. UTTAL mit COURSEWRITER eine spezielle Programmiersprache für Lehr- und Übungsprogramme, die es auch programmiertechnisch ungeschulten Lehrkräften in einfacher Weise ermöglicht, Lehrprogramme für eine Datenverarbeitungsanlage abzufassen. Für die Übersetzung von COURSEWRITER-Programmen sorgt ein spezielles Übersetzungsprogramm, das zunächst für die Anlage IBM 1440/1401 mit angeschlossenen Ein- und Ausgabegeräten vom Typ IBM 1050 geschrieben wurde. Bei diesem Gerät handelt es sich um eine Art elektrischer Schreibmaschine, die mit Anschlußmöglichkeiten für zwei Lichtbildprojektoren und ein Tonbandgerät versehen ist. Die Schülerantworten werden mittels der Schreibmaschinentastatur eingegeben; der vom Schüler geschriebene Text erscheint in *schwarzer* Schrift, wogegen die vom Rechner kommenden Anweisungen, Texte und Fragen in *roter* Schrift getippt werden.

Jede in COURSEWRITER abgefaßte Anweisung besteht aus drei Teilen: einem *Merkmal* (dem Namen oder der Nummer der Anweisung), dem *Operationsschlüssel* und dem sogenannten *„Argument"* der Operation. Der zweistellige Operationsschlüssel gibt an, *was* mit dem folgenden Argument (ein Lehrtext, eine Frage, eine vorgesehene Antwort usw.) geschehen soll. Die folgenden Anweisungen kommen in einem als Abb. 114 wiedergegebenen Beispiel vor[1]:

---

[1] Eine vollständige Liste der COURSE WRITER-Operationen findet sich z. B. bei G. MATT in [18].

Operations-schlüssel	Interpretation
RD	„*reading*": Veranlaßt die Anlage, das folgende Argument (Lehrtext) auf der Schreibmaschine auszuschreiben
QU	„*question*": Die Anlage schreibt eine Frage aus und wartet auf Antwort
CA	„*correct answer*": Im Argument steht die richtige Antwort; stimmt sie mit der Schülerantwort überein, werden nur noch die folgenden Operationen TY, AD, BR und FN ausgeführt, dann springt das Programm zur nächsten Hauptoperation RD oder QU
CB	Das Argument ist eine *andere* vorgesehene richtige Antwort
WA	„*wrong answer*": vorgesehene *falsche Antwort*; TY, AD oder BR werden ausgeführt, die Anlage wartet dann auf eine neue Antwort
NX	unvorhergesehene Antwort; die Anlage führt noch TY, AD oder BR durch und springt dann zur nächsten Hauptoperation
TY	„*type*": das Argument wird als Kommentar ausgeschrieben
AD	„*add*": eine Konstante (oder der Inhalt eines Schülerspeichers) wird zum Inhalt eines anderen Schülerspeichers addiert
BR	"*branch*": Verzweigungsbefehl a) *unbedingte Verzweigung*: im Argument steht nur das Merkmal der Zieloperation b) *bedingte Verzweigung*: im Argument steht ein Merkmal, ein Schülerspeicher und eine Konstante. Der Speicherinhalt wird um die Konstante vermehrt. Ist die Summe positiv, geht das Programm bei der folgenden Anweisung weiter; sonst wird zur Operation mit dem angegebenen Merkmal gesprungen

Mit Hilfe der Schülerspeicher und der bedingten Verzweigung kann man sogar *adaptive* (lernfähige) Programme schreiben. Ein Auszug aus einem Lehrprogramm, wie es in die Datenverarbeitungsanlage eingegeben wird, soll zeigen, wie die einzelnen Operationen zusammenwirken (vgl. Abb. 114).

Um fertige Lehrprogramme auszutesten, auszuwerten und gegebenenfalls zu erweitern, gibt es Dienstprogramme; sie können nur laufen, wenn keine Instruktion stattfindet. Das COURSEWRITER-System kennt beispielsweise folgende Dienstprogramme:

1. *Schülerstatistik*: Das Programm schreibt auf einem Zeilendrucker die einzelnen Lehrgebiete, die Nummern der Schüler und ihren augenblicklichen Stand aus.
2. *Auswertung der Schülerantworten*: Die auf einem Plattenspeicher festgehaltenen Schülerantworten können nach verschiedenen Ordnungsprinzipien (Schülernummer, Lehrschritt usw.) sortiert und tabelliert werden.
3. *Drucken des Lehrstoffs*: Das Programm tabelliert das Lehrprogramm auf dem Zeilendrucker der Anlage.
4. *Aufnahme neuer Operationsanweisungen*: Es können selbstgeschriebene Anweisungen in das COURSEWRITER-System aufgenommen werden.
5. *Erweiterung des Lehrstoffes und der Schülerzahl*: Der vorgesehene Speicherbereich kann erweitert werden. Nachfolgende Lehrprogramme werden umgespeichert.
6. *Bereinigung gelöschter Anweisungen*: Während des Unterrichts können Operationsanweisungen gelöscht werden. Das Dienstprogramm speichert Lehrprogramme so um, daß der freigewordene Speicherraum neu verwendet werden kann.

Merkmal	OP	Argument
P 1701	RD	Stromstärke mal Widerstand ergibt Spannung. Ist in einem Stromkreis die Stromstärke 3 Ampere und der Widerstand 4 Ohm, dann beträgt die Spannung 12 Volt.
P 1702	QU	Wenn die Stromstärke 3 Ampere und der Widerstand 6 Ohm betragen wie groß ist dann die Spannung ?
P 1703	CA	18 Volt
P 1704	CB	18 Volt
P 1705	TY	Richtig
P 1706	CA	18
P 1707	TY	18 Volt ist richtig. Die Maßeinheit muß immer mit angegeben werden.
P 1708	WA	9 Volt
P 1709	TY	Falsch. Sie haben Stromstärke und Widerstand zusammengezählt.
P 1710	WA	3 Volt
P 1711	TY	Falsch. Sie haben die Stromstärke vom Widerstand abgezogen.
P 1712	WA	2 Volt
P 1713	TY	Falsch. Sie haben den Widerstand durch die Stromstärke geteilt.
P 1714	NX	
P 1715	AD	-1 // c8
P 1716	BR	P 3501 // c8 // 3 [1]
P 1717	TY	Falsch
P 1718	BR	P 1701

[1] Es bedeutet c8 „Schülerspeicher Nr. 8".

Abb. 114: Auszug aus einem COURSEWRITER-Programm nach [18], Seite 366.

Eine geeignete Erweiterung des COURSEWRITER-Systems und seiner Dienstprogramme würde sicher in der Lage sein, die „technische Programmierung" aller bisher vorliegenden Lehrprogramme auf einfache und flexible Weise zu ermöglichen; insbesondere wäre daran zu denken, das Operationssystem der Arbeitsweise von Schirmbildarbeitsplätzen anzupassen oder vereinfachte Operationen für sogenannte „*Auswahlantworten*" einzuführen.

3. Vorteile von Datenverarbeitungsanlagen bei der Darbietung von Lehrprogrammen

Für die Darbietung von Lehrprogrammen können Rechenwerk, Befehlswerk und Speicherwerke eines Digitalrechners unverändert benutzt werden. Jedes dieser Werke wird auch tatsächlich eingesetzt. Für die Ein- und Ausgabe von Information genügen die Standard-Externgeräte von Rechenautomaten in der Regel nicht. Für *jeden* Benutzer muß ein separates Bedienungsgerät angeschlossen werden; an technisch befriedigenden und wirtschaftlich tragbaren Lösungen zum Parallelanschluß möglichst vieler Bedienungsgeräte wird bei den Herstellerfirmen von Digitalrechnern noch gearbeitet.

Datenverarbeitungsanlagen besitzen aber nicht nur einfach die *Möglichkeit*, mit entsprechenden Zusatzgeräten als Lehrmaschinen verwendet zu werden. Sie bieten (neben den üblichen Vorzügen der programmierten Unterweisung) eine ganze Reihe spezieller Vorteile:

1. Nur Digitalrechner oder speziell konstruierte kybernetische Lehrautomaten der im vorigen Abschnitt beschriebenen Art ermöglichen so vielfältig verzweigte Unterrichtsprogramme, daß sie sich den individuellen Lernweisen einzelner Schüler weitgehend anpassen können und sich damit dem Idealfall eines „Tutors" beträchtlich nähern. Die einzelnen Teilnehmer können mit verschiedenen Vorkenntnissen in ein Programm „einsteigen" und in einem selbstgewählten Arbeitstempo arbeiten. Dennoch werden sie vom Lehrprogramm systematisch (auf dem kürzesten Weg) zu einem bestimmten Lehrziel geführt. Durch schwierigere Zusatzfragen kann das Lehrgebiet über das geplante Lernziel hinaus erweitert werden. Rasche, zu oberflächlich arbeitende Teilnehmer werden durch „Fangfragen" im Lerntempo gebremst und anschließend durch einige „Vertiefungsfragen" zu stärkerer Konzentration gezwungen.

2. Ein Lehrautomat gibt den Schülern ständig Auskunft über deren individuelle *Fehlerquote*. Er kann frühere und augenblickliche Leistungen eines Schülers miteinander vergleichen und auch das Verhältnis zum „Klassendurchschnitt" angeben. Ein entsprechend vorbereitetes Lehrprogramm kann Flüchtigkeitsfehler von Irrtümern unterscheiden, die auf mangelnder Sachkenntnis oder fehlerhaftem logischem Schlußvermögen beruhen. Auf die verschiedenen Fehlerarten kann es gezielt antworten.

3. Moderne Rechenanlagen können — die notwendige Anzahl von Schülerantwortplätzen vorausgesetzt — bis zu 1000 verschiedene Schüler in acht verschiedenen Programmen gleichzeitig (individuell) betreuen. Wie Versuche gezeigt haben, wird dabei nur etwa ein Drittel der tatsächlichen Rechenzeit der Anlage in Anspruch genommen. Schon in den nächsten Jahren werden Datenverarbeitungssysteme zur Verfügung stehen, mit denen 50 und mehr Programme gleichzeitig „aufgerufen" werden können. Über Telefonleitungen werden mehrere tausend Teilnehmer Zugriff zu diesen Programmen und zu einem zentralen Informationsspeicher haben, der mehr und mehr die Rolle eines Nachschlag-Lexikons übernehmen wird.

4. Als besonders vorteilhaft erweisen sich Lehrautomaten für *Prüfungszwecke*. Hier können die Antworten im „*Auswahlantwort-Verfahren*", in Form von *Lückentests* oder als mathematisch fixierte Rechenergebnisse unmittelbar in die Maschine eingegeben werden. Da der Vergleich mit den korrekten Antworten infolge der hohen Rechengeschwindigkeit eines modernen Digitalrechners nur verschwindend kurze Zeitintervalle benötigt, liegt das Prüfungsergebnis *unmittelbar* nach vollzogener Prüfung vor. Nicht nur Einzelnoten und Leistungsdurchschnitte liegen vor; jeder Prüfling bekommt zusammen mit seinem Prüfungsergebnis eine Liste der von ihm unrichtig beantworteten Fragen mit den korrekten Antworten und gegebenenfalls weiteren Studien-Hinweisen[1].

---

[1] Eine solche Anlage konnte der Verfasser im neuen Hörsaal des Publizistischen Instituts der *Syracuse University* in Syracuse, N. Y., USA, benutzen. Dieses System war vorerst allerdings nur für Prüfungen nach der Auswahl-Antwort-Methode (*multiple-choice-test*) geeignet. Jedem Prüfling standen zur Beantwortung der einzelnen Fragen sechs Auswahltasten und eine Korrekturtaste zur Verfügung. Die Fragen selbst wurden durch Tageslichtprojektion dargeboten. Eine direkt angeschlossene IBM-Rechenanlage errechnete die Ergebnisse. Jeder Prüfungsteilnehmer bekam beim Verlassen des Hörsaals ein Protokoll mit Fehleranzeige, Benotung, Gesamtdurchschnitt usw.

5. Es ist unmöglich, schon beim Abfassen eines Lehrprogramms *alle* möglichen Fehler- und Korrekturmöglichkeiten für bestimmte Fragen zu berücksichtigen. Wird nun aufgrund zahlreicher Programmläufe festgestellt, daß bestimmte Fehler gehäuft auftreten, andere — entgegen den Vermutungen des Programmierers — jedoch im wesentlich geringerem Umfang, so läßt sich ein Lehrprogramm im Speicher einer Rechenanlage fast mühelos verbessern. Ein in Buchform gedruckt vorliegendes Lehrprogramm ist dagegen fixiert.

6. Digitalrechner haben als Dienstprogramme *Zufallszahlengeneratoren.* Wie schon in 2.4 angemerkt, kann dadurch eine gewisse Variation in der Aufgabenfolge erreicht werden. Einem eventuellen Abschreiben oder Zuflüstern von Ergebnissen kann so vorgebeugt werden, ohne daß der beaufsichtigende Lehrer Mehrarbeit hat. — Ein Schüler kann auch nicht „mogeln", indem er (wie bei manchen programmierten Lehrbüchern) die richtige Antwort auf einer der angegebenen Seiten nachschlägt, ohne selbst zu dem korrekten Ergebnis gekommen zu sein. Mit Ausnahme von Auswahl-Antworten hat ein Teilnehmer keine Chancen, durch Rateversuche weiterzukommen. Bei mehrfach unrichtig geratenen Ergebnissen macht ihn ein Lehrprogramm auf die Sinnlosigkeit seines Tuns aufmerksam. Es ist in der Lage, diese „unvorhergesehenen Antworten" zu registrieren und zu zählen.

7. Durch die laufende *Überwachung von Schülerantworten* können die Schülerleistungen beurteilt werden. Leistungsschwankungen können erkannt und Leistungstendenzen analysiert werden; beispielsweise kann die Leistungskurve jedes Schülers in Abhängigkeit von der Tages- und Jahreszeit festgehalten werden. Neue Methoden des Programmierten Unterrichts können erforscht werden, indem Protokolle von Schülerreaktionen untersucht werden. *Jeder* Lehrschritt eines Programms kann ausführlich untersucht werden. Dies ist bei den bisherigen Tests von Lehrprogrammen, die in der Regel in Manuskriptform vorliegen, wesentlich schwieriger.

8. Prinzipiell besteht auch die Möglichkeit, „*lernende Lehrprogramme*" zu entwickeln, d. h. Programme, die aufgrund der gegebenen Schülerantworten ihre Verzweigungsmöglichkeiten und ihre Antwort-Reaktionen selbständig verändern.

Datenverarbeitungsanlagen besitzen also zweifellos *jede denkbare Möglichkeit* der technischen Darbietung von Lehrprogrammen.

Läßt sich nicht auch durch programmierte Lehrbücher jenes Ziel erreichen, das sich mit Sicherheit durch die wesentlich aufwendigeren Lehrautomaten erzielen läßt? Im Augenblick läßt sich diese Frage noch nicht entschieden verneinen, da man weder über genügend Erfahrungen mit Lehrprogrammen in Buchform noch mit Digitalrechnern im Einsatz als Lehrautomaten verfügt. Im Prinzip wird jedoch ein Lehrautomat stets das universellere, vielseitigere und exaktere Unterrichtsmedium sein. Dafür gibt es neben den schon erwähnten folgende Gründe:

a) Ein Lehrautomatenprogramm kann wesentlich *mehr Verzweigungen* und *Lernhilfen* aufweisen als jedes programmierte Lehrbuch. Von Verzweigungsmöglichkeiten, die er nicht benötigt, erfährt ein Schüler nichts; er muß sie auch nicht in Form von bedrucktem Papier nach Hause tragen.

b) Ein Lehrautomat kann Arbeitstempo und Arbeitsleistung der Teilnehmer *individueller* und *genauer* überwachen als jeder Lehrer. Über den Stand der Klasse und die nachgewiesene Lernleistung jedes einzelnen Schülers kann er *augenblicklich* und *objektiv* Auskunft geben.

c) In Verbindung mit einem großen Informationsspeicher (einer Bibliothek) kann ein Lehrautomat über sehr viel mehr Wissen, das fortlaufend auf einem aktuellen Stand gehalten wird, verfügen als jedes Lehrbuch[1].

d) Wie G. Matt in [18] anregt, können Lehrprogramme in bildhaft-konkreter oder abstrakter Form dargeboten werden. Schüler, für die eine abstrakte Darstellung zunächst noch nicht zweckmäßig ist, können allmählich dahin geführt werden, indem die Anzahl der abstrakten Lernschritte langsam erhöht wird. Dabei kann laufend überprüft werden, ob ihr Anteil nicht zu hoch ist.

4. Über Versuche mit Digitalrechnern als Lehrautomaten

4.1. Eines der ersten Lehrprogramme zur Darbietung auf einer Rechenanlage wurde 1958 von G. J. Rath, N. S. Anderson und R. C. Brainerd für die Anlage IBM 650 geschrieben. Es unterrichtete einen einzelnen Schüler über Rechenoperationen mit Zahlen in Binärform. Die genannte Anlage rechnet in der binären Zahlendarstellung; Kenntnisse dieser Darstellungsform waren für die Programmierung erforderlich.

4.2. Ein ganz ähnliches Programm entwickelte G. Böhme (*Staatliche Ingenieurschule Furtwangen*) 1965. Es hat die Aufgabe, Instruktionen über die Bedienung einer Rechenanlage IBM 1620 zu geben. Es wird von der Anlage selbst dargeboten. Im Dialog mit dem Rechner — über eine angeschlossene Schreibmaschine — erlernt der künftige Benutzer, wie man ein Programm startet, Daten ein- und ausgibt und Programme im Einzelschrittverfahren austestet. Weiterhin wird er über den Gebrauch von Externgeräten informiert sowie über die Bedeutung von Anzeigelampen und Schaltern am Bedienungspult der Anlage. Wie ein Operateur sitzt der „Schüler" vor dem Bedienungskonsol der Anlage und wird schrittweise mit den Bedienungshandgriffen vertraut.

Das Programm ist nach dem SKINNER-Typ, also linear, aufgebaut. Bei Angabe einer falschen Antwort verzweigt es jedoch, gibt Hinweise über die vermutliche Ursache des Irrtums und führt dann zum Beginn des Lehrschrittes zurück. Vermutet das Lehrprogramm nur einen Tippfehler, so erfolgt lediglich eine Aufforderung zur Wiederholung der gegebenen Antwort.

4.3. In ähnlicher Weise arbeiten Lehrprogramme für die Schulung bzw. Umschulung von Arbeitskräften an komplizierten elektronischen Geräten und für die Ausbildung militärischer Spezialisten, wie Panzerschützen, Düsenjäger-piloten usw. In den Vereinigten Staaten verwendet die Firma IBM eine Daten-verarbeitungsanlage IBM 1440 mit entsprechenden Zusatzgeräten zur Aus-bildung von Kundendiensttechnikern. Die Arbeitsplätze dieser Wartungstech-niker sind in den USA weithin verstreut. In vielen IBM Geschäftsstellen sind

---

[1] Vgl. dazu den Beitrag von W. Lingenberg: *Maschinelle Datenverarbeitung in Bibliotheken mit Hilfe von Rechenanlagen*, in diesem Band.

Fernbedienungsgeräte IBM 1050 vorhanden, die über Datenfernverarbeitungs-
leitungen mit dem Zentralrechner verbunden sind und ein entsprechendes Lehrprogramm vermitteln können.

Mehrere Universitäten in den USA besitzen ein solches *Datenfernverarbeitungssystem* für Programmierten Unterricht (Abb. 115). An der *Pennsylvania State
University* wurden mehrere Lehrprogramme entwickelt, darunter eines über

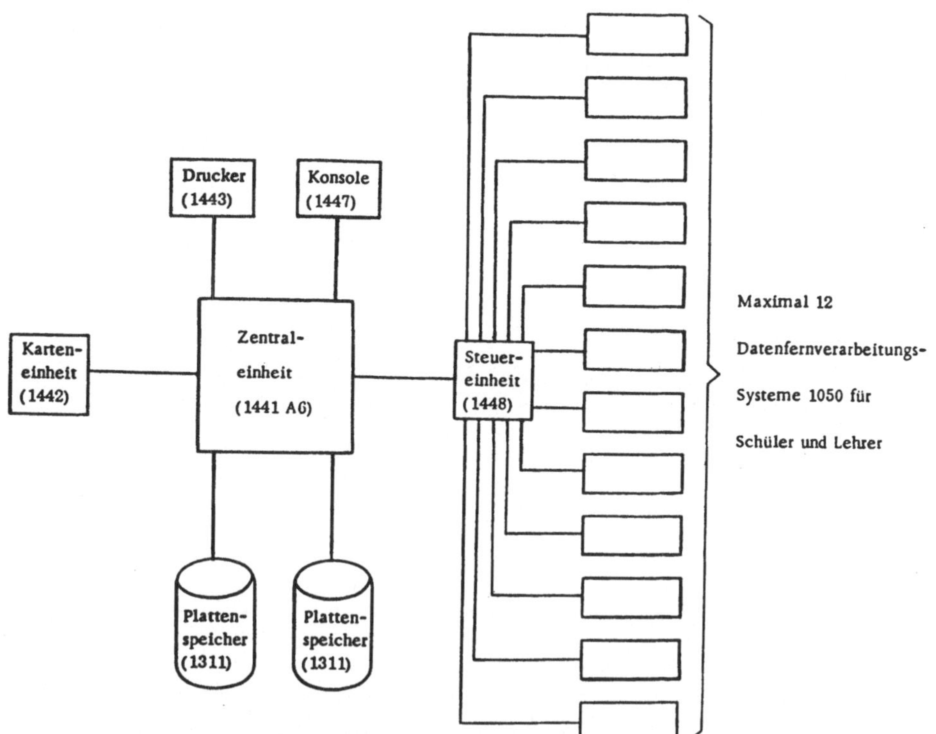

Abb. 115. IBM Datenverarbeitungssystem für programmierten Unterricht

„Moderne Mathematik für Lehrer" mit etwa 9200 Lehrschritten. An der *Stanford
University* und an der *Florida State University* wird Grundlagenforschung auf
dem Gebiet des Programmierten Lehrens mit der Unterstützung von Datenverarbeitungsanlagen getrieben[1].

Diese „*computer-assisted instruction*" ist ein Beispiel für zahlreiche Systeme
amerikanischer Großfirmen, die gegenwärtig erprobt werden. Im folgenden
Beispiel (Abb. 116) ist ein Protokoll eines kurzen Lehrprogramms in Mathematik
wiedergegeben; es stammt von einem Fernbedienungspult auf der INTERDATA-
Ausstellung 1965 in New York City mit Zugriff zu einer Rechenanlage in
Mohansic, N. Y. — etwa 50 Meilen nördlich von New York City. Das Thema
des Programms ist ein abgekürztes Rechenverfahren zum Quadrieren zweistelliger ganzer Zahlen mit Endziffer 5.

---

[1] Neuerdings befaßt sich auch ein Arbeitsteam des IBM-Deutschland in Stuttgart ausführlich mit den Möglichkeiten des Computer-Einsatzes in Schulen. Die
ersten Versuche wurden bereits abgeschlossen.

Um eine Antwort zu geben, müssen Sie auf das grün aufleuchtende Licht warten. Tippen Sie Ihre Antwort, während das Licht brennt, und drücken Sie dann gleichzeitig die Tasten „ALTN CODING" und „5".

Wir wollen Ihnen ein sehr schnelles Verfahren zeigen, wie man Zahlen quadriert, die aus zwei Ziffern bestehen, deren letzte die Ziffer 5 ist. Wir möchten Sie jedoch nicht langweilen, indem wir Ihnen einen Stoff darbieten, den Sie schon kennen. Beantworten Sie deswegen bitte folgende Frage. Kennen Sie schon ein abgekürztes Verfahren, wie man etwa die Zahl 45 quadriert, ohne Bleistift und Papier zu benutzen?

△ Nein

O.K. Wir wollen es dann lernen.

Wissen Sie, was der Nachfolger einer Zahl ist? Antworten Sie mit Ja oder Nein.

△ Nein

Wenn Sie zählen, wird die einer Zahl unmittelbar folgende Nachfolger genannt. Beispiel: Der Nachfolger von 3 ist 4.

Frage: Der Nachfolger von 25 ist   .

△ 24

Nein. Der Nachfolger einer Zahl ist um eins *größer* als diese Zahl. Ihre Antwort gibt die Zahl, die um eins *kleiner* ist. Antworten Sie jetzt noch einmal.

△ 26

Gut. Der Nachfolger von 87 ist   .

△ 89

Nein. Wir erhalten den Nachfolger einer Zahl, indem wir bloß *eins* addieren. Wir addieren nicht zwei, wie Sie es taten. Antworten Sie bitte nochmals.

△ 88

Sehr gut.   Das Achtfache des Nachfolgers von acht ist   .

△ 65

Sie gaben uns den Nachfolger von 8 mal 8. Bitte geben Sie uns 8 mal den Nachfolger von 8.

△ 72

Sehr gut.

Um eine zweiziffrige Zahl, die mit 5 endet, zu quadrieren, haben wir
   1. die linke Ziffer mit ihrem Nachfolger zu multiplizieren,
   2. nach dem Resultat von Schritt 1 die Zahl 25 zu schreiben.
Beispiel: Das Quadrat von 25 ist
   1. 2 mal 3 (dem Nachfolger der linken Ziffer) = 6
   2. Schreiben Sie 25 nach dem Ergebnis von Schritt 1   = 625
Frage: Das Quadrat von 55 ist   .

△ 565

Leider ist Ihre Antwort nicht richtig. Versuchen Sie es nochmals.

△ 655

Die linke Ziffer ist 5. Das Produkt mit ihrem Nachfolger (6) ist 30. Schreiben Sie nach dieser Zahl 25. Versuchen Sie es nochmals.

△ 3025

Sehr gut. Noch eine Frage. Das Quadrat von 35 ist   .

△ 1235

Nicht richtig. Erinnern Sie sich bitte: Sie haben die linke Ziffer mit ihrem Nachfolger zu multiplizieren und dann 25 zu schreiben. Versuchen Sie es nochmals.

△ 1227

Multiplizieren Sie zuerst die linke Ziffer (3) mit ihrem Nachfolger (4). Schreiben Sie dann 25 Ihrer Antwort nachfolgend. Versuchen Sie es nochmals.

△ 1225

Richtig.

Wir sind am Ende des kleinen Programms. Danke sehr für Ihre Aufmerksamkeit.

Abb. 116. Protokoll eines Lehrprogramms der „computer-assisted instruction"

4.4. M. BERGER berichtet in [1, 2, 3] über die Programmierung und über Testergebnisse eines 1963/64 entstandenen Lehrprogramms „Logarithmieren". Es ist geschrieben für die Rechenanlage ER 56 der *Universität (Technische Hochschule) Karlsruhe*, ein Gerät, das konstruktionsbedingt als Lehrmaschine recht ungeeignet ist. Es besitzt nur Lochstreifeneingabe. Durch das Fehlen einer Uhr konnte keine Zeitvorgabe vorgesehen werden. Drei Gesichtspunkte sind an BERGERS Programm, das Parallelarbeit mehrerer Teilnehmer ermöglicht, bemerkenswert: 1. Es besitzt einen Programmteil, der einfache Schreibfehler in Schülerantworten erkennt. 2. An mehreren Verzweigungsstellen des Programms können die Teilnehmer über den weiteren Programmverlauf entscheiden. Sie können Programmteile überspringen. 3. Das Lehrprogramm erzeugt Übungsaufgaben mit Hilfe von Zufallszahlen. Auch die Reihenfolge der Aufgaben kann auf diese Weise festgelegt werden.

4.5. Über den Einsatz von Rechenanlagen als „Übungslehrer" berichtet u. a. G. MATT. Solche *Übungsprogramme* können wesentlich rascher erstellt und erprobt werden als allgemeine Instruktionsprogramme und können mit einfacheren (und damit billigeren) Ein- und Ausgabegeräten arbeiten. Als Eingabemedien können beispielsweise vorgestanzte Lochkarten dienen, auf denen der Schüler die richtigen Antworten mit einem magnetisch lesbaren Schreibstift oder einem Handlocher markiert. Dient als Ausgabegerät ein Zeilenschnelldrucker, so können Aufgaben, Korrekturen und Benotungen auf perforiertes Endlospapier gedruckt werden, dessen Abschnitte den einzelnen Schülern ausgehändigt werden.

Bei den von G. MATT beschriebenen Übungsprogrammen für eine IBM-1401-Anlage (Programmiersprache: FORTRAN) werden für *jeden* der 23 parallel arbeitenden Schüler laufend folgende Daten registriert: 1. Bei welcher Aufgabe befindet sich der Schüler? 2. Wie lautet das richtige Ergebnis der soeben bearbeiteten Aufgabe? 3. In welcher Schwierigkeitsstufe (von insgesamt 6) arbeitet der Schüler? 4. Wieviele Aufgaben wurden ihm in dieser Stufe bereits gestellt?

5. Wieviel wurden davon richtig beantwortet?

Die verschiedenen Stufen des Übungsprogramms werden in der Reihenfolge zunehmender Schwierigkeit durchlaufen. In jeder Stufe erhalten die Schüler Aufgaben mit dem gleichen Text, aber mit unterschiedlichen Zahlenwerten. Hat ein Schüler in einer Stufe eine bestimmte Anzahl von Aufgaben falsch gelöst, dann bekommt er eine Lösungshilfe und/oder der Lehrer einen Hinweis.

Um die Übungsfolge innerhalb der einzelnen Stufen zu variieren, wird ein Zufallszahlengeber verwendet.

In einem „*Auswerte-Teilprogramm*" wird die Leistung jedes Schülers bewertet. Die Anzahl der richtigen Lösungen in jeder Stufe wird mit der vom Lehrer dafür vorgesehenen Punktezahl multipliziert. Die Produkte der einzelnen Stufen werden dann addiert. Da die Schüler je nach ihren Leistungen verschieden viele Aufgaben bekommen, wird für jeden Schüler noch die Quote der erreichten Punkte im Verhältnis zu den für ihn möglichen erreichbaren Punkte bestimmt.

Mit Hilfe einer speziell gelochten Lochkarte kann sich der Lehrer jederzeit über einen, mehrere oder alle Schüler informieren. Es wird ihm dann eine Statistik der oben angeführten Daten ausgedruckt. Haben *alle* Schüler die Übung beendet, wird die Statistik automatisch ausgedruckt. Die Übung kann jederzeit unterbrochen oder abgeändert werden. Um zu einem anderen Übungsstoff überzugehen, braucht nur der *Datenteil* mit den Aufgabentexten abgeändert zu werden. Die Programmorganisation bleibt für alle Übungsthemen dieselbe.

Die Hauptvorteile solcher Übungsprogramme liegen in der Entlastung der Lehrer von zeitraubenden Korrekturarbeiten und der Tätigkeit, viele (gleichartige) Aufgaben zu „erfinden". Die Schüler brauchen die Aufgaben nicht mitzuschreiben, sie bekommen sie gedruckt ausgehändigt. Die Aufgaben werden sehr rasch korrigiert, wodurch der Lernreiz verstärkt wird.

Das Programm kann an vielen Schulen zugleich eingesetzt werden. Hierdurch erniedrigen sich die Programmierungskosten. Besonders aussichtsreich ist der Einsatz von Übungsprogrammen beim *Fernunterricht* (Fernlehrinstitute, Bildungsfernsehen usw.), wo sehr viele Schüler denselben Lernstoff durcharbeiten und parallel dazu üben müssen.

5. Über spezielle Lehrautomaten

Im folgenden soll über zwei amerikanische Forschungsprojekte mit speziellen elektronischen Lehrsystemen berichtet werden:

5.1. Donald L. Bitzer und Peter Braunfeld begannen 1960 an der *Universität von Illinois*, USA, mit dem Aufbau eines kybernetischen Lehrsystems, dessen Kern aus einem ILLIAC-Computer bestand. PLATO I — die erste Versuchsanlage — konnte nur einen einzigen Schüler, ihre Fortentwicklung PLATO II mehrere Personen gleichzeitig unterrichten. Wegen der beschränkten Speicherkapazität beim ILLIAC-Computer konnten jedoch bei umfangreicheren Programmen nur zwei Schüler parallel unterrichtet werden. Ein drittes System — PLATO III — ist mit der Rechenanlage CDC 1604 gekoppelt und erlaubt Parallelarbeit mit mindestens 20 Schülern.

Beim PLATO-System sitzt der Schüler vor einem Bildschirm, auf dem die Lerneinheiten, Fragen, Skizzen usw. erscheinen. Mit Hilfe einer Tastatur gibt er die Antworten und steuert den Ablauf des Lernprogramms durch Sondertasten mit den Funktionen „*Weiter*", „*Zurück*", *Hilfe*", „*Beurteilung*" usw.

Die Informationen auf dem Bildschirm stammen aus zwei verschiedenen Quellen:

1. Einem „*elektronischen Buch*": Der gesamte Lernstoff eines Programms ist auf ungefähr 60 Diapositiven gespeichert, die elektronisch wiedergegeben werden. Die Zugriffszeit zur Information eines Dias beträgt weniger als eine Millionstel Sekunde. Alle Schüler benützen diesen Speicher gemeinsam.
2. Für jeden beteiligten Schüler ist eine „*elektronische Tafel*" vorhanden. Technisch handelt es sich hierbei um eine spezielle Speicherröhre, die 45 Zeichen in der Sekunde aufnehmen und speichern kann. In 0,25 Sekunden können die Zeichen wieder gelöscht werden. Die auf dieser „elektronischen Tafel" gespeicherten Schülerantworten können gleichzeitig mit dem Inhalt eines Diapositivs des „elektronischen Buches" auf dem Schülerbildschirm dargeboten werden.

Für das PLATO-System wurde ein Lehrprogramm und ein Prüfprogramm entwickelt. Der typische Ablauf der Lehrlogik ist etwa folgender: Dem Schüler wird eine Lehreinheit dargeboten. Glaubt er, ihren Inhalt verstanden zu haben, drückt er auf die Taste ,,*Weiter*", worauf ihm eine Übungsaufgabe (oder eine Frage) gestellt wird. Er gibt die Antwort über die Tastatur ein, wobei ihm solange eine Korrekturmöglichkeit bleibt, bis er die Taste ,,*Beurteilung*" drückt. Er veranlaßt damit den Lehrautomaten, die Antwort mit dem korrekten Resultat zu vergleichen. War sie richtig, wird die nächste Lerneinheit dargeboten. Bei einer falschen Antwort wird der Schüler aufgefordert, sie zu verbessern. Bereitet ihm eine Frage besondere Schwierigkeiten, so kann er die Taste ,,*Hilfe*" drücken; es erscheint ein erläuternder Hinweistext mit zusätzlichen Aufgaben. Anschließend wird der Schüler wieder in die planmäßige Lernfolge zurückgeführt.

Allerdings brauchen nicht *alle* vorgesehenen Hilfsschritte durchgearbeitet zu werden. Die Taste ,,*AHA*" bewirkt, daß sofort wieder zur Ausgangsproblemfolge zurückgegangen wird. Durch Betätigen von ,,*Zurück*" kann Lernstoff beliebig oft wiederholt werden. Dabei erscheinen auch die früheren Schülerantworten auf dem Bildschirm.

Wie das PLATO-System sogar im experimentellen Naturlehreunterricht verwendet werden kann, beschreibt D. L. BITZER (1963). Eine sogenannte ,,*fragende Logik*" bietet dem Lernenden die Situation eines ,,*simulierten Labors*". Er kann ein Experiment zusammenstellen oder eine Frage formulieren, indem er eine Folge von Tasten drückt.

Beim PLATO-System werden die Schülerantworten durch die Rechenanlage geprüft. Während der Schüler das Lernprogramm durcharbeitet, führt die Rechenanlage detailliert Buch über seine Lernfortschritte. Kurz nach Beendigung des Lernprozesses wird ein Protokoll ausgegeben, das Schülername, Programmnummer, alle gegebenen Schülerantworten, deren Beurteilungen, die benötigten Hilfsfragen usw. enthält. Dabei wird der Zeitpunkt jedes Ereignisses festgehalten. Diese Aufzeichnungen sind für wissenschaftliche Untersuchungen des Lernverhaltens von großem Nutzen. Sie werden mit Hilfe der Datenverarbeitungsanlage statistisch ausgewertet.

5.2. Das andere erwähnte, inzwischen sehr bekannt gewordene Forschungsprojekt wurde 1958 von der *System Development Corporation* in Santa Monica, California, begonnen. Im Frühjahr 1960 baute SDC eine Lehrmaschine, bestehend aus einem BENDIX G-15-Rechner, einem universellen Projektor und einer elektrischen Schreibmaschine. Die Rechnereinheit steuert den Programmablauf und wertet die Schülerantworten aus. Der Projektor hat ein Magazin für 600 verschiedene Diapositive.

Ähnlich dem PLATO-System erlaubt der Lehrautomat wieder Programmverzweigungen allgemeiner Art. Mehrere Testfragen werden auf einem Diapositiv zusammengefaßt; ihre Ergebnisse werden jedoch getrennt ausgewertet. Je nach der Fehlerzahl wird dem Schüler die Wahl zwischen der direkten Programmfortsetzung oder einer ergänzenden Programmschleife gegeben. Von einer bestimmten Fehlerhäufigkeit ab *muß* der Schüler aber die zusätzliche Informationsfolge durchlaufen.

Im Jahre 1961 baute SDC ein Versuchslabor für Programmierte Instruktion — CLASS genannt — mit der Rechenanlage PHILCO 2000 als Zentraleinheit. Parallel zum ,,Lehrbetrieb" bearbeitet dieser Digitalrechner noch Sprachübersetzungen, Simulationen von Flugüberwachungsvorgängen und Systemanalysen von Schulsystemen, so etwa die Simulation von Schuljahr-Abläufen: Ein Schuljahr läuft modellmäßig in 5—20 Minuten ab.

Die Tischgeräte der etwa 40 parallel arbeitenden Schüler sind einfach gebaut: In jedem Gerät läuft ein Filmstreifen, der die gesamten Informationen enthält. Der Schüler bewegt diesen Streifen mechanisch. Die Anweisungen hierzu (Bildnummer usw.) erhält er über das Kontrollgerät von der Rechenanlage. Die Antworten auf die entsprechenden Fragen kann er über fünf verschiedene Auswahl-Antworttasten geben. Die Reaktion des Lehrautomaten wird durch drei bunte Lämpchen angezeigt.

An einem speziellen Lehrerpult verschafft sich der Lehrer Auskunft über den Stand der einzelnen Schüler. Bleibt ein Schüler beispielsweise wesentlich hinter dem Klassendurchschnitt zurück, leuchtet eine Kontroll-Lampe auf. Da sich das CLASS-System auf *Auswahlantworten* beschränkt, besitzt es geringere Variabilität und Flexibilität als das PLATO-III-System. Es gibt bei ihm keine Möglichkeit, Zahlen oder Buchstabenkombinationen als Antworten einzugeben.

In der Lehrer-Kontrollmöglichkeit ähnelt es den auch bei uns bekannten *Sprachlabors*. Auch hier hat jeder Schüler einen Arbeitsplatz, an dem er einen Lernabschnitt hört, ihn nachspricht bzw. übersetzt und sich anschließend selbst korrigiert. Der Lehrer kann jederzeit unbemerkt mithören, einzelnen Schülern oder der ganzen Klasse Anweisungen geben usw. Sprachlabors dieser Art werden jedoch nicht durch Digitalrechner gesteuert. Deswegen entfällt hier die Möglichkeit, Schülerfehler zu registrieren und Lernfortschritte zu bewerten.

6. Schlußbemerkungen

Drei grundlegende Situationen nannte J. E. Coulson schon 1963 in [7], bei denen heute die ungeheueren Kosten und die technische Kompliziertheit eines durch einen Digitalrechner gesteuerten Unterrichtssystems gerechtfertigt sind: 1. Die Schule als Forschungsgebiet, z. B. für objektivierte Lehrverfahren. 2. Spezielle Unterrichtssituationen, wo nur ein solches komplexes System die Aufgabe erledigen kann (z. B. bei Flugsimulatoren für Düsenflugzeuge) oder wo der Nutzeffekt die Bedenken hinsichtlich der Kosten überwiegt, wie z. B. im Bereich der Verteidigung. 3. Ein zentrales Lehrsystem, das von vielen Lernenden gleichzeitig in Anspruch genommen wird, wie z. B. bei Fernlehrgängen.

Die allgemeinbildende „Schule von morgen" wird die Möglichkeiten, die die Datenverarbeitung für Instruktionszwecke eröffnet, nur zum Teil nutzen können. Nicht zuletzt deswegen, weil die Diskrepanz zwischen wissenschaftlicher und kommerzieller Anwendungsentwicklung von Digitalrechnern und der noch zögernden pädagogischen Fachwelt sicherlich erst in einer „Schule von übermorgen" überwunden sein wird. Wie auch bei vielen anderen Disziplinen der empirischen Forschung wird man sich bis dahin auch im pädagogischen Bereich mit dem verhältnismäßig hohen finanziellen Aufwand abgefunden haben.

Für die „Schule von übermorgen" wird man daran denken müssen, für ein ganzes Land einen zentralen Informationsspeicher (eine *Datenbank*) zu schaffen, aus der Lehrprogramme und andere, für den Unterricht benötigte Informationen über ein Datenfernverarbeitungssystem (unter Verwendung des Fernsprechnetzes) abgerufen werden können, um den erheblichen Aufwand für die technischen Speichereinrichtungen zu verringern. Die Steuerung der Darbietung dieser Lehrprogramme werden dann kleinere, lokale Computer übernehmen. Sie können auch den Einsatz von reinen Übungsprogrammen und von Prüfungsprogrammen übernehmen, deren Lehrinhalte in der Regel von den einzelnen Fachlehrern nach individuellen Bedürfnissen zusammengestellt werden. Speziell konstruierte Zusatzgeräte werden bei der Vermittlung technischer Fertigkeiten (Schreibmaschinenunterricht, Fahrunterricht an Simulationsgeräten usw.) von Nutzen sein. Es wird sogar möglich sein, kostspielige und gefährliche Experimente durch Rechenanlagen zu simulieren.

Über die genannten Lehrzwecke hinaus wird eine Datenverarbeitungsanlage an einer Schule zum Sammeln und Auswerten von schulstatistischen Daten eingesetzt werden. Sie wird eine lückenlose Schülerstatistik mit Anschriften, Leistungsnoten, Anwesenheitslisten usw. führen, wird statistisch gesicherte Vorhersagen über die Schulentwicklung aufstellen, wird Stundenpläne und Raumbedarfspläne erstellen, Aufnahmeprüfungen registrieren, Lehr- und Lernmittel (Bücher) verwalten usw. Daneben können auch spezifisch sozialpädagogische und pädagogisch-psychologische Problemstellungen untersucht werden, wie etwa vergleichende Leistungstests für Schüler verschiedener Leistungsstufe oder verschiedener sozialer Herkunft, Begabungstests für die Berufsberatung oder soziologische Tests der verschiedensten Zielrichtungen.

Stehen einmal Datenverarbeitungssysteme für Unterrichtszwecke allgemein zur Verfügung, wird sich auch die Fachdidaktik bemühen, Lehrmethoden und Lehrstoffe so weit wie möglich zu objektivieren und zu formalisieren, um dieses universelle Werkzeug möglichst intensiv einsetzen zu können. Diese *Lehrobjektivierung* wird fast alle Unterrichtsfächer erfassen. Viele neuartige methodische und didaktische Probleme werden gelöst werden müssen. Techniker, Ingenieure und Informationswissenschaftler werden Einzug in den pädagogischen Bereich halten.

Trotzdem aber wird der Einsatz von Datenverarbeitungsanlagen im Bereich der Schule beschränkt bleiben: Sie werden trotz zunehmender Perfektion nur wertvolles *Hilfsmittel*, nicht jedoch Äquivalent einer Lehrerpersönlichkeit sein können, die nicht zuletzt die individuellen Freiheiten und die pädagogischen Einsichten besitzen wird, um über den sinnvollen Einsatz dieses Hilfsmittels zu entscheiden.

Literatur

1. BERGER, M.: Universal-Rechenautomaten als Lehrmaschinen. Beitrag in [11], 1963.
2. BERGER, M.: Verwendung von Rechenautomaten zur Parallelschulung. In [12], 1964.
3. BERGER, M.: Neue Anwendungsmöglichkeiten elektronischer Rechenautomaten. Deutsche Lehrprogramme für Schule und Praxis **1964**, H. 4.
4. BITZER, BRAUNFELD, and LICHTENBERGER: PLATO: An Automatic Teaching Device. IRE Transactions on Education, E-4, Nr. 4 (1963).
5. BÖHME, G.: Der Elektronenrechner IBM 1620 als Lehrmaschine. Deutsche Lehrprogramme für Schule und Praxis **1966**, H. 2.
6. BÖHME, G.: Lehrprogramm *Einführung in das symbolische Programmiersystem der IBM 1620*. München: Manzverlag. 1965.

7. Coulson, J. E.: *Computers in Programmed Instruction and Educational Data Processing*. Santa Monica: Systems Development Corporation (SP-950). 1963.
8. Cube, F. v.: *Kybernetische Grundlagen des Lernens und Lehrens*. Stuttgart: E. Klett. 1965.
9. Cube, F. v.: *Was ist Kybernetik?* Bremen: C. Schünemann. 1967.
10. Czemper, K., und H. Boswau: *Unterricht und Computer*. München: R. Oldenbourg. 1965.
11. Frank, H. (Hrsgb.): *Lehrmaschinen in kybernetischer und pädagogischer Sicht I*. Stuttgart-München: Klett-Oldenbourg. 1963.
12. Frank, H. (Hrsgb.): *Lehrmaschinen in kybernetischer und pädagogischer Sicht II*. Stuttgart-München: Klett-Oldenbourg. 1964.
13. Frank, H. (Hrsgb.): *Lehrmaschinen in kybernetischer und pädagogischer Sicht III*. Stuttgart-München: Klett-Oldenbourg. 1965.
14. Frank, H. (Hrsgb.): *Kybernetische Maschinen*. Frankfurt: S. Fischer. 1964.
15. Knödel, W.: Aufbau, Arbeitsweise und Programmierung digitaler Rechner als Werkzeuge der nicht-numerischen Datenverarbeitung. In diesem Band.
16. Kroebel, W. (Hrsgb.): *Fortschritte der Kybernetik*. München-Wien: R. Oldenbourg. 1967.
17. Matt, G.: Üben und Lernen mit Hilfe von Datenverarbeitungsanlagen. In [13], 1965.
18. Matt, G.: Einsatz elektronischer Datenverarbeitung im Unterricht. In [16], 1967.
19. Rath, G., N. Anderson, and R. C. Brainerd: The IBM Research Center Teaching Project. In: E. Galanter (Hrsgb.), *Automatic Teaching: The State of the Art*. New York: Wiley & Sons. 1962.
20. Roos, P.: Zufallsgeneratoren. In diesem Band.
21. Steinbuch, K.: *Automat und Mensch*, 3. Aufl. Berlin-Heidelberg-New York: Springer. 1965.
22. Stolurow, L. M.: *Teaching by Machine*. Washington, D.C.: United States Government Printing Office. 1961.

Namenverzeichnis